巨赞法师（1908～1984）

巨贊法師全集

張瑞齡題

第六卷

主编·朱哲
副主编·李千 马小琳

社会科学文献出版社
SOCIAL SCIENCES ACADEMIC PRESS (CHINA)

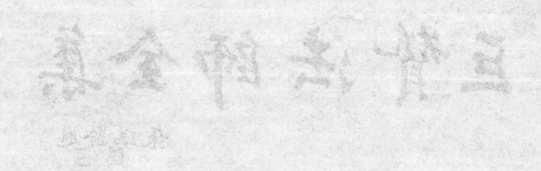

觉海遗珠集(己)

续异部　宗轮之部

(一)尊婆须密造，苻秦罽宾三藏僧伽跋澄等译《尊婆须密菩萨所集论》十卷。序云:“婆须密菩萨大士次继弥勒作佛，名师子如来也。从释迦文降生鞞提国，为大婆罗门梵摩渝子，厥名郁多罗。父命观佛，寻侍四月，具睹相表威变容止。还白所见，父得不还，已出家学，改字婆须密。佛般涅槃后，游教周妒国槃奈园。高才盖世，奔逸绝尘，撰集斯经焉。别七品为一犍度，尽十二犍度。其所集也，后四品一犍度，训释佛偈也。凡十一品十四犍度也。该罗深广，与阿毗昙并兴外国。傍通大乘，持明尽漏，博涉十法百行之能事毕矣。寻之漭然，犹沧海之无崖，可不谓之广乎？陟之瞠尔，犹昆岳之无顶，可不谓之高乎？宝渚极目，厌夜光之珍。岩岫举睫，厌天智之玉。懿乎富也，何过此经？外国升高座者，未坠于地也。集斯经已，入三昧定，如弹指顷，神升兜术。弥妒路、弥妒路刀利，及僧伽罗刹，适彼天宫。斯二三君子，皆次补处人也。弥妒路刀利者，光炎如来也。僧伽罗刹者，柔仁佛也。兹四大士，集乎一堂，对扬权智。贤圣默然，洋洋盈耳，不亦乐乎。罽宾沙门僧伽跋澄，以秦建元二十年，持此经一部来诣长安。武威太守赵政文业者，学不厌士也，求令出之。佛念译传，跋澄、难陀、禘婆三人执胡本，慧嵩笔受。以三月五日出，至七月十三日乃讫，胡本十二千首卢也。余与法和对校修饰，武威少多润色。此经说三乘为九品，持善修行。以正观迳，十六最悉。每寻上人之高韵，未尝不忘意味也。恨阙数仞之门晚，惧不悉其宗庙之美，百官之富矣。”按：此序口气似非道安所作，而所云婆须密似又非佛灭后四百年之世友也。按《出三藏记集》十载此序而云，未详作者。其前有未详作者之《僧伽罗刹经序》，与此序为一手所出。有云:“以建元二十年，罽宾沙门僧伽跋澄，赍此经本来诣长安。武威太守赵文业请令出焉。佛念为译，慧嵩笔受。正值慕容作难于近郊，然译出不衰。余与法和对检定之。十一月三十日乃了也。此年《中阿含》六十卷、《增一阿含》四十六卷，伐鼓击柝之中而出斯百五卷。穷通不改其恬，讵非先师之故迹乎?”更证以道安《中阿含序》，则此二序乃道安之门人所作也。名应能考出，后详。又彼序中云："僧伽罗刹，须赖国人，佛去世后七百年生此国。出家学道，游教诸邦，至揵陀越土甄陀，罽贰王师焉。寻升兜术，与弥勒大士高谈彼宫，将补佛处贤劫第八。"则殊与此序乖，盖婆须密得见佛，而僧伽罗刹佛灭后七百年始生。纵有神通，云何共聚兜术乎？其乖谬有如此者，则此婆须密非得见佛，而即佛后四百年之世友也。按：该论共十四犍度，为：《聚》、《心》、《三昧》、《天》、《四大》、《契经》、《更乐》、《结使》、《行》、《智》、《见》、《根》、《一切有》、《偈》十四犍度。《聚犍度》而分七偈品。初《聚犍度首》第一下注云："秦言地亲也。自品首尽七品名聚犍度。"又按：该论乃集众说之解诸名相者，于一一处。解释方法非若《品类》，而以问答作深抉择。然不似《施设》，几若奘门方法，乃开《婆沙》之初途者也。惜无条理，译复晦涩，为可惜耳。然自为毗昙中之要籍，何以故？作深抉择，而使佛说名相之定义之趋于决定，一也（趋于决定者，未决定而有决定之倾向也）。前于《婆沙》引说甚多，可以得西土纷诤之潜流脉落，二也。以后有暇，得一一条列与《婆沙》等对勘焉。此中《初偈品》解：色相引尊昙摩多罗等说。又解四大造色引尊僧伽多罗、尊婆须密、尊昙摩多罗等说。解无明引弥沙塞，彼不有明时谓无明等说。（《瑜伽》说无明非明无，当是对此说）又解内相外相，解有为相相无相前有一颂，引摩诃僧耆等说。《第二偈品》解：口口行，有夹注云："尊昙摩多罗入三昧乃知。"或系译者所加。又解想识差别，前有偈二句，引中有尊作是说等（下同）。当系世友之说，而译者曰尊婆须密也。然此中杂引而无评定，有时讨论此问题时牵引至他问题，或由一问题，生出若干问题，杂置一处，殊不得法，所谓无条理也。故曰与奘门方法相似。或者集此论时，亦若余之作世界边论试稿也，一笑。又解三世生不生后有一颂，又解有为法无为法，因与缘不同，次第缘，有无教。后有一颂，乃此《第二偈品》之总颂也。此中尊作是说云云，皆置于众说之末。则虽无定评之方式，而有定评之义趣在也。《第三偈品》前有颂，勘与下文无涉。解心心法自相作缘，眼识不知眼根，乃至意识不知意根。五根四大造，云何有若干貌，眼见，六根自相依何有差别。此中有诸颂，或前或后，次序不整，下同。《第四偈品》解：知苦乐引尊摩诃僧耆、尊昙摩崛、尊弥沙塞，言有人者（夹注云：一部僧名）等说。有云："或作是说，第一义无有知若苦若乐。"又解心心法内依外生诸入，生与思惟差别，识相应及住。又解众生无减，有云：如《阿毗昙》。又云："如无有众生未曾有而生有便般泥洹，以何等故众生无减？世尊作是说，世无处所事相应缘生，已生当坏是其事。"此下有夹注云："众生增减乃是圣人存而不论者也。故曰谁计豆而不说也。本无今有，若有斯言，则亦有咎，故皆抑之耳。佛止梵志，亦其事也。圣人之教，进觉号也。众生无弃形而上事也。”则亦译者所加。又解观人。《第五偈品》解：摄人，无常无常法，尘垢尘垢法，死有数，三世无常，冢间衣易得，行道乞求其居苦。《第六偈品》解：不可食彼食，门阃牢固，本所更历，如其实事，冢间五不应法事，爱欲差别，因是有非为不有。按：此中皆引佛语以解。《第七偈品》解：佛眼，生者言生，四谛相，虚空，世间八法摄几阴持入，有云如《章》所说。又解：五阴六欲苦乐成不成就，阿毗昙义，（勘与《婆沙》所引不合）神形人形作人声是否是人，天谓鬼，比丘起欲想等施主有罪否，惭愧羞或善或不善，生与命差别，畜生咒，解脱义，痛缘有爱，不苦乐痛是爱因缘，他男他女，成就义，思惟不净，畜生论，观十二缘起则观法，世俗与世尊诤，阿掘摩追世尊不能还，微法，余天非八部众，物近眼不见远则见，得谛第一义谛苦谛习谛，十二缘起法，平等法授决法，孝父孝母无别，眼识意识别，知众生宿命，饿鬼梦中作语，等定邪定，达嚫，法主，王法比丘，彼没生此间。按：此中有如《施设》之方法者，总之，此论虽等众说，而抉择之方法实自《施设》来，不过问题驳杂，不能悉如《施设》而不得不如奘门之方法耳。《法蕴》、《集异》、《施设》之后，此应为第四重要之作，《品类》等不过附庸而已。惜乎译文太差，整理困难也。《心犍度》解：心意执持引摩诃僧耆、昙摩崛、尊弥沙塞、持跋次子等说。又解心广微，有引阿毗昙说。又解五识身有欲爱，相应义，无色界不生意识，彼无五识，引尊僧伽密等说。又解菩萨见五事彼识何依，菩萨降胎止住出胎，生心与何等相应，身根是身识缘非因，阿罗汉不还，五识身有颠倒行。又解非一心选择，引善威仪一心者（夹注云：一部僧名）等说。又解心知二相，欲相应所念法得成就等。又解心与十大地相应，生心不得报，一切心有乱有三昧，灭尽三昧起心缘何等，断灭心所念作缘，心所念法不知自然灭及相应法，心内入，心依心，苦痛无常苦，心所念法不自依处所，色不相触，缘忧愁生苦，二痛，盲人不得天眼以眼识见诸色，识缘长短，有漏，生天，长夜修行有引一心者（夹注云：一部僧名。按：此一部僧名字，作非夹注刊。上虽作夹注刊，而宋本等作非夹注刊，慧意夹该也）等说。又解诸相应法想，及识不谓是食，诸相应法想痛是意行，诸相应法更乐习等，一人色住百岁，及余行痛起便尽不生色展转不相应，四颠倒，意地有三集聚更乐，引意界（夹注云：一部僧名）一心，心性（一部僧名，夹注）。又解眼识缘善无记，心空，云何眼所观识所知，观识差别，眼识非色识，意识不自知相依涅槃等。按：此中有引世尊之说而后解，有非。余此标问题因译文太难读，故不全或不当。《三昧犍度》解：论经深义，口不出言，近三更乐等。以下因译文太晦，不克卒读。卷四引昙摩多罗之说，卷十引尊因陀摩那、尊摩醯罗之说。此外又有引经及引佛在世时，诸弟子说，皆应一一条列者也。据云梵藏皆无此论，则是论终不得明乎？可惜可惜！又此中虽广分别，而似未见有若有部等执，※（考十页按语，有谓此《所集论》系释《发智》者，而证据不足。应细对勘二书方可定。如十八页末之说可也）可知基序《异部宗轮论》所云，耶舍再集之时，读舛虽生淳和尚挹之说为有据。然已渐变《法蕴》、《施设》等之面目，实开《发智》、《婆沙》之端。则亦时会因循，自然趋向而莫可避免者也。

（二）姚秦罽宾三藏昙摩耶舍共昙摩崛多等译《舍利弗阿毗昙论》三十卷。道标撰序云："阿毗昙，秦言无比法，出自八音，亚圣所述。……佛后暗昧，竞执异津。或有我有法，或无我有法，乖忤纯风，亏矇圣道。有舍利弗，玄哲高悟。……其人以为是非之起，大猷将隐，既曰像法任之益滞。是以敢于佛前所闻经法，亲承即集，先巡堤防，遮抑邪流，助宣法化。故其为经也，先立章以崇本，后广演以明义。之体四焉，问分也，非问分也，摄相应分也，序分也。问分者，寄言扣击，明夫应会。非问分者，假韵默通，惟宣法相。摄相应分者，总括自他，释非相无。序分者，远述因缘，以彰性空。性空彰则反迷至矣，非相无则相兴用矣，法相宣则邪观息矣，应会明则极无遗矣。四体圆足，二谛义备，故称无比法也。此经于先出阿毗昙，虽文言融通，而旨各异制。又载自空，以明宗极，故能取贵于当时，而垂轨于千载。……天竺沙门昙摩耶舍、昙摩崛多等义学，来游秦土……诏令传译。……经师本虽阇诵，诚宜谨备。以秦弘始九年，命书梵文。至十年寻应令出。……停至十六年，经师渐闲秦语，令自宣译。皇储亲管理，味言意兼了。复所向尽，然后笔受，即复内呈。上讨其烦重，领其指归，故令文之者修饰，义之者缀润，并校至十七年讫。若乃文外之功，胜契之妙，诚非所阶，未之能详。并求之众经，考之诸论，新异之美，自宣之于文。惟法住之实，如有表里。然原其大体，有无兼用，微文渊富，义旨显灼。斯诚有部之永涂，大乘之靡趣。……猥参斯典，悕感之诚，脱复微序。"按：《问分》其分《入》、《界》、《阴》、《四圣谛》、《根》、《七觉》、《不善根》、《善根》、《大》、《优婆塞》十品。《入品》先解十二入名次，以诸门料简。其解名数问数答，如"云何眼入？眼根眼界，是名眼入，云何眼入？若眼我分摄，去来现在四大所造净色，是名眼入"。次以可见不可见圣非圣等诸门分别，则亦《品类足》之方法也。惟解名之方法稍别耳。《界品》分别十八界，《阴品》分别五阴，《四圣谛品》分别四圣谛，《根品》分别二十二根，《七觉品》分别七觉支，《不善根品》分别贪恚痴三不善根，《善根品》分别无贪瞋痴三善根，《大品》分别四大，《优婆塞品》分别五戒亦尔。

《非问分》共分十一品。《界品》略解色、非色界，可见、不可见界，对、无对界等，百数十界之名。《业品》略解思、思已、故、非故作业等，百数十业之名。《人品》略解凡夫、非凡夫、人性人、声闻菩萨人等，数十人之名。《智品》略解正见、正智、慧根、慧力等二百余智之名。按：该论解释瞻详，组织有法，与初三论对勘殊不相类，则实非舍利弗所作，故《智论》亦仅曰有人言。慧以为此论之出，应在《品类足》后，盖其组织较《品类足》好，而实袭用《品类足》之方法及内容，复更扩充之也。何以组织较《品类足》好耶?《品类足》之类以相从，无此判晰也。《缘品》解缘，缘生无明缘行，乃至纯苦聚集。《念处品》解一道，众生清净，远离忧悲，灭尽苦恼，得证涅槃，断五盖，修四念处。《正勤品》略解四正勤。《神足品》解四神足。《禅品》解爱护解脱戒，成就威仪行，舍邪命行正命，善知识，摄诸根门，饮食知足，不睡眠，四禅诸支。《道品》解一支道，乃至十一道。谓身念处，定慧，有觉有观，无觉有观，无觉无观定，空无想无愿定。四念处、四正断、四神足、四禅、四无量、四无色、四向道、四修定、四断。五根、五力、五解脱、入五出界、五观定、五生解脱法，六念、六向、六出界、六明分法、六悦因法、六无喜正觉。七觉、七想、七定因缘法，八圣道、八解脱、八胜入，九灭、九次第定、九想。十想、十直法、十一切入，十一解脱入。此中卷十六云："如《正信经》舍利弗白佛言。"引舍利弗说而口气如此，证此论非舍利弗所作之又一据矣。《烦恼品》解：恃生恃姓，乃至六十二见等二百余名。谓一法至十一法，又二十、二十一，三十六、四十、六十二法也。《摄相应分》共分二品，《摄品》初云："一切摄非摄法，当知若立摄门，便知阴界入摄一切法不摄一切法。阴界入如事摄一切法少分不摄一切法少分，自性自性摄，自性非他性摄，自性系于自性，自性非他性系，亦摄非摄，亦非摄非不摄。"次举摄门名，谓四谛系法、非四谛系法，无明使法、非无明使法，法住法、非法住法，乃至三世法、非三世法等数十种。次释名，末注云："性门竟。"次辩摄不摄，初云："苦谛系法几阴界入摄，问何等法，问苦谛法除余法。除何等法，除非苦谛系法。"乃至三世法非三世法亦尔。末注云："单门竟。"此方法实不好。次辩色苦谛系法、色非苦谛系法，乃至三世非三世法亦尔。末注云："二重竟。"又次辩善色苦谛系法、非苦谛系法等，摄不摄亦尔。末注云："三重竟。"恐其所除有云："除无善法除善非色法，除善色非苦谛系法或苦谛系法。"故曰三重也。后辩善学色苦谛系法、非苦谛系法等，摄不摄亦尔。末无注，应云："四重竟。"盖其所除，有云："除无善法，善非无学法，善学非色法，善学色苦谛系法无也"，故耳。《相应品》初举七十七相应门名，谓七识界，乃至空无想无愿定，信及慧根等。次释名，又次辩相应法数。如五识界各十二，二识界各六十，乃至慧根三十六等。后辩相应不相应，如云："眼识界几法相应，问何等法，问眼识界相应法，除余法，除非眼识界相应法眼识界，谓无缘法意识分身四识界。"余准知亦尔，则亦辩摄不摄之方法也。《绪分》共分十品。《遍品》先举因缘、无间缘、境界缘、依缘、业缘、报缘、起缘、异缘、相续缘、增上缘，十缘之名。次释名，次辩是非。如："或因缘即无间缘，或因缘非无间缘，乃至因缘即增上缘，因缘非增上缘。"如是一一次第准知亦尔。后辩缘善法、生善法、生不善法、生无记法、生善不善法、生善无记法、生不善无记法、生善不善无记法。如是一一次第辩生。《因品》先举因因，乃至增上因等，非因因乃至非增上因等六十六名。次释名，后辩因法非有因，有因法非因，因有因法，非因非有因法，因法非和合因和合因法，非因因因和合法，非因亦非和合因法，及前因法非共因，共因法非前因，前因共因法，亦非前因非共因法，前因法非后因，后因法非前因，前因后因法，亦非前因非后因法，共因法非后因，后因法非共因，共因后因法，亦非共因后因法。末注云："因非因解各三十二句，此最后二四句。"《名色品》初解名色、解脱名色、断名色。次集名色正门，谓因起报入至过来现等数十门。又次略解其名，后则云名名因、名色因、名名色因、色名因、色色因、色名色因、名色名因、名色色因、名色名色因。如是起报乃至喜忧舍亦尔。《假结品》先列释十结、十二入、十八界、五阴、四谛、二十二根、五道、三界法人法。次以几见断思惟断三界系料简，而皆有二说。如已云十结之见断。又云一切见断，后以入界阴、四谛、二十二根、五道等料简十结眠没。《行品》略解身口意行地、非身口意行地，及于何处生不灭、灭不生、不生不灭。《触品》解百余触名。《假心品》解百余心名。《十不善业道品》初释名，次论何因谁因。《十善业道品》初释名，次论何因谁因。《定品》详解五支定，乃至十一解脱入数百余定之名。慧按：据详略粗细之体例判，此论应在《品类足》后，则亦应在《婆须密所集论》后也，似与《识身足》同时。至于《识身足》应在《品类》、《界身》之后。此据《界身》、《品类》未有定执，未有破立，与基师尚挹淳和之说合。而《识身足》已有定执，已有破立，已凿淳和。出现时代应后判之也。故云《界身》在《识身》后者，实误。至于此论虽曰应与《识身》同时，又应稍在其后。何以故？《识身》破有补特伽罗，而此说非即离假我，避破设救之迹似可追寻，学术史层垒地发展之公式，可以判矣。然此论非大众部之论也。※（按：九无为之说，吕君说亦见卷三十七，更勘）《智论》说犊子尊之。犊子属于上座部者也。犊子立非即离假我，此亦有其说，如《记》。而大众部心性本净，客尘染故不净之说，似导源于此之心性清净（如《记》）而扩充之。无中有之说似导源于此之彼阴灭处母胎生初识而推演之，则实是上座、大众两部共论也。其说应为犊子大众之导源，则非出现于两部分门以后，而为部执初分，犹未悬隔之时之作，可知。则应在《发智》之前出也。此至应将以上八论之出现前后，列表于次：

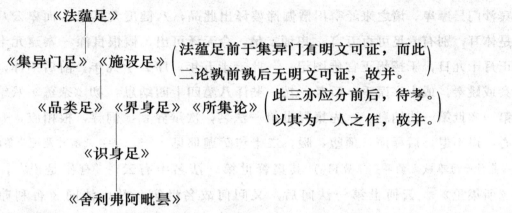

《法蕴足》

《集异门足》《施设足》（法蕴足前于集异门有明文可证，而此二论孰前孰后无明文可证，故并。）

《品类足》《界身足》《所集论》（此三亦应分前后，待考。以其为一人之作，故并。）

《识身足》

《舍利弗阿毗昙》

※按：淳和尚挹，不足以证《品类》前于《识身》，盖世友已知二十之分，何淳和之有，则应在《识身》、《舍利弗》之后，考吕君说可知。然《舍利弗》应在《识身》后，此有明证，似可定论矣。如是则异部源流可以分别矣。

（三）尊者迦多衍尼子造，唐玄奘译《阿毗达磨发智论》二十卷，异译有苻秦罽宾三藏僧伽提婆共竺佛念译《阿毗昙八犍度论》三十卷，标曰迦旃延子造。道安序云："阿毗昙者，秦言大法也。众祐有以见道果之至赜，拟性形容，执乎真像，谓之大也。有以道慧之至齐，观如司南，察乎一相，谓之法，故曰大法也。《中阿含》世尊责优陀耶曰：'汝诘阿毗昙乎？夫然，佛以身子五法为大阿毗昙也（戒定慧名无漏也）。'佛般涅槃后，迦旃延（义第一）以十部经浩博难究，撰其大法为一部，八犍度四十四品也。其为经也，富莫上焉，邃莫加焉。要道无行而不由，可不谓之富乎？至德无妙而不出，可不谓之邃乎？富邃洽备，故能显微阐幽也。其说智也周，其说根也密，其说禅也悉，其说道也具。周则二八用各适时，密则二十迭为宾主，悉则味净遍游其门，具则利钝各别其所以。故为高座者所咨嗟，三藏者所鼓舞也。其身毒来诸沙门，莫不祖述此经，宪章鞞婆沙，咏歌有余味者也。建元十九年，罽宾沙门僧伽谛婆诵此经甚利，来诣长安。比丘释法和请令出之，佛念传译，慧力、僧茂笔受，和理其旨归，自四月二十日出至十月二十三日乃讫。其日检校译人颇杂义辞，和抚然恨之。余亦深谓不然，遂令更出。夙夜匪懈，四十六日而得尽定，损可损者四卷焉。至于事须悬解起尽之处，皆为细其下。梵本十五千七十二首卢，四十八万二千五百四言，秦语十九万五千二百五十言。其人忘因缘一品云，言数可与十门等也。周览斯经，有硕人所尚者三焉。以高座者尚其博，以尽漏者尚其要，以研机者尚其密。密者龙象翘鼻鸣不造耳。非人中之至恬，其孰能与于此也。要者八忍九断，巨细毕载，非人中之至练，其孰能致于此也。博者众微众妙，六八曲备，非人中之至懿，其孰能综于此也。”又卷二十四根犍度末跋云：“斯经序曰，其人忘因缘因缘一品，故阙文焉。近有罽宾沙门昙摩卑，谙之来经密川僧伽谛婆译出此品，八犍度大具也。而卑云八犍度是体耳，别有六足可百万言。卑诵二足，今无译可出，慨恨良深。秦建元十五年正月十九日，于扬州正官佛图记。”此云十五年，序云十九年，前后不侔，则此秦或姚秦，或十字误乎？后考。按：奘译八蕴四十四纳息。初《杂蕴》八纳息。第一《世第一法纳息》，先集释世第一法名，次辩界系、伺寻、根相应、一心多心、退不退，后释顶、顶堕、暖，二十句萨迦耶见。※（按：此有作是说非集解，乃叙异计而为难破之的耳。下皆同。）其集释世第一法名中有云：“有作是说”，法同《所集论》。云何世第一法向后，又问何故名世第一法，法同《舍利弗阿毗昙》。此或西土作法本然，不可谓有史承也。《智纳息第二》明：一智一识不知一切法，无二心展转相因相缘，何故忆本所作，忘而复忆，忆而复忘，祭祀饿鬼则到，二眼见色，耳鼻亦尔，过去有非不现非尽非灭，疑无疑于四谛，多名身多句身多文身，佛诃弟子所以，六因，随眠随增不随增断不断，因境断识随眠随增差别。据此可见该论毫无次序，※（然自《结蕴》以下则殊不然，考题目可知）杂乱无章，犹不及《所集论》。盖《所集论》中问题之杂乱，有为因问生问而生者，不若此论之另另碎碎也。其余七论则井井然，更不可以比并。又此中有云：“补特伽罗既不可得，又无前心往后心，何缘忆本所作。”《补特伽罗纳息第三》明：十二支分三世，无明缘行，取缘有，行缘无明或明四句，息依身心转，无色有情心何依，设难显无有爱唯修断。释无有之名，离贪等心得解脱，破他贪等相应心解脱，何等心解脱。释依厌离染等三句，※（然自《结蕴》以下则又不然，可知此蕴诚所谓杂耳。惟《业蕴》以下则又取初所辩法以立名，而较《杂蕴》稍不杂耳。又《见蕴》末二纳息则不杂）释断等三界，断等三想。按：准上文，此中标纳息名非为全段作纲目，乃取初所辩法而立名耳。《爱敬纳息第四》明：爱敬、供养、恭敬、身力、身劣、择灭、及非、无常灭、涅槃非学无学，虽破有学无学有非学非无学，无学五蕴、究竟、惟一，佛语随指无过破佛率尔说法，如外道施设实有情，依胜义无实有情，但随彼言而说故无过。按：此与《异部论》有非无义之言抵触。又明二遍知、三归。《无惭纳息第五》明：无惭愧、惭愧、增上善不善根，微俱行善不善根，心变坏过非过去，掉举、恶作、昏沉、睡眠，梦中福非福增四句，梦、五盖摄、盖覆四句，三界不善无记无明随眠差别，四谛所断无明随眠遍行非遍行差别，不共无明随眠掉举缠。《相纳息第六》明：生住异老死无常。《无义纳息第七》明：住对面念，第六无相住，地神知转法轮所以，化法调伏，法随法行，多欲不喜足，少欲喜足，难满难养，易满易养。《思纳息第八》明：思、虑、寻、伺、掉举、心乱、无明、不正知、中有破异难、骄慢、三寻自他害。境多于智，智亦境故。识多于智，诸智皆识相应故。无漏多于有漏，行护圆满，异生性，邪见邪思惟相应四句，又各与邪精进相应作四句等。《第二绪蕴》四纳息，《不善纳息第一》先列三结、三不善根，乃至九十八随眠之名。次以几不善、几无记、几见断、几修断、几根相应、几界系等诸门分别。又辩：诸结随界四句，世尊弟子断不断五蕴系不系。又列五补特伽罗名，次分明于三结乃至九十八随眠成不成就。又辩身见与有身见，乃至九十八随眠为几缘。《一行纳息第二》先列九结名，次分别互有，又分别三结乃至九十八随眠，于九十八随眠中一一摄几随眠，三结等前后摄，几令三有相续，依何定灭，逼退还结缚。又先列九遍知名，次分别互摄。后分别八补特伽罗于九遍知成就不成就。《有情纳息第三》分别二部结顿渐得系，顿渐离系，及何果摄。五部结何果摄，九部结十五部结何果摄。三结乃至九十八随眠、八补特伽罗何果摄。八补特伽罗摄不摄法分别，乃至四句分别，三界死生受有差别。《十门纳息第四》分别二十二根、界、处、蕴、有无为、三地、三界、三性、四谛，乃至九十八随眠等法随眠增差别。意根乃至无色界，修断无明随眠，于三界十五部心中，一一等无间生心差别，上所增随眠有无寻伺，乐苦等根相应，成就不成就差别。二十二根等一一得遍知时，于九十八随眠中几随眠得遍知；于九结中几结尽差别，又一一作证时，于九十八随眠中几随眠灭作证；于九结中几结尽差别。《第三智蕴》五纳息，《觉支纳息第一》分别：学见迹成就学八支三世差别，阿罗汉成就十无学支三世差别，见智慧互为四句及摄断遍知差别，正见择法觉支四句，觉支道支现前差别，觉支道支相应四句差别。世俗正见、正智，无漏见、无漏智四句及摄等差别。《五种纳息第二》分别：邪见、邪智，正见、正智四句及摄断遍知差别。学见学智、无学见无学智、非学非无学见、非学非无学智四句及等成就等差别。梵天梵众天说能造化出生世间等见取摄，见苦所断。忍不忍一分忍不忍常断见摄，见苦断。阿罗汉漏失不净，戒禁取摄，见苦断。阿罗汉有无知邪见摄，见道断。阿罗汉有疑惑，但由他度亦邪见摄，见道断。道及道支苦言所召戒禁取摄，见苦断。《他心智纳息第三》先释他心智，宿住随念智名义。次四句分别他心智现知他心，二种四句分别宿住随念智现忆宿住事。又先释时爱心解脱不动心解脱名义，次四句分别时爱心解脱尽智相应，不动心解脱无生智相应。又略解学无学，明学无学智，谛现观时三证净最初差别，预流于四颠倒已断，于三三昧三世成就差别，三世诸道已未修息差别。《修智纳息第四》先释八智名义，次分别互摄互成就差别，修法智亦类智乃至修灭智亦道智四四分别。又分别八智于中，一一缘几智，自他相望为几缘，断结作证差别，二十二根乃至九十八随眠于十智中几智知。又无常想智相应，寻伺有无，根相应，三三昧俱，界系差别，七处善三义观是此何智。《七圣纳息第五》分别随信行乃至俱解脱于八智成就不成就差别，于八智成就三世各若干，几智现前。又七圣于三三昧成就不成就差别，于三三昧成就三世各若干。三三昧现前时几智现前，三无漏根七觉支八道支现前时，几智现前。智互及与三三昧、三无漏根、七觉支、八道支相应不相应差别。三三昧互三无漏根互及与八智、七觉支、八道支相应不相应差别。四十四智、七十七智是此何智。又分别成就法智彼类智耶，乃至成就道智彼灭智耶。成就过去法智彼未来耶，乃至成就现在世俗智彼过未耶。若成就过去法智彼过去类智耶等。《第四业蕴》五纳息，《恶行纳息第一》分别：三恶行、三不善根、三妙行、三善根相摄不相摄四句，三恶行十不善业道，三妙十善业道摄差别，三业十业道，三业四业摄不摄四句。又广列三业诸名，分别摄不摄，业感身心受四句。略释三障名，三恶行、三妙行中何者罪大。《邪语纳息第二》分别：邪语邪命是非四句，乃至正业正命是非四句。三恶行、三曲秽浊四句，三妙行、三净、三寂默相摄四句。三恶行是非三非理业差别，三妙行是非三如理业差别，依异熟果诸法由业得彼法定无记，释难如来善心说语妙是善而谓妙语音声生于如来咽喉微妙大种，而声非异熟。又分别业果三世差别，三业感异熟差别，顺现法受等三业非前非后受异熟果。《害生纳息第三》分别：已未害生，杀生已未灭，未害生未灾生地狱，不善顺苦受异熟未熟非不初受异熟果而起染污心，害命而于有情得防护，于有情得防护于有情受远离四句。若成就身彼成就身业耶，乃至若成就语业彼成就意业耶四名等差别。业已未离染，及异熟已未离染差别。业果异熟差别，不善业与颠到，善业与不颠倒四句差别，三界系业互成就等差别。《表无表纳息第四》分别：若成就身表，彼成就此无表耶？乃至若成就现在无覆无记身表，彼成就此无表耶？四句等差别。业及果三界系及不系差别，有无漏业有无漏果差别。业学无学非学无学果，学无学非学无学差别。不修身戒心慧及其互是差别，修身戒心慧及其互是差别，三世戒互成就差别。《自业纳息第五》先释自业名义，次分别是过去及成就不成就，受异熟不受异熟四句。预流不随恶趣之故，不能现智自知尽地狱等而信佛语。释学谋害及不果遂，释留多寿行舍多寿行，心狂乱，无惭愧缠相应法不善。略解佛教名而佛教有善有无记，成就学戒彼成就非学无学戒，成就无学戒，彼成就非学非无学戒四句。《第五大种蕴》四纳息，《大造纳息第一》分别：大种所造处几有见几无见，乃至几见断几修断几不断。若成就大种，彼成就所造色耶？乃至若成就大种成就善不善有覆无记无覆无记色等，若成就善色彼成就不善色耶？乃至成就有覆无记，彼成就无覆无记色耶等。又分别大种造色，寻伺有对触乐等根，段触思识食依何定灭，已灭住何果。《缘纳息第二》分别：大种造色、心、心所法、二十二根互为几缘，三世大种造三世色差别。大种成就造色三世差别，大种造色三世为缘差别，大种造色三界成就差别，三世四系色彼色四系三世造差别。略释四界名，又分别处摄识识。《具见纳息第三》分别：三界离系生没大种造色差别，化及中有有无大造。略释世劫分名，分别法四缘，乃至一缘生，分别因相应不相应法，缘有无缘法四句。释内无色想观外色，除色想，四识住七识住九有情居摄不摄差别。《执受纳息第四》分别：有执受大种与有执受大种，有见与有见，法有漏法与有漏等，乃至心心所法与诸根大种为缘差别。略释有执受无执受，顺取非顺取，顺结非顺结，见处非见处名，内外法内外处摄各为四句。二受乃至百八受相摄差别，以无间道证预流果乃至证漏尽智通，修彼道时，四念住乃至三等持现在修未来修差别。《第六相蕴》七纳息，《根纳息第一》先列二十二根名，次以学无学善不善，乃至因相应不相应分别。此法异生差别，五蕴摄几根，善不善无记根，三科几摄，根为缘生根，根与根为缘差别。《有纳息第二》分别：三有相续最初得几业所生根，思惟三界系法遍知三界差别，根遍知三界差别，几根得四果，四果各遍知几根，诸根得四果成就不成就断结何果摄差别，四谛智是非于无漏四谛智差别，诸根无漏缘三界系，此根法智类智相应不相应各四句分别。法智当言类智，乃至寻伺有无三根三三昧四系相应耶，类智及以无间道证四果亦尔。几根永断灭超得四果。《触纳息第三》先列十六触名，次分别互摄，根相应，诸根触相应，此根触相应不相应差别，成就诸根差别，地狱乃至俱解脱成就几根，几根灭作证。《等心纳息第四》分别：心等起等住等灭，寿不随心转及转住差别，入无想定灭尽定根灭现心心所灭现差别，生无想天无想天没亦尔，无想天想灭性随眠随增结缚诸门。二十二根互摄几根，乃至觉支、道支、八智、三三昧摄几根，二十二根等几根相应，三界生没诸根灭现差别。《一心纳息第五》分别：诸法与心起住灭相应不相应所缘非所缘离不离，修不修大根，入正性离生得学根差别，得无漏根从果至果差别，无漏根灭起四句，未知当知根现观四谛四句，尽智无生智无学正见当言尽智，乃至道智有无伺寻，乃至四系耶？无间道及等无间道诸差别，无学正见与正思惟等相应四句。《鱼纳息第六》分别：

二十二互成就不成就差别，根及因善不善无记分别。《因缘纳息第七》分别：诸根因缘三世，因缘善不善无记，因缘四系，因缘见修等断差别。《第七定蕴》五纳息，《得纳息第一》分别：诸得与三世、三性、四系、学无学非学无学、见断等差别，诸法善等无色起彼法善心俱等差别，四静虑染不染支，九次第定味相应差别，入静虑超越，得静虑后生差别，入慈悲喜舍定前思惟，诸定诸智断结不断结及受异熟差别。《缘纳息第二》分别：八定与三定是非成就不成就相应不相舍退修为缘差别。《摄纳息第三》先列十想名，次分别十想、四静虑、四无色、四无量、八胜处、十遍虑、八智、三三昧互摄相应成就等差别，三定与诸定退顿得顿舍差别，身语表无表四生四种六内处六外处六识身七识住，乃至他心智世俗智依何定灭。《不还纳息第四》先列五不还名，次分别：与一切摄及胜差别，学无学彼一切为得未得四句差别。又略解顺流逆流自住名，极禁极迹互得差别，又略解菩萨义分别因智道智于何转，愿智云何善或无记，无诤行云何黠慧敏捷。小路于心回善，大路于想回善，大慧辨无碍解，杜多行净戒行之差别。又略解学多住五盖渐断，法舍故毗奈耶舍，法随法行，法轮转法轮，正法正法住灭，初入无漏诸定得舍漏心心法何等摄。《一行纳息第五》分别：三三摩地互成就互修断结差别，入正性离生作意欲系，诸智于四念住，静乐乐觉支乐无别，等持所缘出非四句，依何定得第四果。在定不闻声，定不邪与聪慧非聪慧明无明成就不成就觉支是非差别，觉支无漏法互成就不成就得舍退差别，未已断与未已遍知是非差别，盲引天眼聋引天耳所以，退结增差别，上三果退所以及诸曾得得，依初静虑引发神通限度，思惟无色四谛得第四果。《第八见蕴》六纳息，《念住纳息第一》分别：四念住互修差别，修四念住当言诸诸，乃至四聚差别。如实知有贪心，乃至如实知内眼结生等之智。贪瞋痴增减义，死边际受义，阿罗汉涅槃心是无记，双贤先佛灭所以，佛灭出定，释四有名义。三有与五行四句差别，五行乃至一行有无差别。《三有纳息第二》分别；舍三有法灭法现差别，三界随眠不杂乱差别，十想互思惟差别，六寻互思惟差别，明无明互缘差别。《想纳息第三》分别：无常想生相应一缘差别，心起灭得舍与法，所通达遍知所断所修所作证法互是非差别，五识身彼相应法及缘色无为心不相应行，意识身彼相应法所有生老住无常。此法无缘因缘，无缘法缘，无缘法俱生，是有是有性，非无非无性，异色异受想识异相应行，及分别其因缘善不善，乃至界处蕴摄。《智纳息第四》分别：通达与遍知厌与离四句，彼法此法作四缘差别，意识一切三和合触有三和合触非意触，诸慢自执，有自执非慢，诸慢不寂静有不寂静非慢，业及律仪不律仪各为四句。除苦圣谛除集圣谛，乃至除不断法及定不生法蕴处界摄分别。一界一处一蕴摄一切法，中有云：“除有为法及定不生法，此除一切法而问余法是无事空论。”《见纳息第五》列举诸邪见、边执见、断见、常见，而判其为邪见等摄见苦所断。后引释经颂劝绝三路苦至苦边际涅槃。《伽他纳息第六》，凡引释二十四伽他，除《记》所录者外，※（按：上所分别，有于其前置总颂，有无）皆无关痛痒之释。按：该书卷末亦皆有：“说一切有部《发智论》卷几”之标目。又按：《施设》抉择而非执，（《法蕴》、《集异门》、《界身》、《品类》皆非执）《所集论》抉择而近于执。（译晦应更勘而后定论。）《识身》、《舍利弗阿毗昙》之执乃显然矣。此亦发展之大概也。又《舍利弗阿毗昙》之方法近于《品类足》，而《发智》之方法近于《所集论》。《品类足》之方法犹为初期毗昙之特有形式，《所集论》则一望而知非初期之特有形式也。亦可云《品类》、《界身》之方法，导源于《法蕴》、《集异门》。《所集论》之方法导源于《施设》，《识身》前两蕴之方法不能说导源于《施设》，只可云因《施设》之精神或毗昙之精神，而出生破立之形式。其后则亦《品类》之方法也。然正不必作如是论，盖学术之始也必简，后也必繁，多数人历多年讨论研核所必然之结果也。讨论研核经多人多时，则其方法自然由《品类》而为《所集论》矣。自此以后，经龙树、无著以至奘、基，乃至台、贤、三论等等，其玄论之方式亦莫不然，故曰正不必作如是论也。《发智》有破五事之文，更准《婆沙》而知其有作是说为分别论者。分别论者，疑即大众部义，则《发智》中虽无明文说三世三科体是实有等，（龙树《智论》所破迦旃延尼子之说，皆属支节之义。《异部论》所记，除三世实有等外，余如诸法名色摄等亦然。固可因之而判大小，究应更寻其为异部之本源也）而据此破立，则益显然知其分河之悬隔矣。故此书之作应在《舍利弗阿毗昙》后，然其年代相去应不远数十年间耳。或亦可说为同时，盖破立之迹未扩大，决非相去甚远而如是者，不观夫《婆沙》之言乎？然更能细究《识身》、《舍利弗阿毗昙》、《所集论》及此论所叙法之本末出入，则定其先后，当更有据。此不过叙其大体耳。又此论分别固繁，而说义甚浅，观其释菩萨转法轮等之名义可知。实不及其前之八论，宜其为龙树所破也。然《发智》以外之八论，虽义或有可取。而说来总不痛快不亲切，尤以《品类足》之方法为太噜嗦不着边际，不能处处照顾重心。比于龙树之论，诚不可以大巫小巫比也。则龙树应是菩萨大器，而此九论论主之应为小根也。小根人多，大器难得，故龙树而后除无著、世亲而外，十师以至奘、基等等，其言亦多不痛快不亲切也。吾故有取于此土大德也。

（四）尊者法胜造，晋太元元年僧伽提婆共惠远于庐山，译《阿毗昙心论》四卷。按：该书共分十品。《界品第一》解：应知法相，有漏名义，列五阴三无为名。次分别十八界可见不可见、有对无对、善不善无记、有漏无漏、有无觉观、有无缘，受不受，一法界有无为共，自他性摄。而皆以颂分置于前，下同。又按：《出三藏记集》卷十有未详作者《阿毗昙心序》，云："释和尚昔在关中，令鸠摩罗跋提出此经。其人不闲晋语，以偈本难译，遂隐而不传，至于断章直云修妬路。及见提婆，乃知有此偈。以偈检前所出，又多首尾隐没互相涉入。译人所不能传者，彬彬然，是以劝令更出。以晋泰元十六年，岁在单阏贞于重光。其年冬于浔阳南山精舍，提婆自执胡经，先诵本文，然后乃译为晋语，比丘道慈笔受。至来年秋，复重与提婆校正，以为定本。时众僧上座竺僧根、支僧纯等八十人，地主江州刺史王凝之，优婆塞西阳太守任固之，为檀越，并共劝佐而兴立焉。"又释慧远序云："阿毗昙心者，三藏之要颂，咏歌之微言，管统众经领其宗会，故以心为名。有出家开士，字曰法胜，以《阿毗昙经》源流广大，难卒寻究，是以探其幽致，别撰斯部。始自《界品》，讫于《问论》，凡二百五十偈……又其为经标偈以立本，述本以广义，可谓美发于中畅于四肢者也。发中之道要有三焉：一、谓显法相以明本，二、谓定己性于自然，三、谓心法之生必俱游而同感。俱游必同于感，则照数会之相因。己性定于自然，则达至当之有极。法相显于真境，则知迷情之可反。心本明于三观，则睹玄路之可游，然后练神达思水镜六府，洗心净慧拟迹圣门。寻相因之数，即有以悟无，推至当之极，动而入微矣。罽宾沙门僧伽提婆，少玩兹文味之弥久，兼宗匠本正关入神，要其人情悟所参，亦已涉其津矣。会遇来游，因请令译。提婆乃手执胡本，口宣晋言，临文诫惧，一章三复。晋太元十六年出。"《行品第二》明：诸法必由缘生，十通心数法及其与心之关系，（按：此即遍行别境，而犹未分）诸不通心数法无贪觉观等与心之关系，不善心品善不共四禅心数多少，极微在四根十种，有为四相及各各相为（按：此应是大生小生之先导）六因及诸法随因中生，四缘及诸法随缘生，诸法谓之行所以。《业品第三》明：三业教无教共五业及其三性差别，无记业何业性何处系，身口业无教善不善，三相禅无漏调御威仪戒，欲界无教欲色界俱教非三性心心共俱，色界无教及无漏心共俱，无漏戒律仪见谛所成就，禅成就禅戒，持戒生欲戒等及三世成就差别。此中有云："已略说成就，如过去未来现在可得，今当说。"又云："过去者，假名为尽。"此言固不可以即指其执三世实有，而已渐明朗化矣。色界戒得舍，余业云何舍。恶行及十业道，现报生报后报及乐苦不苦乐报，定不定等差别。黑白等四业释名及舍离，身口意曲秽浊，及三净身口意释名，善不善业果多少，业造四大差别，三障及最恶最妙。《使品第四》明：九十八使见断思惟断及种界差别，受边见、邪见、五我见二盗，五烦恼及转行种种名。三界苦行烦恼见差别，诸使行于自他地及漏无漏上下地缘差别，诸使善不善无记差别，烦恼尽缚自所有境界三世差别，烦恼次第转生，七使种界，见使三十六疑使十二种界，扼受流漏释名，诸使根相应差别。八上烦恼释名，及不善无记诸根相应差别，烦恼识相应及断差别，诸使心相应解。《贤圣品第五》先述身痛心法无若空无我，次释暖十六行，顶、忍、世第一法十六行。行何缘何地，法忍法智何缘，释从法行从信行，趣果住果及信解脱见到。极七有家家乃至不还，双道灭烦恼及身证，金刚喻定及尽智。六无著（按：即六阿罗汉）时解脱不时解脱慧解脱俱解脱，见道法无学法及三根，无碍道解脱道断烦恼相状，增益升进及渐见谛，无碍道得有无为果。《智品第六》明：十智名义，各于十六行有无差别，成就差别地摄。此中有云："解脱师所说。"似证引也。又明：修智差别，初无学心何智相应，见智慧三种已别，十智互缘差别，灭结差别，六通摄智差别，意止摄智差别，佛十智四辩愿智摄智差别。有云："其人云辞应二，辞应一等智法义二辩十智也。"及"其人云一等智。"而"其人"二字，宋元明本作经作，疑即译人之辞也。《定品第七》先明：智依于定。次明：八定味相应净无漏，四禅诸支，觉观有无与四禅中间禅未来禅相摄。未来中间二定相状，九地中可得及于中起诸功德，谓三三昧、六通，乃至八解脱。此中有云："其人云应十地。"又明随地得诸功德差别，功德漏无漏差别，离欲成就诸定差别，二十三定因缘次第缘，缘缘差别。熏禅愿智释名义，愿智不诤及辩地摄别，得初禅所以例余，断除烦恼别，变化心有几及彼谁成就。※（按：此中有云："虽有《阿毗昙契经》义，然诸契经应具分别，今当说）《契经品第八》明：三界、三有、七识住、九有情居、十二支缘起、六界、四谛、四沙门果，苦乐速通等四道，四不坏净、修定四得、四如意足、四正断、四意止、四圣种、三十七道品何地所摄。四食、三三摩地及几行，四颠倒及断，六十二见及摄。二十二根及界系，几心心数非心心数有无报生时几最初得报，终时几最后舍几见断几思惟断，六识识何法，十法为智境界差别，烦恼使于自他及遍通。《杂品第九》明：心心数法有缘相应行依，有为法缘因有为处道路有果，不善及隐没无记有恶隐没秽污下贱黑，善有为法善行时习及修。不相应行释名及性界系有无漏舍断，三无为释名，因及缘，报与众生数，果法、有缘法行缘，心心数法无处所，心解脱，道与断烦恼，有爱无有爱各几种，断界无欲界灭界释名，十心三性几可得，道品十法几根几非根，诸法自他性相应差别，解脱与断别，见四真谛云何得不坏净，释心共行共法、断法、知法、远法、近法、定法、见处，成就根差别。五更乐释名，何道得果，无著住何心般涅槃，四有，厌及离欲。《论品第十》有十问（以偈）十答，皆有关系之论也。按：据引该论君之言，与《发智》同时而别树一帜。又有少议，准彼可知。慧则以为此论诸品次第，已有其境行果之条理，非若其它诸论之乱七八糟，或非乱七八糟亦仅能作无关痛痒之分别者也。又其每品之先述玄理(如《记》)而后抉择事相，如《界品》先说应知法相，而后分别十八界可见不可见等。《贤圣品》先释苦空无常无我，而后述暖、顶、忍等，诚毗昙中之体例最善者也。又且立言不支不蔓，应知除初三论外，惟此始见眉目也。是故如其以非想非非想为金刚喻定等(如《记》可知)，虽亦浅薄，而准上所言，实为大乘毗昙之先导也。是故法胜实较迦旃延尼子高明得多也。至于此论之主虽未标一切有部之名，而准《业品》之言(如上)应属有部。

（五）法胜论大德优波扇多释，高齐天竺三藏那连提耶舍译《阿毗昙心论经》六卷。序云："今欲解释《阿毗昙心》，利益弟子故。问曰：'不须解释，所以者何？古昔论师已释《阿毗昙心》。利益弟子，故不须释。'答曰：'不然，应须解释。所以者何？古昔论师虽释《阿毗昙心》，太广太略。彼未学者迷惑烦劳，无由能取。我今离于广略，但光显修多罗自性，是故须释。"按：十品次第与《心论》同，惟《契经品》作《修多罗品》，《论品》作《问论品》而已，余名皆同。又此所释，仅及于颂未释长行。卷一有云："如上座鸠摩罗多说，如《升摄波林经》说。"又云："若聚义是阴义者，但假名无有实事，非但一物得有聚名和合故名聚。答：非但有相亦有实事，有此事者，便有彼相故蕴有相。如佛所说碍相是色阴等，是故有事界等所摄智识使等境界，如四圣谛故阴有事，非但假名。"执三科有实自性矣。又按：此中所释，较《心论》长行加详，有云："彼师如是说。""此师所说自相摄义。"※（按：《业品》、《使品》之二，《明品》、《定品》之二，《修多罗品》之二，品目下皆标"别译"二字，不知何故。然《定品》之二下，明本无"别译"二字。《修多罗品》之二下，宋元本无）按：皆《心论》之义。又《心论》明四有为相各各相为而八各为八法，未详言。此详言之，大生小生之起于以确立。又卷二云："师欲广说于业，是故说此。"又云："是故师欲分别烦恼作如是说。"又卷三云："问曰：'诸使为与心相应为不相应，毗婆阇婆提说心不相应，是故生疑。'答曰：'决定相应'(其后有破难)。"按：决定相应之答顺《心论》义，则毗婆阇婆提应是法胜后人，于《心论》作异议而此论主破斥之也。又卷四云："此说有对治谓是灭，是故灭非无也。非无物有对治，如灭尽正受心心数法不行故，对治说灭，是有物如涅槃一切有对治，是故有事如除痛得无病。"亦是其应有之口吻也。又云："六智忆宿命，罽宾论师说但一世智。"则《婆沙》以前之论师也，似非法胜后人如毗婆阇婆提者，则可知《发智》、《心论》二家，实各张门户，而争论甚繁者也。又卷五云：“如《趺祗罗经》说。”又卷六有破不立中有，如《成玄史略》。按：此译颂文与《心论》译颂文略有异，而义实无出入。至于所释虽较《心论》详，而义则无所乖违。只可云释有补足《心论》之所未备耳。如云：此法等无间说于十六心者，十五心须是见道，最后一心是修道摄。从此名修地乃至金刚喻定。此后名所作已办地。而《心论》仅云：“是正观诸法说十六净心者，是见法，见法者谓之正观，是见异名。”可以证知矣。

（六）五百大阿罗汉等造，玄奘译《阿毗达磨大毗婆沙论》二百卷（木刻本），每卷末皆有云：“阿毗达磨大毗婆沙论第几，说一切有部发智。”内院刻本则作：“说一切有部发智大毗婆沙论卷第几。”甚是。异译有北凉浮陀跋摩共道泰等译《阿毗昙毗婆沙论》六十卷，释道挻序（大正本）云：“《毗婆沙》者，盖是三藏之指归，九部之司南。自释迦迁晖六百余载，时北天竺有五百应真，以为灵烛久潜，重梦方始。虽前胜迦旃延撰《阿毗昙》以拯颓运，而后进之贤寻其宗致，儒墨竞构，是非纷拏。故乃澄神玄观，搜简法相，造《毗婆沙》，抑止众说。或即其殊辩，或标之铨评，理致渊旷，文蹄艳博。西域胜达之士，莫不资之以镜心……有沙门道泰，关博奇趣，远参异言，往以汉土。方等既备，幽宗初畅。其所未练唯三藏九部，故杖策冒险，爰至葱西。综揽梵文，义承高旨。并获胡本十万余偈。既达凉境，王即欲令宣译。然惧环中之固，将或未尽，是以企瞩明胜。天竺沙门浮陀摩会至凉境，以乙丑岁四月中旬，于凉城内苑闲豫宫寺，请令传译理味。沙门智嵩、道朗等三百余人，考文评义，务在本旨，除烦即实质而不野。至丁卯岁七月都讫，合一百卷。会凉城覆没，沦湮遐境，所出经本，零落殆尽。今凉王信向发中，探练幽趣，故每至新异，悕仰奇闻，更写已出本六十卷，送至宋台宣布未闻。挻以微缘，豫参听末，窃不自默，粗列时事。”其后又有云：“如来灭后，法胜比丘造《阿毗昙心》四卷。又迦旃延子造《阿毗昙》，有八犍度，凡四十四品。后五百应真造《毗婆沙》，重释八犍度，当且翻时大卷一百。太武破沮渠已后，零落收拾得六十卷。后人分之作一百一十卷，唯释三犍度在，五犍度失尽。”而《出三藏记集》十无此九十一字，当非道挻之文，而后人所加也。又有苻秦僧伽跋澄译《鞞婆沙》十四卷，标曰尸陀槃尼撰。释道安法师序云（《出三藏记集》十）：“阿难所出十二部经，于九十日中，佛意三昧之所传也。其后别其径至小乘法为四阿含，阿难之功于斯而已。迦旃延子撮其要行，引经训释为《阿毗昙》四十四品。要约婉显，外国重之。优波离裁之所由为毗尼，与阿毗昙、四阿含并为三藏。身毒甚珍，未坠于地也。其后《昙摩多罗刹集》修行，亦大行于世也。又有三罗汉，一名尸陀槃尼，二名达悉，三名鞞罗尼，撰《鞞婆沙》，广引圣证。言辄据古释阿毗昙焉。其所引据皆是大士真人佛印印者也。达悉迷而近烦，鞞罗要而近略，尸陀最折中焉。其在身毒，登无畏座，僧中唱言，何莫由斯道也。有秘书郎赵政文业者，常闻外国尤重此经，思存想见末由。会建元十九年，罽宾沙门僧伽跋澄，讽诵此经四十二处，是尸陀槃尼所撰者也。来至长安，赵郎求令出焉。其国沙门昙无难提笔受为梵文，弗图罗刹译传，敏智笔受为此秦言，赵郎正义起尽。自四月出，至八月二十九日乃讫。胡本一万一千七百五十二首卢，长五字也。凡三十七万六千六十四言也。秦语为十六万五千九百七十五字。经本甚多其人忘失，唯四十一事，是释阿毗昙十门之本。而分十五事为小品回著前，以二十五事为大品而著后。此大小二品全无所损，其后二处是忘失之遗者，令第而次之。余欣秦土忽有此经，遂佐校对一月四日，恨八九之年方窥其牖耳。愿欲求如意珠者，必牢装强伴，勿令不周沧海之实者也。”按：内院木刻本，奘译卷一末有云：“显庆元年七月二十七日，于长安大慈恩寺翻经院，三藏法师玄奘奉诏译。弘法寺沙门嘉尚、西明寺沙门嘉尚（按：此当为一人）、同州魏伐寺沙门海藏，大慈恩寺沙门神昉、大乘光笔受。大慈恩寺沙门明珠、惠贵、法祥、慧景、神泰、普贤、善乐证义（内慧景是西明寺沙门）。大慈恩寺沙门栖玄、静迈，西明寺沙门慧立、玄则缀文。大慈恩寺沙门义褒、玄应正字。西明寺沙门神察、大慈恩寺沙门辩通执笔……先匠译辰，蔑尔无纪，爰使后学积滞疑怀。今故具书，以彰来信……大唐中大夫、内侍护军、佛弟子观自在，敬写西域新翻经论……”而日本刻本无。卷二百末有云：“三藏法师玄奘译斯论讫，说一颂言：佛涅槃后四百年，迦腻色迦王瞻部，召集五百应真士，迦湿弥罗释三藏。其中对法毗婆沙，具获本文今译讫，愿此等润诸含识，速登圆寂妙菩提。”按：卷一明造论主及所由，与阿毗达磨自性等，乃释经题一类之序说也。有云：“佛去世后大德法救展转得闻，随顺纂集。制立品名，谓集无常颂立无常品，乃至梵志颂立为梵志品。”则古法救欤？又释阿毗达磨义中引世友、胁尊者、妙音、法密部、化地部、譬喻者、声论者、佛护、觉天、左受之说，又有惟曰“大德说曰”。卷二以下方顺次释《发智》之文。卷二解先说世第一法所以，引廿八说之多。又引妙音《生智论》说暖、顶等次第，廿八说中有一说云：“胜义者，谓世第一法。世俗入法有二种过，谓破戒归俗。胜义入法无如是过，随其种性自在证得大乘功德，无退失故。”次释八蕴相次所以，次述破五根入正性离生。谓是旧阿毗达磨说，谓分别论者执五根，惟是无漏。或说是经部师说，有说是犊子部宗师说。此中有云：“犊子部与此所立义宗虽多分同，而有少异。若六若七与此不同，余多相似。”又述破法救以思，觉天以心为世第一法自性。又有云：“如佛在世，尊者大迦多衍那为大论王，能伏他论。自所立论，无能当者。”又叙破思心差别论者，相似相续论者说同类等无间缘，有云：“又彼违害《品类足》说。”卷三始见评曰：“之文以后人尽有，明见道入正性离引妙音、譬喻部师世友等说，明世第一法界系引大众部、犊子部、化地部、法密部之执，又引妙音之说而评破之。卷四明除色想引波罗衍拏，及《众义品》，明世第一法，有无寻伺引《品类足》。卷五明世第一法一多心，叙破分别论者。明二喻中有云：“尊者造此《发智论》，时住在东方，故引东方共所现见五河为喻。”卷六明顶，引妙音之说而详破之。又明小量信，亦引妙音等说。又引契经如世尊为波罗衍拏、摩纳婆说。明暖亦引妙音等说。又有云：“何故尊者七门分别世第一法……如西方尊者以十七门总分别四顺决择分。”又明四顺决择分自性引妙音说，明几品引妙音、觉天、世友之说。卷七云：“西方尊者以十七门分别此四，如彼颂言……”按：以下即顺此十七门解四顺决择，未识即西方尊者之文否。勘非《心论》义，则又别成一部之论藏也。又明忍修，引妙音说而评破之。又明起四顺决择差别，谓菩萨、声闻、独觉各不同。又明生灭观加行，有谓：“诸瑜伽师将观生灭(以下亦时见瑜伽师之名。)”云云。又卷八云：“尊者舍利子于《池喻经》中略分别二十句萨迦耶见，而皆未说几是我见我所见。彼经是此论根本，彼所未说者今欲说之，故作斯论。”又明执我我所中，有云：“胁尊者言，理不应责无明者、愚者堕坑。”又引世友说及“大德”说，明极微。引《六法论》说极微常而评为不顺正理，则《六法论》或即《六句义》也。又考《史略》(417)。又明六十二见本引《梵网经》、《狮子吼经》而会违。又引《生智论》说，又云：“胁尊者言……如不应责无明者愚者堕坑。”又明常见所以引世友说，引明见灭断，引《品类足》。卷九明无有见，引《十问品》，疑即《心论·问品》也。又明了引大众部、法密部、化地部、犊子部之说。又明自性不知自性，引世友、大德之说。明不知俱有法，叙破西方诸师。明识了法，引多异宗计。辩智识，引舍利子说及《品类足》达磨难提之说。卷十辩二心相因，引大众部说。明非二心三次引世友、大德之说。又说婆末罗、阿毗达磨者之说。明等无间二引相似相续沙门之说。卷十一明等无间，引《八分经》及世友、大德之说，又辩无我而忆本所作事。叙异中引犊子部计我，及相隐、相变、相往三外道，余如《史略》。卷十二明心心所于所缘定故忆本作，引会《识身论》、《品类足》。又引世友之说，又引《象迹喻经》中舍利子说。又明地狱、傍生有能忆知宿命，引会《施设论》，而自说比知，则其以《施设》为现知也。又明饿鬼受祭，引世友、大德说。卷十三明见色，引法救、妙音、譬喻者、犊子部说，而评破之。又明近不闻见，引世友、大德说。又明眼取多少色，引世友、大德说。明有色不见，引世友、数论者说。又如眼取多少色，耳等取多少声等，亦引世友、大德说。此后有述菩萨六根猛利事，后述过去有非不现，谓止他宗说过未无实体性，现在虽有而是无为，显去来有，现是有为，引《邬陀夷经》等。卷十四明一心有无疑，引阿毗达磨者说，又引《品类足》。卷十五明言依，引世友、大德说。又明不善安住，引僧伽筏苏说。又卷十六云："六因非契经说，契经但说有四缘性。今欲以因分别缘，故说此六因。有说六因亦是契经所说，谓《增一阿笈摩》增六中说（引上有引《杂含》，以知必引故未录）。时经久远，其文隐没。尊者迦多衍尼子等，以愿智力观契经中说六因缘，※（按：卷四十六亦有此说）撰集制造阿毗达磨，是故于此分别六因。曾闻《增一阿笈摩经》，从一法增至，乃至百法。今唯至十，在余皆隐没。又至十中，亦多隐没，在者极少。曾闻尊者商诺迦衣大阿罗汉，是尊者阿难陀同住弟子，是大德时缚迦亲教授师。彼阿罗汉般涅槃时，即于是日，有七万七千本生经，一万阿毗达磨论隐没不现。一论师灭尚尔，况从彼后迄至于今，若百若千诸师灭？有余师说六因虽无一经次第具说，然于诸经处处散说。如说是名见为根，信证智相应，此说相应因。"按：第二说颇似慧思作风，第三说颇似余作《史略》之意，一笑。不知所谓时缚迦者，是否即上常引之所谓大德也。明六因中引譬喻者，阿毗达磨诸论师言。又明相应义，引雾尊者、世友、大德、妙音说。明俱有因，引《品类足》。卷十七明类智品道有随转戒，引世友、大德说。又二会《施设论》，又引西方诸师，迦湿弥罗国诸论师言，明同类因，引相似相续沙门说，又二会《品类足》，会《识身足》，又引外国诸师，迦湿弥罗国诸论师言。卷十八有云："尊者阿难入城乞食，摩登伽女见已生贪，随逐瞻观，不能舍离。此女过去五百生中作阿难妇，故今暂见便起欲寻随逐不舍。"则《楞严》之事非无稽也。阿难断结在佛灭后故，明遍行因叙分别论者及诸异计。又有云："《品类足》说九十八随眠中，三十三是遍行，六十五非遍行。问：见苦集所断无明，有是遍行有非遍行，何故彼说三十三遍行，六十五非遍行？答：西方尊者所诵本言，九十八随眠中二十七是遍行，六十五非遍行，六应分别。如是所说，于义为善。问：若尔，何故迦湿弥罗国诸师不作此诵？答：亦应作此诵，而不尔者，有别意趣……又此国诵三十三是遍行，六十五非遍行者……"可知《品类足论》在当时，已有诸本。又明遍行非遍行互得叙破僧伽筏苏说，明于见苦集断法立遍行，引旧阿毗达磨师说。又明上地烦恼现前，引《施设论》。卷十九明邪见缘界差别二，引胁尊者说。又明见断为因等，四会《识身论》，二会《品类足》。又明染法有异，引设摩达多说，明异熟因叙譬喻者、大众部、饮光部及诸异计。又明无想定受异熟，叙破设摩达多、佛陀提婆之说。又明灭尽定受异熟，叙破僧伽筏苏、妙音之说。又有云：“问：《品类足》说异熟因与此所说有何差别？答：此不了义，彼是了义。此有余意，彼无余意。此依世俗，彼依胜义。”又据上文所引，皆于世友之说，毫无评破（即属说有异同，皆为列众说而备一说之体裁，亦非破尔也。）且其态度甚属尊重，谁云“悉致破斥”者耶？又准上引迦湿弥罗国论师诵后，又云此国诵，则《婆沙》结集非在迦湿弥罗，明甚。然应更考其二诵之差别，及其余材料方可定。卷二十明业，引一多四引会《施设论》，一引会《大迦叶波所说本事》，二引会《无灭所说本事》，二引会《盐喻经》，又引世友说。又明眼因，引《阿毗达磨》说。又明人寿长短，引世友，一引大德说。又明死等，二引《施设论》。明能作因叙譬喻者及诸异计。卷二十一明增上所缘二缘别引《品类足》，明不恒生灭，引世友、大德、觉天说。明生灭待因缘，引譬喻尊者（此原文）及阿毗达磨诸论师相通之言，而曰不必须通，非三藏故。明生灭俱时，引世友、大德、妙音。明器世不灭，引世友、觉天说。明四缘，引《施设论》。辨因与缘，引世友、大德等说。卷二十二明随眠于心随增，叙一心相续论者、譬喻者、犊子部三异计。明相应随眠，引世友、大德、妙音、觉天。又明随眠随增所以及断，引世友、设摩达多说。卷二十三说第五纳息，明十二支三世多少为止执过未体非实有，现在虽有而是无为，及分别论者执缘起是无为，有破斥。又释缘起缘生及十二支名，有云：“《品类足》论，作如是言，云何缘起法？谓一切有为法。问：此与彼论所说何异？答：此说不了义，彼说是了义。此是有余说，彼无余说。此说世俗，彼说胜义。”亦如上说。又引胁尊者、妙音、望满、《集异门论》、《法蕴论》、世友、大德、觉天、设摩达多、《识身论》、《施设论》说。卷二十四明：爱缘苦受，引世友、胁尊者、《识身论》说。明老死支，引胁尊者、世友、妙音说。明菩萨观门，引胁尊者说。明次第观，引世友、大德、胁尊者、妙音、设摩达多、望满。卷二十五明诸行名义，引阿毗达磨诸论师、妙音说。明依身成就差别会《施设论》。卷二十六明入出息，引《施设论》、世友、大德、妙音说。又会《施设论》，明宴生，引世友、大德、胁尊者说。明息长短，引《施设论》。明随观断结，引世友、大德说。卷二十七明无有爱，引妙音说。此后叙分别论者难，有云：“《因明论》中说破他义，有三种路……”可知彼时已应用因明，但不详晰耳。又明心解脱，叙破分别论者，有云：“闻外国雨初晴时，日照川原，地气腾涌，雾霏布散，遍覆虚空，障日月轮不现。”似为热带之现象，此亦可以证是否在罽宾结集。又明心解脱三世差别，叙譬喻者等异计。有云：“为止他宗，显实有过去未来。”又引妙音说。卷二十八明金刚喻定依定，引妙音。明厌，引妙音、大德说。解涅槃名，引妙音、迦多衍尼子说。卷二十九明断等三界，会《品类足》，引妙音、胁尊者、设摩达多、左取说。明无漏慧，会《识身论》、《品类足》、《集异门论》。卷三十明那罗延力，引大德说。卷三十一明智性，叙评妙音说。明择灭，有云："或有执择灭非择灭，无常灭非实有体。如譬喻者，为遮彼执，显三皆有实体。或复有执此三皆是无为，如分别论者。为遮彼执显二是无为，无常灭是有为。"卷三十二明择灭最胜，引妙音说。明涅槃名近等，引胁尊者说、《品类足》说。明恶趣得非择灭，叙破大德说。又引《品类足》说，明二涅槃，叙诸异说而谓二种皆有自性等。卷三十三明涅槃三学，叙犊子部计、分别论者。明惟一，引胁尊者。卷三十四明二遍知，引《城喻经》、僧伽筏苏、胁尊者、妙音、佛护说。卷三十五明断善根，引瞿沙伐摩说、《施设论》、《识身论》、妙音说。卷三十六明现观边，引妙音说。卷三十七明生为增长，引《施设论》。明眠时无果，引世友说。明梦叙譬喻者说，而谓显梦实有，梦尚实有。斯实可笑！可知有部之所谓有，本意非为实有，乃不了假有之所以立，而笼统不能甚深抉择，故说实有耳。实与执识者之说假有同，皆不能了胜义之病也。又引大德、世友、《寿吠陀书》、《施设论》说。卷三十八明无明盖引妙音说。明不共无明，会《识身论》，明掉举引《品类足》、《施设论》。明有为相，叙譬喻者、分别论者、法密部、相似相续沙门、经部师说。明老，引《阿毗达磨》、（前亦一见如是引名，疑即《品类足》）世友、大德说。卷三十九明三有为相，叙破譬喻者说。明生生等，引世友、大德。明刹那住，引世友、大德释，会《品类足》，叙转变外道异计。明异，引世友、大德。明无为，会《品类足》。明生出等，引世友、胁尊者、妙音、大德、觉天说。明无义，引妙音、大德、世友说。明趺坐，引声论者、胁尊者、大德说。卷四十明对面念，引妙音说。卷四十二明思虑，叙譬喻者、声论者说。明寻伺，叙譬喻者说，引《施设论》、《法蕴论》说。明心乱，引大德说。卷四十三明非理所引叙分别论者说，明见评取西方师说。卷四十四明害寻，引《施设论》。明不放逸，引大德、胁尊者说。明起三恶寻，引胁尊者、妙音、大德说。明自他俱害，引世友、妙音、大德、胁尊者、觉天说。明远离安乐寻，引妙音、觉天、大德、胁尊者、世友说。明智识，叙异计。明佛身有无漏，叙大众部，而谓"显佛生身定是有漏"。明尸罗，引无灭说。卷四十五明异生性，叙犊子部、譬喻者有云："此论已说异生性，故《品类足论》不重说之。此论未说异生法故，《品类足论》说异生法。此显彼论在此后造。有作是说，彼论已说异生法故，此不重说。彼论未说异生性故，此论说之。此显彼论在此先造。"于此可知，《品类足论》之时代，在彼时已有诤论矣。又引世友、大德、阿毗达磨诸论师、妙音、胁尊者说。明异生地，引世友、大德说。明异生性与众同分，引妙音说。卷四十六释阿毗达磨名，引妙音说。明立章，引胁尊者说。明三结最胜，二引妙音。明七有流转，引胁尊者说。卷四十七明不善根义，引世友、大德说。明但说三善根，引世友、胁尊者、妙音说。又云："大德法救于彼经中摄诸烦恼，皆入三品。"明三漏引《品类足》，二会《识身足论》，又引声论者说、妙音说。明增广，引世友、大德说。明七漏，引胁尊者、望满说。卷四十八明暴流，引妙音、左受、胁尊者说。明取，引胁尊者、妙音说。明三漏引《品类足》。明身系义，引胁尊者、妙音。明盖，二引胁尊者、妙音说。明无惭愧非盖，引胁尊者、世友、妙音、佛陀提婆说。明嫉悭非盖，引胁尊者、世友、妙音、觉天说。明忿覆非盖，引胁尊者、世友、妙音、觉天、西方诸师说。明六烦恼非盖，引胁尊者、世友、妙音、觉天说。明作恶不善业，引妙音说。卷四十九明结，引胁尊者、世友、妙音、觉天说，又引胁尊者、妙音说。明顺上下分结，引妙音说，会《品类足》，又有云："问：《品类足》说当云何通？答：外国诸师所诵异此，谓彼诵言，云何结法，谓九结及顺上分结中掉举。云何非结法，谓除九结及顺上分结中掉举诸余法。问：迦湿弥罗国诸师，何故不如彼诵？答：此亦名如彼诵，而不诵者，有别意趣。"据此可知，所谓外国，非指迦湿弥罗，则上说不可凭。盖此语气之中，以"此"为迦湿弥罗也。惟《品类足论》有多本，此又得一证据耳。明应立结不应立结，引胁尊者、妙音说。明有身见，引世友说。明诤，引世友、大德说。卷五十明随眠，引外国诸师说。明立不立结，引外国诸师说。明结等二性，叙譬喻者说，又引世友、大德。明取等二性，叙分别论者说，又引世友、大德说。卷五十一明三性，引雾尊者、分别论者、胁尊者、《集异门》说。明结等异熟，叙譬喻者、饮光部。明断结等，叙譬喻者等说，引大德说。明结等见修断，有云："《品类足论》何故说九十八随眠中，八十八见断，十修断耶？答：此文是了义，彼文是不了义。此依胜义谛，彼依俗谛。"等与上正相反。又引妙音、世友等说，共卅四节。卷五十二明结等断尽，引妙音、世友、大德说。明结等见非见，叙诸异说。明结等寻伺，叙评譬喻者、大德？阿毗达磨诸论师说。明结等根相应，叙评譬喻者、大德？阿毗达磨论师说。明结等界系，叙诸异计。明堕，引《品类足》说。明恶，引妙音说。卷五十三明心、心所法九品断，叙外国师说。明不生，会《帝问经》。卷五十五明身见等互为几缘，叙譬喻者说，引大德、妙音说。卷五十六明所缘事，引《品类足》、阿毗达磨诸论师、妙音说。明因事，引《品类足》。明上二界无恚结，引妙音说。卷五十八明断及系，引外国诸师、迦湿弥罗国诸师说。卷五十九明结等互摄，叙分别论者，有云："谓或有说诸法摄他性非自性摄，如分别论者，彼依假名契经及世俗言论，故作是说。为止彼意，显一切法皆摄自性是胜义摄，若摄他性是胜义者，则一法自性应是一切法，一法生时一切法应生，一法灭时一切法应灭……分别论者所引契经是不了义，依假名说。"于此可知，当时于经，已有疑似之论。卷六十明结等相续，叙分别论者、譬喻者。明有，引阿毗达磨诸论师、妙音说。明结等依定灭，叙分别论者说，引侍毗罗、瞿沙伐摩说。明退，有云："若有退义，分别论者所引现喻，当云何通？答：不必须通，彼非素怛缆非毗奈耶非阿毗达磨，但是世间粗浅现喻。"此下又有破，可知有部对分别论者之态度。又引妙音说，又叙譬喻尊者（原文）说。卷六十一承上文又会《品类足》、《施设论》、《识身论》，又引僧伽筏苏说。卷六十二明不退，引妙音、觉天说，又叙破僧伽筏苏说。明遍知，叙诸异说，又叙破僧伽筏苏说，又引妙音、胁尊者说。卷六十三明遍知，二评破僧伽筏苏说。明补特伽罗，引阿毗达磨诸论师、妙音、《生智论》说。卷六十四明异生命终，评破僧伽筏苏说。明缘第四静虑，会《识身论》。卷六十五明四沙门果，引《品类足论》（三）、《施设论》、胁尊者（二）、世友说。卷六十六承上文，引僧伽筏苏、《狮子吼经》、胁尊者（二）、《善贤经》、《准陀经》。明螺画行，引世友说。卷六十七明信胜解，会《识身论》，评破僧伽筏苏说，又引佛护说。明转根，引阿毗达磨诸论师、婆沙筏摩说。卷六十九明中有有无，叙破分别论者，而云："此中有是实有物，与实有性相应。"明中有趣摄，会《施设论》、《法蕴论》、《品类足论》、达罗达多。有云："若尔，善通尊者达罗达多所说《施设论》说，当云何通？答：《施设论》文应作是说……而不尔者，应知彼文诵者错谬。"又云："若尔，善通《施设论》等，尊者达罗达多所说，当云何通？答：彼不须通，非三藏故。文颂所说，或然不然，达罗达多是文颂者，言多过实故不须通。"可知当时《施设论》已成一专门学派而本亦不同也。又叙破分别论者，有云："彼所引经是不了义，是假施设有别意趣。"又云："彼所设难，不必须通，非三藏故。世俗法异贤圣法异，不应引世俗法而诘难贤圣法。若必须通，应说喻过。喻既有过，为证不成。"与上说同。明中有转不转，叙譬喻者、阿毗达磨诸论师说。卷七十明中有住经几时，引设摩达多、世友、大德说。明菩萨中有相，有云："问：法善现颂，当云何通？答：此不须通，非三藏故。文颂所说，或然不然，诸文颂者，言多过实。"明中有与本有，引《施设论》说。明中有入胎，引《施设论》说。明中有形量，二引《施设论》。卷七十一明说法广略，有云："此界契经亦名略说，亦名广说。名略说者，对大记（疑契）经，如《大譬喻》、《大涅槃》等。名广说者，对处契经……彼《大譬喻》、《大涅槃》等经，虽名广说而不摄一切法……”明立十八界所以，引左受说。明界义，引声论者。明眼界，引此国诸师说四种，外国诸师说五种。有云：“旧外国说同此国说，旧此国说同外国说。”明不应色识，引世友、大德说。有云：“问：有契经说，眼所识色此何意？答：彼经应言眼识所识色，诵者错谬略去中间，如说牛车择灭等。”于此可知，尔时于经已生疑难。又有云：“复次彼契经中，依胜具说故不违理。”此则会违之常技，而宗教徒之言论也。卷七十二明心意识差别，引胁尊者说。明意法意识界同异系，评破妙音说。卷七十三明静虑中生眼识，叙破譬喻者说。明色处，引妙音说。明极微不相触，引世友、大德说。卷七十四明立内外六处所以，引胁尊者、望满说。明色蕴有云：“阿毗达磨作如是言，云何色蕴，谓十色处及法处所摄色？此为遮止何宗所说？答：止为遮此譬喻者说，谓彼拨无法处所摄诸色，故此尊者法救亦言诸所有色，皆五识身所依所缘，为遮彼意故说色蕴，谓十色处及法处所摄色。问：尊者法救所说，当云何通？答：不必须通，非三藏故。若必须通当正彼说，诸所有色皆五识所依及六识所缘。”又云：“问：如契经说，诸所有色皆是四大种及四大种所造，此为遮止何宗所说？答：此为遮止觉天等说，谓佛观察未来世中有觉天等当作是说四大种外无别所造，为遮彼意故说大造。”据此可知，法救之说实明经部，而觉天为有部异派。有部破人乃云“佛观察”云云，甚不高明，足见今人附会之谈，亦有所本，一笑。下又有引阿毗达磨之说，勘《发智》无文，当即《品类足》也。再勘乃定。明极微非蕴，引阿毗达磨诸论言。明立蕴次第，引《施设论》、妙音说。卷七十五明怖厌，引世友、大德说。明六界，引妙音说。明空界，引阿毗达磨、旧对法师及此国师说。明虚空实有，引《品类足》、世友、大德说。（然引大德中，谓虚空名但是世间分别假立。）明六界不摄无漏意识，引世友、大德、胁尊者说。明色法，引世友、大德说。明有见无见，叙破妙音说，引世友、大德、胁尊者说。明影像响实有，引阿毗达磨诸论师说，叙譬喻者说。卷七十六明有对无对，叙诸异计，又引胁尊者、世友（二）、大德、妙音、觉天说。又有云：“《施设论》说眼定对色，色定对眼，广说乃至意定对法，法定对意。彼师但依境界有对，而造彼论，故作是说。”明有无漏，叙破大众部说佛身无漏及其所依经，又引世友、大德说、觉天说。明有为无为，叙异计，又引世友、大德、觉天、妙音说。明三世，叙破譬喻者、分别论者言三世而显正理三世实有。明此义，引世友、大德、胁尊者说。卷七十七云：“说一切有部有四大论师，※（更考遁麟《俱舍颂疏记一》。）各别建立三世有异。谓尊者法救说类有异，尊者妙音说相有异，尊者世友说位有异，尊者觉天说待有异……惟第三立世为善，余非理……”明四谛，引阿毗达磨诸论师、分别论者、妙音、《生智论》说。明四谛相，引胁尊者、世友、大德说。明一谛，引胁尊者说。明二谛，引世友、大德、达罗达多说。卷七十八明所生善，引胁尊者说。明圣谛，引僧伽筏苏、世友说。明现谛次第，引胁尊者说。卷七十九明遍知谛，引及会阿毗达磨说，又引胁尊者。明证谛修习谛，皆引阿毗达磨说。明佛一音说法引诸说，中有云：“前颂不必通，非三藏故。诸赞佛颂言多过实，如分别论者赞说世尊心常在定，恒不睡眠。”其态度乃无理至此，此亦有部论师不知诸根互用者也。又明三根越次，引大德法救说，谓不敢违经，佛初说故。故思此经举身毛竖，又引大德但回文句不失次第，又引阿毗达磨诸论师言：“不名辄回此经文句，过去无量诸大论师利根多闻过于大德，尚不敢回此经文句，况今大德而可辄回?”可知当时于经文已有异同之诤，则尔时经文已有缺失脱误矣。又引胁尊者说。卷八十无色立支，会《施设论》，明内等净，引世友说。卷八十一明喜无量自性，会《品类足》。明四无量相，引世友说。卷八十二明与有情乐，引世友、大德说。明慈无量所缘，引世友、大德说。明异生起上三地无量，引妙音说。明梵住，引妙音说。明梵福，引譬喻者说云：“如是契经，非皆佛说。”可知尔时已有依托之经。又引阿毗达磨诸论师言云：“如是契经，皆佛所说。”此与譬喻者说适对立，可知经之真伪，有出曲解，而阿毗达磨论师之态度，于此可知其为保守派也。卷八十三明慈定，引世友、大德说。明无量及觉支相杂而起，引世友、大德说。明大悲，引世友、大德说。明喜有云：“有作是说，此说甚深，弥勒下生当解此义。复有说者，尊者寂授能解此义。此本论师当造论时，逢彼在定，不获请问。”不知寂授是何如人也。又引妙音说，明四无色，叙难分别论者说无色界有色，有云：“分别论者说应理论者所引契经是不了义，是假施设，有别意趣。”此附会曲解经文之事，分别论者与有部等同，实古今同原者也。可叹复可笑！卷八十四明空无边处，引《品类足》、《施设论》。明无所有处，引世友、大德说。明解脱，引世友、大德、胁尊者说。卷八十五明显色中胜，引世友、大德说。明遍处，引大德说。卷八十六明眼根等随眠随增有叙异计。明无漏根不随眠随增，引胁尊者、大德、妙音、世友说。卷八十七明六识缘境，叙譬喻者说。卷八十九明心与心所为等无间，叙譬喻者说。卷九十明眼根等有无寻伺，叙譬喻者说。又明眼根等乐等根相应，成就不成就，叙异说。明女男根，引妙音说。明眼根等几随眠得遍知作证等，叙异计。明遍知门与灭作证门差别，引西方诸师、此国诸师说。卷九十三明学行迹成就学八支三世成就差别，叙譬喻者等异计。明成就性，叙破譬喻者、分别论者说。明成就义，引世友、大德。明利钝中根，引世友、大德、阿毗达磨说。明成就通行，叙破僧伽筏苏说。卷九十四明四补特伽罗，引《施设论》。明分别四预流支种义，引胁尊者、望满、妙音、阿毗达磨诸论师、世友、大德、左受、雾尊者、觉天说。卷九十五明见等，叙譬喻者等异说，引世友、大德说。明智，引世友、大德、雾尊者、妙音、大德说。明觉支现前，叙譬喻者等异说。卷九十六明有漏法与无漏法俱，引世友说。卷九十七明觉支互相应，初叙一异计，继叙譬喻者等异说。明法非法，引妙音、胁尊者说。卷九十八明左慧，叙诸异计。明见对治，引《生智论》、《梵网经》、《梵问经》、胁尊者说。明恶见等起，引《梵网经》。明受念，引胁尊者说。卷九十九叙大天因缘。又明修他心智加行，引《施设论》、《集异门论》。卷一百明念住，引妙音说。明世俗智，引妙音说。卷一〇一（原作“一百一”，按现在习惯，统一为全汉字，录入者注），明知诸趣，引《施设论》。明佛忆，引胁尊者说。明时受心解脱，叙异说。明心慧解脱，会《集异门论》。卷一〇二明尽生，引大德、妙音、胁尊者（二）说。明无漏慧，会《识身论》、《品类足论》、《集异门论》。明胜义明，引妙音说。卷一〇三谛现观与证净，叙分别论者说，又引世友、大德说，胁尊者（二）说。又叙破外国诸师说，又引妙音、胁尊者说。明证净，引胁尊者、世友、大德说。一〇四明预流于四颠倒断未断，叙分别论者说。明预流者于三三昧成就，叙异说。明三摩地，引世友、大德说。一〇五明空三昧，引《施设论》。明空三昧是上坐，引妙音。明重三摩地，引《施设论》、《品类足》（二）、瞿沙伐摩说。又二会《识身论》。明四修，引此国诸师说。卷一〇六明智互摄等，引妙音、僧伽筏苏、左受、譬喻者、阿毗达磨诸论师说。明十智互摄，叙分别论者说。明十智互成就，叙譬喻者说。明互修智，叙异说。卷一〇七明智互缘，叙异说。卷一〇八明智断结，叙外国诸论师等异说。明根等智知，叙异说，又引妙音说。明观前后，引妙音、胁尊者说。卷一〇九明八智人成就，叙众异说，又引《苏尸摩经》。卷一一二明三恶行摄，引《集异门论》、《施设论》。又有云：“问：此《发智论》、《集异门论》，与佛契经及《施设论》，摄诸恶行何故不同？答：彼依世俗，此依胜义……”明不善义，引世友、大德说。明立三恶所以，引胁尊者、妙音说。明三妙行互摄，引《集异门论》、《施设论》说。又有会，准上应知。明妙行，引《集异门》说。明善义，引世友、大德说。明立三善所以，引胁尊者、妙音说。卷一一三明妙行非业道摄，引《施设论》。明业，叙数论、胜论、譬喻者、分别说部说，又引法救说。明立十业，引胁尊者、妙音说。明十业道建立业或业道所以，引《施设论》说※（注：一一四有云：“昔健驮罗国迦腻色迦王有一黄门……”）卷一一四明黑黑业，引《集异门论》。明顺现法受业，叙譬喻者说，又引阿毗达磨诸论师言。明三界造业，会《品类足》、《集异门》。卷一一五明所缘受，引《识身论》。明心受身受，引世友、大德说。卷一一六明劫住，引世友说。明法轮僧坏，引《施设论》。明世尊眷属引世友、大德说。明天爱破僧断善先后，引世友、大德说。明邪语等，叙譬喻者说。明断命等种类，引《施设论》。卷一一七明住不律仪，引妙音说。明善不善律仪有支不异，引健驮罗国诸论师、迦湿弥罗国诸大论师说。明舍得律仪不律仪，引健驮罗国诸论师、迦湿弥罗国诸大论师说。明识发业，引僧伽筏苏说。明善染随转，引世友(二)说。卷一一八明业得法性别，叙异有云："谓犊子部分别论者欲令……问：彼由何量作如是说？答：由圣言故，如《施设论》说……此中犊子部分别论者问应理论者言……"按：此犊子部分别论者，似为一名词，则分别论者乃总名，而此为别名也。而《施设论》亦为其引证之书，而有部谓为"圣言"者也。即曰"圣言"，则迦旃延作不必生疑。明诸业过去等，叙异计。明感众同分，引僧伽筏苏、妙音说。明试他故问有云："曾闻迦湿弥罗国有一论师，至北印度阐林僧伽蓝，知众事者差为僧使，彼不受言，我是论师，应免斯事……"明无众生而有杀罪，引世友、大德。明杀生表业，二引妙音说。卷一一九明增长，引世友、大德说。明黄门杀父母不得无间，引世友、大德说。明傍生杀父母不得无间，引世友、大德说。又明杀生表业，引妙音说。明防护，引《揧迦经》。明住别解脱律仪者犯舍，引外国诸师、迦湿弥罗国诸论师言。卷一二〇明三世律仪不等，会《施设论》。明持戒，引迦湿弥罗国诸论师说。明不堕恶趣，引妙音说。明依怙法，引妙音说。卷一二一明异熟未离染，叙犊子部计。明业有异熟，叙异计。明修习果，引迦湿弥罗国诸论师言。明觉，引世友、大德说。卷一二二明成就无表，叙譬喻者计。卷一二三明业果有无漏，引西方诸师说。明非梵行，引旧对法诸师、迦湿弥罗国诸论师、胁尊者说。明离虚诳语，引旧对法诸师、迦湿弥罗国诸论师、胁尊者说。明遮罪，所引亦尔。卷一二四明近事，引健驮罗国诸论师、迦湿弥罗国诸论师、僧伽筏苏说。明近住律仪中有云："世尊依后所受律仪，告鹿子母曰：若有成就此八近住律仪，十六大国所有珍宝欲比其价，十六分中不能及一。一十六大国者，谓泱伽国、摩提陀国、迦尸国、憍萨罗国、佛栗氏国、末罗国、奔哒罗国、苏喻摩国、頞显缚迦国、頞饭底国、叶筏那国、剑跋阇国、俱卢国、般遮罗国、筏蹉国、戍洛西那国。此十六国丰诸珍宝，故偏说之。"明自业，引世友、妙音说。卷一二五明学谋害，有云："昔于此迦湿弥罗国……"卷一二六明留寿，引妙音说。佛教有云："因缘云何……如《义品》等。譬喻云何……如《大涅槃》。本生云何……如羆鹿等诸《本生经》。方广云何？谓诸经中广说种种甚深法义，如《五三经》、《梵网》、《幻网》、《五蕴》、《六处》、《大因缘》等。胁尊者言，此中《般若》说名方广，事用大故。”卷一二七明大造有云：“此部内有二论师，一者觉天，说色惟大种，造色即是大种差别。心所即心，心所即是心之差别，依契经故……阿毗达磨诸论师言……妙音(二)言……胁尊者言……(按：皆难觉天之言)二者法救说离大种别有造色，心所非即是心……彼亦不然……”又明虚空不立大种，叙外道计，引世友、大德说。明大造相别，引世友、大德、阿毗达磨诸论师说。明色界重冷触，皆引《施设论》。明饥渴触长养等流异熟，引健驮罗国、西方师、阿毗达磨者说，迦湿弥罗国诸论师说。卷一二九明定灭大种，引《施设论》。又有云：“昔于此部有二论师，一名时毗罗，二名瞿沙伐摩。时毗罗说……瞿沙伐摩说……”明无漏非食，引妙音说。明但说四食，引胁尊者、世友、妙音说。卷一三一明大种缘，叙譬喻者说文，又引妙音说。明五识无关现在前引阿毗达磨诸论师说。卷一三二明极微可见不可见，引妙音、阿毗达磨诸论师说。明过去大种造过去色等，叙异计。明一四大造二色，引妙音、阿毗达磨诸论师说。明一向住善心等，会《施设论》。卷一三四明色界身语业大种造，叙分别论者计、譬喻者计，又引世友说。明学者生无色界不成就过去造色，引僧伽筏苏说。卷一三五明生欲界作色界化，叙譬喻者计。明中有有大种，叙譬喻者、分别论者计。明劫，引《施设论》。卷一三六明刹那量，引《施设论》。明身虚伪，有云：“如雪或雪挎者，谓北方诸瑜伽师。如沙糖或沙糖挎者，谓南方诸瑜伽师。如生熟酥或生熟酥挎者，谓一切处诸瑜伽师。”此或非分高下胜劣之词，而瑜伽师有南北之分可知。卷一三七明除色想，引《波罗衍拏》、《众义品》说。明不立识住，引世友说。卷一三八明有执受，引《识身论》、《品类足》。明内外法实有，叙异计。卷一三九明二受，叙异计。卷一四〇明修无间道时于四会住修时别叙异计。卷一四一明会住惟四，引《法蕴论》等。明通解脱道摄，二会《品类足》。卷一四二有云：“如舍利子等诸大论师，于佛所说二句文义，造百千论分别解释尽其觉性。”明二十二根，叙数论、胜论计。明胜义根，引婆沙筏摩、僧伽筏苏、妙音世友说。卷一四三明俱解脱，有云：“昔于此义有二论师，一名时毗罗、一名婆沙筏摩。时毗罗称慧，婆沙筏摩称灭定……”明十六心见道，引外国诸师、僧伽筏苏说。明想等不立根，引世友、大德、众世、觉天、僧伽筏苏说。卷一四四明二十二根学非学，叙分别论者计。明意根作意相应，引胁尊者说。明善，引气尊者、分别论者、胁尊者、《集异门》说。明二十二根见断等，叙譬喻者说。卷一四五明二十二根见非见等，叙说一切法皆是见性者计。明二十二根有无寻伺，叙譬喻者计，引大德、阿毗达磨诸论师说。明二十二根乐等相应，叙譬喻者计。明二十二根界系，叙异计。卷一四六明二十二根因相应，叙异说。卷一四八明一解脱，会《集异门》。卷一四九明十六触，叙譬喻者说。卷一五十明天眼不能顿见，会《法蕴》。明见体，引《施设论》。卷一五一明略心等，引健驮罗国诸论师说。明寿等三，叙分别论者计，引世友说。明寿，叙譬喻者计。明自他害，引法救说。明无想定灭根，叙譬喻者分别论师说，引世友说。按：譬喻者分别论师云云，仅有一计，又无皆共之言，则亦分别论师之别称也。卷一五二明无想定起，引妙音说。明无想定退转，叙譬喻者计。明灭定灭根，叙譬喻者分别论师计。明灭定灭心心所法，叙譬喻者计。二定立解脱，引胁尊者说。明无想灭定差别，引世友说。明灭定种类，会《施设论》。明灭定体，引世友说。卷一五三明异生入灭定，引世友说，大德说。明菩萨入灭定，引世友、大德说。明俱解脱，引外国诸师说。明三十四心得一切智，引迦湿弥罗国婆沙师说。据此可知，上曰迦湿弥罗国诸论师，非毗婆沙师，或即阿毗达磨论师中诸派之一也。不然，何故此标毗婆沙师。明三触，引世友、大德说。明灭定断烦恼，引《施设论》。卷一五四明灭定胜利，引世友说。明结生命终心三引妙音说。卷一五五明法与心相应，叙说相应非实者计。明三根，引《品类足》说。卷一五六明二十二根成就别引西方师、迦湿弥罗国诸论师、健驮罗国说。明根无记，引迦湿弥罗国毗婆沙师，又西方诸师、此国诸师说。卷一五七明得过去法等，叙譬喻者计。明成就实有，叙譬喻者，又引《施设论》。卷一五八明得无漏离系，引僧伽筏苏说。卷一五九明善心俱等，叙说无相应法、无生老住灭、无退者计。卷一六一明味相应出入等，引《品类足》、僧伽筏苏说。卷一六二明慈异熟何处受，叙异计。明八等至有无，三等至叙异计。卷一六五明超定，引僧伽筏苏说。卷一六六明死想有漏，引外国诸师说。卷一六七明十想摄静虑，引分别论者计。明十想与静虑相应，叙异计。卷一六八明成就初静虑等，叙拨无成就不成就性者计。卷一七二明趣体性，三会《品类足论》。明地狱量，会《施设论》。明眷属地狱，引《施设论》。明狱卒有云："大德法善现颂当云何通？如说……答：此不必须通，非三藏所说，但是造制文颂。夫造文颂或增或减，不必如义，何须通耶？"明鬼趣，引《施设论》。明天，引声论者说。卷一七三明妙欲，引妙音、世友、觉天、大德说。明八世法，叙"分别论者及大众部师，执佛生身是无漏"(原文)计。卷一七五明善士，引妙音说。明杂修静虑，叙譬喻者计，又引世友、大德、胁尊者说。卷一七六明五净居，引《施设论》，会《品类足》。明学得未得，有云："《始缚迦经》是此论根本，彼说学所学故名学，自有生疑。"卷一七七明三二相，会《施设论》。

卷一七八明六度圆满，引外国师、迦湿弥罗国诸论师说。明菩萨惟于睹史多天受最后异熟，引胁尊者说。卷一七九明起愿智，引世友、大德说。明无诤行，引妙音说。明世尊记弟子第一，引世友、大德、阿毗达磨诸论师说。卷一百八十明心如猿猴等二，引胁尊者说。明发无碍解，引胁尊者、众世说。卷一八一色界无饮界等，引世友、觉天、大德说。明赞粪扫衣，引世友、觉天、大德说。明粪扫衣少易得无罪，引世友、大德说。明不可诃责，引世友说。卷一八二明法轮，引妙音说。明佛来起为他说法心，引妙音说。卷一八三明恭敬三业有上中下，引世友说。明佛转法轮处有云："若尔，法善现颂，当云何通？答……（如上）……"明成就三三摩地，叙异计。卷一八五明修空彼无愿等，叙异计。明作意入正性离生等，叙达摩毱多部等异计。明得阿罗汉果，叙分别论者计。卷一八六明佛眼观世间，引世友、觉天、妙音说。明退无漏法等，叙摩诃僧祇部、譬喻者计。明预流无退等，叙摩诃僧祇部、设摩达多（二）计。卷一八七明内外，引胁尊者说。卷一八八明受持十二分教等，引胁尊者说。明修真正愿念住，引胁尊者说。明一趣道，引《嗢底迦经》。明修身念住彼受等，引西方师、迦湿弥罗国诸论师说。明初忍及增长位惟法念住现在修，引妙音说。卷一八九明受乐苦等，引世友、大德说。卷一九〇明身心二受，引世友、大德说。明有味受等，引《品类足》。明染心如实知等，引迦湿弥罗外诸师。卷一九一明无记心入涅槃，引妙音、世友、大德说。明佛依不动寂静而般涅槃，依西方健驮罗国诸师、妙音说。则上所谓西方诸师，或即健驮罗国诸师也。明佛付嘱弟子然后涅槃，引妙音说。明佛付法入涅槃，引世友、妙音说。卷一九二明有舍二，引妙音。卷一九三明不修无常想等，有云："迦湿弥罗国外诸师作如是诵……"卷一九五明无常想，叙恚相应法执相应法非实者等计。明依定起天耳等，有云："外国诸师所诵文句作如是说……迦湿弥罗国诸师亦应作是说，而不说者，有别意趣。"卷一九六明因道等，引《施设论》、《品类足》。明忍与自所断疑得俱生，叙异计。又引妙音说，会《品类足》。明法与法作无间缘等，叙异计。卷一九七明法与法作所缘等，叙异计。明法与法作增上缘，叙异计。明根律仪等，有云："昔迦湿弥罗国招吉祥僧伽蓝中，有兄弟二阿罗汉，俱是法师，世称为难地迦子。彼说……"明成就及得叙异计。卷一九八明无施与报等，引世友说。明无阿罗汉，引世友说。明无因缘二引世友说，明无力精进。明修善无福。明执我引亦尔。卷一九九明九慢引世友、大德、觉天、妙音说。明执我，引世友、大德说。明六十二见，引《梵网经》。卷二百明依二见，引《狮子吼经》。明执命者三，引世友、大德说。明色心非常，引世友、大德说。阅《婆沙》竟，有可得而说者：（一）《婆沙》方法，悉与奘门之方法同，亦即《所集论》之方法也。然其噜嗦支蔓更甚于奘门，评破会违奘门诸生之所模仿者也。（二）“有余师说”而或评破或否，疑“余师”为有部中持异议者。“复次”、“有作是说”、“或有说者”、“复有说者”、“有说”所引，则皆有部中有地位之言欤？然亦有评破者，故不可决定说。（三）一切执有，确立于《婆沙》，将所谓去圣时远，人根陋劣耶？然其议论虽多，为支蔓之谈，实亦有精到周至之说。其例随处可见（惟非胜义耳，仍是名相之诠解），乃为大乘论立基础者也。是故《婆沙》一书，虽无精义，亦不合此土人胃口，而不能不读，不读则不知佛灭后思想之源流经纬，更无以见印度人之精神所在也。（四）有谓《婆沙》之态度专横者，则不尽然。实存众说而复细细分别确立有执，斯为得当之评。欲立有执，必有所简择，专横二字，似有其气氛而实不大当也（此论大公）。且于世友、胁尊者之说，始终未有评破（大德）之说，仅一二破。又其集存众说而不加评批者，较加评批破斥者为多也。（五）阿毗达磨论师者，疑是《品类足》之诸论师。有仅云阿毗达磨说者，疑亦指《品类》也。证以上文之举毗婆沙师可知。（六）妙音《生智》，此义未来，而据《婆沙》所引（甚多），则其体裁内容，亦犹《心论》、《发智》耳。总之，此皆时代及印度精神之关系也。（七）未出经及异说之名，而仅曰“如契经说”及“有说”等者（甚多），此未存名，应知。

（七）尊者法救造，宋天竺三藏僧伽跋摩等译《杂阿毗昙心论》十一卷。《出三藏记集》十有未详作者序云：“如来泥洹数百年后，有尊者法胜，于佛所说经藏之中，抄集事要为二百五十偈，号阿毗昙心。其后复有尊者达摩多罗，揽其所制，以为文体不足，理有所遗。乃更搜采众经，复为三百五十偈，补其所缺，号曰杂心。新旧偈本凡有六百篇，第之数则有十一品，篇号仍旧为称。唯有《择品》一品，全异于先。尊者多罗复即自广引诸论敷演其义，事无不列，列无不辩，微言玄旨于是昭著。自兹之后，道隆于世，涉学之士莫不宝之以为美谈。于宋元嘉三年，徐州刺史太原王仲德，请外国沙门伊叶波罗，于彭城出之，《择品》之半及《论品》一品。有缘事起，不得出竟。至元嘉八年，复有天竺法师，名求那跋摩，善练兹经，来游杨都。更从校定，谘详大义。余不以暗短厕在二集之末，辄记所闻以训章句，庶于揽者有过半之益耳。”又焦镜法师《后出杂心》序云：“……唯别立《择品》篇以为异耳。位序品次依四谛为义。《界品》直说法相，以拟苦谛。《行》、《业》、《使》三品多论生死之本，以拟集谛。《贤圣》所说断结证灭之义，以拟灭谛。《智》、《定》二品多说无漏之道，以拟道谛。自后诸品杂明上事，更无别体也。于宋元嘉十一年甲戌之岁，有外国沙门，名曰三藏，观化游此。其人先于大国综习斯经，于是众僧请令出之。即以其年九月，于宋都长干寺集诸学士，法师云公译语，法师观公笔受。考校治定，周年乃讫。镜以不才谬预听末，虽思不及玄，而时有浅解。今谨率所闻，以示后生，至于析中以俟明哲。于会稽始宁山徐支江精舍撰讫。”按：该论正文共十一品，初有《序品》。凡十二品而第二品亦称第一品。则《序品》实即序也。《序品第一》云：“古昔诸大师，于诸甚深法，多闻见圣迹，已说一切义，精勤方便求，未曾得异分。阿毗昙心论，多闻者已说，或有极总略，或复广无量。如是种种说，不顺修多罗，光显善随顺，唯此论为最。无依虚空论，智者尚不了，极略难解知，极广令智退。我今处中说，广说义庄严。（广说梵音云毗婆沙，以毗婆沙中义庄严处中之说。诸师释法胜《阿毗昙心》义，广略不同。法胜所释最为略也。优婆扇多有八千偈释，又有一师万二千偈释。此二论名为广也。和修槃头以六千偈释法，宏远玄旷，无所执著，于三藏者，为无依虚空论也）敬礼尊法胜，所说我顶受，我达摩多罗，说彼未曾说。弟子咸劝请，毗昙毗婆沙。专精思惟义，贤众所应学，正要易解了，离恼济群生。复次为显现清净烦恼对治，依阿毗昙、毗婆沙所应故，大德法胜及我达磨多罗，共庄严《杂阿毗昙心》，离诸广略说真实义……是论于诸论中最为殊胜，※（附注为译者所加，据记廿一页左可知。然勘注文，实甚精博）具足显示一切境界……”此外又有分别阿毗昙与毗婆沙名义。按：此自序近于自赞，其印度人之特色乎？广说梵音云云，恐是译者附注，不然西土后学所附注者耳。和修槃头云者，当即所谓古世亲也。无依虚空论，似为彼之美誉。又分别阿毗昙与毗婆沙名义中亦有夹注，如：“三根者，喜、乐、舍也。”等《界品第一》引《申恕林契经》，五明五阴次第有一颂。《心论》及《心论经》所无。又有十六颂半，明十二入、十八界等，为二论所无。中有夹注四。据此可知《杂心》之作，非若《心论经》，惟释《心论》也。诚有如所云：“说彼未曾说”焉。则谓为依据《心论》另组毗昙，非释论体可也。又明心意识名义等差别中，似引婆沙诸师之说。然《婆沙》七十二之明心意识差别，皆为“有说”之叙述口气，又未分名义业等差别以判，此则分名义业等以判，更略“有说”之叙述口气。可知其为依据《婆沙》而复组织润饰之，则此法救非《婆沙》中之古法救明甚。又明饥渴有云：“阿毗昙者说，罽宾者说。又明法入及十八界建立所以，皆袭《婆沙》文义而更组织润饰之也。且终不能越《婆沙》之范围，则实结合《心论》、《婆沙》之书，故称之曰杂耳。然必曰《杂心论》者，盖法救实法胜之裔，援引《婆沙》以扩《心论》之量，而适应时代之需要耳。于此可知，印度经论发展之史实。又引《多界经》、《阿毗昙》（二）说，界中一可见颂下，又有四颂，二论所无。明四论，引阿毗昙者说。明三种有对，引《施设论》说。有漏有十五等三颂以下，有十八颂半，二论无。明有罪有报，明见有附注云："从眼识非见至此凡七章，初诘问辩非，余六章辩析释识等非见物异人异叙其所执，终则检实罚违以成己义。"又明十极微大造五因，界有分，非学非无学、有上、果非果、三界三种缘。又明见闻觉，识境远近，事及长养报刹那与依种，四禅生身眼等自他成就不成就等，外界识识别，三界意识思惟别。此中亦有附注，以不要，未录，下例如。此十八颂半及长行，未知亦袭《婆沙》否。予意仍不能与《婆沙》无关也。然有一事可说者，法救议论之方式颇同法胜，条理井然，非若《婆沙》之磊堆噜嗦。是故纵钞《婆沙》亦非拾《婆沙》之牙慧者。慧意其间必有更较《婆沙》精密之说，如所录大造五因五识依次第灭意等，似未见于《婆沙》。则大乘毗昙之基础因此而益渐开展，故斯论实《婆沙》后，一最重要之作也。更可作一结论曰：此论好处有二：（一）结合《心论》、《婆沙》之说，而另成立一有条理系统之毗昙，义广于《心论》，简要于《婆沙》。（二）时有精新之论，开展大乘毗昙之基础（乃在名相方面）。《行品第二》诸根有惭愧颂下，有三颂二论无。明邪解不正忆等，烦恼大地十，及无惭无愧忿恨等小大地。（明悔性）此下有引毗婆沙者说。明十极微，有二引阿毗昙说。一切有为法颂下，有二颂，《二论》无，明四相各八法，四远等。所作共自分下有十颂，《二论》无，明所作因、共有因、自分因、自分因受果与果、一切遍因、相应因、报因、因受果与果，及世建立次第亦缘缘颂下，有四颂《二论》无，明阿罗汉品后心作次第缘、缘缘、增上缘、因缘。心及诸心法颂下，有七颂《二论》无，明名、色、时、极微、刹那。《业品第三》若得禅无作下一颂，《心论》无，《心论》有，若处中所作下有四颂，《二论》无。明隐不隐没无记不律仪，别解脱律仪。得色界善心颂下有一颂，《二论》无。明得不律仪因缘，引毗婆沙者说。别解脱调伏颂下有二颂，《二论》无。明禅及无漏律仪舍时，有引阿毗昙者说。不律仪四时颂下有二颂，《二论》无，明舍色无色业。是相违妙行颂下有十五颂，《二论》无，明杀生、盗、淫、妄语、瞋、贪、痴、邪见，业道作无作，诸趣善恶业道有几，善不善业道与思俱转，业道得果果相似。下有引阿毗昙说。得不苦不乐颂下有一颂，《二论》无，明五受。若有思能坏下有一颂，《二论》无。明十二思断业，曲者从谄起下有二颂，《二论》无，明等起及六识转与随转。一切妙行净下有四颂，《二论》无，明业果。《二论》善不善业果一颂，此开为六颂，无间无极业下有□颂半，《二论》无，明三障，坏僧种种。《使品第四》第一颂下有一颂，《二论》无，明七使界行种分别为九十八使及断，实即《二论》之第二颂意也。堪《心论经》文可知。化地为境界颂即《二论》初烦恼五种颂，下有二颂，《二论》无，明使一切遍等。邪见疑相应下有三颂，《二论》无，明三界断邪见，贪等非无漏缘。若使无漏缘下有五颂，《二论》无，明一一使几使，见苦断余使亦尔，非缘使使非相应使使等。下有引云："彼婆蹉部说……阿毗昙者说……譬喻者说……"下《二论》有三颂，此无。有扼漂流取下有十四颂，《二论》无，明扼流取缚漏性，烦恼种起，何缠何使依，烦恼垢依，何缠何烦恼相应，何故悭嫉立九结等。下《二论》有三颂，此无。贪欲恚瞋痴下一颂，《二论》无，明无色断使，知使等。时断烦恼下一颂，《二论》无，明烦恼云何断。欲界中解脱下有八颂，《二论》无，明断知种种。有云："问：彼使为心相应为不相应？此何所疑，二师异说故。毗婆阇婆提欲令不相应，育多婆提欲令相应，于此有疑。"《贤圣品第五》初一颂，《二论》无，明三种修行。是方便于身下一颂，《二论》无，明念处几种。从是明为暖下一颂，《心论》有，《心论经》无，明世第一地摄，引瞿沙说。下《二论》一颂，此开为二。若至十六心下一颂，《二论》无，明须陀洹。未尽修道种颂下二颂，亦将《二论》一颂开为二颂者，六品烦恼断，下二颂亦尔。九品尽不还下有十二颂，《二论》无，明阿那含诸般，有云："种性处根建立则一千四百四十，记曰……此一切摄受万二千九百六十，记曰……"勘此述数似引《婆沙》，记曰之文，不知其义。又明七士夫处等，下明不动罗汉，论文"有余三摩提故"，附注云："谓空空无愿无愿无作无作"。慧解脱当知下有四颂，《二论》无，明九种根，根本种性罗汉，增进根罗汉。当知无学法下有四颂，《二论》无，明随信行人数，八人等。无着相似名下一颂，《二论》无，明果满等。末一颂，《二论》无，明三无间等。《智品第六》若智观他心下十颂，《二论》无，明因建立十智，善等分别，又列释十六行名义，勘如《婆沙》七十九。尽智无生智下一颂，《二论》无，明诸行谁能行，下《二论》有一颂，此无。无学初心中下一颂，《二论》无，明修有漏功德。下明神通智性，引阿毗昙者、瞿沙说。下《二论》有一颂，此无。处非处智力下有十四颂半，《二论》无，明十力无畏、无诤。附注有云："为令众生因恼得度故，有时不入无诤三昧。"妙愿智、义辩等，有云："《因明论》方便者，此辩不以《因明论》为方便，则无能起者，不知应不应故。是故说阿毗昙为方便，以《因明论》无如阿毗昙者，以智具足故。"末上颂及开二论之一为二者也。《定品第七》善有漏是净下一颂，《二论》无，明净有几种。下明《毗陀》六支，有附注云："四《毗陀经》，一者亿力毗陀，二者阿他毗陀，三者耶训毗陀，四者三摩毗陀。毗陀者智也。有六支所成，一、学，二、欲，三、想，四、辞，五、记，六、缘历也。"离息入息出下一颂，《二论》无，明禅支有几。三摩提与通下九颂，《二论》无，明无量根思惟、胜处性、背舍、想受灭、善根自性成就功德。附注有云:“证者,显现义也。谓不失所作,所作显也。”又云:“出定名为起,若解脱是无记者,则出三昧也。若是善即三昧也。”又云:“阿毗昙解脱如云胜知胜见,见即慧也。”按:此可知此附注者,实亦非常徒也。必如此而后可以言译事,则又译事中言特事也。三背舍当知下有一颂,《二论》无,明背舍胜处,一切处差别。住上应当知下二颂,《二论》无明诸禅断不断烦恼别。若能熏诸禅下一颂,《二论》无,明何故熏禅。随识现在前下二颂,《二论》无,明一时得几心。有附语九,皆好。然《二论》于若能熏诸禅下有二颂,明愿智,此无。《修多罗品第八》,初一颂后有十九颂,《二论》无,明施戒修一一几种,施性、施种、施果,有云:“施来求者施是《旧阿毗昙》说希望施。”又明即施即果、大果法施、无畏施、大施、四戒、净持戒、二种修等。下明四识住,附注有云:“依者识所依缘者能缘非所缘,分者,胡音云何婆他耶,义云流注。”于此可证,附注音之为译人。此诸分建立下六颂半,《二论》无,明有支前后合相摄,起、四缘起有引《识身论》。又明生及趣,下明觉支性有引《鞞婆娑》。谓眼等四根下一颂,《二论》无,明根义。二断无断四下二颂,《二论》无,明成就几根,几根得沙门果。若取诸根义下一颂,《二论》无,明智境界。《杂品第九》明味身,附注有云:“味者是字胡音中有味声,谓是字之模法,非今形色字。”又明数灭,引《毗婆沙》、譬喻者说。又引说虚空容有。报谓众生数二颂,乃开《二论》之一为二者也,明阿罗汉住何心入涅槃,有引尊者说曰。附注云:“此达摩多罗以古昔达摩多罗为尊者。”据此可知,附注之文乃有所本或师承,则在西土此或有注,亦为可知。后有二十三颂,《二论》皆无,明修行者几时极为业所障碍,五事,四果有云:“育多婆提说……”又明神足,有附注云:“胡言栗地,或言神足,或言如意足,或言自在,或言富满,皆义出耳,悉不全得本名。”此可为译梵为华困难之证。然能出义,不必尽如本名,即不可谓译错,故吕君之说大误。又明退法必退不等。又明佛轮王等出世时,得有无成就,苦法忍等几得,解脱得何地摄,道俱起得彼得是俱起道因不。重三摩提,超越三昧,佛语善无记,声闻,几入可烧,几入能烧,地地界何差别,善根几种。云何恶趣得非数灭,住何受命终及生,意识不共。《择品第十》《二论》所无,明法轮、梵轮、贤圣八支成就齐,齐几是尸罗等。斋律仪、律仪比类,身身业成就不成就。四种入胎,入胎人,须陀洹有不善业不堕恶趣所以,食、二趣何食增,三皈、四不坏净、沙门果,无一念顷,一智知一切法。此中有云:“若此智生知一切法空及无我,而不知自己自性,不自顾如指端不自触,此亦尔。又无二决定故无有一智二决定。”又明对治几种,四种修,修道差别义，诸缘何时作事，诸心起灭，十二心建立，二十心，正法，金刚三昧有引瞿沙说。又明神通善不善，有引《施设经》。又明诸根事，等及第一义，中阴，知法识法明法，劫云何过，劫尽最初，云何心乱，退法，何处不退，齐仅当言菩萨，四种萨婆多。此中有云："问：几种萨婆多？答：一种异分别，或有说相异，或说分分异，或复说异异。此四种萨婆多，一种异分别者，彼说诸法随世转时，分异非事异。如乳变为酪，舍味力饶益不舍色。如金银器破已更作余器，舍形不舍色。法从未来至现在亦尔，当知此是转变萨婆多。相异者，过去法与过去相合，不离未来现有相。如人著一色，非不著余，彼亦尔。此说有过，若过去诸法不离未来、现在相者，竟何所成，亦成合义。若尔者则世乱，如人著一色于一色爱著亦行亦成就于余成就而不行，是故彼说世乱，譬亦相违。分分异者，说诸法随世转时，分分异非事异。此则不乱建立世。何以故？业别故。谓法未作业说未来，作业说现在，作业已说过去。彼异异者，彼说诸法随世转时，前后相待非事异亦非分异。如一女人亦名女亦名母，前后相对故，谓观女则知母，观母则知女。此最乱建立世，彼言过去世一刹那有三世，说言观前起相名未来，观后起相名现在。问：诸师说谛无间等，各各异。萨婆多及婆蹉部说次第谛无间等，昙无德等说一无间等，何者为实？答：今当以五支如实说（五支者，一宗，二因，三譬，四合，五结，六义，如下偈说——此附注云）：次第无间等，智谛异相故，见瓶不见衣，是故彼亦然。"据此可知，有部至此已显然分为四部，且已应用因明立论矣（《婆沙》二十七仅述《因明》之法而未应用）。又此中引《给孤独修多罗》，下又明有中阴，引《阿湿波罗延经》。又明一切有，有云："如所说四种萨婆多，问：为有一切有为无？答：当知一切有，非有一切相，一切无一切，无有他相法。此有是萨婆多所立。一切者，谓十二入。彼诸入有自相非余，一切相所作别故，作业别前已说。一切无一切者，谓学法中有学法，无无学法，无学法中准知。如空中亦无有迹，如是比。问：此说有云何无有？答：无有他相法。如眼相是眼入，无余入相。相别故，以是故说一切法不杂。一切世悉有，不违其所应，牟尼之所说，声闻僧无佛。有三世萨婆多，此萨婆多所立。问：何故？答：现在世者，观过去未来故施设，若无过去未来者，则无现在世。现在世无者，亦无有为法，是故有三世。莫言有咎，若言久远是过去当有是未来非是有唯有现在者，此不然，何以故？有业报故。世尊说有业有报，非是业报俱现在。若业现在，当知报在未来。若报现在，当知业已过去。若言俗数说有业有报者，此亦不然。世尊亦说作者不可得，此亦俗数说耶？神口所说第一义空修多罗，而汝妄想说此有故彼有。如是比，当知如汝说久远是过去当有是未来非是有，唯现在是有者，莫作是说。我亦能说现在者于既往是未来，于当有是过去，此非智者说。如所说若无信等五根，我说是凡夫辈。若学人缠所缠信等五根不现在前道，与烦恼不俱故，是故应知有过去未来。若异者圣人应是凡夫，若言得随生此亦不然，无法得非分故，依处非分故。”按：此立一切有乃至三世有云云，于文字上固无《婆沙》所谓“实有”之辞，于述义亦与《婆沙》不同。夫以各别作业为有，复无实有之文，则大乘亦承认者也。明三世有而知分位假说，如“我亦能说现在者于既往是未来”等，则唯识家所不能破者也。是故《杂心》虽是一切有部之书，其说已渐离《婆沙》之固执，而渐趋于正理矣。实大小乘接轨之枢纽也。下又有云：“我今于尊者法胜所说中，以少智慧思量撰集造立章句，将以申述助宣遗法，非欲骄慢求名称故。如彼所说，若生诸烦恼是圣说，有漏灭道亦生烦恼，而非有漏增，烦恼非分故，无漏缘烦恼而不增，前已说，是故我说增也。无漏缘软中上不增者，不然，依增故。”据此可知，论主虽循《心论》之辙，而有时不必尽合，是故《杂心》乃承《婆沙》家业，而复变通之以扩充修正《心论》及《心论经》者也。实事彰彰，无可更事曲解。又云：“我今增益论，其心无所贪，为令智者乐，疾得寂灭乐。《经本》至略义说，《深广》难可受持，《如虚空论》难可了知，前已说。是故增益论本，随顺修多罗义，令易了知。以知义故，烦恼则断。”《论品第十一》颇获未曾得下二十颂半，《二论》无，明成就八忍七智，一刹那得舍三脱门等。末云：“萨婆多比丘，庄严阿毗昙偈，愿令一切众生，智慧渐增，疾得解脱。”则法救说是萨婆多比丘矣。按：有事可说：（一）《杂心》自谓处中说，而以《心论经》为广。勘文虽有处略于《心论经》，大多则广于彼。或此土所译《心论经》非西土之广本也。（二）《心论》执有不显，惟有假名为尽之文。《心论经》较显有阴有事，非但假名之说。《婆沙》承《发智》之业确立有执，《杂心》取《婆沙》之说而变通之，已如上说。其故则《心论》一派之说，与《婆沙》一派之说，本有其不同处，（就中《心论经》因时代近于《婆沙》，故执有较《心论》明显，《杂心》则恢复《心论》之面目矣。以其明有较《心论经》通达也），而《婆沙》以后，学风渐趋向于正轨，亦是事实之不可否认者。盖思想之流，固必须通为人心内在之要求也。（由散漫而趋于总合，如由《发智》、《心论》、《生智》等而有《婆沙》，亦是思想流中所必有之事实。易言之，亦人心内在之要求耳）。因此而有融合经部以抉择有部之《俱舍》出，乃为自然之结果，实有学术史上极有趣之事实也。（三）此于《二论》之颂（《二论》颂同），有开有合，开多合甚少，准上可知，详须更勘。（四）执有之家之论议，固有为大乘毗昙立基础者，而其有见实非佛法，故龙树严辞斥之，则不可与《集异门》等同其论断也。于《杂心》则不然。

觉海遗珠集(庚)

再续异部宗轮之部

※（勘遁麟《俱舍颂疏记》云：妙音，梵云瞿沙，唐言能鸣。谓彼尊者久流生死，今得圣智，对昔况然，故号能鸣。或能宣唱，故号能鸣）（一）尊者瞿沙造，曹魏失名三藏译《阿毗昙甘露味论》二卷，共十六品。《布施持戒品第一》明布施、思好、田好、物好、田异、布施六难，善不善律仪等。《界道品第二》明五道三界众生寿。《住食生品第三》明四识住、四食、四有。《业品第四》明身口意行，善不善无记行等，二无记、三无教，六地成就无漏律仪，四事失不律仪，五果，善不善无记法。《阴持入品第五》明四事离有漏法，谓无常无我无乐无净。又明二种五阴，十二入，十八持及诸门分别十八持。《行品第六》有云："一切有为法无势力起，因他力共生。是应诸法有四相，起住老无常。问：若有四相，是应更复有相。答：更有四相，彼相中余四相俱生，生为生、住为住、老为老、无常为无常。"又明心相应不相应，四缘、六因、十烦恼大地、十小烦恼地、十善大地、三处。《因缘种品第七》明十二因缘。六种。《净根品第八》明三种欲陈，二十二根及诸门分别。《结使禅智品第九》明九十八使二种断，十使，十小烦恼说缠及无明相应断等。《三十七无漏人品第十》，明参禅系心一处，观一切行实相生灭不住故无常，积灾患故苦，内无人故空，不自在故非我。暖、十六行、顶、忍、世第一法、四向四果、随法行、随信行等。《智品第十一》明十智及诸门成就。《禅定品第十二》明八禅、中间禅、未到地禅，观身不净，念数息，十想。《杂定品第十三》明三三昧谓"一心观五受阴空无我非我，是谓空三昧。入是三昧不愿淫怒痴，更有生是谓无愿三昧，是三昧缘离一想法，是无想三昧"。又十行等应知。又明六通，十一切入，八解脱，四辩等。《三十七品第十四》明三十七品。《四谛品第十五》明四谛、四不坏净、七识住、九众生居、忆念、痴、三支、二种律仪、三障。三药。《杂品第十六》明六十二见、五邪见、六修、十法、十七法、三无为、两道得果等。有云："有为法果亦涅槃果，何以故？一切有为法，因缘生涅槃道果。"末云："得一切智甘露味，得道圣人名瞿沙造。"

按：该论仅略释如上所录名相，义亦不过如上所录，非要籍也。时代准《己集》应知。

※有大番国大德三藏法师沙门法成于甘州修多寺道场，译《萨婆多宗五事论》一卷。勘其次序条目，实即此论之异译，非《五事婆沙》之异译也。然其内容不及此十分之三，译事诚甚拙也。又后汉安息三藏安世高译《阿毗昙五法行经》，先明四悬（按：即四谛），此论无。次明色、痛、想、别离、意行、无为，则同此。尤以其明行中三善不善根，后明九结。又七使（按：即七随眠），又十默（按：即十智），又德等（按：即得等），又空，尽而未离，尽则次序与此同。疑亦此论之异译也。

（二）塞建陀罗阿罗汉造，玄奘译《入阿毗达磨论》二卷。卷上初云："欲令彼于阿毗达磨法相海中深洄复处欣乐易入，故作斯论。谓善逝宗有八句义，一、色，二、受，三、想，四、行，五、识，六、虚空，七、择灭，八、非择灭。此总摄一切义。"下即明四大种，十一造色，诸法三相谓"一、自共相，如变碍故说名为识。二、分共相，如非常性及苦性等。三、遍共相，如非我性及空性等。"下又明三受、六受、三想、六想、二行、三思及触、作欲、定（有引毗婆沙者说）、信（有云：缘起法性是信事业）、精进等。又明三善根、三不善根、四无记根。有云："毗婆沙者立无记根。"又明九结、三缚、七随眠、九十八随眠、随烦恼、十缠、三漏、四十一物、五十四物、十五物、四瀑流、廿九物、三十六物。卷下明四取、五盖、界、趣、生、十智、八忍、断随眠证果、三因法、不相应行得等。中明命，引《对法》说。又中明四相有云："若无生相，诸有为法应如虚空等……"又说如所相法有四随相，谓名生生等。（按：自三思以下至断随眠证果明相应行，下即不相应也）知其是有部宗徒，口吻不离其宗也。下明六识、六因、四缘、五果。明无为有云："虚空若无者，诸有碍物应不得生，无容者故。故知实有虚空无为……择灭有多异名，谓尽离灭、涅槃等。如人经说四无色蕴及色等总名为人，于中假想说名有情，亦名意生。此唯有想唯有言说，如是诸法皆是无常。有为缘生此故苦，谓生时苦，住等亦苦。于此众苦，永断无余，除弃变吐尽离染灭寂静隐没，余不续起，名永不生。此极静妙谓一切依除弃爱尽离灭涅槃……非择灭决定实有。"按：该书引《婆沙》，当在《婆沙》后。引而未加抉择，不过拾牙后慧耳。其价值逊于《杂心》不啻千万倍也。此《婆沙》以后所出毗昙之又一面目也。

（三）尊者法救造，玄奘译《五事毗婆沙论》二卷，共三品。《分别色品》第一云："尊者世友为益有情，制《五事论》。我今当释……尊者何缘制造斯论？答：有弟子等怖广闻持，欲令依略觉自共相。谓彼尊者常作是思，云何当令诸弟子等于一切法自相共相，依止略文起明了觉……问：何谓诸法自相共相？答：坚湿暖等皆诸法自相，无常苦等是诸法共相。世间虽于诸法自相有能知者，然于共相皆不能知。”按：此自共相之言，来自《心论》之初。又明何名五事论，有云：“阿毗达磨诸大论师咸作是言……”次明何义说色色云何。唯立四大种，引胁尊者说。虚空不名大种，引大德、妙音。大种义、大种事业、大种自共相，有引《毗婆沙》说。大种各别事业，四界不可相离，造色相谓眼根等乃至无表色，有引《发智论》说。《分别心品》第二明六识身，各善等四种，又各二种三种。《分别心所法品》第三，此中明心所义，引《萨他筏底契经》，明相应义有云：“阿毗达磨诸大论师咸作是说……”下明受想思触等。明乐受中，引无乐受者说，又引阿毗达磨诸论师言实有乐受。次又述无乐受者救义。次论立破云：“彼救非理，所以者何……是故定知实有乐受。”此后无文，不尽五事之说，疑原翻梵本有缺也。然此书实《杂心》作者法救所作，引《婆沙》且述文义多同《杂心》也。又虽属概论名相之书，而问答抉择具见手段（此与奘译之《入阿毗昙论》对比可知），自非法救不办也。更为大乘毗昙之体裁立基础矣。是故此论简短，亦要籍也。按：此中有云：“问：已知色相诳惑愚夫，不可撮摩，犹如聚沫，欲闻心法……问：已知非一所依所缘行相流转，犹如幻事，极难调伏，如恶象马。由有贪等差别之心，今复欲闻心所法相……”

（四）尊者世亲造，玄奘译《阿毗达磨俱舍论》三十卷（《藏要》本）。现存疏四种：一、大慈恩寺沙门神泰述《俱舍论疏》，存卷一、二、四、五、六、七、十七之七卷。二、普光述《俱舍论记》三十卷。三、法宝撰《俱舍论疏》三十卷。四、中大云寺沙门圆晖述《俱舍论颂疏》三十卷。（皆《续藏》本，后三种又考。）按：第一种残缺，第二第三种无序跋，第四种有正议大夫、持节诸军使、晋州刺史贾曾撰《阿毗达磨俱舍论略释记》云：“释迦去代过九百年，天亲菩萨纂论千部，此对法藏论，尤称工也。虽源出《婆沙》，本诠论藏。若能究根界之旨，穷世圣之源，辨因果于真俗，祛执滞于人我，乃十二部经思已过半。八万法门，由而可知，岂唯但趣小乘，专攻说有而已？大唐三藏玄奘法师，躬得梵本，再译真文。其徒大乘光法师，亲承密诲，初传正释。然论岐则说繁，义富则辞黩，学徒始习，难以兼功。有圆晖上人者，慧炬炽然，幼好斯文。余求略释，先辨颂文。良愿不违，欣然默受。旧德闻已，深相激赞。上人自陈作意，已题别序。”然续藏本仅二十九卷，考大正本卷二十九“放逸起烦恼也”下有疏《破我品》文九段。第三十卷亦全璧无缺，则诚法门盛事，勘其附注云：“以下至第三十卷之终，以东大寺藏古版本本会校正而补之。”倭人之功亦不小矣。然《续藏目录》

有“俱舍论颂疏卷三十某补作”之文，未知即是大正本之文否也。其它有京兆西明寺沙门慧晖述《俱舍论释颂疏义钞》六卷。富春沙门遁麟述《俱舍颂疏记》二十九卷，乃解圆晖之作者。建安沙门法盈修《俱舍颂疏序记》，乃解贾曾之序及圆晖自序者。勘未解《破我品》以下，乃至卷三十之文，则《破我品》以下之文，或非圆晖所出。盖本有其文而不解，且未声明者，实事上说不过去。

按：奘师译《俱舍》之前，真谛尝有异译，《出三藏记集经序续编》四，释慧恺《阿毗达磨俱舍释论序》云：“时移解昧，部执竞兴，或以文释义，或以义判文。虽复得失参差，皆以三藏为本，可谓殊途同归一致百虑者也。寻十八部，师及弟子，并各造论，解其所执，于一部中多有诸论。此土先译萨婆多部，止有《毗婆沙》及《杂心》四卷。《毗婆沙》明义虽广，而文句来不具足。《杂心》说乃处中，止述自部宗致，四卷过存省略，旨趣难可寻求。此土先译经部止有《成实》一论。《成实》乃以经部驳斥余师，其间所用，或同余部。又于破立之中，亦未皆尽其妙。且传译参差，难可具述。佛灭度后千一百余年，有出家菩萨，名婆薮槃豆，器度宏旷，神才壮逸，造大小乘论，凡数十部。法师先于萨婆多部出家，仍学彼部所立三藏。后见彼法多有乖违，故造此论，具述彼执，随其谬处，以经部破之，故此论本宗是萨婆多部。其中取舍，以经部为正。故天竺咸称为聪明论。于大小乘学，悉依此为本。有三藏法师俱罗那他，硕学多闻，该通内外。为弘法故，远游此国。值梁室将倾，时事纷梗，法师避地东西，垂二十载，欲还天竺，来至番禺，慧恺因请翻讲《摄大乘》等论。经涉二年，文义方毕。法师尔后犹欲旋归，刺史欧阳纥重复请留。慧恺与僧忍等，更请翻讲此论。以陈天嘉四年岁次阏逢龙集涒滩正月二十五日，于制旨寺，始就开阐。《惑品》未毕，仍事徙居于南海郡内，续更敷说。法师游方既久，精解此土音义，凡所翻译，不须度语。但梵音所目，于义易彰。今既改变梵音，词理难卒符会，故于一句之中，循环辩释，翻覆郑重，乃得相应。慧恺谨即领受，随定随书。日夜相继。无懈晷刻，至其年闰十月十日，文义究竟。论文二十二卷，论偈一卷，《义疏》五十三卷。刺史仍请于城内讲说。既得温故颇识大宗。非唯暗弱，多有疑滞，又恐所翻不免谬失。至天嘉五年岁次柔兆二月二日，与僧忍等更请法师，重译论文，再解义意。至光大元年岁次强围十二月二十五日，治定前本始末究竟。长史袁敬，识鉴沉深，信解明正。长史长子元友，爱文重法，并礼事法事，备尽经始。南中翻译悉赖此贵门，方希永传来世，以为后生模式。”《义疏》失佚，诚不幸耳。

《泰疏》一云：“奘法师依西方传世亲菩萨判释云，佛说三法印，一切经法为此三理所印，即真佛法。就三印中，一切行无常，唯局有为；涅槃寂静唯无为少分；诸法无我道理通一切有无为。故今依诸法无我理以造斯论。就九品中前之八品明诸法，第九一品明无我。俱舍此云藏阿毗，此云对达摩，此云法。此论一部具二义：一、能摄藏本藏胜义，二、为本藏之所摄藏。具能所藏，故称为藏。”《光记》一云：“采六足之纲要，显八蕴之妙门。虽述一切有义，时以经部正之。真谛法师译兹论讫，但为方言未融，时有舛错。至如现法非得先哲同疑，常非果因，前贤莫辨。如斯等类，难可备详。三藏法师以永徽年中，于大慈恩寺译。如《五蕴论》等，唯解诸行无常。如《涅槃论》等，唯解涅槃寂静。此即偏释一法印。如《俱舍论》等解诸法无我，此即举一以明三。（余同所录《泰疏》一。）”《晖疏》一云：“贾公请造略释，大圣善寺怀远律师亦孜孜以劝诱……佛涅槃后，四百年初，健驮罗国，有王名迦腻吒迦。其王敬信尊重佛经。有日请僧入宫供养，王因问道，僧说莫同。王甚怪焉，问胁尊者曰：‘佛教同源，理无异趣，诸部立范，孰最善耶？’尊者答曰：‘莫越有宗。’王曰：‘此部三藏，今应结集。须召有德共详议之。’于是万里星驰，英贤毕萃。于无学内，定满六通，智圆四辩，内闲三藏，外达五明，方堪结集。所简圣众，四百九十有九。王曰：‘此国暑湿，不堪结集，应往王舍城中迦叶结集之处，不亦宜乎？’胁尊者曰：‘王舍城中多诸外道，酬答无暇。迦湿弥罗国林木郁茂，泉石清闲。复山有四面，城唯一门，极坚固矣，可结集矣。’于是国王及诸圣众，自彼而至迦湿弥罗。到彼国已，缘少一人未满五百，欲召世友。然世友识虽明敏，未成无学，众欲不取。世友顾圣众曰：‘我见罗汉，视之如唾，久舍不取。汝何尊此，而弃我乎？我欲证之，须臾便获。’遂于僧众，※（勘《麟记》一，请世友结集，又有余文，似皆据《西域记》者。又云悟入，梵云塞健陀罗，则即《入阿毗昙论》之作者矣）便立誓言：‘我掷缕至空，缕下至地，须臾便证阿罗汉果。’缕未下空，诸天接住，语世友曰：‘大士方期佛果，次补弥勒，何为此小缘，而欲舍斯大事？’于是圣众闻此空言，顶礼世友，推为上座。于是五百圣众。初集十万颂释素怛缆藏。次造十万颂释毗奈耶藏。后造十万颂，释阿毗达磨藏，即《大毗婆沙》是也。世友商榷，马鸣采翰，备释三藏，悬诸千古。法云重布于遐方，佛日再晖于沙界。既结集已，刻石立誓，唯听自国，不许外方。敕药叉神守护城门，不令散出……世亲至本国已，讲《毗婆沙》。若一日讲便造一偈，摄一日中所讲之义，刻赤铜叶，书写此偈。如是次第成六百颂，摄《大婆沙》。其义周尽。标颂香象，击鼓宣令云：‘谁能破者，吾当谢之。’竟无一人能破者。将此偈颂，赍往迦湿弥罗……果如悟入之言（按：……同《宝疏》）。世亲著论宗旨存其两种：一、显宗，即一切有。故下文云：‘迦湿弥罗议理成，我多依彼释对法。’二、密宗，所谓经部。故下文云：'经部所说不违理故，此一部论多将经部破萨婆多。'故知世亲密意所许，经部为宗。陈真谛法师有于岭南译成二十二卷，未善方言，文义舛错，至如无为是因果，前译言非，现法无非得，昔翻云有。”《宝疏》如《天亲传》眉批，有云如别章释者，不知何所指。《法盈序记》云：“三藏于西方大乘诸师立破口授基法师，小乘义授光法师，如安慧师救论主义是也。”勘前有元禄癸未道空刻序，后又有其跋云：“有人曰法盈者，圆晖弟子，见尚慧《俱舍私抄》第十一，而此记智证大师入唐请来，余皆未能考之。”按此：《记》不过释文而已，实无足取。又《义抄》一云：“大唐三藏门人光法师亲传染妙之辞，密受立破之旨，创造文疏义颇烦多。有宝法师者，道亚先知，才当间出，再为割折，无以加然。此《颂疏》多依光释，简易之功悬诸日月。取舍之理或有异同。今造抄文，良在于此。略宝公新疏，采《正理》微言，对会两家弥缝其阙。又见近来著钞者众，并广引《发智》、《婆沙》以为训释。文繁义略，难可依凭，今之抄文颇亦不取。”《麟记》一叙真谛事，引《释经图记》有云：“以梁武帝泰清二年，于宝云殿奉敕译经，总一十一部，谓《光明》等。后至衡译《起信论》讫，值侯景作乱乃泛海西归遇风至广州。陈时永定元年，始译此论也。”又云：“言无为是因果，前译言非，谓无为于法不障，是能作因，为道所证，是离系果。然不从六因生，故名无因。不能取果，故名无果。由是昔人不辨有无是非之异，遂云无为非因果。非即非其自体，无即乃是无他，但得言无，不得言非也。言现法无非得，昔翻为有者。夫言得非得法，非得者非其法体。法若起至现在，必须有得。今言现法有非得者，理极相违，故并为谬。此言无非得者，谓无法俱非得，非无前后。非得如下明非得门，现在之法有法前法后非得故。”

《泰疏》一云：“此论一部傍正总有六百七颂。”《光记》一解不染无知，初叙异引德光论师、经部师、一切有部古师、大德逻摩等十一说。后七说皆据《正理》七十及二十八。次破十一说。三述正义，引《正理》、《婆沙》及元瑜法师解《顺正理》“或诸有情”以下文。四释名，五诸门分别。《宝疏》大同，《晖疏》简要。

《光记》一云：“有古德说闻慧缘亦名能受持读诵者，此解不然，当《毗婆沙》不正义。”又有：“六足者，舍利子造《集异门足论》，一万二千颂，略本八千颂。大目乾连造《法蕴足论》，六千颂。大迦多衍那造《施设足论》，一万八千颂。以上三论，佛在世时造。佛灭后一百年中，提婆设摩造《识身足论》，七千颂。至三百年初，筏苏密多罗造《品类足论》，六千颂。又造《界身足论》，广本六千颂，略本七百颂。至三百年末，迦多衍尼子造《发智论》，二万五千颂。后代诵者广略不同，一本一万八千颂，一本一万六千颂。此本即是和尚所翻。前之六论义门稍少，《发智》一论法门最广。故后代论师，说六为足，《发智》为身。此上七论是说一切有部根本论也。”《宝疏》一释对义，引真谛法师说。又述古师立五种对法（载《光记》详），大小乘论三十六种，释对法名。西方译藏二义，准此可知。《光记》、《宝疏》实为辅弼《俱舍》之双翼，缺一不可者也。至释胜义，如《记》所录，似《宝疏》胜。《泰疏》一亦述古师立五种对法，及大小乘论之释名，更较《宝疏》为详。其引《婆沙》一之解阿毗达磨有云：“三婆坛陀，此云大德，即是萨婆多部中达摩多罗。此云法救，萨婆多部敬重其人，故呼为大德……波奢，此云胁……瞿沙，此云妙音……昙摩崛部或昙模德部，此云法密……弥沙塞部，此云化地部……左受罗汉用左手受取衣食故名。”皆《婆沙》本文所无者，而大德之为法救，其疑乃决。又明对法梵音，引真谛说，则《泰疏》亦必不可少之书。惜乎其不全也。至于《晖疏》，据其释此段颂文，实如《义抄》云，多依《光记》，取于简要，而实要籍也。《义抄》一云：“太法师立五对法，此疏六中除果一。光破太云，名虽有多摄义不尽，自立四种，合此疏前二为一，合第三第四为一。今宝法师立二，除光法师后后二二（原文），但是慧所缘境，今论明能缘慧……所以疏主云叹宝法师，唯取能对名对。此释甚佳也。”按：《晖疏》有云：“宝法师唯说能对名为对法，释对法名唯依主释也。此解甚佳，妙符论也。”据此可先后列表于下：

先	次	又次	后	最后
《泰疏》—	《光记》—	《宝疏》—	《晖疏》—	《义钞》《麟记》（此二书先后待考）

至于其间交涉，据上文可知。《麟记》一云：“今章中但有包含无坚实义。宝法师准《正理》唯有坚实无包含。二说虽殊，不相违背。有人破包含，唯取坚实，今不同彼。”又有云：“旧解云始从一种乃至增加有十五种对法，非要不叙。”勘旧解者，即《光记》文，可知尔时是非。论一云：“佛世尊处处散说阿毗达磨，大德迦多衍尼子等诸大声闻，结集安置，犹如大德法救所集《无常品》等邬柁南颂。毗婆沙师传说如此。”《光记》一云：“法救佛灭后三百年出世，佛说无常颂者集为无常品，乃至空无我梵志亦尔。印度现有梵本流行……论主意明经部于本所学心生疑惑，所以于此《俱舍论》颂文，往往置斯传说之语，显非亲闻也……佛灭后五百年，炎罗缚蠋国法胜论师造《阿毗昙心论》中随生解有漏。至六百年，法救以生义有过，如灭道谛诸漏虽生而非有漏，改为随增即无有过。故今论主亦同彼释。”下解非择灭中由灭，引《显宗》及《婆沙》三十二。

又明有情共不共得非择灭。《宝疏》一云："法救以生名滥改云，若增诸烦恼，是圣说有漏。此正其文不正其义。"（按：此论云于漏中等随增故，故云正其文。）下引《正理》等解漏义，大详于《光记》，明择灭中有云："有人云，谓有漏慧异无漏慧，名慧差别。此释谬也……正量部计一切有漏同一择灭。《婆沙》或说唯内法有，经部有说择灭无体。"次以五门分别择灭。第五得差别中，一、述正义，二、叙异说，三、述违教理，四、释通外难。其叙异说中有云："就中有二：一、太法师等以上诸德释，云……二、唐三藏改彼大小乘诸师释云……"次述违教理，即破太及三藏义也。明非择灭有云："《显宗》云法非唯缘阙，此论云但由阙缘，何者正？答……此论理胜。"《泰疏》一云："《杂心》亦以慧为宗，与《俱宗》同文也。成宗论师云《成实论》以四谛为宗者不然。四谛亦是所简择法，但是诸论皆以慧为宗也。"次明择灭非择灭，广引《正理》七十二及《婆沙》三十一、三十二。《麟记》一云："言互相增长者……此同旧初解。若新但云诸漏于彼苦集法中平等随增，故名为等，详此释应理。然旧第二亦为此释，不测疏主何以弃之。"勘旧即《光记》，新即《宝疏》。次明非择灭，引旧新二解论由灭不同勘亦尔。又有云："然此二说，难可偏依。有传罗什法师存于旧解。今详新云，无为无用理且可然，然论文但字未必证成唯一缘义。"夫旧解普光之说也。云何罗什法师存之？则或是三藏法师之误，抑罗什尝立说于前，乃同普光耶？光、宝二疏释义不同，赖有《麟记》、《义抄》拈出异同，便利学者不少。而《麟记》于二疏之态度，准上可知，实朋宝公。《义抄》一于此段未有发挥。

《光记》一等明世路，引真谛解。按：此恐即慧恺所云《义疏》五十三卷中文也。《宝疏》一明见处，引《正理》已，又引云："元瑜师云：遍缘五门或遍缘六境，不云有所简也。今释……"则《顺正理述文记》文耳。《义抄》一云："若经部事者，体义，有为有体无为无体，三体无处即灭谛也。"《麟记》一云："经部……无为无体，故知有事唯摄有为。"

勘论于毗婆沙师屡言传说如此，于《品类足论》，一则曰"不尔应违《品类足》说"，再则曰"如是便顺《品类足论》"，态度显然不同。

《光记》一云："若如经部不立无表，觉天不立所造色，大乘于法处中更立多色。此宗唯依十一色量立色蕴名。"勘论于解五境中有述异说，复有外难及婆沙师通，论主又破婆沙师说。《光记》则广引《正理》、《婆沙》、《识身》、《入阿毗昙论》等，以明正不正义，甚繁，以非要说，未录。又论中明声有叙破异说。《光记》谓叙破《杂心论》师也。又《光记》解论言冷触有云："论主意明经部，不信有冷，故云传说"。又引《婆沙》明十一触中有云："旧《婆沙》触中生识总别文少杂乱，良由旧论时属火焚，遗文杂乱不引会释。今所引者并是新《婆沙》，既有正文，无劳致惑。”又解无表中等取不乱有心，述《正理》破已。又云：“安慧菩萨《俱舍释》中救云，众贤论师不得世亲阿阇黎意，辄弹等字……等言通于两处，显颂巧善。”又解随流述《正理》破已，又述俱舍师救此皆光师亲闻之于奘师者。又云：“此宗造是因义能生所造果故，简异觉天等。彼言造是成义施设义，即以此大成所造，故即以此大施设所造也……论主不信如是无表别有体相，故言此是师宗所说，略说表业所生善不善色，及定所生善色名无表。”《宝疏》一云：“有部等计五根以净色为体，大众部五根以肉团为体，觉天以四大为体。”次解形色，分二段释：一、述正义中，广引大小乘说。二、破异计。次论有难所述异说者。《光记》仅云外难，此则云经部难也。次答，《光记》则谓婆沙师通，此则谓论主取经部意。若尔以下，《光记》谓论主破婆沙师，此则谓论主难绝。次解声中引《正理》已，继以“述曰”云云。勘其体例，应是元瑜之《记》。次有云：“有人引《婆沙》一百三十二……破曰，此不成证……”勘非《光记》，不知何人也。次解香，亦引“述曰”。次明无表，五引“述曰”，述安慧救而未标明《俱舍释》。解此是师宗言，有云：“显上说无表相是萨婆多师宗说也。《正理论》云，说者显此是余师言，经主不许如是种类无表色故。”则《光记》之言乃取《正理》意也。实不顺文。《泰疏》一解光引真谛，解有显无形引亦尔。解香引《婆沙》，有四师。初、和须密，二、觉天，三、是《成实论》义，非萨婆多宗，四、是评家义。明触会《婆沙》、《杂心》、《俱舍》之违，中有云：“空法师云《杂心》、《俱舍》唯有异说，亦可《杂心》前略举者应是正义。今解……”不知空法师又是何人。解此是师宗言，同《宝疏》。《义抄》一云：“形色八者，经部大乘更无别体。积集显色多少不同，相形待立长短等，有别有宗，别有形色极微聚成形色。”次解触，有云：“问：上来言身触外境为相触著不？答：有二说：一、古萨婆多师云……二、新萨婆多师释《正理论》云……”。《麟记》一明触有云：“有人解云……与《婆沙》同。”

《论》解变碍名色，有云：此难不齐等。《光记》一云：“此述古师通释。”次解论破古师通已，又引《正理》救及俱舍师破救。《宝疏》一解论三义释大已，引《正理》及“述曰”。次解论述变碍名色之难云：“论主述《婆沙》破也。《正理》不许此破，云有不定过。”而解此难不齐未云述古师释。次述《正理》救已，又三引“述曰”。《泰疏》一于此中难及救，则曰论主难，萨婆多救，与上二书不甚合。而引《正理》文已，又有释。勘小同“述曰”之文，则《述文记》之作，或亦汇集众说而成。又《光记》未引“述曰”，可知《述文记》之著作时日在《宝疏》前，泰、光二疏后也。《晖疏》一解《论》引《义品》云云，谓："大德法救所集义品中作如是说。"勘据《光记》，而解《论》释引变碍名色第一释及难云："此是第一杂心师释……论主破杂心师释……"勘据《光记》，与《宝疏》乖。《义抄》引有部一千三百七十九极微之说已，有夹注云："座主云，如一微……计成一千三百七十九。"不知何人。

《光记》一解受引《正理》已，又述俱舍师破。

《光记》一解六识中，复以二门广分别心与心所。初叙异说，次问答分别。《宝疏》一无问答分别，而述异说已，一一有破。

《光记》一解摄自性中，有云："化地部说他性相应非自性，亦他性相摄非自性，彼执不然……"《宝疏》一解论三根生二云："一、有部释，二、论主破。次有部难，后论主答。《正理》意亦同此。"所谓有部者，勘《光记》引，盖即《婆沙》十三，《泰疏》一但云古师释、古师问。

《论》解色粗细远近引毗婆沙师说已，又引云："大德法救复作是言……"《光记》一解界引《正理》破已，又出俱舍师救。解蕴义抉择中有云：论主许蕴是假，余二是实，破《毗婆沙》皆实。次毗婆沙师救，次论主难。次两述异释，次论主难，次毗婆沙师被他难煞。复释论主牒破，次论主破成蕴假。次经部难论主处何不假，次论主破经部。按：上所说"论主此宗许蕴是假违破《婆沙》，许处是实，故破经部，以理为量不执一宗，随何胜者释为己立。"次论主牒《婆沙》文，通释婆沙师说观假不观等一微一蕴少分一微一蕴等。此中有引《正理》已云："《正理》亦应同彼《婆沙》蕴通假实，为《俱舍》论主说蕴唯假故且说实。"按：此有语病，《婆沙》三皆实，不可云如《婆沙》通假实。通假实者，此论云："《毗婆沙》作如是说，对法诸师若观假蕴，彼说极微一界一处一蕴少分。若不观者，彼说极微即一界一处一蕴。"则品类足师也。《宝疏》一则于《光记》一所云经部难论主者，谓有部返难，似较顺文。勘同《泰疏》一。又《泰疏》一之解对法诸师云："《毗婆沙》作如是说，六足对法诸师云……"则同余说，故《光记》一错。

《论》一末明界种类引《多界经》。《光记》一解无为非蕴摄云：论主许前二解，不许第三。次引《正理》救已述俱舍师破，次解教体，有云："《金刚般若论》云，我法是善，汝法是无记，解云，十八部中有立无记非汝我部。"次解法蕴数，引真谛师解。次解空界有云："释说一切有部传说，空界以明暗为体，即显色差别体亦是实。论主不信空界实有，故言传说。"后解六界十八界互摄，有云："觉天说心所是假，经部说不相应行是假。"《宝疏》一解无非蕴摄，云：

“论主破第三释，《正理》救云……有人作《俱舍》转破云……（此有人作转破，勘即《光记》一文）然检三解，并是婆沙师释也。检《正理钞》云，经主谬取古师意……（勘经主云，指世亲）。今详不尔……（此宝难）若谓正理同于初解，论主此破即违初解，应更思之。”不知此《正理钞》又是何人所作。次解论明法处，引余师说。谓是《杂心》释，次解八十千法蕴，引真谛释已，有云：“详其此释，与论不同。”次又引真谛师解云：八万烦恼故说八万法门，经部亦同此说。次后又引一段，勘同《普光记》一，而云：“相传云真谛师解……检真谛《俱舍疏》无文。”《义抄》一云：“经部觉天不立心所不相应是假。”此与《光记》一乖。《麟记》一引《正理》解乐已，又引《抄》文，又引《正理抄》解无为非蕴。勘《宝疏》一引缺此，又引《正理抄》解先救食器。又有云：“《多界经》者，《阿含经》中列六十二界名《多界经》。”

《论》卷二明有对引《施设论》，又明有对障碍四句，引大德鸠摩逻多说。《光记》二解有见云：“又解经部计眼无实作用，说名为见，根境识三和合之时，假名眼见，非实眼见。又无实像色。论主意朋经部。”次又云：“鸠摩逻多，此云豪童，是经部祖师。于经部中造《喻鬘论》、《痴鬘论》、《显了论》等……论主意朋经部，故云此是所许。《杂心》四句文同经部，梵本不然，译者谬矣。有古德释此颂同说一切有部者，不然。《宝疏》二解所缘，引《正理》而为之释，更云：“别有人有四解……详此四解并非论意。”勘四解即《光记》文。《泰疏》二云：“鸠摩罗多颂虽是经部说，不违萨婆多义，故云此是所许。”则《光记》二所云古德即神泰也。

《光记》二解色界离段食，引《杂心》已，又云：“无香味所缘故，无能缘二识。若依《宗轮论》，大众部等色无色界具六识身。”又解《论》有余师说云：“叙《婆沙》异说……准《正理》不破即是《婆沙》异说，然和须密《俱舍释》中云，是室利逻多解。彼师说入定方有轻安，或是轻安风。《正理》不破者，言中不违故不破也。”次解有无漏有云：“譬喻部非情五境无学身中十五界，非漏所依，皆名无漏。虽皆无漏非道谛收，犹如虚空及非择灭。”《麟记》二云：“此宗佛十五界亦唯有漏，以佛自身虽无烦恼，而为他人缘于佛起，故亦有漏。若余部师，佛身非漏依，故不名有漏。”

《光记》二解五识寻伺，引《正理》弹已，又出俱舍师救，解无第二寻亦尔。《宝疏》于《光记》二初俱舍师救，犹有评决。《泰疏》二解有执受云：“《正理》三释，初与此同，二《毗婆沙》释《杂心》同”。又《抄》二引《光记》二所引初俱舍师救，云是安慧救。

《论》解大造引觉天尊者说，而复破之。破中有引《入胎经》。

《论》二解声无异熟生，有引《施设论》难，次叙两说。又有破《光记》二，引《正理》、《婆沙》广解两说已，又述俱舍师破《正理》救。《宝疏》二解异熟生名，引泰法师说，于《光记》二之破救及说论破初存后，则广决择之云："有人云，论主破初师者谬也……详其此破，未得其意……详其释意，未为尽理……又详论意《正理》破后师，《俱舍》破两师……第二师义违《婆沙》正义，由此《正理论》破而不立。第一师义不违《婆沙》，论主意不许故两师同破。"然《泰疏》二亦云："论主破前存后，《正理》救前成后。"

次解无为唯实等，有云："《正理》有二师释，初释实唯法界不通十七，实谓无为以坚实故，余有为法性不坚实，非实法也。《俱舍》同此说，《杂心》不同。二谓一切法皆有实事有实相，《杂心论》同此……然法师准《俱舍论》无为贞实故名实事，刹那唯苦法忍品不通余有为，即释《杂心》云，但应言无别依，性故不说依，不应言刹那亦尔者，谬释也。《俱舍》是《正理》初师义，《杂心》是《正理》后师义，故不可以《俱舍》释《杂心》也。"

《光记》二解得及成就有云："有古德言……此解谬也。"次解无记有云："《杂心论》主达摩多罗造对法藏论中说，天眼耳通是威仪无记……此解不然，违理教故……又西方德光论师《集真论》中说眼耳二通是自性无记，此亦不然……"《宝疏》二云："古师论得舍同《婆沙》，应改一字余义无失。"次解假名为我有云："有人释我执所依有三……不异我前第三解（考记），今详前第三解与正理师，其意全别，为何是同……必欲作俱舍师救，应云，我释依汝宗《婆沙》。汝释违自宗义，如何是正……"此外又引"述曰"，《泰疏》二解得成就，引奘法师释。

《论》二明彼同分，引迦湿弥罗毗婆沙师及西方诸师说。《光记》二云："迦云恶，湿弥罗云名，旧云罽宾也。然《旧俱舍》云是西方师，翻者谬也。西方诸师即迦湿弥罗西健驮罗国，彼亦多有说一切有部师也。"次解眼如色说有云："《婆沙》七一有两说，《杂心》、《正理》同前师。此论同后师。若依前解，《杂心》、《正理》亦同后师。《婆沙》虽有两说，然无评家且以后师为正，以摄法尽故。"次解论明三断，岂不更有见所断法等云"经部等难"。此异生性等云："返难经部等。"

《论》二解见引经部诸师说。《光记》二云："世友眼见，法救识见，妙音眼识相应慧见，譬喻者眼识同时心心所法和合见，《婆沙》、《五事》、《杂心》等论皆破识慧和合。有说此论亦具破三。"次解展转救难，谓识见家及眼见家相对，“识见家即法救大众部等……上来虽复眼见识见两家异诤，看其文势，论主意朋识见。”次解论引经部说云：“经部师傍观得失，俱破两家。经部师有作是说，见用本无，如何浪执，眼、色等缘生于眼识。此等于见谁为能所。诸法生时，前因后果相引而起，实无作用。相续道中及缘成位，遍计所执谓有作用能见闻等。若言实有作用，应同胜论业句义也。问：经部宗中无作用耶？解云：诸法但有功能，实无作用。世尊为顺世情，假说见闻，皆俗谛摄，不应封著。唯法因果胜义谛收。”次解论于引经部说，后有云：“然迦湿弥罗国毗婆沙宗说，眼能见乃至意能了。”谓“说一切有部结归本宗。”《宝疏》二云：“世友眼见是有部正义，又说犊子部心心所和合见。”《泰疏》二云：“上来第一萨婆多立宗，二论主述《婆沙》中昙摩多罗部难。《婆沙》云，昙摩多罗说眼识见。奘法师云，昙摩多罗是昙暮德部……十七有余犊子部难萨婆多……十九有余昙摩多罗部复通前经，二十萨婆多难，廿一述昙摩多罗部释，廿二述经部师说，廿三皈宗述《毗婆沙》义。次引《正理》七弹经部说。”勘《宝疏》二，乃用泰说。

《论》二明极微不相触，引迦湿弥罗国毗婆沙师、世友、大德说，而评取大德说。《光记》二解论一二眼见有云：“如犊子部两眼互见，非俱时见，处隔越故，速疾转故。谓俱时见，《婆沙》十三破……若依经部中上座计，大同犊子，故《正理》七云，由此亦遮上座所说。”次解六根至境与否，有云：“依胜论外道，六根皆取至境，故论主反难胜论师言若眼耳根，唯取至境，则修定者应不修生天眼等。”又云：“四大论师中，法救敬其德，不多序其名故称大德。”次解论破三师，于破世友义有四说。一云破世友，二云不破世友，三亦破和合家，四假说破。又无评取，将使人难以捉摸。如此例甚多，此《光记》之短也。解破婆沙师，引《正理》救已，又出俱舍师救。《泰疏》二解颂不至有云：“真谛师云，声来入耳，是正量部计。”次解三相违论，文分十七段，与光、宝之说大异。第五、第七谓经部问，第九谓经部难，十一经部问，十二萨婆多答，引《正理论》叙有部三师说已，又云：“上来三师是萨婆多计，自下第四述经部执鸠摩罗多，此云童首，是经部祖师，故云上座。彼立……”十五叙大德法救说。此中又引《正理论》述法救师与众贤师问答间隙义。按：无论前后法救，皆早于众贤，何能相对问答。此实难知，更详。十七世亲论主进退成立，此下又引《正理》难。

《光记》二解论传说身根，谓遍发识云：“经部身根能遍发识，故《正理》七云，又彼上座论宗所说，全身没在冷暖水中，身根极微遍能生识。论主意朋经部，故言传说。”又云：“经部五识唯缘过去。”《宝疏》二解舌根极微，引述曰，解不共义亦尔。

《论》三明信等根，叙《婆沙》及异说。《宝疏》三解命根，引《旧俱舍》及真谛释。次解叙《婆沙》，引《正理》已，又引："述曰，显世亲师乐后说"。次解余师说云："述昙无德建立根也。真谛云，经部也。于中有三：一、破婆沙师建立二十二根……"按：《光记》谓"有余识见家等"。

《光记》三解《论》叙难增上名根，云："一约自宗为问，二约数论为问。"次解《论》，叙异说，解根云："是识见家等。"《宝疏》三解异门释增上引《正理》中，又出经部反难。次解不应立根，有云："下一颂第三论主为昙无德建立根也"。又出真谛解，次解具知根，引《正理》已，又出《钞》释云云。眉注有云："《钞》指元瑜《正理记》。"恐非《麟记》三云："上来所明是婆沙宗说，从此是昙无德部（即经部也）。"此则非是，盖昙无德乃法藏部也。

《论》三明命根定是异熟，答罗汉留寿，引妙音说。又明世尊留寿，引毗婆沙师说。又明忧根非异熟，亦尔。《光记》三解明廿二根漏无漏，叙破余师说云："叙化地部计，即是毗婆阇婆提，此云分别论师。彼计信等唯无漏。"次解罗汉留寿，谓初二说正。于初说中，复列六解，解广引《正理》、《婆沙》。第六解有引空法师云云，不知何如人也。又云："此下第二叙二异说，尊者妙音云云。此即初师不正义也。"此中有二解妙音之说，一谓同经部，自宗不正义，一谓不违宗。又云："第二叙经部说，论主意朋经部，故言应如是说。"此中有叙经部师，明假立命根。又述《正理》破已，出俱舍师救。次解留多命行舍多寿行云："有三解……第二说一切有部解有说此多言为遮正量部，彼计有一命寿实体经多时住，初起名生，终尽名灭，中间名住异。多言为显留舍多念，命行寿行念念体别非一命寿经多时住。第三经部师破说一切有部实命寿体。经部师说此多言为显无一实命寿体，但于五蕴众多行上假立命寿二名。"

《宝疏》三引《正理》解罗汉留寿有云："瑜师《正理钞》中云：《正理》、《俱舍》初释并非萨婆多正义，云应以此引不定业为正。由不许命根是现业果，引无边胄造《婆沙抉择》云，如说一法是引业果，非现业根谓命根，又不许业感多身，瑜师自言，然未详深趣，应更思之。今详有部……"据此则眉批所云不误。次解同分与命总别六解中谓："初解稍胜，今详光师所引论云……违《婆沙》四释及能转所转义兼违舍寿行文，如前已述，亦违自释。"次引《正理》已，又引"述曰"。

《光记》三解男女根丑，引《正理》破已，出俱舍师救。

《光记》三云："明受生得异熟根。《正理》云：须问初得异熟根者，遮无染心，能续生故。解云：大众部许无染心受生，如菩萨三时正知，或经部许异熟心受生。初受生得，为遮彼说。”

《论》九根得第四果，外以“根本阿毗达磨十一根得”难，有通。《光记》三云：“《发智》本论。”次解未知根成就十三有云：“《旧俱舍》不说苦根男女随一者，译家谬矣。问：于见道中，男女二根随成一不？若言成者，何故不说？若不成者，如何入圣？古德念法师解云：虽定成一，以不定故不说。复有二法师解意同念法师。一引《正理》九极多成十九根证，一引《正理》九命终舍男女根传说不信证。说男女定随成一，破第一念法师云……此是西方师义，若必成一者，迦湿弥罗国义说数定故，应有十四，然说十三，故说非理。良由未见《新婆沙》也。复有法师助念法师救云……难云……破第二师云……破第三师……检寻《婆沙》论文全无传说之语，或可《正理》叙古相传，何必不信。今正解云……”据此可知，念法师等，虽得见《新俱舍》而实附和《旧俱舍》者，则实旧俱舍师也。附和《旧俱舍》可知，得见《新俱舍》者，若未见则旧已云男女随一，何必更云不说“古德”云云，不必甚远，或前辈之代名词也。然于此可知，《俱舍》梵本，容有不同，盖无苦而男女随一，是明文。除有意开玩笑外，决不致译错。《光记》云同西方师义，则真谛所据译本，或出于西方师所传也。后更考。《宝疏》三解不还乐根十，引《发智》十五，有十“述曰”解。则上说“述曰”是元瑜言，乃成问题矣。更待与《述文记》对勘定之。又卷末引《正理》已，而有“述曰”，或者尔时更有《发智述记》也。

《光记》四解色聚加声，会《发智》及《论》，谓各据一义，并不相违。又云：“有古德说身中遍能发声，其声微少，此解疏还同《婆沙》九十评家所破。问：《旧婆沙》一师云……又一师云……何者为正，念法师解两并非正，各取少分方可为正。念法师意，以《杂心》不说有声，明知声非恒成就。泰法师解云，念法师若作斯释，此大谬也。《婆沙》初师正，然《杂心》不说声者，以声因大种相击故生，非如色等恒时而有。故《俱舍》别加《杂心》略不说。今详二德互有是非，泰法师意说声既恒成，明知一切四大必不离声，还同《婆沙》评家所破，故亦非理。”次解四大种难云一问，二答。初说一切有部师约用增以释，《正理》五取四大体增为正，广破用增。引文已，出俱舍师救。（出救上有若字）。又云：“正理论师以世亲论主造《胜义谛论》中叙用增家破，遂亦凭此解。然《婆沙》一三一说四大种，或说体增，或说用增，然无评家，《俱舍》、《正理》各取一义。是即用增是自宗义，岂不能救便破自宗。”据此文口气，可知此俱舍师救是光出，则余有非光出者矣。二经部师解，有云：“若依经部宗，俱生有二：一、种子俱生，二、现行俱生……”次解大种依体处有云：“觉天及譬喻者云四大外无别造色，室利逻多说于触中无所造触，许余造色。诸经部师许有色聚，无四大种。”次解心心所俱生云：“《成实论》何利伐摩及觉天计无有心所，但有心王，心分位殊，假立心所。”《宝疏》四云：“今详念法师释深得论意，一切四大不必有声与《婆沙》评家义同。泰师、光师妄解念法师意，以《杂心》不说有声，明知此声非恒成就，此即谬释法师意也。念法师既讲迦延，岂不知《发智》所云。泰法师复引《发智》等论破念法师为大谬也。又自释云初师正义，此更大谬，念法师义既顺论文，光、泰二师即谬破耳。”次解经部师说则云：“大乘言种小，然许或有一大乃至四大，许一造色乃至五境，然同处不相离非和杂也。经部大意亦同。”次解大种依体处则云：“或谤言大种造色无别有性（谓譬喻部及觉天等），或复谤言非一切聚皆具一切，或复谤言数不决定别说大种（经部诸师同大乘说，或有大种不言必具四故），或定或复谤言无别触处所造色体，室利逻多说许余色。（按：眉批云：“色体疑触色”）按：《泰疏》四破念法师文约八百字，次解四大种难云，是经部问有部答，余二问答亦尔。似不顺文，应让光、宝二疏矣。

《光记》四解十大地法，有云：“自古诸德皆以多义废立大地法等，各谓指南，并皆费言论不能具述。今依此论唯以一义废立大地法等，此乃西方号为聪明论也……毗婆沙师传说如是所列十法一切诸心一刹那中和合遍有，论主意朋经部非信十法皆有别体，故言传说。”次解十法皆引《正理》及《入阿毗达磨》义更附解，未知此解别有所据。或为瑜师所据否。更考。次解《论》明轻安诸问答中云，经部难，有部通经，经部复难，论主依经部宗复为好解。此中有云：“诸师多解此文是说一切有部答者，此解谬矣。”有说一切有部师难经部师，经部通难。说一切有部复征经部。经部答。此中有云：“若作俱舍师救……”及引《正理》纵破经部，又云：“论主意朋经部，所以此论文中绝救叙经部释，若依经部……若说一切有部宗……”次《论》明六大烦恼地法，有和会《根本阿毗达磨》十法之文。又述破异说。《记》云：“法救释也。”次解大不善地法，有云：“泰法师解云……此解不然……非是法师不达此应误耳。今解……可无妨矣。”又解胜解有云：“《正理》更叙杂心等师，解云有余师言……（解云……译家谬也）”勘《宝疏》四引《正理》解十大地法已所出“述曰”有与《光记》所解同者。次解胜解有谓：“《旧杂心》……”云云。次解大烦恼地，叙破异说云“《杂心》等释”。《泰疏》四云：“自古诸师建立大地种种不同，如犹论师五义建立……长耳三藏具八……杰法师具九义。”次解轻安，光、宝二疏皆云依经部宗解等者，则谓有部释，余适与二疏相反。《义抄》二云：“经部本宗全不立心所，即心王差别领纳名受等。末宗破以五蕴中应无受想行三蕴难，即立受想行三为五蕴故。故《唯识》云，或执离心无别心所。”《麟记》四有云：“旧解但以二义简余心所无各别现行一义。今疏主仍依旧说盖疏误矣。或是传写者误。若依新解，四义简法……今详新解四义为胜。”

《光记》四解《论》明无记无覆心品，许唯十二心所已，又引外方诸师说恶作亦通云：“前十二是迦湿弥罗论师说，今外国诸师说有十三，即是印度国诸师也。”《义抄》二云：“经部忧根与恶作相应，故忧与恶作二种皆通无记。有部说恶作与忧相应，皆不通无记。如前二十二根中释。”更考《麟记》四。

《论》四明无惭无愧爱敬差别，皆有叙破异说。又明寻伺差别诸问答中，《光记》四云：“论主难寻伺如何一心相应，经部不许寻伺一心相应。论主意朋经部，故为此难。”下解诸问答云：此婆沙初师释，论主初喻难，论主又难。第二婆沙师释，论主复难，毗婆沙师答。论主复难，婆沙师引经反难。论主通经，有云：“论主意朋经部，故顺彼解，此中绝救。”《宝疏》四解无惭愧，引《正理》已有“述曰”。《麟记》四解论主难婆沙初师云：“此经部难，寻伺是假，故有此难。”

《宝疏》四解同行相云：“泰法师云：依《婆沙》影像相非蕴处界摄……详泰法师云，非三科摄恐非。”

《论》四明得，叙有部有别物名得已，又叙经部成不成就假而非实无有别物。结云：“如是成就遍一切种，唯假非实。唯遮于此名不成就，亦假非实。毗婆沙师，说此二种皆有别物实而非假。如是二途皆为善说，所以者何？不违理故，我所宗故。”夫假与实，极端相违，而两是之，实甚可笑。可见世亲尔时之思想，犹徘徊未成熟也。次明非得异生性，有云：“如经部师所说为善。”《光记》四解不相应数云：“此论心不相应行，但有十四。若依《正理》加和合性，二论所说不同，无容并是，假兴宾主问答研寻。”此下即假兴俱舍师及正理师问答。又云：“若依《品类足》一十三同《俱舍》不说非得，然别说有依得事得处得……《法蕴足论》十同《品类足论》。若依《杂心》十三同《俱舍》，不说非得，然说异生性……”又云：“不违理故，我所宗故者，论主释经部说假不违理故，亦说一切有部说实我所宗故。论主意朋经部，故作斯解。”虽有此解而仍不能救徘徊之病，盖非徘徊，斥有部可矣。何必两是，又云：“经部谓曾未生圣法相续身上分位差别假立异生性。”《宝疏》四云：“今详此论只是略而不论非是所明之外更无心所，心所既尔，和合应同，不依论文，信自胸襟问答往还徒烦笔墨。”未免意气。次解经部明得假，引《正理》破经部种子，有夹注而无述曰，则上所引“述曰”云云，或非宝师之文。次解得世别有云：“今解《婆沙》应改竟字为其定字……此字应是错抄耳……又《婆沙》释无……此文是被难之后，重改《婆沙》，然此不顺得有六句，应云……不得此意通难不得遂改《婆沙》以为四句。见今长安两本流行，犹作四句，于后数年重改论文，唯有三句遂加文遮难，非无始等十六字，通此妨难，由不得《婆沙》，意由未尽理。”勘《光记》四引无始等十六字而未言加，眉批有云：“非无等十六字，译者所加。”则奘师所加耳。宝师直斥之曰，不得《婆沙》意，由未尽理，颇应注意。尤以未尽理为更应注意。《晖疏》四云：“唐三藏译《婆沙》了，有人以非想见惑，难三藏言……故三藏于《婆沙》加一十六字，为通此难。其十六字意者……”此下引论解颂文已，又有“注曰”云云。未知何所指。宝难三藏更考《义抄》二、《麟记》四。又《麟记》解成就得获，引《正理抄》，于“注曰”，二未有解，则非他人之说矣。

※按：经部第五难有云：“又应显成胜论所执，彼宗执有总同，言智由此发生。彼复执有同异句义，于异品类同异言智，由此发生。”可知前评有部非佛法，于此有据。然有部执有，非实有而已。如上可知，更详。

《论》五明同分云，有别实物，名为同分。次出经部五难，及毗婆沙师救。后叙经部假立同分结已，则云：“此非善说，违我宗故。”次明无想，亦云：“是实有物。”次明灭尽定有云：“西方师说菩萨学位先起此定，后得菩提，云何此中不许彼说？若许彼说便顺尊者邬婆鞠多《理目足论》。如彼论说，当言如来先起灭定，后生尽智。迦湿弥罗国毗婆沙师说，非前起灭定，后方生尽智。所以者何？传说菩萨三十四念，得菩提故。一切菩萨决定先于无所有处，已得离贪，方入见道，不复须断下地烦恼。于此中间无容得起不同类心。外国诸师作如是说。若中间起不同类心，斯有何过？若尔便有越期心过……前说为善我所宗故。”次明灭定有退，会《邬陀夷经》，述破余部。次解心断复生，叙毗婆沙师及余师说，后结归有部说二定实有，叙经部说假有无别实体已云：“此非善说，违我宗故。”《光记》五解经部难众同分，一一各有《正理》救及《俱舍》破。解此非善说则云：“毗婆沙师理尽言穷，作斯说也。”※又卷九明结生心，引先旧诸师说。《光记》九谓“经部生旧诸师，或说一切有部先旧诸师”，而旁注仅曰经部，亦可为非《光记》一家言之证。由此可见其疏。又卷九廿一夹右，有执旁注云上座解，勘同《宝疏》九。）（至此应论《藏要》本之旁注，彼于此云归宗，则非据《光记》已。勘《宝疏》无解，《泰疏》始有归宗之意。则此旁注非《光记》一家言也。既非《光记》一家言，则《宝疏》评破《光记》之言何不采入？若以理长为宗，则《光记》颇有不尽理者，对勘诸疏可知。而其中颇应以理为宗者，反惟依《光记》，进退失据，实无可解。又卷四十二页左恶作成十三，原文不错。勘诸疏及《正理》可知。乃必曰今依丽刻及藏本改，不知彼二本错，亦不可解次解二定得人引《正理》破，及出俱舍师救。次解佛离染得亦尔。又云："西方师即是迦湿弥罗国西健驮罗国诸师。此师意说……邬婆毱多，此云近藏，佛涅槃后一百年出，是阿育王门师。旧云优婆毱多，讹也。彼论说佛先起灭定，后得菩提。论主意朋西方师说，故作此释。外国诸师即是迦湿弥罗外印度国诸师，与西方师所说意同。前说为善等者，迦湿弥罗不能申难结归本宗。"次解《论》明灭定有退之余部谓："有余大众部等执第四静虑亦有灭定生意成天……"《宝疏》五解《正理》释同胜论之难，引"述曰"，解无想定亦尔。解二定实有亦尔。"《泰疏》五云："古师多言人同分外，别有法同分者，不然。依萨婆多宗，人外无别法，即于五蕴法上假立名人。"又云："佛尽智时未得灭定，如何乃言舍定不得不成就耶？答：奘法师解云不成就有二种……外国师即乾陀卫国，在罽宾国西，故前云西方沙门。即西方沙门是罽宾国外，故此中言外国诸师。"《义抄》二云："邬波毱多，此云近护，即第五师。理者道理，与世为眼目及出世足也……《婆沙》四八云：分别论者执四相是无为，所相法即有为。法密部说三相有为相灭相无为。经部师执一期四相。相似相续沙门执所相是色，能相亦色，所相是心，能相亦是心。"

《论》明命，谓有别法能持暖识，说名为寿。次叙经部说非全无寿体，但说寿体非别实物，及与有部辩难数折兼破胜论。末云："有别实物能持暖识，名为寿体。是说为善。"次明死，引《施设论》、《发智论》。又叙破迦湿弥罗国毗婆沙师。《光记》五解经部自述已宗，引《正理》十三已，出俱舍师解。《宝疏》五云："论主既下不存经部之义，有人虽作俱舍师释，未为当理。"至此可称《泰疏》曰，征引繁冗，类多无关痛痒，不及《光记》，更不及《宝疏》也。于是可见三人之高下。大约宝才高识俊，光次之，泰则庸碌矣。圆晖应与光雁行，遁麟、慧晖似不足论。而《麟记》较可者，较瞻详故。

《论》明八相述经部，破有部云："经部师说，何缘如是分析虚空，非生等相有实法体，如所分别……汝等执文迷义，薄伽梵说义是所依。"次会《发智》文，又述经部义云："又一一刹那，诸有为法离执实有物，四相亦成。谓一一念本无今有名生，有已还无名灭，后后刹那嗣前前起名住。即彼前后有差别，故名住异。"次又叙经部广破有部说离有为色等自性有生等物，兼破余部。复自结云："故依相续说有为相，不违正理，善顺契经。"次又叙经部难有生相等及有部救云："有因缘合诸法即生，无即不生，何劳生相？故知唯有因缘力起，岂诸有法皆汝所知，法性幽微甚难知故……是故生等唯假建立，无别实物。为了诸行本无今有假立为生……毗婆沙师说生等相别有实物，其理应成，所以者何？岂容多有谓难者故便弃本宗，非恐有鹿而不种麦，惧多蝇附不食美团，故于过难应勤通释，于本宗义应顺修行。”慧按于此一段文中，具见世亲思想之徘徊与有部之不能自圆其说。经部评有部语如执文迷义等，皆甚的当，其义亦不为大乘先驱。余读《婆沙》时，认识尚不能如是清晰，为一家言所范围故也。不意乃于此见佛灭后印度佛教思想动态之全貌，诚大快事也。《光记》五云：“经部兼破正量部灭相，正量部计……岂诸有法皆汝所知等者说一切有部释，毗婆沙师说等者，论主为毗婆沙师结归本宗。”《宝疏》五解释四相，广引《正理》与述及《婆沙》三十八、三十九。后有云：“经部师宗四相无体，与大乘同。一一念本无今有名生等，亦同大乘。”次解经部广破之初，引《正理》及述，其后又加按语，则述非宝师语可知。《泰疏》五解论述经部宗所引诸颂有云：“真谛师本疏云，此下三颂中，初颂大迦旃延造经优波提舍中有此偈。优波提舍应翻为取正离邪。第二颂佛陀察多罗（眉批云“察”疑“密”）所造经优波提舍中有此偈。第三颂鸠摩罗多法师所造论中有此颂。”次解论述经部别破异，引颂云：“真谛师本疏云，此偈亦于大迦旃延经优波提舍。”

《论》明名句文身，亦叙经部难，破有部执有实物。后结云：“毗婆沙师说有别物为名等身，心不相应行蕴所摄，实而非假，所以者何？非一切法皆是寻思所能了故。”《光记》五于此后有云：“由斯义便略依说一切有部辩名句文三，一、明三位，二、问答分别。”约千数百言，有引空法师云云。《宝疏》五更多。次解界系，有云：“《旧婆沙》有四说两重详……深法师云，一论不可有二评，故随语系者是后评。法师此释深有理趣，准师《正理》等解名句文身等，皆依声有文，依文有名。”未知准师云云，是准师所作《正理》等解，或准深师所作《正理》等解也。待考。《泰疏》五两引真谛师说。

《光记》六解能作因，有云：“问：亦与不生能为因不，岳法师解云，不与为因，今解不然，亦与为因。然论说与生为因者，且据显说。”《麟记》六解六因之出处，引《正理》已，有云：“解云如来在世，有一比丘，名筏弟遮中夜诵经，文亏一品。室中天授忽领异闻，晨白世尊，遂蒙印述六因，准彼理亦应然。如四缘在《增四经》中，而化地部达摩毱部中不诵六因亦尔故也。”按：《正理》云：“如是六因，非佛所说，如何本论自立此名？定无大师所不说义，阿毗达磨辄有所说。经中现无，由隐没故。自相可得，决定应有。又诸经中所化力故，世尊方便作异门说。对法诸师由见少分相，知其定有分明结集。故有说言，此六因义说在《增一》、《增六经》中，时经久远，其文隐没。尊者迦多衍尼子等，于诸法相无间思求，冥感天仙现来授与。如天授与筏第遮经，其理必然。如四缘义虽具列在此部经中，而余部中有不诵者，乃至广说。”《宝疏》六有云：“准此论文，六因四缘是小乘义。四缘有文，六因无文。大乘对法论亦有六因、十因，未知大乘十因六因及四缘义，出何经文。”据此可知，佛教发展史矣。

《光记》六解《论》明俱有因中“法与随相”等云云，谓：“论主出说一切有部师过。”次述《正理》解，又出俱舍师救。次解论文多引《正理》文，皆有“解曰”云云。次解《论》会《品类足论》明心随转谓：“论主破第二师。”又引《品类》十三文而更有解。按：《论》会《品类》，叙迦湿弥罗国毗婆沙师与余师所诵不同。《宝疏》六解法与随相等中有评，斥光说文。次引《正理》类有“述曰”。《麟记》六云：“世亲论主自以互为果释，何言论主却出有宗过耶？故正理师弹此论互为果有过，遂以一果释俱有因也。旧云《入阿毗达磨》是此论后造，言互为果者，学我世亲阿阇黎也。准此等文，不应是论主出有宗过，请重详之。”

《论》明同类因，先叙四说，次会《发智》、《品类》、《施设》，非解初师非二师等。应勘《光记》六方知其源委。次解《论》同类因依他有，引德光论师说。至于《宝疏》六，颇有与光不同之说。又有引深法师说，非所愿详，故未细择，用时再勘。《麟记》六解二及余同时造作得，引《正理钞》及林说，不知林是何人。

《论》明遍行因，引迦湿弥罗国毗婆沙师、《品类足》说。又通《施设足论》。明异熟因，引毗婆沙师释及述经部宗义。《光记》六引《正理》十六已，有二解。一云此论同《正理》，一云不同。次杂引《正理》、《婆沙》、《杂心》以与此论别同异是非。《宝疏》六则以《光记》之解为述经部宗义为论主破《婆沙》，论主述自释，似尽理，论无结语故。

《论》明五果，顺论无为非因果，广叙经部及有部，展转诘难。经部先难无为为能作因，说为所缘缘。有部救中有云：“为能作因，虽经说，亦无处遮。又无量经今已隐没，云何定判无经说耶？”次难无为实有，有部救中有云：“许便拥护毗婆沙宗，是名为德。”于此可见，印度古代治学之方法，未必尽皆高明也。余如《记》。《泰疏》六云：《旧俱舍》云“无为非六因非五果者，大谬也”。

《光记》六解善同类因取与果第二句，引《正理》破，又出俱舍师救。《泰疏》六有云：“安慧菩萨是世亲菩萨弟子救言……”

《论》七明色不立等无间，引世友、大德说。明不许未来有等无间，叙破有部二师已，述经部说而以为善。又破执唯同类相续者，《光记》七云：执同类者相似沙门义。又解经部说，有多种解。或谓同《婆沙》、《正理》，或谓不同。次解与无心定为等无间四句中，有云："今《俱舍论》意同《婆沙》评家，不同《正理》。"《宝疏》七初略辩诸缘，次云："此论明色非等无间缘，亦是破譬喻执"。次解无心定四句中，亦有云："今评《正理》所说，不及《婆沙》。"《泰疏》七解所缘缘中，有云："广如《大乘思尘论》破萨婆多义中释，及如《佛地论记》中释。"《麟记》七解诸瞿陀树，引应法师云云，当是玄应师也。

《论》明何法由几缘生，顺破大自在天我胜性等一因所起。《光记》七解所缘缘作用，引空法师说。

《光记》七解无色界四心相生云："《正理》不许下地能起上界生得善心，自古诸德皆云能起……古德不悟住分能生，所以种种穿凿。"次解染心余自可得，谓与《识身》十三相违。此后广有会通，后云："若作《俱舍》会同《识身》解，《显宗》无劳改颂。虽作此解，恐圣意难知，仍冀高明详兹拙见。必有异释，幸愿申意。"次解《论》末引颂云："此即论主叙杂心师说，说染心得九，与此论文亦不相违。论主出其得六，大少过。"次引《正理》救，及出俱舍师破。《宝疏》七云："《识身足》十三云……《显宗》亦尔，论意异故。此类非一，有人虽多种释，于义皆悉有余，应更检《识身论》。"

《论》八明色界天有十七，引迦湿弥罗国诸大论师，皆言但有十六。《光记》八云："论主颂中述西方师义说有十七。"由此可知，论主亦用西方师说。次解《论》明世界安住，引余部说谓："法密部经中说……"《论》明趣体有云："迦湿弥罗国诵如是契经……故趣唯是无覆无记……有说趣体亦通善染……毗婆沙师说趣体唯是无覆无记。"《光记》八云："有说，有大众部说。"慧按：诵如是契经者，据文当指《七有经》，而《记》无说。《麟记》八云："有云：罗睺阿修罗是师子儿，畜生趣摄。慈恩师依《瑜伽》、《佛地》为正。"

《论》破大众部说无中有，教证中引《七有经》、《健达缚经》、《掌马族经》、《五不还经》、《七善士趣经》。《光记》八解论难留身，引《正理》救已，出俱舍师破。《宝疏》八云："今详《正理》不以《婆沙》评家为正，若作俱舍师破，汝难此释，违《婆沙》正义也"。按：论又有云："圣教支离，已成多部，其于文义异执交驰，取舍任情，于今转盛。"二疏皆云："造此论时，佛灭后九百年也。"

《论》九明中有形状中有云："法善现说复云何通，不必须通，非三藏故。诸讽颂言，或过实故。"次明中有住时，引世友、大德、《毗婆沙》说。明结生心，引《施设论》及先旧诸师说。《光记》九云："经部先旧诸师，或说一切有部先旧诸师。"

《论》明十二支，引《大缘起经》。又会《品类足》与经违云："素怛缆言因别异趣，阿毗达磨依法相说。"《光记》九解论明中际八支云："此论非以《婆沙》评家为量，取《婆沙》前师义。此即论意各别。"《宝疏》九云："今详《正理》、《俱舍》，取《婆沙》前师义，然与《婆沙》评家相违。又《婆沙》云一生造九地爱取有，亦与《正理》相违，如何和会？今详二论意别，义不相违。《婆沙》据不定业，《正理》据定业，故不相违。"

《论》明唯十二支，不应更立余支，一一述破余释，复有征答破难。次明缘起缘已生，别引望满计已，又余经部之破。有部救中有云："非一切经了义说，亦有随胜说，如《象迹喻经》……"次又叙破说缘起是无为法。次叙声论难经部，答（大众）问。次经部又破声论法现未起，及安立作者作用。次又述破二种释缘起缘已生。次引轨范诸师释，次又叙破二说。后解十二支中，明见指如《梵网经》。《光记》九解次述破云："此下叙异说，古世亲解，是非世亲祖师，即是《杂心》初卷子注中，言和须槃豆，是说一切有部中异师……余复释者：此是经部中室利罗多解，此名执胜，《正理》呼为上座……余征答破难，皆为论主对上座……说缘起是无为法，准《宗轮论》是大众部等计。又《婆沙》二十三呼为分别论者……破安立作者作用，经部师破或说一切有部破。"次解述破二种释云："此是经部中上座解，又解说一切有部异师释声论难。又解上座释大众难，又解说一切有部异师释大众部难。若据此论破即是说一切有部，若据《正理》不救，即是经部。虽有四解，前二解胜……次有余师释者，经部异师尊者世曹，《正理》称为上座徒党，轨范诸师者，是论主承习经部轨范诸师。"次解叙破二说云："一是上座同学解，一是经部中室利罗多解。"勘《宝疏》九未云古世亲，亦未云室利罗多，仅曰"《正理》云是上座释"。次又未说世曹，仅曰："此述经部异释，《正理》牒破云上座也"。次又未说上座同学解，乃曰"经部异师"。余除四说中后三说外，同《光记》。此等即《宝疏》之游于《光记》者。

《论》十明无明，别有实体，有多问答。后有与大德法救问答。明触叙别无触，别有触者之诤，而结之曰："如是难释言论繁多，故应且止。然对法者说有别触。"《光记》十解明无明之问答云：此叙异计论主正破，外救，经部救。论主非经部师评取一切有部。论主征大德，大德答等。次解明触中云："经部师说无别有触，三和即名触。说一切有部言别有触，后说一切有部结归本宗。"夫《光记》之必谓说一切有部结归本宗者，意谓论主朋经部耶？经部义实可趣也。

按：《论》于难大德后有一难。《光记》仅云："论主复难"，《宝疏》十云："此是异师也。《正理论》……今详《正理》此释自家一家之别无决定证……不能通释论主之难。"

《论》叙经部与婆沙师诤受触同时异时，婆沙师引本论十大地法为难。经部云："我等但以契经为量，本论非量坏之何咎。"后婆沙师结云："故应定许一切识，俱悉皆有触，诸所有触无不皆与受俱。"《光记》十云：经部难中有说云云，经部中上座解。又云："毗婆沙师答，依六足本论。"

《晖疏》十云："若经部宗，触既为因能生于受，故触与受必不同时，彼宗不许同时因果。"

《论》明四食，有多问答，引《集异门》、《品类足》。

《论》十一明狱卒情非情，引大德法善现说颂，而未有破。次明月圆缺，引先旧师释。次明三十三天苦，引化地部经说等。次明天淫，引毗婆沙师释。次明下见上，引余部说。《论》十二明刹那，引对法诸师说。次明阿僧企耶，引《解脱经》。次明轮王，引《施设足》。次明无二佛轮王，叙二部诤。次明灾，展转破胜论，计微常等，又引化地部契经说，《施设足》，《光记》十一解三际，引真谛师说。又云："先旧诸师，经部中先旧师释也。"次解下见上所引余部谓大众部，又出《正理》破。次解无中大引泰法师及真谛法师说。《光记》十二解二部诤，无二佛等。谓说一切有部及余部。《宝疏》十一解持水轮论，引余部说云："未知何部应检。"次解无间有云："《婆沙》一一五评家义，即《正理论》中一师释也。"次广解三际，引唐三藏、太法师等释。《宝疏》十二解《论》明刹那云："答中有二：一、经部答，二、有部答。经部答中有二……问：因何《仁王般若》一念有九十刹那，一刹那九百生灭？答：生灭微细，唯佛能知。小乘心粗，见生灭粗。今详经部释……未详论师何意如此，对法诸师者述有部计也。"《晖疏》十一解三际，引泰、光而结云："各据一义，任情取舍，更有多解不具述。"《麟记》十云："不具述者，真谛法师等更一一说，烦不述之。"又十二云："有部言十方世界唯一佛，彼宗计云……经部计有十方佛。"《义抄》三云："《世施设论》者，西方俗人共施设，不是六足论中《施设足论》也。"按：《论》十一有云："《世施设》中作如是说……"。

《论》十三明身表业中，展转三破余部余执，次叙经部破有部。后结云："立形为身表但假而非实，毗婆沙师说形是实，故身表业形色为体。经部亦说无表业相非实有。《毗婆沙》说此亦实有。"《光记》十三云：三破中初破正量部说，次破胜论异师，后破上座部、正量部及胜论异计。此下云："此下论主述经部义，破说一切有部形色实色。”又云：“若依说一切有部身语二表，有别极微，是实有性。论主此中意朋经部，故破彼二宗。语表业中，准身表说，故不再论。”《宝疏》十三解经部破有部形色实有中，引《正理》已，云：“今详两论，互有胜劣。”又云：“《正理论》师虽有多救，然以先觉证别有形，非为定证。”又云：“经部三业总以思为体，与大乘同。”《义抄》四云：“经部本宗，不立无表，末宗立。”

次《论》先述有部八征说有无表，次述经部破一破第二证，引余师言已，有四重问答，破第三证，引有说云云以后有破。破第四证，引大德说已有破。破第六证，有三重问答，又引余师言。后结云：“且止此等众多诤论，毗婆沙师说有实物名无表色，是我所宗。”《光记》十三云：破第二证，有余师言，有余譬喻师言也。问答为譬喻师及有部，破第三证，经部先代轨范师释，引有说者，经部异师，次论主引经破异师说。破第四证中大德云云，谓达磨多罗。论主破已，有部诘云：“何于无表定拨为无，而许经部种子无表？”论主答云：“经部与有部俱难了知，我于其中心平等性，正无所憎嫉……”又云：“又解于一思种刹那刹那七支功能增长，大乘亦然。然大乘熏第八识，经部熏色心。大乘种子同时相生，经部种子前能生后。大乘熏种与能熏相应，经部熏种前念熏后念。”破第六证三重问答，为有部与经部，引余师谓经部异师”。后结中先“论主止诤”，次“说一切有部结归本宗”。《宝疏》十三多引《正理》难经部破，解后结云：“止诤归宗，破已复宗，非是实取有部义也”。与《光记》解意同，而此顺文。《晖疏》十三云：“经部宗熏于色心，即色心持种子，于色心上有生果功能，假立种子。离色心外，更无别体。”《麟记》十三云：“于色心上熏成种子者，谓从前思熏色心，成种子也。以经部宗身语二表是无记性，思通三性，故唯思业能熏成种，表业不能熏也。”

《光记》十三解《论》云同散无表，云：“此论义当《婆沙》后师。”《宝疏》十三解无表，依叙光解而复评破之云：“有人释此三解不同，不评还同是非未解。今详……解云：《婆沙》与此论及《正理》，名虽少异，其义同也。”

《论》明无色无无表，叙毗婆沙师说。又明上地有声，叙二说而评云：“前说为善。”

《光记》十三解自性无记及善，引《正理》、《婆沙》诸说云：“应知无记诸论不同，或说一种……乃至六种。此乃广略不同，开合为异。问：此论若立四种善等，何故《婆沙》二云……解云《婆沙》既以一依等破立五根为自性善，明知说四种善者述异师义。又解安慧菩萨《俱舍释》中解据实而言，皆是自性善。然世亲阿阇黎立四种善者，随义胜劣建立异名。”勘《论》有云：“若异类心所起得等，云何成善？此义应思。”又云：“定心随转无表……如何成善，于如是义应设劬劳。”《光记》引《正理》释前，后亦引《正理》救，而出俱舍师破。《宝疏》十三云：“准《婆沙》一四四，三性分别二十二根中知四善与不善是有部宗旧所禀义，非是世亲菩萨新立。有人引安惠……云者谬也。”又云：“此义应思等者，论主破有部等起善也。”次二引《正理》文，而皆曰解云之附注，疑即《续藏》本之述曰也。更勘。次又解应谓劬劳等云：“论主难也。《正理论》云……有人云，俱舍师破云……今详此破似非……何关此义。”

《论》明二等起中有引余部说佛心善，无无记，毗婆沙师说有无记心。《光记》十三解论明无心不能废戒，引《正理》三十六已，出俱舍师难。次解无漏心任运转，引《正理》难已，出俱舍师救。余部谓：“大众部等计。”解《论》末有云：“论主显前毗婆沙师通经有过……”《宝疏》十三解二等起中，有云：“虽佛无记心后通善，然《婆沙》有三师解而无评文。诸小论意不同，取义各别。《杂心》云……取初师义，此论及《正理》皆非婆沙师义。太法师云，《俱舍》是《婆沙》中一师义者非也。”

《宝疏》十四解勤策受近事律仪等，引《正理》已，有解云：“前说同《婆沙》前师，后说同婆沙后师，无评文。详《正理》义，取后师。”按：上疑“解曰”即“述曰”，非此下有引“述曰”故，可知“解云”乃宝所加，“述曰”则引元瑜说也。此可定论矣，不然何分解、述为？次解叙异说，引太法师释。《麟记》十四云：“身律仪善哉等者，此偈是萨婆多中七佛略戒偈也。”

《论》十四明他教得律仪，引诸毗奈耶毗婆沙师说。次明别解脱律仪要期而受，叙经部、有部问答。后结云：“毗婆沙者作如是言……故我宗不许斯义。”次明依何边际得不律仪中有云：“经部师说，如善律仪无别实物名无表。此不律仪亦应非实。”次明八支中斋体斋支，叙经部难余师及有部。《光记》十四解解脱分齐中引真谛师解。次解八支中，叙《正理》救有部已，出俱舍师破。《宝疏》十四解毗婆沙师不许斯义，引《正理》破已，有云：“是故经部与正理师无诤理中横兴诤论。”次解《论》明八支中余师云：“叙异说也。太法师云是龙树说……”然《光记》无此说。次解难中《光记》云：“经部引经破。”此则云：“论主与余师出违经过。”次有一番问答，《光记》云：“难余师问斋名”、“经部答”。此则云：“余师反问”、“论主答”。惜《太疏》缺此，不知其说龙树者何据耳。然已是重要材料矣，应更检龙树论。《麟记》十四解六十贤部云：“六十贤部者，谓六十贤人共为部集。”勘光、宝疏无此说。《义抄》四云：“谓六十人贤众部，共集受戒也。有释六十人共为部党众首名贤也。”

《论》明近事律仪，引外国诸师及迦湿弥罗国诸论师言。次有彼二师之七重问答，后结云：“迦湿弥罗国毗婆沙师不许阙律仪得成近事。”《光记》十四有云：“真谛云：大名是佛从弟阿泥律驮亲兄。净饭王出家以国付之。佛为大名说三归法。外国诸师是健驮罗国经部诸师。”次解皈佛问答中，有云：“此《俱舍》等，当《婆沙》不正师义。相评家，如何会释。解云：论者意异随乐说故，非以评家为量，无劳会释。又解世亲论主故述《婆沙》不正义，试后学徒为觉不觉。众贤尊者不觉斯文，还依此释。若依正解，同婆沙评家。”《宝疏》十四解七重问答中引《正理》已，附注有云：“准此，经部《大名经》无此文，有部《大名经》有此文”。此解皈佛中引《正理》已有云：“准上经部归生身，有部皈无学法，婆雌子部归补特伽罗。大众部等佛无有漏，与大乘同。”次又云：“《俱舍》同《婆沙》二十四第二师，《正理》不同诸师，有人云论主故述《婆沙》不正义试后学，此释非理。论主大有与《婆沙》不同义，岂皆试后学耶？今详三论不同，有别意也……”《麟记》十四解罗汉成下品戒，有“准毗跋律”云云。《论》明饮酒中有云：“诸持律者言饮酒是性罪，对法诸师言非性罪。”

《论》十五明：于非所能境如何得律仪，叙破《毗婆沙》等二说。次明得不律仪，叙婆沙者及经部互难。”《光记》十五云：“依经部作，此五定亦得律仪”。次解于非所能境，叙破二说中云：初当《婆沙》正义，次当《婆沙》不正义。次杂引《婆沙》、《正理》会释此论同异有多说。次解不律仪中诤云：“真谛意作此解，于二解中意谓前胜。”《宝疏》十五有云：“太法师取礼僧等加行，说重等后起。此恐非也。”又解论若尔有情等云：“此是论主述古问答，《杂心论》中亦同此论。”又解得不律仪等中有云：“此论同《婆沙》一一七第二师义，《杂心》、《正理》亦同此。”《义抄》四亦有引太法师说。

《论》明舍别解脱律仪，引二余部说及迦湿弥罗毗婆沙师言。次互诤，及破余部中一说。次明舍不律仪中，引二余师说。《光记》十五解舍别解脱律仪，引二余部等云：一、即经部师说，二、达摩毱多部言，此云法密。次即有部与经部互诤，次破法密部。次解《论》明舍诸虑律仪，引《正理》二十九弹已，出俱舍师救。解舍无漏律仪亦尔。次解舍不律仪云：“准《婆沙》一一七，前师是健驮罗国诸师，后师是迦湿弥罗国诸大论师。虽无评家，且以后师为正。然《正理》三十九取前师为正。”次出俱舍师救，次解舍处中无表第六缘中引《正理》难已，出俱舍师救。次解非色善法舍中亦尔。《宝疏》十五云：“法密部计同《婆沙》持律者计。”次解舍诸律仪，出俱舍师救已有评。慧按：此等俱舍师救，非光所出，盖光出者，皆作“若作俱舍师救”言。宝引亦云：“有人出俱舍师救”也。此解舍无表第二缘中云：“有人不得意，妄为会释，则破光也”。《晖疏》十五解互诤舍别解脱云：“详论主意经部为正，故论主调有宗。”又云：“前法密部，论主破。”甚是。《麟记》十五解黄门，会《杂集》、《瑜伽》。

《论》明下地亦有顺不苦不乐受，引三师说，而破第二第三。次明顺现法受，引余师、毗婆沙师、譬喻者说。《光记》十五云：“引三师说，《杂心》意同第二说。论主破云二说俱与《六足》、《发智》本论相违。”次叙《正理》四十破已，出俱舍师救。次解所引余师为经部师。又云：“依经部宗许有一业，能感多生……”次云：“说业三家，或四或五或八，论主评取四业。《正理》不破五业，但破八业。”《宝疏》十五引《正理》已，解曰云云，勘与《光记》同，则此解曰或亦非光出，乃《正理》疏家说也。谁人乎，更考。

《论》十六明黑黑等四业中，引《大空经》。次明意业，叙譬喻者与毗婆沙师互诤。譬喻者引《思经》。《光记》十六解譬喻者曰：“经部譬喻者言。”则譬喻者或如分别论者之非属于一家者乎？《宝疏》无说。

《论》明见闻觉知，叙毗婆沙师与经部互诤。经部引余师及先轨范师说，后止诤。《光记》十六云：“学瑜伽论者名先轨范师，后论主止诤。”慧按：据论上下文，先轨范师确是经部所引，而云学瑜伽论者恐非。盖世亲作此论时，犹未信大乘，何得遽引研大乘论者之说？或可称瑜伽师，而非学瑜伽论者，瑜伽师名已见《婆沙》等中故。次解虚诳语，引《正理》四十二救已，出俱舍师救。《宝疏》十六解轨范师则云：“论主叙经部师义也。”甚是。

《论》十七释业道名义中，会譬喻论师说。次明断善根中，会《施设论》及本论（三），又八引异说。《宝疏》十七解《论》为此依此等，引《正理》已，出“述曰”，解断善中亦尔。

《光记》十七解业道思俱云：“《俱舍》据并俱故，不说无心。《婆沙》、《杂心》通据有俱故，兼说无心，各据一义，并不相违。”次解一俱转，引《正理》破已，出俱舍师救，解二俱转亦尔。解四俱转，引念法师等解。解八俱转，引泰法师等解已，又云：“泰法师等若作此解，非但违理，亦违论文。”次二引古德说，次解杀业，又引泰法师说。《宝疏》十七云：“《婆沙》、《杂心》乘明思俱转便兼明业俱转，故不说无心。此论及《正理》唯说思俱转，故不说无心。已上论文，《正理》有破《俱舍》有救，非要法相略而不述。”

《论》明邪命叙破异计，引《戒蕴经》。《光记》十七解业之三学，引《正理》已，出解后有云：“不同《俱舍》，此即论意各别，难为会释。又解各据一义，亦不相违。”至此应说《正理论疏》，今仅存元瑜残说。然元瑜之说实有本于光、泰诸师者，《俱舍》诸疏中颇多《正理》之解，应一一录出，集为《正理疏》，庶几可识其若者说在先，若者说在后，若者说未圆，若者说补足矣。不然，恐不能读通《正理》也。何以故？亦若《俱舍》无疏之不能读通耳，思之。

《论》明三障轻重，引毗婆沙师等二说。明无间，引大德说。《宝疏》十七解业由五因缘，引《正理》已，有云：“准此论及《婆沙》，皆云障圣道及圣道加行名之为障，而不说梵王是有余说。若准《正理》加离染义，即是决定。”

《论》十八明害父母，引妙音等说。《光记》十八解僧破体，三引空法师解而皆破之。又出今解，次解不经宿，引真谛师解。次解《论》之喻说，谓《譬喻经》。《宝疏》十八云：“若依《成实》……多同经部一业感多身，多业感一身。若依正量，各各别感。若依大乘，《对法论》八云……准此对法论文，同经部、正量部说。大乘亦许一业引多生，多业引一生也。问：准此对法，前后相违。答：有两释：一、释前随转理门同有部相说后依大乘，若不尔者，前说一生以多倍受苦如何后说经多劫耶？二、释……今译有部义宗，若造余趣次生定受业者，不造五逆。若造余道生余地狱不造破僧。若先造破僧，后造余逆，皆入地狱。”

《论》明修妙相业，引宿旧师说，次明八施中随至施亦尔。次明梵福，引先轨范师及毗婆沙师说。《光记》十八解宿旧师云：“经部中之宿旧师”。次解福业云：“第三解或是经部。”次解宿旧师云：“宿旧师者，谓自部中宿旧诸师。”则有部师也。而《藏要》本未注出，阐者将与上宿旧师混，疏乃如此。次解先轨范师云：“是经部或大众部师，或当部异说。”《宝疏》十八解菩萨至修习圆满，引《婆沙》一七八已，有云：“此论同《婆沙》第二师说。”次引《正理》已有云：“应检《抄》释。”又解释迦精进已有云：“应检，已上是光释也。”

《论》十九明随眠义中，先述毗婆沙师说欲贪等体即是随眠，次出再番问答已，三问无答即云：“然经部师所说最善，彼说欲贪之随眠，次有五番问答。”《光记》十九解《论》烦恼现起能为十事，一一引《正理》已，又皆有“解云……”次解毗婆沙师问答云：“大众部等征”，“毗婆沙师通经”，“大众部等责”，“毗婆沙师中法胜论师解”，“大众部等非”。次解与经部问答为有部。次解九十八随眠中，引《正理》四十六破已，出俱舍师救。《宝疏》十九解十事，引《正理》已出述曰，文与《光记》少异。次解余有，两出述曰。次解九十八随眠中，有云：“有人叙俱舍师救云……今详此释未为遣难……今详正理论师误解《俱舍》，遂妄弹斥。何以得知……”准此可知光所出俱舍师说，必有所本，不然宝应云“有人作俱舍师救”，不应云“叙俱舍师救”也。则恐是安慧之说也。《晖疏》十九解九十八随眠中善宝说。

《论》明外道不能伏断见惑，引余师说中引《大分别诸业契经》及《梵网经》云："谓于前际分别论者，有执全常，有执一分……"据此更可分别论者一名，非指一家说。次叙毗婆沙师释。次明萨迦耶见，引毗婆沙者释。次解戒禁取中四难《婆沙》。次明四倒，叙余部说倒有十二已，叙毗婆沙师不许此说。次难《婆沙》，后结云："故有余师复作是说……不违彼经。"按：《光记》十九解《论》，明萨迦耶见，引婆沙者释前一段文是经部师释。次解四难谓论主难，一一皆出《正理》救及俱舍师破。次解余部谓："准《婆沙》、《正理》是分别论者。"次解余师谓："有经部师……论主意朋经部所以此中绝救。"《宝疏》十九云：《大分别诸业契经》是两经。次解四难中，叙《正理》救已，（叙第四救又述曰。）评光师出俱舍师破皆云："今详此是重述前难，此破未得《正理》论意……"又"今详此救非俱舍释，不应理故……"则此所出俱舍师破，应是光师所出也。

《论》明慢差别中，引《发智》、《品类足》释。次明十一遍行随眠，有与毗婆沙师两番问答，而结云："毗婆沙师作如是说……"次明十一中九能上缘，引本论及对法者言。《光记》十九解遍行谓经部与毗婆沙师问答，后述自宗。《麟记》十九解慢中，引《正理》已，又引"抄云"一段。次解不共无明有引"《正理抄》云……"

《论》明随眠性中，引先轨范师说。次明无记根，引迦湿弥罗国诸毗婆沙师说及外方诸师说。次明四问记门，引对法诸师说及大众部契经说。《光记》十九云："经部先轨范诸师说，身见现行与身俱生故，名俱生修断，分别生依教起者见断，同大乘经说。若一切有部身见唯分别唯见断。"又云："外方即是西方诸师。"次解对法诸师为"本论诸师解"。《麟记》十九解西方经部师释无记根，引《正理》破已，出《正理抄》说。《义抄》五云："此末师计，本师不立无记根。一、以劣弱故，二、无教故。"按：据《宝疏》引《正理》文，本师即所谓上座也。则经部上座，恐非一人。

《论》二十明三世有无中，初述毗婆沙师定立实有中，有云："由此教理，毗婆沙师定立去、来二世实有。若自谓是说一切有宗，决定应许实有去、来世。以说三世皆定实有，故许是说一切有宗。若人唯说有现在世及过去世未与果业，说无未来及过去世已与果业，彼可许为分别说部，非此部摄。"次述法救类，妙音相，世友位，觉天得而结之云："此四种说一切有中，第一执法有转变故，应置数论外道朋中。第二所立世相杂乱。第四所立前后相待，一世法中应有三世。故第三说，由位不同，三世有异最善。以约作用位有差别，由位不同立世有异，非体有殊（按：此实大乘三世说之所自来）。”次述经部展转征破有破，其文有五处可记：（一）“若实是有则一切行恒时有故，应说为常。若实是无，如何可说有能所系及离系耶？”（二）“我等亦说有去来世，谓过去世曾有名有，未来当有，有果因故。依如是义说有去来，非谓去来如现实有。”（三）“识通缘有非有境。”（四）“又彼所言业有果，故有去来者，理亦不然，非经部师作如是说，即过去业能生当果。然业为先所引相续，转变差别令当果生。”（五）（勘《正理》五二，此是论主难）“若执实有，又应显成两众外道所党邪论，彼作是说，有必常有，无必常无，无必不生，有必不灭。”后结云：“是故此说一切有部，若说实有过、未，于圣教中非为善说。若欲善说一切有者，应如契经所说而说。如契经言梵志当知，一切有者唯十二处或唯三世如其所有而说有言。”（按：此说有，似顺《杂心》。其所破执实有者，准之《婆沙》，应是《婆沙》末师执也。考《婆沙》记中可知）《光记》二十解分别说部等云：“对简部别说非尽理半是半非，更须分别故名分别说部，梵云毗婆阇缚地。毗婆名分别，缚地名部。旧云毗婆阇婆提者，讹也。若《宗轮论》饮光部若业果已熟则无，果未熟则有，彼计同此。”次解是故此说云：“论主结非，赞述经部……经部意说，若假若实若曾若当，如其所有而说有言，非皆实有，犹如现在。过去曾有，未来当有，现是实有。现十二处八处实有，四处少分实有，少分实无。如色处中显色实有，形色实无。声处中无记刹那声实有，相续语业善恶等声实无。触处中四大实有，余触实无。法处中定境界色受想思实有，余心所法上假立实无，及不相应法三无为法，亦是实无。故《正理论》引经部云，又汝等说现十二处少分实有，少分实无，如上座宗色声触法。”《宝疏》二十云：“详萨婆多过未体有，不同现在之有，过未体无，不同现在之无。若同现在，应非过未。若如兔角，即应不能作境生心，《正理论》云：谓立去来非如现有，亦非如彼马角等无。”斯实善知有部者矣。《晖疏》二十云：“后萨婆多救云，如问所难，我不能通者，谓法性甚深，非寻思境，岂不能释便拨为无。论主意朋经部，故作斯释。”

《论》明何事儿随眠增中有云：“若随事别答便费多言论，是故应造略毗婆沙。”次明有漏，引《品类足》，迦湿弥罗国毗婆沙师说。次释有漏轭取等名一一各有二说，于后说前则曰“若善释者，应作是说”云云。《光记》二十解随眠随增中广引《婆沙》而复有解，解《论》释初颂中有云：“《婆沙》论文极理分明，《正理》不说有违宗过。又解各据一义，故不相违……又言空法师云……此解不然，违《婆沙》故。”次解论释颂后两句，有云：“又空法师云……此解不然，违《婆沙》故。”次解有漏，引《正理》破已，出俱舍师救。次解若善释者云云，谓“述经部解”。《宝疏》二十解有漏，引《正理》破及出俱舍师救，文言语法全同《光记》。次解若善释者云云，谓：“已下论主释，已上有部释也。”《麟记》二十云：“《婆沙》云广说，今云其烦广来览境识略要以明，故云略毗婆沙也。”次解若善释者云云，随宝说。又此一段解释，较《光记》犹详，后附志云：“以上义要，故具叙之。”余诚不知其所谓要义在何处也。识见之庸陋可知。其实此上一段则甚要者。

《论》明顺下分一一引异说，次明缠云：“《品类足》说有八缠，毗婆沙宗说缠有十。”《麟记》二十一解忿恨，引《正理》已，又引《抄》释。

《论》明根本静虑果五，引毗婆沙师说，果八引妙音说。《光记》二十一解立五盖，文云：“论主破前说一切有部师解。”又“有余别说等者叙经部释”。次解远性云：论主难，有部答。论主复难。若依正理等者，论主述经部解。次解离系重得中之总释上文，有引《正理》说已，出俱舍师难。次解忍果六云：“准《婆沙》文，见道果与忍果同，各有两说或六或七，并无评家。应知诸论若说六者，同《婆沙》前说。若说七者，同《婆沙》后说。两说之中，六是七非。《婆沙》虽无评家，一即《俱舍》、《杂心》皆说六故，二即《婆沙》不言有说，故知六正。又解七是六非，七尽理摄超越，六不尽理不摄超越故。《婆沙》既无评家，不可以是有说即非正义。又解说六说七俱可为正，又解说六说七俱可为正（按：正同说，所以正别），虽有四解，后二为胜。就后二中，后解为胜。自古诸师种种异解，不能具述，良由《旧婆沙》云几是忍果？答曰六。亦几是见道果？答曰七。所以或有定执六是七非，或有定执七是六非。”据此可知，《光记》所载两可之说，皆有所本。且又非西土传来者，以有有说无，有说定是非。此又研究《婆沙》体裁之一新说也。次解《论》一一断不别立遍知中有立云云，谓：“叙杂心师等异说”。次论主破，次解舍五，引《正理》破已，出俱舍师救。《宝疏》二十一解断云：“准此论文……《婆沙》亦尔……因何古今诸德误解此文。”次解根本静虑果有云：“有人释云……今详此释未成分别，《婆沙》自有分明评文。《正理》、《俱舍》亦有明文，因何浪释。”《义抄》五云：“大乘经部有漏道不断惑，但能伏不现行，如石镇草，去石即生，入圣再断。有部有漏即断，入圣不退，即更不断也。”

※（按：杨用修《闻见字书目》记《桂苑珠丛》，曹宪所作。）《论》二十二明四谛次第，引《良医经》。又明圣所以，引余师说二唯圣谛。《光记》二十二解余师说谓：“叙异说，有余经部师说或是上座部师说灭道二种，唯是圣谛”。《宝疏》二

十二解贤圣名，引《桂苑珠丛》。次解《论》明二道漏无漏，引《正理》弹已，又云："今详，《正理》所弹不当……"《义抄》五云："有部异师释乐少苦多，正义以就行苦，皆苦谛摄，许有实乐。若经部以三因故，乐亦是苦也。经部四爱为集，有部通云就胜说爱为集谛也。经部师无漏等智取法不颠倒名胜义，余智取法先观为乐，后观为苦等，名世俗智。大乘四真四俗，一、假实，二、理事，三、浅深，四、诠首。一、瓶军林等，二、蕴处界，三、四谛，四、二空真如，五、一真法界。初唯俗，后为真，中间望前即真，望后即俗。广如彼述。"（按：此一一如，应置后一段下。）

《论》明说苦为谛非乐，先述有一颂释由乐少故，次述余颂乐亦苦，次理实应言等云乐体皆苦，行行苦同一味故。次破余部执无乐受唯苦，次云对法诸师言乐实有，此言应理。次广破执无乐受，次明即苦行体亦明为集，就胜说爱为集，理实所余亦是集，与唯爱为集者辩答。《光记》二十二解有一类释谓："说一切有部师释。"次解余颂谓："有余经部鸠摩罗多。"次解理实等，谓："论主述说一切有部正解。"次解余部执，谓："叙异计，有余经部、大众部等作如是执。"次解对法诸师言，谓："论主标显说一切有宗。"次解即苦行体等，谓："说一切有部标宗，唯爱为集经部说。"又解明二谛中先轨范师，谓："经部之中先轨范师。"《宝疏》二十二解有一类释，谓："叙有部异师释。"次解余部执，谓："述大众部及经部异师计。"次解对法诸师，谓："论主评取有部宗也。"次解先轨范师，谓："述经部中异师释。"

《论》明三慧相，引毗婆沙师说已，又述破。次明喜足少欲，叙对法诸师说已，出难后又有应作是说云云。次明谁能入不净观息念，二引余师说。次明阿那阿波那之随，引余师说而复破之。次明净，引余师说。《光记》二十二解论明三慧之破云："论主述诸师破《毗婆沙》义，今详云云，论主述已解"。次解应作是说云："论主申正解"。次解得不净观云："《俱舍》同《婆沙》后师，若据初起，或同似《婆沙》前师。《正理》同《婆沙》前师。"《宝疏》二十二解少欲知足，引《正理》已出"述曰"。次解得不净观云："《正理》同前师，此论同后师。"又引《毗婆沙》已，出"述曰"。次解得息念，引《正理》已，出俱舍师救。又云："《正理》前说同《婆沙》，《杂心》后说同此论"。次解破随异说，引《正理》已，出俱舍师说。次解转，引泰法师说已，有云："今详此释义不如是……"按：自解得息念以下，《光记》二十二皆缺失。

《论》二十三明念住满，引传说云云。次明于慧立念住，引毗婆沙师说已，又有理实应言云云。次明顺决择分依地，引妙音说。《光记》二十三解传说云：

“毗婆沙师传说。”次解理实云云，谓：“论主释。”次解减行，二引西方德光论师解。次明四善根依身起，有云：《正理》说得，文同《俱舍》，又说为因。《俱舍》不说，《婆沙》说得说为因，与《正理》不同。《旧婆沙》云云，译家谬耳。解云，《正理》、《婆沙》论意各别。《正理》依一道义，《婆沙》依多道义。多道当《婆沙》评家义，一道当《婆沙》不正义。又解俱依多道义，《婆沙》约所依胜劣显道胜劣，所以胜非劣因。《正理论》意所依虽有胜劣，而能依道转展为因。《俱舍》或同《正理》，或同《婆沙》，皆无有妨。以下又有二解，次解依根本地，起暖等善，引《正理》六十一已，出俱舍师难。次解忍不堕恶趣云：“《婆沙》云得忍，不受黄门等身，云何《俱舍》、《正理》言，至上忍位方得不生？解云，一、总相说，二、分别说。又解论意各别。”《宝疏》二十三解总缘四境有云：“《婆沙》与《正理》此论别者，文异义不相违”。次解明二善，初安足时行修引《正理》已，出“述曰”。按：此上引《正理》所出“准上论文”云云，“详其论意”云云，解云等，及《光记》解云，皆未标录，应知，下亦尔。又二于《婆沙》之解亦尔。次有云：“西方德光论师解减行云……德光所解事太繁杂，既无论文，何理知定相系属耶……今为一释……”次解忍及世第一法，各引《婆沙》已，各出“述曰”。次解四善根依身起，有云：“今详一二论是多道家，《婆沙》、《正理》为因不同，意各别也。有人三释不断，还同未解。然准《婆沙》多道家阿罗汉等依一身起道，得依欲界，九依身道，不以身非择灭故，不修彼能修道。今二论皆以圣人无作为故，不得为世第一法者，意难解也。深法师以违此理故，此中言得，不言修也。”次解依根本地等，引《正理》已，解唯世第一能入离生，引《婆沙》已，各出“述曰”。《义抄》六云：“德光论师，梵言瞿拏钵剌，是中印度秣底补国人，是西方有学圣人，于本国造百余部论……德光约第一周减八行相，说余准此说。光法师取后说，宝法师取前说，破德光论师。”

《论》明独觉不成佛，声闻有成有不成，似与五种姓说有关。次解顺解脱分体有传说云云。次明植顺解脱分善根，引余师说。次明舍异生性，二引余师说。次明十六心现观叙余部唯顿现观已，牒破成断。是则顿渐之辨，于昔已成诤论，更考余记。次明极七返，引毗婆沙师说已，有难答。答中有云：“饮光部经分明别说，于人天处各受七生。”《光记》二十三解独觉有云：“自古诸师皆言七加行中，具作五停。今依此论及《婆沙》等但说不净及持息念，随一亦得至菩提。《大度论》（疑脱智字）具说五停。”次解传说谓毗婆沙师传说。次有云：“大众部等有言，于四谛中一刹那心唯顿现观，一切有部牒破。引经证渐言三经者：

一、《善授经》，即此所引；二、《庆喜经》；三、《一苾刍经》。如《正理》六十三说。”次解入无间道，引《正理》难已，出俱舍师救。次解极七返难答中云：“难或是弥沙塞部难，彼执人天合受七生，说一切有部答。”次叙《正理》破已，出俱舍师救。又出泰法师解，已有云：“今解不然……又引《涅槃》、《成实》以为证者，非是当部，如何为证。《涅槃》说皆有佛性，《成实》说有诸种子。此岂同彼不可为证，更有云云，不能广破。”《宝疏》二十三云：“唯顿现观叙大众部计，与大乘同。”次解极七返，叙《正理》难已，出“述曰”云：“准上论文，不破论主，是破《婆沙》异师释也。此论但叙有部多解，不自立义”。次即接谓“今译”云云，由此可证“述曰”非宝自出。次破太法师说，《麟记》二十三云：“言应目第八者，谓苦法忍居第八，故《智度论》说见道名八人地。旧又解云，四向四果从后向前，初向第八，故《婆沙》云第八圣者，谓随信行随法行。从胜数之是第八故，今章及新并无此解。”《义抄》六云：“经部师第十六心是见道摄，有部是修道。”

《论》二十四明生般中是有余依已，叙余师说，亦无余依已破。次明有无行般差别，叙有说云云已破，次释。次明色界圣者有上生无色界义，引毗婆沙师释。次明有学无学中般，引毗婆沙者说。次明生净居，引余师言。《光记》二十四解断第五品，引古德说已，有云：“此释不然，违《毗婆沙》。”次解家家有云：“《正理》据极少家家说，此论《婆沙》据极多说，或论意各别。”次解断修惑七八品者，亦名不还等者，有云：“自古诸师皆云……者不然……”次解破生般有无行般中破谓：“论主破”，释谓：“述经部解。”次解生净居中，引《正理》六十五已有云：“虽有两解，前解为胜，真谛亦同前解。”次解《论》明身证中理实应言等云：“论主述经部解。”《宝疏》二十四解家家有多评论，次解有无行般差别中，有云：“此则评取经部宗也……述经部义也……”

《论》明阿罗汉果第九无间道，亦名金刚喻定，次即解金刚喻定，有三师说。次明离系得引余师说已，破。《光记》二十四解三说云：“于三说中，第三为正，故《婆沙》云……”次谓：“论主破

《论》明转法轮三转十二行相，引毗婆沙师说，有难。”《光记》二十四解无学正见，有云：“《正理》通据刹那唯据无漏，《婆沙》通据有漏心唯据相续，各据一相，并不相违。”次谓经部难或论主难，述经部解或论主自申正解。经部答或论主答。《宝疏》二十四云：“述曰，《正理》克实说，《婆沙》对前金刚喻定等说，偏说相续，不说刹那。”次解五四立四果，引《正理》已，出“述曰”。次谓“论主破《婆沙》通三道也。是故云云，论主断取余师义也。准《正

理》论，是余师义，下论主第二释。”与《光记》别。《麟记》二十四、《义抄》六皆取宝说，而又以余师为经部。

《论》二十五明无退先果，又多诤答，次云：“经部师说从阿罗汉亦无退义，彼说应理。”次有多问答，答中有引《增十经》，阿毗达磨，问中有引《炭喻契经》，后云：“毗婆沙师定作是说，阿罗汉果亦有退义。”《光记》二十五云：“下明诸部诤四果退不退，若依说一切有部，初果不退，后三果容退。答即说一切有部答也……此下经部明四果退不退，谓初、唯圣慧断，必无有退。二、三世俗道得亦容有退。论主意朋经部，故言彼说应理。”次谓经部引《增十经》者，从一法门增至十种，名《增十经》。次解毗婆沙师说谓：“广诤既讫，结归本宗者，依《宗轮论》大众部等预流者有退义，阿罗汉无退义。”《宝疏》二十五解彼说应理谓：“论主评取经部释。”次解问答谓，论主答与《光记》说经部答者异，解后谓：“述有部宗”，而不云结归。《泰疏》十七解问答同光，解应理云云同宝，解后亦同光。

《论》明三退，引无退论者说。《光记》二十五解云：“述经部宗”。

《论》明于慧立念住，引毗婆沙师说已，又理实云云，明于定立神足，叙破余师说。次明三十七品次第，引毗婆沙师说已，又叙余师说。次明解脱蕴，有难答。《光记》二十五云：“理实等者，论主正解。”次解神足中谓：“论主破余师。”次解难答谓：“经部难”，“经部答中有余师云云，有余经部师说也。”《宝疏》二十五解解脱体，引《正理》，后出“述曰”已，又有：“今详《正理》俱不尽理”云云。

《论》二十六明尽无生智，引本论已，又迦湿弥罗诸论师说及有说云云。《光记》二十六解无生智，引《正理》七三文已，又有云：“正理师言……有余于此作是难云……”次解迦湿弥罗师说，谓：“说一切有部正义。”次解有说云云，谓：“西方沙门经部等计。”《宝疏》二十六解无漏他心智体，引《正理》已，三出“述曰”。次亦引正理师言而无余难。且于文下夹注曰“已上论文”，则恐《正理论》文也。次解有释云云，仅谓“述异释”。

《论》明有贪离贪叙有说云云，明聚散心，引毗婆沙师及叙破西方诸师说。次明解脱不解脱心，有多问答。次又征破明有贪心中第二师说。次明净无越十六，引迦湿弥罗国诸论师言已，又叙外国师说及破。《光记》二十六解他心智行相，三门分别：一、叙远法师、魏念法师、彭城嵩法师解，二、出三师过，三、述正义。总有二解，次解有说云云，谓：说一切有部，有一师说……有余师说……论主难……论主难讫，复作是言，是故应许说一切有部余师所说。次解西方诸师谓："西方诸师即是健驮罗国诸师，《婆沙》云外国师，次不应理云云，毗婆沙师破。"次解脱不脱心中问答，谓：毗婆沙师与经部师互相问难。次解征破云云谓："论主前难，推许第二师能解，今还征破前说……上来总有三解，论主以理为正，非以《婆沙》评家为量。初师释经摄心不尽，第二师说不得经意，故今论主以此为正。"次解外国师云云，谓："外国师即西方沙门，次迦湿弥罗问，外国师答。答中本论云云，即是《识身足论》……故迦湿弥罗前解非理。"《宝疏》二十六解脱不脱心，谓有部与西方师互问答，后引《正理》已出"述曰"。次解征破有贪心云："论主述西方师征有部前释，论主前依《婆沙》正义，正存贪所系，后依经部破贪系心。"

《论》明见道唯同类修已，有云："理非极成不应为征……"次经部难有云："故所辩修理不成立，如古师说修义可成。"次结云："毗婆沙师不乐此义。"次明练根，引余师说。次明四修，引外国诸师说有六修已，又引迦湿弥罗国诸论师说彼二修四修中摄。《光记》二十六解理非极成，云："论主难，诸（眉注疑经）部大有（疑众）说第十六心亦见道摄，言非见道，理非极成不应为征"。次解谓如经部古师说，修义可成。次有会释《正理》、《显宗》、《杂心》之文，更详。《宝疏》二十六解理非极成等云："论主破也，虽道类智有部云修道，余部不许不应为证。"

《论》二十七明佛身力，引余师及法救说。次明愿智，引毗婆沙者说。次明无碍解，引《施设足》及余师说，又传说云云，理实云云。次解六通性，会《品类足》。次明神境，引《毗婆沙》说。次明留身，引余师说。《光记》二十七解身力有云："《正理》意同《婆沙》，《俱舍》初说当《婆沙》初说，第二说当《婆沙》第四说。《俱舍》既无评家，即以《婆沙》第五评家为正。又解《俱舍》非以《婆沙》评家为量。若作此解，以初师为正。又解《俱舍》言力是所触中大种差别者，是经部义。彼宗触中大种是实，余皆是假，依大种立故。今说力是大种差别，论主意同经部，故叙彼宗，此解似胜。"次解明无畏中理实云云，谓："论主解……又解论主叙经部解……"。次解明无碍解中传说云云，谓："明加行，毗婆沙师存传说……此非义。"次解理实云云，谓："论主述正义。"次解他心智，引《正理》破已，出俱舍师救，有云："我以理为正，非以《婆沙》评家为量。虽同妙音，亦无有过，经分明故，不应异释。"次解通所依通，引《正理》破已，俱舍师救。次释健驮梨咒，引真谛说。又解伊刹尼，引真谛说云："伊刹尼是论名，是露形外道师所造。"次解神境，引《正理》等已，有云："《婆沙》虽无评家，此论《正理》、《显宗》等皆同第二说，即以第二师为正。"次解化声化心，引空法师及泰法师说已，而皆有破。后有云："问《旧鞞婆沙》……如何会释。解云，未知此论定是何部引来为证，设是当部从多分说，如《品类足》……或非正义，违诸论故……复有古德云……”《宝疏》二十七解依身，引《婆沙》已出“述曰”。次解无畏、愿智、无碍解、边际定，引《正理》亦尔。次解法无碍所依。有人云：“此论《正理》、《显宗》并同《婆沙》第二说，以五地为正。今详此解不得论意……”《义抄》六解法无碍，解所依地云：“《婆沙》四说……深法师会两说三，后评即是前评，不可一论有二评文意即不评通无色界……”勘《麟记》二十六无深法师会两说三云云，则深法师者或在光、宝之后，而更立新意者乎？更勘，此因文有讹脱，不能详也。

《论》二十八明一境性，答难已，引余师说。次明无色，引异义说有色已广破。次明静虑支，引传说已，又如实义者云云。次明支体性先叙一番问答已，又引有说云云，即有广问答，次又引余师言已，又有问答。《光记》二十八解一境性云，经部难，有部答。余师者，有余经部师说。次解静虑释名有云：“有余部计审虑是思，为简彼宗故云此宗审虑以慧为体。”次解明无色中异义谓：“大众部、化地部许彼界亦有色。次一切有部责破大众部等。破中，后通伏难，色从何生此从心生云云。论主以经部义答。”次解传说谓毗婆沙师传说，如实义者谓论主述经部义。次解支体性中第一答为说一切有部答，次有说云云，述经部解。次有部难经部答，中虽有一类至其施设故者云云，谓：“经部师言，虽有一类毗婆沙师作如是说。然非古昔经部诸轨范师共施设故。又解说一切有部师言虽有一类经部师作如是说，然非古昔说一切有部诸轨范师共施设故。”次引余师者，有余经部师言。后一番问答，说一切有部言，汝经部师虽有此理，非我所宗。次外人征问，有部答破。问中引余部云云，谓：“或余部言，显上座部”。按：此难知，有部是上座支部，对有部引上座部说而称余部，不通。或当时更有上座部，如《宗轮论》之所谓本乎？又不知光师之说有所本否也。勘《论》破中有引《辩颠倒契经》。《宝疏》二十八解无色中无以经部义答之说，又解如实义者仅曰论主正释，无述经部义之说。次解支体性中，虽有一类云云，谓有一类有部师释，而未说有一类经部师释。次解非我所宗云云，谓：“论主意许经部理，而言许有部也。”皆是上座部云云，同光说。《麟记》二十八解无色中有云：“言此是论主依经部释者，以有部宗无熏习成种义故。今详论意，既引经部释大众部难意，应同有部，许无色也。”又有云：“寂然而住者，天台释云：唯缘一识一作无边行相，名无所有与有法等同。今此不尔。”勘《晖疏》二十八，寂然而住，解无所有处也。而此引天台释而曰不尔，天台说禅等类，依《俱舍》及《智度》，则此虽文少，亦可注意之材料也。

《论》明染静虑支，引二师说。明不动名，引余师说。末明经，但说第四静虑，引传说。《光记》二十八解生上三地起下三识，叙破空法师及泰法师解。其叙破空法师解云：“空法师章解威仪五蕴中云……”则空法师或亦有《俱舍疏》也。次解四净定互相生，叙《婆沙》、《正理》、《显宗》已，有云：“问：诸论不同，何者为正？解云，《婆沙》既有评家生三为正，余论并是述异师义，或论意各别。《俱舍》以理为正，非以《婆沙》评家为量。”解后传说谓：“毗婆沙师传说。”《宝疏》二十八解四净定自相生中，引《正理》已，有云：“今详此释犹未尽难……今作一释……”次解三三摩地中，有引《正理》已，出述曰：“此与《婆沙》大意同也。”次解空空等持，引《正理》已出“述曰”。

《论》二十九明不净与舍治贪，引《毗婆沙》说，后明造论宗旨云：“迦湿弥罗国毗婆沙师议《阿毗达磨》理善成立，我多依彼释对法宗，少有贬量为我过失，判法正理唯在世尊及诸如来大圣弟子。大师世眼久已闭，堪为证者多散灭，不见真理无制人，由鄙寻思乱圣教。自觉已归胜寂静，持彼教者多随灭，世无依怙丧众德，无钩制惑随意转。既知如来正法寿，渐次沦亡如至喉，是诸烦恼力增时，应求解脱勿放逸。”《光记》二十九解引《毗婆沙》后理实云云，皆谓：“论主解。”次解喜无量，引《正理》已有云：“诸论不同，何者为正？解云，《正理》既有立破，即以彼为正。又解《俱舍》为正，无异说故。又当《婆沙》初师说故，说喜为欣，乃当《婆沙》余师义故……良恐臆度无真教理（按：此是斥《正理》说）”次解后有云：“于中时以经部义宗少有贬量为我过失，然亦未敢即为指南，判法正理唯在世尊及诸如来大圣弟子舍利子等。”《宝疏》二十九解喜，引《正理》已，出“述曰”。次解教住时分有云：“就中两说。一说……二说……此说同《涅槃》二十二云见受持者轻毁诽谤汝是六师，非佛弟子。当知佛法将灭不久。三阶云，法律禅师同十三种恶外道六师，当此记也。今详两说，后说为正，所以得今时有教法故。”不知此云三阶是否即三阶教之三阶也。后有解云：“为我过失者，少有贬量。少有贬量《毗婆沙》是我过，以非世尊大圣弟子辄有贬量，故成过失，论主谦也。判法正理等者，准此中意，商略《婆沙》，存其六足及本论也。毗婆沙师非是世尊，及大圣弟子故。六足、《发智》是大弟子之所造故，不商略……论主造论之时，佛涅槃后九百年中，教证正法并皆将灭……”《麟记》二十九解由二缘故，修解脱有云：“准此为现通等修解脱，亦同大乘也。”次有云：“新云取后说今时有教法故，今详若通论一期佛法，总名正法，此证可然。若别论正、像之正，证则非理。”“少有贬量谓论主谦言，少有贬量《毗婆沙》之义是我过失，以非世尊大圣弟子辄有贬量，故成过失。”《义抄》

六云："宝法师大师世眼下是流通分，此疏科文错也。"按：《论》于此卷内尚有《破执我品》。《光记》皆列于第三十卷中。《宝疏》同《论》本，《晖疏》及二抄所解皆止于分别定品，故《晖疏》及《麟记》皆仅二十九卷。然大正本之《晖疏》有解《破我品》。注云："以下至第三十卷之终，以东大寺藏古版本，本会校正而补之。"堪其文体，实为后人添入而非圆晖之笔也。故其后有附志云："若是圆晖释者，慧晖何不释之乎，如何云云。同年三月七日一览之处文字不正如何云云。"

《论》破犊子部，先叙其执有补特伽罗体，与蕴不一异。次论主征假实，谓实体必有因，或是无为同外道见，假同我说。次犊子部答，依内现在世摄有执受诸蕴立补特伽罗，如火依薪。次论主进退征破，次破补特伽罗，与蕴一异，俱不可说。次犊子部答六识所识，次论主广破成假非实，破中有，引《六生喻契经》、《契经》、《频婆沙罗契经》、《杂阿笈摩》。又有云："彼部所诵契经亦言，诸所有眼色广说乃至比丘当知如来齐此施设一切建立一切有自体法。此中无有补特伽罗，如何可说此有实体。"次犊子非谓："此皆非量，所以者何？于我部中曾不诵故，谓此说皆非真佛言。"次论主非谓："如是经文，诸部皆诵，不违法性及余契经，而敢于中辄兴非拨我不诵故非真佛言。又于彼部岂无此经，谓一切法皆非我性（按：此文甚要，彼且以《杂含》为非佛言，乃反大非佛说之材料也）。"次犊子答，"计我成倒，说于非我，不言于我，何烦会释。非我者谓蕴处界。"次论主破谓："无依我起于我见，但于非我法妄分别为我。"次答犊子难无我不能遍知（一切智），谓："我不言佛于一切能顿遍知，故名一切智。但约相续有堪能故，才作意时，于所欲知境无倒智起，故名一切智。为何得知，约相续说知一切法非我遍知者，说佛世尊有三世故。汝宗唯许蕴有三世，非数取趣，故定应尔。"《光记》二十九云："破我品中所有立破，论主多叙经部宗也。"次解不可说，引真谛师说。按：此《破我品》本无有颂，故圆晖不释，乃添入之文，以长行中所引经颂提出而为之释，与圆晖体裁大违，实甚可笑。其释《杂含》颂中有云："十二有支蕴处界三，此一切法唯有因果，无数取趣，但有情即无数取趣即是内空。外非情法，亦复法空。修此空观，亦不可得。详此经颂是佛世尊于小乘经密谈大乘，真空之理，于是尽矣"。此非特违圆晖之例，抑且反《俱舍》之说。其以《杂含》为小乘而不目为三乘共教，固无足责者也。据此文虽不合，义或可取，恐非日人所能作也。

《论》三十破犊子部别取蕴，引《胜义空经》、《颇勒具那经》。次犊子云宁言造色不异大种，破云："是彼宗过，谓诸计造色即大种论，设如彼见应作是质。”次犊子难佛何不记命者即身，何不说命者都无，何不记世间常等，何不记如来死后有等。论主一一答破。破中有，引阿毗达磨诸论师言及《筏蹉经》。此下又有数番问答。《光记》三十云：“觉天等计诸造色即大种论……筏蹉此云犊子……有外道名嗢底迦，此云能说，先问世间有边等。”

《论》次破数论决定有我，而略谈因缘，有云：“识于所缘，都无所作，但似境生。如果酬因虽无所作而似因起，说名酬因。如是识生虽无所作而似境，故说名了境。如何似境，谓带彼相。”此或相见二分之说所自乎？次破胜论我体实有，有多问答。《光记》三十解破胜论中，有云：“经部假地揽色香味触成，此假地是缘成假，论主述经部义，故说地揽四物成无别有体。若依胜论，地有别体。”《宝疏》三十解都无所作云云，谓：“此同《解深密经》外道不共陀罗尼，若杂染若清净法，我说一切皆无作用，亦都无有补特伽罗，以一切法离所为故。”次有云：“论然圣教中至未来果生，论主以经部义释也。有部从已坏业生，经部从业熏种生也。”《伪晖疏》解破胜论中业极重近起，谓经部师中有如是颂，堪本《光记》而意少别。《光记》云：“如经部部有是颂言，一、业极重，二、业近起，三、业数习。”故。

次将《俱舍》所论法义，举要列之如下，附以《杂心论》及《大毗婆沙论》所论者，则稽考益便矣。

※此下所列，颇有缺漏，或竟有讹错者，以余所注重者在知大纲故，未正补。然能将此三书详密对证之，即可以见印度小乘学派之大概，当待来日再说。二十五年（即1936年）十二月十七日记。

《俱舍论》	卷数	《杂心论》	卷数
《分别界品第一》		《序品第一》	
有漏法——除道谛余有为法	一	有漏行——相，异名	一
无漏法——道谛及三无为	一	无漏行相	一
有为法——五蕴，取蕴	一	阴——色受，想，行，识	一
色蕴——五根，五境，无表，大造，立如界	一	色阴——十色入，无作假色（按即无表）立八界	一
受蕴——三领纳随触，六受身 想蕴——六想身	一 一	问答分别——受想别立阴余心法立一行阴所以，五阴一切是行何故说一行阴，摄余，法阴数	一
行蕴——六思身，立法处法界 识蕴——六识身，立意如七界另详意界，三科总别摄，三科别义，立三科所以，诸蕴废立及次第，处界次第，处废立，摄异名，摄余类	一 一	入——十二入名义，云何一身具十二入，十处及法入少分是色，何故独说一入处为色入，何故但说一法入，何故但说十二入 《分别界品第一》 界——十八界种名，摄余，界入阴差别，说三所以，阴入界义，说十八界十二入五阴不增减所以	一 二
六界——地水火风空识 十八界诸门分别——有见无见，有对无对，善不善无记，界系，有无漏，有无寻伺第三，有无所缘，有无执受。大造性，可不可积集，能所斫能所烧，能所称，异熟生，所长养，等流性，有实事，一刹那，得成就内外同分彼同分，见修非所断。见非见，六识依此摄，眼等依根得名，识随根立名。依地同异别，六识内谁所识，常无常，根非根	一 二	广说界——可见不可见，三性，有无对，有无漏，界系，有无觉观等。受不受，为无为，有无罪，有无报，修不修，有心法非心法。有无见，是非极微聚，四大造非四大造，内外，根非根，有分余有分。坠非坠世，学无非学非无学，有无上，果有果非果有果。四缘别，见闻觉识，事长养报刹那依种别，自他地生得不得，自他性等	二

※以上当《顺正理》卷一至卷八之《辨本事品》，及《显宗》卷一《序品》与卷一至卷四之《辨本事品》。

《分别根品第二》	卷数
二十二根——增上成根义，根废立，根体性	三
二十二根诸门分别——有无漏，异熟非异熟，有无异熟，三性，三界系，三断，受生得异熟根，死位灭根多少，得果用根多少，成就堵根定量，成根极少，成根极多	三
诸法俱生——色决定俱生，心与心所必定俱生，诸行不定	四
心所——十六地法，大善地法，大烦恼地法，不定心所，诸界地诸心品中心所数量。无惭无愧别，爱敬别，寻伺慢憍别	四
心心所名义	四
心不相应行——得非得同分，无想，无想定灭尽定，命根，四相，名句文身	四 五
因缘——六因，五果，六因取果与果，四法从因生别。 四缘，四缘于何位法兴作用，法从缘生别，大造互为因缘，十二心互相生，十二心相生，十二心中现前得心别	六 七

《行品第二》	卷数
诸法从缘生	三
心法聚——十大地法，相应义，善大地法，烦恼大地，五地法差别，色无色界心	三
极微聚	三
心不相应行——生，住，异，灭，相各为八法，远法	三
六因——列名，一一因相，因受果与果，世建立，从因生法差别	三
四缘——列名，一一相，诸法随缘生差别	三

※以上当《顺正理论》卷九至卷二十，及《显宗论》卷五至卷十一之《辨差别品》。

《分别世品第三》	卷数		卷数
三界——欲界二十处，色界十七处，无色四处	八		
五趣	八		
七识住	八		
七识住	八		
九有情居	八		
四识住	八		
四生	八		
中有——证有，形状，眼境，行迟速，具根，无对，不可转，所食、住时，结生心，行相，八胎，破有我	八 九		
十二缘起——判三际，显体，差别说四，从胜立支名，遣三际愚，摄广，通生死终始难，辨缘起缘生。无明有实体，名触受义，十二缘起次第略喻	九 十		
四有	十		
四食	十		
有情没时何识现前，何受相应	十		
三聚 器世安立——三轮，九山，八海，四洲，黑山等。地狱，日月，天，大千，身量，寿量，中夭。 极少量，踰缮那，时量，劫，劫中人，劫中灾，大三灾	十 十一 十二	有为法分齐——名，色时，极微，色增长，刹那等时量，寿、有无中夭	三

※以上当《顺正理论》卷二十一至二十二，及《显宗论》卷十二至十七之《辨缘起品》。

《分别业品第四》	卷数	《业品第三》	卷数
业体性——思业思已业，身语二业表无表，大异，大造时同异，约地明大所造身语，约类明大所造表无表，性界地差别，四因成善不善性等，等起	十三	身口意业——作，无作，五业差别，业性，无作律仪差别，随心不随心转，成就戒，世分别，律仪不律仪，得不律仪时，得别解脱律仪，得禅律仪，得不律仪，捨诸律仪，捨无色	四
无表——律仪三，不律仪，住中律仪 成表——成表无表四句 得　戒缘——得三律仪，受别解律仪时即分齐，不律仪分齐，近住律仪、近事律仪分齐	十四 十四 十四	十业道——分别名义，业道起如，作非无作，何处有几业道，何处有几善业道，几不善业道一时与思俱转，何业道有几果，云何果相似	五
三律仪别——得同律仪，捨别解脱，捨定道戒，捨不律仪，捨处中无表，捨诸非色，有情故就别	十五	差别——现受等，桑受等，几种受，黑白等四业，何业几思断，曲秽浊，几种等起六识身何等为转何等为随转	五
明余业相——三性业，福等三业，三受业，三时业，二受业，曲秽浊业	十五	业果——总悦果，果业有差别， 四大造身四业	五 五
黑白等四业，三牟尼净业，恶行妙行业	十六	三障——辨三名义，五无间，最大慈坏僧性，云何坏僧，何处坏僧为几人，住何分僧不坏	五 五
十业道——明善恶体性，明表无表差别，三根，依处别，与所杀俱死战争杀生成业道分别，十恶相别。业道名义，断善差别，思俱转界趣处成就现行别，三果三邪命	十六 十七		
杂明业——业得果，应不应非，应不应三业，引生一多别，三重障	十七		
五无间业——辨体，别明破僧体成，破成时处，破缘具破二僧，别成逆缘，别明无离染得果，别明重大果，别明无间类	十八		
杂明业续——三时障，菩萨相三福业事，顺三分善，略辨诸法异名	十八		

※以上当《顺正理论》卷三十三至四十四，《显宗论》卷十八至卷二十四之《辨业品》。

《分别随眠品第五》	卷数
随眠数——六随眠，七随眠，十随眠，十八随眠	十九
辨九十八随眠见修断别	十九
五见体	十九
四倒	十九
七九慢	十九
诸门分别九十八随眠遍非遍，漏无漏缘，所缘相应随增不善无记分别，是非不善根别，是非无记根别。约事明随眠系事，约断明离系，事随眠增别，十随眠次第起别。烦恼起因缘，出漏暴流轭取体，释随眠等名	十九 二十
结——九结，五下分结	二十一
三缚	二十一
缠——八或十	二十一
烦恼六垢	二十一
随烦恼	二十一
诸门分别——垢缠三断，随烦恼三性，随烦恼三界，识相应，五受五应	二十一
盖五	二十一
惑灭——断惑四因，四对治，惑永断处，远性四种，断惑得灭，九遍知及道果。	二十一

《使品第四》	卷数
使——七使，九十八使，对治差别种差别，界差别，使自相，使界建立，一切遍，无漏缘。非无漏缘，诸使何所使，一一使九使使，谁为缘使使非相应使使。诸使为不善为无记，何使何处转。起次第，轭流取受漏缚名义自性，诸烦恼种云何起，何缠何使依，何缠与何烦恼相应，何故悭嫉立九节中非余。根相应差别，受相应差别	六
断烦恼——断烦恼因缘建立，九断六知是智果，若地若道若法智未知智若彼同品果，谁成就几断知，谁捨几断知，谁得几断知，此断知何处集因缘彼断得断知，断知三种境界，五种受生，使为心相应不相应	六

※以上当《顺正理论》卷四十五至卷五十六，及《显宗论》卷二十五至卷二十八之《辨随眠品》。

《分别贤圣品第六》	卷数	《贤圣品第五》	卷数
二断惑道体性 四谛——名义次第，别显苦谛明显集谛 二谛	二十二 二十二 二十二	修行——三种修行，界方便观，四念七处，煖顶忍世第一法，世第一法何缘几行，决定分次第起，圣道次第起，忍智何缘，何故三论忍智见道摄，道谛最后心修道摄，三地 建立人——随法行，随行信，三果三向，信解脱，见到，七有，家家，一种子，或或七八种或众多阿那含，七士夫趣，身证，六种罗汉，七声闻缘觉及如来	七 七
趣见谛道方便——住戒勤修闻思修净身器，五停心总标别明不净观，息念观 四念住，煖会顶忍世第一法四善根依地得捨，四善根别，得四善根胜利，转眼引生四善根别，现观具十六心，十六心依地次及见修别	二十二 二十三	人成就根——根本种性阿罗汉漠增进根	七
建立众圣——随信法行，信见解，至，住果非向，约修惑往失立极七返 一来向果，不还向果，七不还九不还，七善不还，杂修静虑五净居，身证，阿罗汉向果	二十三 二十四	建立法——随信行法随法行法及见谛道同异，未知根，已知根无知根 建立人——随信行等七人云何建立向须陀洹等八人	七 七
治道——地由道离染，道引离系得，道离地通局，近分摄道别，世俗道缘行	二十四	杂义——沙门果道坏地坏四句，不染污断，诸根满，学满非满，观谛顿渐，谛无间等，得沙门果云何，此无间等有几种	七
不尽智后无生智	二十四		
通明道果——沙门性果数五因立四果，别明中二果，沙门果异名，沙门果依身 六阿罗汉，六阿罗汉先后，从性果退，六学凡性，三退不同，退果时相，练根不同	二十五		
建立众圣——七声闻二佛之九天学，随信行随法行信解见至身证慧俱解脱之学，无学位七圣者，学无学满	二十五		
诸道差别——四道差别，四通行，三十七菩提分法体性漏无漏约地方别，四证净，正解脱，正智体，解脱时，道断障位，断离灭体及差别，厌离通局	二十五		

※以上当《顺正理论》卷五十七至卷七十二，及《显宗论》卷二十九至卷三十四之《辨贤圣品》。

《分别智品第七》	卷数	《智品第六》	卷数
忍智见别	二十六	三智、十智——善等分别，见非见，学无学非学无学，断不断有无为缘，起地界依，十六行，诸智各几行亦为他所行，彼诸行为谁能行亦为他所行耶，为何等性，成就智差别	八
智相——十智相殊，尽无生智相别，二智建立为十，法智类智治别，十智各别行相，十六行相摄无漏尽，十六行相实体能所	二十六		
诸门分别——十智性摄，依地依身念住摄智，十智相缘，十智缘境，约人成智，约位辨修，约地辨修，通明四修	二十六	修智——修无漏功德、修有漏功德	八
智所成德——十力，四无畏，三念住，大悲，诸佛同异，无诤愿智，无碍解，神通，三明，三示导	二十七	诸门分别——忍见智慧一异，一一智几智缘，对治，神通几智性，力无所畏一一几智性，无诤何地，云何行何处现在前何缘何等人起何等自性，愿智应辨法辨，辞辨义辨	八

※以上当《顺正理论》卷七十三至卷七十六，及《显宗论》卷三十五至卷三十七之《辨贤圣品》。

《分别定品第八》	卷数	《定品第七》	卷数
四静虑	二十八	四禅四定——一一说味净无漏，九四净，禅何等性，此禅支有几所起功德，三摩提三，无量，八胜处，五通，悲大慼差别，一切处，背捨胜处一切处差别 诸门分别——自性成就地有漏无漏，谓禅无色三种成就，此诸方便所得功德何等断烦恼何等不断烦恼，此三昧一一几种因，一一次第生几种，一一几种缘，何等禅能薰，何故薰禅，云何得三正受，此诸功德何等断烦恼，何时成就彼化心得何得，一肘得几心，成就几种化心	九
四无色	二十八		
八等至	二十八		
别明静虑一支数，支体性，染无支，释不动义，生受异，赴下心	二十八		
别明三等至——初得等至，等至相生，顺四分定，修超等至，等至依身，等至缘境，等至断惑，近分差别，中定不局	二十八		
等持——有无寻伺等三，单空等三，重空等三，修四等持	二十八		
定所起功德——四无量，八解脱八胜处，十偏处，解脱等得及依身，起定别缘	二十九		
正法住时	二十九		
造论宗旨	二十九		

※以上当《顺正理论》卷七十七至卷八十，及《显宗论》卷三十八至卷四十五《辨定品》。

《破执我品第九》	卷数		
总破执我	二十九		
别破犊子部	二十九		
别破数论	三十		
别破胜论	三十		
《附录傍论》	卷数		
阿罗汉留寿	三		
命寿别	三		
寿尽福尽故死四句	五		
自他害四句	五		
破执自在及我胜性	七		
化生身死无遗	八		
心狂唯意识	十五		
四记	十九	一向记，分别论，诘问论，止记论	二
三世有无	二十		
有贪离贪乃至不脱脱心十一对	二十六		
如来三种圆德	二十七		
神境中之能所化	二十七		

	《修多办品第八》（（以下三品所列，凡有^{0}者，《俱舍》有） 施戒修——一一有几种，施性，施种，施果，即施即果，大果，长养生身施，长养法身施，无畏施，大施，四种戒，余四种戒，净持戒，不净观，安般念	十
	界^{0}——欲界二十，色界或十六，无色四	十
	七^{0}识住	十
	九^{0}众生居	十
	缘起^{0}——十二支世建立，因果别，烦恼业事前后别，前后展转合起，四缘起	十
	生^{0}趣	十
	六^{0}界	十

	谛^{0}相	十
	四沙门果为几事	十
	道^{0}相	十
	不^{0}坏诤	十
	定相	十一
	如是足一自性，说四正断	十一
	四圣种	十一
	三^{0}十七觉品一几种性，何故多种建立，次第	十一
	四^{0}食——在何地，有何性	十一
	三^{0}三昧——有几行转	十一
	四^{0}颠倒——云何断，何等性	十一
	五见——摄馀——断	十一
	二^{0}十二根——名义，界系，有无报，初生得几根报，命中几根最后捨，几见断，几修断几不断，若成就根彼成就几根，几根得沙门果	十一
	六^{0}识身境界	十一
	智^{0}境界	十一
	诸使何所使	十一
	《杂品第九》	
	杂明缘生，有罪等义	十二
	心^{0}不相应行——无想，二正受，种类，句味与名身，命根，得，凡夫性，四相，诸行三性别，界系别，云何舍，云何断	十二
	三^{0}无为相	十二
	一切有为法说因谁为谁因	十二
	报当言众生数非众生数	十二
	心心法云何于缘转，心心法为有方处为无方处	十二
	何事心解脱，道生时断烦恼为不	十二
	五种有爱	十二

	十二法——几秽污心中得，几善心中得，几无记心中得	十二
	道品十法几根性几非根性	十二
	于何解脱	十二
	见谛云何得不坏净	十二
	何等法随心俱转	十二
	断法云何、知法云何，远法云何，定法云何，见处云何	十二
	三^{0}聚	十二
	若^{0}众生成就根彼成就几根	十二
	五^{0}触十六触	十二
	厌离欲云何	十二
	阿^{0}罗汉住何心般涅槃	十二
	四^{0}有	十二
	修行者几时极为业所障碍	十二
	五事，异五事	十二
	安立，方便，和合，修四果	十二
	神足几种	十二
	一切阿那含八色无色界不，一切信解脱得见到不，一切退法者必退不	十二
	何^{0}时佛出世，何时转轮王出世，何时辟支佛出世	十二
	得——为有为无，苦法忍有几得乃至道比忍有几得，解脱得何地摄，若道俱起得，彼得是俱起道因不，后起得云何	十二
	重^{0}三摩地——空空何行何自性，何缘何地摄，云何无愿无愿，无相无相	十二
	超越三昧	十二
	佛语善无记	十二
	云何声闻	十二
	几入可烧，几入能烧	十二
	地地界何差别	十二
	四善根	十二
	恶^{0}趣得非数灭	十二

意识六事不共余识	十二
住^{0}何等受命终及生	十二
《择品第十》	
法^{0}轮，梵轮	十三
成就近住	十三
斋几是尸罗枝，几是不放逸枝几是持枝	十三
优婆塞律仪，律仪比类	十三
身身业成就不成就	十三
四^{0}种八胎	十三
须陀洹有不善业，而不趣恶趣	十三
四^{0}食——界别，诸趣一一何食增	十三
三^{0}归	十三
四不坏净	十三
四沙门果——有无为别，智断等则	十三
无一念倾一智，知一切法	十三
四^{0}对治	十三
四^{0}种修	十三
见修道差别义	十三
诸缘何时作事	十三
众生进止迟速等异所以	十三
诸心起灭	十三
十^{0}二心相生，二十心相生	十三
正法	十三
金刚三昧	十三
神通善无记性别	十三
二十二根十七事	十三
等及第一义相	十三
中^{0}阴——界趣地必定，无碍，求有，住，有无衣，具根，形，身量，相见别，入胎	十三
知法，识法明法	十四
劫^{0}——中劫过，大劫过，劫尽最初	十四
心^{0}乱不心十四	十四

何等大能解支节	十四
三退法与不退	十四
菩[0]萨	十四
四种萨婆多	十四
以五支论法辩萨婆多及婆蹉部说，次第谛无间等，昙无得等说，一无间等实不实	十四
中[0]阴有无	十四
为有一切有为无	十四
《论品第十一》卷数	
有离律不律仪得律仪非胜进	十四
有得有为善不名为修习	十四
有解脱时离过	十四
有光音缠起是彼定相应，清净初禅退而得于退法	十四
有于见谛道得彼诸善法，彼法是有缘圣智不见缘	十四
有果有漏慧无漏慧所断彼果所因起谓不离欲慧	十四
有住无碍道而得于诸灭，此相违烦恼非彼无漏见	十四
有诸烦恼灭离欲者获得不断于烦恼而得无垢尽	十四
有无垢净地未曾得而得非离欲非退不依于见道	十四
有获未曾得而得于寂灭不舍彼不得若能知者说	十四
有成就八忍亦成就七智，此诸无漏见不见何无漏	十四
有法未曾得有漏边境界唯有不动者彼能系善法	十四

	有已起无漏慧于彼未起者前生非后因有离六地欲圣亦成彼果不成无漏禅有诸无漏法而为界所摄能生彼法者，不入彼界中	十四
	有一大种灭于禅地不起，二大种在前	十四
	有法因三道是三种自性谓三种一地亦复在三地	十四
	有有漏受二成一不成，二根二种成为身证	十四
	有九地惑灭得诸禅，不得无色定或复得	十四
	有一法多性或一三有无，彼是无学法，因力所长养	十四
	有法是有分与彼余有分相似生住坏	十四
	有诸相应法或说余有分，或复说有分	十四
	有二阿那含共生于一地第一法或成俱得一地果	十四
	有不动法俱受于一有一成就九地善有漏一无	十四
	有住一刹那得舍三脱门或复舍于二一捨还后得	十四
	有成沙门果成就圣非圣而不得断知	十四

据上所列可知，《俱舍》非尽援引《杂心》，乃据《杂心》体例而以《婆沙》扩充其问题之解答者也。《杂心》作者亦西方师之一派，经部发展亦有在西方者，恐《心论》等三书，不无经部肝髓。故《俱舍》采用《杂心》体例，而以《婆沙》扩充其问题也。倘更细细对勘，于小乘源流必有更有趣之发见也。

（五）大乘光法师撰《俱舍论法宗原》一卷（续藏本），普光类次《俱舍》名相之作也。初云："依说一切有部诸法宗原，略有五种：一、色法，二、心法，三、心所有法，四、心不相应行，五、无为法。"继列五法名后略标释，次诸门分别，就中有二：一、蕴处界摄，二、诸门分别，略以百门分别七十五法。就中以二门分别，略有十七种，谓色非色，有无见，有无对，有无漏，有无为，相应不相应，有无上，大造非大造，谛非谛，有无执受，有无所缘，异熟非异熟，见非见，积集非积集，能所斫，非能所斫，根非根，有无异熟。以三门分别，略有二十种，谓界、断、学有寻伺等地、业、宝藏戒等，戒有寻伺等，学、定净等，定、牟尼、清净、恶行、妙行、明、示导、三摩地、解脱门各三。四门分别略有二十二种，谓谛、食、身系、颠倒、识住、静虑、无色、缘、生、业、念住、善根、向、果、无畏、无碍解、无量、正断、神足、通行、道、证净各四。五门分别十五种，谓取蕴、浊、趣、无间业、根、力、因、类、果、盖、顺下分结、顺上分结、法身、戒、眼各五。六门分别五种，谓界、通、垢、因、波罗蜜各六。七门分别亦五，谓慢、识住、圣人、戒支、觉支各七。八门分别又五，谓戒、正道、解脱、胜处、难各八。九门分别亦五，谓结、九情居、地、次第定、遍知各九。十门分别六种，谓缠、随眠、善业道、遍处、智、力各十。后云："且为初学略示方隅，委细分别，广如别录。"诚如所说，此不过示初学以方隅而已。别录云云，似光师更有他作，非指《俱舍论记》说也。

※二书引本论及《婆沙》之处甚多，略。此所录者有异同之论也。

又二书所叙颇有增损，有见此书而彼无者，依此书录已，复注曰彼无。若共有者，依此或依彼录已，而不注曰无。

至于《正理》与《俱舍》之说相同者甚多，此亦未注出。大约未经评破者都相同，不然亦出入详略之不至太悬殊者也。

（六）众贤造，玄奘译《阿毗达磨显宗论》四十卷，又《顺正理论》八十卷（皆缩印本）。《显宗》一云："又不悬记自佛法中当有部执十八异故。"此虽外道谤佛之辞，然可以知众贤之时，部执犹是十八也。次举《集法经》世尊悬记部执异说四十四句。《正理》卷一驳唯经为量之说，又有云："诸部经中，现见文义有差别故，由经有别，宗义不同，谓有诸部诵《七有经》，彼对法中建立中有。如是建立渐现观等，《赞学》、《根本》、《异门》等经，说一切有部中不诵。《抚掌喻》等众多契经，于余部中曾所未诵。虽有众经诸部同诵，然其名句互有差别，是故不应由义宗异阿毗达磨便非佛说。"此《显宗》无。《正理》一明有漏法中破譬喻论师说，有云："彼不以一切契经皆为定量，岂名经部。谓见契经，与自所执宗义相违，即便诽谤，或随自执改作异文，言本经文传诵者失。或复一切不皆信受，如《顺别处》等经，皆言非圣教摄。是对法者实爱自宗，制造安置阿笈摩内。彼由此故背无量经，违越圣言，多兴异执。"此《显宗》无。

《正理》二明无表名义，评破经主谓：失对法宗等云云，《显宗》无。又明大种不相离，引《入胎经》及《大造经》。又评破经主难树动影随，譬无表随表名色，谓：误立前宗，非为符顺《毗婆沙》义。又不关《毗婆沙》义，乃至由未承奉无倒解释对法诸师，致斯迷乱，《显宗》无。又《显宗》二解自性受执取受名已，有云："二受差别如《顺正理》及《五事论》广辨。"《正理》无。未知此所谓《五事论》者，即法成所译之《萨婆多宗五事论》否，更勘。又《正理》二叙破上座宗行蕴唯思，破中有云："何等经中举初摄后，谓静虑食，瞿波洛迦，不退堕法，集谛等经。何等经中举后摄初，谓得自体识住，赞颂福田等经。何等经中但举初后以摄中间，谓赞出家证净等经。何等经中但举中间以摄初后，谓契经说。"《显宗》无。勘文意集谛等非经名，乃经中有论集谛文之谓也。此下有多诘难，乃至云："是故彼说非佛法宗。"

《正理》三云："蕴虽即聚而实义成，余法亦然故蕴非假。有余言可分段义是蕴义。经主判此违经。今谓不然，不违理故。处界二义岂不违经于摄取为正绝不求经，观此义言，似专朋党。"《显》无。又明云何立三科中有云："此中经主所说犹少。"次叙破上座之说，叙中有云："又上座说，诸法无非意所行故。"又明六根次第有云："然经主意，就根依处假说如此。经主或言，似通异释，故今此于别作颂文。"此即承《俱舍》之说而更为扩充之证也。此中有论梦中云何取色者，《显》无此一节。又明空界谓体有，次即叙破上座及余一切譬喻诸师说虚空非实有。次明识界，引世友说，《显》皆无。大约众贤之于《俱舍》其态度有三：一、全取其说，二、取其说而更扩充之，三、驳斥之。

《正理》四明有对，引《施设论》，明三性，叙破化地部计，《显》无。又明界系中，有叙经主出前师过。又明有无寻伺中，有非经主说，《显》皆无。又明有无所缘中，叙破上座五识依缘俱非实有，有谓："又彼师徒串习世典"云云。此下有多诘难，更顺破触法处唯假，界实，及一一极微非依缘体，众微和合成依缘论。《显》无。据此知《显宗》不过简括《正理》解释名相之要，精神所在如《记》所录，还在《正理》中也。有谓《正理》支蔓，可不管他，阅《显宗》已足者，谬。又明大造中有云："寡学上座言滑涩等触，皆即大种安布差别。此说不然，违圣教故。如契经说……彼不许有如是契经，不入结集，越总颂故。如说制造《顺别处经》立为异品，若尔，便应弃舍一切，违自部执圣教契经。如说制造《二种空经》立为异品，亦越总颂。如是等类，互相非拨。若谓此经非圣所说，违余经故，法处不说无色言故，如舍利子《增十经》中（按：此应即《集异门足》，尊之为经耳）唯作是言，有十色处，故知此经非入结集，但是对法诸师爱无表色，制造安置阿笈摩中。若尔，对法诸师岂不亦能作如是说？譬喻部师憎无表色，制造安置《增十经》中，如是展转，更相非拨，便为乱坏一切契经。"此下虽有会通，而西土部执诤论史实，于此得其最重要者。又云：“若谓唯是安布差别，无实体者，理亦不然。又彼上座言无别所造名轻重性，即诸大种或少或多说轻重，故非实有体。”此下有破，《显》皆无。

《正理》五破上座说，无冷所造触及饥渴二种非所造色，希求性故。有云：“经主自论有处说言，此是彼宗所有过失。彼宗谓彼毗婆沙师……未审此中经主意趣，定谓谁是毗婆沙师。若谓善释阿毗达磨诸大论师，彼无此说。彼说……为《种喻经》……此义既成不可倾动，而经主说毗婆沙师言……此未识宗故作是说。又今应说……譬喻论师说诸所造色非异大种……彼言非理……故彼所宗，杂乱难辩。”《显》无。又明异熟长养，亦叙破上座说《显》无。

《正理》六评破经主假说心为我一段，《显》无。次叙破鸠摩逻多明内外，《显》无。又引西方师说五种彼同分眼，《显》无。又明是见非见，叙破识见已，诘难经主所言，《显》惟略叙破识见。

《正理》七续明是见非见，破识见外，亦难经主，又云：“譬喻部师有于此中妄兴弹斥。我宗双依二谛，说眼能见。《颇勒具那契经》虽说我终不说有能了者，亦不全遮作者作用，而彼于中妄兴弹斥，拨世俗理，蔑胜义宗，摣掣虚空，定唯在彼。”《显》无。又明二眼见色中，叙破余部及上座说，次顺破上座论宗许多身境，遍现前时同生一识，谓：“欲故违阿毗达磨诸大论者所说义宗，顽嚣众中逞己聪睿。”《显》无。又明诸根取境中，叙譬喻论师暗色不见所以，《显》无。

《正理》八续明诸根取境，有云：“《毗婆沙》宗决定不许极微展转更相触义，应知彼言别有意趣。有何别意……”次破上座极微无体，色有和合及难有部极微之说。后云：“经主言此大德意应可爱乐，今说大德如是意趣非即可乐……若作此释，大德所言深有义趣。又经主复说极微若有方分，触与不触皆应有分，若无方分，设许相触亦无过者，此说非理……”《显》亦皆无。又明识名随根非境中，引《象迹喻经》，《显》无。

《正理》九明立根所以，叙难经主，后有云：“西方诸师说道类智亦是未知当知根摄，若对彼释，此过全无，故我所言，无前二失。”《显》无。又明几根是异熟与否，亦有难经主文。又有云：“尊者法胜说命根，亦非异熟，故彼论说有十三根，皆通二种。此违本论……”又明几根证沙门果中，叙破西方诸师说，《显》亦皆无。

《正理》十明大地法，有云：“上座言无如所计十大地法，此但三种，经说俱起受想思故，岂不彼经亦说有触。如彼经言三和合触，不说有别体。”此下广破有云："古昔诸大论师所立诸因理善成就，由此有触是别心所一切心俱理极成立。此既成立，上座所言大地唯三，极为迷谬……由此契经现证欲等实有别体是大地法。然上座言，此经所说是不了义，故不可依。云何知是不了义……此说不然……由斯证此是了义经，决定可依……然上座言，此欲决定非大地法，《阿阐地迦经》所说故。此言非理……然上座说慧于无明疑俱心品，相用无故，非大地法。此说不然……然上座言此念决定非大地法。此说不然……"《显》皆无。

《正理》十一续上有云："然上座言，无别一法名为作意。此难非理……然上座言，胜解别有理不成立。此言非理……然上座言，离心无别三摩地体，由即心体缘境生时不流散故。此言非理……又彼宗义心心所法不同时起……"《显》无。又明何心几心所中，有云："经主所难谓有警觉无警觉性作意与舍应互相违，如是善成于善心品有二十二心所俱生。"《显》无。又明无惭愧中有："经主此中误取彼情，横申过难……"云云，《显》无。又明心心所中，叙破譬喻师说，如《史略》所录，有趣而重要。

《正理》十二明得，叙难经主，广破经部得无实体之说。有破其种子说，略如《史略》所录。又有云："譬喻者无有相续前后异性，亦无因果三世诸行，亦无无间生果功能，如后当辩。彼由憎背对法义宗，于圣教中，起诸过患。经主于中虽随自执多有所说，而无所成。对法诸师议论宗处，诸譬喻者多分于中，申自所执诸法种子，惑乱正义，令不分明。复有诸师于此种子，处处随义建立别名。或名随界，或名熏习，或名功能，或名不失，或名增长。故我此中广兴决择，摧彼所执，建立正宗。"按：此中意气甚盛，《显》无。又明得差别相，叙难经主异生性无别实物，《显》无。然勘《俱舍》四，仅有云："曾未生圣法相续分位，名异生性。"而未有无别实物之明文。又明同分中，略破胜论义。又明灭尽定相，叙破余师及述迦湿弥罗国师说。皆较《俱舍》五为详。又引《邬陀夷经》，如《俱舍》。

《正理》十三破譬喻者灭定有心，引《曼驮多经》，《显》无。又明命根中，略难经主，《显》无。《显宗》七明四相别实有中，较《正理》多八行半文。此又一特例矣。又《正理》广难八相无体中，引《三相经》，又有云："汝所释经义，由无用故，必不应理。故我解经，非同汝释。且彼经主，朋上座宗，说诸行相续，初起名生等……"《显》无。

《正理》十四续难经主等，《显》无。然简要可取。又破上座说诸行无住，而谓经说无有住者，为遮常住。又引《抚掌喻经》说暂时住。后有云："岂不由斯已证对法所说诸行有暂住时。由此亦成《毗婆沙》释，言无住者，依刹那后密意而说，非谓全无。然彼所言，此随自意，分别计度，通善逝经，经曾不言有住故者。今谓彼类未读此经，或率己情，拨为非量。或朋党执，浊乱其心。虽数披文而不记了。”又有云：“又彼上座言，如虽无别有性一性长性短性合离性等为其所待而亦得成。有一长短合离等法，住等亦然，无别所待。此说便成违自宗过。彼宗自许有一长短合离等法待余成故，彼执诸法托有因缘，本无今有故。诸法有待，余有性非无所待。汝宗诸行本无今有，有性如生，待有方立。对法者说，诸法有性一切时有，不待因缘。故彼所言，自违宗义……喻部师所立假有相续生等，诸有为相，不合正理。唯我所宗，诸有为相分位差别，一切皆待异因缘成，非自然有。故有为相，一一刹那皆别实有义极成立，符顺契经。”《显》皆无。然于此上一段末有云：“余广决择诸有为相，如《顺正理》及《五事》释。”又明名句文身中广难经主说名句文身即声为体。《显宗》有而少略。勘前《显宗》无难经主之文，此有，是又一例也。

《正理》十五明六因中有云：“如是六因，非佛所说，如何本论自立此名，定无大师所不说义。阿毗达磨辄有所说，经中现无，由隐没故。自相可得，决定应有。又诸经中所化力故，世尊方便作异门说。对法诸师由见少相，知其定有，分明结集。故有说言，此六因义说在《增一》、《增六》经中，时经久远，其文隐没。尊者迦多衍尼子等，于诸法相无间思求，冥感天仙现来授与。如天授与《筏第遮经》，其理必然。如四缘义，虽具列在此部经中，而余部中有不诵者，由时淹久，多隐没故。既见余经有少隐没，故知此处亦非具在。”按：此或据《婆沙》之说，然可证知小乘亦非佛说。是故是佛说与否，最要在定其顺佛说与否也。又明俱有因中，有云：“为遮遣执唯有心故说离心有诸心所，又为遮遣执业唯思无无表业，是故复说有心随转身语业。复为遮遣执生等相非实有物，是故复说有心转随不相应行。”《显》无。次明心随转法体，《显》九较《正理》详，多四行。又《正理》次明心随转，广破上座释经说有因相续为先，然后有果相续而住，谁生为先，谁生已住。为答此复说此生故复生，此显因生为先，故后果生而相续住。有云：“如是上座但率己情，妄解佛经以扶己义。如是解释佛所说经，无有定因堪为证故……是故上座都无有因能证定无俱生因义。又彼所说唯一刹那有所依性，及诸行法有俱生因，皆难可了。此非理说。”《显》无。要之后期经部义，除《顺正理》外，更无处得其踪迹（《俱舍》不多）。研究大乘发展史者，不可不深加注意也。

《正理》十六明同类因中，破譬喻师说诸色决定无同类因。又难经主救《婆沙》文义，《显》无。又明异熟因中，救《婆沙》，难经主，《显》无。

《正理》十七明离系果，论无为无因果中，有云："如有为法建立因果，无为不然，是故择灭是因无果，是果无因，理极成立。此中多类诽谤涅槃。彼诽谤因纷竞非一，我今正破经主谤因，兼破余师成立择灭。因兹亦辩余二无为。此中经主引经部说一切无为皆非实有……经主似总厌背毗婆沙宗，欲依空花，拨一切法皆无自性。"次破经主及上座说，甚繁。又难经主解非择灭。《正理》要义如《记》，《显》皆无。又有云："上座说非择灭名，诸圣教中曾无说处，但邪分别，横记为有，非圣说故，不可信依。此亦不然，圣所说故。且彼所执旧随界等，如瘖哑人于梦所说，都无所用。但为诱引信无智人，令生欣乐。是故上座，勿以己宗准度他宗亦非圣说。岂不彼彼诸圣教中，离择无常二种灭外，处处说有灭尽等声。上座于中，何容不忍？对法者说，有用五字以于未来亦得择灭。为欲简彼令易了知，故本论中加非择字。论者意说，世尊所言，非择为先，于未来世，由阙缘故，得永不生。应知此即非择灭体，何容谓此非圣所言。"《显》亦无。此皆印度佛教史中之要紧材料也。

《正理》十八明六因何位取果与果中有难经主之文，《显》无。又有云："西方诸师说果有九，前五果外，别立四果：一、加行果，二、安立果，三、和合果，四、修习果。"又明因缘中破上座言因缘性者，谓旧随界，即诸有情相续展转能为因性，有云："此旧随界，即彼种子名差别故。今乘义便，更广遮遣……又上座等唯执诸法从无间生，执有法体，虽经劫灭而自相续展转相仍犹为因性……由此应随阿毗达磨所说正理以释因缘。"《显》此无。

《正理》十九明等无间缘中有云："一有情唯有一心相续而转。"次有反诘上座不共无明相应心品得有贪等俱生。又破譬喻论师说诸色法如心心所法，有等无间缘。又破上座说等无间缘，谓前生法令无间法获得自体。又明所缘缘中，破譬喻者说。又明增上缘中，破上座说增上缘，但据诸根生心心所。此五段《显》无。

《正理》二十明缘于何位法兴作用中，破上座言一刹那顷难说此是生时灭时，《显》无。又明大造自他相望互为因缘中，破上座说生持依立养五因，非圣教说，有云："未审彼宗，何名圣教，为鸠摩罗设摩文颂，为扇帙略所造论门……"《显》无。

《正理》二十一明色界天中，破余师说已，有云："故彼所言，唯冯妄执，是故建立色界诸天。唯我国师所说无乱。"《显》无。又明无色界中有云："经主此中假为宾主，谬增正义……经主定于阿毗达磨无所承禀，谬述此言。或由自心憎厌对法，矫作是说，惑乱正宗……"《显》无。又明五趣中，广难经主及上座说中有非趣，理成而不堪为证，《显》无。

《正理》二十二明七识住中，引《尊者阿奴律陀契经》，次破上座说第三静虑，于一切时由不怖想，故言想一。《显》无。又明四识住，破上座说识非识住，《显》无。次明四生中，破上座说生是生因义，《显》无。

《正理》二十三明中有中，破执无中有者，引经证有。除《七有经》外，又引《无间业经》、《中住经》。《显》无。次理证中有，难经主，谓其不能遣像，故不能解破中有难。又有云："次后遮遣大德逻摩所立理中兼酬此责，彼说镜等诸像皆非实有……"《显》略。

《正理》二十四继明中有引《掌马族经》等说，如《俱舍》，《显》亦略。又破上座说若命终处即受生者，中有便无。《显》无。

《正理》二十五明缘起中，诘难声论诸师、大德逻摩说。又难上座说缘起有二中有云："彼上座亲教门人有自斥言，此释非理，与摽释理不相应故。此斥非理，然但应摽有情数，摽非有情数，与释不相符。如《种喻经》等，故所释不然。如是师徒，未为贤善。自师劳思所造论宗，为逞己能，轻为弹斥。善说法者，理不应然。我于此中详彼所释，一切皆与自论相违，谓彼论说经皆了义，而今释此违彼论宗，释不具申摽中义故，彼便许此非了义经，故此定非彼宗经义。大德逻摩于自师释心不忍许，复自释言……故彼还成违摽释理……是故定知譬喻论者但为诳惑，迷真理教，无觉慧人辄有所释。上座徒党有释为破无因常因，又释为显因果住生，说斯二句。经主已破，故不重遣。上座复言依此有彼有者……经主难言……故彼所释非此经义。如是上座凡有所言，亲教门人及同见者（按：此指世亲说）尚不承信，况随圣教顺正理人，可能忍受。东方贵此，实为奇哉！（按：据此则经部由西而普及于东。）经主何缘但言彼释非此经义，我今说彼上座所言，全无义理……然彼经主差别遮言非此经义，无异有说此石女儿非极勇健。又经主述自轨范师释二句义，显已仁孝，彼虽有失而不彰显。师资之道理固应然，我于彼师无所承禀，设为弹斥，无亏大望，故我于此如实显非……故知经主所禀诸师，于诸法相未为明达。"《显》无。又释十二名中，释识有："破上座契经中说识是了者，此非胜义，是世俗说……故经说识是了故者，但依胜义，非约世俗。上座所言定为非理……"《显》无。

《正理》二十六释名色等中，破大德逻摩说度名色已，方立处名，及上座言五根所发识唯缘世俗，法智不缘胜义，受望于爱非作生因等。有云："尊者世亲作如是释，彼于爱喜，即名取者，爱摄在取中故经不别说。上座于此，妄拨言非因果二门，理应别故。谓爱与取，因果性殊。如是所言，皆不应理。契经说，若于受喜即名为取等故。上座复言，此经非了义，或诵者失。悲哉东土，圣教无依。如是不知了不了义，仍随自乐，决判众经。若尔总无可依圣教，唯有无义，不可依言，则便成坏圣教者……寡学上座，谬兴弹斥，谓圣教曾无如是说。以我语声说上二界惑，此欲显己知圣教边，于自所知增益之甚。已如前说，此与理教无片相违，故知经中定有说处。是故憎背他宗善说，苟欲成立自所宗承。如是未为顺圣教理，毁他成已，岂曰仁师……”。又破上座说取非二种，但于妙欲欲贪生故执而不舍，说名欲取，云：巧为如是响像言词，惑乱东方愚信族类……《显》皆无。

《正理》二十七续释十二支名，有破上座说有谓有性，有性即当来世中果生起义。有云：“为证彼义，不应引此经。由此经文有异诵者故，云何异诵……上座妄执此有支名，总摄一切有，经不别说故……上座所宗，如是所言，皆非善说。如《七有经》说为业有，故彼所说不别说故违理教，彼所引经应正详辩。且初所引《颇勒具那经》中说有谓当来后有生起，此前已释，谓此经文有异诵故。又彼所引《三有契经》亦不相违。总问答故……又彼上座忿嫉缠心，毁骂先贤，辩取缘有唯显业有以为有支。”又破上座说世尊非以老死声说当来四支，以老死名无差别故。又明缘起五种中，破上座说，有引《羯磨经》、《了达经》、《大缘起经》，《显》皆无。又明约位说缘起，从胜立支名中，有云：“对法诸师咸作是说，佛依分位说诸缘起。经主不信，说传许言。”又破上座，谓所立诸因无一能遮分位缘起。又有云：“上座于此自言，此中无明声总摄诸烦恼。又许触受二支，兼摄非理作意……皆不尽理，但应欺东方者，如是不达了不了义经差别相，而称我用经为定量，甚为非理。故招我等毗婆沙师于彼所宗数为嗤诮。经主于此假作是言……是故颂应言佛依分位说，无劳于此说传许声。详彼但求足言成主，分位缘起，是此所明。”勘《显》十四，于经主假作是言作经主妄谓上义为非云云，余缺。

《正理》二十八明：知缘起理，叙破上座说。又有云：“经主言经不别说老死有果，无明有因，生死便成有终始者。此难非理……”《显》无。又明缘起或缘已生中有云：“因果体实不违契经，经主说此违经者，由未承禀毗婆沙师，或师未达毗婆沙义，或虽披览毗婆沙文，邪执覆心，不鉴正理，有余部师说缘起是无为……皆不应理。”又明无明义，广破：“上座说由有此故，令明非有，是谓无明。但有虚言，都无实义。唯对法者容作是言，朋坏法宗无容说此。上座复说，或如是类心及心所，总谓无明……详彼心游如来教外，上座又言，或颠倒明即谓无明……彼言非理……大德逻摩说，非邪见（按：此救上座说）体即是无明，然诸贪欲嗔恚邪见……此亦非理……由此应许别有无明。”《显》皆无。又正明有无明中，难经主说。《显》无。又破古师说，不知此古师是何部何时人。

《正理》二十九明名色中，广破上座说顺成彼彼有情相续名名，又有云：“上座不许同时识与名色有相依理，彼宗不许有同时因果故……大德逻摩率自意说，若从中有结生有时，中有名色为缘，引起无间刹那结生类识，中有名色灭，独有识生。此方能引起生有名色……详上座宗说识名色互为缘义，理必不成……”又明触中，引《了达经》、《大缘起经》，《显》皆无。又明意近行中难经主，《显》亦无。

《正理》三十明段食中，破上座说所饮噉聚皆是食体，是故一切皆名为食，《显》略。

《正理》三十二明极少量中一刹那量，难经主，有云：“……故彼所释其理不成，毗婆沙师依胜义说法刹那量可以喻彰。然佛世尊曾不说者，以不见有能解者故。然有为欲开晓学徒，依比量门方便显示，谓如壮士一弹指时，经细刹那六十五等。”《显》无，次有云：“极微有二：一、实，二、假。实谓极成色等自相，于和集位现量所得，假由分析，比量所知……”《俱舍》十二无。次释多界唯一佛中，转展征释已，末云：“唯佛世尊能于此义究竟通达，我等随力且于此作如是寻思。诸有智人，应详其理。”据此可知，众贤于自所宗仍有不能自解其惑，而不得不存疑者。

《正理》三十三初广破无因论、恶因论，明论乖常。《显》略，《俱舍》缺。又明身语业中，叙破离系计有云：“又古诸师已破离系所立火喻……”次广破上座立身语业，有云：“彼宗所立表业，于圣教外，妄述己情……故对法者立业理成，有余部言动是身表……理虽如是，然不应言身表业非实有物。故先所立，于理为胜。大德逻摩作如是说，以诸行法即所得体，于是处生，即于是处此体还灭，故无行动，虽有此理……故彼所说，自宗相违……经主言刹那何谓，得体无间灭……彼释非理……故对法宗说有为法有刹那理独无有过，不应定言得体无间灭。复如何知诸有为法皆刹那灭，必不久住。经主于此作如是释，谓有为法灭不待因，既不待因，才生已即灭。若初不灭，后亦应然。彼释非理……又譬喻者能起异端，曾所未闻，解释道理执有为相是起及无……”《显》皆无。按：此中论生灭，颇可为《世界边论》之参考。

《正理》三十四承上文明刹那灭火，破执住，有云：“于正法内有作是言，身及山等久住不灭……既一切行皆刹那灭，如何业果感赴理成……是彼宗过，谓譬喻宗，故彼宗说……今详彼释一切可然，谓若唯言现在有者，可有相续展转理成，然理不成，故唯有语，彼不成理，余处已说。彼宗唯许思是实业，此即意行增长功能，随界习气种子论等。余处已遮，故外难言，无譬喻者所说业果，犹如种果感赴道理，是为正难……是故我宗业果感赴同于种果，无理能遮。”此下犹有发明，皆应细究，《显》无。次有云：“经主言形非实有……此理不然……又若遮遣行动及形，汝等经部立何为身表。此中经主辩彼宗言，身表即形，然假非实。如是语义，意趣难知……又经部宗，若执形色有所依揽，体实极微。对法诸师亦作是说，所起诤论为何所依……”《显》略。次又破经部说依思立三业，有云：“故彼非理频率已情释破诸经，令乖实义，理应名曰坏经部师，非了义经为定量故……故对法宗立身语业符教顺理，无杂乱过……经主前难……此难不成……”《显》无。

《正理》三十五明无表中破经部言非实，又云：“定应许无表实有，所以者何？《契经》说色有三种……此中上座率自妄情改换正文作如是诵……如是诵释，若有信受或有正理，可许引来遮破我宗所立无表。然彼诵释，不离前来所说过故，曾无余经作此诵故，谁能信受？彼作是说，经部诸师所诵经中，曾见有此。诸对法者，应专信学。对法诸师由爱无表，令心倒乱，谬诵此经，故非无经作如是诵。阿毗达磨诸大论师，实谓奇哉，怀贤泛爱。如斯惋戾越路而行。一类自称经为量者，犹能眷摄为内法人，时与评论，甚深理教。然彼所诵，于诸部中，所有圣言，曾不见有。所释义理，违背余经。宁劝智人，令专信学爱无表色。”此下又引《象迹喻经》、《各别处经》证实有无表，又云：“彼一类不乐极成圣教正理，专率已见，妄为颂释，惑乱愚人，故我从今渐当舍弃。又彼所诵非但违经，亦无正理……经主于此作是释言。诸瑜伽师作如是说，修静虑者，定力所生。定境界色为此第三，非眼根境，故名无见。不障处所，故名无对。此释非理……辨本事品因释梦境已具分别……未审经主曾于何处逢事何等诸瑜伽师，数引彼言，会通圣教。且曾闻有五百阿罗汉，乃至正法住，不般涅槃。然未曾闻彼有此说……譬喻者说无学身中及外器中，所有诸色，非漏依故，得无漏名……为挫彼宗广兴诤论，具如思择有漏相中。”次顺明福业增长中叙破上座说，末有云：“如是所说即是前来我所数破旧随界等，而今但以别异言词，如倡妓人矫易服饰……由此彼言都无实义，故有别法，若起余心或无心时，恒现相续，渐渐增长，说名无表。故无表色实有理成。经主此中极为恍惚，不审了达自他宗趣，欲以已过攀他令等逆述他责，作是释言……今详汝等无显示能，是故汝曹由未承禀妙闲圣教通正理师，大欲居心自立法想妄自举恃，朋经部宗，捧自执尘坌秽圣教……故汝经部于业果理极为恶立，然上座言……”《显》皆无。

《正理》三十六明转随中有云：“经主于此标释理中不审了知，复作是责……此审此言何密意说，为劝对法诸大论师，令设劬劳为当自劝……此由经主不达我宗所有言义，故作是说……”《显》无。

《正理》三十七明得三种律仪中有云：“经主此中应自思择。”又明戒时边际，叙破经部说。又明近住八支中有云：“经主于此谬作是责……（按：众贤救《婆沙》）”《显》皆无。又明成近事中破经部说，有云：“如《大名经》……未审此中经主说意，为欲劝励我国诸师，受持外方经部所诵，为受持佛所说契经。然有众经不违正理，外方经部曾不受持，有阿笈摩越于总颂。彼率意造还自受持……曾闻经部有作是执，亦有无戒勤策比丘，彼执便同布剌拏等诸外道见，非佛法宗。”《显》略。又明律仪品类中，破上座说，《显》无。

《正理》三十八明归佛中，有云：“经主此中作如是说，然寻本论不见有言唯无学法即名为佛。今详经主于本论义，未甚研寻……是故经主于对法宗不善了知所说文义，婆雌子部作如是言，补特伽罗是所归佛。此非应理……以汝不说补特伽罗是无常故。今乘义便且以余理破汝所归补特伽罗，其体非实，余处广辩。尊者矩摩逻多作如是说，佛有漏无漏法皆是佛体……此亦非理……然大众部复作是言，如来身中所有诸法皆是无漏尽是所归。此一类宗辩本事品已广遮遣，无劳重破……唯有大圣迦多衍尼子说所归佛体无有过失。”《显》无。又明归僧中有云：“迦多衍尼子意但以法为所归僧，岂不此说与经相违……由此论经不相违背。又此应是不了义经，待不违理，别意趣故。待别意趣方可了者，此类名曰不了义经。”《显》略。

《正理》三十九明得不律仪中，有云：“经主于此作是例言，若观未来羊等自体，于现亲等得不律仪……如是等例，于理不齐……经部诸师于此僻执，随所期限支具不具及全分一分，皆得不律仪……经部师避无根过，而反堕在难拔过中，智者应详无倒取舍。”《显》略。又明舍别解律仪中有多处叙难经主、上座、经部说。次明舍静虑、无漏二律仪中，亦有难经主者，《显》皆无。

《正理》四十明三业定不定相中，难譬喻者说顺现受业等，于余生中亦得受异熟。有云：“譬喻者其过偏多，以彼宗中顺现受等所有诸业，皆非决定。然许诸业展转相资，理应皆成造作增长，诸有造作亦增长业。世尊经中说为决定，而言诸业皆不定者，当知彼是佛教外人……对法者说诸业中顺现等三各别生果，业果无杂于理为胜。譬喻者说业有四句……彼说诸业总成八种。”《显》有四句八种，前无。此下又破八业及譬喻者说一切业，乃至无间皆悉可转。《显》无。

《正理》四十一明三妙行中，难经主言许有烦恼即是意业有何过，谓：“如是所许，违前契经及后正理，岂非大过……”《显》无。又明诸恶业道何处起，《显》二十二所解者详，较《正理》多七行文。

《正理》四十二明虚诳语中，论见闻觉知有云：“经主拨言，此不成证……复引古师，别释此四。今谓经主唯申自执，非我许此……我随经义解此经文，非如经主随自分别……又何意趣朋彼二师违理教释，而偏憎背毗婆沙者顺理教言……故彼二师义无端绪。今谓经主僻执居心，背此正宗，党彼邪说……”。《显》无。又明贪中，引《五盖经》，同《俱舍》十六。《显》无。又明二业道几并与思俱转中有云：“经主唯说不染污心，此言太减……”《显》无。

《正理》四十三明三障于何趣有中，难上座说扇搋等若害父母亦成无间，谓：“虽征责而词乖理，都无思虑暗发此言……五无间业，其体是何？且上座言三业为体，身业语业一一独能招异熟果，理难成故。但以意业所作事重故，许能感殊胜异熟。此极疎悦……故彼所宗在圣教外。”《显》无。又明杀母中，难上座说。又明无间业加行不可转，破譬喻者说五无间业尚有可转，况彼加行。有云：“如是所言皆非能立，于经及理不善了故……”《显》皆无。

《正理》四十五明随眠六种，难经主释。又明七随眠，难经主释，破上座说随眠是诸有情相续所持烦恼类故等。有云：“由此经主恶立随眠……如斯乃是食米齋宗，岂得引来摸托圣旨，恶说法者妄所执故。况经主论劣甚彼宗，谓彼宗中许有别法，说名为行。是智果因。然经主宗无别实物名为种子，如何说是烦恼果因，故为甚劣。上座于此谓佛世尊自谓诸缠与随眠异，谓诸烦恼现起名缠，烦恼随界说名随眠……遣此多同破经主义……彼宗所执，多分无有实体可记。欲于佛教求正解者，不应习近如是论师……分别论及经部师，妄执随眠为缠因性……经主此中先叙尊者法胜所说，后即斥言此皆非证。此都未详彼大德意，彼大德意如我先辩……且分别论执随眠体是不相应可少有用，彼宗非拨过去未来，勿烦恼生，无有因故，然犊子部信有去来，执有随眠非相应法，如是所执极为无用。如彼论言……执不相应随眠论者，常为无量过难所随，不能释通圣教文义……经主于斯复作是释，此中自体立以有名……详经主释义不异前，但构浮词似有少异，上座说有二类随眠……上座所持契经亦说。若缘欲界起染起贪，起阿赖耶起尼延底，起诸耽著，是欲贪相……”《显》皆无。而此一段文，实为治小乘史实者所应注意者也。后更剖析。

《正理》四十六明建立九十八中，有云：“宿旧师言，佛于法性明了通达，定应善观四静虑地诸烦恼法性少相似，虽有四地而合说一……由此义故，正理论师建立随眠约界非地。如何四地性少相似？有说……此释非理……我说……然诸古昔正理论师亦许随眠约地建立，故设如是假问答。”次下又明四静虑非同一系，有多问答。又有云：“分别论师作如是说，无九十八所立随眠，唯七。”下有破，又云：“然彼朽昧上座复言，随经非无所引名相，而曾无处说此随眠是见苦所断，乃至修所断。今应征诘入见道时……我则信受上座如是征诘，巨细推寻，未为切中……故彼所诘，有言无理。传闻《增一阿笈摩》中从一法增，乃至百法。佛灭度后，此土有情内慧念命日损，外药草等味势熟，不能具持如来圣教。故今《增一》中唯从一法至十法，于中犹有多分零落，故知经中定有具说九十八文。”此下又引《婆柁梨经》、《苦蕴经》、《大空经》、《邬陀夷经》、《出爱王经》，两相外道之《瞿博迦经》，庆喜之《满经》、《蕴薄迦经》、《护国经》，给孤独之《趣经》，《涅槃经》。诸经中所说经名，证隐没不现者多。末云：“本所结集多分凋零，上座何容辄作是说，佛无处说九十八随眠？”此为究佛史者之要料，《显》及《俱舍》十九皆无。

《正理》四十七明萨迦耶见中，难经主说坏名萨等。又别释戒禁取中有云：“由此经主所作是言，若彼拨无真解脱道，妄执有余清净因……彼全未详对法宗义……”又明四倒体中广破上座说，又云：“彼上座言诸预流者，见倒已全断……故《安隐经》作如是说……上座此说，违自意趣，违经违理，不可信依……”。《显》皆无。

《正理》四十八明九十八随眠遍非遍行中，有云：“经主于此作是责言，何缘所余缘彼是见……彼说非理，违本论故……上座应计此我常见，如乐净见邪见所摄，以上座执于四倒中乐净二倒邪见为体。彼自释言……今详彼说理亦应许……然彼所说理定不然，是故上座诸法相中背理凶言不应收采。”《显》无。又明缘有无漏中，有云：“上座说许邪见疑及二无明缘无漏者……彼定不了对法宗义……”《显》无。

《正理》四十九明随眠几所缘相应中，破上座说随眠无有相应所缘二随增义。又明随眠二性中，破上座说有学法有随眠，一切烦恼虽同不善，功能别故有感苦受，有无感能等。又明无记根中，破上座说无无记根。《显》皆无。又明四记中有云：“此非问相，是扇帙略所造论中所说疑相。”又引《拊掌喻经》、《阎莫迦西腻迦经》，《显》亦无。

《正理》五十明就三世辩随眠系中，有云：“然于过未实有无中，自古诸师怀朋党执，互相弹斥，竞兴论道，俱申教理，成立己宗。处处传闻如斯诤论。实有论者广引理教，种种方便破无立有。实无论者，种种方便破有立无。由是俱生大过失聚。故我今者发大正勤，如理思惟立去来世，异于现在非毕竟无。谓立去来非如现有，亦非如彼马角等无，而立去来体俱是有，唯此符会对法正宗。于此先应辩诸有相。此中一类作如是言，已生未灭是有相。彼说不然，已生未灭即是现在差别名故。若说现世为有相者，义准已说去来是无理，于此中复应征责，何缘有相唯现非余。故彼所辩非真有相。”余如《记》。《显》略。

觉海遗珠集(辛)

目　次

觉海遗珠集（辛）

三续异部宗轮之部

（一）《正理》五十一明三世实有中，破杖髻外道恍惚发言，说业过去非尽灭变坏都无所有中，有云："恍惚论者何太轻言，但违己宗经，便判为不了，岂不亦有遮去来经，如《胜义空契经》中说……如来说此《胜义空经》非为欲遮去来实有，与前所引经义无违，故前契经是了义说。有说定有遮去来经……经主于中强以力逼令非了，作是释言，我等亦说有去来世，但过去世曾有名有……此释有言定非善说，不许实有去来世故。假有如前理，不成故，无容更有余有义故……经主又释《杖髻经》言：业虽过去而犹有者，依彼所引现相续中与果功能密说为有……彼所执现相续中与果功能智者，审谛推寻其相，竟不可得，如何过去业自体已无，依与果功能可说为有，诸巧伪者所执，随界功能熏习种子增长不失法等处处已破……上座于此释前经言……又释第二《杖髻经》言……如是谬释一切智经，岂能庄严印度方域……释《杖髻经》亦不应理，无法不成因缘性故……"此下又破经主释二缘生识，无缘生识中有云："譬喻师徒，情参世俗，所有慧解，俱粗浅故……此中上座作如是言，智缘非有，亦二决定……如是一切上座所言皆如痖人，梦有所说，辨四缘处已广推征，应准彼文，例破此说……经主于此作如是言，非经部师作如是说，即过去业能生当果，然业为先所引相续转□□差别令当果生……此说如前思择业处，已曾遮遣，今复广破……又汝宗执灭定有心，故彼唯有虚妄分别……经主此中又作是难，若执实有过去未来，则一切时果体常有……由此彼救，但率己情……上座此中作如是释，即体无故名为无常。若体非无，无无常理……此释不然……是故应知有实去来，如又《布剌拏经》说……信有如前所辩三世及有真实三种无为，方可自称说一切有，以唯说有如是法故，许彼是说一切有宗，余则不然有增减故，谓增益论者，说有真实补特伽罗及前诸法。分别论者唯说有现及过去世未与果业。刹那论者唯说有现一刹那中十二处体。假有论者说现在世所有诸法亦唯假有。都无论者说一切都无自性，皆似空花。此等皆非说一切有。经主此中作如是谤，若说实有过未，于圣教中非为善说……故诸憎厌实有去来，不应自称说一切有，以此与彼都无论宗，唯隔一刹那见未全同故。”《显》略。

《正理》五二续明中有云：“经主作是难言，若约作用立三世……由此经主所举释中，与果功能亦是作用，良由未善对法所宗。”下有广破，因及引果缘，谓“总有二种：一、俱生，二、前生。俱生缘中复有二种：一、同聚生，二、异聚生。异聚生缘复有二：一、有情数，二、无情数。前生缘中亦有二种：一、同相续，二、异相续。异相续复有二：一、同相续聚生，二、不同相续聚生。不同聚生复二：一、有情数，二、无情数。待如是等同不同时，自他相续，众缘力故，诸法乃有引果功能。如果功能名为作用……如是我宗善安立已，彼犹不了。”此中于种现熏习之义，已立基础，颇应注意。又云：“经主此中复说，彼复应说，若如现在法体实有，去来亦然……三世实有性各别故，大德不应随己所解讪谤如理释佛教师，大德何缘与迷圣教及正理者共结恶朋？幸愿从今绝无义语，如其不然，深有损伤……”此下又有多难破，有云：“经主于此诡设谤言，昆婆沙师作如是说……今谓仁窃自造论，矫托题以昆婆沙名，真昆婆沙都无此语。我于前来正对经主决择过未，尽彼所能随彼言词皆已征遣，兼略征遣上座言词。然不随文广征遣者，以彼所说少有依稀。若随彼说一一酬言，谁有智人闻不嗤诮？设不鉴者，复托彼宗，矫饰文词，妄兴过难，诸有达鉴好观论文。今应详审留心谛听，我从今去还依旧宗，随彼所言纵辩酬遣。且有一类鉴智盲徒，谓我所宗同黄仙执。此不应理，以彼所宗，执因转变即为果体，果还隐没入自性中，故三世体一。我宗所立世无杂乱……”此下又有难上座说，《显》皆无。

《正理》五十三明系断中难经主，又明烦恼起中有云：“譬喻部师说，由分别力苦乐生，故知诸境界体不成实，以佛于彼《摩建地迦经》中说……正理论者，言一切境界无不成实……如彼论中有如是颂，以有于一事，见常见无常，见俱见俱非，故法皆无性。若尔颠倒亦应不成……是故意地所起烦恼所缘境界，非不成实。”又明随眠等名义中难经主，《显》无。

《正理》五四明随烦恼中引古师说，《俱舍》二十一无。又破异论师说，《显》无。

《正理》五六明无再断有重得中引《转法轮经》，《显》无。

《正理》五七明四谛相中有云：“上座说苦应知、集应断，《广分别圣谛经》中不说五种取蕴皆集谛摄，唯说是爱……此虽有语而无实义，且不应理违自宗故。谓彼上座言苦因理通一切烦恼，以爱胜故说爱非余。故彼所说，唯率己情……故不应就应知断辩苦、集谛二相差别。言无学后有不续，故证知唯爱是集谛者，理亦不然，余因阙故。马鸣尊者亦作是言（此“是言”二字，原文脱，依他资料补，录入者注），烦恼业身能取后有，为因引发后有续生，设坏业身后有难绝。若烦恼阙后有便无，要阙能趣因生身方尽故，如阙种子有地无苗。又契经言，识为种子，业为因故，后有得生……如是唯有对法者宗辩集谛体，理善成立……”《显》无。

《正理》五十八明有乐受中，广破上座说生死中受唯苦。又明二谛中有云：“上座言，三谛皆通世俗胜义，谓一苦谛假是世俗，所依实物名为胜义，集道亦尔。唯灭体不可说。同诸无记不可说有……今详上座所说，害二谛相……（广破应考）”《显》无。

《正理》五十九明三慧相别中，救《婆娑》破经主说，《显》无。又明无不足六欲及我所事中，难经主，《显》无。

《正理》六十明四念住中，引尊者无灭说，《显》无。

《正理》六一明顺决择分差别义中，有云：“尊者妙音说，依前六及欲七地，对法诸师不许彼说……”《俱舍》二十三无。

《正理》六二明十六心中，有云：“此中上座，违越百千诸瑜伽师，依真现量证智所说，展转传来如大王路谛现观理，率意别立现观次第，谓……由此理证知彼所宗，极为妄立，故瑜伽师如大王路谛现观理，虽被分析成多部异，然应方便简伪依真，无容率己，更立宗趣。”又云：“又渐现观是上座宗……又详上座所立义宗，似许预流都未见谛，以彼上座，自作是说……又彼许忍非圣道收……是故上座所立义宗，理或不应许渐现观，或定应许见道谛时，方能无余永断三结，是则符顺我对法宗。不应自言别立宗趣。”《显》无。

《正理》六三续明有云：“如是已破上座所宗，唯执八心名谛现观，余部有作是言，诸圣谛中唯顿现观……如《善授经》……顿现观经不可得故。谓若汝等不诵此经，复无别经分明显说，必顿非渐，是汝所诵，可为定量，非拨此经。又其所诵《转法轮经》……故渐现观不违教理……”《显》无，《俱舍》二十三略。又明十六心次第中难经主。

《正理》六四明立不还向果中，有云：“上座意谓，家家一间与七生一来，但利根有异……如是安立不应正理……又彼部论作如是言，品别断惑，非真圣教。彼部所立家家一间，唯是利根，岂真圣教？非彼上座自许己身，及我许彼是真大圣，宁谓自言是圣教摄……”《显》无。

《正理》六五明身证中难经主，《显》无。又明金刚喻定中有云：“尊者妙音作如是说，金刚喻定总有十三……此亦不然……”《俱舍》二十四无。

《正理》六六明世俗道缘行中，有云："此中一类譬喻师，为欲显成分别论义，作如是说，无有异生实断烦恼，有退失故……彼说非理……故彼论者于正法义，背面而住，轻述己情，不可与其考量正理。"《显》无。

《正理》六十七明沙门果中，有云："譬喻者说沙门果体唯是无为……譬喻宗理最不可依，无为立补特伽罗，彼执无为无有体故，不应无体法为立假者因，谓彼执无为唯不转为相，故不可依托立补特伽罗……上座言理必应无已见谛者，用世俗道断烦恼义……如是已说，依世俗道断修所断得二果时所得择灭，名沙门果。"《显》无。

《正理》六十八明阿罗汉退中，难经主说阿罗汉果亦无有退，有云："今详经主非善立宗……又如汝宗异生相续虽无无漏种而苦法忍生……彼言无学身中无惑种故，所断诸惑终无退理……彼言如世第一，以无漏法为士用果，既无毕竟无士用失。如是无漏法以有漏为因，亦无毕竟无异生失……彼言诸从无色生色界者，若无色种彼定不应还生于色，以无色圣者不还生色故……又经主复言，若谓有退……故彼释此乔底迦经，亦依僻执，然彼上座率自执言……上座依止下劣意乐，极恶处置阿罗汉果……故彼经主所立理言，于无退中无能证用。"《显》无。

《正理》六十九续破余师说，又云："上座此中亦作是说，定无阿罗汉退阿罗汉果……是故上座立无退失阿罗汉果。"于中引《戍拏经》、《乔底迦经》、《炭喻经》、《邬陀夷经》、《毒箭喻经》、《不放逸经》。又云："分别论师说一切圣道皆无有退，故所断毕竟不生……唯立喻说理不成立，或应诘问分别论师……正理论者作如是言，修道断惑容有退失，此中教理上论文中，因破他宗多分已说。今为成立自所许宗，当复显示前未说者，谓从应果亦有退失……详经主意，谓此经中先说学位，后说无学，今应审察……今详此经本为遮止如经主等此妄计度……详彼具寿以自所执邪义为依，都不欲依善逝所说契经正义，如何汝等久匿己情。恒矫说言我依经说，不以对法正理为依，以对法宗有越经故。今乃显露不顾经文，随己妄情横立义理……上座于此复谬释言……此不成释……"《显》无。

《正理》七十明不动退中，难经主有云："彼宗……是故经主但述己情，不可依凭，趣圣教理唯有对法正理可凭，悟阿罗汉退等差别，谓就应果身中所成无漏功德有胜劣异立六种种性，故彼所宗不可依据。"《显》无。又明位满中引《苏尸摩经》，《显》无。

《正理》七十一明神足中难经主，《显》无。又明三十七道品地摄中有云："有余师说，无始时来心为众多。"《俱舍》二十五无。

《正理》七十二明解脱蕴中难经主，《显》无。又有云："正理诸论师言，唯离贪心，今得解脱。分别论者言，唯有贪心，今得解脱。如有垢器后除其垢，如颇胝迦由所依处，显色差别有异色生。如是净心贪等所染，名有贪等后还解脱。圣教亦说心本性净，有时客尘烦恼所染，此不应理……（有广破）是戾正言非应理论。若抱愚信不敢非拨言此非经，应知此经违正理故非了义说。若尔此经依何密意，依本客性密作是说，谓本性心必是清净，若客性心容有染污。本性心者，谓无记心，非慼非欣，任运转住。诸有情类多住此心，一切位中皆容有故，此心必净非染污故。客性心者谓所余心。如言河水本性澄清，有时客尘坌少令浊。如是但约心相续中住本性时，说名为净，住客性位，容暂有染。此释与教正理无违……故不染心本性清净，诸染污心本性染污，此义决定不可倾动。”《显》无。又明断离灭三界中，有云：“上座言，但随己情作此分别，建立圣谛涅槃等中唯以爱为门说断众惑故……此说不然……如是上座于断等三，建立差别极为杂乱，何缘不许对法诸师如前所明三界差别，若假若实，俱无乱故。是故上座率自妄情，谤斥我宗。”《显》无。

《正理》七十三明他心智中，引胁尊者说，《俱舍》二十六无。又明尽无生智中，有云：“譬喻部师说于下智立忍名想，或如前说有多种因，尽无生等亦得名见……正理师言……”《显》无。又傍明聚散心中有云：“毘婆沙师说……经主谓此不顺契经……西方者释，乃顺契经谓……故我宗释符顺契经，亦善分别诸心异相。”《显》无。

《正理》七十四明十六行相中，有云：“经主依附他宗言，诸心心所取境类别皆名行相，理必不然……由此我宗所释为善，谓唯诸慧于境相中间择而转，名为行相。”《显》无。又明见道十五心中。有云：“经主此中作如是诘，既不能起得义何依，故所辩修，理不成立。如古师说修义可成，彼说……此但有言，所诘等故……”《显》无。

《正理》七十六明六通中，引西方师说，《显》及《俱舍》皆无。

《正理》七十七明一境性中难经主，又明静虑支实事中难经主，《显》无。

《正理》七十八续明中有云：“上座于此作如是言，如何得知轻安名乐……是故知乐非即轻安，破此同前经主所引……”《显》无。又明中间定不同中，引《苏使摩经》，《俱舍》二十八无。

《正理》七十九明四无量中有云：“诸古师说，喜即喜受……何缘修慈唯极遍净，有余于此倦于思寻，仰惟慈尊当解此义。传闻具寿迦多衍尼子，曾以此义问设摩达多。彼尊寻思便入寂定，至明清且欲为解释，时衍尼子复入寂定。时未会遇各般涅槃。由此迄今，无能释者。”后一条《显》无。

《正理》八十明第八解脱中，有云："上座言，即诸有情相续分位，名灭尽定。此亦非理，前已广辩……"《显》无。后明正法中有云："现见东方证法衰微，教多隐没。北方证法犹增盛故，世尊正教流布尚多。由此如来无上智境，众圣栖宅，阿毘达磨无倒实义，此国盛行，非东方等所能传习。阿毘达磨此论所依，此摄彼中真实要义。彼论中义，释有多途，今此论中依何理释。迦湿弥罗国毘婆沙师议，阿毘达磨理善成立，我多依彼释对法宗。经主此中述已本意，言依此国诸善逝子，议对法理《大毘婆沙》，发起正勤如理观察，为令正法久住世间，饶益有情，故造斯论。多言显示，少有异途，谓形像色去来世等。然诸法性广大甚深，如实说者甚为难遇。自惟觉慧极为微劣，不能勤求如实说者。故于广论所立理中，少有贬量为我过失。诸法正理广大甚深，要昔曾于无量佛所，亲近修习真智资粮，方于智境一切无惑。麟喻独觉尚于法相不能判决，由此判决正理，唯大真实大牟尼尊，是故定知阿毘达磨真是佛说，应随信受，无倒修行，勤求解脱。"此中所指之阿毘磨谓《发智》也，以为佛说，抑何荒唐。《显宗》末于此后有四颂，大旨如上。

（二）沙门元瑜述《顺正理论述文记》（续藏本），今仅存卷九、卷十八两卷。卷九末有跋云："永超东域传灯录云：《顺正理论述文记》，元瑜撰，业品已下未成序，神昉撰。西大寺本有二十四卷，元兴寺本有二十卷，或二十四卷。"又云："宽政六甲寅年，于洛西久濑村光福寺讲《俱舍论》之日，得此本于智积院大众藏令本誊写之。惜战，但第九一册，未见余。后学当弘通全本。丰山爱染院住沙门林常快道志。"又卷十八末跋云："昔年余获此原本，爱其笔迹，常与古法书同玩。云华上人偶覩此，大骇，谓是希世之书也。此原极难读之论，此记之所裨不为少。虽是一斑尚可重，岂徒笔迹可爱乃需余写一本。余恐误其草体为摹搭以呈併录上人前日所考于左。义天目录下云，《顺正理论述记》五卷，元裕述。《东域录》云，《顺正理述文记》二十四卷，元瑜，业品以下未序尽，神昉师撰。一乘院见本西大寺有二十四卷，元兴寺见行本二十卷，成办序云，二十卷或云二十四卷。东寺本二十卷。《五宗章疏录》云，《顺正理疏》二十四卷，八百三十纸，元瑜述。或本有未书云，仅见智山所藏第九卷一本，而曰述文义。文政戊子之春清明节苞识。"

卷九云："述曰案萨婆多部诸师立不相应行数亦无定，随诸论增减不同。今此论主于十四外许有和合性。"

又云："述曰，譬喻者执心差别，生果功能，说为种子。异部诸师或有说彼名随界是因义，随身有故。或有说为熏习者，由依前念熏成习故。或有说为功能者，以有功力能果故。正量部师说为不共，由有此故，当果必生，犹如义故。大众部师说名增长，前思所长故，能长后心故。如是等执，彼彼部中或有诸师执有别体，如《惑业论》说。”

又云：“述曰，此叙世亲师主如意论师同释前义，入无想者先灭粗心。犹如上地细心为依，非全断灭，故不怖断。”

又云：“述曰，此下通经义，如《摩诃俱瑟祕罗经》作如是问，出灭定时，当触。佛言具寿当触，三触乃至广说。”

又云：“述曰，此下释灭定灭法多少，此是自部异师解。”

又云：“述曰，此叙鸠摩罗多门徒释。彼宗执唯一心王，随用差别立种种名，无别心所。但心缘境第一刹那初了名识，第二刹那取像为想，第三刹那领纳名受，第四已去造作名思。余心所皆思差别。识、想、受三唯无记性。思心已去方始通三。”按：该书所解，虽仅消文，不如《光记》、《宝疏》之于《俱舍》妙有发挥，然颇清晰不支蔓。又叙论中异说出处，疑皆有所本，则颇应重视。

又云：“述曰，此下叙异论，即《俱舍》中经主，亦经部中异师释也……此亦即彼师徒异释。”

又云：“述曰，此牒外计，《俱舍》说言是尊者世友说，亦譬喻师差别也。”

又云：“述曰，众贤论师于旧释外，以义复如舍寿行者，理恐有违，以诸圣者可他害故。亦可论主约正住在边际定时，非他所害。亦可准约佛舍寿说，以佛必无因于他害而命终故，即同《俱舍》，又应说佛自涅槃故。”

《卷十八》云：“述曰，此第二释，梵本第二释云那末南（奴绀反）那（去）摩，是皈依，放名那摩。”据此可知瑜师识梵文，不然亦必尝追随译者。

又云：“所以不释大不善者，于根本论《界身足》中辩诸地义。然彼不说大不善地，但是后代毘婆沙师因诵善故，增足不善地，非本论不必复通，所以不释小烦恼者，以不说彼遍诸心故。”

又云：“述曰，此叙异说，有两家。前说名色体宽二唯根境六处唯根，后说名色摄多故依界二唯根境故。依处缘起说缘故说六处。评曰，异说皆于正理，无所相违。”

又云："述曰，故知亦有身在上地起上地系，无记近行能缘下境，是何缘下，未见明文，以理详文，通三无失。复更思检未可指南，依下身无此中不说，生上便有故不言无缘，自并无遮缘上虽无覆俱缘不系，理亦无违。"据此二段，知亦少少抉择。

又云："述曰……梵本声滥，钵他、钵陁亦少相似，是故诵者各执一文。又钵陁声义兼句迹。由兹释者各见不同，所以于中有种种释，然其的据未卜所从。理并无违，故今并举。"

又云："西方多有触末摩贼，以手触人，著即致死。"按：即此土点穴法也。能说此者，必与曾至印度者游，则元瑜之为奘师门弟子无疑。

（三）诃梨跋摩造，鸠摩罗什译《成实论》二十卷（藏要本）。僧祐《出三藏记集》卷十一，录《成实论记》云："大秦弘始十三年，岁次豕韦九月八日，尚书令姚显请出此论，至来年九月十五日讫。外国法师拘摩罗耆婆手执胡本，口自传译，昙晷笔受。"（按梁《高僧传》六云，初出《成实论》，昙影凡于诤论问答皆次第往反。影恨其支离，乃结为五番，竟以呈什。什曰不善，深得吾意。）又新撰《略成实论记》云："《成实论》十六卷，罗什法师于长安出之，昙晷笔受，昙影正写。影欲使文玄，后自转为五翻，余悉依旧本。齐永明七年十月，文宣王招集京师硕学名僧五百余人，请定林僧柔法师、谢寺慧次法师，于普弘寺迭讲，欲使研核幽微，学通疑执。即座仍请祐及安乐智称法师，更集尼众二部、名德七百余人，续讲十诵律，志令四众净业还白。公每以大乘经渊深，满道之津涯，正法之枢纽，而近世陵废，莫或敦修，弃本逐末，丧功繁论。故即于律座令柔次等诸论师钞比成实，简繁存要，略为九卷。八年正月二十三日解座，设三业三品别施奖有功，劝不及。上者得三十余件，中者得二十许种，下者数物而已。即写略论百部流通，教使周颙作论序，今录之于后。"又周颙《钞成实论序》云："寻夫数论之为作也，虽制兴于晚集，非出于一音（按：此数论即对法也）。然其所以开家命部，莫不各有弘统，皆足以该领名数，隆赞方等。至如《成实论》者，总三乘之秘数，穷心色之微阐，标因位果，解惑相驰，凡圣心枢，罔不毕见乎其中矣。又其设书之本位论为家，抑扬含吐咸有宪章，则优柔窥探动开奖利。自发聚之初首，至道聚之本章。其中二百二品，鳞綵相综，莫不言出于奥典，义溺于邪门。故必旷引条绳，碎陈规墨，料同洗异，峻植明涂，裨济之功，寔此为著者也。既效宣于正经，无染乎异学。虽则近派小流，实乃有变方教。是以今之学众，皆云志存大典，而发迹之日，无不寄济此涂。其书言精理瞻，思味易耽。顷遂赴蹈争流，重研相蹑。又卷广义繁，致功难尽，故复往不旋，终妨正务。顷《泥洹》、《法华》虽或时讲，《维摩》、《胜鬘》颇参余席。至于《大品》精义，师匠盖疏。《十住》渊弘，世学将殄。皆由寝处于论家，求均于弱丧。是使大典榛芜，义种行辍，兴言怅悼，侧寐忘安。《成实》既有功于正篆，事不可阙。学者又逐流于所赴，此患宜裁。今欲内全《成实》之功，外蠲学士之虑，故铨引论才，备详切缓，刊文在约，降为九卷。删赊採要，取效本根，则方等之助无亏，学者之烦半遣，得使功归至典，其道弥传，《波若》诸经，无坠于地矣。业在心源，庶无裁削之累。全典故今，岂有妨于好学？相得意于道心，可不谋而随喜也。”

又江陵玄畅作《诃梨跋摩传》序云：“诃梨跋摩者，宋称师子铠，佛泥洹后九百年出，在中天竺婆罗门子也。幼则神期秀拔，长则思周变通。至若世典围陀，并是阴阳奇术，提舍高论，又亦外诰情辩，皆经耳而穷其幽，遇心而尽其妙，直以世训承习弗为心要也。遇见梵志，导以真轨，遂抽簪革服，为萨婆多部达摩沙门究摩罗陀弟子。其师授之迦旃延所造大阿毘昙数千偈曰：‘此论盖是众经之统例，三藏之要目也。若能专精寻究，则悟道不远。’于是跋摩敬承钻习，功不逾月，皆精其文义，乃慨焉而叹曰：‘吾闻佛旨虚寂，非名相所议，神澄妙绝，罕常情攸测，故为先达之所遵崇。我亦注心归仰。如今之所禀，唯见浮繁妨情，支离害志。纷纭名相，竟无妙异。若以为先圣应期适时之渐，斯则教之流，非化之源矣。’遂乃数载之中，穷三藏之旨，考九流之源，方知五部创流荡之基，迦旃启偏竞之始。纷纶遗踪，谋方百辙，由使归宗者昧其繁文，寻教者惑其殊轨。夫源同末异，乃将衰之征，然颓纲不振，亦弘道者之忧也。遂抗言五异，辩正众师。众师雷动，相视阙如。后以他日集而议曰，此子恃明，凌轹旧德，据言有本，未易可倾，迈年值此，运也如何。或有论者曰，岂唯此子才明过人，抑亦吾等经论易穷耳。意谓学无自足，暗则谘明。昧明之分已自可知，何为苟守偏识不师广见耶？诸耆德曰，相与诚复慕明情深，而忝世宗仰于兹久矣。当不能忽废旧业，问道少年明矣。何者？大根同叶散，像数自然，五部之兴，有自来矣。但常敦其素业，祇而行之。既生属千载之末，孰能远轨正法之初哉！且跋摩抽簪之始，受道吾党，中参异学，已自离群。夫师祖不同，所以五部不离黜异之制，盖先师旧典本可述其独见之明，以免雷同之众。跋摩既宏才放达，广心远度，虽众诮交喧，傲然容豫，深体忘怀，明游常趣，神用闲邃，择木改步。时有僧祇部僧，住巴连弗邑，并遵奉大乘，云是五部之本。久闻跋摩才超群彦，为众师所忌，相与慨然，要以同止。遂得研心方等，锐意九部，采访微言，搜简幽旨。于是博引百家众流之谈，以检经奥通塞之辩，澄汰五部，商略异端，考核迦旃延，斥其偏谬。除繁弃末，慕存旧本，造述明论，厥号‘成实’。崇附三藏，准列四真。大明筌极为二百二品。志在会宗，光隆遗轨，庶废乖竞，共遵通济。斯论既宣，渊懿响萃，旬日之间倾震摩竭。于时天竺有外道论师，云是优楼佉弟子，明鉴纵达，每述讥正之辩，历国命讲，莫能制者。闻华氏王崇敬三宝，将阻其信情，又欲振名殊方，遂至摩竭。王迎跋摩决之。外道咏曰：‘吾大宗楼迦，伟藉世师，繁文则六谛同实，简旨则知异于神。神为知主，唯断为宗，敢有抗者，斩首谢焉。’跋摩对曰：‘子所以跨游殊方，将欲崇其神而长其知也。又以断为宗而自诬其旨。子无知乎？神可亡乎？神既非知，为神知知知神乎？若神知知，知神者谁？知若知神，知亦神乎？’外道乃退自疑曰：‘理必若断我无知矣。知若知神，神非宗矣。’于是沈惟谢屈，心形俱伏。王及臣民庆快非恒，即与率土奉为国师。王乃谴其旧众昔忌名贤。本众相视怀愧阙然，咸共追逊，固请归居。王又曰：‘夫制邪归正，其德弘矣。但弘教之贤，业尚殊背，乖迕遗筌，浊乱象轨。请以检一令谬昧钦明。’王即宣告，号为像教大宗。由使八方论士渊异之徒，咸思归决，明契而萃。跋摩以绝伦之才、超群之辩，每欲师圣附经，籍同默异，遂博举三藏开塞之涂，大杜五部乖竞之路。难其所执，释其所难，明辩恢廓，苞罗众说，于是群方名杰，莫能异见，咸废殊谋，受道真轨。”前附云：“余寻诃梨跋摩述论明经，枢机义奥，后进所驰。荆州畅公制传，颇征事迹，故复兼录附之序末。虽于类为乖，而显证是同焉。”又后附云：“造诸数论大师传，并集在萨婆多部。此师既不入彼传，故附此于。”则皆僧祐之言也。

卷一《发聚中佛宝论初具足品》第一，明佛具足戒、定、慧、解脱、解脱知见，五品具足。于中叙《离有无经》、《夫妇经》之名。

《十力品》第二，解十力。《四无畏品》第三，辩力无畏差别，及明无畏所以。《十号品》第四，解十号名义，引《紧叔迦经》。《三不护品》第五，解不护所以及三念处、大悲，引《增一阿含如来品》、《清净经》。

《法宝论初三善品》第六，解初中后三善名义，及义善语善独法，有云：“有声闻部经，但声闻说。又有余经，诸天神说。汝何故言独佛说耶？答：是诸声闻及天神等皆传佛语。”

又解具足，引《郁陀罗伽经》，又说：“《和伽罗那经》得五种经，然后得成，佛法不尔。”

《众法品》第七，解能灭、善导、六法等，引《现在沙门果经》、《波罗延经》。又云：“不如《婆罗陀罗摩延经》等但有语言，无有实义。”《十二部经品》第八，解十二部经名，有云：“如来二种说法：一、广，二、略。忧波提舍者，摩诃迦旃延等诸大智人广解佛语，有人不信，谓非佛说。佛为是故说有论经，经有论故，其义则解。”

《僧宝论初清净品》第九，解僧宝五品清净。《分别圣贤品》第十，解四行、四得（按：即四向、四果）引《地喻经》、《斧柯喻经》。而阿罗汉九种，共二十七贤圣。《福田品》第十一，解福田名义。

卷二《吉祥品》第十二，解三宝为世间第一吉祥，有云：“如‘啊’、‘沤’等字，贯在经初，此非吉相，后当广说。”《立论品》第十三，以问答辩应造论，引《异论经》。有云：“今诸论师各有所执，或言过去未来有法，或有言无。当知如是诸论师等，不解如来随宜所说，故生诤讼。又如何难为三摩提说，诸所受皆名为苦。尔时佛语诸比丘言，汝观阿难□像是义，故不应造论。答曰：迦旃延等大论议师得佛意故，佛皆赞善。又优陀夷比丘、昙摩尘那比丘尼等造佛法论，佛闻即听。又佛法深妙，解者造论，不解则止。如莎提等不能解佛说世间诸论议门，故其心迷乱。莎提等比丘说生死往来常是一识。佛如是等种种说法，若无论议，云何可解？故应造论。”

《论门品》第十四，解世界门、第一义门、世俗门、贤圣门、三时论门、若有论门、通塞论门、决定不决定、同相论门，从多论门等，皆指佛菩萨立言之方式说也。《赞论品》第十五，明习此论得智人法，不名凡夫，自利利他等。有云：“如尼延子等自言，我师是可信人，但随其语。”《四法品》第十六，解四摄法、四依、四德处。《四谛》第十七，解苦谛名义中举三界、四识处，四生、四食、阴、界、入、十二因缘、二十二根等名。有云：“以四缘识生，所谓以业为因缘，识为次第缘，以识次第生识故。色为缘缘，眼为增上缘。”解道谛中举三十七法名。《法聚品》第十八，略解可知可识，有对无对，乃至九次第灭、五阴、十二因缘之名义。

《十论初有品》第十九，有云：“于三藏中多诸异论，但人多喜起诤论者，所谓二世有、二世无、一切有、一切无，中阴有无，四谛次第得、一时得，有无退。使与心相各不相应，心性本净不净，已受报业有无，佛在不在僧数有无人。问：何因缘故有人言二世法有？答：有者，若有法是中生心，三世法中能生心故，当知是有。知所行处，名曰有相。若言有无缘识，是则错谬，故无无缘知。梦中见有非知无也。难曰：汝言以有所识故名识者，识法有则知有，无则知无。若此事无，以无此事故名见空。又三心灭故名灭谛，若无空心何所灭耶？又诸法实相离诸相故不名为缘。汝言心心数法能缘一切法是缘者非。又汝言梦中实见者，不然，又难引《幻网经》，又有云：“汝言经中说若世间所无，我若知见无是处者，是经不顺法相，似非佛语。或三昧如是。”是故有知无之知，不以知行故名有相。按：此难曰云云，乃师子铠所出者。

《无相品》第二十，如《记》，又云：“以世谛说过未无，但有现在五阴，二世无也。”

卷三《二世有品》第二十一，叙执实有过去未来者之说。《二世无品》第二十二，一一破斥有故而曰过去未来无。又云：“佛法中，若有若无皆方便说，为示罪福因缘故，非第一义。如以因缘说有众生，去来亦尔。”

《一切有无品》第二十三有云：“有人言，有者佛说十二入名为一切是一切有，兔角等是名无。又佛法中以方便故说一切有一切无，非第一义。所以者何？若决定有即堕常边。若决定无则堕断边。离此二边名圣中道。”又云：“又随所受法亦名为有。如陀罗骠等六事，是优楼伽有。二十五谛是僧佉有。十六种义，是那耶修摩有。”据上段说有无中道义，可知成实论师，诚够不上说空，有大乘之影响矣。

《有中阴品》第二十四，叙有人说有中阴之证，《史略》中应考。引《佛阿输罗邪那经》、《和蹉经》。《无中阴品》第二十五，有人一一破斥有中阴之证，而谓以业力故生，何用中阴。又云：“我以生有差别说名中阴，是故无如上过。是人虽中阴生亦与生有异，能令识到迦罗罗中，是名中阴。难曰：以业力能至，何用分别说中阴耶？又心无所至，以业因缘故，从此间灭，至彼处生。又现见心不相续生，如人刺足，头中觉痛。此足中识，无有因缘，至于头中，以近远众缘和合生心，是故不应分别，计有中阴。”

《次第品》第二十六，叙有人说四谛次第见所以，引《漏尽经》。《一时品》第二十七，一一破斥次第说，而曰有人言，四谛一时见非次第，又云：“行者不得诸谛，惟有一谛，谓见苦灭名初得道，以见法等诸因缘故，行者从煖等法次渐见谛。灭谛最后，见灭谛故，名为得道。”又有云：“汝言佛自口说渐次见谛，如登梯者，我不习此经，谓有应弃，以不顺法相故。”此顿渐之争也，然昧。

《退品》第二十八，叙有人说阿罗汉有退。《不退品》第二十九，叙有人言圣道不退，但退禅定。《心性品》第三十云：“有人说心性本净，以客尘故不净又说不然。不然者，心性非本净，客尘故不净。但佛为众生说心常在，说客尘所染，则心不净。又佛为懈怠众生若闻心本不净，便谓性不可改，则不废净心，故说本净。”勘语气，立本不净者是论主说，与四明、清凉之说同。上说无者，虽皆标曰“有人言”，实皆论主之说也。

《相应不相应品》第三十一，破说诸使与心不相应而已。《过去业品》第三十二，有云："迦叶鞞道人说，未受根业过去世有，余过去无。"次破谓："过去有过"等。《辩二宝品》第三十三，有云："摩醯舍婆道人说佛在僧数。"次破，谓"若说佛在四众，所谓有众、众生、众人、众圣人、众非过，若言佛在声闻众中有咎，故佛不在僧中。"

《无我品》第三十四，有云："犊子道人说有我，余者说无。问曰：何者为实？答曰：实无我法。※（无我）次解约同《阿含》之说。又引《先尼经》、《洴沙王迎经》、《炎摩伽经》。又云："我今说第一义无我，世谛有我无咎。"《有无无我品》第三十五，叙执有我者，难无我，说无我者一一破之。结云："故知五阴和合假名为我，非有实也。"

《苦谛聚色论》中《色相品》第三十六，有云："汝先言当说成实论，今当说何者为实？答：实名四谛，为成是法故造斯论。五受阴是苦。"此下又出色阴大造名义，说四谛实，是则仍守上座部师之家法，而够不上说空也。※（四谛实。然不能即说彼实有所执，如萨婆多，只可云彷徨未入第一义耳。）

《色名品》第三十七，叙立色大造之名所以，《四大假名》第三十八有云："四大是假名，此义未立。有人言四大是实有。答：四大假名故有。"《四大实有品》第三十九，有云："四大是实有，所以者何？阿毘昙中说……是故四大是实有。"次破上假有说。

卷四《非彼证品》第四十云："四大是假名有。"此下一一破上说实有，有云："或有物无因缘而生，如劫尽已，劫初大雨，是水从何所生。又诸天所欲，应念即得，如坐禅人及大功德人所欲随意。※（无缘生物）故知色等从业烦恼、饮食、淫欲等生，非但从四大生。"又引《种子经》、《六种经》、《象步喻经》，勘同《智论》之说。《明本宗品》第四十一，续上破实，结云："是故四大是假名有。"此中有云："又汝言因四大造清净色，名为眼者，是事不然。四大和合假名为眼，假名四大为色，色清净故名为眼。"此可解净色根之曲说，知净色者就色上无染说，非指根说也。后详。

《无坚相品》第四十二，说无定坚相，软等诸触亦尔。《有坚相品》第四十三，一一破无坚说，结云："故知有坚。"※（成四大实）《四大相品》第四十四，明立坚、湿、热、动四相所立，后结云，是名成四大实。勘论主说四大假而有坚等相，是为成四大实，则犹非了义，盖亦在徘徊动荡中也。又有云："我等不说因中有果，是故若事果中可得，不必因中先有。"此则欲放而致不可收拾矣。

《根假名品》第四十五，云："从业因缘四大成眼等根，是故不异四大，诸根即是四大，四大成就中假名为根，亦不但名四大为根，故知诸根不异四大。"又引《六种经》、《屠牛喻》、《象步喻经》。又云：“和蹉等诸论议师亦作是说。”又云：“佛分别四大，示眼空无实眼法，故知眼等不异四大。”※（一切法住自性）

《分别根品》第四十六云：“从业生属眼四大力能见色，余根亦尔。问：若是业力，何假诸根？但应从业生识取尘。答：……又法应尔，若无诸根则识不生……问：若意识更无根者，为依何处？答：依四大身。问：无色界何依？答：无色界识无所依，法应如是，无依而住，非如人依壁等，一切诸法，皆住自性。”此中有趣，可见讨论佛理之过程也。论主彷徨，亦于此可知。法应尔故即法尔道理，然答何假诸根之问，不详，必如余说，是故名求名相者，不足以谈真理也。此中又许以次第灭心为意根。

《根等大品》第四十七，破外道说五根从五大生，故根中诸大应有多少，如眼能见，故火大多。云：“无也。所以者何？虚空无故，是事已明，是故不从五大生。”又破有论师言一根一性，云：“诸大合生，不见有地离水等者。”

《根无知品》第四十八，云：“非根能知尘，以识能知。经中说眼是门，为见色故，故眼非能见。以眼为门识于中见，故言眼见。眼等五法胜余色等故名为根（此所以为净乎）。”又云：“根不通利则识不明，若根清净则识明了。”则净者通利之谓也。又云：“汝言以根取尘以识分别，是事已答，根无知故。又汝等不说根思惟知我有差别相，是故诸根不能取尘。又汝等诸知不待根生，所以者何？大及我等先根而生。又汝大等诸谛，无本性故，则应皆无……”则此一段破数论文也。

《根尘合离品》第四十九云：“眼识不待到故知尘。耳识二种，或到或不到而知。余三到根而知。现见此三根与尘合故可得知。意根无色，故无到不到。”此下有多问答。又引阿毘昙说，又云：“随所知尘时名为和合。又以决定故名和合，眼识但依眼不依余，亦不无依。但缘色不缘余，亦非无缘，乃至意识亦尔。”此和合之新解也。

卷五《闻声品》第五十，破声到耳。有云：“然则卫世师经，一切皆坏。”《闻香品》第五十一，破香不到而闻，有云：“有二种香，若风中则更生香风，若无风则香生香。问：何故风中得生异香，而不能生异色味耶？答：风法应尔，法有种种不可思议，如苹熏麻生辛苦味，乳浸阿摩勒即为甘果。”此亦法尔道理，然生香难知。（原稿脱文）又有云：“如汝经中有三触触身而非地水火。”则亦胜论经乎？《觉触品》第五十二，破触不到而知，有云：“或有火但触无色，如汤中火等，汝经中无无色火，说有微细色故。”《意品》第五十三，破意行而曰意不去。

《根不定品》第五十四，破说根定，而曰但处有定根非定，勘所破者外道义，有云因神故觉等故。又有云："死人亦有瞳子等而实无根。问：瞳子二种，有是根非根。死人根瞳子灭，非根者在。答：根瞳子无能见者，故非眼等所得。经中说五根是色，不可见有对，若可见，则可分别此瞳是根，此瞳非能。问：若经中说，因四大成清净色名五根，何故复说五根是色，不可见有对耶？答：是故可疑，业力不思议，以业力故，四大变而为根。佛恐弟子谓此五根自从业生，故言是色……"则根与扶根尘之问题，犹待解决。

《色入相品》第五十五谓，青黄等色名色入，形等是色之差别。有云："问：若第一义中无身业者，则第一义中亦无罪福果报。答：法于异处起时，若益他恼他，故成罪福，不应难也。"此答好，而不能大胆说第一义中无果报可得。《声相品》第五十六说，声非成诸大因，而声从四大生。此中有说"二指相振不能生声，证非一切相振尽能生声。"似失证。又破声是虚空求那。《香相品》第五说香更生香，如合众香，其香异本。破优楼佉弟子谓香唯是地之求那，引卫世师人谓白镴铅等有火，不唯地有。又破优楼佉弟子，说火决定热，而白镴等无热。《味相品》第五十八说味无量，皆随物差别，不以四大偏多故有。当知物生自有别异。《触相品》第五十九，举三十三触名，故优楼佉说水触冷，地、风触不冷不热，火触热，谓无决定相。汤中冷相不可得，故水非定冷相。又破卫世师人说但地有熟变相，水等无。后结云："是故卫世师经说水决定冷，是事不然。"恐是《优楼佉经》之误。

《苦谛聚识论》中《立无数品》第六十云："心意识体一而异名。若法能缘是名为心，受、想等皆心差别名。如是心一，但随时故得差别名，故知但是一心，无别心数。"《立前数品》第六十一云："心异，心数法异，所以者何？心、心数法共相应故。若无心数，则无相应，而实有相应，故知有心数法。"下又一一破无数说。《非无数品》第六十二，续破无数说。《非有数品》第六十三，答破说有数者，谓我不言无数，但说心差别，故名心数。有云："我说心有二：一、智，二、识。故依智心，不依识也。"《明无数品》第六十四，续破有数说。《无相品》第六十五云："无相应法，无心数法故，心与谁相应？又受等诸相不得同时，又因果不俱，识是想等法因，此法不应一时俱有，故无相应。若一念中多心数法，则有多了。有多了故应是多人。此事不可，故一念中，无受等法。"又明心数次第生，证无相应，引《七菩提分经》、《八道分经》、《次第经》、《七净经》、《因缘经》、《大因缘经》。《有相应品》第六十六说：见受是神，识心依之，以相应故。又引《人经》。又云：“又论师言，一时修习助菩提法，不得相离，故知有相应法。”《非相应品》第六十七，一一破有相应说。按：论主仵无相应，而问答一义开为八品，殊乖立论之方式。可知师子铠时作论之方式（除昆昙体外），犹未高明。

对勘《俱舍》、《正理》可知，似与龙树之论，体裁有类似处，亦近于《施设足》等。此又论藏中之又一体例也。更勘《婆沙》等体例，而论定之。

《多心品》第六十八云：“问：已知无别心数亦无相应，今此心为一为多？有人谓心是一，随生故多。答：多心。所以者何？识名为心，而色识异，香等识亦异，故多心。净不净心性各异故……”

《一心品》第六十九云：“心一走诸诸缘中，以心是一能起诸业，还自受报，心死心生等故知心一。”引《璎珞经》、《禅经》、《心品》，《杂藏》中比丘言。《非多心品》第七十，破多心证说。《非一心品》第七十一，破一心证说，有云：“如是心异，以相续故，谓是一心。”《明多心品》第七十二续破一心证说，后云：“……又世俗名字，说诸业等非真实义，故于阴相续中，说此彼等名字无咎，故知多心。”则论主主多心说（此后二品本在卷六初）。

卷六《识暂住品》第七十三云：“问：已明多心，今诸心为念念灭，为少时住。有人言心少时住，了色等故。若念念灭不应能了，故非不住。故知心非念念灭，虽复无常，要有暂住。”《识无住品》第七十四，一一破有住说，结归心念念灭。

《识俱生品》第七十五云：“已明心念念灭，今诸识为一时生，为次第生，有论师言，识一时生。”《识不俱生品》第七十六，破一时生说，有云：“一次第缘故识一一生。问：何故正有一次第缘？答：法应如是，如汝一神一意，我亦如是，一意一次第缘，是故诸识要次第生。”

《苦谛聚》中《想阴品》第七十七云：“取假法相故名想，故想有过应断。说无常想等能断烦恼者，实是慧以想名说。”又引《大因经》。又云：“有人以假法为相，谓过去、未来、名字、相、人，是事不然。人因五阴成，相无成因故非假名。缘（按：即所缘）即是相，非假法也。”

《苦谛聚受论》中《受相品》第七十八，解三受名义。又云，是缘不定，非受不定，无实乐受，但以苦差别中，名为乐相。《行苦品》第七十九，反复说明诸受皆苦，苦实乐虚。《坏苦品》第八十承上品说明无乐有无常坏时生苦之言。

《辩三受品》第八十一云：“已知一切皆苦，今以何差别故有三受？答：即一苦受以时差别故有三种。”次又明不苦不乐立受所以。又有云：“一切心行皆名为受，即是一受缘中行异故有差别，无漏受亦苦。”次又明三烦恼使受差别。

《问受品》第八十二云：“问：经说是人受乐受时，如实知我受此乐受，如实知何受耶？过未受不可得，受现受不得自知。答：众生受此受故名以受为受……”又云：“为外道故说身受，实皆是心，外道说受依神故，佛说受依止身心。因五根所生受是身受，因第六根所生受是心受。”次又解受垢净名义及生深厚烦恼等。

《五受根品》第八十三云：“问：乐根在何处？乃至舍根在何处？答：苦乐在身，随所得身，乃至四禅，余三在心，随所得心乃至有顶。问曰：如经说……故汝说不然。答……不应信此经。”此下有一大段解说。又此后二品中，三引余论师说。

卷七《苦谛聚行阴论》中《思品》第八十四，解思名义，云：“愿求为思，爱分是思。爱有二种，有因有果，因（原文为“名”，依《成实论》改，录入者注）名爱，果名求，求即是思。爱分即爱，爱初起名贪，贪已名求。又意即是思。”引《和利经》、《大因经》、《法句》。

《触品》第八十五，云：“识在缘中，是名为触，以三事和合名触，是非触相，所以者何？根不到缘，是故根不应和合，以此三事能取缘，故名为和合。”此下破说有别心数法名触及说有二触，一有自体，一是假名，云：“但三事和合名触，无实别心数法。”引《六六经》。

《念品》第八十六云：“心作发名念，此念是作发相。”次又明诸识知生差别相甚好。又云：“为破外道等说神意合故知识生者说，一切知识次第相属，无能生异心念。”《欲品》第八十七云：“心有所须，是名为欲。”《喜品》第八十八云：“欲心好乐是名为喜。久修集心，则名为性，随性生喜。”《信品》第八十九云：“必定是信相。未自见法，随贤圣语心得清净，是名为信。信有二：一从痴生，一从智生，故有善、不善、无记别。”引《法句》。《勤品》第九十云：“心行动发是名为勤，常依余法，若念若定，于中发动一心常行名勤。勤有善等三种，勤入善法名精进。”《忆品》第九十一云：“知先所更，是名为忆。”《觉观品》第九十二云：“若心散行数数起生是名为觉。散心小微则名为观。二遍在三界。”《余心数品》第九十三云：“若不行善或邪行善，名放逸。善根者，不贪不恚不痴；不善根者，有人说四，谓无记、爱见、慢、无明。又有人说三，爱、无明、慧。是非佛所说，随无记心，何因缘生名此因缘为无记根。”

《不相应行品》第九十四，解得不得无想定、灭尽定，无想处命根生、灭、住、异、老死、名众、句众、字众、凡夫法等名义。有云：“有论师言众生成就未来世中善不善心，是事云何？答：不成就……过去法灭，未来未有，现在不能常有善心。”有云：“有人言名、句、字众是心不相应行，此事不然。是法名声性，法入所摄。”又有云：“有诸论师习外典故造阿毘昙，说别有凡夫法等。亦有余论师说，别有如法性、真际、因缘等诸无为法，故应深思此理，勿随文字。”盖论主说相续故住体变故异非别有法名生、住、灭等故。

《集谛聚业论》中《业相品》第九十五云：“法于余处生时损益他是身业，从身、口别有业。意业二：一、意即业，二、从意生业。是作业从作生异集业名无作。”《无作品》第九十六云：“因心生罪福、睡眠、闷等是时常生，名无作。”

《故不故品》第九十七云：“先知而作名故作，与此相违名不故作。”引《盐两经》、《增一阿含经》。《轻重罪品》第九十八云：“若业能得阿鼻地狱报名重罪。与重相违，谓于炙，火炙等诸浅地狱，畜生、饿鬼及人天中受不善报，名轻罪。”

《大小利业品》第九十九云：“随以何业能到无上觉，名最大利业。”次应知。有云：“经云，施百须陀不如供养一斯陀含等，是经名不了义，何以知之？即此经中说施畜生得百倍利，而实施鵽鸟等所得果报，胜施外道五神通人……又弥勒菩萨虽未得佛，为阿罗汉之所礼敬，又……如譬喻中广说。”

卷八《三业品》第一百云：“随以何业能与他好事是名善业。是业从布施、持戒、慈等法生。”此下有一大段引《韦陀经》、梵志之经等辩论杀等是福得，如以杀得富贵、有名闻等。大好大好，昔未曾见，可为《世界边论》之参考。又云：“若杀等非不善者，更有何法名不善耶？若业非善不善，于他众生无益无损，是名无记、无报。”按：此亦就价值不足，然应考也。

《邪行品》第一百一云：“邪行有二：一、十不善道摄，如杀盗淫。二、不摄，如鞭杖、系缚、自淫妻等。各有身、口、意三业性。”《正行品》第一百二云：“身所作善，离杀生等三，名身正行。”口意可知。又解正行、净行、寂灭行差别，二引论师说。

《系业品》第一百三，解三界系业，答辩先业果报之说，不同外道邪论。又云：“一切生法，皆以业为本。”《三报业品》第一百四解现报、生报、后报名义。又分世定报定云：“六足阿毘昙中说五逆是定报，《盐两经》中亦说不定，故此三业，应当世定，现报业不必现定，余亦尔。”又有云：“过去业云何名熟？答：具足重相，是名为熟。”此异熟之名所以立乎？又明集不集业中引论师说。《三受报业品》第一百五，解受乐、苦、不苦乐三报。又明受是业报中，引《四百观》说。《三障品》第一百六，解业、烦恼、报三障名义。又明因缘中不应有罪福，如美色是邪淫因缘等，亦好。《四业品》第一百七，解黑黑等四业名义。《五业品》第一百八，分别五逆随无间罪。

卷九《五戒品》第一百九，略说具五戒所以。《六业品》第一百十云："业有六种，地狱报业、畜生报业、饿鬼报业、人报、天报、不定报业。问：何者是耶？答：地狱业报者，如《六足阿毘昙楼炭分》中广说……"此下列举随六报因缘甚详，一引论师说，又引《业报经》。

《七不善律仪品》第一百一十一，分别杀、盗、淫、两舌、恶口、妄言、绮语，七不善律仪，又明舍中引论师言。《七善律仪品》第一百一十二，举不杀乃至不绮语名已。又云："善律仪三：戒、禅、定，无漏律仪在后二中摄。有论师言有断律仪，实亦摄此三中。"下有分别，一引论师说。

《八戒斋品》第一百一十三，略分别八戒。《八种语品》第一百一十四，解四净、四不净名义，又解见、闻、觉、知四名。《九业品》第一百一十五，解欲色系作无作非作无作，及无色二与无漏业名义。又略有分别。

《十不善道品》第一百一十六，广分别十不善道，大好。《十善道品》第一百一十七，略有分别。《过患品》第一百十八，略解不善业过患。

卷十《三业轻重品》第一百一十九，广破有人言身、口业重非意业。结归意业重，非身、口。《明业因品》第一百二十云："业是受身因缘，身为苦性，故应灭之。苦欲灭苦，当勤精进，断此业因。"又明业受身，破大自在所作等。

《集谛聚》中《烦恼论初烦恼品》第一百二十一云："垢心行名为烦恼。"又略解垢心及贪等名义。又有云："又若初来在心名受，增长明了名烦恼。又下软心名受，即此心增上名烦恼。"

《贪相品》第一百二十二，解释贪之种种名义。《贪因品》第一百二十三，述生贪欲因缘。《贪过品》第一百二十四，叙贪欲过，又述贪欲者相。《断贪品》第一百二十五云："以不净观等遮，无常观等断。"又答问觉无常故，更增贪欲，大好。据此等议论皆未他见，可知论主确有独识。

《瞋恚品》第一百二十六，解瞋种种相、生因缘、过患相、多瞋恚者相及断瞋法。

《无明品》第一百二十七云："随逐假名，名为无明。如说凡夫随我音声，是中实无我、我所，但诸法和合，假名为人。凡夫不能分别，生我心。我心即是无明。"次又辩非明无故无明，非无别法，别有无明体性，邪心是也。是无明分为一切烦恼。次谓无明从闻思邪因等生，如有陀罗骠，有有分者，有精神，无有后身，诸法不念念灭，草木等有心等。次解无明过患中引《狮子吼经》。次又解多无明人相，次解断则云："善修真智，则无明断。"又有引《天问经》。总之，此等议论皆甚切当，颇应提出单行，皆可为《世界边论》之参考也。

《骄慢品》第一百二十八，解诸慢名义。解慢生云："不知诸阴实相，则骄慢生。"即说断慢方便，又解慢过患，多骄慢者相。

《疑品》第一百二十九云："疑名于实法中，心不决定，若杌人等中疑，则非烦恼。此不能为后身因缘，以漏尽人亦起此故。"又云："若见闻知二种法故疑生。"又云："见异相此疑则无。"次又解疑过患，又云："我不说念念中有疑，不决定心相续名疑。"以余观之，此论心所行相较唯识家切要。

※见我畏泥洹。

卷十一《身见品》第一百三十云："五阴中我心名身见。"又有云："若见我则畏泥洹，以我当无故。如经中说，凡夫闻空无我，生大怖畏，以我当无故都无所得。如是凡夫乃至贪求癞野干身不用泥洹。若得空智，则不复畏也。如《忧波斯那经》说……"此与《杂含》说同。次又解我见生所以。又云："若说第一义谛有我是为身见。若说世谛无我是为邪见。若说世谛故有我，※(二谛)第一义谛故无我，是正见。又第一义谛故说无，世谛故说有，不堕见中，如是有无二言皆通。又过与不及，二俱有过。若定说无则过，定说有我是名不及，故经中说应舍二边。若第一义谛故说无，世谛故说有，名舍二边行于中道。又佛法名不可诤胜，若说第一义谛故无则智者不胜。若说世谛故有，则凡夫不诤。又佛法名清净中道，非常非断。第一义谛无故非常。世谛有故非断。问：若法第一义谛故无，便应是无，何为复说世谛故有？答：一切世间所有言说，谓业及业报，若缚若解等，皆从痴生。所以者何？是五阴空，如幻如焰，相续生故。欲度凡夫故，随顺说有。若不说者，凡夫迷闷，若堕断灭。若不说诸阴，则不可化。以罪福等业，若缚若解，皆不能成。若破此痴语，则自能入空，是故后说第一义谛。如初教观身，破男女相故。次以发、毛、爪等分别身相，但有五阴。后以空相灭五阴相，灭五阴相。名第一义谛。又若说世谛故有，则不须复说第一义无。又经中说，若知诸法无自体性则能入空，故知五阴亦无。"又引《第一义空经》、《大空经》、《罗陀经》，说第一义无、世谛有。

《边见品》第一百三十一云："若说诸法或断或常，是名边见。"又引论师说及《邪见经》、《梵网经》。又云："正修习空则无我见，无我见故则无二边。"又引《炎摩伽经》。

《邪见品》第一百三十二云："若实有法而生无心，是名邪见。"次又解举邪见种种相，又引《梵网经》。次解生邪见种种因缘，次解断，及过患，引阿毘昙六足说。

《二取品》第一百三十三，解见取戒取名义及过患。《随烦恼品》第一百三十四，解睡、眠、掉、悔、谄、诳、无惭、无愧、放逸、作等名义。《不善根品》第一百三十五，明立贪、瞋、痴三不善根所以，又明三受、三烦恼使等。

卷十二《杂烦恼品》第一百三十六，解三漏、四流、四取、四结、五盖、五下分结、五上分者、五悭、五心栽、五心缚、凡夫过、七使、八邪道名义及过患等。有云："《韦陀》和《伽罗那》等邪见经。"《九结品》第一百三十七，略分别结义。

《杂问品》第一百三十八云："一切烦恼多十使所摄，是故汝因十使而造论。十使者，贪、恚、慢、无明、疑及五见。"此下破十烦恼大地法常与一切烦恼心俱。又分别三界烦恼，二引论师说。又破身见是无记。又明转人邪见，令堕疑中，非不善。又明但爱能令诸有相续，又分明烦恼之见断思惟断。以破烦恼与喜等五根，云："汝等所说，皆自忆想分别。"又明十使遍引《长爪经》。又明五识中无烦恼。

《断过品》第一百三十九云："以无量智尽诸烦恼，非八非九。"又云："因七依处能断烦恼，依欲界定亦得漏尽。"又引《须尸摩经》，又明得禅次第。又云："问曰：观欲界系苦，能断欲界结，集亦尔，乃至非非想处亦尔。答：灭智能断烦恼，是故汝说不然……可知见灭谛故诸烦恼尽。如说因诸法无体性依一舍心断，无体性即是灭。若行者见色乃至识无体性则深得离。又三解脱门皆缘泥洹，以此解脱门能断烦恼无余方便。故知但无为缘道能断烦恼。是故汝所说断烦恼法，是事不然。"

《明因品》第一百四十云："从业有身，是事先成，是业从烦恼生，故以烦恼为身因缘。问曰：云何知因烦恼有业？答：随假名心，名为无明。假名心者，能集诸业，故知烦恼因缘有业"。此下转展问答，大好大好。有云："要以取相，故识能住。"又云："如经中说，识为种子。"又云："饮食假心，能生色等。烦恼不尔，更无所假，而生色等。故知烦恼为身因缘。"又云："生死轮转无始。"顺破自在天等。后结云："破贪喜故，心得正解脱。正解脱心能入泥洹，故知烦恼因缘有身。又以空无相无作而得解脱，故知烦恼因缘有身。所以者何？观诸法空即无相可得，以灭相故不愿后身，是故以空名解脱门，相违则缚，以此等故由烦恼有身，是事已明。"此唯心唯物之辩也，应注意。※（心集诸业（《史略》应考）。）

卷十三《灭谛聚初立假名品》第一百四十一云："灭三种心名为灭谛，谓假名心、法心、空心。假名心或以多闻因缘智灭，或以思惟因缘智灭，法心在煖等法中以空智灭。空心入灭尽定灭，若入无余涅槃断相续时灭。假名者，如说诸法无常、苦空无我，从众缘生无决定性，但有名字，但有忆念，但有用故。因此五阴生种种名，谓众生人天等。此经中遮实有法故言但有名。”

※真谛谓色等法及泥洹、中道。

又佛说二谛，真谛谓色等法及泥洹，俗谛谓但假名，无有自体。诸佛欲令世间离假名，故以世谛说，又以世谛故得成中道。所以者何？五阴相续生故不断，念念灭故不常。离此断常，名为中道。若以世谛故说有我无咎，以第一义说无我亦实。据此可知，《成实论》实够不上说空。又有云：“若人未得真空智慧，说无众生，是名邪见。若得真空智，说无众生，则无过。”则大好。

《假名相品》第一百四十二，解瓶等物假名有，非真实之所以，成立色等法及泥洹是实有道理。有云：“不假空破是假名有，如依树破林等。若以空破是实法有，如色等要以空破，又随空行处是假名有，随无我行处是实法有。”虽有此语，而终不了。

《破一品》第一百四十三，破色、香、味、触是瓶，有云：“汝经中说有色、香、味、触是地，是地即无如身，故知色、香、味、触非即是地。故知非一。又僧佉人说五求那是地，是亦不然。”《破异品》第一百四十四，破离色等别有瓶，有云：“五根中无有取假名知，第六根中有知，能知假名。”《破不可说品》第一百四十五，破不可说色等是瓶，离色等有瓶。有云：“色等法实有，非不可说……故知实无不可说法，但于假名中为一异故说不可说。”《破无品》第一百四十六，破无瓶，有云：“今瓶、瓮等现有差别，若一切无，何有差别？汝意或谓以邪想故有分别者，何故不于空中分别瓶等。又汝若谓以痴故生物心者，若一切无，此痴亦无，何由而起？”

《立无品》第一百四十七云：“说无者言，一切法不可取，不可取故无。又一切诸法究竟必生空智，是故第一义中诸分皆无……故无有能分别色者。”《破声品》第一百四十八云：“说无者言事不可闻……”《破香味触品》第一百四十九云：“香不可取故无香，味亦尔，触亦无。”

卷十四《破意识品》第一百五十云：“意识亦不能取法……”《破因果品》第一百五十一云：“说无者言，若有果，应因中先有求那而生，先无求那而生，二俱有过……是故无果……如是等一切根尘皆不可得，是故无法。”《世谛品》第一百五十二云：“答曰：汝虽种种因缘说诸法空，是义不然……又佛世尊一切智人我等所信。佛说有五阴，故知色等一切法有，如瓶等以世谛故有。”又云：“汝所说无根无缘等，是事非我等所明，所以者何？佛经中自遮此事……”则说无论者，当时之外道乎？

《灭法心品》第一百五十三云：“有实五阴心名为法心，善修空智见五阴空，法心则灭。※（灭法心）问：行者观五阴空，谓五阴中无常法、定法、不坏法、不变法、我我所法。以无此法故言其空，非不见五阴。答：行者亦不见五阴。所以者何？行者断有为缘心，得无为缘心，是故行者不见五阴，但见阴灭。又若见五阴则不名为空，以阴不空故，如是空智则不具足。故知若坏众生，是假名空。若破坏色，是名法空。又二种观，空观、无我观。空观者，不见假名众生，如人见瓶以无水故空。如是见五阴中无人故空。若不见法是名无我。又经中说，得无我智，则正解脱。故知色性灭，受想行识性灭，是名无我。无我即是无性。问：若以无性名无我者，今五阴实无耶？答：五阴实无，以世谛故有。第一义者，所谓色空无所有，乃至识空无所有，是故若人观色等法空，是名见第一义空。问：若五阴以世谛故有，何故说色等法是真谛耶？答：为众生故说，有人于五阴中生真实想，为是故说五阴以第一义故空。问：经中不说有业有果报，但作者不可得耶？答：此因诸法说作者不可得，是说假名空。如经中说诸法但假名字，假名字者，所谓无明因缘诸行乃至老死诸苦集灭，以此语故知五阴亦第一义故无。……又说生缘老死，名为中道。当知第一义故说无老死，世谛故说生缘老死。若诸阴实有，行者亦应见而得道，而实不然，故知五阴非第一义有。又行者应灭一切相，证于无相。若实有相，何为不念？非如外道离于色时，知实有色但不忆念。行者要见色等诸阴灭尽，见尽灭故入无相，故知色等非第一义。水沫、芭蕉等喻，皆示空义。所以者何？眼见水沫消时还无，泡等亦尔，故知诸阴非真实有，……故知一切诸行皆灭。若实有诸行，是无正断离灭，灭名为无。当知第一义故诸行皆无，但以世谛故有诸行。”※（执此以为究竟之义则不足，说其大顺大乘则非。此罗什之所以讥秦人无识，而成实论宗亦尝风行一时之故欤？）又引《法印经》、《大空经》、《水沫经》此段最要，《成实论》之精髓，执有依他者，应细究此文。大好大好！阅竟心花怒放，喜悦不可名状。独立天地间，吾岂无往古贤圣为伴侣哉。大快大快。《成实论》实深受龙树影响者，清辩、护法亦莫不如此，三世诸佛亦莫不如此。其所立言，虽有未尽玄理之处，而语语从事实立论，亦即语语从心中发出，故甚亲切而可以破一切执著，亦可谓至文矣。大快！

《灭尽品》※（空心灭）第一百五十四云：“若缘泥洹是名空心，此空心，一入无心定中灭：一入无余泥洹断相续时灭……灭三心故，诸业烦恼永不复起，一切诸苦永得解脱。”

《道谛聚定论》中《定因品》第一百五十五，解三昧名义及说三昧是如实（空智）智因。《定相品》※（定慧等学）第一百五十六，明三昧与心不异，破三昧异心之说。

又云："入法位时，诸三昧名无漏，所以者何？是时名为如实知见。尔时二种，亦名三昧，亦名为慧，摄心故名三昧。如实知故名慧。"次又解定根破论师说，又明三种方便。

《三三昧品》※（三三昧一义）第一百五十七，初解一分修共分修圣正三三昧名义，破说见光明等释者。次云："若行者不见众生，亦不见法，是名为空。如是空中无相可取，此空即是无相。空中无所愿求，是空即名无愿，是故此三一义。问：何故说三？答：是空之能谓应修空，修空得利，谓不见相。不见相故无相，无相故不愿，不愿故不受身，不受身故脱一切苦。如是等利皆以修空故得，故说三。"此下破论师言行无常苦因集生缘道如行出名无愿等。

※重三三昧。

又云："空空等者，以空见五阴空，更以一空能空此空，名空空。以无愿厌患五阴，更以无愿厌此无愿，是名无愿无愿。以无相见五阴寂灭，更以无相不取无相，名无相无相。"此下破论师说三三昧是有漏，重三三昧但无学人等。又云："问：若空等三三昧，实是智慧，何故名三昧耶？答：诸三昧差别故，又三昧能生如实知见故名三昧，果中说因故。"

《四修定品》第一百五十八，解修定为得现在乐等四种，有破论师说，第四禅能得罗汉果无碍道，名漏尽。

卷十五《四无量定品》第一百五十九，广分别修四无量，三破论师说，又解大悲义。《五圣枝三昧品》第一百六十，解喜、乐、清净心、明相、观相名义。《六三昧品》第一百六十，解一相修为一相等六，有叙破论师说。又解顺逆入定等六，有破论师说："经中虽说佛入泥洹时，逆顺超入诸禅定。此经与正义相违，不可信受"等说。《七三昧品》第一百六十二，解依初禅，乃至依无所有处得漏尽，引《须尸摩经》。《八解脱品》第一百六十三，分别八解脱，有云："第三解脱中，不见内外色，是名色空。如《波罗延经》中说……四解脱中说心识空，如《六种经》中说……"当知是中四解脱坏裂诸识，第八解脱一切灭尽……"《八胜处品》第一百六十四，略分别八胜处名义。《九次第初禅品》第一百六十五，广分别初禅相，引《大因经》。《二禅品》第一百六十六，广分别二禅相。

卷十六《三禅品》第一百六十七，分别三禅相。《四禅品》第一百六十八，分别四禅相。《无边处空处品》一百六十九，广分别无边空处相，有破实空之论。《三无色定品》第一百七十，分别三无色定，引《猿喻经》。※灭定无心（《史略》应考）《灭尽定品》第一百七十一，广分别灭定相，而说此定无心。按：解九定皆甚好。

《十一切处品》第一百七十二，分别一切处名义，引论师说。

《十想无常想品》第一百七十三，明无常，破常见，说无常想功德。又释无常增贪等迷惑，有云："此无常想若未能生苦无想想，则不名具足破烦恼。"

卷十七《苦想品》第一百七十四，解三苦及所得利。《无我想品》第一百七十五，解无我及所得利。《食厌想品》第一百七十六，解贪食过患及食厌想。《一切世间不可乐想品》第一百七十七，解一切世间不可乐及所得利。《不净想品》第一百七十八，解不净及所得利。《死想品》第一百七十九解死想及说死想所以，有云："问：若人能令阎王欢喜，则得脱死。答：是愚痴语，阎王无自在力能为生杀活，但能考检行善恶事。"《后三想品》第一百八十，解断、离、灭及所得利。后云："若修无常想，乃至灭想，则一切事讫。灭诸烦恼，断阴结相续，入无余泥洹。"

《定具中初五定具品》第一百八十一，解十一定具法中清净持戒，得善知识，守护根门，饮食知量，初夜、后夜损于睡眠，引《七淫欲经》。《不善觉品》第一百八十二，解欲觉乃至轻他觉等诸不善觉名义。

卷十八《善觉品》第一百八十三，解出觉、安隐觉、八大人觉等善觉名义，有云："问：实我法若一若异，是故不答，我无决定，但五阴中假名字说，若以有无等答，即堕断常。若以因缘说我，则非戏论。"

《后五定具品》第一百八十四，解具善信解，具行者分，具解脱处等名义，引《无始经》、《五天使经》、《瞿尼沙经》。又引论师说，有云："阿难头未到枕，即得解脱。"

《出入息品》第一百八十五，解阿那波那十六行名义，引论师说，引《出入息经》。《定难品》第一百一十六云："定难者所谓粗喜。"此下即释有种种定难名义。《止观品》第一百八十七，解止观名义等。《修定品》第一百八十八，明生灭心入定所以，又说得定甚难等。

卷十九《道谛聚智论》中《智相品》第一百八十九，云："若见真实空无我等名得真智，故知智慧为实，缘第一义，实无世间智慧。《说二种正见》等经，皆是想以智名说，智因说智。"

※（见灭谛名圣道）又引《解无明经》、《差摩伽经》、《斧柯喻经》、《法印

经》，有云：“见灭谛名得圣道。”

《见一谛品》第一百九十云：“不以四谛得道，以一谛得道，所谓为灭。”下有问答，明惟灭能断烦恼，及说四谛所以。引《转法轮经》、《城喻经》、《甄叔伽经》、《法句经》、《法印经》。

《一切缘品》第一百九十一云：“总相智能缘一切智，此智亦缘自体（按：此即自证分之说）。”下就缘自体兴问答，有云：“此是不了义经。”又云：“佛总别悉知名一切智。”引《法印经》。

《圣行品》第一百九十二云：“有二行，空行、无我行。于五阴中不见众生，名空行；见五阴亦无，是无我行……灭是第一义有……行者于众生因缘中，不见众生故，即生空心，然后见空。又于※（注：无所缘）五阴灭中，不见色体性，受、想、行、识体性，故知此二皆无所有缘。”

《见智品》第一百九十三云：“正见、正智一体无差别……忍即是智。”此下问答阐明。

卷二十《三慧品》第一百九十四，解三慧名义及分别诸门。引《七正智经》、《须尸摩经》、《无有经》。《四无碍智品》第一百九十五，解近法位世智及四无碍智名义等。《五智品》第一百九十六解法住智、泥洹智、无诤智、愿智、边际智名义。有云：“若尔泥洹智，亦名法住智，所以者何？若有佛无佛，是性亦常住故。答：诸法尽灭，名为泥洹，是尽灭中，有何法住？问曰：泥洹非实有耶？答：阴灭无余，故称泥洹，是中何所有耶？若离诸阴更有异法，名泥洹者，则不应名诸阴尽灭以为泥洹。又若有泥洹，应说有体，何者是耶？又缘泥洹定名无相，若法相犹存者，何名无相？问曰：今无泥洹？答：非无泥洹，但无实法。若无泥洹，则常处生死，永无脱期，但非实有别法。”※（泥洹何所有）此虽未尽而殊精辟，可知论主用力之深，决非琐琐于名相者。

《六通智品》第一百九十七，解六通名义及问答分别。《忍智品》第一百九十八，解七方便及八忍。《九智品》第一百九十九，明阿罗汉得九智等。《十智品》第二百，解法智乃至无生智名义，有云：“马鸣菩萨说偈：如现在火热，去来火亦热，现在五阴苦，去来阴亦苦。如是等苦，诸大论师亦如是说……以此义故，诸论师言，有得未得，故次第见谛……”《四十四智品》第二百一，略解四十四智及问答分别，破论师说老死智名苦智。有云：“泥洹是真法宝，以种种门入。”《七十七智品》第二百二，略解七十七智及问答分别。

以上八集所记，皆是第二次来内院后所读者。三论、天台、贤首，以及阿含小论与龙树之说，一一读毕，从此佛家面目，表里俱澈，而余亦得独立于天地间矣。民国二十六年三月十七日记。

（四）《新修藏勘同目录》、《成实论》项下将其品目列出，颇好。爰录之如下：（括号排列法，余所加）

（表一）

- 发聚
  - 佛宝论
    - 具足品 1、一、
    - 十力品 2、一、
    - 四无畏品 3、一、
    - 十号品 4、一、
    - 三不获品 5、一、
  - 法宝论
    - 三善品 6、一、
    - 众法品 7、一、
    - 十二部经品 8、一、
  - 僧宝论
    - 清净品 9、一、
    - 分别贤圣品 10、一、
    - 福田品 11、一、
    - 吉祥品 12、二、
  - 论
    - 立论品 13、二、
    - 论门品 14、二、
    - 谮论品 15、二、
    - 四法品 16、二、
    - 四谛品 17、二、
    - 法聚品 18、二、

（表二）

- 十论
  - 有相品 19、二、
  - 无相品 20、二、
  - 二世有品 21、三、
  - 二世无品 22、三、
  - 一切有无品 23、三、
  - 有中阴品 24、三、
  - 无中阴品 25、三、
  - 次第品 26、三、
  - 一时品 27、三、
  - 退品 28、三、
  - 不退品 29、三、
  - 心性品 30、三、
  - 相应不相品 31、三、
  - 过去业品 32、三、
  - 辩二宝品 33、三、
  - 无我品 34、三、
  - 有我无我品 35、三、

（表三）

- 苦谛聚
  - 色论
    - 色相品36、三、
    - 色名品37、三、
    - 四大假名品38、三、
    - 四大实有品39、三、
    - 非彼证品40、四、
    - 明本宗品41、四、
    - 无坚相品42、四、
    - 有坚相品43、四、
    - 四大相品44、四、
    - 根假名品45、四、
    - 分别根品46、四、
    - 根等大品47、四、
    - 根无知品48、四、
    - 根尘合离品49、四、
    - 闻声品50、五、
    - 闻香品51、五、
    - 觉触品52、五、
    - 意品53、五、
    - 根不定品54、五、
    - 色入相品55、五、
    - 声相品56、五、
    - 香相品57、五、
    - 味相品58、五、
    - 触相品59、五、
  - 识论
    - 立无数品60、五、
    - 立有数品61、五、
    - 非无数品62、五、
    - 非有数品63、五、
    - 明无数品64、五、
    - 无相应品65、五、
    - 有相应品66、五、
    - 非相应品67、五、
    - 多心品68、五、
    - 一心品69、五、
    - 非多心品70、五、
    - 非一心品71、五、
    - 明多心品72、五、
    - 识暂住品73、六、
    - 识无住品74、六、
    - 识俱生品75、六、
    - 识不俱生品76、六、
  - 想论——想阴品77、六、
  - 受论
    - 受相品78、六、
    - 行品品79、六、
    - 坏苦品80、六、
    - 辩三受品81、六、
    - 问受品82、六、
    - 五受根品83、六、
  - 行论
    - 思品84、七、
    - 触品85、七、
    - 念品86、七、
    - 欲品87、七、
    - 喜品88、七、
    - 信品89、七、
    - 勤品90、七、
    - 忆品91、七、
    - 觉观品92、七、
    - 余心数品93、七、
    - 不相应行品94、七、

（表四）

- 集谛聚
  - 业论
    - 业相品95、七、
    - 无作品96、七、
    - 故不故品97、七、
    - 轻重罪品98、七、
    - 大小利业品99、七、
    - 三业品100、八、
    - 邪行品101、八、
    - 正行品102、八、
    - 系业品103、八、
    - 三报业品104、八、
    - 三受业品105、八、
    - 三障品106、八、
    - 四业品107、八、
    - 五逆品108、八、
    - 五戒品109、九、
    - 六业品110、九、
    - 七不善律仪品111、九、
    - 七善律仪品112、九、
    - 八戒斋品113、九、
    - 八种语品114、九、
    - 九业品115、九、
    - 十不善业道品116、九、
    - 十善业道品117、九、
    - 过患品118、十、
    - 三业轻重品119、十、
    - 明业因品120、十、
  - 烦恼论
    - 烦恼相品121、十、
    - 贪相品122、十、
    - 贪因品123、十、
    - 贪过品124、十、
    - 断贪品125、十、
    - 嗔恚品126、十、
    - 无明品127、十、
    - 憍慢品128、十、
    - 疑品129、十、
    - 身见品130、十一、
    - 边见品131、十一、
    - 邪见品132、十一、
    - 二取品133、十一、
    - 随烦恼品134、十一、
    - 不善根品135、十一、
    - 杂烦恼品136、十二、
    - 九结品137、十二、
    - 杂问品138、十二、
    - 断过品139、十二、
    - 明因品140、十二、

（表五）

灭谛聚
- 立假名品 141、十三、
- 假名相品 142、十三、
- 破一品 143、十三、
- 破异品 144、十三、
- 破不可说品 145、十三、
- 破无品 146、十三、
- 立无品 147、十三、
- 破声品 148、十三、
- 破香味触品 149、十三、
- 破意识品 150、十四、
- 破因果品 151、十四、
- 世谛品 152、十四、
- 灭法心品 153、十四、
- 灭尽品 154、十四、

（表六）

- 道谛聚
  - 定论
    - 定因品 155、十四、
    - 定相品 156、十四、
    - 三三昧品 157、十四、
    - 四修定品 158、十四、
    - 四无量定品 159、十五、
    - 五圣枝三昧品 160、十五、
    - 六三昧品 161、十五、
    - 七三昧品 162、十五、
    - 八解脱品 163、十五、
    - 八胜处品 164、十五、
    - 九次第初禅品 165、十五、
    - 二禅品 166、十五、
    - 三禅品 167、十六、
    - 四禅品 168、十六、
    - 无边虚空处品 169、十六、
    - 三无色定品 170、十六、
    - 灭尽定品 171、十六、
    - 十一切处品 172、十六、
    - 十想无常想品 173、十六、
    - 苦想品 174、十七、
    - 无我想品 175、十七、
    - 食厌想品 176、十七、
    - 一切世间不可乐想品 177、十七、
    - 不净想品 178、十七、
    - 死想品 179、十七、
    - 后三想品 180、十七、
    - 定具中初五定具品 181、十七、
    - 不善觉品 182、十七、
    - 善觉品 183、十八、
    - 后五定具品 184、十八、
    - 出入息品 185、十八、
    - 定难品 186、十八、
    - 止观品 187、十八、
    - 修定品 188、十八、
  - 智论
    - 智相品 189、十九、
    - 见一谛品 190、十九、
    - 一切缘品 191、十九、
    - 圣行品 192、十九、
    - 兄智品 193、十九、
    - 三慧品 194、二十、
    - 四无碍智品 195、二十、
    - 五智品 196、二十、
    - 六通智品 197、二十、
    - 忍智品 198、二十、
    - 九智品 199、二十、
    - 十智品 200、二十、
    - 四十四智品 201、二十、
    - 七十七智品 202、二十、

按：《大正藏》仅作十六卷。又《成实》一书分两部：一、发聚，二、四谛聚，论之可矣。四谛聚为全论之主脑，发聚不过绪论也。绪论故先标之以颂，而一一释之。释中先叙三宝应皈敬，次叙造论必要及所由，后叙异论也。是故《成实》之义，全在四谛聚中，论中亦作此说者也。考第十页可知。

禅经之部

（一）《禅秘要法经》三卷（印碛砂本），姚秦三藏法师鸠摩罗什等在长安逍遥园译。卷上解不净观、四大观等十五种观。※(空寂)除解观法观境外，又如解白骨观后有云："念如此火者，从四大有，我身空寂，四大无主。此大猛火，横从空起，我身他身，悉皆亦空。如此火者，从妄想生，为何所烧，我身及火，二皆无常……观空无火，亦无众骨。"解肿胀脓血观后有云："此不净身属诸因缘，缘合则有，缘离则无。尔所见事，亦属缘想，想成则有，想坏则无。如此想者，从五情出，还入汝心，诸欲因缘，而有此想。※(不可得)此不净想，来无所从，去无所至，谛观不净，求索彼我，了不可得。世尊说我及他皆悉空寂，何况不净！"解厚皮虫聚观后有云："诸虫本无今有，有已还无。※(本无今有从想生)如此不净从心想生，来无所从，去无所至，亦非是我，亦非是他，如此身者，六大和合因缘成之。六大散灭，身亦无常。向者诸虫来无所从，去无所至。我身虫聚，当有何实。虫亦无主，我亦无我。"※(性相皆空,解脱身则真如。)解白骨流光观后云："诸法无来无去，一切性相皆亦空寂，诸佛如来是解脱身。解脱身者，则是真如。真如法中，无见无得。作此想时，自然当见一切诸佛。"又有云："诸法空中无地、水、火、风，色是颠倒，从幻法生。受是因缘，从诸业生。想为颠倒，是不住法。识为不见，属诸业缘，生贪爱种。如是种种谛观此身，地大者从空见有，※(地大从空见有)空见亦空，云何为坚想地。如是推析，观地大无主。"※(得四大观,听食肉)此中有云："此四大观，若有得者，佛听服食酥、肉等药。其食肉时，洗令无味，当如饥世食子肉想。我今此身，若不食肉，发狂而死。(按:书中有谓,习定者体虚心劳,应服补药及食好饮食,调理数月后再学定)是故佛于舍卫国，赖诸比丘，为修禅故，得食三种清净之肉。"

卷中解身念处观、一门观、观佛三昧灌顶法、数息观等。※(心性等从空有)解一门观中有云："推此诸毒及与心性，皆从空有，妄想我名。如是诸法，地、水、火、风，色、香、味、触及十二缘，一一谛推，何处有我？观身无我，云何有我所？"※(苦、空、无常、无我亦空,诸佛空法)又云："苦、空、无常、无我悉亦皆空，作是思惟时，观身不见身，观我不见我，观心不见心。尔时，忽然见此山河大地石壁，一切悉无。出定之时，如痴醉人，应当至心修忏悔法。礼拜涂地，放舍此观。礼拜之时，未举头顷，自然得见如来真影，以手摩头，赞言：'汝今善观诸佛空法。'以见佛影故，心大欢喜，还得醒悟。"

※注：无明依四大。

卷下解四果相应境界相，其中有云：“观此无明，假于地大而得成长，依于风大而得动摇，因于地大体坚不坏。火大照有，水成众性。如是动作，风性不住，水性随流，火性炎盛，地性坚鞕。此四大性，二上二下，诸方亦二。东方者，成色阴性；南方者，成受阴性；西方者，成想阴性；北方者，成行阴性；上方者，成识阴性。此五受阴，依无明有，从触受生。乐，触因缘生于诸受。受因缘，生爱取有。有因缘故生于三界。九十八使及诸结业，缠缚众生无有出期。如是诸业从无明有，依痴爱生。此无明者，本相所出，从何而生，遍有三界，于诸众生为大缠缚。我今应观无明识相从何处起。此无明者，为是地大？为离地大？为与地合？为从地生？为从地灭？地性本空，推地无主。云何无明起，痴爱想缘行而有？而此诸行及爱取有，为从风起？为从水生？为火所照？如此四大，一一谛观。※（诸大如实际）此诸大者，实无性相，同如实际，云何牵诸众生，缠在三界？作是思惟已，普见一切三界众生犹如环旋，受苦无穷。不乐世间，求涅槃道。”此中有些议论，在他处所未见者。又云：“诸佛法身因色身有。色身者，譬如金瓶；法身者，如牟尼珠。※（法身因色身有［按：《五门禅经要用法》亦有此义，法身即十力等也）］应当谛观色身之内，十力、四无所畏、十八不共法、大慈、大悲、无阂解脱神智无量绝妙境界，非眼所见，非心所念。一切诸法无来无去，不住不坏，同如实际。我今云何同凡夫行，妄想见佛？※（法身无去来，非心所念。）我大和上释迦牟尼佛，今者已超越生死，住大涅槃，寂灭究竟，更不复生。如过去佛法，住常乐处，亦无去来。现在诸智身心不动，恬憺无为。如此智慧所成就身，当有何想？云何变动？我今见者，从妄想现，属诸因缘，故是颠倒色相之法。”※（地大从无明生，无明无性，五阴性相皆空）又云：“地大从因缘起，无明所持。无明无性，痴爱无主，虚伪因缘，假名无明。爱取有等，皆属此相。”又云：“色阴依地大有。地大不定，从无明生。无明因缘，妄见名色。观此色相，虚伪不真，亦无生处，假因缘现。因缘性空，色阴亦然。受想行想，性相皆空，中无坚实。观此五阴实无因缘，亦无受有。”※（三三昧）又云：“空三昧者，观色、色性及一切诸法，空无所有。如是众空，名空三昧。无愿三昧者，观涅般性寂灭无相，观生死相悉同如实际。作此观时不愿生死，不乐涅般，观生死本际空寂，观涅般性相皆同入空，无有和合，是名无愿三昧。无作三昧者，不见心、不见身及诸威仪有所修作。不见涅槃有起性相，但见灭谛，通达空无所有。”按：此中议论皆甚透辟，是诚大乘观行，秘而且要。解禅之经，是应以此为第一。其后有云：“六通义，广说如阿毘昙。”则毘昙亦有佛所说者。

（二）《五门禅经要用法》一卷（本同上），大禅师佛陀蜜多所撰，宋昙摩蜜多译。五门者，安般、不净、慈心、观缘、念佛。然而书中未有解安般及观缘之文。解不净、慈心、念佛亦杂乱无次序。又有四大观及四无量观，则出于五门范围之外。总之，此书实要不得。

※按：佛陀跋驮罗共法显所译之《摩诃僧祇律》后附记云："佛泥洹后，大迦叶集律藏，为大师宗，具持八万法藏。大迦叶灭后，次尊者阿难，亦具持八万法藏。次尊者末田地，亦具持八万法藏。次尊者舍那婆斯，亦具持八万法藏。次尊者优波掘多，世尊记无相佛，如降魔因缘中说，而不能具持八万法藏，于是遂有工部名生。初昙摩掘多别为一部，次弥沙塞别为一部，次迦叶维复为一部。次萨婆多，所以名一切有者，自上诸部义宗各异。萨婆多者，言过去、未来、现在中阴各自有性，故名一切有。于是五部并立，纷然竞起，各以自义为是。时阿育王言：'我今何以测其是非？'于是问僧佛法断事云何，皆言法应从多。王言：'若尔者，当行筹知何众多。'于是行筹，取本众筹者甚多。以众多故，故名摩诃僧祇。"勘此文语气，因是佛陀跋驮罗所加，而似党大众部，然实研究印度佛教史之重要材料。与《神经序》正可互证，亦《宗门源流考》之材料也。

（三）《达摩多罗禅经》二卷（本同上），东晋天竺三藏佛陀跋驮罗译。有序云："夫三业之兴，以禅智为宗……是故洗心静乱者，以之研虑，悟彻入微者以之穷神也。若乃将入其门，机在摄会，理玄数广，道隐于文。则是阿难曲承音诏，遇非其人，必藏之灵府。何者？心无常规，其变多方。数无定象，待感而应。是故化行天竺，缄之有匠，幽关莫辟，罕窥其庭。从此而观，理有行藏，道不虚授，良有以矣。如来泥洹未久，阿难传其共行弟子末田地，末田地传舍那婆斯。此三应真，咸乘至愿，冥契于昔，功在言外，经所不辩，（按：此即教外别传之说也。）必暗轨元匠孱焉无差（按：此本讹错甚多。）其后有优波崛，弱而超悟，智绝世表，才高应寡，触理从简八万法藏，所存惟要，五部之分始自于此。（此似说优波崛惟存言外之功（禅），而或者不明，故争之而分五部。）因斯而推，固知形运以废兴自兆，神用则幽步无迹。妙动难寻，涉粗生异，可不慎乎？可不察乎？自兹已来，感于事变，怀其旧典者，五部之学并有其人。咸惧大法将颓，理深其慨，逐各赞述禅经，以隆盛业（此似说五部之徒，又共尊禅也。）其为教也，无数方便，以求寂然。寂乎唯寂，其揆一耳，而寻条求根者众，统众运末者寡。或将暨而不至，或守方而未变，是故经称满愿之德，高普事之风。原夫圣旨，非徒全其长，亦所以救其短。若然，五部殊业，存乎其人。人不经世，道或隆替，废兴有时，则互相升降，小大之目其可定乎？又达节善变，出处无际，晦名寄迹，无闻无示。若斯人者，复不可以名部分。既非名部之所分，亦不出乎其外，别有宗明矣。（此说五部教徒，互相升降为不善，禅者理不在教外，又实不与教徒同部分）每慨大教东流，禅数尤寡，三业无统，斯道殆废。顷鸠摩耆婆宣马鸣所述，乃有此业。虽其道未融，盖是为山于一篑。欣时来之有遇感奇趣于若人，舍夫制胜之论，而顺不言之辩。遂誓被僧那至寂为已任，怀德未忘，故遗训在兹。其为要也，图大成于未象，开微言而崇体，悟惑色之悖德，杜六门以寝患，达忿竞之伤性，齐彼我以宅心。于是异族同气，幻形告疏，人深缘起，见生死际。尔乃辟九关于龙津，超三忍以登位，垢习凝于无生，形累毕于神化。故曰无所从生，靡所不生，※(此序至关重要，《宗门源流考》中所不能不为之详为解释者)于诸所生而无所生。（此说《达摩多罗禅经》未来以前，先有鸠摩耆婆。其人者，宣马鸣之禅学，观其所叙，则亦大乘止观也）今之所译，出自达摩多罗与佛大先。其人西域之隽，禅训之宗，搜集经要，劝发大乘，弘教不同，故有详略之异。达摩多罗阖众篇于同道，开一色为恒沙。其为观也，明起不以生，灭不以尽。虽往复无际，而未始出于如。故曰色不离如，如不离色。色不离如，色则是如。如不离色，如则是色。（按：此则顿教也。）佛大先以为澄源引流，固宜有渐。是以始自二道，开甘露门。释四义以反迷，启归途以领会。分别阴界，导以止观，畅散缘起，使优劣自辨，然后令原始反终妙寻其极，其极非尽，亦非所尽，乃曰无尽，入于如来无尽法门。（按：此则渐教，而皆大乘也）非夫道冠二乘，智通十地，孰能洞玄根于法身，归宗一于无相，静无遣照，动不离寂者哉！庾伽遮罗浮迷，译言修行道地。”此序未标作者之名，而为当时译场中人所作无疑。其所叙述诸项，当是得之于佛陀跋驮罗者。其为重要史料，盖可想见。又此书上卷以方便、胜进二道，解安那般那之四分（退、住、升进、决定）。下卷以方便道，解不净观之四分。次解观六界、观阴、观入、四无量及十二因缘，准序所述，则此书盖是佛大先所作，不可以名《达摩多罗禅经》。或达摩多罗声名较高，故以之题名乎？

※(按:佛陀跋驮罗之为时所摈,一因显异,二因弟子有妄言证果者。此关系其所行禅法,故当详论之。恐其禅犹是四禅八定,故可假言证果也)卷上初有云:“佛世尊……为诸修行说未曾有法，度诸未度，令得安隐。谓二甘露门，各有二道：一、方便道，二、胜进道……佛灭度后，尊者大迦叶，尊者阿难，尊者末田地，尊者舍那婆斯，尊者优波崛，尊者婆须蜜，尊者僧伽罗义，尊者达摩多罗，乃至尊者不若蜜多罗，诸持法者，以此慧灯，次第传授。我今如其所闻而说其义。”据此可知，此书实系佛大先之作，※(梁《高僧传》二,谓佛陀跋驮罗之师佛大先,尝住罽宾,而驮罗西来后大弘禅法。与罗什论众微一微之言,亦是空宗之义。则其所修之禅亦非四禅八定矣,证以此《禅经》可知。又《高僧传》三《智俨传》谓,俨从罽宾摩天陀罗精舍佛驮先咨受禅法,又请驮罗西来。然其禅法据传,犹是定也)而佛大先之与达摩多罗亦非同时代人。名曰《达摩多罗禅经》，或者系传自达

摩多罗乎？然序中既说达摩多罗之教与佛大先异，则其非传自达摩多罗也明甚。或者佛大先取达摩多罗之玄理，而更据经论，演为此二道四分者乎？未可知也（此说较为有理）。

又第一段有小注云：“安般者二种：一、见，二、触，钝根不见。”第五段有小注云：“出息有摄心义”，“出入息所起处同在脐”，“此报风开毛孔，故名出，非出外”等，皆是译者所注也。其余尚多，不具录。此亦译事中之另一作法也。

又明数门中有云：“舍除颠倒想，成就真实想，离自在及常，唯为空行聚。本无所从来，去亦无所至。去来不可得，亦不须臾住。慧智明见此，离诸知作者。”又第七段有云：“法从因缘起，性羸故无常，一切众缘力，是法乃得生，虚妄无坚固，速起而速灭……决定无常相，修行趣涅槃……自相无坚固，寂灭空无我，因缘力所起，从缘起故灭，舍离有我相，常住不变易。”第八段中有云：“诸法空无我，真实性亦然……”此虽不能即指为达摩多罗之义，而其非是小乘观行可知，则余前说是也。

又第八段中有小注云：“梵本中无此一偈。”则此偈译者所加耶？勘其语气，似所据翻译原本，除梵本外，或更有他本对照也。按：此书译笔流畅，书中解观境亦甚清晰，修止观者所应资以为课本者也。然而远不及《禅秘要法经》。

卷下第十四段至末皆是长行，此前十三段皆是颂文，一书而前后文法不同，此又另一作法也。※（缘起四种）第十七段明观十二因缘中，有云：“缘起有四种，一名连缚，二名流注，三名分段，四名刹那。连缚有六种，一曰生，二曰分，三曰趣，四曰生门，五曰刹那，六曰成坏。”※（种子识）解生连缚中，有云：“二支既过次第识种生，是名种子识始处。”※（四死，三无常）解分段连缚中有云：“死有四种，渐渐死，顿死，行尽死，刹那死。又说三种无常，一、刹那无常，二、分段无常，三、种类无常。”又有云：“……如上尔焰境界，无量诸法现在前已，然后乃坏，一切皆空，清净寂灭。寂灭已，复观胜妙尔焰，起佛法身，渐渐广大周满十方，无量法宝充满法身。法身光明，无有边际，不共智慧所行境界。一切佛法甚深缘起，悉现在前，然后乃坏，一切皆空，清净寂灭，无有处所。※（修果决定相）犹如虚空无所依，正如宝入手名，名为得宝，修果如是名决定相。”此则第一义空，即达摩多罗之教，迥超小论之范围矣。又解刹那连缚中有云：“三世一刹那，一刹那三世，法未起名未来，起时名现在，已起名过去。一刹那生即一刹那苦与无常俱故。当知众生行刹那顷不住，亦无所从来，去亦无所至。”又有指云：“如《佛城喻经》说。”又末有解六十二界，六三、四二、三十六不净，刹那乃至摩睺路妒诸名相，与正文无关，恐后人之附注也。然其下更有译者小注，则此在原本有矣。

（四）《禅法要解经》二卷（本同上），姚秦罗什译。※（征释四禅诸支大好）卷上解不净观、净观、四禅相。文中迭兴问答，时曰“如佛说”、“如经中说”，盖是解禅之论，不知是何菩萨所作。其于四禅诸支，有多征释，大要应考。※（依涅槃乐舍禅乐）又有云：“问：行者依禅定乐，舍于欲乐，今依何等而舍禅乐？若舍禅乐，得何利益？答：行者依涅槃乐，能舍禅乐。而得三利，所谓罗汉、辟支佛、佛道。”又解四无量，其中有引《阿毘昙》兴问。※（龙树造此经）又有答中云：“余悲心义如《摩诃衍论》四无量中说。”是则此论当是龙树所作。※（法无定相，成道非难）解喜无量中有云：“法无定相，随心力转。若诸法无有定相者，成阿耨多罗三藐三菩提，尚无有难，何况余道。”※（涅槃常）又云：“涅槃无量相，常相，是究竟不坏法。”又有云：“如是等四无量义，如《摩诃衍》中说。”此皆与《智论》章法同，可知决定是龙树造。又上指如《摩诃衍论》，当即《智论》，而其语气，似指如其自己所造之论说。此仅云摩诃衍者，或缺一论字也。

※烦恼是色因缘。

卷下解无色四定，便述四谛及修五神通，颇多妙义。兹录一二如次：“烦恼是色因缘，又复系色，是烦恼灭故，则名离色。”※（得涅槃无所去）“涅槃名离欲，断诸烦恼，常不变异，是中无生、老、病、死等苦，常乐不退，行者得涅槃灭度，都无所去，名为寂灭。譬如然灯，膏尽则灭，不至诸方，是名灭谛。”※（神通化物、化人不虚之故）问曰：是神通变化诸物，云何而不虚妄？答：行者先知诸法虚妄，如幻如化。譬如调泥，随意所作。如福德之人尚能夏有雪、冬生华、河不流，又如仙人嗔怒，令虎、狼、师子变为石身，何况神通定力而不变物？复次，一切物中各有气分，取其分相，神力广之，余者隐没。如经说，有比丘神力心得自在，见有大木，欲令为地，即皆是地。所以者何？木有地分故，若水、火、风亦如是。若作金银种种宝物，随意悉作，何以故？木有净分故。问曰：物变如是，化无本末，其事云何？答曰：有言，虚空中四大所造微尘，心力故令诸微尘合成化人。如人死或生天上，或生地狱，罪福因缘故。和合微尘为身，化亦如是。”※（四依妙解）“依深义不依于语，云何深义？所谓知诸法空，无相无作，不生邪见，于义亦不得，义不可得中，亦无得相，是依深义。不依语言。复次，行者依了义经，不依非了义经。了义经者，若能依义，一切诸经皆是了义，义毕竟空，不可说相故，是以诸经皆是了义。若不依义，是人于诸经皆不了义，所以者何？以无深智，随逐音声故。是音声实相亦入深义，俱不可说故，是名分别了义经、非了义经。复次，行者依智而不依识，何以故？行者知识相从因缘和合生，无有自性，虚诳如幻。如是知识相，识即为智，是故依智而不依识。行者虽复生识，若识若智而不生著，知识如相，识即为智相。复次，行者依法不依人，何以故？佛法中实有人者，无有清净得解脱者。而一切法无我无人，但随俗故说有人有我，以是故行者依法不依人。所谓法者，诸法之性。法性者无生性是。无生性者毕竟空是。毕竟空者不可说者是。何以故？以语说法，法中无语，语中无法。语则是无语相，一切语言非语言相。“以是故经说无示无说，是名佛法。”※(不坏法性确解)“知求声闻乘者之心而为说法。虽为说法，知法性亦无有小。如是知求辟支佛、求大乘者之心而为说法。虽为说法，知法性亦无有中有大。如是等随众生心而为说法，亦不分别心相。虽分别三乘说法，而不坏法性。不坏法性故知一切众生心所行，亦知一切众生心心相续如水流。如知心性，法性亦如是。”※(过去无始,不生常见)“行者亦知过去诸法灭时无所去，知未来世诸法生时无所从来。虽知过去世无始，不生无始不(疑“常”字之讹)见。虽观未来世众生灭入涅槃，亦不生边见。”※(一切为一,一为一切)“行者能知一切佛为一佛，又见一佛为一切佛，以法性不坏故。如见佛相，自见身相亦如是。自身相净故，一切法相亦如是。”末又指云：“种种神通义，如摩诃衍神通义中广说”，是非大智龙树菩萨，其孰能与于此，后当极力为之阐扬焉。（按:《高僧传》六《僧叡传》云:“《禅法要》三卷,始是鸠摩罗陀制,末是马鸣所说,中间是外国诸圣共造,亦称菩萨禅。”然今仅二卷,或“三”字误乎?更考）

（五）《禅要呵欲经》一卷（本同上），失译，仅千余字，乃《禅法要解经》卷上，初不净观之异译也。

（六）《内身观章句经》一卷（本同上），汉失译。初五十三颂略说身是无常，因缘所成故苦、无我。次有长行百余字，标曰“十一因缘章”，乃说多食、多睡等十一因缘败道法也。此实不入禅经（似可列入小乘经中）。译笔拙劣，具见译事初有之困难。然有云：“彼空亦不断，有行皆非常。”则三乘共知者也。

（七）《法观经》一卷（本同上），西晋竺法护译，略解数息、不净及身、口、意三定，无常、无我、空义亦有。而译笔亦甚拙劣，不要。

（八）《思惟要略法》（本同上）一卷，姚秦三藏鸠摩罗什译。略解四无量观法、不净观法、白骨观法、观佛三昧法、生身观法、法身观法、十方诸佛观法、观无量寿佛法，皆甚简单。※(实相观,淫、怒、痴即实相)又诸法实相观法有云：“诸法实相观者，当知诸法从因缘生。因缘生故，不得自在。不自在故，皆竟空相。但有假名，无有实者，若法实有，不应说无。先有今无，是名为断。不常不断，亦不有无。心识处灭，言说亦尽，是名甚深清净观也。又观淫、怒、痴法即是实相，何以故？是法不在内，不在外。若在内，不应待外因缘生。若在外，则无所住。若无所住，亦无生灭，空无所有，清净无为，是名淫、怒、痴，实相观也。又一切法毕竟清净，非诸佛贤圣所能令尔。但以凡夫未得慧观，见诸虚妄之法有种种相。得实相者观之，如镜中像，但诳人眼，其实不生，亦无有灭。”后解法华三昧观法。书末有小注云：“已上思惟要略，前通大小，诸法实相观法、法华三昧观法，唯在今经开显部中，如何一概属小乘。”当是阅经人所加，然而置之小乘中实太无理。此书不知何人所造，虽有太略之嫌，而其为大手眼人所作，可断言也。

（九）《坐禅三昧法门经》二卷(本同上)，僧伽罗刹造，姚秦法师罗什译。卷上解治淫欲法门、治瞋恚法门、治愚痴法门、治思觉法门、治粗病(欲、瞋、恼觉)、细病(亲里、国土及不死觉)、正观、数息六门、念佛三昧。其治愚痴法门中有六颂，据云引《无明相品》，不知是何经论中文。※(诸法空生，诸法空灭，随心见十方佛为一，一为十方佛)数息六门中有义云：“诸法无常生灭空无吾我，生时诸法空生，灭时诸法空灭。是中无男、无女、无人、无作、无受。”念佛三昧中有义云：“能见一佛作十方佛，能见十方佛作一佛。能见一色作金、银、水精等色，随人意乐，悉令见之。”又于出八十种好之二十——身满足下有注云：“五月受胎，二月生。”三十三——手足如意下有注云：“旧言内外握者是。”四十六——头如磨陀罗果下有注云：“此果不圆不长。”四十七——声分满足下注云：“声有六十种分，佛皆具足。”四十九则注云：“无汉名故不得出也。”故知此是译者所加，其后出十号之梵音，一一有注。

卷下略解习四禅、四无色、四无量、五通。解五通中，仅解神足，余指云：“余通，《摩诃衍论》中说。”又解变物云：“如观木地种，除却余种，此木便变为地，所以者何？木有地种故。水火风空，金银宝物，悉皆如是，木有诸种分故。”同《禅法要解经》。次明身痛心法不可得，四念止主不可得。大意谓：“因缘生故无常，无常故苦，苦故不自在，不自在故无主，无主故空。”其余理论，大同《中论》。此中于“世界始”一名下有注云：“外道谓一切有法之初名为世界始，外道谓涅槃以有始能化作万物，即名造化也。”又次明暖、顶、忍、世第一法，引《波罗延经》、《法句经》。次明入见谛道十六心，四果修断，九种罗汉，三种辟支佛，菩萨念佛三昧，行菩萨道对治淫、瞋、痴，思觉法门。※(诸法实相)此中有云：“诸法相中，无净无不净（即不净、慈心、观缘、数息），亦无闭亦无出，观诸法等不可坏、不可动，是名诸法实相。”有注云：“出过罗汉法也。”又引《毘罗经》，又有云：“问：如摩诃衍《般若波罗蜜》中言，诸法不生不灭，空无所有，一相无相，是名正见。云何言无常等观，名为正见？答：若摩诃衍中说诸法空无相，云何言无常、苦、空等不实。若言不生不灭是实相者，不应言无相，汝言前后不相应。又有为无常，因缘生故，众生皆见无常，内有老病死，外见万物调落，※(如指指月,故摩诃衍不受一法,不可破)云何言无常不实？问：我不言有常为实，无常为不实。我言有无常俱不实。佛言，空中有常、无常二事不可得。若著此二事，是俱颠倒。答：汝言不与法相应，何以故？言无法，云何复言二俱颠倒？一切空无所有为实不颠倒，若我破有常著无常，我法应破而不实，我有常颠倒破故观无常，我法应破而不实，我有常颠倒，若我破有常著无常，我法应破而不实，我有常颠倒破故观无常。如药除病，药亦俱去。若药不去，后药为病。此亦如是，若无常法著，应当破不实，故我不受无常法。汝于摩诃衍中不能了，但著言声。摩诃衍中诸法实相，实相不可破，无有作者。若可破可作，此非摩诃衍。如明眼人以指指月，示不见者。此不见人但视其指而迷于月。汝亦如此，言音非实相，但假言表实理。汝更著言，暗于实相。”※(十二因缘本性清净)此后文便有解十二因缘、三十七品、四缘、可考。又有云：“无明非内外中间，不从前世来，亦不住后世。非东西南北四维上下来，无有实法。无明性尔，了无明性则变为明。一一推之痴不可得，云何无明缘行？如虚空不生不灭，不有不尽，本性清净，无明亦尔，乃至生缘老死亦尔。”又次明行菩萨道者，应行三种忍。※(八不,涅槃行)有云：“一切诸法，求其实相，实相云何？非常无常，非乐不乐，非空不空，非有无神。何以故？因缘生故。先无今有，已有还无，故非有常。业报不失，受外尘，因缘增长故非无常。新苦中生乐想，一切无常性，缘欲生故非乐。有乐受，彼染生故，求乐不惜身故非不乐。内外入各各受了了，有非福报，一切众生信故非空。和合等生，分别求不可得，心力转故非不空。※(第七识界不可得故,非有神)不自在故，第七识界不可得故，神相不可得故非有神。有后世，得解脱，各各我心生不计余处，故非无神。如是不生不灭，不生不不灭，非有非无，不受不著，言说悉灭，心行处断，如涅槃性，是法实相。”通观上所录者，可知僧伽罗刹实是龙树儿孙，言论皆相似故。解此“八不”未见高明，而解摩诃衍不可破一段，大好。总之，此实足以辅佐《禅法要解经》。又此译笔不畅，当是初来所译。

（十）《治禅病秘要法经》二卷(本同上)，北凉世安阳侯沮渠京声译。卷上解治阿练若乱心病七十二种法，于标题下有小注云：“尊者舍利弗所立问，出《杂阿含》阿练若杂事中。”此土所译《杂阿含》似无此文，则非足本欤？此下亦时有小注，大约初期译事，皆如此。又解治噎法，治行者贪淫患法。※(佛家亦知有精虫、卵子,而说与科学异)此中解子藏筋色虫云云，有小注云：“此虫形体似筋，连持子藏，能动诸脉，吸精出入。男虫青白，女虫红赤。”则精虫、卵子也。又本文有云：“男精青白，是诸虫尿。女精黄赤，是诸虫脓。”是佛家亦知有精虫、卵子，然其说与科学家异。此在阿赖耶史略中甚关重要，后更细勘之。又解治利养疮法，治犯戒法。

卷下解治乐音乐法，治好歌吹偈赞法，治水大猛盛因是得下法，治因火大头痛、眼痛、耳聋法，治入地三昧见不祥事惊怖失心法。此中有云：“色即是空，非色灭空。既观空已，如次行六法、行六念、回向、四弘誓，修学相似十度。※(色即是空)此想成已，观内空外空，于是现前见百千无量诸佛，以水灌顶，以缯系头，为说空法。因空心悟入菩萨位，是名性地菩萨最初境界。”※(法性无所依)有小注云：“于此法多增上慢，宜应识之，此是菩提心初境界相。”又解治风大法，有云：“法性无所依，观空亦复然。”又解初学坐者，鬼魅所著种种不安，不能得定治之法。此标题下有小注云：“尊者阿难所问。”此中有云：“罗旬踰等一千长者子，始初出家，请尊者阿难、摩诃迦叶、舍利弗等以为和尚。”则是佛之徒孙矣。佛制如此，书后有跋云：“河西王从弟优婆塞、大沮渠安阳侯，于于阗国衢摩帝大寺，金刚阿练若住处，天竺比丘、大乘沙门佛陀斯那。其人天才特拔，诸国中独步，口诵半偈，兼明禅法，内外综博，无籍不练。故世人咸曰，人中师子。沮渠亲面禀承，忆诵无滞。以孝建二年九月八日于竹园精舍书出此经，至其二十五日讫。”按：此书亦是坐禅者所应参考者也。

（十一）《止观门论颂》一卷(本同上)，世亲菩萨造，唐三藏法师义净奉制译。共七十七颂，略解治贪、瞋、昏睡、掉举等法，即不净观、白骨观等。又略解四禅，有：定有四种——退分、胜进分、住分、决择分云云。然太简略，似系便于初学沙弥记诵之作。

（十二）《六门教授习定论》一卷(本同上)，无著菩萨本，世亲菩萨释，唐三藏法师义净奉制译。六门者，一、解脱人，二、积习胜行资粮，三、于住勤修习，四、三种圆满，五、有依诸修定者，六、修定人果。次序条然，而未言方法，仅释定之名相而已。亦如法相中之《百法论》，皆是便于初学记诵之作乎？又文中有解四作意，五散乱。※(四作意,五散乱,灭因作意)又有所谓灭因作意者。译者有小注云：“准如是释，应云寂因作意，旧云如理作意者，非正翻也。”

史传之部

（一）梁会稽嘉祥寺沙门慧皎撰《高僧传》十四卷。卷一有云：外国三藏众护选述经要为二十七章，安世高剖析护所集七章，译为汉文，即《道地经》。又安世高有《别传》。又会稽陈惠有《安般守意经注》，康僧会为之序。又严佛调撰《十慧》，当时传于世。昙柯迦罗（法时）魏嘉平中来译《僧祇戒心》，又立羯磨法，中夏戒律始于此。支谦（恭明）制《菩萨连句梵呗》三契，并注《了本生死经》等。康僧会注《安般守意》、《法镜》、《道树》等三经，并制经序。孙绰著《道贤论》，以天竺七僧方竹林七贤，而以法护匹山涛，帛法祖匹嵇康，注《首楞严经》。其弟法祚注《放光般若》及著《显宗论》。

二、姚兴著《通三世论》，显示因果。罗什为姚兴著《实相论》二卷，又注《维摩经》。慧观从卑摩罗叉听《十诵》，口记其所制内禁轻重，撰为二卷，为后生法。昙无谶为道朗（独步河西）等传授菩萨戒，是为此戒传授之始。

三、求那跋摩劝阇婆王抗敌，及劝文帝不必拘拘于持斋，皆有理。然观其临终遗文，犹是通常禅师，盖印度之禅定而兼慧，不若此土禅之完全为慧学也。故其举指终不纵横超脱，然自佛驮跋驮罗以后，来此土者，禅师甚多。又有昙摩蜜多亦以禅法教人。其传中云："凉州……禅业甚盛。"又智猛西游归来，亦有传记。又畺良耶舍亦精禅业。传中云："宝志崇其禅法……禅学成群。"

四、孙绰有《正像论》，康法畅著《人物始义论》等。支遁注《庄·逍遥篇》，又著《释朦论》、《座右铭》，又注《安般》、《四禅》诸经及《即色游玄论》、《圣不辨知论》、《道行旨归》、《学道诫》等。临终有《切悟章》。又其文翰总集成十卷。孙绰又有《喻道论》，于法兰有别传。于法开，兰弟子，每与支遁争即色空义，庐江河默申开难，高乎郄超宣述林解。又开弟子法威值道林讲《小品》而攻难数十番，致道林为屈。竺法崇著《法华义疏》，竺僧度著《毗昙旨归》，竺慧超注《胜鬘经》。

五、道安注《般若道行》、《密迹》、《安般》诸经凡二十二卷，又撰《经录》。孙绰又有《名德沙门论》，道安又有别记。苻坚亦尝沙汰僧众，见《僧朗传》。支僧敦善数论，著《人物始义论》。道恒心无义，大行荆土。竺法汰令弟子昙壹难破之，慧远助之而后恒屈。汰著有义疏，并与郄超书论本无义，皆行于世。竺僧敷著《神无形论》，以破当时心神有形，但妙于万物之说。又著《放光》、《道行》等义疏。僧卫注《十住》。昙徽著《立本论》九篇，《六识旨归》十二首。道立，安公弟子，以《老》、《庄》三玄，微应佛理，颇亦属意。昙戒以《法华》为会三之旨，《无量寿》为净土之因。

六、慧运著《法性论》，言泥洹常住。罗什叹而合理。又以《智论》文繁，抄其要为二十卷。桓玄亦有沙汰僧众之举，远公广玄条制，玄从之。远讲《丧服经》，雷次宗、宗炳并执卷承旨。次宗后别著义疏，首称雷氏，炳寄书嘲之。远所著论、序、铭、赞、诗、书，集为十卷五十余篇。远公弟子道流撰《诸经目》，未就而卒，道祖为成之。桓玄以祖愈于远公，但儒博不逮。远弟子慧要造莲花漏，又作木鸢飞数百步。又昙诜注《维摩》及《穷通论》等。姚兴以僧䂮为国内僧主，僧谦为悦众，法钦、慧斌共掌僧寻，给车舆吏力。此或僧官之始乎？道融著《法华》、《大品》、《金光明》、《十地》、《维摩》等义疏，又于姚兴前当众难倒婆罗门僧。

昙影著《法华义疏》，并注《中论》。僧叡著《智论》、《十二门论》、《中论》、《大小品》、《法华》、《维摩》、《思益》、《自在王》、《禅经》等序。平生誓愿生西，临终向西方合掌而卒。道恒著《释驳论》及《百行箴》。道标作《舍利弗毘昙序》及予王乔文。

七、竺道生言善不受报，顿悟成佛，又著《二谛论》、《佛性当有论》、《法身无色论》、《佛无净土论》、《应有缘论》等。又言阐提成佛，为众所摈，至于虎丘，而无顽石点头之事。宋大祖尝述生顿悟义，僧弼等皆设巨难。后龙光沙门宝林祖述生公诸义，著《涅槃记》及注《异宗论》、《檄魔文》等。林弟子法宝著《金刚后心论》等亦祖述生义。又生公于肇公注《维摩》后，更发深旨，显畅新典及诸经义疏，世皆宝之，则生公似亦有《维摩》注也。慧叡著《十四音训叙》，条例梵汉，昭然可了。此或为华梵字书之始。叡在天竺游历甚久，故能耳。颜延之著《推达性论》、《离识观及论》。宗炳著《难白黑论》。慧严著《无生灭论》及《老子略注》。其弟子法智善《成实》及《大小品》。慧观著《法花宗要序》、《辨宗论》、《论顿悟渐悟义》及十喻序赞诸经序等。僧馥注《胜鬘经》。慧琳著《白黑论》，乖于佛理，何承天著《达性论》以附之，皆为宗炳等所驳难。慧静注《维摩》、《思益》，著《涅槃略记》、《大品旨归》，及《达命论》并诸法师诔。法和精数论（按：尔时治数论者甚多），释昙无成，著《实相论》、《明渐论》。僧含因任彭城函著《无三世论》，而作《神不灭论》以抗之。又著《圣智圆鉴论》、《无生论》、《法身论》、《业报论》、《法花宗论》等，又亦通数论。又一僧含著《释异十论》。僧庄善《涅槃》及《数论》。昙谛讲《礼》、《易》、《春秋》各七遍，《法华》、《大品》、《维摩》各十五遍。僧导著《成实》、《三论义疏》及《空有二谛论》。其弟子僧威、僧音并善《成实》。道汪善《涅槃》，慧静亦善《涅槃》，有文集十卷。法愍游刃般若、数论，著《显验论》以明因果，并注《大道地经》。僧宗著《法性》、《觉性》二论。道亮著《成实论义疏》八卷。静林善《涅槃》，慧隆善数论及众经。梵敏数讲《法华》、《成实》。又序要义百科，略标纲纽故文止一卷。僧籥善《涅槃》，道温明数论。僧庆善三论，惠定善《涅槃》及昆昙。僧嵩明数论，末年执佛不应常住。昙斌讲《小品》、《十地》，并申顿悟、渐悟之旨。时庄严寺复有昙济述《七家论》。昙宗著经目及数林。慧亮讲《大小品》、《十地》等，著《玄通论》。初庄严寺大集简阅义士上首千人。敕亮及昙斌为法主。此或此土考试僧材之始。僧镜著《法华》、《维摩》、《泥洹》义疏，并《昆昙玄论》。智斌僧正善《三论》、《维摩》、《思益》、《毛诗》、《庄》、《老》等。道猛于三藏九部大小数论，皆思入渊微，而《成实》一部最为独步，大化江西。宋太宗为建寺曰兴皇。此云大小数论不知作何解也，更勘。超进以《涅槃》为穷理之教，累加讲说，昙机善《法华》、昆昙。法瑶住武康小山寺，著《涅槃》、《法华》、《大品》、《胜鬘》等义疏。道猷初为生公弟子，注《胜鬘》五卷，述顿悟之义，文繁不行。后有道慈善《维摩》、《法华》，祖述猷义，删其所注《胜鬘》为两卷，行于时。按：《法瑶传》有云："大明六年敕上京与道猷同止新安寺，使顿渐二悟义，各有宗至"云云，则瑶乃主渐悟义者。慧整精三论。觉世善《大品》及《涅槃》，立《不空假名义》。慧通制《大品》、《胜鬘》、《杂心》、《昆昙》等义疏，并《驳夷夏论》、《显证论》、《法性论》及《爻象记》。又因袁粲著《蘧颜论》，难诘往返，著文于世。

八、僧渊从僧嵩受《成实》、《昆昙》二论。昙度从渊受《成实》，著《成实论大义疏》，盛传北土。道慧受业猛、斌二法师。猛尝师《成实》，张融构难重叠，猛令慧答之，善大乘大明数论，区别义类始为章段焉。初，时王或辩之相义，大聚学僧。慧年十七，发问数番，众咸奇之。僧钟善《成实》、《三论》、《涅槃》、《十地》等。道威僧主，善《涅槃》、《维摩》，兼通《周易》，著《述交论》、《生死本无源论》等。与陆修静论议，陆为之屈。弘充注《文殊问》、《菩提问》、《首楞严》。智林申明二谛义有三宗不同，与周颙《三宗论》意符。有书致周文著《二谛论》及《昆昙》、《杂心记》，并注《十二门论》、《中论》等。法瑗师道场观，傍寻数论，笃志大乘，述生公顿悟之义。注《胜鬘》及《微密持经》，时谈《孝经》、《丧服》。明帝大开讲肆，妙选英僧，以瑗为法主。玄畅初讲《华严》（以前无讲者），善于三论。僧拔著《七玄论》。慧基著《法华义疏》三卷，及门训义序世三科，并略申方便旨趣，会通空有二言及注《遗教》等。慧次频讲《成实》、《三论》。慧隆，宋明帝请讲《成实》，立实法断结义。僧宗讲《涅槃》、《维摩》、《胜鬘》近百遍。北土有昙准者，闻宗善《涅槃》，乃南游观听，而思不相参，乃别更讲说，多为北土所师。是则涅槃一宗，始分南北。僧贤、僧敬、道文等并善数论。法安著《净名》、《十地》义疏，并《僧传》五卷。僧印讲《法华》二五二遍，法度开山摄山，其弟子僧朗善《华严》、《三论》。智秀善大小《涅槃》、《净名》、《般若》，兼明数论。慧球从彭城僧渊受《成实》。僧盛大明数论。智顺独步于《涅槃》、《成实》，著《法事赞》及《受戒弘法等记》。宝亮讲《大涅槃》、《成实》、《大小品》、《维摩》等各数十遍，奉敕撰《涅槃义疏》十余万言。梁武亲为之序。僧宝善三玄。慧集，慧基弟子，著《毗昙大义疏》十余万言。

十、昙始以晋孝武太元之末，赍经律经十部，往辽东宣化显授三乘，立以归戒，盖高句骊闻道之始。

十一、习禅二十一人并是习定，故论中曰："佛陀跋陀传业东土，玄高、玄绍等亦并亲受仪则，出入尽于数随，往反穷乎还静。"又玄高传中有"学徒之中游刃六门者，百有余人"云云，可知。有慧览者，于罽宾从达摩比丘咨受禅要。达摩曾人定，往兜率天从弥勒受菩萨戒，后以戒法授览。览还至于阗，复以戒法授彼方诸僧。慧猷大明《十诵》，著《十诵义疏》八卷。僧业专功《十诵》，初什未出《十诵》，先译戒本。及流支入秦，方传大部，故戒心之与大部，其意正同，在言或异。业乃改正一依大本。当时传诵，二本对行。慧询善《十诵》、《僧祇》，更制条章，慧观亦精《十诵》。僧璩明《十诵》，著《诫众论》，述《胜鬘文旨》，撰《僧尼要事》二卷。道俨著《决正四部毘尼论》。又慧曜等亦善《十诵》。道营善《僧祇》，超度亦善《十诵》及《四分》，著《律例》七卷。法颖撰《十诵戒本》并《羯磨》等。智称著《十诵义记》八卷。僧祐撰《三藏记》、《法苑记》、《世界记》、《释迦谱》及《弘明集》等。（按：论有云："迦叶毘部，或言梵本已度，未被翻译。"）

十二，昙迁笃好玄儒，游心佛义，善谈《老》、《庄》，并注《十地》。按：此卷经师一科乃记精于梵呗之僧，后有论略梵呗源流，颇可参考。

十三云："法济偏叙高逸，法安但列志节，僧宝止命游方，法进乃通撰论传，而辞事阙略。考之行事，未见其归。宋王义庆《宣验记》及《幽明寻》，王琰《冥祥记》，刘悛《益部寺记》，昙宗《京师寺记》，王延秀《感应传》，朱君台《征应传》，陶渊明《搜神录》，并傍出诸僧，叙其风素而皆是附见，亟多疏阙。齐文宣王《三宝记传》，或称佛史，或号僧录，三宝共叙，混滥难求。王巾《僧史》，意似该综，而文体未足。僧祐《三藏记》，止三十余僧。郄景兴《东山僧传》，张孝秀《庐山僧传》，陆明霞《沙门传》，各竞举一方，不通今古，务存一善不及余行。即时亦继有作者，或过相揄扬，或空列辞费……搜捡杂录数十余家，及晋、宋、齐、梁，春秋书史，秦、赵、燕、凉荒朝伪历，地理杂篇，孤文片记，并博访故老，广谘先达……今此十四卷……”又附王曼颖致皎书中有：“……康泓专记单开，王季但称高座，僧瑜卓尔独载，玄畅超然孤录……梁来作者，唱公纂集最实近之，更恨烦冗……”此云唱公纂集，或即《名僧传》乎？又其后有龙光寺僧果附志云：“皎法师又著《涅槃疏》十卷，《梵网戒等义疏》。”

（二）唐道宣《续高僧传》序：“……梁宝唱撰《名僧传》，慧皎撰《高僧传》，详核可观，华质有据。而缉裒吴越，叙略魏燕，博观未周……隋初灵裕撰《十德记》一卷，偏叙昭玄师保，未粤广嗣通宗，余则孤起支文，薄言行状，终亦未驰高观。”

一、湘东王记室虞孝敬撰《内典博要》三十卷，条兹释门要事，同《皇览》、《类苑》之流，后出家名道命。宝唱奉梁武敕，集建福禳灾之文百卷，《八部神名》三卷。又梁武敕庄严僧旻缵《众经要抄》八十卷，开善智藏集《义林》八十卷，建元僧朗《注大涅槃》七十二卷，唱并赞其功。简文集《法宝联璧》二百余卷，令宝缀比区别。又奉敕集道门俗士叙佛理者，曰《续法轮论》七十余卷。又撰《法集》一三0卷。又重撰《华林佛殿经目》（先安乐寺僧绍撰，不佳）四卷，又撰《经律异相》五五卷，《饭僧法》五卷。梁武自注《大品经》五十卷。又于《礼记》、《古文周书》、《左传》、《庄》、《老》诸子、《论语》、《孝经》皆为训释，前后集百有余卷。著《通史书苑》数千卷。唱又撰《名僧传》三十一卷。李廓撰《众经录》，菩提流支、勒那摩提、佛陀扇多徇流言不相询访，各传师习，三处各翻，互有不同。西魏昙显撰《菩萨藏众经要》及《百二十法门》。始从佛性，终尽融门，以代先旧五时教迹。攘那跋陀罗译《五明论》，谓声、医、工术及符印等。达摩流支译《婆罗门天文》二十卷。真谛东来，虽广出众经、偏宗《摄论》，亲流疏解，僧宗躬对本师，重为释旨，增减或异，大义无亏。宗别著行状。法泰从真谛译《明了论》，释律二十二大义，并疏五卷。太建三年，还郢并赍新翻经论，创开义旨，惊异当时，无有受者。智恺从谛翻《摄论》文疏二十五卷，翻《俱舍义疏》合八十三卷。僧宗、法准、惠忍并从恺受《摄论》、《俱舍》。又静嵩传法泰之学。曹毘，恺从子，受《摄论》，常于白塔寺开演，黑白多资其学。又请建兴寺，明勇讲《摄论》，知敷听延祚寺导、续二师《成实》，并往北土从法明听《金刚论》。又听希、坚二德《婆沙》、《中论》，预谛翻《俱舍》之席。恺亡，谛至法准房，率道尼向敷等十二人共传香火，会弘《摄》、《舍》二论。后敷弘最多。敷又从惠曶受《涅槃论》，于栖玄寺晓禅师得昙林释经后分之《涅槃疏》。又曶令觅海潮住于建业，俾穷《涅槃论》旨而未值。敷撰谛《翻译历》甚详备。道尼亦大弘《摄论》。此卷中引《法上录》。

二、引齐、周、隋三代《经录》。达摩笈多尝在外国讲《念破论》二千偈，明三印破外道。又讲《如实论》二千偈，乃世间论义之法。彦琮闻于笈多，著《大隋西国传》十篇。《占察经》系伪书。侯白撰《旌异传》二十卷，徐同庆撰《通命论》二卷，言感应因果。刘冯撰《内外旁通比校数法》一卷。彦琮等集《众经法式》十卷。费长房《三宝录》瓦玉杂糅，真伪难分。周武帝缵道教之书曰《无上秘要》。彦琮著《内典文会集》、《唱导法》、《辩教论》（明道教妖妄）、《众经目寻》、《西域传》、《舍利瑞图经》、《国家祥瑞寻》（又翻此二书为梵文，以赠西归之僧）、《沙门名义论》别集五卷、《天竺记》、《辩正论》（垂翻译之式，其序文有引，叙历来翻译得失，甚可参考）、《福田论》、《僧官论》、《慈悲论》、《默语论》、《鬼神录》、《通极论》、《辩圣论》、《通学论》、《善知识论》并赋词。又编所获梵经之目寻，分经、律赞、论、方、字、杂书七例。其弟子行矩为立《行记》。按：佛法西来以后，此土大才道安而后，彦琮而已。而彦琮复精梵文，似又较道安为胜。惟道安更专长于理耳。宣公立传，于琮亦三致意焉。

三、慧赜著集八卷，慧净（住纪国）著《杂心论》疏三十卷。道宣云："遂使经部妙义，接网明时。罽宾正宗，传芳季绪。"按：净从志念习《杂心》、《婆沙》。又注《金刚般若》，又当众破清禅破空义（清禅义，以空破空，破曰："然则执有，还以为破"云云）。又著《大庄严论疏》三十卷，《法华缵述》十卷。《胜鬘》、《仁王》、《温室》、《盂兰盆》、《上下生》各出要缵。又撰《诗英华》十卷。

四、玄奘从《摄论》名家僧景受业，时《摄论》十二住义中表销释十有二家。又道深精《成实》，慧休能《杂心》、《摄论》。道岳宗《俱舍》，玄会精《涅槃》，玄壮皆尝参叩。奘在罽宾从僧胜学《俱舍》、《顺正理》、《因明》、《声明》及《大婆沙》，在磔迦国从底国从龙猛弟子（七百岁）学《中》、《百论》，在那仆底国从调伏光学《对法》、《显宗》、《理门》等。至那伽罗寺，从月胄学《众事分婆娑》。至禄勒那国，从阇那崛多学经部《婆沙》，又就蜜多犀那学萨婆多部《辩真论》。在羯若鞠阇国，从昆耶犀那学《佛使》、《日胄》二《婆沙》。从戒贤学《瑜伽》、《顺正理》、《显扬》、《对法》等五年。在钵伐多罗国，学正量部根本论《摄正法论》、《成实论》等。从胜军居士学《唯识决择论》、《意义论》、《成无畏》等。又那烂陀寺师子光立中百论宗，破瑜伽义，奘因造《会宗论》三千颂，明空有不相违。又正量部僧般若毱多造《破大乘论》七百颂，奘作《制恶见论》千六百颂破之。又造《三身论》三百颂，以赠迦摩罗多国王。又唐太宗命奘译《老子》，道流以佛理释老，且引肇公著论盛引《老》、《庄》为证。奘曰："岂以喻词，而成通极。"此言极当。又译马鸣《起信论》为梵，通布五天。那提三藏三藏，龙树门人，所解无相与奘硕返，著《大乘集义论》四十余卷，未及翻出。

五、惠命以《成实》见知，法朗集注《涅槃》。法宠、道猛、昙济学《成实》，从僧周学《杂心》及法胜昆昙。僧旻（庄严寺）禀学于柔、次、远、亮四公，大明数论，及柔、次（次受业于彭城）讲《成实》，为旻难倒，谓"五聚十五番以为难窟"云云。继旻亦讲《成实》，注《般若经》。梁武敕刘勰等抄一切经论以类相从凡八十卷，皆令取衷于旻。所著论疏杂集《四声指归》、《诗谱决疑》等，百有余卷。法云（出家于庄严寺，主光宅寺）撰《成实论疏》四十科为四十卷，（时梁武令时诸名德各撰《成实》义疏）又注《大品》。时范轸著《神灭论》，云奉敕答难。慧朗、慧略、法生、慧武等从僧旻学，并以《成实》擅名。开善寺智藏师事定林寺僧远、僧祐，天安寺弘宗，及柔、次二公，讲《大小品》、《涅槃》、《般若》、《法华》、《十地》、《金光明》、《成实》、《百论》、《阿昆昙心》等，各著义疏行世。

六、慧超广采经部，兼明数论，从南涧寺僧宗受《涅槃》，以《无量寿》命家。梁武撰立《戒品》，昙鸾精《四论》。佛性著《调气论》，干部为之注。又撰《礼净土十二偈》，及《安乐集》二卷，自号有魏玄简大士。慧诏从僧旻智藏及继藏之龙光寺绰公受《成实》，独见之明，卓高众表，辩灭谛为本有，用粗粗而折心。道辩注《维摩》、《胜鬘》、《金刚般若》、《小乘义章》六卷，《大乘义章》五十章及《申玄照》等。其弟子昙永撰《搜神论》、《隐士仪式名》。道登从僧渊学成论，北土宗之。法贞善《成论》，僧建精《数论》明五聚。梁武制《胜鬘义疏》，僧迁奉敕敷述，讲《涅槃》、《大品》等十八部经，各数十遍，皆制义疏。

七、洪偃遍闻数论，从龙光绰受《成论》，著《成论疏》数十卷。死后文疏零落，集成二十余卷。法朗从宝志受禅法，听象律师讲律，从南涧仙受《成论》。竹涧靖受昆昙，又从止观寺僧诠受《智论》、《中》、《百》、《十二门论》，并《华严》、《大品》，敕住兴皇寺。初摄山僧诠受业朗公，玄旨所明，惟存中观。其弟子除朗外，勇居禅众，辩住长干，布仍摄岭。辩定慧两举，故其义体时与朗违，故使兴皇座中排斥，中假之诮。宝琼从南涧仙受《数论》，有私记之疏。又撰《成实玄义》二十卷，文疏十六卷，《涅槃疏》十七卷，《大品疏》十三卷，《大乘义》十卷，《法华》、《维摩》等并著义疏。警韶传庄严旻之遗绪。又龙光僧绰乃开善琼支末，韶传其法。又从真谛翻《金光明》、《唯识论》及《涅槃》中百句长《解脱》十四音等。智颤亦尝请其讲经于白马寺，以疾辞。共讲《成实》五十余遍，《涅槃》、《金光明》等各三十遍。魏光融寺容公，从嵩山少林寺光公听《十地》，又受禅法。慧布众建初寺琼受《成实》，继从止观寺诠学三论，时称“得意（或思玄）布”（四句朗，领语辩，文章勇）。游邺于可禅师所，暂通名便以言悟其意。可曰，师所述可谓破我除见，莫过此也。又写意疏六驮遗朗，又造思禅师、邈禅师（命公之师），与论大义，皆叹为未有。陈至德中，邈引恭禅师建立摄山栖霞寺，布以陈贞明元年寂于栖霞，徒众委之于恭。亡名著《宝人铭》、《至道论》、《淳德论》、《遣执论》、《去是非论》、《影喻论》、《修空论》、《不杀论》等十卷。其第僧琨为隋二十五众读经法主，撰《诸论集》三十卷。道宠，俗名张宾，高齐元魏之际国学大儒，与李范齐名，邢子才、魏收、杨休之等并其未出家时之弟子。后从菩提留支受《十地》，随开出疏。邺下荣推（留支在紫极殿翻《十地》，勒那摩提出来在太极殿，各有禁卫，不许通言，校其所译，惟云有不二不尽，那云定不二不尽，一字为异。众共惊美，宠故诣流支也。一说勒那教三人。房定二士授其心法，慧光一人偏教法律。流支惟教宠，宠在道北教罕、宜等四人。光在道南教凭、范等十人。故洛下有南北二途，当现两说自斯始也。四宗五宗，亦仍此起，今天阙矣）慧嵩，高昌人，其国重《杂心》。元魏时来中原后，从智游受《昆昙》、《成实》。

八、僧范（俗名李洪范）在洛下，从献公听《法华》、《华严》，从光师受道，《华严》、《十地》、《地持》、《维摩》、《胜鬘》各有疏记，复变疏引经制成为论，故《涅槃》、《大品》等并称论焉。《地持十部》独名述也。昙遵从法光学大乘顿教法界心源，并披析义理，挺超时匠。惠顺投洛阳光律师出家，《十地》、《地持》、《华严》、《维摩》并立疏记。道凭师光十年，讲《地论》、《涅槃》、《华严》、《四分》。灵询少入道学《成实》、《涅槃》，又于论中删要两卷注而释之，后弃小从光公十载，擅《维摩》，有疏记。法上投光受具，《十地》、《地特》、《楞伽》、《涅槃》并著文疏。又撰《增一数法》四十卷（洞明算数），并略诸经论所有名教，始一法十百千万，有若数林。又著《佛性论》二卷，《大乘义章》六卷，《众经录》一卷。道慎从光师学《地论》，后禀上统而志《涅槃》。慧善善法胜昆及《智度论》，每引小乘相证成义。依文次第，散释精理，名《散花论》。宝象从韶法师听《成实》，疏《请观音》、《大集》、《涅槃》、《法华》。昙延从妙法师听《涅槃》，著《涅槃大疏》十五卷。时论比远公疏，以为远文句惬当，当标举宏纲，则延过之，为周弘正所师。又著《宝性》、《胜鬘》、《仁王》等疏。慧荣能《成实》，时建初彭城盛弘《成实》，慧远从大隐律师听《四分》，初《灭诤犍度》，前后起纷，自古莫晓。远乃剖析，约断位以单重原镜始终判之，即离皆理会文合。后又专从上统学，又从稠禅师习禅，撰《地持疏》五卷，，《十地疏》十卷，《华严疏》七卷，《涅槃疏》十卷，《维摩》、《胜鬘》、《寿观》、《温室》等并勒为卷部。又撰《大乘义章》十四卷，合二四九科，分为五聚，谓教法、义法、染、净、杂，学人智猛为作行状。

九、宝海从云法师习《成实》，梁武自讲《涅槃》，命海论佛性。罗云从道朗听《四论》，法安初学《成实》，后学中观于兴皇。慧哲从道朗学《三论》，务《涅槃》、《三论》。慧暅从龙光绰学《成实》，绰化后龙光大僧都舒法师精研《成实》。慧弼从领法师受《成实》，后从绍隆哲公弘持《四论》。灵裕从隐公学《四分》，从道凭习《地论》，从安、游、荣三师听《杂心》、从嵩、林二师学《成实》，著《十地疏》四卷，《地持》、《维摩》、《波若》疏各二卷，《华严疏》及《旨归》合九卷。《涅槃疏》六卷，《大集疏》八卷，《四分律疏》五卷，《大乘义章》四卷，《胜鬘》、《央掘》、《寿观》、《仁王》、《毘尼母》、《往生论》、《上下生》、《遗教》诸经各为疏记。《成实》、《毘昙》、《智论》各抄五卷。《圣迹记》二卷，《佛法东行记》、《众经宗要》、《译经体式》、《受菩萨戒法》并戒本首尾，注《华严》等经论序。《大小乘同异论》、《舍利目连传》、《御众法》、《安民论》、《陶神论》各十卷。《劝信释宗论》、《殼卵成杀论》、《字本》七卷。《庄纪》、《老纲》、《式经兆纬》、《相录》、《卜书》、《医决》符禁法文。《断水虫序》、《齐世三宝记》、《灭法记》、《光师弟子十德记》、《僧制》、《寺诰》、《十悲十志颂》、《齐亡消日颂》、《触事申情颂》、《寺破报应记》、《孝经义记》、《三行四去颂》、《诗评》并杂集等五十余卷（安民、陶神二论，意在传灯）。慧藏以《华严》为本，有义疏。智脱从颖法师受《十地》，听江都强师《成实》及《昆昙》。时丹阳兴严寺爝师《成论》独步江表，因师服之，著《成论疏》四十卷（自江南成实，并述义章，至于论文，曾无顾涉。脱愤激先达，创开其论。按：此或分疏论文之下耳）。又于吉藏讲《维摩》时，至三解脱门而难之，至藏不能答。乃更造《净名疏》十卷，《释二乘名教》四卷。初梁琰法师有《成论玄义》十七卷，文词繁富，莫敢删正。脱研详领要，演畅惟新，理在忘筌，义深功倍。卷轴因旧，宗旨不殊，当世盛行。脱亡后，因昔与藏公不狎，乃托形病僧，具述前缘。藏闻而见之，与共论议，倾心尽礼，领托旧情。法澄从兴皇朗受三论，道庄初从彭城寺琼受《成实》，继从朗听四论，著《法华疏》三卷。又集数十卷，多在淮南。法论续叙名僧，将成而卒，有别集八卷。僧粲著十种大乘论，一通，二平，三逆，四顺，五接，六挫，七迷，八梦，九相即，十中道。又著《十地论》二卷，尝与吉藏论难六七十番，酬酢不绝，时论互美之。

十、太学寺融智，法上之神足，常讲《涅槃》及《十地》，靖嵩从之受业。又从道猷、法诞二人受《成》、《杂》二宗。又从法泰受真谛所译经，著《摄论疏》六卷，《杂心疏》五卷。又撰九识、三藏、三聚戒、二生死等玄义。静玄专宗经部。智润从遵统受《十地》，从光统受《四分》，兼习小论。从长干辩受三论，晚学《华严》、《涅槃》（传中有邺下盛宗佛法，十统郁兴云云。不知“十统”何意）。智聚从庄严皭法师受新《实》（文中有云：新实一宗，鹰扬万代）。慧旷从真谛受《摄大乘》、《唯识》等论，后与同学僧宗等弘化江南。净愿讲《摄论》、《杂心》，又造《舍利弗毘昙疏》十卷。智凝从彭城嵩公咨《摄论》，又制疏。时明及法师摄论嘉名，凝承其绪。灵璨，远公门人，深明《十地》，《涅槃》。远公寂后为众主。宝儒亦远公弟子，精《十地》。慧畅从远公受《涅槃》。

十一、志念从道长受《智论》，从道宠受《十地论》，从慧嵩习小乘，撰迦延《杂心论疏》及广钞各九卷。智炬从兴皇朗，常讲四论、《大品》，制《中论疏》，文词过于吉藏。辩义从猷论师学《杂心》，后传弘小论。道岳命宗《俱舍》，即从之咨决疑义，岳以为能振其纲。道宗从道奘学，奘播名南北，立四种梨耶，闻熏、解性、佛果等义。宗从受《智论》、《十地》、《地持》、《成实》、《毘昙》，常讲《成实》。保恭初从开善御法师受《成实》，继从高昌嵩公受《地持》、《十地》，后从慧布听三论，又助布理栖霞寺。布亡，委以徒众。法侃从渊法师受《十地》、《地持》，继从曹毘受《摄论》。吉藏之名真谛所与，从兴皇朗出家。其时（开皇）京师欣尚《法华》，藏尝于众士集论会中难倒自号三国论师之僧粲。讲三论百余遍，《法华》三十余遍，《大品》、《智论》、《华严》、《维摩》等各数十遍，并著玄疏。临终制《死不怖论》，落笔而卒，弟子慧远。

十二、慧隆从法云确受《成论》，凡讲《成论》三十遍，《涅槃》、《大品》各十余遍。慧海从冏法师听《涅槃》、《楞伽》，从道猷法师听摩诃衍、昆昙等。慧觉初从兴皇朗受业，备观数论，后从慧布学。常讲《大品》、《涅槃》、《华严》、《四论》等，有别集。净业从慧远学《涅槃》，从昙迁学《摄论》。敬脱专弘《成实》，时法楞偏弘《地论》，著述疏记，声名相副。善胄依远法师，而于远《涅槃疏》为之改张，远从之。远亡后，敕为净影寺《涅槃》众主。初远以《涅槃》为五分，未为阇维分。胄改为七分，无阇维，第七云结化归宗。辩、相从远学《十地》，详于《涅槃》。后南采《摄论》及昆昙而仍宗远，自缢取灭。宝袭及其徒昙恭、明洪皆善《智论》。袭，僧休之弟子。慧迁，远弟子，专《十地》，通《涅槃》、《地持》。慧觉明《十地》，著《华严》、《十地》、《维摩》等疏，并《缵义章》一十三卷。智琚听坦师《释论》，坦即隋齐王暕之门师也。次听雅公《般若论》，又听誉公三论。后以《华严》、《大品》、《涅槃》、《释论》四部义疏，付弟子明衍。

十三、慧因听建初琼《成实》，继诣钟山慧晓、智瓘二师学调心观法，后从长干辩学三论。辩后委以徒众，常讲三论，并制文疏。慧嵩从苞山明学，明则兴皇遗嘱，世称郢匠。静藏学《十地》、《摄论》。大业九年，敕教授东番三国僧义。园光，海东人，明《成实》、《涅槃》及数论，后学《摄论》。末返国被受欢迎。海顺从道悬习方等，从神素习大论，著《三不为篇》等数卷。其至友行友著《息心论》等，在弘福充翻译之选。神迥精《大论》，有注解等四十余卷，敕敷大论训开三韩诸方士，僧夙从名振五都之僧粲法师学，以《般若》为心田，《涅槃》为意得。讲《法华》百余遍，有疏。明旷善《大论》及《僧祇》，其弟道岳从僧粲法师出家，从志念、智通二师学《成实》，从道尼受《摄论》。尼化早故未能尽，后托人南求，于显明寺得《俱舍疏》并《十八部论记》，并是凯师亲笔。得疏后钻研累年，于大业年大扇其学。以真谛本疏繁重，乃以真谛为本，余则错综成篇。十有余年，成二十二卷，减于本疏三分之二。又著《十八部论疏》，时有宗法师立三宗义，岳难倒之。又岳善《俱舍》，为波颇所赞。岳弟明略善《涅槃》，功迴撰《法华疏》五卷，《佛地》、《般若》疏及《无性摄论疏》。神照从邺下休法师听《摄论》，从许州空法师听《杂心》。又常讲《涅槃》、《华严》、《成实》、《杂心》。道杰从青州何记听《成实》，又听沧冀、魏念二师昆昙，又听清河道尚、汲郡洪该《成实》。每有论难，该为延愿长息（论一苦受随情说三，杰云有经部师义，而跋摩述以为宗。）又听邺之林法师《摄论》，洪律师《四分》，又听沧州志念、河间法楞迦延《婆沙》。又依楞听《十地》等。尔时法门大敞，宗师云结。智景大论，大力摄乘，两达涅槃，舜龛律部，杰并从观同异。后还故里讲《昆昙心》及《地持》各五六遍。又从麻谷真慧习禅。神素为杰出《安般念观》，专讲《昆昙》及《成实》。法护从志念听《昆昙》，从法彦听《成实》，从彭城嵩听《摄论》，著《摄论指归》等二十余篇。

十四、道基缵《心论玄章》八卷，又弘《摄论》，厘改先辙，又缀《大乘章抄》八卷。时慧景及宝暹并明《摄论》，誉腾京国。智琰从报恩持法师受《成实》，又从庄严嶓法师研《新实》（此新字何意？）。讲《涅槃》、《法华》、《维摩》各三十遍，《观经》百遍。道悬善《涅槃》、《摄论》，以为栖神之宅。慧颙，道宣之师，从解法师习《成论》，而泳怀《中》、《百》、《般若》、《唯识》等论。三慧宗《涅槃》，名振河朔。贞观中，召入参译。法恭从余杭宠听《成实》，从屺公听昆昙。宠亡，以麈尾付之。智正讲《华严》、《摄论》、《楞伽》、《胜鬘》、《唯识》等，制《华严疏》十卷余，并为抄记。慧稜听襄阳润法师三论，又从安州嵩师学《涅槃》。智拔，吉藏弟子。慧择听东安庄法师，高丽实法师三论。智凯，吉藏弟子，常讲三论。

十五、法敏从茅山明法师听三论，明即兴皇朗之遗属也。又听高丽实师讲大乘经。慧璿从明法师听三论，又从栖霞慧布法师听《四论》、《大品》、《涅槃》。晚往安州大林寺听圆法师《释论》。慧眺以小乘为业，精数论。从哲法师学三论。灵睿从高印丽公听三论，又从嵩公习大乘，后常弘此部。而成实论师频加害之而未果。僧辩听道岳《俱舍》，恒习《摄论》、《中边》、《唯识》、《思尘》、《佛性》、《无性论》，并具出章疏。法常学（专弘）《摄论》，而于《成论》、《昆昙》、《华严》、《地论》博考同异，皆为轨辙。著《摄论义疏》八卷，《玄章》五卷，《涅槃》、《维摩》、《胜鬘》各垂疏记。智徽从远公学，精《涅槃》。又常讲《十地》、《维摩》等。玄鉴亦尔。行苛从远公受《涅槃》。志宽以《涅槃》、《十地》为心要。慧休从灵裕听《华严》，又从渤海明彦听《成实》，从志念学小论。《迦》、《杂》、《婆沙》，各闻数遍，著《杂心玄章抄疏》。后从昙迁、道尼学《摄论》，即造疏章。又从洪律师听《四分》，砺律师讲律。灵润从道奘听《摄论》，又从盛弘《摄论》，造疏五卷之辩相法师学。又常讲《涅槃》七十余遍，《摄论》三十余遍，并各造疏十三卷，《玄章》三卷，自余《维摩》、《胜鬘》、《起信》各有疏部。其犹子智衍承其绪。道洪以承昙延之绪，《涅槃》为极则，又从愿法师学《地论》。义褒从苏州小明法师学《大品》、《华严》。明为兴皇后嗣。又从婺州旷法师学。旷尝见兴皇，栖霞（布）者也。故四经三论，江表高推。

道宣论曰：天监初制《五时论》，转四方等，注解《涅槃》，情用未惬，重申大品，发明奥义……时三大法师：云、旻、藏……每日敷化，但竖玄义，不睹论文……是使梁氏三师互指为谬。……行业相兼者，则开善智藏，余则慧解是长，仪范多杂……简文《法集》、《联壁》，释侣无闻北邺……慧光、道凭蹑迹通轨，法融、慧远顾视争衡，然而开部章途，解散词义，并推光统。光先学律宗，晓通教理。《华严》、《地论》，咸住纲模……慧远齐余开士，随运高僧，道化天下，三分其二。其余僧粲以论士驰名，慧藏以知微取号，僧休洞精于大论，法经微体于教源，其中尤最，沙门昙延复是高杰……灵裕行解相高，内外通瞻，而立性刚毅，峭急不伦，侍人流汗（难）可师范，世或讥论，以此为先……慧休即承裕绪，学《杂心》而惧陵小犯，受师礼而亲执瓶衣，遭难而更立净厨，临危而深诲禁约。人法斯具，慧解通微。章疏所行，诵为珠璧。

十六、僧副从达磨禅师出家，磨善明观行，循扰岩穴，言问深博。慧胜从达摩提婆习禅，学诸观行，一入寂定，周岁乃起。北魏孝文帝为佛陀造少林寺，其弟子有慧光、道房。又令房度僧稠，教其定业。菩提达磨初达宋境南越，末又北度至魏。随其所止，诲以禅教，于时盛弘讲授。乍闻定法，多生讥谤。道育、慧可事之四五载，诲以壁观（安心）四法等。磨以此法，开化魏土，识真者归奉录其言，诰卷流于世，自言年一百五十余※（谓可之禅法亦是止观，则恒不至加害而为滞文者所恶矣。）（此中略四法行，可与现行本对勘）慧可得法于达磨后，在邺盛弘，滞文之徒，是非纷起。恒禅师疾害之故无荣嗣。答何居士诗确系宗门祖意。又其弟子那禅师等，行解亦尔，谁谓六祖非出自达磨哉。后当据此详论，以破愚夫妄见。僧达从从勒那三藏丰其新诲，值那迁化，覆述《地论》，声骇伊谷。后听光师《十地》，讲《华严》、《四分》、《十地》、《地持》，又以禅法开世。诘公以为大福德人，梁武以为与鸾法师为肉身菩萨。慧按：此或达磨见梁武之传说，所由来也。僧稠从道房受行止观，常依《涅槃》圣行、四念处法。又从赵州道明禅师受十六特胜法，尝证深定，九日不起。后从定觉，情想澄然，究略世间，全无乐者，诣佛陀（或作跋陀）处证之。陀许之，乃授深要。（按：此禅法与达磨异矣，应知）撰《止观法》两卷。枝江慧瓘，南岳思公之神足，尝问法于法懔，以为奇唱难阶。慧成初在建业学《成实》后从恩大师学方等、观音、法华、般舟道场，末示以正法，专思玄寂，久久遂解众生语言三昧。思叹曰，颤先发三昧，后证总持，成及之，二子寂照行解齐矣。僧实从勒那三藏习禅，僧玮从昙瑗听《十诵》，后又从栖霞夙禅师学观息想。道正以《成实》知名河北，著《六行凡圣修法》，色举一化，融接万衢。初曰凡夫罪行，二曰凡夫福行，三、小乘人行，

四、小菩萨行，五、大菩萨行，六、佛果证行。都合六部，极略一卷，广三十卷。信行撰《对根起行三阶集录》，及山东所制众事诸法，合四十余卷。末从俗服，自结徒侣，奉行剋峭，偏薄不伦。开皇末岁，敕断不行，别有本传，见费节《三宝录》。

十七、慧命与慧思定业是同，赞激衡楚，词采高掞，命实过之。著《大品义章》、《融心论》、《还源镜》、《行路难》、《详玄赋》。戴逵是其弟子（非山阴戴逵）。逵致命书有云："支遁天台之铭，竺真罗浮之记，昙赋七岭，汰咏三河，宝师妙析庄生，璩公著论哀集。"慧思从慧文学，因病开悟法华三昧，大乘法门，一念明达十六特胜，背舍徐入，便自通彻，不由他悟。后往鉴、最等师述己所证，皆蒙随喜，自谓证十信铁轮位。造《四十二字门》二卷，《无诤行门》二卷，※（按：南岳著作未列《大乘止观门》，然述顗作亦未详出，则未可以为思未著《大乘止观门》之证。又《发愿文》亦无有）《释论玄》、《随自意》、《安乐行》、《次第禅要》、《三智观门》等五部，各一卷。智顗先从慧旷学，后从思。思又从道于就师，就又受法于最师。此三人者，皆不测其位也。思游南岳，顗便诣金陵，陈主敬顗礼法一如国师。璀阇黎故事，思叹为火儿，常令代讲。著《净名疏》至佛道品，有三十七卷。又著《法华疏》、《止观门》、《修禅法》等，各数十卷。自谓因他损自，只是五品内位。弟子灌顶、法琳各为立传。昙崇讲《僧祇》十余遍。僧善在马头山中大行禅道，众聚繁多，分为四部，即东西二林，杯盘大荠等处是也。皆零房别室，星散林岩宴坐所指，十一切入而为标据。智锴初从兴皇朗听三论，后从智顗修禅法，晚讲《涅槃》、《法华》及《十诵》。

十八、昙迁先从昙遵求佛法纲要，为自研《华严》、《十地》、《维摩》、《楞伽》、《地持》、《起信》及《唯识论》。后避周乱南来，与善定门之智璀、慧晓，及善萨婆多部之高丽僧智晃交。次至桂州获《摄论》。隋初返彭城，弘《摄论》，讲《楞伽》、《起信》、《如实》。《摄论》北土创开，自此为合。开皇七年应诏与慧远、慧藏、僧休、宝镇、洪镇同集帝辇。迁讲《摄论》，远亦听受，有《摄论疏》十卷。《楞伽》、《起信》、《唯识》、《如实》等疏，《九识》、《四明》等章，《华严明难品》玄解，总二十余卷。蒲晋名僧行友纪智通往生之文，颇佳。本济承信行之学，著《十种不敢斟量论》六卷。弟子道训、道树，其弟善智亦承信行之学。信行敬揖其风猷焉。著《顿教一乘》二十卷。训有分略之能，树丰导引之说，当时敷化，莫与之俦。

十九、智周从庄严嬛法师学，讲《成论》、《小招提玄章》、《涅槃》、《大品》等各十余遍。僧邕初从僧稠习禅，继归信行。行亡后，为之总领徒众。灌顶以陈至德元年从颢居光宅研观门。吉藏从之借《义记》，阅后因废讲散众，投足天台，餐禀法华，发誓弘演。顶若讲若观，常依《法华》。又讲《涅槃》、《金光明》，《净名》等经，及说圆顿止观，四念等法门。其遍不少。弟子光英。

二十、道昂、灵智皆灵裕弟子。道哲初从明及法师学《十地》、《地持》，继从赤律师学《四分》，后从河内询禅师学禅。从昙迁学《摄论》，撰《百识观门》十卷，《智照自体论》六卷，及《大乘闻思论》等。弟子静安、道成。昙荣，灵裕弟子，专业律宗及《十地》。静琳初从觉法师听《十地》，炬法师听《华严》、《楞伽》、《思益》，后学禅门不净观等，嫌其琐小，乃学大乘无得观，离念唯识。后从昙迁听《摄论》，继即讲之。后惟敷《中论》及《维摩》、《起信》。又请智首律师敷《四分》。志超治律，括其精要，删其繁杂。时讲《摄论》、《维摩》、《起信》。慧思从道晔听《摄论》。道绰恒讲《无量寿观》几二百遍，著《净土论》二卷，统谈龙树、天亲，迩及僧鸾、慧远。慧熙于《摄论》、《杂心》，精搜至理，尤耽三论，尝难基法师尘识义。初问以小乘，基以大乘通之。熙笑曰，大无不摄，但失小宗。世瑜、※(注:离念契正道)智聪皆明三论。栖隐禅师告昙韵曰：诵经非不道缘，常诵未即至道，要在观心离念，方契正道。

二十一、昙伦十三从端禅师出家，端学次第观门，诫伦系心鼻端可得静。伦曰：若见有心可系鼻端，本来不见心相，不知何所系也。※(注:离形六祖)端异时告曰：令汝学坐，先净昏情，犹如剥葱，一一重重剥却，然后得净。伦曰：若见有葱，可有剥削，本来无葱，何所剥也。师曰：此大根大茎，非吾所及。进具已后，唯离念心，以终其志。又义学论士诤来问者，随言即遣，无所挂碍。有兴善粲法师者，三国论首，闻论卧禅，入房探究。伦述般若无底，空花焰水，无依无主，不立正邪，本性清净。粲乃投地敬之，然闻法之人，各自执见，故此妙理，罕得广传。玄琬律师、静琳法师率门人僧伽净等受其法。有鲍居士亦承伦余业。无碍听超法师《智论》，又于长安学《十地》、《阿毘昙》等。法显从蕲州双峰信禅师学禅。玄爽亦信禅师学人。静之撰《诸家观门》一卷。法融从茅山旻法师学三论。道信之师传法后往罗浮，其弟子弘忍（按：道信事略太少，不知何故。）

道宣论云：童寿出《禅法要解》等经之后，而禅法始行。梁武广辟定门……菩提达摩神化居宗，阐导江洛，大乘壁观，功业最高，在世学流，归仰如市。观其立言，则罪福之宗两舍……稠怀念处，摩法虚宗。智璀师仰慧思，声闻于天，而得在开弘，失在对治。隋祖创业，偏宗定门……顷世定士，多削义门，随闻道听，即而依学。或复耽著世定，谓习真空。又有倚托堂殿，绕旋竭诚，邪仰安形，苟在曲计，执以为是……相命禅宗，未闲禅字，其量甚多，致使讲徒，例轻此类。

二十二，法超撰《出要律仪》十四卷。道禅以《十诵》知名。慧光从佛陀学，初《四分》未广宣通，有道覆律师创开此部，制疏六卷，但是科文，至于提举宏宗，无闻于世，故光所学，惟据口传，继讲《僧祇》，又与勒那《十地》译事。自此《地论》流传，命章开释。《四分》一部，草创基兹。其《华严》、《涅槃》、《维摩》、《十地》、《地持》等，并疏其奥旨。又撰《胜鬘》、《遗教》、《温室》、《仁王波若》等注释。又再造《四分律疏》一百二十纸，后代引之以为义节，并羯磨戒本，咸加删节。又著《玄宗论》、《大乘律章》、《仁王七诫》及《僧制十八条》。弟子道云奉光遗令，专弘律部，造疏九卷。光门人十人入室中，儒生冯衮亦其一也。衮劝人观心，有录其言者曰《捧心论》。昙隐，慧光大弟子，著钞四卷。时有洪理律师著钞两卷，后为沙门智首开散词义，雅张纲目，合成四卷。昙瑗明数论，专《十诵》，著《十诵疏》十卷，戒本羯磨疏各两卷，《僧家书仪》四卷，《别集》八卷。智文初依僧辩，后归象公。《十诵》诸部，靡不精熟。又与真谛同止晋安，讲《十诵》八十五遍，大小乘戒心羯磨等二十余遍。《金光》、《遗教》等有差。著《律义疏》十二卷，《羯磨疏》四卷，《菩萨戒疏》两卷。法愿从法上出家。※(注:律虎)东夏所传四部律本，并制义疏，妙会异同。当有齐之盛，律徒云举。法正一部，各竞前驱。云公创叙纲模，晖上删其纤芥。法愿霜情启旦，孤映群篇，立破众家百有余计，莫敢当锋，另为律虎。所制律疏唯《四分》一本十卷，《是非钞》二卷见存，余并零失，弟子道行，不坠厥宗。灵藏精《僧祇》，解《智论》。道成从智文受《十诵》，能数论、《毘昙》，讲《十诵》、《菩萨戒》、《大品》、《法华》等一百四十遍。著《律大本》羯磨诸经疏三十六卷。洪遵从晖公习《四分》，又重听《大论》、《毘昙》，以《四分》、《僧祇》独步当时。著《大纯钞》五卷，用通律典。觉朗、海藏并明《四分》，惠主亦尔。

觉海遗珠集(壬)

续史传之部

(一)《续高僧传》卷二十三。智首从稠公神足智旻出家，禀大戒后，恐未得戒，乃于古佛塔前请证，蒙佛降摩顶。时传度归戒，多迷体相，五部混而未分，二见纷其交杂。海内受戒，并诵《法正》之文(按：《法正》恐即《四分》。)至于行护随相，多委师资相袭，缓急任其取舍，轻重互而裁断。首乃著《五部区分钞》二十一卷，群律见翻，四百余卷，括其同异，定其废立。但关中素奉《僧祇》。洪遵开创《四分》，至于传文律仪，盖缺如也。首乃播此幽求，便即对开，标宗控会，释然大观。惠璡弘《摄论》，又听遵，首说律。法砺从静洪习《四分》，又至江南学《十诵》，制《四分疏》十卷，《羯磨疏》三卷，《舍忏仪》、《轻重叙》等各施卷部。玄琬初从昙延，次从洪遵学《四分》，次从昙迁学《摄论》，而于※(较经)《涅槃》、《法华》、《大集》、《楞伽》、《胜鬘》、《地论》、《中》、《百》等，并有会通。又自周季灭法后，至于隋代传度法本，但存卷帙，至于寻检文理，取会多乖，乃结义学勘正。又以僧徒不依戒律，致犯刑章，乃集佛教《后代国主赏罚三宝法》及《安养苍生论》，并《三德论》各一卷上之。慧萧贯练众部，偏宗《四分》。惠满从智首学，制《四分疏》二十卷。明瓒、惠进专宗《四分》。道亮从备禅师听《大论》，从严律师攻《四分》，又从之至石州听《地持论》。惠旻从新罗光法师听《成论》，从志律师受《十诵》，著《十诵私记》十三卷，《僧尼行事》二卷，《尼众羯磨》两卷，《道俗菩萨戒义疏》四本。

道宣论五部传承史实，尤详于《四分》一部，继叙传戒历史及得失，大应参考。

卷二十四，昙无最(姓董，武安人)明禅律，善《华严》、《涅槃》，所著《大乘义章》，菩提留支为翻为梵文，寄传大夏。彼方读者，以为圣人。静蔼从景法师听《大论》，故深明四论。周武灭法，著《三宝集》二十卷，弘赞大乘，后舍身。道安明《涅槃》、《智论》，周武之世继甄鸾《笑道论》为《二教论》一卷，分十二篇。初归宗显本篇，如此所录颇有理。卒时作《遗诫》九章以训门人。其弟子慧影传灯《大论》，著《伤学》、《存废》、《厌修》三论。又宝贵见晋支敏度合五家，《首楞严》为一本八卷，合三家《维摩》为一本五卷。隋沙门僧就合四家《大集》为一本六十卷。贵乃合三家《金光明》为一本八卷。复请崛多三藏译银主陀罗尼及嘱累品，足以成部。僧勔辩《化胡经》妄为十八条。（据云《化胡》化名鬼谷子撰，南山四皓注）。僧猛弘《般若》、《十地》。明瞻从道场法师学《大论》。慧乘从智强习《成论》、《涅槃》，立佛果出二谛外义。其辩三教中引车胤曰：在己为德，及物为道。※（道德义）殷仲文曰：德者得也。道者由也。言得者在心，由之而成也。《论衡》曰：立身之谓德，成名之谓道。普应因傅奕毁法，而造《破邪论》二卷折之。法琳所著诗、赋、启、颂、碑、表章，议大乘教法并诸论、记、传合三十余卷。智勤听嵩法师讲，常讲《维摩》、《三论》。道会与琳同修《辨正》。新罗慈藏东来游学，抄藏经归，著诸经戒疏十余卷，出观行法一卷。

卷二十五，慧峯从栖霞诠听三论。诠自以为思力尚不及之，而常弘《十诵》。法顺姓杜，贞观十四年卒，年八十四。弟子智俨常讲《华严》、《摄论》。道英从炬法师听《华严》，从昙迁听《摄论》，讲《起信论》。智则从凝法师听《摄论》。

卷二十六，慧耀从慧思学，思以为于实相观有玄趣。

卷二十七，道辩在裕法师所学观七曜，裕云：晋道安妙于此术，注《素女经》，最为要举。辩后得之，文虽少纸，要约包富。齐刘谦之在五台造《华严论》六百卷，道宣时犹存三百许卷。法冲从昙法师听《大品》、《三论》、《楞伽》。可师后裔，盛习《楞伽》。又遇可师亲传授者，依南天竺一乘宗讲之。此经宋代译之，达磨禅师传之南北，※（惠能之说，不异达磨）忘言忘念无得正观为宗，后行中原。慧可禅师创得纲纽，魏境文学多不齿之。领宗得悟者，时能启悟。今以人代转远，纰缪后学，可公别传，略以详之。今叙师承，以为承嗣，所学历然有据。达磨禅师后有惠可、惠育两人，育师受道心行，口未曾说。可禅师后，粲禅师、那老师等并口说玄理，不出文记。可师师善老师、明禅师等，各出疏抄，凡十人五十六卷（此略举数）。又不承可师，自依《摄论》者，迁禅师出疏四卷。尚德律师出《入楞伽疏》十卷。那老师后实禅师等，明禅师授伽法师等，并次第传灯于今扬化。冲公亦专以《楞伽》命家，出疏五卷，题为“私记”。玄奘西归，不许讲旧所翻经。冲曰：“君依旧经出家，若不许弘旧经者，君可还俗，更依新翻经出家，方许君此意。”奘闻斯遂止。

卷二十八，智隐，华严藏之弟子，善《智论》、《阿毘昙心》及《金刚般若论》。明诞通《十地》、《地持》，讲《摄论》。明璨频扬《成论》及《涅槃》。慧重明《摄论》。宝积讲《智论》及《摄论》。道灿明《摄论》、《华严》、《十地》。明芬，齐三藏耶舍之弟子，味咏《十地》。慧诞，昙延学人，通《涅槃》、《摄论》。智光，居论师学人，听《摄论》。昙遂初学《大论》，后究《唯识》、《摄论》。僧昕从远学《十地》、《涅槃》。玄镜精《四分》。宝安从远学《涅槃》、《十地》。宝严初综《十地》，次习《毘昙》，末究《成实》。明驭初学《涅槃》，后就迁学《摄论》。辩寂专攻《大论》及《阿毘昙心》，后复师三论。静凝，迁禅师门人，初习《十地》经律，后师《摄论》。法楷习《涅槃》，又从云、晖二匠习《四分》。昙良以《大论》驰名。智嶷、道颜从远受《十地》、《涅槃》。净辩初依远，后从迁、尚受《摄论》，作《感应传》十卷。

卷二十九，周僧崖自焚之时，普法师问二家共诤大义，终未之决。一云佛智缘无相理，理是缘境，智是能缘。一云除倒息妄即是真谛，何者为定？崖曰："佛即无相，无别异相。"※（佛即无相）其非常之事见《沙门忘名集》及费氏《三宝录》，并《益部集异记》。大志从智𫖮出家，燃臂护法，撰《愿誓文》七十余纸。法旷从荣师听《大论》，荣即周道安弟子。善导于西河遇道绰部（原文），唯行念佛弥陀净业。既入京师，广行此化，写《弥陀经》万卷，士女奉者无量。时有人问定生否，导曰定生。其人即诵佛名，飞上寺外柳树西河投地而死。宝志在南知志湛得果于北。惠远在京师学《阿毘昙论》、《迦延》、《拘舍》、《地持》、《成实》、《婆沙》、《摄论》并精熟，返益州讲授。其同参惠恭唯诵《普门品》，而道行过之。慧超与智者同事思公，思许为得忍。空藏精三论、《涅槃》，抄摘大乘经中要句以为卷轴，总有十卷。慧龄本萧瑀之侄，以《摄论》为心。瑀撰《法华疏》，总集十有余家，采掇精华，糅以胸臆。

卷三十，晋道安造丈八金像，并预志像，灭年月悉应。僧晃治《十诵》、《僧祇》。道积从普兴法师学《涅槃》，从宝昌明法师习《地论》，依凝法师学《摄论》，从法稜听《地持》，末专弘《地持》。慧震从暠师听《三论》，大领玄旨。开皇之始释教勃兴，真伪混流，恐乖遗寄，乃敕沙门法经，并定其正本所以人中造五百余卷，同并燔之。

卷三十一，道纪讲《成实》三十载，后著《金藏论》七卷，以类相从，寺塔旛灯之由，经像归戒之本，具罗一化。真观从贞律师受《十诵》，从圆法师受《成实》，听兴皇朗、开善大忍方等。朗甚称之，与智者为友。所著诸导文二十余卷，诗、赋、碑、集三十余卷。智果书法逼右军。智骞洞明字源，造《众经音》及《苍雅》、《字苑》。晚事导述，变革前纲，既绝文缛，颇程深器，缀本两卷，陈叙谋猷，学者秘之。智颉从吉藏受三论。

道宣论梵唱派别得失，亦可参考。后告法属文中有云：“江表陈统琼、晃、琰、爝之俦，河北高都融、琛、散、魏之侣，英声昌于天汉，盛行动于人心，并可楷模，并从物故。尝以暇日遍访京贤，名尚不闻，何论景行！”则不得不遗缺者盖多矣。

（二）《高僧传》（甲）、《续高僧传》（乙）、《宋高僧传》（丙）分类人名表：

一、译经类

※按：此三传，宣公之作，文事并优而且富。皎公之作，文胜于宣，而叙事稍略。赞宁之作文并不佳（多滥调，其实宣公之文已较皎公者滥调多），叙事又远略于皎作，非史笔也，应重造。

汉洛阳白马寺摄摩腾（甲一）

汉洛阳白马寺竺法兰（甲一）

汉洛阳安清（甲一）

汉洛阳支娄迦谶（甲一）竺佛朔　安玄　严佛调　支曜　康巨　康孟详

魏洛阳昙柯迦罗（甲一）康僧铠　昙谛　帛延

吴建业建初寺康僧会（甲一）支谦

吴武昌维祇难（甲一）法立　法巨

晋长安竺昙摩罗刹（甲一）聂承远　聂道真

晋长安帛远（甲一）帛法祚　卫士度

晋建康建初寺帛尸梨密（甲一）

晋长安僧伽跋澄（甲一）佛图罗刹

晋长安昙摩难提（甲一）赵政

晋庐山僧伽提婆（甲一）僧伽罗叉

晋长安竺佛念（甲一）

晋江陵辛寺昙摩耶舍（甲一）竺法度

晋长安鸠摩罗什（甲二）

晋长安弗若多罗（甲二）

晋长安昙摩流支（甲二）

晋寿春石硐寺卑摩罗叉（甲二）

晋长安佛陀耶舍（甲二）

晋京师道场寺佛驮跋陀罗（甲二）

晋河西昙无谶（甲二）安阳候　道普　法盛　法维　僧表

宋江陵辛寺法显（甲三）

宋黄龙昙无竭（甲三）

宋建康龙光寺佛驮什（甲三）

宋河西浮陀跋摩（甲三）

宋京师枳园寺智严（甲三）

宋六合山宝云（甲三）

宋京师祇洹寺求那跋摩（甲三）

宋京师奉诚寺僧伽跋摩（甲三）

宋上定林寺昙摩密多（甲三）

宋京兆智猛（甲三）

宋京兆道林寺畺良耶舍（甲三）僧伽达多　僧伽罗多哆

宋京兆中兴寺求那跋陀罗（甲三）阿那　摩低

齐建康正观寺求那毗地（甲三）僧伽婆罗

梁扬都正观寺扶南沙门僧伽婆罗（乙一）曼陀罗　木道贤　僧法　道命

梁扬都庄严寺金陵沙门释宝唱（乙一）梁武帝　梁简文　僧朗　僧绍

魏北台石窟寺恒安沙门昙曜（乙一）　昙靖

魏南台永宁寺北天竺沙门菩提流支（乙一）常景　李廓　宝意　觉定　法场　法希　杨衒之，昙显　智贤　智希　藏称

陈南海郡西天竺拘那罗陀（乙一）高空　德贤　善吉

陈杨都金陵法泰（乙一）智恺　曹昆　智敷　道尼

隋西京大兴善寺北天竺那连提耶舍（乙二）万天懿

隋西京大兴善寺北天竺阇那崛多（乙二）僧就　法智

隋东都上林园翻经馆南天竺达摩笈多（乙二）候君素　徐同庆　刘凭　费长房

隋东都上林园翻经馆南天竺彦琮（乙二）行矩

唐京师胜光寺中天竺波颇（乙三）

唐京师清禅寺慧赜（乙三）

唐京师纪国寺慧净（乙三）

唐京师大慈恩寺玄奘（乙四）

唐京师大慈恩寺梵僧那提（乙四）

唐京兆大荐福寺义净（丙一）

唐洛阳广福寺金刚智（丙一）

唐京兆大兴善寺不空（丙一）慧朗

唐洛京圣善寺善无畏（丙二）达摩掬多

唐洛京智慧（丙二）

唐玉华寺玄觉（丙二）

唐益州多宝寺道因（丙二）嵩公　宝暹

唐波凌国智贤（丙二）会宁

唐洛京白马寺觉救（丙二）

唐五台山佛陀波利（丙二）顺贞

唐尊法（丙二）

唐西京慧日寺无极高（丙二）阿难律木叉　迦叶

唐广州制止寺极量（丙二）

唐洛京大遍空寺实叉难陀（丙二）

周西京广福寺日照（丙二）

周洛京魏国东寺天智（丙二）

周洛京授记寺慧智（丙二）明佺

周洛京寂友（丙二）

唐京师总持寺智通（丙三）

唐京师奉恩寺智严（丙三）

唐京师天竺寺宝思惟（丙三）

唐京师长寿寺菩提流志（丙三）

唐罗浮山石楼寺怀迪（丙三）般若力　善部末摩

唐京兆慈恩寺寂默（丙三）

唐丘慈国莲花寺莲花精进（丙三）

唐北庭龙兴寺戒法（丙三）

唐莲华（丙三）

唐大圣千福寺飞锡（丙三）

唐京师大安国寺子邻（丙三）

唐醴泉寺般若（丙三）

唐上都章敬寺悟空（丙三）

唐京师满月（丙三）智慧轮

二、义解类

晋洛阳朱士行（甲四）竺叔兰　无罗叉
晋惟阳支孝龙（甲四）
晋豫章山康僧渊（甲四）康法畅　支敏度
晋高邑竺法雅（甲四）毘浮　昙习　昙相
晋中山康法朗（甲四）今韶
晋敦煌竺法乘（甲四）竺法行　竺法存
晋剡东峁山竺潜（甲四）竺法友　竺法蕴　竺法济　竺法识
晋剡沃州山支遁（甲四）支法虔　竺法仰
晋剡山于法兰（甲四）竺法兴　于法道　支法渊
晋剡白山于法开（甲四）于法威
晋敦煌于道邃（甲四）
晋剡葛岘山竺法崇（甲四）道宝
晋始宁山竺法义（甲四）
晋东莞竺僧度（甲四）竺慧超
晋长安五级寺道安（甲五）王嘉
晋蒲坂法和（甲五）
晋京师瓦官寺竺法汰（甲五）昙一　昙二
晋飞龙山僧光（甲五）道护
晋荆州上明僧辅（甲五）
晋京师瓦官寺僧敷（甲五）
晋荆州长沙寺昙翼（甲五）僧卫
晋荆州长沙寺昙遇（甲五）
晋荆州上明寺昙徽（甲五）
晋长安覆舟山道立（甲五）僧常　法濬
晋长沙寺昙戒（甲五）
晋太山竺僧朗（甲五）支僧敦
晋於潜青山竺法旷（甲五）
晋吴虎丘东山寺道一（甲五）帛道猷　道宝　道施
晋山阴嘉祥寺慧虔（甲五）昙试　智明
晋庐山慧远（甲六）
晋蜀龙渊寺慧持（甲六）慧岩　僧恭　道泓　昙兰
晋庐山慧永（甲六）僧融

晋庐山僧济（甲六）
晋新阳法安（甲六）
晋庐山昙邕（甲六）
晋吴台寺道祖（甲六）慧要　昙顺　昙诜　法幽　道恒　道授
晋长安大寺僧䂮（甲六）弘觉
晋彭城道融（甲六）
晋长安昙影（甲六）
晋长安僧叡（甲六）僧楷
晋长安道恒（甲六）道标
晋长安僧肇（甲六）
宋京师龙光寺道生（甲七）宝林　法宝　慧生
宋京师乌衣寺慧叡（甲七）
宋京师东安寺慧严（甲七）法智
宋京师道场寺慧观（甲七）僧馥　法业
宋京师祇洹寺慧义（甲七）僧睿
宋京师彭城寺道渊（甲七）慧琳
宋京师彭城寺僧弼（甲七）
宋东阿慧静（甲七）
宋京师祇洹寺僧苞（甲七）法和
宋余杭方显寺僧诠（甲七）
宋江陵辛寺昙鉴（甲七）道海　慧龛　慧恭　昙泓　道广　道光
宋庐山陵云寺慧安（甲七）
宋淮南中寺无成（甲七）昙冏
宋京师灵味寺僧含（甲七）道含
宋江陵琵琶寺僧彻（甲七）僧庄
宋吴虎丘山昙谛（甲七）
宋寿春石磵寺僧导（甲七）僧因　僧音　僧威
宋蜀武担山道汪（甲七）普明　道誾
宋山阴天柱山慧静（甲七）
宋长沙麓山法愍（甲七）僧宗
宋京师北多宝寺道亮（甲七）静林　慧隆
宋丹阳梵敏（甲七）僧篇

宋京师中兴寺道温（甲七）僧庆　慧定　僧嵩
宋京师庄严寺昙斌（甲七）昙济　昙宗
宋京师何园寺慧亮（甲七）
宋下定林寺僧镜（甲七）昙隆
宋京师灵根寺僧瑾（甲七）昙度　玄运
宋京师兴皇寺道猛（甲七）道坚　慧鸾　慧敷　僧训　道明
宋山阴灵嘉寺超进（甲七）昙慧　道慧
宋吴兴小山法瑶（甲七）昙瑶
宋京师新安寺道猷（甲七）道慈　慧整　觉世
宋京师冶城寺慧通（甲七）
齐伪魏济州僧渊（甲八）慧记　道登
齐伪魏昙度（甲八）
齐京师庄严寺道慧（甲八）玄趣　僧达
齐京师中兴寺僧钟（甲八）昙纤　昙迁　僧表　僧最　敏达　僧宝
齐京师天保寺僧盛（甲八）
齐京师湘宫寺弘充（甲八）法鲜
齐高昌郡智林（甲八）
齐京师灵根寺法瑗（甲八）法爱　法常　智与
齐蜀齐后山玄畅（甲八）
齐上定林寺僧远（甲八）道凭　法令　慧泰
齐荆州竹林寺僧惠（甲八）昙慎　慧敞　僧岫
齐上定林寺僧柔（甲八）弘称　僧拔　惠熙
齐山阴法华山慧基（甲八）僧行　慧恢　道旭　惠深　惠永　法洪
齐京师谢寺慧次（甲八）僧宝　僧智　法珍　慧调　僧向　僧猛　法宝
齐京师何园寺慧隆（甲八）僧诞　僧辩　僧贤　通慧　法度
齐京师太昌寺僧宗（甲八）昙准　法身　法真　慧令　僧贤　法仙　法最　僧敬　道文
齐京师中寺法安（甲八）慧光　敬遗　光赞　慧韬　道宗
齐京师中兴寺僧印（甲八）慧龙
齐琅琊摄山法度（甲八）法昭　僧朗　惠开　法开　僧绍
梁京师冶城寺智秀（甲八）僧岩　僧璿　道乘　法整
梁荆州惠球（甲八）
梁京师灵曜寺僧盛（甲八）法欣　智敞　法冏　僧护　僧韶

梁山阴云门山寺智顺（甲八）

梁京师灵味寺宝亮（甲八）道明　僧成　僧宝

梁上定林寺法通（甲八）圣进

梁京师招提寺慧集（甲八）

梁剡法华台昙斐（甲八）法藏　明庆

梁杨都安乐寺法申（乙五）道达　惠命

梁杨都建元寺僧韶（乙五）法朗　法亮

梁杨都建元寺法护（乙五）智远　僧达

梁钟山宋熙寺智欣（乙五）

梁吴虎丘僧若（乙五）僧令　法度　惠梵　惠朗

梁杨都宣武寺法宠（乙五）智果　僧淑

梁杨都灵根寺僧迁（乙五）

梁杨都庄严寺僧旻（乙五）道超

梁杨都光宅寺法云（乙五）

梁南海随喜寺惠澄（乙五）惠朗　惠略　法生　惠武

梁钟山上定林寺法令（乙五）慧泰　慧纂

梁钟山开善寺智藏（乙五）

梁大僧正南涧寺慧超（乙六）

梁国师草堂寺智者释慧约（乙六）

魏西河石壁谷玄中寺昙峦（乙六）

梁蜀龙渊寺慧韶（乙六）

梁会稽嘉祥寺慧皎（乙六）

魏洛阳道辩（乙六）昙永　亡名

魏恒州报德寺道登（乙六）

梁杨都庄严寺僧密（乙六）

梁杨都湘宫寺昙准（乙六）智深

梁杨都灵基寺道超（乙六）慧安

梁杨都龙光寺僧乔（乙六）僧整　宝渊　慧济　慧绍

梁杨都彭城寺慧开（乙六）昙隽

梁杨都建初寺明彻（乙六）

梁余杭西寺法开（乙六）

梁杨都瓦官寺道宗（乙六）法敞

魏洛下广德寺法贞（乙六）僧建　慧聪　道寂
梁益州罗天宫寺宝渊（乙六）法文　法度　法护　道兴
梁杨都冶城寺僧询（乙六）道遂　道摽
梁杨都灵根寺慧超（乙六）
齐邺中天平寺真玉（乙六）
后梁荆州大僧正僧迁（乙六）
陈杨都宣武寺洪偃（乙七）
陈杨都兴皇寺法朗（乙七）
陈杨都大禅众寺法勇（乙七）
陈杨都大彭城寺宝琼（乙七）明解
陈杨都白马寺警韶（乙七）
陈钟山耆阇寺安廪（乙七）
陈摄山栖霞寺慧布（乙七）僧诠　玄辩
周渭滨亡名（乙七）　僧琨
齐彭城沙门慧嵩（乙七）
齐邺东大觉寺僧范（乙八）
齐邺中昙遵（乙八）
齐邺下总持寺惠顺（乙八）
齐邺西宝山寺道凭（乙八）
齐并州传统灵询（乙八）
齐大统合水寺法上（乙八）法存
齐邺下定国寺道慎（乙八）
周蒲州仁寿寺僧妙（乙八）
周长安崇华寺惠善（乙八）
周潼州光兴寺宝象（乙八）
齐洛州昙衍（乙八）
陈杨都庄严寺惠荣（乙八）
隋京师延兴寺昙延（乙八）
隋京师净影寺惠远（乙八）僧猛
周益州谢西寺宝海（乙九）
隋益州龙渊寺智方（乙九）
隋荆州等界寺法安（乙九）

隋荆州龙泉寺罗云（乙九）

隋襄州龙泉寺罗云（乙九）道琼　洪哲　慧响　惠嵩

隋江表徐方中寺慧暅（乙九）

隋常州安国寺慧弼（乙九）

隋相州演空寺灵裕（乙九）

隋西京空观道观慧藏（乙九）

隋东都内慧日道场智脱（乙九）

隋东都内慧日道场法澄（乙九）

隋东都内慧日道场道庄（乙九）

隋东都内慧日道场法论（乙九）

隋京师大兴善道场僧粲（乙九）僧鸾　僧凤

隋彭城崇圣道场靖嵩（乙十）

隋西京大禅定道场靖玄（乙十）明则

隋襄阳智润（乙十）

隋吴虎丘智聚（乙十）

隋丹阳摄山慧旷（乙十）

隋丹阳仁孝道场智琳（乙十）

隋西京宝刹道场净愿（乙十）

隋西京禅定道场智凝（乙十）灵觉　道卓

隋西京真寂道场法彦（乙十）

隋西京海觉道场法总（乙十）

隋西京大兴善道场僧昙（乙十）慧重

隋西京大禅定道场灵璨（乙十）

隋西京胜光道场法瓒（乙十）

隋西京净影道场宝儒（乙十）

隋西京光明道场慧最（乙十）

隋西京禅定道场僧朗（乙十）

隋西京净影道场慧畅（乙十）僧温

隋渤海志念（乙十一）

隋西京日严道场智炬（乙十一）惠感　慧赜

隋西京静法道场慧海（乙十一）

隋西京日严道场辩义（乙十一）

隋西京日严道场明舜（乙十一）慧相
隋西京禅定道场智梵（乙十一）
隋终南山至相道场彭渊（乙十一）
唐京师胜光寺道宗（乙十一）
唐京师慈门寺普旷（乙十一）
唐京师大庄严寺保恭（乙十一）
唐京师大兴善寺法侃（乙十一）道抚
唐京师延兴寺吉藏（乙十一）慧远
唐丹阳彭城寺慧隆（乙十二）
唐江都安乐寺慧海（乙十二）
唐江都慧日道场慧觉（乙十二）
唐终南山龙池道场道判（乙十二）
唐终南山悟真寺净业（乙十二）
隋西京大禅定道场童真（乙十二）
隋西京大禅定道场灵干（乙十二）灵辩
隋东都内慧日道场敬脱（乙十二）
唐京师净影寺善胄（乙十二）慧威
唐京师胜光寺辩相（乙十二）
唐京师大总持寺宝袭（乙十二）昙恭　明洪
唐京师大总持寺慧迁（乙十二）
唐并州武德寺慧觉（乙十二）慧达　明干
唐常州建安寺智琚（乙十二）
唐常州弘业寺道庆（乙十二）
唐京师大庄严寺慧因（乙十三）
唐安州方等寺慧暠（乙十三）
唐同州大兴国寺法祥（乙十三）
唐终南山玉泉寺静藏（乙十三）道删
唐新罗皇隆寺圆光（乙十三）圆安
唐蒲州仁寿寺海顺（乙十三）行友　慧本
唐京师普光寺昙藏（乙十三）
唐京师大庄严寺神迥（乙十三）玄究
唐京师定水寺僧凤（乙十三）法位

唐京师普光寺道岳（乙十三）明旷　明略
唐汴州慧福寺功迥（乙十三）
唐汴州安业寺神照（乙十三）
唐蒲州栖岩寺道杰（乙十三）
唐蒲州栖岩寺神素（乙十三）
唐东都天宫寺法护（乙十三）
唐蜀都宝园寺玄续（乙十三）
唐苏州法流寺慧璧（乙十三）
唐苏州武丘山智琰（乙十四）
唐益州福感寺道基（乙十四）慧景　宝暹
唐蒲州仁寿寺道愻（乙十四）道谦
唐京师崇义寺慧頵（乙十四）
唐同州大兴国寺道宗（乙十四）
唐京师灵化寺三慧（乙十四）
唐苏州通玄寺慧頵（乙十四）
唐苏州武丘山法恭（乙十四）
唐终南山至相寺智正（乙十四）智一
唐襄州紫金寺慧稜（乙十四）
唐襄州常济寺智拔（乙十四）法长
唐越州弘道寺慧持（乙十四）
唐荆州玉泉寺慧瑜（乙十四）
唐越州嘉祥寺智凯（乙十四）
唐越州静林寺法敏（乙十五）
唐襄州光福寺慧璿（乙十五）
唐襄州神足寺慧眺（乙十五）
唐绵州隆寂寺灵睿（乙十五）
唐京师弘福寺僧辩（乙十五）
唐京师普光寺法常（乙十五）
唐泽州清化寺智徽（乙十五）
唐泽州清化寺玄鉴（乙十五）
唐京师弘福寺玄会（乙十五）
唐京师慈悲寺行等（乙十五）

唐蒲州仁寿寺志宽（乙十五）
唐相州慈润寺慧休（乙十五）昙元　灵范
唐京师弘福寺灵润（乙十五）净元　智衍
唐京师慈恩寺道洪（乙十五）
唐京师慈恩寺义褒（乙十五）
唐京兆大慈恩寺窥基（丙四）
唐京兆大慈恩寺普光（丙四）
唐京兆大慈恩寺法宝（丙四）胜庄
唐京师西明寺道世（丙四）
唐京师西明寺圆测（丙四）薄尘　灵辩
唐京师安国寺元康（丙四）
唐简州福聚寺靖迈（丙四）
唐新罗顺璟（丙四）
唐京兆大慈恩寺嘉尚（丙四）
唐淄州慧沼（丙四）大愿　尘外
唐京兆大慈恩寺彦悰（丙四）
唐新罗义湘（丙四）
唐京兆大慈恩寺义忠（丙四）
唐新罗黄龙寺元晓（丙四）大安
周京兆崇福寺神楷（丙四）明恂
周京兆广福寺会隐（丙四）
周虎丘山寺僧瑗（丙四）
唐会稽山妙喜寺印宗（丙四）
唐太原崇福寺宗哲（丙四）
唐洛京佛授记寺德感（丙四）
唐太原崇福寺浮丘（丙四）
周洛京佛授记寺法藏（丙五）大仪
唐荆州玉泉寺恒景（丙五）
唐中岳嵩阳寺一行（丙五）
唐京兆西崇福寺智升（丙五）
唐中大云寺圆晖（丙五）怀远　崇廙
唐京兆华严寺玄逸（丙五）

唐长安青龙寺道氤（丙五）
唐京师安国寺良贲（丙五）
唐越州礼宗（丙五）
唐钱塘天竺寺法诜（丙五）
唐京师兴善寺潜真（丙五）道超
唐代州五台山清凉寺澄观（丙五）
唐京师西明寺良秀（丙五）谈筵
唐京师西明寺慧琳（丙五）
唐京师崇福寺惟悫（丙六）慧震　弘沇
唐京师千福寺怀感（丙六）
唐吴兴法海（丙六）
唐洛京佛授记寺慧苑（丙六）
唐处州法华寺智威（丙六）
唐台州国清寺湛然（丙六）
唐苏州开元寺元浩（丙六）
唐越州暨阳杭乌山智藏（丙六）
唐梓州慧义寺神清（丙六）义将
唐京师大安国寺端甫（丙六）
唐圭峰草堂寺宗密（丙六）圆禅师　照禅师
唐京师西明寺乘恩（丙六）
唐彭州丹景山知玄（丙六）
唐京兆大安国寺僧彻（丙六）
唐五台山华严寺志远（丙七）
唐越州应天寺希圆（丙七）
唐绛州龙兴寺木塔院玄约（丙七）
梁滑州明福寺彦晖（丙七）
梁今东京相国寺归屿（丙七）
后唐洛阳长水令諲（丙七）
后唐定州开元寺贞辩（丙七）
后唐会稽郡大善寺虚受（丙七）
后唐杭州龙兴寺可周（丙七）
后唐东京相国寺贞诲（丙七）

后唐洛京长寿寺可止（丙七）
汉太原崇福寺巨岷（丙七）
汉棣州开元寺恒超（丙七）
汉洛京法林院僧照（丙七）
汉洛阳天宫寺从隐（丙七）梦江
汉杭州龙兴寺宗季（丙七）
周魏府观音院智佺（丙七）
宋秀州灵光寺皓端（丙七）
宋东京天清寺傅章（丙七）
宋并州崇福寺佛山院继伦（丙七）
宋齐州开元寺义楚（丙七）修进　省伦
宋杭州慈光院晤恩（丙七）
宋天台山螺溪道场义寂（丙七）

三、习禅类

晋江左竺僧显（甲十一）
晋剡隐岳山帛僧光（甲十一）
晋始丰赤城山竺昙猷（甲十一）慧开　惠真
晋长安慧嵬（甲十一）
晋广汉阎兴寺贤护（甲十一）
晋始丰赤城山支昙兰（甲十一）
晋蜀石室山法绪（甲十一）
宋伪魏平城玄高（甲十一）慧崇
宋长安寒山僧周（甲十一）僧亮
宋长安太后寺慧通（甲十一）
宋余杭净度（甲十一）
宋始丰瀑布山僧从（甲十一）
宋广汉法成（甲十一）
宋京师中兴寺慧览（甲十一）
宋荆州长沙寺法期（甲十一）道果
宋成都道法（甲十一）
宋蜀安乐寺普恒（甲十一）
齐京师灵鹫寺僧审（甲十一）僧谦　法隐　超志　法达　慧胜

齐武昌樊山法悟（甲十一）道济
齐钱塘灵隐山昙超（甲十一）
齐始丰赤城山慧明（甲十一）
梁钟山定林寺僧副（乙十六）
梁钟山延贤寺释慧胜（乙十六）慧初
梁江州庐山道珍（乙十六）法归　慧景
魏嵩岳少林寺天竺佛陀（乙十六）
齐邺下南天竺菩提达摩（乙十六）道育
齐邺中僧可（乙十六）向居士　化公　廖公　和公　法林　僧那　慧满
齐林虑山洪谷寺僧达（乙十六）
齐邺西龙山云门寺僧稠（乙十六）
后梁南雍州襄阳景空寺法聪（乙十六）
陈钟山开善寺智远（乙十六）
后梁荆州覆船山法常（乙十六）
后梁荆州长沙寺法京（乙十六）
后梁荆州枝江禅慧寺慧成（乙十六）
后梁荆州玉泉山法懔（乙十六）
后梁荆州玉泉山法忍（乙十六）
周京师大追远寺僧实（乙十六）
周京师天宝寺僧玮（乙十六）
周京师大福田寺昙相（乙十六）
隋沧州寺道正（乙十六）
隋怀州柏尖山寺昙询（乙十六）
隋江州庐山化城寺法充（乙十六）
隋京师真寂寺信行（乙十六）裴玄证
隋襄州景空寺慧意（乙十六）法永　岑阇黎　智晓
周河阳仙城山善光寺慧命（乙十七）戴逵　慧晓　慧朗
隋南岳慧思（乙十七）
隋国师智者天台山国清寺智顗（乙十七）
隋南岳衡州衡岳寺大善（乙十七）
隋京师清禅寺昙崇（乙十七）
隋慧日内道场慧越（乙十七）

唐天台山国清寺普明（乙十九）

唐终南山丰德寺智藏（乙十九）

唐雍州津梁寺法喜（乙十九）

唐相州寒陵山道昂（乙二十）灵智

唐京师大庄严寺道哲（乙二十）道诚　静安

唐潞州法住寺昙荣（乙二十）

唐京师弘法寺静琳（乙二十）

唐京师弘福寺慧斌（乙二十）

唐汾州光严寺志超（乙二十）

唐蔚州五台寺昙韵（乙二十）

唐箕州箕山寺慧思（乙二十）

唐并州玄中寺道绰（乙二十）道抚

唐密州茂胜寺明净（乙二十）慧融

唐益州空慧寺慧熙（乙二十）

唐绵州大施寺世瑜（乙二十）

唐润州摄山栖霞寺智聪（乙二十）

唐蒲州孤介山陷泉寺僧彻（乙二十）

唐邓州宁国寺惠祥（乙二十一）

唐京师大庄严寺昙伦（乙二十一）

唐蒲州仁寿寺普明（乙二十一）

唐蒲州柏梯寺昙献（乙二十一）

唐秦州永宁寺无碍（乙二十一）

唐江州东林寺道暅（乙二十一）

唐荆州四层寺法显（乙二十一）

唐荆州神山寺玄爽（乙二十一）惠普

唐蒲州救苦寺惠仙（乙二十一）

唐益州净惠寺惠宽（乙二十一）

唐卫州霖落泉僧伦（乙二十一）

唐京师西明寺静之（乙二十一）

唐丹阳智岩（乙二十一）

唐衡岳善伏（乙二十一）

唐代州照果寺解脱（乙二十一）普明　僧奣

唐润州牛头法融（乙二十一）
唐卫州霖落泉惠方（乙二十一）
唐扬州海陵正见寺法响（乙二十一）
唐蕲州双峰山道信（乙二十一）
唐江汉沙门惠明（乙二十一）
唐蕲州东山弘忍（丙八）
唐韶州南华寺慧能（丙八）
唐荆州当阳山度门寺神秀（丙八）
唐袁州蒙山慧明（丙八）
唐洛京荷泽寺神会（丙八）
唐润州竹林寺昙璀（丙八）
唐金陵延祚寺法持（丙八）
唐荆州碧涧寺道俊（丙八）
唐越州云门寺道亮（丙八）
唐温州龙兴寺玄觉（丙八）
唐金陵天保寺智威（丙八）本净
唐睦州龙兴寺慧朗（丙八）翟公
唐郓州安国院巨方（丙八）
唐郢州大佛山香育（丙八）
唐兖州泰山降魔藏（丙八）
唐京兆慈恩寺义福（丙九）行思
唐京师兴唐寺普寂（丙九）
唐南岳观音台怀让（丙九）
唐京师大安国寺楞伽院灵著（丙九）法玩
唐润州幽栖寺玄素（丙九）
唐均州武当山慧忠（丙九）
唐太原甘泉寺志贤（丙九）
唐黄龙山惟忠（丙九）
唐南岳石头山希迁（丙九）
唐成都净众寺神会（丙九）
唐杭州径山法钦（丙九）
唐寿春三峰山道树（丙九）

唐陕州回銮寺慧空（丙九）元观
唐洛京龙兴寺崇珪（丙九）全植
唐洪州开元寺道一（丙十）智藏
唐宣州灵汤泉兰若志满（丙十）
唐沂州宝真院光瑶（丙十）道坚
唐扬州华林寺灵坦（丙十）
唐唐州紫玉山道通（丙十）
唐雍京章敬寺怀晖（丙十）
唐京兆兴善寺惟宽（丙十）宝修
唐天台山佛窟岩遗则（丙十）
唐婺州五洩山灵默（丙十）志闲
唐荆州天皇寺道悟（丙十）崇信
唐郧都圆寂（丙十）掘多
唐袁州杨岐山甄叔（丙十）
唐新吴百丈山怀海（丙十）
唐潭州翠微院恒月（丙十）真亮
唐襄州夹石思公（丙十）昙真
唐定州大像山石藏（丙十）
唐洛阳伏牛山自在（丙十一）一钵和尚　南印
唐汾州开元寺无业（丙十一）
唐长沙东寺如会（丙十一）
唐南阳丹霞山天然（丙十一）
唐常州芙蓉山太毓（丙十一）
唐南岳西园兰若昙藏（丙十一）灵象　超岸
唐鄂州大寂院无等（丙十一）
唐天目山千顷院明觉（丙十一）
唐杭州秦望山圆修（丙十一）
唐池州南泉院普愿（丙十一）
唐沣阳云岩寺昙晟（丙十一）
唐荆州福寿寺甄公（丙十一）
唐赵州东院从谂（丙十一）
唐京兆华严寺智藏（丙十一）

唐潭州道吾山圆智（丙十一）
唐明州大梅山法常（丙十一）
唐扬州慧照寺崇演（丙十一）
唐盐官镇国海昌院齐安（丙十一）
唐京兆圣寿寺恒政（丙十一）
唐大沩山灵祐（丙十一）
唐黄州九并山玄策（丙十一）
唐杭州大慈山寰中（丙十二）
唐洛阳韶山寰普（丙十二）
唐衡山昂头峰日照（丙十二）
唐朗州德山院宣鉴（丙十二）
唐明州栖心寺藏奂（丙十二）
唐真定府临济院义玄（丙十二）
唐洛京广爱寺从谏（丙十二）鉴宗
唐洪州洞山良价（丙十二）
唐苏州藏廙（丙十二）
唐福州怡山院大安（丙十二）
唐长沙石霜山庆诸（丙十二）洪諲　令达
唐洪州云居山道膺（丙十二）
唐缙云连云院有缘（丙十二）
唐福州雪峰广福院义存（丙十二）
唐沣州苏溪元安（丙十二）
唐明州雪窦院恒通（丙十二）招贤　岑师
唐袁州仰山禅院慧寂（丙十二）
唐天台紫凝山慧恭（丙十二）
唐杭州龙泉院文喜（丙十二）
唐明州伏龙山惟靖（丙十二）
唐今东京封禅寺圆绍（丙十三）
唐蕲州黄岗山法普（丙十三）休静
梁邓州香严山智闲（丙十三）大同
梁抚州疏山光仁（丙十三）本仁　居遁
梁福州玄沙院师备（丙十三）

梁河中府栖岩山存寿（丙十三）
梁台州瑞岩院师彦（丙十三）
梁抚州曹山本寂（丙十三）
后唐漳州罗汉院桂琛（丙十三）
后唐福州长庆院慧稜（丙十三）
后唐杭州龙册寺道怤（丙十三）
晋会稽清化院全付（丙十三）
晋永兴永安院善静（丙十三）灵照
周金陵清凉院文益（丙十三）
周庐山佛手岩行因（丙十三）道潜
宋庐山圆通院缘德（丙十三）
宋天台山德韶（丙十三）

四、明律类

宋江陵慧猷（甲十一）
宋吴闲居寺僧业（甲十一）慧光
宋京师长乐寺慧询（甲十一）
宋京师庄严寺僧璩（甲十一）道远
宋彭城道俨（甲十一）慧曜
宋江陵僧隐（甲十一）成具
宋广汉道房（甲十一）
宋京师闲心寺道荣（甲十一）慧祐
齐钟山灵曜寺志道（甲十一）超度
齐京师多宝寺法颖（甲十一）慧文
齐蜀灵建寺法琳（甲十一）
齐京师安乐寺智称（甲十一）聪超
齐京师建初寺僧祐（甲十一）
梁杨都天竺寺法超（乙二十二）
梁钟山云居寺道禅（乙二十二）
齐邺下大觉寺惠光（乙二十二）道云　道憑居士
齐邺东大衍寺昙隐（乙二十二）洪理　道乐
陈杨都光宅寺昙瑗（乙二十二）
陈杨都奉诚寺大律都智文（乙二十二）

隋并州大兴国寺法愿（乙二十二）道龛　道行
隋京师大兴善寺灵藏（乙二十二）
隋西京延兴寺通幽（乙二十二）
隋蒋州奉诚寺道成（乙二十二）
隋西京大兴善寺洪遵（乙二十二）道洪　法胜　洪渊
隋西京大禅定道场觉朗（乙二十二）海藏　法锵
唐始州香林寺惠主（乙二十二）
唐京师胜光寺智保（乙二十二）
唐益州龙居寺惠诜（乙二十二）
唐京师弘福寺智首（乙二十三）
唐京师普光寺慧琎（乙二十三）满德　真懿　善智　敬道
唐相州日光寺法砺（乙二十三）
唐京师普光寺玄琬（乙二十三）僧伽
唐蒲州仁寿寺慧萧（乙二十三）
唐京师普光寺慧满（乙二十三）
唐箕山慧进（乙二十三）明瓒
唐并州义兴寺道亮（乙二十三）
唐京师延兴寺道胄（乙二十三）
唐益州福缘寺昙逞（乙二十三）
唐益州福缘寺道兴（乙二十三）
唐苏州通玄寺惠旻（乙二十三）
唐洛州天宫寺明导（乙二十三）
唐洛州敬爱寺昙光（乙二十三）
唐京兆西明寺道宣（丙十四）大慈
唐京兆恒济寺道成（丙十四）
唐京师崇圣寺文纲（丙十四）名恪
唐京师恒济寺怀素（丙十四）宾律师
唐光州道岸（丙十四）
唐百济国金山寺真表（丙十四）
唐安州十力寺秀律师（丙十四）
唐京师崇圣寺灵䆷（丙十四）
唐京兆崇福寺满意（丙十四）

唐京兆西明寺崇业（丙十四）
唐越州法华山寺玄俨（丙十四）融济
唐杭州灵智寺德秀（丙十四）
唐五台山诠律师（丙十四）
唐开业寺爱同（丙十四）玄通
唐扬州龙兴寺法慎（丙十四）
唐扬州大云寺鉴真（丙十四）
唐杭州华严寺道光（丙十四）
唐杭州天竺灵隐寺守直（丙十四）
唐洪州大明寺严峻（丙十四）
唐会稽开元寺昙一（丙十四）
唐余杭宜丰寺灵一（丙十五）
唐吴郡东虎丘寺齐翰（丙十五）
唐润州招隐寺朗然（丙十五）
唐越州称心寺大义（丙十五）
唐常州兴宁寺义宣（丙十五）
唐苏州开元寺辩秀（丙十五）
唐京师安国寺如净（丙十五）
唐汉州开照寺鉴源（丙十五）慧观
唐吴郡双林寺志鸿（丙十五）
唐京兆安国寺乘如（丙十五）
唐襄州辩觉寺清江（丙十五）
唐会稽云门寺灵澈（丙十五）
唐扬州慧照寺省躬（丙十五）
唐吴郡包山神皓（丙十五）维亮
唐京师安国寺藏用（丙十五）
唐湖州八圣道寺真乘（丙十五）
唐杭州灵隐山道标（丙十五）
唐衡岳寺昙清（丙十五）
唐京兆西明寺圆照（丙十五）利言
唐朔方龙兴寺辩才（丙十六）
唐京师章信寺道澄（丙十六）

唐钟陵龙兴寺清彻（丙十六）

唐抚州景云寺上恒（丙十六）

唐钱塘永福寺慧琳（丙十六）

唐江州兴果寺神凑（丙十六）

唐京兆圣寿寺慧灵（丙十六）

唐吴郡破山寺常达（丙十六）

唐越州开元寺丹甫（丙十六）

唐吴郡嘉禾灵光寺法相（丙十六）

唐天台山国清寺文举（丙十六）

唐会稽开元寺允文（丙十六）

梁京兆西明寺慧则（丙十六）元表

梁吴郡破山兴福寺彦偁（丙十六）寿和尚

后唐天台天福田寺从礼（丙十六）

后唐杭州真身宝塔寺景霄（丙十六）

后唐东京相国寺贞峻（丙十六）

汉钱塘千佛寺希觉（丙十六）

周东京相国寺澄楚（丙十六）

五、护法类

东魏洛都融觉寺昙无最（乙二十四）

西魏京师大僧统中兴寺道臻（乙二十四）

齐逸沙门昙显（乙二十四）

周终南山避世蓬静蔼（乙二十四）慧宣

周京师大中兴寺道安（乙二十四）慧隽　慧影　宝贵

周新州愿果寺僧勔（乙二十四）

隋京师云花寺僧猛（乙二十四）

隋益州孝爱寺智炫（乙二十四）

唐并州大兴国寺昙选（乙二十五）

唐隰州法通（乙二十五）

唐终南山智炬寺明瞻（乙二十五）

唐京师胜光寺慧乘（乙二十五）道璋

唐京师大总持寺智实（乙二十五）普应　法行

唐终南山至相寺弘智（乙二十五）

唐终南山龙田寺法琳（乙二十五）惠序
唐眉州圣种寺道会（乙二十五）
唐邓州兴国寺智勤（乙二十五）
唐新罗国大僧统慈藏（乙二十五）圆胜
唐京师大庄严寺威秀（丙十七）
唐京兆大兴善寺复礼（丙十七）
唐京兆魏国寺惠立（丙十七）
周洛京佛授记寺玄嶷（丙十七）
唐江陵府法明（丙十七）
润州石圯山神悟（丙十七）
金陵钟山元崇（丙十七）璿禅师
京兆大安国寺利涉（丙十七）
越州焦山大历寺神邕（丙十七）
唐朗州药山惟俨（丙十七）
唐京师章信寺崇惠（丙十七）
唐洛阳同德寺无名（丙十七）
唐庐山归宗寺智常（丙十七）
唐杭州千顷山楚南（丙十七）
唐南岳七宝台寺玄泰（丙十七）
唐京兆福寿寺玄畅（丙十七）
后唐南岳般舟道场惟劲（丙十七）
周洛京福先寺道丕（丙十七）

六、感通类（甲曰神异）

晋邺中竺佛图澄（甲九）道进
晋罗浮山单道开（甲九）
晋常山竺佛调（甲九）
晋洛阳耆域（甲九）
晋洛阳磐鵄山犍陀勒（甲十）
晋洛阳娄至山呵罗竭（甲十）
晋洛阳大市寺安慧则（甲十）慧持
晋襄阳竺法慧（甲十）
晋长安涉公（甲十）

晋西平昙霍（甲十）
晋上虞龙山史宗（甲十）
晋京师杯度（甲十）
晋伪魏长安昙始（甲十）
晋高昌法朗（甲十）智整
晋岷山通云寺邵硕（甲十）
宋江陵琵琶寺惠安（甲十）僧览 法卫
齐京师枳园寺法匮（甲十）法楷
齐荆州僧慧（甲十）慧远
齐寿春慧通（甲十）
梁京师保志（甲十）道香 僧朗
魏洛京永宁寺天竺僧勒那漫提（乙二十六）
魏荥阳超达（乙二十六）
魏文成慧达（乙二十六）
魏东齐明琛（乙二十六）
魏常山衡唐精舍道泰（乙二十六）
梁九江东林寺道融（乙二十六）
魏末鲁郡法力（乙二十六）
梁蜀青城山寺植相（乙二十六）道香 僧朗
梁蜀潼州慧简（乙二十六）
魏凉州僧朗（乙二十六）
魏太山朗公谷寺僧意（乙二十六）
魏太山丹岭僧照（乙二十六）
齐相州鼓山道丰（乙二十六）
齐邺下大庄严寺圆通（乙二十六）
齐太原慧宝（乙二十六）
齐邺下宝明寺僧云（乙二十六）
齐梁州薛寺僧远（乙二十六）
周上党元开府寺慧瑱（乙二十六）
隋相州大慈寺洪献（乙二十六）
隋东川慧云（乙二十六）傅大士
隋鄂州法朗（乙二十六）

隋蜀灌口山竹林寺道仙（乙二十六）

陈摄山栖霞寺慧峰（乙二十六）

隋苏州重玄寺慧岩（乙二十六）

隋东都宝杨道场法安（乙二十六）法济

隋蒋州大归善寺慧区（乙二十六）

唐京化度寺转明（乙二十六）

唐安州贾逸（乙二十六）杨祐

唐雍州义善寺法顺（乙二十六）智俨

唐蒲州普济寺道英（乙二十六）

唐雍州梁山又德（乙二十六）

唐京师辩才寺智则（乙二十六）

唐京师律藏寺通达（乙二十六）

齐赵州僧安（乙二十七）

周益州青城山飞赴寺香和尚（乙二十七）

周益州多宝寺猷禅师（乙二十七）

周益州僧度（乙二十七）

周益州野安寺卫元嵩（乙二十七）

前梁益州的尚圆（乙二十七）

前梁荆州玉泉山法行（乙二十七）

前梁荆州神山道穆（乙二十七）

隋初荆州四望山开圣寺智旷（乙二十七）

隋涪州相思寺无相（乙二十七）

隋泸州等行寺童进（乙二十七）

隋益州富上（乙二十七）

隋郑州会善寺明恭（乙二十七）

隋益州长阳山法进（乙二十七）

隋代州耆阇寺道幽（乙二十七）

唐益州福化寺慧聪（乙二十七）

隋襄州禅居寺岑和尚（乙二十七）

隋丹阳天保寺通和尚（乙二十七）

隋京师凝观寺法庆（乙二十七）单道琮

隋益州天敕山德山（乙二十七）旭上

唐京师法海寺法通（乙二十七）
隋荆州青溪山道悦（乙二十七）
隋荆州内华寺慧耀（乙二十七）
唐荆州开圣寺慧因（乙二十七）
唐巴陵显安寺法施（乙二十七）
唐初蜀川慧岸（乙二十七）
唐初荆州开圣寺法运（乙二十七）
唐幽州北狄帝示阶沙门（乙二十七）
隋东岳道辩（乙二十七）神辩
隋益州建明寺慧琳（乙二十七）
隋京师救度寺洪满（乙二十七）
隋箕州护明寺智显（乙二十七）
隋苏州常乐寺法聪（乙二十七）
隋代州昭果寺僧明（乙二十七）
隋代州五台山明隐（乙二十七）
隋代州五台山法空（乙二十七）
隋京师定水寺明濬（乙二十七）
唐京师普光寺明解（乙二十七）宋尚礼
唐兖州法集寺法冲（乙二十七）
隋京师大兴善寺道密（乙二十八）
隋京师经藏寺智隐（乙二十八）
隋中天竺阇提斯那（乙二十八）
隋京师胜光寺明诞（乙二十八）
隋京师大兴善寺明璨（乙二十八）
隋京师大兴善寺慧重（乙二十八）
隋京师大兴善寺明芬（乙二十八）
隋京师大兴善寺僧盖（乙二十八）
隋京师胜光寺宝积（乙二十八）
隋京师胜光寺道粲（乙二十八）
隋京师仁法寺道端（乙二十八）
隋京师日严寺昙瑎（乙二十八）
隋京师隋法寺道贵（乙二十八）

隋京师玄法寺道顺（乙二十八）
隋京师沙门寺法显（乙二十八）
隋京师大兴善寺僧世（乙二十八）
隋京师静觉寺法周（乙二十八）景晖
隋京师延兴寺慧诞（乙二十八）
隋京师大兴善寺智光（乙二十八）
隋京师弘善寺智教（乙二十八）
隋京师圆超（乙二十八）
隋京师光明寺慧藏（乙二十八）法愿
隋京师大兴善寺宝宪（乙二十八）
隋京师大兴善寺昙观（乙二十八）
隋京师胜光寺法朗（乙二十八）
隋京师真寂寺昙遂（乙二十八）
隋京师延兴寺灵远（乙二十八）
隋京师大兴善寺僧昕（乙二十八）
隋京师空观寺玄镜（乙二十八）
隋京师弘济寺智揆（乙二十八）
隋京师胜光寺僧范（乙二十八）
隋京师净影寺宝安（乙二十八）
隋京师仁觉寺宝岩（乙二十八）
隋京师无漏寺明驭（乙二十八）
隋京师大兴善寺道生（乙二十八）
隋京师胜光寺法性（乙二十八）
隋京师辩寂（乙二十八）
隋京师大兴善寺静凝（乙二十八）
隋京师扬化寺法楷（乙二十八）
隋京师转轮寺智能（乙二十八）
隋京师真寂寺昙良（乙二十八）
隋京师道嵩（乙二十八）
隋京师静法寺智嶷（乙二十八）
隋京师静影寺道颜（乙二十八）
隋京师净影寺净辩（乙二十八）

唐福州爱同寺怀道（丙十九）智恒
唐升州庄严寺惠忠（丙十九）圆寂
唐洛京天宫寺惠秀（丙十九）
唐成都郫县法定寺惟忠（丙十九）
唐资州山北兰若处寂（丙二十）
唐代州五台山华严寺无著（丙二十）
唐真定府普化（丙二十）
唐汉州栖贤寺大川（丙二十）法炯
唐西域难陀（丙二十）
唐寿州紫金山玄宗（丙二十）
唐袁州阳岐山广敷（丙二十）
唐邓州乌牙山圆震（丙二十）
唐池州九华山化城寺地藏（丙二十）
唐婺州金华山神暄（丙二十）
唐澧州开元寺道行（丙二十）
唐徐州安丰山怀空（丙二十）
唐洛京慧林寺圆观（丙二十）
唐江州庐山五老峰法藏（丙二十）
唐洛阳香山寺鉴空（丙二十）
唐广州罗浮山道行（丙二十）
唐潞州普满（丙二十）
唐江陵府些些（丙二十）食油师
唐吴郡义师（丙二十）证智　荐福寺老僧
唐唐州云秀山神鉴（丙二十）
唐天台山国清寺清观（丙二十）
唐洪州黄檗山希运（丙二十）
唐五台山法华院神英（丙二十一）
唐五台山华严寺牛云（丙二十一）
唐五台山清凉寺道义（丙二十一）
唐清凉山秘魔岩常遇（丙二十一）
唐成都府永安（丙二十一）
唐衢州灵石寺慧闻（丙二十一）

唐朔方灵武下院无漏（丙二十一）
唐杭州灵隐寺宝达（丙二十一）
唐代州北台山隐峰（丙二十一）亡名 雉鸠
唐兴元府梁山寺上座亡名（丙二十一）
唐太原府崇福寺文爽（丙二十一）
唐福州保福寺本净（丙二十一）
唐成都府法聚寺法江（丙二十一）兴善寺异僧
唐彭州九陇茶笼山罗僧（丙二十一）
唐明州奉化县契此（丙二十一）
唐邺都开元寺智詧（丙二十一）
唐凤翔府宁师（丙二十一）
后唐韶州灵树院如敏（丙二十二）
后唐天台山全宰（丙二十二）
晋巴东怀濬（丙二十二）
晋阆州光国院行遵（丙二十二）
晋襄州亡名（丙二十二）
汉洛阳告成县狂僧（丙二十二）曹和尚
周伪蜀净众寺僧缄（丙二十二）大慈寺亡名
周杭州湖光院师简（丙二十二）
宋明州乾符寺王罗汉（丙二十二）
宋潭州延寿院宗合（丙二十二）道因
宋印州大邑灵鹫山寺点点（丙二十二）
宋天台山智者禅院行满（丙二十二）
宋魏府卯斋院法圆（丙二十二）矿师，李通玄

七、遗身类（甲曰忘身）

晋霍山僧群（甲十二）
宋彭城驾山昙称（甲十二）
宋高昌法进（甲十二）僧遵
宋魏郡廷尉寺僧富（甲十二）
宋伪秦蒲坂法羽（甲十二）慧始
宋临川招提寺慧绍（甲十二）僧要
宋庐山招隐寺僧瑜（甲十二）

宋京师竹林寺慧益（甲十二）
宋蜀武担寺僧庆（甲十二）
齐陇西法光（甲十二）法存
齐交阯仙山昙弘（甲十二）
南齐蜀会州寺法凝（乙二十九）
周益州僧崖（乙二十九）
周雍州逸沙门普圆（乙二十九）
隋雍州北山普济（乙二十九）
隋终南山楩梓谷普安（乙二十九）
隋九江庐山大志（乙二十九）
唐伪郑智命（乙二十九）
唐京师弘福寺玄览（乙二十九）
唐京师弘善寺法旷（乙二十九）
唐梓州绍和尚（乙二十九）忘名
唐终南山豹林谷会通（乙十十九）二尼　书生
唐雍州新丰福缘寺道休（乙二十九）
唐汾州僧藏（丙二十三）
唐汉东山光寺正寿（丙二十三）憶禅师
唐五台山善住阁院无染（丙二十三）
唐成都府福感寺定兰（丙二十三）
唐福州黄檗山建福寺鸿休（丙二十三）景先
唐鄂州岩头院全豁（丙二十三）
唐吴郡嘉兴法空王寺元慧（丙二十三）
唐京兆菩提寺束草（丙二十三）
唐南岳兰若行明（丙二十三）
晋太原永和三学院息尘（丙二十三）
晋天台山平田寺道育（丙二十三）
晋江州庐山香积庵景超（丙二十三）
晋凤翔府法门寺志通（丙二十三）
晋朔方灵武永福寺道舟（丙二十三）
汉洛京广爱寺洪真（丙二十三）
周钱塘报恩寺慧明（丙二十三）

周晋州慈云寺普静（丙二十三）
宋衡阳大圣寺守贤（丙二十三）
宋天台山般若寺师蕴（丙二十三）
宋杭州真身宝塔寺绍岩（丙二十三）
宋天台山文辇（丙二十三）
宋临淮普照王寺怀德（丙二十三）

八、读诵类（甲诵经）

晋河阴白马寺昙邃（甲十二）
晋越城寺法相（甲十二）昙盖　僧法
晋山阴显义寺法纯（甲十二）
晋蜀三贤寺僧生（甲十二）
宋剡法华台法宗（甲十二）
宋京师南涧寺道冏（甲十二）
宋庐山慧庆（甲十二）
宋临渭普明（甲十二）
宋京师道场寺法庄（甲十二）
宋京师瓦官寺慧果（甲十二）
宋京师东安寺法恭（甲十二）僧恭
宋京师彭城寺僧覆（甲十二）
齐京师高座寺慧进（甲十二）僧念
齐永兴柏林寺弘明（甲十二）
齐京师灵根寺慧豫（甲十二）法音
齐上定林寺道嵩（甲十二）
齐上定林寺超辩（甲十二）法明　僧志　法定
齐山阴天柱山法慧（甲十二）昙游
齐京师后岗僧侯（甲十二）慧温
梁上定林寺慧弥（甲十二）法仙
梁富阳齐坚寺道琳（甲十二）
魏益州五层寺法建（乙二十九）
魏泰岳人头山衔草寺志湛（乙二十九）
隋益州招提寺慧恭（乙二十九）
隋眉州隆山县鼻山法泰（乙二十九）

唐终南山蓝谷悟真寺慧超（乙二十九）
伯济国达拏山寺慧显（乙二十九）
唐益州福感寺道积（乙二十九）洪远　僧思　智晔
唐益州福寿寺宝琼（乙二十九）
唐骊山津梁寺善慧（乙二十九）
唐终南山悟真寺法诚（乙二十九）
唐京师会昌寺空藏（乙二十九）
唐京师大庄严寺慧龄（乙二十九）智证　宗公
唐雍州醴泉遗俗（乙二十九）玄秀　史担
唐京师罗汉寺宝相（乙二十九）法达
隋行坚（丙二十四）
隋天台山法智（丙二十四）
唐京兆禅定寺慧悟（丙二十四）
唐京兆大慈恩寺明慧（丙二十四）
唐太原府崇福寺慧警（丙二十四）
唐太原府崇福寺崇政（丙二十四）
唐太原府崇福寺思睿（丙二十四）
唐上都青龙寺法朗（丙二十四）
唐河东僧衒（丙二十四）启芳　圆果
唐荆州白马寺玄奘（丙二十四）
唐成都府灵池兰若洪正（丙二十四）守贤
唐志玄（丙二十四）
唐凤翔府开元寺元皎（丙二十四）
唐京师千福寺楚金（丙二十四）
唐台州涌泉寺怀玉（丙二十四）
唐兖州泰岳大行（丙二十四）
唐洛阳广爱寺亡名（丙二十四）
唐成都府雄俊（丙二十四）
唐吉州龙兴寺三刀法师（丙二十四）
唐湖州法华寺大光（丙二十四）
唐荆州天崇寺智灯（丙二十四）
唐并州石壁寺明度（丙二十五）

唐梓州慧义寺清虚（丙二十五）
唐睦州乌龙山少康（丙二十五）
唐江州开元寺法正（丙二十五）宗会
唐京兆大兴善寺守素（丙二十五）
唐幽州华严和尚（丙二十五）
唐河中府柏梯山文照（丙二十五）
唐陕府法照（丙二十五）
唐蕲州清著禅院慧普（丙二十五）
唐今东京客僧（丙二十五）
唐上都大温国寺灵幽（丙二十五）
唐荆州法性寺惟恭（丙二十五）灵岿
唐明州德润寺遂端（丙二十五）
唐越州诸暨保寿院神智（丙二十五）
梁扬州禅智寺从审（丙二十五）
梁温州大云寺鸿楚（丙二十五）
后唐温州小松山鸿莒（丙二十五）
后唐凤翔府道贤（丙二十五）
汉江州庐山若虚（丙二十五）亡名僧
周会稽郡大善寺行瑫（丙二十五）
宋东京开宝寺守真（丙二十五）沙弥弥伽　道荫

九、兴福类

晋并州竺慧达（甲十三）
晋武陵平山慧元（甲十三）竺慧直
晋京师瓦官寺慧力（甲十三）
晋京师安乐寺慧受（甲十三）
宋京师崇明寺僧慧（甲十三）
宋山阴法华山僧翼（甲十三）
宋豫州僧洪（甲十三）
宋京师僧亮（甲十三）
宋京师延贤寺法意（甲十三）
齐南海云峰寺慧敬（甲十三）
齐南海藏薇山法献（甲十三）

齐上定林寺法献（甲十三）玄畅
梁剡山石城山僧护（甲十三）
梁京师正觉寺法悦（甲十三）
梁蜀明达（乙三十）
周鄜州大像寺僧明（乙三十）僧护
隋天台山瀑布寺慧达（乙三十）
唐绵州振音寺僧晃（乙三十）
唐杨州长乐寺住力（乙三十）
唐京师大庄严寺智兴（乙三十）善因
唐蒲州普救寺道积（乙三十）
唐京师会昌寺德美（乙三十）静默　昙献
唐京师清禅寺慧胄（乙三十）法素
唐梓州牛头山寺智通（乙三十）
唐梓州通泉寺慧震（乙三十）
唐京师弘福寺慧云（乙三十）
周京师法成（丙二十六）
唐五台山昭果寺业方（丙二十六）
唐上都青龙寺光仪（丙二十六）
唐镇州大悲寺自觉（丙二十六）
唐今东京相国寺慧云（丙二十六）
唐杭州华严寺玄览（丙二十六）慧昶　守如
唐东阳清泰寺玄朗（丙二十六）
唐湖州佛川寺慧明（丙二十六）
唐湖州大云寺子瑀（丙二十六）
唐明州慈溪香山寺惟实（丙二十六）
唐朔方灵武龙兴寺增忍（丙二十六）
唐京兆荷恩寺文瓒（丙二十六）
唐太原府崇福寺怀玉（丙二十六）
唐晋州大梵寺代病（丙二十六）
唐京师光宅寺僧竭（丙二十七）
唐成都福感寺定光（丙二十七）
唐吴郡嘉禾贞干（丙二十七）

唐苏州支硎山道遵（丙二十七）
唐京兆大兴善寺含光（丙二十七）
唐剡沃洲山禅院寂然（丙二十七）
唐天台山福田寺普岸（丙二十七）全亮　惟约
唐京师奉慈寺惟则（丙二十七）
唐长安禅定寺明准（丙二十七）
唐洪州宝历寺幽玄（丙二十七）
唐五台山智颙（丙二十七）
唐会稽吕后山文质（丙二十七）
唐明州国宁寺宗亮（丙二十七）
唐越州开元寺昙休（丙二十七）
唐雅州开元寺智广（丙二十七）
唐鄜州宝台寺法藏（丙二十七）
唐五台山海云（丙二十七）守节
唐五台山佛光寺法兴（丙二十七）
唐五台山行严（丙二十七）
唐五台山佛光寺愿诚（丙二十七）
唐五台山王子寺诚慧（丙二十七）
后唐洛阳中滩浴院智晖（丙二十八）
晋五台山真容院光嗣（丙二十八）
晋今东京相国寺遵诲（丙二十八）彦求
晋曹州扈通院智朗（丙二十八）
汉东京天寿禅院师会（丙二十八）
周宋州广寿院智江（丙二十八）
周五台山真容院光屿（丙二十八）
宋东京观音禅院岩俊（丙二十八）
宋东京普净院常觉（丙二十八）
宋西京宝坛院从彦（丙二十八）
宋杭州报恩寺永安（丙二十八）
宋钱塘永明寺延寿（丙二十八）
宋西京天宫寺义庄（丙二十八）
宋西京广爱寺普胜（丙二十八）

宋东京开宝寺师律（丙二十八）

十、杂科声德类（甲经师、唱导）

晋中山帛法桥（甲十五）

晋京师建初寺支昙籥

晋京师祇洹寺法平（甲十五）

晋京师白马寺僧饶（甲十五）道综　超明　明慧

宋安乐寺道慧（甲十五）

宋谢寺智宗（甲十五）慧宝　道诠

齐乌衣寺昙迁（甲十五）法畅　道琰

齐东安寺昙智（甲十五）

齐安乐寺僧辩（甲十五）

齐白马寺昙凭（甲十五）道光

齐北多宝寺慧忍（甲十五）

（以上经师）

宋京师祇洹寺道照（甲十五）慧明

宋长干寺昙颖（甲十五）

宋瓦官寺慧璩（甲十五）

宋灵味寺昙宗（甲十五）僧意

宋中寺昙光（甲十五）

齐兴福寺慧芬（甲十五）

齐兴福寺道儒（甲十五）

齐瓦官寺慧重（甲十五）法觉

齐正胜寺法愿（甲十五）

齐齐隆寺法镜（甲十五）道亲　宝与　道登

（以上唱导）

陈杨都光宅寺慧明（乙三十一）

高齐邺下道纪（乙三十一）

隋京师定水寺法称（乙三十一）智云

隋杭州灵隐山天竺寺真观（乙三十一）

隋蒋州栖霞寺法韵（乙三十一）

隋东都慧日道场立身（乙三十一）慧宁　广寿

隋东都慧日道场智果（乙三十一）智骞　玄应

隋西京日严道场善权（乙三十一）法纲
隋京师日严道场慧常（乙三十一）道英 神爽
唐京师玄法寺法琰（乙三十一）
唐京师定水寺智凯（乙三十一）
唐京师法海寺宝岩（乙三十一）
刘宋钱塘灵隐寺智一（丙二十九）
元魏洛阳慧凝（丙二十九）
唐成都府法聚寺员相（丙二十九）
唐越州妙喜寺僧达（丙二十九）
唐京兆神鼎（丙二十九）
唐京兆泓师（丙二十九）
唐洛阳罔极寺慧日（丙二十九）真法师
唐越州大禹寺神迥（丙二十九）
唐京兆镇国寺纯陀（丙二十九）
唐天台山国清寺道邃（丙二十九）
唐怀安郡西隐山进平（丙二十九）
唐宁州南山二圣院道隐（丙二十九）
唐温州陶山道晤（丙二十九）
唐京兆欢喜（丙二十九）无侧
唐湖州杼山皎然（丙二十九）福林
唐安陆定安山怀空（丙二十九）
唐澧州慧演（丙二十九）
唐荆州国昌寺行觉（丙二十九）皓玉
唐鄂州开元寺玄晏（丙二十九）
唐南岳澄心（丙二十九）
唐杭州天竺寺道齐（丙二十九）法如
唐金陵庄严寺慧涉（丙二十九）
唐京兆千福寺云邃（丙二十九）清源
唐京师宝寿寺法真（丙二十九）
唐吕后山道场宁贲（丙二十九）
唐阆州长乐寺法融（丙二十九）
唐上都大安国寺好直（丙三十）

唐天台山禅林寺广修（丙三十）高闲

唐高丽国元表（丙三十）全清

唐镇州龙兴寺头陀（丙三十）

唐南岳山全玼（丙三十）

唐幽州南瓦窑亡名（丙三十）祝融峰禅者

唐洪州开元寺栖隐（丙三十）宝安

唐河东悬瓮寺金和尚（丙三十）

梁四明山无作（丙三十）

梁成都府东禅院贯休（丙三十）处默 昙域

梁庐山双溪院国道者（丙三十）

梁泉州智宣（丙三十）

梁江陵府龙兴寺齐己（丙三十）

后唐灵州广福寺无迹（丙三十）

后唐明州国宁寺詧光（丙三十）

晋宣州自新（丙三十）

汉杭州耳相院行修（丙三十）

宋宜阳柏阁山宗渊（丙三十）

（三）赞宁《宋高僧传序》又有："裴子野著《众僧传》，陆杲著《沙门传》。"此前所未见。

左街大寿寺通慧大师，赐紫赞宁，左街相国寺讲经论德，赐紫，智轮同奉敕撰《宋高僧传》卷一。义净译场证梵者有婆罗沙门达磨末磨、迦湿弥罗国王子等。净又撰《别说罪要行法》、《受用三法水要法》、《护命放生仪轨》等。又出《说一切有部跋窣堵》，即诸律中犍度跋渠之类，盖梵音之有夏楚耳，约七十八卷。净虽遍译三藏，而偏攻律部。其传密咒，最尽其妙，二三合声，尔时方晓。金刚智在那烂陀学毘昙，受戒后遍听十八部律，又诣西印度学小乘论及瑜伽三密陀罗尼门。来华后所住之刹，必建大曼拏罗灌顶场。大智、大慧、不空皆执弟子礼，一行亦从而问业。不空从智传五部灌顶护摩阿阇黎法，及《毘卢遮那经》苏悉地轨则等。后西游请普贤阿阇黎，开十八会金刚顶瑜伽法门，毘卢遮那大悲胎藏，建立坛法。临终时出《涅槃荼毘仪轨》。慧朗嗣法，系曰：密教东传，刚为始祖，空二祖，朗三祖，以下宗承所损益可知。自后歧分派别，咸曰：传瑜伽大教，多则多矣，而少验。卷二善无畏从那烂陀寺达磨掬多（掌定门之秘钥，佩如来之密印者）受瑜伽三密教，多时年八百岁，玄奘亦曾见之。畏弟子宝畏、明畏等，一行亦从而问业。般若先从北天调伏军学四含，又往别国学《俱舍》、《婆沙》，继至那烂陀学空、有之论。后从南天达摩耶舍受瑜伽法，从曼荼罗三密护身五部契经。道因从彭城嵩习《摄论》，与奘师译场，著《摄论》、《维摩》疏。《圆觉经》，此经近译，不委何年（觉救译），但真诠不谬，岂假具知年月耶？般若密帝于神龙元年从灌顶部中诵出《楞严经》，房融笔受，怀迪证译。惟悫、沇公各有疏解。无极高从《金刚大道场经》中撮译《陀罗尼集经》十二卷。明佺《大周经录》繁秽难凭，智升讥之。

※注《楞严》真妄。

卷三怀迪与菩提流志译场又笔受《楞严》经旨，缉缀文理。后因南使附经入京师，即开元中也。（按：上云房融笔受，乌苌国沙门弥伽释迦证语。而此又云迪笔受及进经，则此经当是迪为笔受主角，房融或尝参译，以名大故用其名耳。然则谓此经伪造，亦必出于怀迪矣。然更应考迪之思想系统，此不备）飞锡与楚金研习天台义。工文与晋陵德宣，吴兴昼公齐名。忠国师、楚金等碑为其所作，惟不羁，不及昼公。悟空西游时，北天竺皆有部学。般若斫迦（智慧轮）已受灌顶，为阿阇黎，著《佛法根本》、《示教指归》。《守护国界主陀罗尼经》十卷，般若译，寂默证梵本，其梵本乃奘师将归者。

论“明则撰翻经仪式，玄奘立五种不翻，今立新意，成六例焉。一、译字译音，二、胡语梵语，三、重译直译，四、粗言细语，五、华言雅俗，六、直语密语。”亦颇可参考，乃论译经之体例者。尤以其论胡语中举吐火罗国等字母数，及其源流为难得。又云：“陈寿《国志》述临儿国云浮屠所载，与中国老子经而相出入。盖老子西出关，过西域之天竺教胡为浮屠。此见译家用道德二篇中语，便认为老子与经互相出入。今观房融润文于《楞严》，僧肇征引而造论，宜当此诮。”按：此云房融润文，不云笔受，可知吾说甚是。又云：“炀帝置翻经馆，其中僧有学士之称。”

卷四道世除著《法苑珠林》外，又著《善恶业报》及《信福论》二十三卷，大小乘禅门观及大乘观十一卷，受戒仪式、礼佛仪式共六卷，《四分律讨要》五卷，《四分律尼钞》五卷，《金刚经集注》三卷。普光与奘译场，奘泽《俱舍》，密授光（多是记忆）西印有部师口义，因著疏解判。一云其疏至圆晖略之为十卷。法宝从奘译《婆沙论》毕。宝有疑情，以非想见惑请益。奘别以十六字入乎论中，以遮难词。宝曰：“此二句四句为梵本有无？”奘曰：“吾以义意，酌情作耳。”宝曰：“师岂宜以凡语，增加圣言量乎？”奘曰：“斯言不行，我知之矣。”至于六离合释义，俱舍宗以宝为定量矣。光师往往同迦湿弥罗余师礼记衍字也（此五字要解）。时光、宝二师若什门之融、叡焉。圆测赂门者窃听《唯识》、《瑜伽》，而先召众讲，著《唯识疏钞》等。元康讲三论，造疏解中观之理，别撰玄枢两卷，总明《中》、《百》之宗旨焉。靖迈著《译经图记》四卷。嘉尚于奘卒后著《杂集义门》夥多（此二字难解）。义湘求法东归后讲宣之外，精勤修炼，常行义净洗秽法，不用巾帨，立期干燥而止。持三衣，曾无他物，所出义门随弟子为目，如云"《道身章》"是也。或以处为名，如云"《锥穴问答》"等，皆明《华严》义例。义忠，慧沼弟子，同就基之讲肆，著《成唯识论纂要》、《成唯识论疏》三十卷，《法华经钞》二十卷，《无垢称经钞》二十卷。《百法论疏》最为要当，于今盛行。元晓著《金刚三昧疏》有广（五卷）略（三卷）二本，略流入中华，后有翻经三藏改之为论焉。神楷讲《摄论》、《俱舍》等，著《净名疏》。会隐与玄则等十一人，于一切经中略出精义玄文三十卷，号《禅林要钞》。僧瑗听常乐寺聪法师三论，著《武丘名僧苑》一卷，《注郁子》二卷，《文集》三卷。印宗善《涅槃》，于东山忍大师处受禅法。复于番禺遇能禅师，乃诣玄理，所著《心要集》起梁至唐天下诸达者语言。又纂百家诸儒士三教文意，表明佛法者。宗哲于奘门称得意，著《义例》寰海之内莫不企羡。其如说佛位三事喻中，沼法师言三点三目强分上下胜劣配属，太成巧诬。哲云三事俱得，然无名师品量，退而省之，哲其得矣，沼师所以成余师之说也。德感勤于《瑜伽论》，著《义门》行于世。如其七方便人回心渐顿悟义，与湛法师为劲敌，故交绥而退焉。浮丘精《瑜伽》，时称法海，未有著作。

卷五，杜顺传《华严法界观》于智俨，俨付法藏，与奘译场充润文，见识不同而出。著《心经疏》，为时所贵。恒景习天台止观门，撰《顺了义论》二卷，《摄正论》七卷，《佛性论》二卷。一行从普寂出家，隐士卢鸿谓寂以为非彼所能教，当纵其游学。至当阳值僧真，纂成《律藏序》，深达毘尼。又从金刚智学陀罗尼秘印，登前佛坛受法王宝。复同无畏译《大日经》开后佛国。诏住兴唐寺，所翻之经著疏七卷，又《摄调伏藏》六十卷，《释氏系录》一卷，《开元大衍历》五十二卷。又造游仪黄赤二道，称天师（天子师）。其入灭也，普寂待之而行耳语之，寂惟曰无不可者。智升善毘尼，著《开元释教录》二十卷。又各续《内典录》、《图纪》各一卷，经目之最。其后圆照《贞元录》，差之远矣。圆晖精《俱舍》，节略古疏以释论，后有崇廙著《金华钞》十卷解之。玄逸著《释教广品历章》三十卷。道氤为一行、复礼所奖诱，著《对御论衡》、大乘法宝五门名教，并《信法仪》各一卷，《唯识疏》六卷，《法华经疏》六卷，《御注金刚经疏》六卷，《西方赞》等。良贲为新出《仁王经疏》三卷（是经已当三译：一晋太始三年法护译，一罗什译，一承圣三年真谛于洪州宝因寺译，并疏六卷），又《念诵仪轨》一卷，承明殿讲《密严经对御记》一卷。礼宗注《涅槃疏》八十卷，从天台传授。法诜著《华严义记》十二卷。澄观尝就席决疑，深得幽趣。潜真著《文殊师利菩萨佛刹庄严经》三卷，又述《菩提心义》、《发菩提心戒》各一卷，三聚净戒及十善法戒共一卷，兼秉承不空秘教。澄观从润州栖霞寺醴律师学相部律，本州（越州）依昙一学南山律。金陵玄璧传关河三论，三论之盛于江表观之力。又就瓦棺寺传《起信》、《涅槃》。又于淮南法藏受海东《起信疏义》，却复天竺诜法师温《华严》。又往剡溪从成都慧量寻三论，从苏州湛然习天台止观，《法华》、《维摩》等经疏，又谒牛头山忠师、径山钦师、洛阳无名师咨决南禅，复见慧云了北禅。为顺宗皇帝述《了义》一卷，《心要》一卷，并食肉得罪因缘。又著《随疏演义》四十卷，《华严纲要》一卷，《法界玄鉴》一卷，《三圣圆融观》一卷，《华严》、《法华》、《楞伽》、《中观论》等别行小钞疏，共三十卷。良秀著《大乘理趣六度经疏》。慧琳本疏勒国人，著《大藏音义》一百卷。

卷六惟悫受房融宅请，未饭之前，出经云相公在南躬亲笔受《首楞严经》一部，留家供养。悫见其文婉理玄，发心造疏三卷。一说《楞严经》初是荆州度门寺神秀禅师在内时得本，后因馆陶沙门慧震于度门寺传出。悫遇之，著疏解之。复有恒沇作义章开释，号《资中疏》，其中亦引震法师义例，似有今古之说。怀感从善导决疑，述《决疑论》七卷（即《群疑论》）。慧苑，法藏门人，依《宝性论》立四种教，又著《华严音释》二卷。智威从灌顶受法，又富辞藻，著桃岩寺碑与头陀寺碑，世称大威。传法慧威，称小威或云徐陵后身也。小威传法左溪玄朗。湛然，玄朗之法子。※（三观及三因、三德）临终曰：一念无相之谓空，无法不备之谓假，不一不异谓之中。在凡为三因，在圣为三德。爇炷则初后同相，涉海则浅深异流。著《释签》、《传弘诀》、《文句记》各十卷外，又《法华三昧补助仪》一卷，《方等忏补阙仪》二卷，《略维摩疏》十卷，《维摩疏记》三卷，《重治定涅槃疏》十五卷，《金錍论》一卷及《止观义例》、《止观大意》、《止观文句》、《十妙》、《不二门》等。梁肃云：灌顶之后至于左溪，明道若昧，待公而发。元浩，湛然嘱累弟子，著《涅槃经解述》。浩与澄观若孔门之游夏焉。儒林受业者有梁肃、田公敦，缁流受业者有智恒、子瑜、道儒、仲仪、仲良五人。智藏从大寂明心要，著《华严妙义》。神清著《法华玄笺》十卷，《释氏年志》三十卷，《新律疏要诀》十卷。亦谓《清钞》，《二众初学仪》一卷，《有宗七十五法疏》一卷，亦名《法源记》，《识心论》、《澄观论》、《俱舍义钞》数卷，《北山参玄语录》十卷。就中语录博该三教，最为有名。居鄞城之北长平山阴，故云北山；统三教玄旨，故云参玄。观清之述作，少分明二权一实之经旨，大分明小乘律论之深奥焉。弟子义将，独明《俱舍》，兼善《起信》。至开成中北山俱舍宗因而不泯。端甫受具于西明寺从照律师，学昆尼于崇福寺升律师，传唯识于安国素法师，通《涅槃》于福林崟法师。又运三密于瑜伽，契无生于悉地。宗密见华严观，观曰毘卢华藏能随我游者，其唯汝乎？著《圆觉》、《华严》、《涅槃》、《金刚》、《起信》、《唯识》、《盂兰盆》、《法界观》、《行愿经》等疏钞，及《法义类例》礼忏修证图传纂略。又集诸宗禅言为禅藏总而序之，并酬答书偈议论等。又《四分律疏》五卷，《钞悬谈》二卷，凡三百许卷，图六面。裴休论赞极备推崇，恐不足当也。乘恩撰《百法论疏并钞》，祖慈恩而宗潞府。知玄从固律师受《俱舍》，从安国信法师研唯识。著《如来藏经会释疏》二卷，命僧彻撰《法鉴》四卷，以照像若十翼焉。《大无量寿经疏》二卷，僧彻著《法灯》二卷，类章指焉，《胜鬘经疏》四卷，僧彻著《法苑》十卷以错综，若纬书焉。又《心经》、《金刚经》各有义疏。此外释氏杂文外篇，箴论碑志歌诗，成二十余卷，礼忏文六卷。弟子僧彻，法孙觉辉。辉弟子伪蜀祐圣国师重孙僧录。

卷七志远先归依菏泽宗风，后专天台宗。希圆著《玄中钞》数卷。玄约讲律及《俱舍》，著《俱舍金华钞》二十卷。彦晖讲《因明》、《百法》各百许遍，著钞曰《滑台》。归屿从晖学，通《因明》、《俱舍》、《唯识》、《维摩》、《上生》，著《金刚经会要》二十卷。贞辩撰《上生经钞》。虚受讲《涅槃》、《维摩》，愤谦、雅等师释《崇福疏》繁略不中，著《义评钞》十四卷。又讲《因明》、《俱舍》，其《法华》、《百法》、《唯识》各有别行义章三十余卷。文集数卷。可周众云表法师习《法华慈恩疏》，著《评经钞》五卷（钞《法华》乎），音训五贴。又《解宣律师法华序钞》一卷。可止从仁楚法师习《因明》，又讲《法华》、《百法》，著《顿渐教义钞》一卷，有《三山集》诗三百五十篇。宗季著《永新钞》释《心经》，《晖理钞》解《上生经》，《弥勒成佛经疏钞》、《补阙钞》及诸别行义章数十卷。智佺讲《百法》百余遍。皓端从玄烛（彼时号天台第十祖），习天台义，著《金光明随文释》十卷，及余著述共七十许卷。傅章从唯识师秘公出家。继伦著《法华钞》三卷，又《唯识》、《因明》钞。义楚精《俱舍》，拟白氏六帖，纂释氏义理文章庶事群品，以类相从，计五十部，曰“百四十门”。始法王利见部，终师子兽类部。晤恩从皓端习天台义，明台宗章疏，因会昌毁废，文义残缺，谈妙之辞，没名不显。恩寻绎十妙之始终，研核五重之旨趣，讲大玄义、文句、止观二十余周。又慊昔人科节与荆溪记不符，因著《玄义文句》、《止观》、《金光明》、《金錍论科》，总三十五帖。义寂初学南山律，后造天台学止观，时章疏亡失，仅于金古藏中得《净名疏》，乃告韶禅师嘱人泛舟至日本购之。讲天台诸家之作外，又讲《法界》、《还源》等观，《禅源诠》、《永嘉集》，著《止观义例》、《法华》、《十妙》、《不二门》科节数卷。

卷八，神秀以五祖务空禅而以为真其师。又达磨对梁武及宋云见之于葱岭，此方成立。又秀尝述帝意作书招能。门人普寂、义福并为朝野所重，两京之间皆宗神秀。神会明六祖之风，荡其渐修之道。普寂之门盈而后虚。法持先从忍公，后从青山方禅师明宗极，命其入室传灯，而忍公谓传法十人持其一。《道俊传》有云："信、忍二公号其所化之法，曰东山无生法门。"魏靖缉成《永嘉集》（庆州刺史）。又玄觉与左溪朗为道契。觉念朗拘志于讲，滞见于山，回书激劝之。巨方、智升俱从秀，而答人门用语如马祖以后答话法（偈语、诗句）。降魔藏从南宗入而依北宗栖，其答秀问，仍南宗意。

卷九，义福未尝聚徒开法，普寂代秀领众。

卷十，遗则从慧忠受心要，善属文，序集融祖师文三卷，为《宝志释题》二十四章。南游傅大士遗风序，又无生等义，诗歌数十篇。

卷十二，宣宗之师为成都福感寺定兰开士，亦即有缘所事。又宣宗挂褡见普愿传。玄沙安立三句决择群见，过于雪峰。

卷十三，光仁不满香严，著四大等颂，略李长者论行于世。咸通之初禅宗兴盛，风起于大沩也。至如石头、药山其名寝顿。洞山悯物高其石头，往来请益，学同洙泗。本寂处众如愚，发言若讷……复注《对寒山子诗》。灵照本高丽人，居越州鉴清院，因对副使皮光业语不相投，被举摈徙龙兴焉或谓缘德有黄白术。

论曰：达磨立法要唯二种，谓理也行也……昔者于阗诸部谓《道行经》为婆罗门书，乌茶小乘谤大乘学作空花外道。

卷十四，道宣姓钱，其先乐之撰《天文集占》一百卷。据其母梦谓宣是僧祐后身，而祐则南齐剡溪隐岳寺僧护也。从智颙、智首习业，撰《法门文记》、《广弘明集》、《续高僧传》、《三宝录》、《羯磨戒疏》、《行事钞》、《义钞》等二百二十余卷。又感天人来谈律相，言钞文轻重仪中舛误，皆译之过，非师之咎，请改正。今所行皆重修本也。又因天人所撰《祇洹图经抄记》上下二卷，又口传偈颂，号《付嘱仪》十卷，授法文纲等。赞宁曰：《祇洹图经》、《付嘱仪》等，且非寓言于鬼神乎？道成敷四分一宗，先文纲依澄照（宣谥），后登成堂奥。又怀素著述多出其门，怀素先依法砺（五律宗师，著疏十卷），后听成讲，著《四分律记》，弹纠古疏十六失，新义半千百条。又著《俱舍疏》十五卷，《遗教经疏》二卷，钞三卷，《新疏拾遗钞》二十卷，《四分僧尼羯磨文》两卷，《四分僧尼戒本》各一卷。素宗有部，以法密部从化地部出，化地部从有部生，故出受体以无表色。又斥二宗云，相部无知则大开量中得自取大小行也。南山犯重，则与天神言论是自言得上人法也。故素疏出谓之新章。开元中嵩山宾律师造《饰宗记》以解释之，对砺旧疏也。又谓为东西塔律宗，因传习处为名耳。道岸本文纲高足，以江表多行《十诵》，罔知《四分》，岸请帝墨敕执行南山律宗。灵䛒从宣公及文纲、大慈，末涂惧失宣意，随讲收采所闻，号之曰记，以解删补钞也。又别撰《轻重诀》。苑陵玄胄亲睹其文，故援引之以解量处轻重仪焉。法砺作疏解昙无德律，满意往依授。玄俨从崇福意律师及融济律师受业，著《辅篇记》十卷，《羯磨述事》三篇，《金刚义疏》七卷。爱同讲《弥沙塞律》，初觉寿译此律已出羯磨一卷，继失。同遂于大律之内抄出《羯磨》一卷。又著《五分律疏》十卷，遗嘱西明寺玄通律师重施润色。※（按：大正2089，大和尚东征传印序鉴真之事，其第六次东渡时所带戒疏，颇有今不知名者，应考。）鉴真从道岸、恒景二律师处受业，后应倭僧荣叡、普照之请，东渡为传律之祖。普寂传《楞伽》心印，讲《起信》宗论二十余遍。南山律钞四十遍。昙一从玄昶律师学《通事钞》，从大亮律师传毘尼藏，从檀子法师学《唯识》、《俱舍》。初《四分》演说，始于魏法聪，聪授道覆。覆授光，随相部励律师作疏十卷。满意盛传此疏付亮。唐初宣公《四分律钞》三卷，详略同异。一著《发正义记》十卷，明两宗之踳驳，发五部之钤键。其中斥破南山持犯中可见也。前后讲《四分律》三十遍，《删补钞》二十余遍。

卷十五，灵一从维扬法慎学相部律，著《法性论》。齐翰专门相部义疏。朗然从灵隐远律师通《四分律钞》，后依昙一，著《古今决》十卷，解《四分律钞》。自序谓初依天竺威律师学习，复从远、一二师也。大义从深律师闻《四分指训》义，又从玄俨律师，后与迥律师师左溪朗学止观。义宣讲终南《事钞》，请业于周律师之庭，考核尤精，乃著《折中记》六卷以解之。盖慊融、济、䛒、胜诸师有所纰缪故也。时三宣（慧宣、德宣、义宣皆毘陵人）、三一（昙一、怀一、灵一皆出法慎之门）并称为美谈，先关中行智首《四分律疏》，魏郡法砺著疏别行。尔时关辅河北各竞宗派，微似参辰。宣公以首大疏为本，造《删补律钞》三卷，稍为会要，行事逗机。贞观以来，三辅江淮岷蜀多传唱之。怀素先习钞宗，后委弃宣、砺之学，别造《四分律记》，号新章。代宗大历中新旧互相短长，帝敕三宗律匠重定二家隆杀。如净推为宗主。净奏二疏二行，相国元载笃重怀素，命净为之作传焉。志鸿集大慈、灵誓已下四十余家师记，勒成二十卷，号“搜玄录”。然解判不无所长，科节繁碎是其短。灵彻与杼山昼公莫逆，能诗，著《律宗引源》二十一卷。省躬从道恒，著《顺正记》十卷。又分轻重、物仪、别行、沿袭十三章门条例外，外加近世现有物之重轻，颇为要用。真乘著《法华经解疏记》十卷，义嵩讲素疏杰出流辈。昙清难之，往返经州涉省，下两街新旧章南山三宗共定夺。嵩公理亏，令狐楚判转牒，据两街传律断清义为正。后著记号“显宗”，宗南山也。魏道覆律师于法聪讲下纂《四分疏》六卷。北齐慧光造疏三卷，次道云修疏九卷，次道晖著七卷。隋法愿《教疏》十卷，唐智首述疏二十一卷，慧满造疏二十卷。武德元年相州日光寺法砺，述疏十卷，宗《成实》，称旧疏。后素公开《四分律宗记》十卷，依有部，称新事。后两家纷争，如净、圆照等十四人受敕楷定，《佥定疏》十卷，仍奏新旧两疏并行。照又撰《安国寺利涉法师传》十卷，集景云、先天、开元、天宝制诰三卷，肃宗、代宗制旨碑表集二卷，不空三藏碑表集七卷。隋传法高僧信行，禅师碑表集三卷，西寺上座乘如集三卷，一行制表集三卷，般若三藏续古今翻经图记二卷，大乘理趣六度经音义二卷，三教法王存没年代本记三卷。翻经大德翰林待诏光宅寺利言集二卷，再修释迦佛法王本记一卷，佛现八相身利益人天成正觉记一卷。判方等道场欲受近圆沙弥忏悔灭罪辨瑞相记一卷，五部律翻译年代传授人记一卷，庄严寺佛牙宝塔记三卷，无忧王寺佛骨塔记三卷，传法三学大德碑记集十五卷。建中兴元贞元制旨释门奏表记二卷，御题章信寺诗太子百寮奉和集三卷，贞元续开元释教录三卷。

卷十六，从道恒鸠集诸家要当之说，解《南山钞》，号“集义”。丹甫从亘文律师，文即省躬高足。甫著《手记》。慧则从法宝受业，讲《俱舍》、《丧服仪》，出三界图一卷。至明州育王寺，出《塔记》一卷，出《集要记》十二卷。元表亦从西明法宝讲南山《释钞》，著《义记》五卷，号“鉴水”。景霄著《简正记》二十卷。徽猷出《义记》，希觉从慧则著记广《集要记》，曰《增晖录》二十卷。又著《会释记》二十卷，解《易》，以付赞宁。又著拟江东□书五卷，杂诗赋十五卷，注林鼎金陵怀古百韵诗杂体四十章。

卷十七，复礼有文集，其《真妄偈》惟清凉澄观得其旨趣。又著《十门辨惑论》三卷。惠立作《奘师传》未成而卒，彦悰续成之，故曰笺。又吕才造《释因明图注》三卷，非斥诸师正义，立作书责之，才由兹而寝。玄嶷造《甄正论》。利涉著《立法幢论》一卷。神邕从玄俨学《四分律钞》，俨新出《辅篇律记》，惟邕深通。又从左溪习天台观法，有诗文集十卷。又著《破倒翻迷论》三卷，破吴筠邪论。又《天台地志》二卷，李翱从药山及紫玉禅翁问道后，著《复性书》。无名著疏解《弥陀经》。楚南著《般若经品颂偈》一卷，《破邪论》一卷。玄畅著《历代帝王录》，《显正记》十卷，《科六帖名义图》三卷，《三宝五运》三卷。惟劲作《五字颂》颂五章，显华严性海。又《续宝林传》录贞元以后禅门源脉，又《南岳高僧传》。

论中有云："六亲不和有孝子，今我传家止劝将来二教和同，弗望后生学其讦直。"亦可笑矣。

卷十八，新罗玄光从南岳思禅公证法华三昧，思许之，命返国弘化。

卷十九，徐果师亦言卫元嵩难测之士。

卷二十，以黄蘖等入感通传，实欠斟酌。

卷二十二，李长者论，大历九年六月广超到五台山收召缮写流通之。大中中志宁将论注入经下，论有会释七卷，不入注文，亦写附于初。宋乾德初，惠研重更修理，立名曰"华严经合论"也。幽州僧惠明，鸠诸伪经并《华严论》同焚之，盖法门不相入耳。

卷二十三，无染从中条山受业，讲《四分律》、《涅槃》、《因明》、《百法论》。惠明参文益深符正理，悟先所宗不免生灭情见，后回浙隐天台白沙立草寮，有雪峰长庆之风。到者皆崩角摧锋，谓明为魔说。翠岩参公率诸禅伯，于僧主思宪院定其臧否。明之口给，无能挫衄，汉南国王赐号圆通普照禅师。然行玄沙正眼，非明曷能致此。

卷二十四，崇政精《俱舍》，道绰著《安乐集》讲观经。

卷二十五，少康听《华严》、《瑜伽》于龙兴寺，因善导行《西方化导文》未念佛。后唐长庆间胡僧往往自称五印度人。行瑫从智新传南山律钞，因慧琳音义不传，遂著《大藏经音疏》五百许卷。赞宁谓其不应称疏。守真依从朗师学《起信》，依性光传《法界观》，依秘阇黎授瑜伽教，开灌顶道场五遍，水陆道场二十遍，又专修净业。

卷二十六，肃宗造塔，其中文殊、维摩是王府友吴道子装塑。玄朗与印宗（会稽妙喜寺）商榷《涅槃》，又从慧威学天台义，又从恭禅师重修观法，著《法华经科文》二卷。付法弟子道宾、慧从、法源、神邕、守真、道遵、道原，行其道者号左溪，其传法号五祖。增忍著《三教毁伤论》，又《大悲论》六卷。

卷二十七，含光从不空受业，在狮子国属尊贤阿阇黎，建大悲胎藏坛。还后在五台与湛然相见，光曰有一国僧体解空宗，嘱光翻智者宗义为梵，盖南印土多行龙树宗。赞宁曰：梁武时，吐谷浑夸吕可汗，来求佛像及经论十四条。帝与所撰《涅槃》、《般若》、《金光明》等经疏一百三卷付之。原彼使必通华言，到彼后以译之成胡。彼亦有僧，必展转从青海西达葱岭北诸国，不久均行五竺，更无疑矣。故车师有《毛诗》、《论语》、《孝经》，置学官弟子以相教授。虽习读之，皆胡语也。又唐西域求《易道》，诏僧道译成梵文，因二教争菩提为道，纷拏中辍。（又云：东人性敏利，好略，验其言少而解多也。西域人淳朴、好繁，证其言重而后悟也。由此观之，西域之人利在乎念性，东人利在乎解性）文质讲《四分》、《俱舍》。宗亮著岳林碑诗集三百许首，及赞颂并行于世。昙林习通渐教，精四分相部疏。海云之徒守节，高力士之子，从卧伦参六祖禅。

卷二十八，杨凝式笃重智晖，智江讲名数一支，著《瑞应钞》八卷，住院塑佛像二，及十六罗汉。永安以《华严》、《李论》为会要，合经雕版，其事在汉南国王钱氏之时。安开宝甲戌岁终。普胜从洛都崇法大师学《唯识论》（时法盛化唯识），中山贞辩钞讲多误失所然，昌言曰，繁略不均，解判非当，乃删多补少为四卷。

论曰：齐太宰作净住法，梁武帝忏六根门。澄照略成《住法图》，真观广作慈悲忏。至乎会昌年内，玄畅请修加一万五千佛名经。自淮以南，民间唯礼梁武忏。其有江表行水忏法者，悔其滥费过度之僭。此人伪造，非真法也。

卷二十九，慧日从义净学，又至印礼圣求法，即慈愍三藏，著往生净土集，与善导、少康异时同化。神迥得旨于左溪，为朗师真影赞及《法华文句序》。道邃湛然付以《止观辅行记》，于时同门元浩迥知畏服，不能争长。最澄从之受业以归，倭僧遥礼邃为祖师。皎然著《诗式》，或以为过于沈约《品藻》、慧休《翰林》、庾信《诗箴》。颜真卿命禅赞《韵海》二十余卷，好为五杂俎篇，有集十卷。又《儒释交游传》、《内典类聚》四十卷，《号呶子》十卷。

卷三十，栖隐与贯休、处默为诗友，有《桂峰集》。无作涉略极博，又从雪峰明心，善诗能书，述诸色礼忏文数十本。注道安六时礼佛文一卷，并诗歌行于代，自号逍遥子。贯休与处默同削染，邻院而居。休能诗画，其弟子昙域精篆文，重集许慎许文，见行于蜀，有诗集。齐己有《白莲集》，自号衡岳沙门。昝光有《文集》，能书。宗渊有《洛西集》，著挽辞五十首。

（四）唐道世《法苑珠林》卷三云："义壁云，初禅如乡，二禅如县，三禅如州，四禅如国。"卷四论天引《列子》张虔注云："天地无所从生，而自然生。"又引《春秋感精符》、《春秋说题辞》、《春秋繁露》、《尔雅·苍天·昊天》等李巡注，《洛书甄曜度》、《诗推度》，宋均注，《春秋演孔图》、《春秋元命苞》、《河图始开》、《河图括地象》、《河图帝通纪》、《易稽览图》、《师旷占》、《异苑》等说。卷五云古今善恶福祸报应有《宣验》、《冥祥》、《报应感通》、《冤魂》、《幽明》、《搜神》、《旌异》、《法苑》、《弘明》、《经律异相》、《三宝征应》、《圣迹归心》、《西国行传》、《名僧》、《高僧》、《冥报拾遗》等。论人形大小，引《春秋演孔图》、《吴越春秋》、《凉记》、《河图玉版》、《龙鱼河图》、《洪范五行》、《神异经》、《外国图》、《蜀王本记》、《魏志》、《魏略》。明修罗引《西国志》及玄奘传说。卷十引宣律师闻于天人所记之书，卷十一亦有引。按：宣师此书，余昔疑人伪记，勘怀素对于宣师之非难，则确为宣师手笔，实妄作也。无怪乎招人诽谤矣。卷十五云具述净土观法，备在《大小乘禅门》十卷中说。又引《西域传记》，请摩腾竻作沙门，将弥陀像来。卷十六云：广明三归功力，具如《敬福论》三卷。又引赞弥勒四礼文，注云：奘法师依经翻出。又引王玄策《西国行传》。卷二十九引梁《贡职图》，谓有女国云云。卷三十三，明旃檀佛像，引《外国记》。卷三十五，明袈裟，引《西域志》及道宣《感通记》。又明燃灯，引波颇之说及《感通记》。卷三十六、明幡幢，引《梁京寺记》、《吴均春秋》。明香引《异苑》、《述异记》、《幽明录》、《许迈别传》、《博物志》、《扶南传》、《述征记》、《续汉书》、《广志》、《吴时外国传》、《江表传》、《魏略》、俞益期笺、《南州异物志》、《南方记》、竺法真《登罗山疏》、《南方草木状》、《周易系词》王广注，《易通卦验》，稽合《槐香赋》、《十州记》等。又明梵呗，谓康僧会传泥洹呗，后世音声咸取则之。道安集上经上讲布萨等，至曹植而成六契云云。卷三十八明塔，引《会稽记》、《西域志》等。卷三十九明伽蓝，引宣师《祇桓寺感通记》、《西国寺图》、《西域志》等。卷四十明舍利，引隋王邵《舍利感应记》（二十一卷）等。卷四十二、明食讫，引《波离论》、《摩德勒伽论》、《善见论》及《出要律仪》、《耶舍传记》等。卷四十五审学部，引《白泽图》等。卷四十九、明孝，引郑缉之《孝子感通传》，刘向《孝子传》，宋躬之《孝子传》，祖台《志怪》、《东观汉记》、《李归心录》等。卷五十七、负债篇，引《洛阳寺记》，恐即《洛阳伽蓝记》也。卷六十一、咒术感应，引《异苑》，孔炜《七引》等。卷六十二、明占相，引《周史》等。卷六十三、明祈雨，引《耶舍法师传》等。园果篇引王安策《西国行传》等。卷六十四、慈悲部，引玄奘《西国行传》等。卷六十七、地狱，引《黑子传》、《玄中记》、《咗传》等。卷七十三、杀生，引《弘明杂传》等。卷七十五、邪淫，引《志怪》等。卷八十六、忏悔部，引昙迁法师十恶忏文，虚祐法师总忏十恶偈，及长安延兴寺玄琬律师偈。卷九十一、受斋，引侯君素《旌异记》等。赏罚，引王玄策《行传》。卷九十四、酒肉感应，引《洛阳寺记录》等。卷九十五、病苦，引《志怪集》等。卷九十

七、送终，引《丧服要记》、《洛阳寺记》。卷一百先述历代译经数，及译人数，次存此土著述目录，约数百种，颇多要籍（其中有《起信论疏》，梁太清四年真谛撰）大应参考。又次述历代寺及僧尼数，又次述佛生卒年月诸说。其中王玄策《西国行传》所记年（至今年）约为二千六百余年，为合于今日之推算也。总观此书，于义虽无可取、保存、集合甚多史实于一处，使初学便于搜寻，则大有功。又其引证所据《冥祥记》、《冤魂记》、《冥报拾遗》等为最多云。

绀珠集乙之一（自习用稿）

《中论》探玄记

《中论》为显示真实般若波罗蜜、对治相似般若波罗蜜而作也。相似般若波罗蜜者，上座僧祇之徒巧于释名、陋于知意，谓十二因缘、五阴、十二入、十八界等有决定相，不足以尽佛之微旨。然已超越邪流，不同魔说，故无著菩萨贬之为相似已，而又称之为般若波罗蜜，今从其意，叙相似般若波罗蜜中，先列小乘所斥邪见，次叙小乘计执。

表一：

小乘所斥邪见：
- 有言万物从天自在天，或韦纽天，或世性，微尘等生。（观因缘品第一）——生见
- 我于过去世为有，为无，为有无，为非有非无。（观邪见品第二十七）——常等四见
- 我于未来世为作，为不作，为作不作，为非作非不作。（观邪见品第二十七）——迹等四见

※（考《智论》卷七左初。）

表二：

小乘计执	法执	染	执有五阴虚诳妄取相（观行品第十三）	三科	相（世谛）性（真谛）
			执有眼耳鼻舌身意六情行色等六尘（观六情品第三）		
			执有五阴，（观五阴品第四）		
			执虚空地水火风识各自定相，有定相故则有六种（观六种品第五）		
			执有时及上中下一异等法，以相因待故有（观时品第十九）		
			执因果一，或因果异，或自体生，或他生，或共生，或有生，或无生，或四缘生（观因缘品第一）	流转	
			执三时有作，以有作故，当知有诸法（观去来品第二）		
			执万物以生法生，以往法往，以灭法灭，有故诸法（观三相品第七）		
			执有合，根尘我三事和合生故（观合品第十四）		
			执诸法各有性，以有力用故，是性从众缘合时则出，又执有无（观有无品第十五）		
			执诸行有缚解（观缚解品第十六）		
			执决定有七业，令一切众生受果报，（观业品第十七）		
			执果从众缘和合有，（观因果品第二十）		
			执世间一切事似成球相，是故有成坏，（观成坏品第二十一）		
			执因果常生灭相续，往来不绝，生灭故不常，相续故不断（观成坏品第二十一）		
			执六入生净不净颠倒，忆想分别，因净不净颠倒忆想分别生贪嗔痴（观颠倒品第二十三）		
			执有众生，有生死前后际（观本际品第十一）	流转	
			执有十二因缘生灭（观十二因缘品第二十六）		
			执众生有缚解（观缚解品第十六）		
		净	执有不生不住不灭之无为法（观三相品第七）	真知	
			执有空法（观行品第十三）		
			执有涅槃（观涅槃品第二十五）		
			执有见苦断集证灭修道四事，故有四谛，破四颠倒得通达故（观四谛品第二十四）	法宝	
			执有究竟道，阿耨多罗三藐三菩提（观四谛品第二十四）		
	人执	染	执有染者为贪嗔痴三染法依止，起三业三界，故有一切法（观染染诸品第六）	所能取	
			执有作者作业及作，三事和合，故有果报（观作作者品第八）		
			执本住先眼耳等根苦乐等法有（观本住品第九）		
			执有受（五阴）受者（人）（观然可然品第十）		
			执有我我所，（观法品第十八）		
			执人自作苦自受苦，或执他人作苦与此人，或执共作，或执无因作（观苦品第十二）		
			执有众生，有生死前后际（观本际品第十一）	流转	
			执有十二因缘生灭（观十二因缘品第二十六）		
			执众生有缚解（观缚解品第十六）		
		净	执如来实有（观如来品第二十二）	——佛宝	
			执有四果四句（观四谛品第二十四）	——僧宝	

凡此计执执皆属智障，徘徊不二之门，跋涉无生之国，徒劳工力，莫知其乡者也。故必以真实般若波罗蜜开示之，真实般若波罗蜜者大乘中道义也。兹分两番释之：一分别二谛、二究竟推求世间涅槃实际无毫厘差别。分别二谛者，凡夫贪著，不见诸法实相，爱见因缘故，见法生时谓之为有，取相言有，见法灭时谓之为断、取相言无，种种戏论生起诸业烦恼，流转无穷，所谓无明缘诸行、从诸行有识著、从识著有名色、从名色有六入、从六入有触、从触有受、从受有爱、从爱有取、从取有有、从有有生、从生有老死忧悲苦恼（恩爱别苦、怨憎会苦等）。诸圣悲愍，欲止其倒，说诸行虚诳妄取相，但以世俗言说故有。第一义中，所谓诸法不自生，亦不从他生，不共不无因，但众缘具足和合而生，生属众缘，无有自性。而众缘未生果时，不名为缘，但眼见从缘生果，名为之缘，亦无自性，无自性者无法，无法何能生，是故果不从缘生，则实无果，果实无故，缘亦实无，是故缘果俱空，去时之与去法、生法之与生时、见可见见者之与见法、有无之与众缘、缚之与解、业之与报、因之与果、成之与坏、生之与灭、净不净颠倒之与贪嗔痴（以上法执流转）；眼之与色、色阴之与色因、虚空相之与虚空法、婴儿色之与匍匐色、物之与时（以上法执三科）；染者之与染法、作者之与作业、本住之与根法、受者之与受、我之与我所、苦之与人（以上人执能所取）；生之与死、缚之与解、大苦阴集之与大苦阴灭（以上人执流转）；通达四谛之与破四颠倒、究竟道阿耨多罗三藐三菩提之与诸法（以上法执法宝）；如来之与五阴（以上人执佛宝）；四果四向之与见断证修四行（以上人执僧宝），亦皆如缘果之相因相待、无有自性，故曰：诸法从本已来，毕竟空性，非生非灭、非去非来、非一非异、非离非即、非前非后、非合非散、非有非无、非常非断、非成非坏、非缚非解、非净非染、非圣非凡，浩然大均而一归于不可得。是故《观法品》云：“诸法从众缘生，不即是因，亦不异因，是故不断不常。（若果异因则是断，若不异因则是常。）若行道者，能通达如是义，则于一切法不一不异、不断不常，若能如是，即得灭诸烦恼戏论，得常乐涅槃。”※（按《大经》卷五七一云：“诸法从因缘生，世俗故有。不起常见，知因缘法本性皆空，不生断见。”同《中论·观业品》所云：“虽空亦不断，虽有而不常。”《智论》亦数见此义）《观涅槃品》亦云：“无得亦无至，不断亦不常，不生亦不灭，是说名涅槃。复次，经说涅槃非有、非无、非有无、非非有非非无，一切法不受内寂灭名涅槃……是故一切时一切种求涅槃相不可得。”※（此所云空非断灭空、非拨无因果之空，即此业果缘起无自性说空，故曰而可眼见。记文昧此）或曰：《观业品》云何说“业虽无实，而可眼见，如是生死身作者及作业，亦应如是知”？是则一切法非全不可得。解曰：非生非是生，非有非生也，不住于生，不住于非生；非灭非是灭，非有非灭也，不住于灭，不住于非灭。余一切亦尔，则实无法足以当情，生死身作者作业何物，而犹可得。论主之喻梦幻，为愚顽设方便，非谓实有梦幻法也；梦幻法实，说法性空为无益也。真性有为空，缘生故如幻，空幻无分也。若谓遍计所执空、如幻依他有者，则依他、圆成是一，而依他为诸法实性矣。方便者，凡夫不了众缘生法自性空，而知梦幻依他非实有，觉者就其所许，立以为喻，（对实说幻，观法是幻非实。深密此所见者，无实象身，然有幻状发象身想，不如所见执为谛实，彼于后时不须观察。若并此幻象而简之，则恶取空、非善取空矣）先使等观万法，如幻非实。次使了知非实性空，心无所住也。是故《观三相品》云："问曰：若是生住灭毕竟无者，云何论中得论名字？答曰：生住灭相，无有决定，凡人贪著谓有决定。诸贤圣怜愍，欲止其颠倒，还以其所著名字为说。语言虽同，其心则异，如是说生住灭相不应有难，如幻化所作不应责其所由，不应于中有忧喜想，但应眼见而已，如梦中所见不应求实。如乾闼婆城日出时现而无有实，但假为名字，不久则灭。生住灭亦如是，凡夫分别为有，智者推求则不可得。"《观业品》亦云："问曰：汝虽种种破业果报及起业者，而今现见众生作业受果报，是事云何？答曰：如佛神通力所作化人，是化人复化作化人，如化人无有实事，但可眼见，又化人口业说法，身业布施等，是业虽无实而可眼见，如是生死身作者及业亦应如是知，……如是等诸业皆空无性，如幻如梦如响如焰。"《观然可然品》亦云："问曰：若无然可然，不应以一异法思惟，若汝许有一异法，当知有然可然，若许有者，则为已有。答曰：随世俗法言说不应有过，然可然若说一若说异不名为受，若离世俗言说则无所论，若不说然可然，云何能有所破？若无所说，则义不明。如有论者欲破有无必应言有无，不以称有无故而受有无，是以随世间言说无咎，若口有言便是受者，汝言破即为自破。然可然亦如是，虽有言说，亦复不受，是故以一异法异惟然可然二俱不成。"《观法品》亦云："问曰：知佛以是四句因缘说，又得诸法实相者以何相可知？又实相云何？答曰：若能不随他，不随他者，若外道虽现神力说是道是非道，自信其心而不随之，乃至变身虽不知非佛，善解实相故心不可回，此中无法可取可舍故名寂灭相。"※（《智论》卷二十七云："自知自证，不随他语，若魔作佛形乘，心亦不惑"同）又梦幻喻者，菩萨入世救生之观境也，菩萨乘如而来，应物如镜，故虽悉见一切诸法而无住无为，则其所现如梦如幻而已。是故《观六种品》云："智者见诸法生即灭无见，见诸法灭即灭有见。※（智者见如幻之生，不执法定无有如龟毛兔角，故灭无见；见如幻之灭，不执法定实有如自性神我，故灭有见。非谓灭无见即见实有诸法，灭有见即谓诸法实无也。何以故？实有即是常，即不能"灭有见"；实无即是断，即不能"灭无见"。如幻故，生实不生、灭实不灭。故说，灭无更可说灭有，灭有更可说灭无也，灭无即灭有、灭有即灭无也。）是故于一切法虽有所见，皆如幻如梦，乃至无漏道见尚灭，何况余见。”然而众生多执，或有见破自性求他性、见破他性求有性、见破有性求无性、见破无性则迷惑者，是其取舍如弥猴，终难与把臂入林者矣。究竟推求世间涅槃实际无毫厘差别者，于中复二：世间实际与涅槃实际无毫厘差别，涅槃实际与世间实际无毫厘差别也。世间实际与涅槃实际无毫厘差别者，以有空义故，一切法得成，若无空义者，一切则不成。何以故？若无空义，一切法各各应有自性，世间种种相天人畜生乃至芸芸万汇皆应常住不坏，则无四谛，无四谛故，无有四果；无四果故，亦无如来。如是则一切果皆无作无因。又不作不因，又一切作者不应有所作，又离作者应有业有果报有受者，但是事皆不然。故《观五阴品》云：“若人有问者，离空而欲答，是则不成答，俱同于彼疑。若人有难问，离空说其过，是不成难问，俱同于彼疑。”夫问难解答离空而即同于疑，则无生中生、无灭中灭，即刀山剑树地狱火坑是寂静相，即畜生饿鬼阐提修罗是庄严身，复何真妄、染净、世间涅槃之，可隔截为二耶？涅槃实际与世间实际无毫厘差别者，以有有为故，得见无为，有为既空，无为更何可得？如论中说：无明息故诸行亦不集，诸行不集故，见谛所断身见、疑、戒取等断，思惟所断，贪恚、色染、无色染、调戏、无明亦断，以是断故，一一分断。无明、诸行、识、名色、六入、触、受、爱、取、有、生、老、死、忧悲、苦恼、恩爱别苦、怨憎会苦等皆灭。以是灭故，五阴身毕竟灭，更无有余。定有空等亦不可说。不然，清净本然，云何忽生山河大地，先于根法，以何可说可知？是故《观缚解品》云：“诸法实相第一义中不说离生死别有涅槃，如经说，涅槃即生死、生死即涅槃，如是诸法实相中，云何言定是生死是涅槃？”《观如来品》亦云：“诸法空则不应说，诸法不空亦不应说，诸法空不空亦不应说，非空非不空亦不应说。何以故？但破相违故以假名说……此品中思量推求如来性即是一切世间性。问曰：何等是如来性？答曰：如来无有性，同世间无有性。”※（藏要本注云：“无畏次云，以如来无性与诸趣无性平等，非功德平等也。佛护释云，此依胜义而说。”）《观法品》亦云：“因破我法有无我，我决定不可得，况有无我。若决定有无我，则是断灭生于贪著。如般若中说，菩萨有我亦非行、无我亦非行。问曰：若不说我非我、空不空，佛法为何所说？答曰：佛说诸法实相，实相中无语言道，灭诸心行。”《观涅槃品》亦云：“如来灭后有无等不可得，涅槃亦如是。如世间前际后际、有边无边、有常无常等不可得，涅槃亦如是。是故说世间涅槃等无有异，……从因缘品来分别推求诸法，有亦无、无亦无、有无亦无、非有非无亦无，是名诸法实相，亦名如法性实际涅槃，是法如来无时无处为人说涅槃定相，是故说诸有所得皆息、戏论皆灭。”※（《智论》卷十九引云：“涅槃不异世间，世间不异涅槃，涅槃际世间际，一际无有异故。”又《智论》卷四十二云：“世间即是涅槃相，涅槃相即是世间相，一相所谓无相。”）颂云：“诸法不可得，灭一切戏论，无人亦无处，佛亦无所说。”《观行品》亦云：“若有不空法，则应有空法。实无不空法，何得有空法。大圣说空法，为离诸见故。若复见有空，诸佛所不化。”此处迥绝言思，冲漠无朕，是诸佛取证之心源※（藏要本注云：“无畏原云，乃至究竟边际不可得皆平等故。”），是万法建立之根本（如《维摩经》说，依无住本立一切法。），如如不二，穆穆恒真，盖三界之极则也，是故《观四谛品》说颂云：“众因缘生法，我说即是空，亦为是假名，亦是中道义。”※（藏要本注云：“番梵作即此是中道，结上文也，但月称释云，缘起法不自生为空，即此空离二边为中道云。”）《释》云：“众因缘生法，我说即是空。何以故？众缘具足和合而物生，是物属众因缘故无自性，无自性故空。空亦复空，但为引导众生故以假名说。离有无二边故名为中道，是法无性故不得言有，亦无空故不得言无。”夫如是而后，诸执尽遣，一法不立。※（一切无所得之谓中，必无所得而后能不落边际也。无所得者，心行言语断，寂灭如涅槃也。《智论》卷六云：“如偈说，因缘生法，是名空相，亦名假名，亦说中道。若法实有，不应还无，今无先有，是名为断。不常不断，亦不有无，心识处灭，言说不尽）救弊正偏，差有所讬，然最易为颟顸者之所承当，亦最难辨其正似，蛙声紫色，充塞耳目，盖龙树菩萨之罪人犹不足以相似般若波罗蜜贬之矣。智者大师问观心论中有云：“问观自生心，云何无文字，一切言语断，寂然无所说。若不能于观一念自生心，一一念答此问者，即是天魔外道眷属。”斯言也，凡学佛者，允宜书之于绅，念念勿忘。

附　录

龙树唯心义　幻有依他，即是依分别，即是唯心，而《中论》于唯心义言之过略，仅《观本住品》云：“若离眼耳等根，苦乐等法先有本住者，以何可说？以何可知？”《观颠倒品》云：“色声香味触法自体未与心和合时空无所有，如焰如梦如化人如镜中像，但诳惑于心，无有定相。”※（幻必空也，空必幻也，幻必唯心也。何以故？物是死物，不能幻现，能幻现者必非死，故说唯心也。不然，物应有常住实性，而世间求之不可得，故曰唯心也。不然，何为而说心无所住也？龙树仅就第一义边说，故略唯心。若非唯心故空，则应物无所住，则成千古笑谈矣。何以故？物不知住不住也，即尔，必非唯物，亦非心物并，必是唯心也）（吉藏《疏二十二》云：“观此论及《楞伽经》有二种意，一者从此想心谓有前境，实非有也，二者以从妄心生前境故，前境复诳惑于心，此二即是心生境、境生心，但原本从妄心生，实无前境也，想心谓有前境，实非有也。”）终不若《涅槃》四十所云“烦恼与身一时而有，虽一时有，要因烦恼而有于身，终不因身而有烦恼”之为简捷，虽然，论中于十二因缘属详不一详，十二因缘以无明为先，则亦何害其言之过略哉。

吉藏二谛中道义　吉藏二谛中道，非于二谛之外，别立中道也（考《大乘玄论》一明中道），其言曰：世谛即是因缘假有，因缘假有即是因缘假生、因缘假灭。因缘假生，不可定生；因缘假灭，不可定灭。不可定生故无性实之生，不可定灭故无性实之灭，故不生不灭为世谛中道。世谛空有，假生假灭，故说真谛有空，假不生假不灭（此下《玄论二》云："此不生灭非自不生灭，待世谛假生灭明其谛假不生灭，世谛假生灭既非生灭，真谛假不生灭亦非不生灭，故非不生非不不灭为真谛中道也。"较好）。不生不灭为真谛中道（此下《玄论二》云："有为世谛有生有灭，空为真谛不生不灭。此不生灭即是生灭不生灭，此生灭即是不生灭生灭。不生灭生灭是则非生灭。生灭不生灭是则不生灭。故非生灭非不生灭是二谛合明中道也。"好），以空有为世谛，世谛即生，有空为真谛，真谛名灭，既称空有即不有，故云不生，有空即非空，故云不灭。不生不灭即是非真非俗中道，则所谓二谛中道，即《中论》"是法无性故不得言有，亦无空故不得言无"也，智者一闻千悟，见说无性实生即契无得之旨，愚惑跋前疐后，扪烛扣槃，非剥至蕉心不能令识诸法实相，诚有所不得已也，奈何以其二谛中道之名有异经论而遽斥为违佛圣意哉！※（吉藏《百论疏》卷十云："但破尘想，实不破尘，实无尘境，横分别言有尘境故。尘想若无，尘即无尘，若无尘，想即无，更无异时。《摄论》一切皆是识，实无尘存有于识，以识为世谛，此是一往之言，借识破尘故，云尘无识有耳。就本末言之，实由心计尘而心外无尘，以心为本、以尘为末，则明尘无识有，此是一往之言。然就理言之，尘识俱无，约情辨之，尘识俱有。问：《三论》不明唯识，今云何用之？答：《三论》正明此义。《中论成坏品》云：若论以现见而有生灭者，则为是痴妄而见生灭，故知无生灭之境，皆是痴妄谓见之耳。《观颠倒品》云：色未与心和合时，空无所有，当之是心想谓有色耳，心外实无有色。《百论》破尘，如上引之。想谓有水，实无水可破。当知实无诸法于情谓有，于情即是横谓，横谓即是识也。"此言颇当。按：想为有水实无水可破，《百论破空品》文）《疏十九》云："若有一理，名为常见，即是虚妄，无一理亦然。亦有亦无则具足断常，非有非无是愚痴论。若具足四句，则备起众见，都无四句便为大断。今明若能离此等计，心无所依，不知何以之，强名之曰实相。此之实相是迷悟之本。"何其知言也？

八不阐微　※（《大经》卷三八四云："如实知一切从缘所生法不生不灭、不断不常、不一不异、不来不去，绝诸戏论，本性淡泊"）八不摄义殊丰，要须二谛阐发：

一，俗谛八不遣性门谓有为相，虽有生灭等八，皆依十二因缘建立，无实自性。外道所执之性实生灭，于此都无，故曰不生不灭等八不，此一重八不也※（考《摩诃止观》十近末十不生不不生等）。或说本无今有故不灭、暂有还无故不常、假名相续故不断、实法寂静故不生、差别可得故不一、毕竟同体故不异、因果不即故不来、因果不离故不出，亦成八不。实则不灭犹是生、不生犹是灭，乃至不来犹是出、不出犹是来，此二重八不也。※（《观心论疏》二会解八不三观及四句检生，大好，应考）

二，真谛八不遣假门，谓有为法生灭等相，既非决定，即是假有，假有随情，体性空寂，是故生实不生、灭实不灭，乃至来实不来、出实不出，此三重八不也，而执假为有之迷遣矣。假迷既遣，会物为己，目对玄黄而不辩其色，身随流转而不觉其异，非无非有，直契真空，则何生灭断常之有？是故实无有生曰不生，实无有灭曰不灭，乃至实无有来曰不来，实无有出曰不出，此四重八不也。

如是则释空有义尽，更进则非所知矣。

大致不差，陈义太简略，且此是《中论》青目释记，非中论记。何也？所引证皆青目释语也。又探玄者索入幽隐，非一册属义所可现见之谓，此并无特别表彰处，似不必袭取探玄之名。

住持法苑，务宜赏罚分明，祖述陈规，又其次也，假资利养，所不欲言。释迦分座为赏分明，迦叶闭户为罚分明，而衣褐怀玉者人知所师，眩饰多闻者自惭寡陋矣！不然，琐琐群盲，将以黼黻文章为不足观，窃袭名句，揣摩篇章为能事矣！其弊有不可胜言者，虽然欲求赏罚分明，顶门具眼方可。茫茫四海，竞眩闻持，众生福薄，可以知矣！已发大愿者，能不对此衔悲、勤严像教哉？！

绀珠集乙之二（自习用稿）

造论宗旨

造论宗旨

末世众生，虽寻经文不能通达。

大分深义所谓空也……但解释空，此□所说空，即中论□□□□法亦空故。

观因缘门第一

执有内外众缘生法，内（十二支）外众缘，执有我。

众缘所生法，是即无自性，若无自性者，云何有是法。……众缘皆空故，从缘生法亦空，是故一切有为法皆空。

执有五阴灭，更不生，余五阴之涅槃（无余），又执有无生法名涅槃（自性）

有为法尚空，何况我耶？有为法空故，当知无为涅槃法亦空。

是故有为无为（法空）及我（人空）皆空。

观有果无果门第二

执因中先有果，因中先无果，先有无果。

若先未生而生，今生已复应更生……是则无穷。

又有已先成，何用更生。又八因缘进退不可得。又若因中生有果，如果在器者，但是住处不名为因，故因相坏，器不作果故果相坏。又先有果，则不应言因缕有氎，若氎不作，则果无所从来，是果则常，如涅槃。又若因中本有果，即为异果作因，若未有，待缘作方有，即堕因中本无果，违本宗——破先有果。

若先无果而果生者，一一物应生一切物，又因相不成——破先无果。

若先亦有果亦无果，亦不然，有无性相违故——破俱。

我不说因中先有果，亦不受因中先无果，一切处推求不可得，是故果毕竟一切，一切有为法皆空，一切有为法皆是因是果，有为空故，无为亦空（法空），有无为尚空，何况我耶（人空）？

观缘门第三

执四缘生果。

略广众缘法，是中无有果，缘中若无果，云何从缘生。……若因中有果者，应离诸缘而有果，而实离缘无果。又于缘有果，以理推求不可得，若谓果缘中无而从缘生者，何故不从非缘生？是故无有因缘能生果者，果不生故，缘亦不生，缘果无故，一切有为法空，有为法空故，无为法亦空，有为无为空故，云何有我耶？

观相门第四

执生住灭为有为法相。

生是有为相，复应有三相，若生是无为，何名有为相？住、灭亦尔（破本生生生，悉同中论）。又此生若未生，云何能自生？若生已自生，已生何用生？是故生不自生，若不自生，云何生彼？是故生住灭是有为相，是事不然，故有为法空。

执无生无住无灭为无为法相（灭有为名无为涅槃、又无相是涅槃相）

无生无住无灭名无为相，无生住灭则无法，无法不应作相。（灭有为名无为涅槃，是故涅槃亦空。又若无相是涅槃相，以何相故知是无相？若以无相知是无相，无相是无，无则不可知。）

有为及无为，二法俱无相，以无有相故，二法则皆空，有无为法空故，我亦空，三事空故，一切法皆空。

观有相无相门第五

执有相、可相法。

有相相（有相之可相法。）不相，无相（无相亦不相。）亦不相，离彼相不相，相为何所相？是故相无所相，相无所相故，可相法亦不成。何以故？以相故知是事名可相，以是因缘故，相可相俱空，相可相空故，万物亦空，物空故非物亦空，一切有为法皆空，有为法空故，无为法亦空，有无为空故，我亦空。

观一异门第六

执物或相即是可相、或相异可相、或少分是相余是可相，故相可相常成。

以相可知名可相，所用者名为相（是故相所相是非一，若一自能表示者，眼应能自见。），凡物不能自知，如眼不能自见，是故说识即是相可相。是事不然。又若相即是可相者，不应分别是相是可相。又若相即可相，因（相）果（可相）则一，而实不一。——破一。

若说爱是涅槃，应言相可相异，若言灭爱是涅槃相者，则不得言异。又若无信则无三事，是故不得言异。又若相可相异，相更复应有相，则为无穷。——破异。

若可相中少分是相者，此又或者一中、或在异中。一异义先已破故，当知少分相亦破。——破少分。

如是一不可得、异不可得，更无第三法成相可相，是故相可相俱空，是二空故一切法空。

观有无门第七

执有无一时或非一时。（离无有有、不离无有有）。

有无性相违，一法中不应共有，如生时无死，死时无生。——破一时。

如先说法生时通自体七法共生，说离无有有，则害自教。又若离无常有有生者，不然，离无常，有实不生。又若不离无常有有生者，有则常无，若有常无者，初无有住，常是坏故，而实有住，故有不常无。——破非一时。

执有生时，已有无常而未发，灭时乃发，坏是有，如是生住灭老，得皆待持而发，有起时生为用令有生，生灭中间住为用持是有，灭时无常为用灭是有，老变生至住、变住至灭，无常则坏，得常令四事成就。是故法虽与无常共生，有非常无。

汝说无常是灭相与有共生，生时有应坏、坏时有应生。又生灭相违、住坏相违，老时无住、住时无老。是故汝说生住灭老无常，得本来共生，是则错乱。若生住时，虽有无常，不能坏有，后能坏者，何用共生为？如是有无共不成、不共亦不成。是故有无空。有无空故，一切有为空，有为空故，无为亦空，有无为空故，众生亦空。

观性门第八

执诸法不应尽空。（有性）

诸法若有性，则不应变异，而见一切法皆变异，是故当知诸法无性。……诸佛因缘法名为甚深第一义，是因缘法无自性故，我说是空。如是若知世谛则知第一义谛，知第一义谛则知世谛。……若谓诸法无自性从他性有者，是亦不然。他性即是他自性故，若自性不成，他性亦不成。若自性他性不成，离自性他性何处更有法，若有不成，无亦不成。是故今推求无自性、无他性，无有、无无故，一切有为法空，有为法空故，无为法亦空，有无为尚空，何况我耶？

观因果门第九

执果有自性，或从余处来。

众缘若一一中、若和合中，俱无果。若余处来者，则不从因缘生，亦无众缘和合功，是果即空。果空故，一切有为法空，有为法空故，无为法亦空，有无为尚空，何况我耶？

观作者门第十

执若自作，或他作，或共作，或无因作。

（裸形迦叶说，人是苦因，有我者说好丑皆神所作，神常清净无有苦恼，所知所解悉皆是神，神作好丑苦乐，还受种种身。又说他作苦或自在天作，又说共作、无因作。《中论》所无）

苦自作不然，自作即自作其体故；他作亦不然，众缘亦不自性有，不得自在故；共作亦不然，有二过故；无因生亦不然，有无量过故。

（小乘人设破裸形迦叶自作苦三条、他作苦一条、自在天作十六条、共作无因作各一条。亦《中论》所无）

执苦不空。

从众因缘生苦，破四种邪见，即是说空。若从众因缘生，则无自性，无自作即是空故。如苦空，当知有为无为及众生一切皆空。

观三时门第十一

执因与有因法（果），或前时或后时，或一时生。

若先因后从因生者，先因时则无有因，与谁为因？若先有因后因者，无因时有因已成，何用因为？若因有因一时，如牛角一时生，左右不相因。是故三时因果不可得。

（执陶师作瓶为先时因，因弟子有师教化弟子已，后时识知是弟子为后时因；灯与明为一时因）（若未有瓶，陶师与谁作因？如陶师一切前因皆不可得。若未有弟子，谁为是师？是故后时因亦不可得。灯明一时生，云何相因？）

如是因缘空故，一切有为无为法众生皆空。

观生门第十二

执生已（果起出）生、不生（未起未出）生、生时（始起未出）生。

若生生已生第二生，第二生生已，生第三生，如是生则无穷。（一物有无穷生，则应有无穷物，又无穷物应是一生）——破生已生。

若不生法生，则离生有生，是则不生。——破不生生。

生时生有生生过，不生而生过，又离生无生时，是故生时亦不生。又生时生则有二生，一以生时为生（以生为时体），二以生时生，又未有生无生时，生于何处行？生若无行处，则无生时生。——破生时生。

生不生生时皆不成，生法不成，无生住灭亦如是。生住灭不成故，有为法亦不成，有为法不成故，无为法亦不成，有无为不成故，众生亦不成。是故一切法无生，毕竟空寂故。（完）

以上《<十二门论 >抄》

百 字 论

《百字论》破：（中号码不贯者，表略）

（1）僧佉，一相；

（2）毗舍师，立异；

（3）外：有相（有相成故，一异亦成）；

（4）外：一切法有因；

（5）外：现有瓶衣等用故，则知一切法皆从因生不相形故成；

（8）外：非以一法为因，能生多法而物各有因；

（9）外：有我法故因果则还成；

（10）外：瓶衣等物是我所故当知有我；

（12）外：瓶现见故当知有瓶；

（13）外：有瓶有色故有瓶；

（14）外：我法不生灭，见亦不坏，不见亦不坏，何以故？我法常有故，因中有果微细不现，以先有故，后得成大，以是故知有因果；

(15) 外：若因先有果是过，今说因中先无而后有果生，离无生灭是故无过，有生灭故亦有亦无；

(16) 外：若无身不应有生住灭有为三相，若有有为则有无为，有为无为成故，一切法亦成；

(17) 外：若不欲令作有为相，应作无为相，何以故？无为遍一切处无方所故；

(18) 外：因有二种，从作因生法是无常，从了因生法是常；

(19) 外：若有为法无体相，云何而有实？又以名有定故，当知一切法不如梦；

(20) 外：汝虽种种破法是有，若言有法则坏汝说，若言是无，无何所破？

皆以内外反复救破，除第十六、第十七破义较详外，余皆简略，仅第十五说："以是故一切法无生"，第十八云："如瓶等物现见故是有，无为非现见故是无，何以故？无为无体相故无法，舍有舍无二俱舍故，能断我见及我所见，便得涅槃。如经中说：如智境见一切法空，识无所取故心识灭种子灭。"第十九云："世谛法皆如梦，梦非实有又非是无，亦非无因。"第二十云："汝法有体相，我则有所破，若本无体者，则我无所破，说曰：大人平等相，心无有染著，亦无有不染，都无有止住……信心求实法，不趣向三有，不取于无有，得证寂灭道。"（完）

以上《百字论抄》

百　论

舍罪福品第一

※○——颂；+——疏；-——释

※吉不吉是邪见气，又于一事此为吉，彼不吉，或非吉非不吉，不定故无吉，汝愚妄言吉不吉，如是吉事种种因缘求不可得，云何说吉不吉？

[1] 执，迦毗罗、优楼迦、勒沙婆等亦能明了诸法相，亦能说深净法。

佛略说善法二种，止相行相，息一切恶（身口意邪行）是名止息，修一切善（身口意正行）是名行相。

[2]执，婆罗呵波帝经（广主经）等，初皆言吉，以初吉故，中后亦吉，汝经初说恶故是不吉，是以言汝经有过。

断邪见故说是经，复次无吉故，复次自他共不可得故。（吉法不自生，无有法从自生故，亦二相过故，一者生、二者能生。亦不从他生，自相无故，他相亦无。复次无穷故，以生更有生故。亦不共生，二俱过故。）**复次初吉，余不吉。不吉多故，吉为不吉。**

执，吉自生故，如盐。（自性咸，能使余物咸）

前已破故（无有法自性生），**亦盐相盐中住故。**（盐虽他物合，物不为盐，盐相盐中住故，如牛相不为马相）

执，如灯。（自照亦能照他）又初生时二俱照故。又如咒（遥咒远人能令恼）、星（星变在天，令人不吉）故。（灯亦如是，虽不到暗，而能破暗）

灯自他无暗故。（自无暗故不自照，所照之处亦无暗故不能照他。）**又一法有无相不可得故。**（初生时名半生半未生，生不能照如前说，何况未生能有所照）**不到暗故。**（灯若已生未生俱不到暗，性相违故）**又太过实故。**（灯事不尔）

[3]外，恶止止妙，何不在初？又善行应在初，有妙果故。又已说恶止不应言善行，又已说善行不应说恶止，恶止即见善行故。

要先知恶然后能止，故先恶后止，又先除粗垢后除细垢。－（次行善法除于细垢，前离过然后受戒息粗垢＋）**又布施等是善行故。**（若谓布施是止悭法应是止恶者，诸漏尽人悭贪已尽，布施时止何恶？）**又止相息，行相作，性相违故，说善行不摄恶止。**

外，何等名不净施？

是恶止善行法，随众生意故，佛三种分别，下中上人施戒智。（施有二种，一者不净、二者净行，不净施名下智人。）**为报施是不净，如市易故。**（报有现报、后报二种。）**若人爱敬利益他故，不求今世后世报，是名净施。**

外，何等名不净持戒？

（持戒有二：一不净、二净，不净持戒者是中智人）**持戒求乐报为淫欲故如覆相。**（乐报有二：一者生天，二者人中富贵，为淫欲故，如覆相者，内欲他色，外诈亲善。）**行者念一切善法戒为根本，心不悔，一心，则生实智。实智生得离欲解脱，解脱得涅槃，是名净持戒。**

外，若上智者郁陀罗伽、阿逻逻等为上。又何等名不净智？

（智有二种：一不净、二净）**为世界系缚故不净，如怨来亲。**（世界智能增长生死，如怨家初诈亲附，久则生害）

[4]外，但智能增长生死，施戒亦尔耶。

取福舍恶是行法。（福名福报，福名因，福报名果。此中说因为果，行名将人常行生死中。）

外：何等是不行法？

俱舍。（俱名福报罪报，舍名心不著）

[5] 外，福不应舍，以果报妙故，亦不说因缘故。（福果无患，无可舍所以）。

福灭时苦。（外，福灭时苦者，罪生住时应乐，罪福相违故。）罪住时苦。（罪名罪报，罪报生时苦，何况住时）

外，常福无舍因缘故不应舍。（如经说能作马祀是人度衰老死福报处常）

福应舍，二相故。（能与乐能与苦，又有福报是乐因，多受则苦因，是福二相，二相故无常。）又汝言马祀福报常者，但有言说，无因缘故。又有漏净福无常故尚应舍，何况杂罪福？（如马祀业中有杀等罪故）

外，若舍福，不应作。

生道次第法，如垢衣浣染。（为舍罪故须作，为入道故宜舍。又如垢衣先浣后净乃染，浣净不虚也。所以者何？染法次第故，以垢衣不受染故。如是先除罪垢，次以福德熏心，然后受涅槃道染）

[6] 外，舍福依何等。

无相最上。（无相名一切相不忆念，离一切受，过去未来现在法心无所著，一切法自性无故，则无所依，是名无相，以是方便故能舍福。何以故？除三种解脱门，第一利不可得故，如佛语诸比丘，若有人言，我不用空无相无作欲得若知若见无增上慢者，是人空言无实。又此无相是无依、无得、不住、不著之异名，是总三空名也）

破神品第二（破执常遍我也）

[1] 外，不应言一切法空无相，神等诸法有故。（迦毘罗、优楼迦等言神及诸法有）

觉若神相，神无常。（觉实无常，相各异故，属因缘故，本无今有故，已有还无故）又若尔（神非生相）觉非神相。

外，神觉一也，又不生故常。（神非生相）又力遍故无过。（有处觉虽无用，此中亦有觉力。）又因缘合故觉力有用。

复次若觉是神相，无有是处，觉行一处故。（神遍一切处，觉行一处不能周遍）复次神与觉等。复次则有觉不觉相，又力有力不异故。（若有觉力处是中觉应有用）又堕生相故。（觉属因缘故则堕生相。若神觉不异，神亦是生相）

※（《智论》卷十二破神与此异。）（又卷十九亦有破，皆要）

外，如灯。（灯能照物不能作物，因缘亦如是）

灯虽不照瓶等而瓶等可得，因缘不合时觉不可得，神亦不能觉苦乐，故喻非。

外，如色。（色先有，灯不照则不了）

不然，自相不了故。（若未有照，人虽不了，色相自了。汝觉相自不了，故喻非）

[2]外，知与神异，是故神不堕无常中，亦不无知，何以故？神知合故，如有牛。（人与牛合，人名有牛。神情意尘合故神有知生。以神合知故，神名有知）

牛相牛中住，非有牛中。（虽人牛合有牛不作牛，但牛为牛。如是虽神知合，知相知中住，神不为知，汝言神情意尘合故知生，是知知色尘等。是故但知能知非神知）

外，能用法故。（人虽有见相，用灯则见，离灯则不见，神虽有能知，用知则知，离知则不知）

知即能知故。（神复何用？）灯喻非也，灯不知色故。（若不能知，不名为知。是故纵有能知，彼能何用？）

外，（神与）马身合故，神为马。（神知合故，神名为知）（人牛二形二神故疏，今身神共和则密）

不然，身中神非马。

外，如黑氎。（黑虽异氎，氎与黑合故名为黑氎。知虽异神，神与知合故，神名为知）

若尔无神。（若知不名神，神亦不名能知）

外，如有杖。（人与杖合，人名有杖，不但名杖，杖与人合，杖不名有人。神与知合，故神名能知。非知与神合故知名为神）

不然，有杖非杖。（有杖不为杖，如是知相知中非神中，是故神非能知）

外，一为种种相，如颇梨。（觉虽种种相，实是一觉）

若尔，罪福一相。（又珠先有，随色而变。然觉共缘生，故喻非。又珠新新生灭故，相则不一，汝言珠一者亦非）

外，果虽多，作者一，如陶师。（如是一觉能作损益等业）

陶师无别异。（益他觉、损他觉实有异相，又损益等与觉不异，故喻非）

外，实有神，比知相故。（以比知相故知有神，神知合故，神名能知）又行无故知无，如烟。又如手取。（不可以不取时不名为手）

不知非神。又汝说见共相比知故有神，此亦非。见去者去法到彼故。（见去者到彼，必知有去法，若离神无知，是事不然）又取非手相。（取是手业非手相，不以取故知为手故）

[3]外，定有神，觉苦乐故。

若恼亦断。（如刀害身时生恼，若刀害神神亦有恼者，神亦应断）

外，无触故，如空。（神无触故不可断）又如盲跛。（相假能去）

若尔，无去。（若神无触，身不应到余处，何以故？去法从思惟生，从身动生，身无思

惟，非觉法故，神无动力，非身法故，如是身不应到余处）又异相故。（盲跛二触二思惟故法应能去，身神无二事，故不应去）

外，如舍主恼。(烧舍时，舍主恼，而不烧)

不然，无常故烧。（又舍主远火故不应烧，汝言神遍满故，亦应断坏）

[4]外，必有神，取色等故。(神用眼等知色等诸尘)

何不用耳见？（若神见力，何不用耳见色？）

外，所用定故，如陶师。

若尔，盲。（神用眼见，则神异眼，神异眼则神无眼，神无眼，云何见？）

[5]外，有神，异情动故。(若无神者，何故见他食果口中生涎？）又一物眼身知故。(眼先识瓶等，暗中虽不相眼，身触亦知，是故知有神)

如盲。

外，如人烧。(离火不能烧)

火烧。(火自能烧，非人烧也)

外，如意。(如死人虽有眼无意故，神则不见，若有意，神则见，如是神用眼见，离眼不见）又意不自知，若意意相知，此则无穷，我神一故，以神知意，非无穷也。

若有意知，无意不知者，神复何用？又神亦神。（若神知意，谁复知神？若神知神，是亦无穷。我法以现意知去意，意法无常，故无咎）

外，云何除神？(但意知诸尘)

如火热相。（如火热无有作者）

[6]外，应有神，宿习念相续故，生时忧喜行。

遍云何念？（在神既遍，遍无更生念理）

外，合故念生。(神意合以势发故念生，虽合不发则念不生)

若念知。（若念生时知，应念即是知，神复何用？）

[7]外，应有神，左见右识故。

共：答二眼。（分知不名知，复次若尔无知，复次遍云何念，复次若念知，复次何不再耳见，复次若尔盲，复次如左眼见不应右眼识，神亦不应此分见彼分识。是故不应以左眼见右眼识故便有神）

[8]外，念属神，故神知。(念神中生，故神用念知)

不然。分知不名知。（若神一分处知生，神则分知，若神分知，神不名知）

外，神知非分知，何以故？神虽分知神名知，如身业。(如身分手有所作名身作)

若尔，无知。

外，如衣分烧。(如衣一分烧，名为烧衣，如是神虽一分知，名为神知)

烧亦如是。（一分烧故衣名烧者，今多不烧应名不烧。是以莫著语言）

破一品第三

※（《智论》卷一第二略破法与一异）

[1]外，应有神。有、一、瓶等神所有故。

不然。神已不可得故。今思惟有、一、瓶等，若以一有、若以异有，二俱过。

外，有、一、瓶等，若以一有，有何过?

若有、一，瓶一，如一，一切成，若不成，若颠倒。（随有处则有一瓶，随一处则有有瓶，随瓶处则有有一。是名如一，一切成。若有非瓶，瓶亦非瓶，有不异故，是名如一，一切不成。若瓶成故，有一亦成。若有一成故，瓶亦应成。以一故，是名如一，一切颠倒）

[2]外，物有一故，无过。（物是有亦是一，故有瓶处必有有一，非有一处皆是瓶）

瓶有二，何故二无瓶?

外，瓶中瓶有定故。（处处瓶中有瓶有，瓶有中有瓶，非在在有处有瓶）

不然，瓶有不异故。（有是总相，说有则信瓶等诸物，说瓶不信衣等诸物，瓶是别相，云何为一？）

外，如父子。（一人亦子亦父，如是总是别、别是总）

不然，子故父。

[3]外，应有瓶，皆信故。

有不异故，一切无。（若瓶有不异，瓶应是总相则无别相，无别相故无总相，是二无故一切皆无）

外，如头足分等，名身。（如是瓶与有虽不异而瓶非总相）

若足与身不异，何故足不为头?

外，诸分异故无过。

若尔，无身。

外，多因一果现故，如色等是瓶。

如色等瓶亦不一。（若瓶与色声等五不异者，不应言一瓶，若言一瓶，色分等亦应一，色等与瓶不异故）

外，如军林。（如是非一色名为瓶，亦不离色为瓶）

众亦如瓶。（若松柏等与林不异者，不应言一林，若言一林者，松柏等亦应一，与林不异故，如军等一切物尽应如是破）

［4］外，受多瓶故汝说色分等多瓶亦应多，是故欲破一瓶而受多瓶）

非色等多故瓶多。（我说汝过非受多瓶）

外，有果，以不破因，有因故果成。

如果无，因亦无。（汝法因果一故）又三世为一。

外，不然，因果相待成故，如长短。

因他相违共过故，非长中长相，亦非短中及共中。（长中无长相，以因他故，因短为长，短中亦无长性，相违故，长短共中亦无长，二俱过故）

破异品第四

［1］外，汝先言有、一、瓶异，是亦有过，有何等过？

若有等异，一一无。（各各无，瓶与有一异者，此瓶非有非一，有与一瓶异者，非瓶非一，一与有瓶异者，非瓶非一，如是各各失）

外，不然，有一合故有一瓶成。（异合故，异有三种：一合异，如陀罗骠求那；二别异，如此人彼人；三变异，如牛粪团变为灰团。以异合故瓶失一亦失，一失瓶亦失，有常故不失）

若尔，多瓶。（瓶与有合故有瓶，瓶与一合故一瓶，又瓶亦瓶，是故多瓶。汝言陀罗骠求那合异故瓶失一亦失，一失瓶亦失者，我欲破汝异，云何以异证异？应更说因）

外，总相故（有），求那故（一），有一非瓶。（瓶是陀罗骠）

若尔，无瓶。（非有非一，是则无瓶）

［2］外，受多瓶。（汝欲破一瓶，更受多瓶）

一无故，多亦无。（一瓶无故多亦无，先一后多故）又初数无故。（数法初一，若一与瓶异，则瓶不为一，一无故多亦无）

外，瓶与有合故。（瓶与有合故瓶名有，非尽有，如是瓶与一合故瓶名一，非尽一）

但有是语，此事先已破。若有非瓶则无瓶，今当更说瓶应非瓶。

外，无无合故非非瓶。（今有有故应有合，有合故瓶有）

今有合瓶故。（未与有合时，瓶则无法，无法故不应与有合）

外，不然，有了瓶等故，如灯。（有非但瓶等诸物因，亦能了瓶等物）

若有法能了如灯，瓶应先有。（若先有者，后有何用？若有合故有者，有是作因，非了因。）又，若以相，可相成，何故一不二？（若以有为瓶相故知有瓶者，若离相，可相之物则不成。是故有亦应更有相，若更无相，知有法为有者，瓶等亦应尔）

外，如身相。（以足分知有分为身，足更不求相。如是以有为瓶相故知有瓶，有更不求相）

若分中有分具者，何故头中无足？若分有者亦不然，何以故？有分如分。

（有分与分为一，无有有分名为身，如是足分等自有有分亦同破，有分无故诸分亦无）

[3]外，不然，微尘在故。（微尘无分，不在分中，微尘集故，能生瓶等果，是故应有有分）

若集为瓶，一切瓶。（微尘集为瓶时，若都集为瓶，一切微尘尽应为瓶。若不都集为瓶，一切非瓶）

外，如缕滴集力，微尘亦尔。

不然，不定故。（如一一石女不能子，如是微尘一一不能，多亦不能）

外，分分有力故，非不定。（不应以石女为喻，石女无力故）

分，有分一异过故。（分，有分，若一若异，是过先已破。又有分无故分亦无，若有分未有时，分不可得，云何有作力？若有分已有者，分力何用？）

[4]外，汝是破法人。（世人尽见瓶等诸物，汝种种因缘破）

不然，汝言有与瓶异，我说若有与瓶异，是则无瓶。又无见有、有见无故。（头足分等和合现是身，汝言非身，离是已别有有分为身，是故汝为妄语人）

破情品第五

[1]外，定有我所，有法现前有故。（情尘意合故知生，此知是现前知，是知实有故，情尘意有）

见色已，知生何用？若先知生，然后眼见色者，是亦不然，何以故？若不见色，因缘无故生亦无。

外，若一时生有何过？

若一时生是事不然。生无生共不一时生，有故无故，先已破故。复次眼为到色见耶？为不到色见耶？若眼去，远迟见。（若眼去到色乃见者，远色应迟见。而今近瓶远月一时，是故知眼不去，若不去则无和合，又若眼力不到色而见色者，何故见近不见远，远近应一时见）

复次，眼设去者，为见已去耶？为不见去耶？若见已去复何用？若不见去，不如意所取。（如意所取，则不能取）

复次，无眼处亦不取。（若眼去到色而取色者，身则无眼，身无眼故，此则无取。若眼不去而取色者，色则无眼，色无眼故，彼亦无取。又若眼不去而取色者，应见天上色及障外色，然不见，故此事非）

外，眼相见故。（见是眼相）

若眼见相，应自见眼。

外，如指。(不能自触)

不然，触指业故。（非指相喻非）

外，光意去故见色。(眼光及意去故到彼能取色)

若意去到色者，此则无觉。（意实不去，远近一时取故，虽念过未，念不在过去，念时不去故）

外，如意在身。(如意在身。而能知远)

若尔，不合。（意在身，色在彼，在彼故则无和合，若无和合，不能取色）

外，不然。意光色合故见。

若和合故见生，无见者。（汝谓和合故见色，若言但眼见色，但意取色者，是事不然）

[2]外，受和合故取色成。(汝受和合则有和合，若有和合，应有取色)

意非见，眼非知，色非见知，云何见？（如是虽复和合，云何取色？耳鼻舌身亦是如破。又今明合不得见故毕竟无见）

破尘品第六

[1]外，应有情，瓶等可取故。

非独色是瓶，是故瓶非现见。（香等合为瓶，瓶若现可见者，香等亦应现可见。而不可见，是故瓶非现见）

外，取分故，一切取，信故。

若取分，不一切取。

[2]外，有瓶可见，受色现见故。(汝受色现见故)

若此分现见，彼分不现见。（色有形故，彼分中分不现见，以此分障故，此分亦如是）

外，微尘无分故不尽破。(微尘无分故，一切现见)

微尘非现见。（若亦现见，与色同破）

[3]外，瓶应现见，世人信故。

现见无，非瓶无。（汝谓若不现见瓶，是时无瓶者，是事不然。瓶虽不现见，非无瓶，是故瓶非现见）

外，眼合故无过。(瓶虽现见相，眼未会时人自不见，是瓶非不现见相)

如现见生无，有亦非实。（若瓶未与眼合时未有异相，后见时有少异相生者，可说此瓶现见相生。然今实无异相生，是故现见相不生，如现见相生无，瓶有亦无）

[4]外，五身一分破，余分有。(五身是瓶。汝破一色，不破香等)

若不一切触，云何色等合？（汝言五身为瓶，是语不然，何以故？色等一分是触，余

分非触，云何触不触合？是故非五身为瓶）

外，瓶合故。（色分等各各不合，而色分等与瓶合）

异除，云何瓶触合？（若瓶触异，瓶则非触，非触云何与触合？若除色等更无瓶法）

[5]外，色应现见，信经故。（汝经言，色名四大及四大所造，造分中，色入所摄者，是现见。）

四大非眼见，云何生（所造色）现见？

外，身根取故四大有。（火等诸物四大所造亦应有）

火中一切热故。（四大中但火是热相。今火中四大都是热相，是故火不为四大之身，若余不热不名为火，坚、湿、动相亦尔）

[6]外，色应可见，现在时有故。

若法后故，初亦故。（若初无故，后亦无，是应常新，若然者，故相不应生，是以初微故随之，后则相现。今诸法不住故则无住时，若无住时，无取尘处）

外，受新故，故有现在时。（以现在时故，新故相可取）

不然，生故新，异故故。（若法久生，新相已过，是新相异新则名故。若故相生，故则为新，是新故但有言说。第一义中无新、无中、无故）

外，若尔，得何利？

得永离。（若新不作中、中不作故，如种子芽茎节坏华实等各不合，各不合故诸法不住，不住故远离，远离故不可得取）

破因中有果品第七

[1]外，诸法非不住，有不失故，无不生故。（种种果生时，种种因不失。若因中无果，果则不生，但因变为果，是故有诸法）

若果生故有不失，因失故有失。（汝言瓶果生时，泥团不失，瓶即是泥团。若瓶果生，是时失泥团因故，是则无因。若泥团不失，不应分别泥团、瓶有异。今实见形、时、力、知、名等有异，故有应失）

外，如指屈申。

不然，业能异故。（屈申是指业，指是能，若业即能者，屈时应失指，又屈申应是一。指喻非也）

外，如少壮老。

不一故。（少不作壮、壮不作老，喻非。）又若有不失，无失。（有不失者，泥团不应变为瓶，是则无瓶）（注：此外，世亲、吉藏又有旁论，不要）

外，无失有何咎？(若常故无失，泥团不变为瓶，无无常有何过？)

若无无常。无罪福等。

[2]外，因中先有果，因有故。(若泥中先无瓶，泥不应为瓶因)

若因先有果故有果，果无故因无果。(是瓶若破，应因中无果)

外，因果一故。(因变为果，更无异法，是故不应因中无果)

若因果一，无未来。(无未来故亦无现在，无现在故亦无过去，如是三世乱)

外，名等失、名等生故。(如一泥团为瓶，瓶破还为泥，但随时得名，其实无异)

若尔，无果。(若名失、名生者，名先无后有，故因中无果，若名先有，泥即是瓶，故知非先有果)

外，不定故。(泥团中不定出一器，是故泥中不定有名)

若泥不定，果亦不定。(一言因中先有果亦不定)

外，微形有故。

若先有微形(后粗时可知)，**因中无果。**

[3]外，因中应有果，各取因故。(作瓶取泥不取蒲)

若当有有、若当无无。(泥中当出瓶故因中先有果，今瓶破故应当无果，是以因中无果)

外，生住坏次第有故无过。

若先生非后，无果同。(若泥中有瓶生住坏者，何故要先生后坏？汝言未生故无破，如是瓶未生时无住、无坏。此二先无后有，故因中无果)

[4]外，汝破有果故，有断过。

续故不断，坏故不常。(从谷子芽等相续故不断，谷子等因坏故不常。如是诸佛说十二分因缘生法，离因中有果。无果故不著断常，行中道入涅槃)

破因中无果品第八

[1]外，生有故，一当成。(汝言因缘故诸法生，是生若因中先有、若因中先无，此生有故，必当有一)(又四句之中必当有一)

生无生不生。(若有生，因中先有，因中先无，如是思惟不可，何况无生)

外，生时生故无咎。(我不言若已生、若未生、有瓶生，第二法生时是生)

生时亦如是。(生时名半生、半未生，二俱过)

外，生成一义故。(今瓶现成，是即瓶生)

若尔，生后。(成名生已，故不应以成为生，生在后故)

外，初中后次第生故无咎。

初中后非次第生。（初中后共相因待，若离云何有？故初中后不应次第生）**一时生亦不然。**（若一时生，不应言是初是中是后，亦不相因待）

外，如生住坏。（如有为相生住坏次第有）

生住坏亦如是。复次，一切处有一切。（一切处名三有为相，若生住坏亦有为相者，今生中应有三相，一一中复有三相，然则无穷，住坏亦如是，不然，不名有为相。若汝谓生生共生如父子，是事不然，如是生生若因中先有相待、若因中先无相待、若因中先少有少无相待，是三种破情中已说。又，如父先有，然后生子，是父更有父，故喻非）

[2]外，定有生，可生，法有故。（今瓶等可生法现有，故必有生）

若有生，无可生。（若瓶有生，瓶则已生，不名可生，何以故？若无瓶亦无瓶生，有生无可生，何况无生。）**又，自他共亦如是。**（若生可生是二，若自生、若他生、若共生，破吉中已说）

外，定有生可生，共成故。（一时共成）

生可生不能生。（若可生能成生者，则生是可生，不名能生，若无生何有可生？是故二事皆无。）**又，有无相待不然。**（可生未有故无，生则是有，有无何得相待？故皆无）

外，生可生相待故，诸法成。（非但生可生相待成，是二相待故瓶等诸物成）

若从二生，何以无三？（从二生果，如父母生子。今离生可生，更无有瓶等第三法，故不然。）

[3]外，应有生，因坏故。（因坏故果生）

因坏故，生亦灭。（若因坏时有果生者，与坏不异，故生亦灭。若坏后有者，因已坏故无因，无因故果不应生）**又因中果定故。**（若因中先有果、先无果，二俱无生，何以故？若因中无果者，何以但泥中有瓶？若因中先有果者，是因中是果生，是事不然，何以故？是因即是果，汝法因果不异故）**又因果多故。**（若因中先有果者，则乳中有酪酸等，若因中无果，亦如是过）

外，因果不破故，生可生成。

物物、非物非物，互不生。（物不生物，若谓物生物如母生子者，是则不然，何以故？母实不生子，子先有从母出故。若谓从母血分生，以为物生物者，是亦不然，何以故？离血分等，母不可得故，若设如变生以为物生物者，是亦不然，壮即变为老，非壮生老故。若设如镜中像以为物生物，亦不然。镜中像无所从来故，非物不生非物，如兔角不生兔角。物不生非物，非物不生物，应知）**又若物生物者，是应二种法生，若因中有果，若因中无果，是则不然，何以故？若因中先无果者，因不应生果，因边异果不可得故。若因中先有果，云何生灭，不异故。**

破常品第九

[1]外，应有诸法，无因常法不坏故（如虚空时、方、微尘、涅槃）

若强以为常，无常同。（汝有因说常耶？无因说常耶？若有因则无常，若无因，亦可说无常）

外，了因故，无过。（若作因则无常）

是因不然。（神先已破，余法后当破）

外，应有常法，作法无常故，不作法是常。

无亦共有。（今作法中有相故，应无不作法，汝以作法相违名不作法故。又与作法不相违应无常，何以故？不作法作法同无触故。如是遍常不遍常悉已总破，今当别破）

[2]外，定有虚空法，常亦遍亦分，一切处一切时信有故。

分中，分合故，分不异。（瓶中虚空为都有耶？分有耶？若都有，则不遍，若是遍，瓶亦应遍，若分有，虚空但是分，无有有分名为虚空。故虚空非遍亦非常）

※（《智论》卷六第十一破同）

※（又《智论》卷五十一被破虚空与此异）

外，定有虚空，遍相亦常，有作故。（若无虚空，则无举无下，无法无来。何以故？无容受处故。今实有所作，是以虚空亦遍亦常）

不然，虚空处虚空。（若有虚空法，应有住处，若无住处，则无法。若虚空孔穴中住者，是则虚容住虚空中，而不然）亦不实中住，实、无空故。（又汝言作处是虚空者，实中无作处故，则无虚空，是故虚空非遍亦非常。又无相故，无虚空）

外，虚空有相，汝不知故无，无色是虚空相。

无色名破色，非更有法。又汝说无色是虚空相者，若色未生时，无虚空相。又色无常法，虚空是有常法。若色未有时，应先有虚空法，若未有色无所灭，虚空则无相。若无相则无法，是故非无色是虚空相，但有名无实。诸遍常亦如是总破。

[3]外，有时法，常相有故。（以节气华实，一时不一时，久近等相比知有时。无不有时，是故常）

过去未来中无，是故无未来（汝经言时是一法，是故过去时，终不作未来时，亦不作现在时。若过去作未来者，则有杂过。又过去中无未来时，是故无未来。现在亦如是破）

外，受过去故，有时。

非未来相，过去。（汝不闻我先说过去土不作未来瓶。若堕未来相中，是为未来相，

云何名过去，是故无过去）

外，应有时，自相别故。（若现在有现在相，过去未来有过去未来相）

若尔，一切现在。（若三时自相有者，今尽应现在，若未来是为无，若有不名未来，应名已来，此义不然）

外，过去未来行自相故无咎。（过去行过去相、未来行未来相，不行现在相）

过去非过去。（如火舍热不名为火，离自相故名为过去。若过去不过去者，今不应说过去行过去相，未来亦如是破。是故时法无实，但有言说）

[4]外，实有方，常相有故。（随日合处为名）

东方无初故。（此天下以为东方，彼天下以为西方。又日不合处是中无方，以无相故）

外，是方相一天下说故。

若尔，有边。（若日先合处是名东方者，则诸方有边，有边故有分，有分故无常，是故说有方，实无方）

[5]外，虽无遍、常，有不遍、常，微尘是，果相有故。（无遍常，如前三也，有不遍常，立后义也）（世人见诸生物先细后粗故，可知二微尘为初果，以一微尘，是故有微尘圆而常，以无因故。）（无方分故曰圆）

二微尘非一切身合，果不圆故。（□一切身合者，□□化合之谓。）又若一切身合，二亦同坏。（十云）又微尘无常，与虚空别故。又以色味等别故。（若微尘是有，应有色味等分，有分故无常。）形法有相故。（微尘有形，应有长短方圆等，是故微尘有分，有分故无常，无常故无微尘）

[6]外，有涅槃法，常、无烦恼、涅槃不异故。

不然，涅槃作法故。（修道故无诸烦恼，若无烦恼是即涅槃者，涅槃则是作法，作法故无常。若无烦恼是名无所有，则无涅槃）

外，作因故。（涅槃为无烦恼作因）

不然，能破非破。（若涅槃能为解脱（——能破烦恼、无烦恼）者，则非解脱。复次，未尽烦恼时应无涅槃，无果故无因故）

外，无烦恼果。（涅槃非是无烦恼，亦非无烦恼因，是无烦恼果）

缚、可缚、方便，异此无用。（缚名烦恼及业，可缚名众生，方便名八圣道。以道解缚故，众生得解脱，若有涅槃，异此三法则无所用）

外，有涅槃，是若无。（三事无处是名涅槃）

畏处何染？（以无常过患故，智者于有为法弃捐离欲。若涅槃无有诸情及所欲事者，则涅槃于有为法甚大畏处，汝何故心染？涅槃名离一切著，灭一切忆想，非有非无，非物非非物，譬如灯灭不可论说）

外，谁得涅槃？

无得涅槃。（一切语灭，无可论说。是无所有，谁当得者？设有涅槃，亦无得者。若神得涅槃，神是常、是遍故不应得涅槃。五阴亦不得涅槃，五阴生灭故。如是涅槃当属谁？若言得涅槃，是世界中说）

破空品第十

［1］外，应有诸法，破有故，若无破，余法有故。

破如可破。（破成故，一切法空无所有。是破若有，已堕可破中空无所有。是破若无，汝何所破？如说无第二头，不以破故便有，如人言无，不以言无故有。破可破亦如是）

外，应有诸法，执此彼故。（汝执异法故说一法过， 执一法故说异法过， 是二执成故， 有一切法）

一非执，异亦尔。

外，破他法故，汝是破法人。

汝是破人（说空人无所执，故非破人，汝执自法破他执故，汝是破人）

外，破他法故自法成。

不然，成破不一故。（成名称叹功德，破名出其过罪，叹德出罪不名为一）**又成有畏。**（汝上来欲成于法不能成，是故怖畏不能成，于我法不畏故欲破我。十畏名无力，若人自于法畏故不能成，于他法不畏故好破，是故成破不一）**又若破他法是即自成法者，汝何故先言说空人但破他法自无所执？**

外，说他执过，自执成。

破他法自法成故，一切不成。

外，不然，世间相违故。（若诸法空无相者， 世间人尽不信受）

是法世间信。（是因缘法世间信受，所以者何？因缘生法是即无相。汝谓乳中有酪酥等，食中已有粪，又除梁椽等别更有屋，或言因中有果，或言因中无果，或言离因缘诸法生，或言其实空不应言说世事，是人所执谁当信受？我法不尔，与世人同，故一切信受）

外，汝无所执是法成。

无执不名执，如无。（如言无是实无，不以言无故便有无，无执亦如是）

外，汝说无相法，故是灭法人。

破灭法人是名灭法人。（我自无法，则无所破。汝谓我灭法而欲破者，是则灭法人）

外，应有法，相待有故。

何有相待？一破故。（若无一，则无相待。 若少有不空，应有相待。若无不空，则无空，云何相待？）

外，汝无成是成。

不然，有无一切无故。（我实相中，种种法门说有无皆空。何以故？若无有亦无无，是有无一切无）

外，破不然，自空故。（诸法自性空，无有作者，以无作故不应有破）

虽自性空，取相故缚。（为邪想分别故缚，为破是颠倒故言破，实无所破，如愚人见热时焰，妄生水想，智者告言此非水也！为断彼想，不为破水。如是诸法性空，众生取相故著，为破是颠倒故言破，实无所破）

外，无说法，大经无故。（汝破有破无、破有无，今堕非有非无。是非有非无不可说，何以故？有无相不可得，是名无说法。是无说法，卫世师经、僧佉经、尼乾法等大经中皆无，故不可信）

有第四。（汝大经中亦有无说法，如卫世师经声不名大、不名小；僧佉经，泥团非瓶非非瓶；尼乾法，光非明非暗。如是诸经有第四无说法，汝何言无？）（外道谓有此法，如虫食木，偶然成字，虫实不知字也）

外，若空，不应有说。

随俗语故无过。（诸佛说法，常依俗谛、第一义谛，是二皆实，非妄语也。如佛虽知诸法无相，然告阿难入舍卫城乞食，若除土木等，城不可得，而随俗语故不堕妄语。我亦随佛学故无过）

外，俗谛无，不实故。（俗谛若实，则入第一义谛，若不实，何以言谛？）

不然，相待故，如大小。（俗谛于世人为实，于圣人为不实。譬如一枣，于枣为大、于瓜为小，此二皆实。若于枣言小、于瓜言大者，是则妄语。如是随俗语故无过）

外，知是过得何等利？（诸法皆见有过）

如是舍我，名得解脱。（如是三种破诸法，初舍罪福、中破神、后破一切法，是名无我、无我所。又于诸法不受不著，闻有不喜，闻无不忧，是名解脱）

外，何以言名得解脱，不实得解脱耶？

毕竟清净故，破神故无人，破涅槃故无解脱。云何言人得解脱？于俗谛故说名解脱。（完）

以上百论抄

绀珠集乙之三（自习用稿）

大乘广百论释论

造论宗旨

执见事性为方便故，起相分别，随取事相为依止故，生邪愿乐。

为显邪执我我所事（之）性相皆空，方便开示三解脱门……既显事空，二（性相）即非有。

破常品第一

※常住事胜，寂静安乐，众生闻乐，清旷无为，多生欣乐，由是论初先破常事。

[1]种种常住句义，以能生果比量安立。

一切为果生，所以无常性。“常住句义多越现量所行境界，既能生果，（比知是常）亦应比度从缘而生如粗色等。若非缘生，无胜体用，应不能生，如空花等。若许彼义从缘而生，即定灭坏如所生果。”

所余无生果用，此应是常，既不生果，不可比度从缘生故。

“既无能生果用，如永灭无，应比非有。”无有时方物，有性非缘生；故无时方物，有性而常住。“诸有性法，定从缘生，若非缘生，定无有性如空花等，若从缘生灭，必随逐无容常住。”

非无因有性，有因即非常。故无因欲成，真见说非有。

[2]立隐性为常，显相有其生灭，由此足能显无常性，遮破常性。

彼论遮破显相是常及非有故。（䂮外义）若说显相亦无生灭，前位无减，后位无增，诸造论者何所为耶、何所造耶（设救破一）？若谓诸法虽有隐显而无生灭，此亦不然。前后两位若无差别，便无增减，有何隐显（设救破二）。又离体外无别有位，位有隐显，体亦应然，汝虽不欲体有生灭，理所逼故，必应信受（正破）。

执明论声常，初不待缘，后无坏灭，性自能显，越诸根义，为决定量，理比等量依士夫见，士夫有失见是疑因，故能依量，皆难信受。

汝所发言，便成自害。若法随人情计转者，应舍自宗，取所余见。

[3]诸所作者，既是无常，故知非作，理应常住。

见所作无常，谓非作常住。既见无常有，应言常性无。“以不见所作为因，欲成有常，终无是义，以一切处未曾见有。”

[4]愚夫妄分别，谓空等为常。“有余释子执虚空等实有常住，故契经言虚空无色无见无对，当何所依？然藉光明虚空显了，此经义说实有虚空常住，无色无见无对，

无复所依，因光明显。又说虚空风所依止，非无体相，能作所依。”

智者依世间，亦不见此义。“虚空若是有果法，（外谓虚空容受有对光明等色以果显因，有实体相。）应有生灭，无常如色心，若无生灭，应无体相如龟毛（破一）。为显风轮离同类聚，无别所依，说风轮依空，不遮风轮，前念现在同类同聚生起所依故作是说（破二）。为显虚空无有同异生起所依，如过去等无别实有常住体相，说无见无色无对，当何所依（破三）？又显虚空因光明等，依世俗谛假施设有，如因色等假立瓶等，不可依此说离光明等实有体相（破四）。又若实有体相，应有色有见有对有依（破五）。智者依止世间，随分别识于虚空等求实义不可得，唯见依名所起分别似虚空等种种影像。”

如前所执空等，由遍满故体实有常。

非唯一有分，遍满一切分，故知一一分，各别有有分。“非一有分常实与一切分周遍相应，勿复令此所相应分一一遍与一切相应，故此有分随所相应诸分差别成无量分，即此诸分不待余依说名虚空或余物类。若言空等亦由分别假立方分故无过者，此亦不然，第一义中方分实无。又若可说有方分者，应如青等不可说为常实有虚空等性。虚空等差别名言唯依诸分和合而立，分别假立有方分故。此意显示虚空等声，唯依世俗境界而立。”

[5]执时实常，以见种等众缘和合，有时生果、有时不生。时有作用，或舒或卷，令枝条等随其荣悴，知实有时。时所待因都不可见，不见因故无生，无生故无灭，无生无灭故常。

若法体实有，卷舒用可得，此定从他生，故成所生果。“时虽具有因缘生灭，相似相续，隐覆难知，岂以不知言无因等。时有卷舒，待他方立，定是无常。”

执时体常遍，摄藏无量差别功能，外缘击发起诸作用，芽茎等果随用而生。

若离所生果，无有能生因，是故能生因，皆成所生果。“汝所立时，其体常遍，具含种种生长功能，诸能与体既许无异，能亦应一一遍常，则起用生一果时，于一果处应生一切。因果杂乱。我立功能随自因缘种种差别，所生诸果，时处决定，故因果不相杂乱。”

诸法必变异，方作余生因，如是变异因，岂得名常住?

[6]执自然因体常，无有生灭变异，自然为因，生一切果。

若本无今有，自然常为因，既许有自然，因则为妄立。“法应自然本无今有，何用妄立自然常因？又体自然常无变易，果未生位既未能生，果法生位应亦如是。前后一致，因义不成。”

自然要待和合众缘资助，方能生果。众缘虽别，然和合时资助自然令起总用，此一总用本无今有，故自然常有，先不生果，后方能生。

自然常有，云何不令众缘常合？众缘合时其性虽别，然互相助共生一果，除此更无总用可得。又自然性虽处众缘共和合位亦不能生，体无别故。若许自然从缘改转，如所生果，应无常。是故唯有无常，诸缘互相资助，起胜体用，异于前位，能生其果。

[7]立常因，时无改变，能生于果。

云何依常性，而起于无常？因果相不同，世所未曾见。

空等遍常，若于一分众缘合时，即依此分发生声等，若遍所依发声等者，住极远境，根亦应知。

若一分是因，余分非因者，即应成种种，种种故非常。“又此空等体恒周遍，是种种相所依止故，如锦绣等可证非常。又体既常住，虽众缘合，何能发生声等自果？”

[8]一分起时，但从一物大等诸果转变说增长差别，大等诸果变故无常，一物自性不变故常。

大等用自性为体，大等变时自性应变。又自性体遍，一分变时，余无量分体无异故，应亦随变，是则一分一法起时，余皆同起。如是举体有作用故，如大等果，应是无常。（此下有破僧佉义。）

[9]执极微常实，和合相助有所生成，自体无亏而起诸果。

在因微圆相，于果则非有，是故诸极微，非遍体和合。“若许和合，必有方分，既有方分，定是无常。若言果虽与自因遍体和合，由积集力故，令果得见。此但有言，都无实义。（此下有破实德二句义。）**”**

极微有其形质，更相碍故，居处不同。又极微生处各异，虽复无间而不相触，各据一方，相避而住，积集差别，似有方分，无间处生，似有流转，刹那前后，展转相续，有因有果，非断非常。

于一极微处，既不许有余，是故亦不应，许因果等量。

微若有东方，必有东方分，极微若有分，如何是极微？“既有质碍，承光发影处不同，故知定有方分，有方分可析，非实常。”

要取前舍后，方得说为行，此二若是无，行者应非有。“要依前后方分差别，起取舍用乃名为行，离方分行，所未曾见，故知极微定有方分。若无所行行用差别，是则应拨行者为无。又极微若无行用，则不能造有方分果，若无所造，即诸天眼亦无所见。”

极微常一，无生住灭三种时分，无前中后三种方分。

是则一切眼，皆所不能见。“应似空花，都无实物。”

若因为果坏，是因即非常，或许果与因，二体不同处。“诸有碍物，余碍逼时，若不移处，必当变坏，如是极微果所侵逼，体坏或互相障隔，因果别处，如非因果诸有碍物。”

不见有诸法，常而是有对，故极微是常，诸佛未曾说。“对碍与常，互相违反，既破极微，方亦随坏，因极微果，证实有方。又方不定，待缘而立，假施设有，非实非常。”

诸行无常，诚哉佛说。无为非行，何废常耶？然所立常，无过二种：一有所作、二无所作，若有所作，非谓无为，若无所作，但有名想。故契经说，去来及我虚空涅槃是五种法，但有名想，都无实义。

[10]执涅槃实有常乐。

离缚所缚因，更无真解脱，生成用阙故，设有亦名无。“烦恼及随烦恼，顺生后受诸决定业，总名为缚。诸缚所招五取蕴果，总名所缚。所有能除诸缚圣道，总名为因。如实证见分位别故，所缚不生，名为解脱。所缚亦尔，离烦恼缚萧然自在分位差别名为解脱。因亦如是，作用差别离诸烦恼，名为解脱。故离缚所缚因，无别实有涅槃解脱。涅槃不能生果，故体非实，设许实有，于自依身，无成胜用，何名解脱？若许有用，则同有为。故定应不许有用无为，无用实有。”

究竟涅槃时，无蕴亦无我，不见涅槃者，依何有涅槃？“涅槃既绝众相散动，不可以有而取涅槃。经说有涅槃界等，为破拨无涅槃者见。有执生死无始无终、决定无涅槃界，故佛说有烦恼众苦炽火永灭般涅槃界无生灭，无相无为究竟安乐。然此涅槃，圣道所证、究竟寂灭、离诸性相，永绝一切戏论，所以经种种宣说皆为方便除执，诸有智者勿谓涅槃是有无等。”

数论言因果散坏，希望止息，唯有思我离系独存，尔时名涅槃解脱。

我时舍诸德，离爱有何思？若有我无思，便同无所有。

无余有我种，则定能生思，要无我无思，诸有乃无有。“若谓尔时虽无思用而有种子，我体犹存。此亦不然，若有所依，可有是事，所以者何？功能差别名为种子，必定依止阿赖耶识及四大种，无余依中因果散坏，希望灭尽，都无所依，而计有我体是种子，理不应然。又若有种，定现起思，何名解脱？”

若说此位究竟寂灭，本无有我，一切无依，不生后有，非空非有、非断非常、非苦非乐、非我无我、非染非净，绝诸戏论，为止邪见拨无涅槃，故说真有常乐我净。此方便言，不定执有无，乃名正知解脱。

胜论言若能永拔苦乐等本，弃舍一切、唯我独存、萧然自在、无所为作、常住安乐，名曰涅槃。若唯苦灭无有我者，便为断坏，何谓涅槃?

若离苦有我，则定无涅槃，是故涅槃中，我等皆永灭。“汝执一切若乐等法皆是我德，乃至未灭恒常随逐，此我于无余依界，理所逼故，亦与苦等诸德相应，是则涅槃决定无有。若能离于我见，必定欣乐永灭涅槃，由此亦能舍于断见。若无所执则无断见故，如是涅槃非无非有，妙智所证，名为胜义。”

[11]常法定有，以胜义谛无生无灭、真实善有、能为所缘，生圣智故。

宁在世间求，非求于胜义，以世间少有，于胜义都无。“世间有法略有三种：一现所知法，如色声等；二现受用法，如瓶衣等；三有作用法，如眼耳等。复有三种无法，谓究竟无及随三有前后际无，为简此无，故说少有，又简妄见所立诸法故言少有。如是世间三有三无，依胜义说皆非真实，以胜谛非有非无，分别语言皆不能及，况余有性。是故智者应修正愿，如是具足三解脱门，证法空，虽处猛焰而不焚烧，虽现死生而常解脱。又胜谛若有，应如色等从缘生，非圣智境，若非缘生，应如兔角，胜谛理非空非有，非常非无常，欲于其中求少有性，定不可得。”

破我品第二

[1]胜论言，我定有故，若无我者，依缘何法而起我见，我见若无，执我所见亦不得有，异生应不受生死众苦。※应详考《涅槃经》卷三十九中佛破先尼梵志之“我”。

我若是有，应如色等众缘而生，则非常住。若非缘生，应如兔角，无胜体用，何名为我?异生于五取蕴无我法中妄执有我，因执我所，引生死苦。若起圣智见通达无我、我所，永断生死证得涅槃，故定应信受无我。

又不应说缘心根身发生我见，以心根身世间说为我所有故。(我所不发生我见，别有我可知)

我亦不应是我见境，世间亦说我所有我有如是相，故不应以世间说为我所故，非我见境，我我所事相望不定，或有别物、或无别物。

我我所定有异，所属能属言所诠故。

岂离香味，别有饮食?

以缘他身我见无故，心根身非是我见境。

我亦应非我见所缘，由于他我我见无故，若缘他我不起我见。缘自我生我见

者，虽缘他身不起我见，何妨我见缘自心等？无智不了平等、空、无我理，于自他诸蕴相续，执自为我、异我为他，其中都无我之实性。

亦不应说自他心等有差别故，我见不缘，无始时来自心根等刹那展转前后各异，而许俱缘生我见故。(缘自不缘他)

自身前后因果不断，相续假一，无智谓一我而生我见。他身于自，因果断故，我见不缘。然汝计我自他相似，皆遍常无所系属，我见何缘此非彼？若汝计我有所系属，此彼差别应如色等其性无常，故知有为因果相续各异，故令我见如是差别。

又此我见不缘现在自心为境，与世现见事相违故，亦不得缘过未心等境，彼无体故，又于一身二心不并，故不可说缘现自心。

皆不应理，何以故？缘自身中前后因果相续假一生我见故，无缘现在自心等过，又一身中有多心品，异心品中我见缘异心品计我何失？汝等计我是实，我见见我应如正见，若不见我应如邪见，则非我见。

心等念念异灭异生，若无我者，云何得有忆识等事？

有情身中一一各有阿赖耶识，一类相续任持种子，熏习力故，得有忆识等事。汝所计我常无变易，后位如前应无是事。(附纸)

心根等决定不为我见所缘，男女等相，此中无故，如瓶盆等，故定有实我，由此为缘，发生我见，因斯谓我是大丈夫。

内我实非男，非女非非二，但由无智故，谓我为丈夫。“依止身相有差别故，世俗说为男女非二，此身别相，内我中无，以所计我体是一故。又男等相，生生改易，汝所执我常无变易，无舍无取故无此相，唯依无始妄想分别所起假相，世俗道中，说为男等，但由无明憍逸，愚夫自谓我是丈夫，亦有自谓为女非二，颂中略故，且说丈夫。应立量言，我见决不缘实我，男女等相所杂糅故，如缘身等起男等相所杂糅心，又我见等不缘实我，有所缘故，如余心等，又我见境非是实我，男等相心之所缘故，犹如身等，故汝所言虚无实义。”

[2]顺世外道言，即四大种和合为我，及身心等内外诸法，现世是有、前后世无，身根和合安立差别为缘，发起男女等心，受用所依与我和合，令我体有男等相现，缘此我境起我见谓我是男女及非二。

若诸大种中，无男女非二，云何诸大种，有男等相生？“故定无实我，大种为性，经久时住，有男等相，我见所缘。”

[3]记论外道言，诸法及我，一切皆与三相和合，由此三相皆能发起三种心声。三相者，一男相能生诸法，二女相能灭诸法，三非二相能守本位。

诸法及我体非三相，云何能起三种心声？若法及我体非三相，三相合故转成三相，三相更无余三相合故，此三相应非三相，不能起三种心声。又此三相功能相违，云何一物得有三声？又此三相配生住灭，理不应然，故但随世俗言路说有男等三声，非别实有如是三相。外道执有如是三相，依附实我，我见所缘，是颠倒智。

[4]我见为随我相执有我。

汝我余非我，故我无定相。“若汝身中我之自相，诸余身中我亦同有，随我自相而起我见，云何一见不缘一切？既无一见缘一切我，故我见不随我相。若汝身中我自相异余，则汝为我余为非，余以汝为非，此我相不定，既无定相，便无定性，性相不定，非实常，云何执我真实常住？是故我见不缘实我。（又立五量。）”

我见随自觉执有我。

岂不于无常，妄分别为我。“岂不但缘无常身等虚妄分别（自妄想觉慧。）执为实我。我见执我，先缘生灭五取蕴事，后方决定执有实我，如梦虚妄境界随先所见和合计度。”

[5] 若一切法空无我者，生死涅槃，二事俱失，谓由有我故，诸无智者乐著生死、造业受果，智者欣乐涅槃、修善得解脱。

我即同于身，生生有变易，故离身有我，常住理不然。

若法无触对，则无有动摇，是故身作业，非命者能造。“一切能起动摇作业，决定不离有触对物。我无触对，虽与身合，云何能作摇动业因？”

我常非所害，岂烦修护因？谁恐食金刚，执仗防众蠹？“汝所计我既无变易如太虚空，体常，一切灾害皆不能害，岂烦精进修善而得解脱？是故执我常住无变二事俱失，若空无我二事俱成。”

[6]若无我者，心等生已，无间即灭，宿生念智忆昔某名即是今我此不应有，故定有常住句义缘之生念，言彼即我。

若有宿生念，便谓我常住，既见昔时痕，身亦应常住。“此显共知有差别物依相续假，亦谓无异，故不可以谓无异相，比知有我是一是常，又忆昔身苦乐等事谓今是昔而是无常，应亦比知我非常住。设复有我，谁为念者？不可我为念者，非智相故，亦非念为念者。”

我体虽非智相，(念者)与思合故，能有思念。

若我与思合，转成思念者，思亦应非思，故我非常住。“此思与非思我合，应成非思，若虽合不舍本性不成非思，我亦不舍本性，不成思念。又我思合时于自他相应有取舍，若有取舍，便是无常，若无取舍，应无思念。又所执我思生前后，其相有无不决定故，应同思念念念生灭。”

我与乐等合，种种如乐等，我如乐等故，非一亦非常。“我思合转成思者，与苦乐合应成苦乐，不尔，不舍前位，应非受者，故离思别有我体，与思合故同于思相名为念者不应理，即念自性似所念境相状生时，虽无主宰似有作用，假名念者，记别分明，说名为念，一法义分，无无二过。”

[7] 数论言，即我是思，其性常住，离心心法别有体相难可了知，非现、比量境。

若谓我思常，缘助成邪执，如言火常住，则不缘薪等。“若汝复谓隐时思我，虽无思虑而有功能，如是功能不异思虑。既无思虑，何有功能？又隐时我以思为性，思既非有，我则是无。又汝所执思我功能，随所受用有无量种。既许能多，如何体一？汝宗定执体能一故。世间未有一法体上不同一时能生多果。时若不同，其体必异，云何汝执一我前后有多功能，起多思虑？……如是汝执隐时思我具诸功能而无思虑，有多过失。”“不见瓶等为缘所显而体是常，真如涅槃虽可显了，然依世俗非据胜义，非胜义中有常无常、了不了等戏论。”

我是思者，思为我用，非用灭时用者随灭，故隐时虽无思、用而有思者，我体非无，如眼等虽无能照作用而有其体。

如至灭动物，作用彼无有，故有我无思，其理不成就。“如能照了色等作用，乃至灭来恒随了别自境界识，由此作用即是识体，作用若灭识体则无，眼等诸根至相续断常无此用，自性异故。眼等自性非能照等，故彼灭时此不随灭，眼等净色为性，汝我离思无别有体，不可用灭而体独存。复有别释……”（按此中虽解，更思）

离思别有实我，其体周遍，一分生思，谓我一分先与智合，引起能生殊胜思行，后时一分意合生思。

余方起思界，别处见于思，如铁铤镕销，我体应变坏。“汝先我与智合生思行，后于异方若无障碍，我与意合生思，则分明因果异处。若谓行思所合，我体不别者，便失汝宗我体周遍，一分智合、一分意合。若谓如镕铁铤，一头先与火合，当即销，余处虽离火势相及故亦镕者，我应非常。”

思如意量小，我似虚空大，唯应观自相，则不见于思。“意有质碍，细似极微，我性虚通，广如空界，少分意合，能发于思，余分无边，皆无思虑，应从多观是我相，不应就少见为思者。我非思者，便失我相。又思为先所造诸业，应不属我，则成相违。”

执能依德，遍所依我。

我德若周遍，何为他不受，能障既言通，不应唯障一。“若我与德体俱遍者，一人乐等应遍诸我，为何余我皆不受？若言言余我于他苦乐，由有暗障不能领受者，阐相无别，我相是同，能无障复无别，所受乐等其义亦然。如是推征先立我、常、遍、能作、能受义不得成。”

萨埵剌阇答摩三德非思而为作者，我思非作而能领受。

若德并非思，何能造一切，彼应与狂乱，俱痴无所成。

若德能善解，造舍等诸物，而不知受用，非理宁过此。“若言胜性如草木等，虽无思而依业力生花果等，为人受用者，则胜性所作，应同华果受已不绝。胜性非思如外草木，又常不坏，我受用已，所作便息，其巧不然。”

[8]执我体常遍无碍能造万物，名为作者。

有动作无常，虚通无动作，无用同无性，何不欣无我？

我虽无别用，而能为境生我见心，故名作者。

或观我周遍，或见量同身，或执如极微，智者达非有。“若有实我，性相皆同，等以为缘生我见者，如是我见不应得有种种差别，更互相违，以此知无常住实我，但由久习虚妄我见，熏在识中，功能成熟，如身逐业，缘变不同，我见随因缘别亦尔，唯有心相变现众多于中都无一我实体。”

[9]我能证解脱。

常法非可恼，何舍恼解脱？是故计我常，证解脱非理。我若实有性，不应赞离我，定知真实者，趣解脱应虚。“外道经中咸说著我生死、离我涅槃，有我若实，无我我所解脱方便见应成虚，有我我所违涅槃顺生死见应实，故知空无我见得涅槃故所证非虚，我我所见涅槃时舍。”

解脱中若无，前亦应非有，无杂时所见，彼真性应知。“如解脱位我无有相，未解脱时亦应非有，性无别故，或复身等于解脱时既无有我，未解脱位亦应无我，相无别故。外道杂见不然。”

[10]若一切法空无我者，是心根身，云何不断？无常诸行空无我者，悉断，如灯火声。

若无常皆断，草等何不然，此理设为真，无明亦非有。“草等无我无常，然有因缘相续不断，心根身等应知亦然。又立因喻证心根身皆有断灭，此言未了为一念生无间即灭，更不相续名断耶、为经多时相续不绝，后要当尽名为断耶？若言初者缺同法，灯等随因多时起故。若言第二我亦许然，无余涅槃，生死断故。若无明自性非我非常，应亦如灯自然断灭者，即应生死系缚不由功用，自然解脱。”

[11]色等诸法虽是无常。然依我故相续无断。

现见色等行，从缘生住灭，故知汝执我，虽有而无用。如缘成芽等，缘成种等生，故无常诸法，皆无常所起。“内身心等如外种等依自因缘功能差别而得生起，复待余余缘助发功力变生自类芽等诸果，谓无始来色等诸法名言熏习种类不同，及先所造诸有趣业种种差别功能转变，随所遇缘成熟发起变生色等生等差别。所言缘者，谓精血等是其生缘，衣食定等是其住缘，毒药灾横是其灭缘。”

以法从缘生，故体而无断，以法从缘灭，故体亦非常。“诸法展转从无始来，依同类因生等流果，起后后果续前前因，于中无间所以不断；由对治生前因力灭，后果不续，所以非常。又前因灭非常，后果续非断。又因生故非常，能生果故非断。又念念别非常，相似相续非断。又法非有非常，非无非断。如是远离二边，悟入缘生处中妙理。正观一切非有非无。法尚性空，我岂为有？……虽处尘劳无边苦海，恒爱胜乐过二涅槃。”

破时品第三

※（《智论》卷一第二略破实时）

[1]有为法前后两际作用虽无，而体恒有，无必不生，有定无灭。

瓶等在未来，即非有过现，未来过现有，便是未来无。“色等诸法在未来世，过现二世皆空，后遇因缘，二相方起，云何汝说无必不生？未来世相在过现无，云何言有定无灭？若在未来有过现相，应如后位便失未来。一法一时实有多相，互违义不成故。”

色等有未来体，流趣二世说有过现。

未来若已谢，而有未来体，此则恒未来，云何成过现？法若在未来，现有未来相，应即为现在，如何名未来？

法体虽常有，然唯能取等流果用，说名现在，如是一用，现在遍有，去来定无，余用不尔。

去来如现有，取果用何无？若体恒非无，何为不常住？“过未色等诸法既如现在常有体性，为同类因取等流果，此用何故非常有耶？此取果用所待众缘于一切时亦常有故，如是诸法体用常有，应一切时名现世。……若言其用或有或无，法体常存者，恒有名常，色等诸法体既恒有，云何非常？……”

[2]过去世言，为简别相总诠一切过去义。

过去若过去，如何成过去？“若过去法一切体相悉皆过去，则一切都无，如何说过去是有？故知过去世言，无别实义，简去实有差别名相，依止世俗假立名相，总说过去。”

过去世言，为简总相别诠一类过去义，如名饮油，虽不饮油而假名说。

过去不过去，如何成过去？“若说诸法常，三世不成，唯于现在实有体上假立名故，非于现实有体上假立二名，即失现体。如破过去，总别征难，未来亦同前说。”

[3]未来世法为藉众缘已有生。

未来若有生，如何非现在？“若已从缘生及有体性，应名现在。”

未来未有生。

未来若无生，如何非常住？“若未从缘生而有体性，体应常住。……如说过未色等尚是无常，何况现在。”

[4]往来论者言，诸行四相展转相依，三世往来不相舍离，由生等合故成无常，法性不坏，故说恒有，不废无常。

体既恒有，应如太虚非生等合。若许生用本无今有、有已还无，则一切行同有为故皆亦应尔，云何说体恒有而是无常？

有为法未来世坏，入于现在，现在世坏，复入过去。

若未来无生，坏故非常者，过去既无坏，何不谓为常？“未来无生，应如空等，云何有灭？过去有生，应如现在，云何无灭？”

现在由余世故，转成异相，说为无常，余世谓去来，异相谓生灭。

现在世无常，非由过去等，除斯二所趣，更无有第三。“既无余世往来转变，云何现在生灭无常？又现在法若余世来往余世者，应往来时不舍前相，不成余相。如是三世位虽许别，相无异故便成杂乱。”

三世体相虽无别异，然观诸行粗位差别开发觉慧故，于一法自心分别安立分位，由此说此一法以为无常。

自心分别所见境界即是自心，但随众缘诸行种熟，自心变作种种分位。自心所变无实体相，何为精勤安立异法？但应信受诸法唯心。又觉慧等诸心心法，非随实有诸法转变，但随串习成熟种子及心所现众缘势力，变生种种境界差别，故外道等随其自心变生种种诸法性相。若法性相是实有者，岂可随心转变？

如是以理推捡汝宗，三世无常都不可见，有何现在殊胜无常？三世但世俗有，于中都无一法真实。依现在现见无常，假立去来曾当生灭，故现在无常胜去来世。

[5]诸行本来决定相属，转变时分不可改易，不由期愿及以人功。

若后生诸行，先已有定体，说有定人性，应非是邪执。“显诸行本无而生，先无定体。”

若法因缘生，即非先有体，先有生者生，生已复应生。“显未来诸行有体，因缘无用。”

本有体不待因缘，然取果用本无而有，待因缘。

取自果用不离体故，应如其体亦先有性；或诸行体不离用故，应如其用非先有性。应知去来非离现在别有实性。现在但依现在心变异相假施设有，非胜义谛有，从缘生故，如幻事等。又一切行皆悉无常，有生有灭。非有（如所执空）非无（如龟毛）。依行立世，世岂是真？现在尚非真，去来何有实？若去来世实非有者，宿住死生通何所见？应知二通见曾当有。

[6]去来皆现是有。

若见去来有，如何不见无？“去来亦有无量因果，展转隔绝中间非有，故说为无。又汝亦说过未无取果等用，过未既有有无二义差别，何故二通唯见其有而不见无？若不见无，得通者不应照见过未经尔所劫空无有佛，尔所劫中空无物等。去来现无，曾当是有，以现无故，不同现在，曾当有故，为境差别。若去来俱是现有同在一世，应如现在无有远近，诸得通者应不能照去来远近时劫差别。”

去来虽同现有，然由行世时有前后远近差别。

既现有未来，应不说为远。“去来虽现非有，而曾当有因果不同，辗转相续，时分决定，由此曾当有为方便或有久修智见猛利，复由种姓法尔殊胜。极前后际，展转相续，如其所欲皆能照知，或有习性与此相违，随其所应，但知少分。此显去来非现有性，但得通者自因缘力胜劣不同，方便作意有差别故，自心变似曾当有法，体相不同，远近有异。依此立有过未时劫不同，通力胜劣，非谓实有过未，缘之起通，照知远近。”

[7]未来法等，先有体性。

未作法若有，修戒等唐捐。

小乘人言，诸行未来虽先有性，然犹未有取果功能，为欲引起取果功能修加行，不空无果。数论言自性中虽有诸法自体，而相犹隐，为欲令彼相显，勤修加行。又自性中虽有诸法功能，而未有体，为成其体修加行，不空无果。

若少有所为，果则非先有。

[8]执果性一切时有。

诸行既无常，果则非恒有，若有初有后，世共许非常。“恒有论者，过未诸行常有无灭，现在诸行生灭亦无，便违自经说无常义。”

应非勤解脱，解脱无去来。“若无倒圣见，未来现有，则从本已来自然解脱，便违自宗要修生圣道方得解脱。若许修道得解脱者，应无过未。有烦恼而得解脱不应理故，又违自说去来有。”

或许有去来，贪应离贪者。“若得解脱时，去来世贪等有。在解脱位无贪等者，应离所依而有贪等。又若解脱时犹有贪等，如未解脱，应名恶人。若无作用，应似空花，云何言有体无用？故不应信受三世有实体。”

未生已有，先无果。

若执果先有，造宫舍严具，柱等则唐捐，果先无亦尔。“因果道理最为微细，非定一异，非先有无。若于其中执一异先有先无，皆失正理。”

[9]数论言，果实不生，其体本有。由转变故立有时分因果差别。所谓声等或复乐等不舍自体转成余相。时分不同名为转变，于转变时以时分相有差别故说有生灭。

诸法有转变，慧者未曾知，唯除无智人，妄分别为有。“汝今计何以为转变，为时体耶？为时相耶？若体转变，汝先自执不舍自体如前位。若相转变，汝执时相有生灭故前后各别，何名转变？若时体不变相变者，应离体有相。若体相非定一异，更互为依相从而说者，则体应如相有生灭，或相如体无生灭，便失自宗。亦不应言体相性一实无因果。由义异故得有因果。又不应言时体常有，虽无生灭而有转变。……”

[10]于无常法说有刹那暂时住体，即依住体立有实时。

无常何有住？住无有何体？初若有住者，后应无变衰。

时若有余住，住则不成时。时若无余住，后灭应非有。“颂中时者，是住别名。此正应言住有余住，住不成住。余住若无，如所住法不能自住。则不应有能住，初住既为无，后灭如何有？初住后灭相待立故。又若不待余住自能住者，无后灭故，何谓无常？云何汝执初住后灭？”

有为法与无常相为一，或异。

法与无常异，法则非无常。“若谓色等实非无常，无常合故，假说无常，则无常观应成颠倒，故知无常应即色等。若即色等，复失自相。如是诸法自相共相世俗道中相待假立，不可定执为一为异，于胜义理都不可论。”

法与无常一，法应非有住。“如何依住立有实时？若谓诸法自性虽复同时，然其作用前后差别故有住者，生住灭相自性作用皆互相违，必不并起。……”

住强无常劣故，住先起用，无常后起。

无常初既劣，住力定应强，此二复何缘，后见成颠倒？“何缘后时复见无常力胜摧住灭坏。若住相作用已讫，其力损减，彼无常相于此力增盛者，住与无常用先后体一，何缘力用衰盛不同？故应信无住。既无有住，时依何立？”

无常初劣后胜，住相初胜后劣。

若遍诸法体，无常力初劣，应都无有住，或一切皆常。“若无常相初时劣，不能灭法，法自然住。住应本无有，以无用故，如兔角。若言住初力胜，则一切时应胜，则有为常不灭，便违经说诸行无常。”

诸有为法与无常决定俱生，或作用时无常始起。

若法无常俱，而言有住者，无常相应妄，或住相应虚。

或彼法先常，后乃非常住。“无常相前位无，彼法应常住，后决定无可灭坏义。又初色等与后无异，无常所随。”

我不拨诸法皆无，但言汝等所执真实时所依体皆不可得。执有住体与时为依，前已广破。执有生灭与时为依，亦不应理。本无今有名生，本有今无名灭，生之与灭，二分所成，半有半无，如何定有？又本无分不名生，体非有故如龟毛。其今有分亦不名生，体非无故，如涅槃等。又本有分不名灭，体非无故，如虚空等。其今无分亦不名灭，体非有故如兔角等。一一别分既非生灭，二种和合岂是生灭，假名诸法，是事可然，真实法中无如是义。如是推征生灭非实，不应依此立有实时。又我所言皆为破执，彼执无常及住，为破彼住且许无常。今住既无，无常亦破。不应谓我定许无常。世俗可然。非为胜义。

有为法前前刹那能生后后，名住。

最后刹那诸有为法不生后果，应无住相。既无住相，应名无为，则已前诸有为法与此同类应非有为。又后念生时与前念为住相者，生应无相，则有为应无四相。

有为法于将灭时能生后果，是住相用，由此用故诸有为法虽不暂停而有住相。

最后刹那不生后果，应无住相。又前诸行亦非一向于将灭时能生后果，入灭定时最后念心不能生后等流果故。亦不应言望后色行为同类因，种类别故。勿阿罗汉入无余心缘生他识，或无识身名同类因取等流果，若尔，应无永灭度义。是故汝立住相不成，非一切法生同类故。夫因缘者，自类熏习生果功能，非余法也，世俗假立，如何依彼立实住相？又因时果未有故，如望兔角非彼实因，果现前时因已无故，如从龟毛非彼实果。因果尚非实有体，依立住相岂得实有？既无住相，时何所依？故定无实时体。

[11] 由现见知法有体。

无所见见无，回心缘妄境，是故唯虚假，有忆念名生。“无始来数习诸见，随所习见，随所遇缘，随自种子，成熟差别变似种种法相而生，犹如梦中所见事皆虚妄现，都无一实，一切皆是心识所为，云何定知诸法有体？外境既无，识体定有亦不可知。于审察时，能见所见皆无所有，不可审察。是故不应执现见法决定有体，以回心时诸所缘境皆虚假故。所以者何？起忆念时，实无见等种种境界，但随因缘自心变似见等种种境相而生。当忆念时曾所更境皆无有故，能念亦无。而名念者，随顺串习颠倒诸见假名施设。胜义理中不许，一切分别戏论绝故，非诸如来有法可说，亦无有法少有所得。”

若谓由随法体起现见心，后重审察能自了知，我昔曾更如是境界。若无法体起现见心，后时不应如是审察，故定知诸法有体者，于非有虚妄境，如对自前分明记忆，故名忆念。故不应随虚妄见计度诸法有体。又所见能见皆无所见，故不可以其现见证法有体。又诸所执有，略有二：一无为，二有为。无为是常，先已广破。若谓有用能生诸法，应如有为非无为体。若无有用不能生法，应如兔角。有为有二，谓过未有，及现在有。过去未来如前已辩，谓曾当有非现有体，若现有体，应名现在。共不许去来体现有，应如用先后是无，体非常有，则一切有为法，体用皆待众缘本无今有，本有今无，便失汝宗，法体常有。……故去来非现有体，但依现在假名建立，谓现在心缘曾当法，似彼相现假说去来，实非过未。现在诸法，虽世俗有，而非胜义。若胜义有，应不藉缘。既待缘生，犹如幻事，如何可说是真实有？若现在法实有者，应如虚空等性无生无灭，岂名现在。又现在法已生未灭，二分合成，已生待未来，未灭待过去，相待立故，非实有体。又于现在一一法上有多种性，谓一一法皆有蕴处界有无漏等性，故一一有为法体皆用无量性相合成，如舍林等，非真实有，但依世俗说有实体。

※又《智论》卷二十六云：“过现未各各有相。若无相者，如五逆罪已过去，未来无业无报等，则无罪福，是为邪见。然我不说过未如现在相有，我说过去虽灭，可生忆想，能生心心数法。如昨日火灭。今日可生忆念，不可以忆念故火便有，未来亦尔。现在心虽一念时不住，相续生故，能知诸法，内以现在意为因，外以诸法为缘，是因缘中生意识，用意识自在知三世法，但不自知现在心心数法，余者悉知。”

若言共相以可说故，比量所得，如军林等是假。自相是实，现量所得者，现量所得，云何可说？若不可说，如何言实？若言自相假说为实，非真实者，则一切假实皆依世俗假想施设，云何汝执定有实体？若谓有倒心境二种皆虚，无倒心境，俱应是实者，世欲可尔，胜义不然，以胜义中心言绝故。若实若虚，皆为遣执。依世俗说，非就胜义。胜义谛言，亦是假立，为翻世俗，非有定诠。一切善恶苦乐因果，并世俗有，胜义中无。我依胜义言不可得，不拨世俗，非是邪见。今于此中为破时执，略说诸法俗有真无，成立远离二边中道实义。

破见品第四

[1]贪己见,不求胜解,于善恶说不能了知。

禀和、希胜、慧，是法器应知，异此有师资，无因获胜利。

六师等外道,虽闻正当,而无所证。

说有及有因，净与净方便，世间自不了，过岂在牟尼。

为无明、放逸、睡眠缠覆心识,皆言弃舍我所有事,唯我独存,远离羁缠,萧然解脱,无为淡泊,名曰涅槃。

真空破一切，如何彼不欣？“若有我者，必不离所，何成涅槃。故当欣此离我真空，离相真空，绝诸妄境，亦无分别执有等心，观此解除一切心境，正归无上大般涅槃。如是空观，佛法中有，一切外道邪论所无。彼诸外道执著己见、诽空观故不证涅槃。”

[2]佛经中说种种神变不可思议,又说甚深真实义理,不能测量,又说如来三业作用,声闻乘等所不能知,谓无功用普于十方无量无边极远世界,随诸有情一一根性无量无数品类差别,如其所乐,如是等事,皆难信知。故我于此深怀犹豫。

若于佛所说，深事以生疑，可依无相空，而生决定信。“随顺空理，无倒勤修，众善庄严，成无上果，于此应生决定信解。唯空是实，余并非真，但是如来方便显示。又佛所言，唯有二种，谓空不空。若于不空有所疑者，可依空理比度应知。诸法皆空，云何可见？由识言境，有义不成。诸法体相，略有二种，谓识所识，及言所言。一境同时有多识起，随见差别，境相不同，故知所识决定非有。言是假立，唯诠共相，一切共相皆非实有，多法成故，如军林等，但诸世间假共施设（此中有破共相有文，可考。）故应信解诸法皆空，无示、无对，皆同一相，所谓无相。诸法性相非言所行故名无示，非心心法所行境故名无对，非超二种所行相外别有余相，故名无相。空相无二，故名一相。又真空理离有无等一切法相，故名无相。无相无二，故说为一。即以如是无相为相，故名为相非别有相。”

空言若实,余说应虚。若佛境言一分是实,则类余分非虚者,我等所言亦应如是,云何总拨言不可信?

观现尚有过，知后定为虚，诸依彼法行，被诳终无已。“诸外道于浅近事中尚有颠倒，况于后世深远难知因果理中而无谬失！故所言不可依信。（按此中有破胜论计同异、和合、实句等是现量境，数论计苦乐、色等三德合成是实，非假，现量所得文。可考）佛经中说种种神变不可思议等事理，乃诸如来昔无量劫悲慧种姓……本愿所引，妙用无穷，于此何缘而不信解？”（按《释论》未解实虚之义，当知所谓实者非定有实法也，众生执虚诳为实，菩萨悲悯说空为实，令其舍邪归正耳）

[3]怀我爱，闻涅槃空，恐证无余，我便断灭。由此怖畏，不欲厌背生死，欣趣涅槃。

智者自涅槃。“不因他教，自然开觉证大涅槃。”是能作难作。愚夫逢善导，而无随趣心。不知无怖畏，遍知亦复然，定由少分知，而生于怖畏。“若遍知诸法正理，达生死生时唯假苦生、灭时唯假苦灭，本来无我，诸法皆空，故于涅槃全无怖畏。若有但解涅槃时诸行皆灭，都无所有，不知行苦任运自灭，无实体用，离我我所，由身见我爱所持，闻涅槃空，便生怖畏。”生死顺流法，愚夫常习行，未曾修逆流，是故生怖畏。“于生死苦常习行故，不知过患，无厌离心，于其解脱无罪乐味，由不曾知，不乐修证，反生怖畏。”

[4]诸有信求无倒解脱，或由慧力修真实方便时，于中为作障碍。

诸有愚痴人，障他真实见，无由生善处，如何证涅槃。宁毁犯尸罗，不损坏正见，尸罗生善处，正见得涅槃。“若坏正见，兼坏自他，令无量生受大苦果及失无量无边利乐，所获罪业，无量无边。智者当自防勿犯。”

[5]闻空无我，谓法皆无，诽拨一切因果正理，乃至断灭一切善根。

此岂是空无我过失？空无我理，心言不测，非彼所证。诸法直理，非有非空，分别戏论皆不从及故。为遣一切虚妄有执，圣说空教，除邪执故，非是虚妄。然此空言，是遮非表，非唯空有，亦复空空，遍遣执心，令契诸法。非有非空究竟真理，诸法真理实非空性，空为门故，假说为空。若谓真理非空，空为门者，真理非有，应有为门，随机说门，有亦无过，然其门义顺于空。有有有等皆顺执心，空空空等皆违妄执。故有智者闻说空言，应离一切有无等执，悟法真理，非有非无。

宁彼起我执，非空无我见，后兼向恶趣，初唯背涅槃。“劣慧者前，不应辄说空无我理，增其恶见。”

空无我妙理，诸佛真境界，能怖众恶见，涅槃不二门。愚闻空法名，皆生大怖畏，如见大力者，怯劣悉奔逃。

诸佛虽无心，说摧他论法，而他论自坏，如野火焚薪。

诸有悟正法，定不乐邪宗，为余出伪门，故显真空义。

若知佛所说，真空无我理，随顺不生欣，乖违无厌怖。“若知空无我理，观察世间如空舍宅，虚妄诸行生死轮回。兴盛无欣，衰损无厌，无忧无喜，无畏泰然。”

[6]诸婆罗门唯常习诵虚言为道，耳识能知；离系外道唯以露形身体臭秽种种猛利自苦为道，眼识能知，皆非深细。

婆罗门所宗，多令行诳诈，离系外道法，多分顺愚痴。恭敬婆罗门，为诵诸明故，愍念离系者，由自苦其身。如苦业所感，非真解脱因，胜身业所生，亦非证解脱。

略言佛所说，具二别余宗，不害生人天，观空证解脱。“如来圣教以证真空无漏慧剑，永断所有内烦恼贼，得无上正等菩提，教理意趣甚深微细，不害谓十善业，布施、爱语、利行、同事及诸静虑无色定等，由此得生人天，依此能除一切烦恼及能修习无量善因。真如实际离相名空。正观此空，证涅槃乐。空无我理，于诸法中无相无名，咸同一味，寂静安乐，即是涅槃。此必观空，方可证故。”

世人耽自宗，如爱本生地，正当能摧灭，邪党不生欣。有智求胜德，应信受真宗，正法如日轮，有目因能见。

破根境品第五

※根是了别境界所依。将欲破根，先除其境。境既除已，根亦随亡。

[1]迦比罗云，瓶衣等物，唯色等成，诸根所行，体是实有。

于瓶诸分中，可见唯是色，言瓶全可见，如何能悟真？“眼唯见色，瓶通四尘，岂见色时，全见瓶体？此显瓶体非眼所见，非唯色故，犹如声等。汝于现事既有乖违，而言悟真，此何可信？”

于香味及触，一切类应遮。“鼻、舌、身根，其境各异，全取瓶体，义亦不成。如是一切瓶衣等皆非色根所取境界，意亦应尔。不然，盲聋等人亦应了别色等外境。如是瓶等非根所行，皆是自心分别所起。”

瓶等与色等法，体无异故，眼等诸根，如取自境，亦取瓶等。

瓶等应是一切色根所行，即违汝说诸根各取自境，或一瓶等体应成多，或许诸根不取瓶等。色等各别既非是瓶，如何合时成实瓶体？

[1]瓶等众分合成，见一分时，言见瓶等。

若唯见瓶色，即言见瓶者，即不见香等，应名不见瓶。“是则外色亦应非实，是可见性。然世间共知瓶色可见。答：世间所知，随自心变，假说可见，非外实色。今遮心外实有可见，故不相违。”

[2]色实有,全体可见。

有障碍诸色，体非全可见，彼分及中间，由此分所隔。“粗色渐析未至极微，常有多分。若至极微，非色根境。故诸色皆不可见。

众微总相，是假非实，一一别相，非色根境，有碍极微面有彼此，如何得立色法实有，全体可见？”

诸微和合相助,不可分析面有彼此,故一一微其体实有,全分可见。

极微分有无，应审谛思察，引不成为证，义终不可成。“极微亦与余物合故，应如粗物有分是假。一一既不可见，云何和合相助可见，若转成粗，应非极微，应假非实。”

[3] 一切有碍法,皆众分所成。“析若未尽如粗事,众分合成,是假非实。析之若尽,便归于空,如毕竟无。”

言说字亦然，故非根所取。“如是已破五尘体是实有色根所得。”

[4]形色是眼所见

※此段颇要，解形显不即离故，然所缘太略。

离显色有形，云何取形色？“云何依显而取形耶？不然，离青等故如乐音等，皆统二难曰皆非色根所取或眼所见。云何或可依触而取形耶？”

即显、取显色，何故不由身？“形若即显，显色如形，应由身取。此意说形非即显，然离显极微别有长等极微，彼此不许，诸极微量无差别故。是故长等非实有性，但是青等积集所成。形体若实，如青色等，应与显色或即或离，故形与显非即非离，如车等其体非真。”

[5]胜论立离色等外,别立实有同异性等。彼由能依色等势力为色根境。又有说实等要因粗德色德合故方见。若无二德,应如极微及空中风,虽有不见。彼复有说所依实等要由能依色故可见。(按此说彼自有破。如论)

离色有色因，应非眼所见，二法体既异，如何不别观？“色所依实，名为色因。实既离色不可别观，应如色体无别实性。又色性名色因。”（又有多破。如论。）

[6]胜论说,地水火有色触故,皆为眼身二根所得。风唯身得,以无色故。

身觉于坚等，共立地等名，故唯于触中，说地等差别。“世间身觉坚湿暖动，便共施设地水火风，是故唯触名为地等，非离触外有别所依地等四实。若执地等非触所摄，应如味等非身所觉。颂中初半明地等大自相身觉，即触所摄；后半明彼地等共相非触所摄。身不能觉，唯是分别意识所知。前色性等自相共相随类应知。”

瓶所见生时，不见有异德，体生如所见，故实性都无。“瓶等烧时有赤色等诸德相起，现见异前，除此更无实句瓶体，与未烧位差别而生，如何可言离德别有地等实句。身根所觉，故实句非实有性，亦非色根所取境界，但是分别意识所知，世俗谛收。”

[7]外道余乘遍计所执一切境相，一、有质碍、二、无质碍，又一、有为、二、无为。

有质碍境皆可分析，析即归空，或无穷过，故非实有。无质碍境，犹若空华，亦非实有。又有为法从缘生故，犹如幻事，非实有体；诸无为法，以无生故，亦非实有，譬似龟毛。故有无等境皆依世俗，假立名相，非真胜义。”

[8]余乘执五根实有。

“眼等五根皆四大种所造净色为其自性。此世俗言，非胜义说，若执为实，其义不成。所以者何？同是造色，何缘见用？唯眼，非余。”故颂云：眼等皆大造，何眼见非余。

岂不诸根其相有异？谓各能作自识所依，用有异故，其果不同。

此果有异，非相差别。相既是同，用应非异。又应诸根即是大种，生识用别，名眼等根。用既不同，相必有异，故离大种别有义成。

非唯大种是见等因，又有善恶业，此业复由贪乐见等众缘展转差别而生，由此业故，见等有异。

若多满业别感见等，其义可然。若唯一业，总感一身，如何有异？若言一业有多功能，故所感身诸根别者，业与功能俱是作用，如何一用而有多用？

一体有多功能，由此功能，发生多果。

假说可然，实云何尔？一即是多，理相违故。若许一业有多功能，感多根者，何不许业唯感一根能生多识？又若一业能生多果，以生别识，证有别根，如是比量应不成立。此有彼有，此无彼无，但可成立差别功能，不应证有差别体相。又即此业差别功能，何不能生差别诸识。若谓诸识生时业已灭故，无能生用。若尔眼等应不从彼业用而生。若业所引习气犹存，能生眼等，何不从彼业引习气诸识生耶？若即业种能生五识，不应根处有损益故，识随损益。……

故业果难思，牟尼真实说。“若执实有，一切皆由造色性故，或大种故，或业果故，眼名非见，如耳等根故，余亦耳。又眼等根皆有质碍故可分析，令悉归空，或无穷过，故不应执为实有，但是自心随因缘力虚假变现如幻事等，俗有真无。此颂言诸业眼等异熟因果不可思议。”

[9]数论言色等境界皆二根取，谓眼等见及内智知。

智缘未有故，智非在见先，居后智唐捐，同时见无用。“见是智缘，如生盲人无了色智，故智起定非见先。若二同时，因果不成。”

[10]有立眼耳境合方知。

眼若行至境，色远见应迟，何不亦分明，照极远近色？“眼谓眼光，是眼用故，不离眼故，亦得眼名。……由此知眼不至境，于近远境用差别故，犹如磁石。”

若见已方行，行则为无用。若不见而往，定欲见应无。

[11]有说眼根不合故见。

若不往而观，应见一切色，眼既无行动，无远亦无障。“眼与色不合而见，应无远近障无障殊，不合之因，无差别故。有见不见，理不得成。故眼见色非行不行。……前诸颂中虽正破眼，亦兼破耳，以义同故。……”

[12]诸法体相用，前后定应同，如何此眼根，不见于眼性。

“法体相用，前后应同，展转相望无别性故，应一切时以见为体，又应能自见。”

[13]又汝宗言，眼等色等诸法相用，乐等所成。相用虽殊，其体无别。(以上至[9]，或皆数论义。)

眼见色体，即是自观，亦违自宗，根非根境，既不见根，应不见色，若言根境其体有殊，便违自宗俱乐等性。如破眼见，耳等例然。又应一境一切根行，亦应一根行一切境。

[14]鸺鹠子言，根境性异，五根随其次第，即是火空地水风实。眼见三实谓火地水，及见于色，身觉四实，谓除其空，兼觉于触，耳唯闻声，鼻唯嗅香，舌唯尝味。

眼等火等其相不同，如何五实为五根性？地水火实，异青等故，非眼所观。地水火风若体异触，应非身觉。

[15]眼色意我四法合故，能见于色。又彼宗执。

眼中无识色，识中无色眼，色内二俱无，何能合见色？“三法合时与别无异，如何可执有见用生？我惑已破，故不重论。”

有小乘说，诸法一一虽各无能，而和合时相依有用。

若和合位有异相生，与前不同，应非眼等。不尔，应无见用。若眼等三能生见用，尔时见用亦应生三。一刹那中彼此俱有，如何相望有因非因？又应同时无因果义，若不同时应许先后，则果时无因，因时无果，因果乃坏。

[16]耳所闻声，能成名句诠表法义胜色等尘。(唯句与名能诠表义，故于此所不说文

身。)

所闻若能表，何不成非音？“所闻与音，声之异目，声自相定不能诠，无分别识所了知故。声之共相，非耳所闻，一一皆依多法成故。”声若非能诠，何故缘生解？“若尔，不应闻声了义。闻即了义，应是能诠。”

岂不意识耳识后生，依所闻声，假立共相，此能诠表引义智生。

意识生时，声与耳识二俱已灭，共相何依？声体既无，谁之共相？若谓念力追忆前声，心等依之假立共相，应心心法各别所缘，不随心缘应非心法。若谓共相不要依声，唯分别心假想建立，如何此相唯属于声？若言二相同依二声，自相先闻，后意俱了，声相既异，体云何同？心相既殊，体亦应别。是故共相非实能诠，亦非音声定不能表。

[17]声与耳合故能闻。

声若至耳闻，如何了声本。“本谓说者，声起源故，亦不应言耳往声处。用无光质，何以知行？”

声无顿说理，如何全可知？“亦不应说追念故知。不可离念率尔能知。若言闻声次第缘力引故全了，此亦不然。次全了心不必生故。又余意识从闻声后，亦经多时，方全了故，不可执有实诠表声。先耳能闻，后意能了，但是虚妄分别识心，变现言音，谓为诠表。”

[18]乃至非所闻，应非是声性，先无而后有，理定不相应。

“未来声体，非耳所闻，眼等五根，取现境故。若现可闻是声性者，应此声性本无而生，则违汝宗先有声性，声性先有，应常。……如是推征声性散坏，色等亦尔，如理应知。”

[19]数论者言，心往境处，方能了别。

心若离诸根，去亦应无用，设如是命者，应常无有心。“若不待根，心独了境，盲聋等类，应了诸尘。心常往境，我应无心。”

[20]大乘设许少实，此过应同。

若尔，应无世间诸事。想颠倒故，谓彼非无。

想者是何？

令心妄取尘，依先见如焰，妄立诸法义，是想蕴当知。“初心生时，取青等相，如立标帜，为后忆持，取越色根，所行境相，故名为想。此想妄立，一切世间，有情无情，诸法义相，如依阳焰，有水想生。由此妄想，建立根尘，及余世间，诸事差别。为显此想，依多法成，是假非真，故说想蕴。”

岂不五识缘实有尘，随五识行？意识亦尔。想与诸识境界必同，何得定言想为颠倒?

眼色等为缘，如幻生诸识。“根境皆虚，犹如幻事，非诸识体即所现尘，勿同彼尘，识无缘虑，亦不离尘。别有识体，离所现境，识相更无。如何可言识体实有?”

幻事皆实非虚。咒术功能加木石等令其现似车马等相。此相或用声等为体,或体即是识之一分。

若执为实有，幻喻不应成。“若幻是实，声等为体，如余声等，应不名幻。若言幻事迅速不停，如化所为，故说名幻。此亦不然。迅速不停亦非幻相，勿电光等亦得幻名。若言诳惑世间名幻，幻相非虚，何名诳惑?若言能生常等倒故，即应余法亦得幻名。又不应言幻是识分，非解了性，岂即是心?或应异名说唯识义，应信诸法皆不离心，如何一心实有多分?或应信受识体非真。若识是真而许多分，应一切法其体皆同。若识体一而现二分，如阳焰中现似有水，则不应言幻是识分。其体实有，识无二故，非所执水是阳焰分，如何喻识体一分多?”

若尔,大乘说何为幻?

我所说幻，如世共知，觉慧推寻诸幻事性，实不可得，言岂能诠?故一切法皆如幻事，其中都无少实可得。是故诸法因缘所生，其性皆空，犹如幻事。

[21]若法性空,而现似有,何异羂索笼系太虚?

世间诸所有，无不皆难测，根境理同然，智者何惊异?诸法如火轮，变化梦幻事，水月彗星响，阳焰及浮云。“（世间十种难测如论）愚夫妄执，分别谓有，其体实无。离妄执时都无所见，如净眼者不睹空华。无为圣智所见乃真，能缘所缘行相灭故。如是善顺契经所言，有为识心所行非实，是故根境皆俗非真，由识所行，如火轮等。”

破边执品第六

[1]诸法若实有,应不依他成。

既必依他成，定知非实有。“若一切法性相实有，应不依他而得成立。是故色等其体非真。”

[2]瓶等即色,瓶依色了,故不依他。

非即色有瓶。“一一瓶多法为体，色等不尔，如何即瓶，故不可言瓶与色等体俱实有相即而成。”

离色有瓶,德实异故。

非离色有瓶。“若即若离，义既不成，瓶等皆虚，理应成立。”

瓶等色等，互相依成。

非依瓶有色，非有瓶依色。“瓶等色等，体皆非实，如何定立能依所依？此中依言，或表因义。”（此下有破鸺鹠，数论二量。）

[3]胜论者言，诸法相望，有同有异，法体局别，所以名异。有性该通，所以名同。通局既殊，故相有异。由相异故，异外有同。

若见二相异，谓离瓶有同。二相既有殊，应离瓶有异。“同异二相俱遍诸法，异应如同，离法别有，设许法外有异有同，此复应有余同异性。如是展转，同异无穷，则不可知二相差别。又若实等与有性别，应不能知实等是有。又实等真体，亦无有异，便可功能相等有别。有性亦尔，功用有殊，云何定执有异实等，所以者何？但所知故，并非无故，同有用故。应互相似，皆异皆同，故知有性，非离实等。”

有，与法殊。一为同喻，所依实等，其相各别，不生数智。一数是同，能生数智。法与数合，名一瓶等。

若一不名瓶，瓶应不名一，瓶一曾无合，瓶应无一名。“所执实等非真实等，数智数言所行境故。如一二等，所执一等，非真数体。实等智言所行境故，如实等，是故一切，其体非真。”

能依所依体互相遍，故名为合。

若色遍于实，色应得大名，敌论若非他，应申自宗义。“若色等德遍所依实，应如实体，亦得大名。又应有形碍，既有形碍，处应不同。实之与德，应非因果。”（此下有四或复。）

有数等能相，显所相不成，除此更无因，故诸法非有。“有数色等离实有体，多诸过难。其同异性，如有应遮。共德如数，余不共德及业差别，如色等破。故不可言诸法实有，应随世俗假说非无。鸺鹠所宗实等非有，非有性故，如空花。有性亦无，非实等故，犹如兔角，是故皆虚。”

[4]诸法不待有性数等而可了知，数论者言。

离别相无瓶，故瓶体非一。一一非瓶故，瓶体亦非多。“一一非瓶，如何多体？若色等合成军林，说名一多，瓶亦应尔者，此唯世俗说军林，其中都无军林实体。若执实有应如瓶破。”

色香等和合为瓶。

非无有触体，与有触体合，故色等诸法，不可合为瓶。“唯地水等有触，色声香味非触所摄，合谓其体展转相触。若言色等有相触义，应触所摄。犹如地等，则唯触体同类相合。色等诸尘定无合理，合则便失色等性故。”

色等聚集名合。

色是瓶一分，故色体非瓶。有分既为无，一分如何有？“瓶体无故，瓶分亦无，岂色等尘实为瓶分。军林等物，假说为有。”

一切色等性，色等相无差。唯一类是瓶，余非有何理。“瓶、衣、车等所依事中，色等能依，性相无别。若色等体皆实，是瓶、衣等亦应皆是瓶体，即色等故，或所执瓶应非瓶体，即色等故。”

若色异味等，不异于瓶等，瓶等即味等，色何即瓶等？

色等诸法与瓶等异。

瓶等既无因，体应不成果，故若异色等，瓶等定为无。“如是数论所立瓶等，若一若异，皆不得成。”

[5]胜论者言，瓦等细分，生瓶等故，瓶等有因。既有其因，瓶即是果，有因是果，其体非无。

瓶等因若有，可为瓶等因，瓶等因既无，如何生瓶等？“瓦等细分依余法成，何能为因生于瓶等？或有因法有体有能，可能生他余有因法。汝执瓦等极微为因，或余为因，此并非有，以无因故，瓦等体无。无体无力，何能生果？”

有作是言，瓶等瓦等，诸和合物，从本以来，同类因果展转相续，随类不同。其体实有，一而可见。

色等和合时，终不成香等。故和合一体，应如瓶等无。“故虽和合，不能一体，应如瓶等，其体实无。”

如离于色等，瓶体实为无，色体亦应然，离风等非有。“变坏色相，大造合成，故离大造，无实有性。是故色名无实有体，唯依风等假立色名。如色体虚，受等亦尔。”

若无大造，如何世间有火等物，烧煮等用。又若一切皆无所有，诸所安立，应不得成。

我不言无诸法体用，但说汝论所立皆无，谓世所知色受等体，烧煮等用，一切非无。

[6]胜论者言，火是能烧，地是所烧，其体真实。烧煮等用，亦真实有，熟变色等，现可知故。又暖或余，为火所烧。

暖即是火性，非暖如何烧？故薪体为无，离此火非有。“不应执暖为所烧，亦不应言所烧是地，非暖性故。薪是所烧，所烧无故，薪体非有。薪体既无，火依何立？能所烧既并非有，熟变色等岂实有耶？”

离系外道言，地大极微及余果物，虽非是火而与火合。由杂火故，似暖相现，然彼地等真实非烧，异暖性故。亦非非烧，从暖相故。虽俱不可说，而实是所烧。

余暖杂故成，如何不成火？若余不成暖，由火法应无。“由火为因所生熟变异触诸法亦应无有。”

若火微无薪，应离薪有火。火微有薪者，应无火极微。“审问食米齐宗火微为有薪不。色法既然，心法亦尔。心与心法俱生灭故。”

[7]一切法一体。

审观诸法时，无一体实有。一体既非有，多体亦应无。“诸有为法待因缘成，无有一法其体独存。一体尚无，多体焉有？要先有一，后积成多故。”

岂不空等独一无二，世咸共了，是一体耶。

世共所知是假非实，汝所执实非世所知。

如何得知空等一体唯是假有？

若法更无余，汝谓为一体，诸法皆三性，故一体为无。“若无余伴，说名为一。空等诸法一一体上，皆有三性，谓大有、一数、物类。若不尔者，虚空等上有一智言，应不得起。一有三性，一体不成。一既不成，三亦非有。是故诸法非一非多，而言一多，是假非实。（此下又有四异释。）诸有智人于世俗法应随说有，勿固寻思世俗诸法，求其性相。不尔，不异执灯入暗求性相故。所以者何？世俗诸法犹如窃暗众缘所成，不任思求，求即散坏。”

[8]有非有俱非，一非一双泯。随次应配属，智者达非真。

“一切世间色等句义名言所表，心慧所知，情执不同，略有四种，谓有、非有、俱许、俱非。随次应配四邪执，谓一、非一、双许、双非。数论外道执有等性与诸法一，即当有句。胜论外道说有等性与法非一，当非有句。无惭外道执有等性，与彼诸法亦一亦异，当于亦有亦非有句。邪命外道执有等性与彼诸法非一非异，当于非有非非有句。此亦非真，所以者何？非一异言，若偏有表，应不双非。若但是遮，应无所执。有遮有表，理互相违。无表无遮，言成戏论。又汝执诸法性相非空，而说双非，但为避过，若诸法性相一一俱非，此俱非言，亦不应说。举言必有俱非性故。是则汝曹应常结舌，发言便坏自论所宗。默亦不成，以俱非故。语默俱失。（破四执文尚多，不要。）”

外道余乘于世间虚伪诸法妄执为真，于相续假，谓是真常。积集假中，执为实有。

于相续假法，恶见谓真常，积集假法中，邪执言实有。诸法众缘成，性羸无自在，虚假依他立，故我法皆无。“诸法虚假，众缘所成，起住依他，体无自在。念念生灭，众分集成，非一非常，犹如幻化。愚夫执有，智者达无，故于其

中，无我无法。一切外道及所余乘计一计常，为我为法，一常非有，我法定无。故辨缘成，显二无我。”

有作是言，字名句合，诠表自心所欲说义，一一各别。虽不能诠，而和合时，能有所表。既有能诠，定应有义。

果众缘合成，离缘无别果。如果合与果，诸圣达皆无。“揽缘成果，顺世俗言，胜义理中，无如是事。故诸圣者，了达皆无。能诠所诠皆自心变，诸心所变，情有理无。圣者于中，如实知见，谓见彼法皆是愚夫虚妄识心分别所作，假而非实，俗有真无，随顺世间，权说为有。”

愚夫于境执我我所，生死轮回※（此段颇要，文未删削）

识为诸有种，境是识所行，见境无我时，诸有种皆灭。“识能发生诸烦恼业，由此三有生死轮回，故说识心为诸有种。如果识心缘色等起，无所缘境，识必不生。若能正观境为无我，所缘无故，能缘亦无。能所既亡，众苦随灭，证寂无影，清凉涅槃。至此位时名自利满，诸有本愿为利益他，住此位中，化用无尽，亦令有识证此涅槃。故欲求自他胜利真方便者，应正勤修空无我见。复有别释，识为诸有种者，谓宅识中种种熏成诸业习气，无明有爱所随增故，能感三有生死轮回。识为所依，故说为识。境是识所行者，识中习气由执色等境界熏成，随缚境界，是所依故，名曰所行。见境无我时者，谓无我见，观一切境性相空时。诸有种皆灭者，由无我见永断一切无明有爱二种随眠。由此二种是发业因及能润业令生果故。断此二种业果不生。尔时所有诸戏论事及烦恼事种子俱断，故名皆灭。非一切种识等皆无，所以者何？由圣道起，但灭一切虚妄分别戏论习气，令有漏法毕竟不生。一类有情，诸无漏法无所依故，亦皆断灭。一类有情，由本愿力所任持故，无漏诸识相续不断，尽未来际。”

破有为相品第七

[1]有说果体本无而生。

若本无而生，先无何不起？“后位如先，果应不起。先位如后，果亦应生。”

有说果体本有而生。

本有而生者，后有复应生。“后位如今，果应更起。今位如后，果不应生。又言本有，生必不成，既无有生，果义便失。”

果先无论者言，果或违因，故非并有。

果若能违因，先无不应理。“胜论者说果或违因，或不违因。果违因者，合违于业，合果后生，前业灭故。如是合德，其体未有，应不能违先所起业。”

果先有论者言，一切因中，果体先有。

果立因无用，先有亦不成。“生果显果，说名为因。果体本来已生已显，因便无用。因非有故，果义不成。”

[2]诸法有生。

此时非有生，彼时亦无生。此彼时无生，何时当有生？“果已有时名此时，果未有时名彼时。果体既无，因何所起。既无所起，因义不成。因义不成，果从何出？除此二位更无生时，故定无生，如虚空等。”

胜论言多实为因，积集共生一合德果，阙众缘时，未有合德，故说此时无生。具众缘时已有合德，故说彼时无生。初位不然，名生何咎？

离此彼时，更无别位。

数论言，乳等因变成酪等果，故说名生。

除此彼时，更无异位，是故酪等决定无生。自性等因，成大等果，准此推究，皆非有生。

如生于自性，生义既为无，于他性亦然，生义何成有？“说常有宗，色等五蕴，数论外道，乐等三德，诸法生时，不令自性有变异故，生义不成。诸法生时不令他性有变异故生义不成。”（此下又有多难，不要）

[3]执有生者作如是言，果有三时前后差别，将成作用及究竟时。

初中后三位，生前定不成，二二既为无，一一如何有？“果先无论于未生时三位不成，无无别故。果先有论，于未生时三位不成，有无别故。初中后位相待而成，二二既无，一一岂有？亦不可说三位同时，又不可说三时并有。若言觉慧于色等法，观二二时立一一位，是则三位假有真无，违汝宗三时实有，故三位唯假非真，不应定执果有三位。”

[4]非离于他性，唯从自性生，非从他及俱。故生定非有。（有多救难，如论。可考。）

前后及同时，二俱不可说，故生与瓶等，唯假有非真。“能生所生同时，前后俱不应理，故生非有，随俗说有能生所生，不可推征，时分同异。”

旧若在新前，前生不应理，旧若居新后，后生理不成。“执果有生，必依新旧，新旧无故，生不得成。若谓诸法念念别生，恒名为新，都无旧者。旧既非有，新亦应无。是故不应执有新旧，既无新旧，生岂得成？然诸世间见有为法相似相续，谓为一体。前盛后衰，说为新旧。圣随彼说，有旧有新，依此立生，依

而非实。”

[5]果体依过去、未来、现在因体而生。

现非因现起，亦非因去来，未来亦不因，去来今世起。“现在果法非现因生，因果同时理不成故。虽形影等因果同时，是假非真，随俗而说……”

有说未来体相具有，由此生用，得有所依，生迁未来，令入现在。灭迁现在，令入过去。

若具即无来，既灭应非往，法体相如是，幻等喻非虚。“色等法若从缘生，如幻所为，皆非实有。非缘生者，（谓外所执者）皆似空华，性相俱空，法既非有，生等定无，如何可说生迁未来令入现在等。”

[6]生住灭相前后同时。

生住灭三相，同时有不成，前后亦为无，如何执为有？“执不同时，亦不应理，所相体一，如何异时？又法体生时，住灭未有，至住灭位生相已无，而言体同，极为迷谬。三体不同，亦不应理，以生住灭遍诸有为，三体如何各唯一相？”

离所相别有生等。

若生等诸相，复别有生等，应住灭如生，或生住如灭。

所相异能相，何为体非常？不异四应同，或复全非有。“色等法非异生等，若不异生等，应如生等析一成三，生等亦应混三成一。是则应无所相色等，所相无故，能相亦无。则无有为，无为亦尔，相待立故。一切应无，故色等法，非不异生等。”

[7]因果异体。

有不生有法，有不生无法，无不生有法，无不生无法。

因果同体。

有不成有法，有不成无法，无不成有法，无不成无法。“如果有无因果同异，皆不成故，生依彼故，决定无生。”

[8]已生、未生时有生。

生用已灭及未得故，俱无有生。生时体不可知故，亦无有生。

生时二半为体，谓生半分，半分未生。

半生半未生，非一生时体，或已未生位，应亦是生时。“有生未生二种相异，如何可立为一生时。生时既无，二位非有，是故诸法决定无生。”

生时自性，为因缘起，或是自然。

生时若是果，体即非生时，生时若自然，应失生时性。“若非缘起得名生

时，一切无为应生时摄。又非缘起应类空华，体既是无，岂生时摄，是故诸法无实生时。”

若无生时，已生未生亦应非有。又无生时，已生未生二位应合，故有二位中间生时。

已生异未生，别有中间位，生时异二位，应别有中间。“如是中间复有中间，展转增长，有无穷过。过无穷故，难立生时。又已未生种类别故，如色声等，无别中间。既无中间，生时何有？”

舍生时位得已生位。

若谓生时舍，方得已生时，是则应有余，得时而可见。“若舍生时得已生位，未得已得两位中间，应有得时，如生时位。若尔，如前有无穷过。又舍生时得已生位，体应有异，非一法生。”

不舍生时位得已生位。

若至已生位，理必无生时，已生有生时，云何从彼起。“从未生位至生时位，研核诘问，如理应思，是故生时非别实有。”

立有生时非已生位，将至此位，名作生时。

未至已生位，若立为生时，何不谓无瓶，未生无别故。“瓶名已生，生时未至已生位故，瓶体定无，瓶体既无，生依何法？不可无法名作生时，故生时位，但有虚言，生时既无，生亦非有。”

生时体虽未满而用起故，非是全无，非有非无，不同两位，是故诸法别有生时。

非生时有用，能简未生时，亦非体未圆，别于已生位。“生时体无，用应非有。生时体有，应是已生，不可一法半有半无。有无相违，不同体故。故离二位，无别生时。”

前位生时无，后位方言有，兼成已生位，故此位非无。“未起用时名为前位，正起用时名为后位，所言兼者，谓舍全无，即未生时名全无位。生时舍彼，是有非无。由此兼前成已生位，是故生时非无有故。如已生时，不应别立生时。”

有时名已生，无时名未起，除兹有无位，谁复谓生时。“生时既无，生如何有？是故诸法理实无生，生既实无，住灭亦尔，生为先故。”

[9]数论执果不离因，又说一自性转变力，故无所不为。虽有所为而无生灭断常等过，所以者何？果起不生，性变成故。果谢不灭，归本性故。果性非常，前变灭故。果性非断，后变生故。转变非恒，故非定有。自性不易，故非定无。

诸有执离因，无别所成果，转生及转灭，理皆不可成。“数论所执，果不离因，果同其因，体本实常，是则所唐捐其功。少有所为，便违自论，是则世间现见因果生灭作用，一切皆无。世现所知，汝尚诽谤，况能信深义耶？如是观生都非实有，生无实故，灭亦实无，但随世间说有生灭。随世所说，是俗非真。胜义理中无生无灭，一切法性非断非常。又诸法生灭，理既不立，汝宗所执转变岂存？又如前破。”

经部等言，因缘和合，无间果生。果起酬因，复能生后。如是展转，无始时来，因果连绵相续不绝，无有生灭断常等过。所以者何？相续无始，故无有生。未得对治，相续不尽，故无有灭，相续改转，所以非常。相续连绵，所以非断。非一性故，亦非转变。

生灭既无，相续何有？又相续有终，是则为断。相续无始，是则为常。相续体一，即有转变，故立相续，弥多过失。

说诸法常有部等言，一切有为，从本以来，性相实有，酬前起后，三世迁流，无有断常生灭等过。所以者何？体恒有故无生灭。有为相合非常，果起酬因非断。念念别故非变非续。

用不离体，应同体常，体不离用，应非恒有……

※（此段中解八不义，殊要。）

如契经言，有为无为，皆是世俗。分别假立，其体俱空。除为无为，更无别法。此二空故，诸法皆空，空中都无分别戏论。虚通无碍，即圣慧明。故契经言，一切诸法，从本皆空。空即无性，由无性故，即是般若波罗蜜多。其中都无少法可说为生、为灭、为断、为常、为一、为异、为来、为去。异此说者，皆名为谤。若说常空，应堕断灭。遮常有故，不堕此边。执常不空，应堕断灭。常无因果，名断灭故。我诸所说，皆是遮言，遮谓遮他生灭等执。无生非灭，唯为遮生。无灭非生，但为遮灭。非断常等，类此应知。虽涅槃时生死断灭，此方便说，是假非真。我等皆妄，谁复为真？谓毕竟空心言路绝，分别戏论皆不能行，唯诸圣贤内智所证。是故智者应正勤修，证此真空，舍彼妄执。”

教诫弟子品第八

[1]既一切法本性空，未达此空，以何为性？

诸法无我，无性可取，故名为空。如契经言，空名诸法无我无性无执无取。胜义理中，都无少法有我有性可说名空。空名实不可说，但假立名。

空既离言，有应可说。

亦不可说，实无体故。如说诸法实性都无，无性理中，无二无说。

说者言及所言，一切皆空，今应无说。既有所说，应不皆空。

能所说若有，空理则为无，诸法假缘成，故三事非有。“能说谓人，言及所言，俱名所说。此三总摄有为无为。此三事依他立，如幻所为，自性皆空。为益世间，假有言说，不依他成，皆如兔角。”

疑难真空，犹望成昔日有见。

诸欲坏他宗，必应成已义，何乐谈他失，而无立已宗?

岂不空论，此过亦齐，或但虚言。

为破一等执，假立遣为宗，他三执即除，自宗随不立。“依汝所执，故我立宗。所执既无，宗应不立。如契经说迦叶当知所见本空，非由今破。故空无我名，是假非实。一异及非，名为三执。”

现见世间瓶等有故，虽空无我，比量多端，而被强威现量所伏。

许瓶为现见，空因非有能，余宗现见因，此宗非所许。“我若许瓶现量所得，空因比量可说无能。然我说瓶等诸尘皆非现见，破根境等诸品已论，不可引异所见以为证，故空因不违现量。”

若世间无不空法，空无翻对，应不得成。故颂曰:若无不空理，空理如何成?

汝既不立空，不空应不立。“又所立空，专为遣执，不必对有方立于空。如为遣常说无常教，虽常非有，而立无常。”

空是宗故，如立色等，无常为宗，此无常宗既定是有。空宗亦尔，应必非无。

若许有无宗，有宗方可立，无宗若非有，有宗应不成。

若诸法皆空，如何火名暖?

此如前具遣，火暖俗非真。

空有所遮，故法应有。

若谓法实有，遮彼说为空，应四论皆真，见何过而舍? “一等四论展转相遮，皆应是真。真既无过，皆应可宗。汝见何愆舍三执一，故不可说实有所遮。”

若诸法都无，生死应非有。

诸佛何曾许，执法定为无。“诸佛世尊智见无碍，亦未曾许定有定无。世俗有故，依之建立生死轮回。胜义空故，诸法性相非有非无，心言路绝。”

若真离有无，何缘言俗有?“应离于真，别有其俗。”

俗顺世情，因缘假有，真谈实理，非有非无。

若法非有，则定无能破有因。

若谓法非有，无能破有因。破有因已明，汝宗何不立？“世俗所摄能破有因，前已广明。何谓非有，胜义理中无立破故。”

一等四执前已具遮，更不立余真实有法，是则此论应堕无边。

谤诸法为无，可堕于无见，唯蠲诸妄执，如何说堕无。“为破有执，且立为无。有执若除，无亦随遣。又世俗有，前已数论，故不应言此堕无执。”

唯许俗有，真应是无。不许真无，应许真有。

有非真有故，无亦非真无，既无有真无，何有于真有。

若真非无，何意频说诸法性相，俗有真无？

此说意言唯俗是有，真无此有，故说真无。

若尔，此真，俗无为体。若不尔者，应别有真。若别有真，有非唯俗。有既唯俗，真体应无。真体既无，何欣修证？

真非有无，心言绝故。为破有执，假说为无。为破无执，假说为有。有无二说，皆世俗言。胜义理中，有无俱遣。圣智所证，非有非无，而有而无。后当广说。

证法空因，为有为无？有则余法亦应是有，无则不能证诸法空。故颂曰：有因证法空，法空应不立。

宗因无异故，因体实为无。“所立因体若实有，应与宗体或一或异，然不可说因与宗体或一或异，非一异故。犹若军林是假非真，世俗所摄，随顺世间虚妄分别，建立种种宗因不同，遣诸邪执。邪执既遣，宗因亦亡，故不可说，法同因有。”

证法空喻，为无为有？无则不能证诸法空，有则诸法如喻应有。

谓空喻别有，例诸法非空，唯有喻应成，内我同乌黑。“喻则是因一分所摄，因既俗有，喻亦应然。若非因喻能立义宗，内我如乌黑应立。”

[2]若法本性空，见空有何德？

虚妄分别缚，证空见能除。“虚妄分别谓三界心心所法。”

岂不此法亦本性空，如诸愚夫所执色等，何能引苦煎迫有情？或色等亦有此能，何但言虚妄分别？

虽色心等皆本性空，而要依于虚妄分别，计度诸法为有为无。因是发生杂染清净，是故但言虚妄分别。

法若实有，是事可然。法既实无，如何计度为有、为无等染净不同？

如梦等中，虽无色等，而有种种相现分明。

※以下一类，未了法空，犹执法有，真无俗有，虚言无实，故有多难。

于梦等位，有分别故，作用非无。分别为依现诸境像，起诸染净，是事可然。今既皆空，无实分别，谁能起此作用不同？无体有能，曾所未见。

此中一类释此难言，世俗非无，故无此失。应问：世俗非谛实耶？彼答：不然。随世俗量是实有故，亦名谛实。如何可说一法一时，有无相违，俱名谛实。彼言，如世间施等善法，性有漏故得不善名。善根相应，故亦名善。义差别故，俱名谛实而不相违。此理不然，施等善法，观待异故可不相违。一法一时有无二谛，无别观待，何得无违？所以者何？施等暂能伏烦恼故名世俗善。非永能断烦恼故亦名胜义不善。此善不善，互不相违。彼重救言，如一青色，据自故有（原文缺此“有”，录入者注），望他故无。诸法亦然，一一法性，据俗故有，望真故无。此亦不然，青黄体异，可据自有，望他为无。俗之与真，其体不别，据自可有，望谁为无？寻究其俗，实即是真，非考彼青，实成黄色，故所立法喻不同。《契经》中说，世俗胜义无各别体，世俗真如即是胜义，非离其色，别有于空。乃至识空，亦复如是。如何一法无别境时，二义相违，俱名谛实。由是古昔轨范诸师，情事不同，安立二谛。世俗谛语，近显俗情。胜义谛言，远表实事。世俗诸法，虽称俗情，而事是虚，故非谛实。又现量证缘起色心，言不能诠，应非俗谛。若言假立名言所诠，故此色心亦俗谛摄。究竟胜义应亦非真，假立名言所诠表故。若言虽有缘起色心，是诸世间现量所得，而非究竟胜义谛收，假说名为世俗谛摄，随意假立世俗名言有实色心。则无诤论，此为依故，染净义成。若谓色心世俗故有，由胜义故，非有非无。如彼无分别智所行境界究竟空无不如是有，故说非有。若尔，所行究竟无故，无分别智应不得生。设许得生，亦非真智，缘无境故。如了余无，智既非真，境应是俗，虽言色心不如是有，而复弥显色心实有。由说非有究竟无故，无异相故，定应是有。若言谛实是胜义相。是则世俗应非谛实。既非谛实，唯假言说妄分别立，如何能起染净作用？非说龟毛名为有体，即有作用，能缚世间。故彼释难，其理不成。

※（此下空有之诤）

复有余师，释此难曰，分别所执法体是无，因缘所生法体是有。由斯发起烦恼随眠，系缚世间。或修加行，证无我空，脱生死苦。因缘生法虽通色心，而心是源，所以偏说。为证此义，引《契经》言：遍计所执无，依他起性有，妄分别失坏，堕增减二边。此中一类释此义言，名是遍计，所执义是依他。名于其义，非有故无。义随世间，非无故有。不可引此证有依他。此释不然，义相违故。若名于义，非有故无，义亦于名，是无何有。又于其义所立名言，既因缘生，如义应有，世俗假立能诠所诠无应并无，有应齐有，如何经说一有一无？故汝所言不符经义，应信遍计所执性无，是诸世间妄情立故。依他起性从因缘生，非妄情为，应信是有。彼为证此依他性无，复引经中所说略颂：无有少法生，亦无少法灭，净见观诸法，非有亦非无。此亦不能证依他起，其性非有。此颂意明遍计所执自性差别，能诠所诠其体皆空，无生无灭，离执净见，观诸世间，因缘所生，非无非有。故此非证依他起无。若有依他，何缘经说一切法性无不皆空？此有密意，谓此诸经唯破遍计所执自性，非一切无。若一切无，便成邪见。以诸愚夫随自心变色等诸法，周遍计度，执有真实自性差别。世尊依彼说色等法，自性皆空，无生无灭。依他起性由无遍计所执性故，亦说为空，非自性空，无生灭等。如来处处说三自性，皆言遍计所执性空，依他、圆成二性是有，故知空教别有意趣。不可如言，拨无诸法。如言取义，不求如来所说意趣，名谤大乘。若尔，云何释此经句？佛于菩提都无所得，亦无少法可生可灭。所以者何？以一切法无生无灭，是故如来出现世间。有作是释，诸佛证得大菩提时，远离一切分别戏论，虽出世间，而不可说有证得等。复有释言，佛以菩提为其自性，故无所得，以诸法性离戏论，故无生无灭。无上菩提，现在前故，说名如来出现世间。又《契经》说，色名诸色，无性之性，受想行等，广说亦尔。此经意明，依他起性以其遍计所执色等无性所显离言法性，为其自性。若一切法都无所有，如何无性而复言性？依他若实，经言诸法从缘起，缘法两皆无，能如是正知，名通达缘起。如何解？以从缘生法有二种：一者遍计所执，二者依他起性。此中意说遍计所执自性非有，不说依他。若说依他，都无自性，便拨染净二法皆无，名恶取空，自他俱损。若从缘生，心及心法，同遍计执，皆自性空。便似空花，何能系缚三有含识生死轮回？是故依他非无体实。由是应知，有心心法，但无心外所执诸尘。唯识理成。岂不决定执一切法实唯有识，亦成颠倒。是则应如色等诸法颠倒境故，其体实无。又境既无，识云何有？若许实有少分识体，应说此体其相如何。既不可言能识所识，如何定说唯有识耶？诸契经言，唯有识者，愚夫贪境，生死轮回，说唯识，令舍外尘。舍外尘已，妄识随灭，便证涅槃。虽说极微亦可分析，据方所故，如舍如瓶，此难极微可成多分。是假非实，不可全无。若不尔者，心及心法，一刹那中时分摄故，如岁月等众分合成，亦可全无，成大过失。

※（以下正申）

如是等类，随见不同，分隔圣言，各执一边，自是非他，深可怖畏。应舍执着空有两边，领悟大乘不二中道。今且自励，依了义经，略辨指归，息诸诤论。世俗谛者，谓从缘生世出世间色心等法，亲证离说，展转可言。亲证为先，后方起说。此世俗谛亦有亦生，假令所成，※（《智论》卷六十七云：“众生于涅槃是虚妄，非于世界所见是虚妄。若人于众生取定相，故说言虚妄，非是世谛故说虚妄。亦颇明白)"

犹诸幻事。从分别起，如梦所为。有相可言，名世俗谛。胜义谛者，谓圣所知，分别名言，皆所不及。自内所证，不由他缘，无相绝言，名胜义谛。依前世俗，染净法生。依后胜义，证于寂灭。若于世俗起坚执见，及于世俗起不顺见，此二俱名虚妄分别。是生一切无义利门，系缚有情，令不解脱。空无我见能悉断除，令离三有缚，自证究竟寂灭涅槃。

[3]于世俗起不顺见，执诸法与其有性为一为异。

法成一成无，违真亦违俗，故与有一异，二俱不可言。"若一切法与有性一，色应如声，声应如色。即有性故，法应成一。若一切法与有性异，即色声等，体悉成无。故此二种妄见违俗及真，俱是俱非相违戏论。过同一异，故不别论。"

于胜义中欲兴难。

有非有俱非，诸宗皆寂灭，于中欲兴难，毕竟不能申。"胜义理中无少有法，以一切法本性无性，故有见宗于斯寂灭。简俗有故，说真非有。真非有言，还依俗说。真非有教，能顺趣真，是故诸经多说非有。有非有见于此既除，俱是俱非，皆应类遣。一切恶见，皆依有等见生，此见既除，彼亦随灭。虽欲抗论真宗（勘书，此宗为"空"），如空无底，足不可依。诸有人欲穷未来利乐有情，应妙悟入真空。"（完）

已除见有累，复遣执无尘，善开妙中道，愿世成归寂。

绀珠集乙之五（自习用稿）

三论玄赞记目录

一、《掌珍记》上云:“真性有为空,如幻缘生故。”

“真义自体说名真性,即胜义谛,就胜义谛立有为空,非就世俗。众缘合成,有所造作故名有为,即十二处,唯除法处一分。虚空择非择灭及真如性,此中复除。”又“若依他起自然生性空无有故,说之为空,是则还有立已成过。既许依他众缘而生实不空故,应不名空。若彼起时就胜义谛有自性生。云何说为生无自性。若实无生,此体无故,不应说有唯识实性。”又“又如所说,由彼故空,彼实是无,依此故空,此实有等。若因缘力所生眼等。一切世间共许实有,是诸愚夫觉慧所行。世俗似有自性显现,以胜义谛觉慧寻求,犹如幻士,都无实性。是故说言,由彼故空,彼实是无,为欲遮堕常边过故。如为弃舍堕常边过,说彼为无。亦为弃舍堕断边过,说此为有。谓因缘力所生眼等世俗谛摄,自性是有,不同空华,全无有物。但就真性立之为空,是故说言依此故空,此实是有。若就此义说依他起自性是有,则为善说。如是自性,我亦许故。”(第三行以下对瑜伽师而发,相应论师“成立遍计所执自性空及依他起自性为有”故,如论)

二、《掌珍论》上云:“无为无有实,不起似空华。”

《掌珍论》下云:“此中简别立宗言词,即上真性。就真性故立无为空,非就世俗。非有为故说名无为,翻对有为是无为义,即是虚空择非择灭及真如性。谓前所除法处一分,此所立因不起故者,略举名相。复有余因非所作故,非能作故,无灭坏故。如是等因,能遮所说无为自性,是故如应皆得为因。”《疏》下一云:不者无也,起者生也,依世俗谛,皆许此虚空无实,毕竟无生。又云,不实毕竟无有生之自性可得。今言不起者,即由无生,所以不起。如不起之名,本无有性,但是假说而已。故言或假立为不起法故。又“所立宗言无为无实,此言正遣执实有性,亦复傍遣执实无性。”又“相应论师,有作是说,于胜义上更无胜义,真如即是诸法胜义故,就胜义说真如空,此言称理。而言真如非实有者,此不称理……若言真如,虽离言说而是实有,外道我亦如是。彼亦计我虽是实有周遍常住,作者受者而离分别。我不能信受如是似我真如实有非有。真如唯是一切分别永灭,非实有性,非离非有。实性真如转依为相,法身成就,由得观空真对治道,一切分别遍计所执种子、所依异熟识中分别等种无余永断。因缘无故,毕竟不生。本性无生,本性常住,是名如来转依法身。如契经说,曼殊室利言,如来者,即是毕竟本无生句。常无生法,是名如来。是故经言:‘曼殊室利,慧眼何见?答言:慧眼都无所见。’又说:‘云何名胜义谛?’答言:‘此中智尚不行,况诸名字。’又说:‘梵志,如来菩提非能现观。’又契经言:‘曼殊室利,云何见谛?’答言:‘此中无法可见,忆持此等诸契经者,不应许此无分别智是能现观及缘真如。’”

三、《掌珍论》下难瑜伽师等

《掌珍论》下云："若于此中随有一种为无为相，有间无间，复现行时，即应如理观彼性空，遣除彼相，令不显现。悟入诸法离自性故，其性本空。由性空故，相不成实，则是无相。由无相故，无所愿求，则是无愿。由离相垢，故成远离。又离性故，缘彼烦恼毕竟不生，故成寂静。自性无起故成无生。由无生故，则无无常，亦无有苦，亦无无我。又无生故，则无有相。由无相故，能以无相一相之行，观一切法，悟入无二。……虽于此中已得无住，然由空等分别现行，有功用心犹相续住，未得无动，了知空等分别现行障碍出世无分别慧。应如是观察，就胜义故，空性境上空等分别，亦非实有。从缘生故，犹如幻等。如是除遣空等分别。除遣彼故，空不空等二边远离，不更以其空等行相观察诸法。既能如是远离二边，即能生长处中妙行。如世尊告迦叶波言，常为一边，无常第二。此二中间无色、无示、无住、无现、无所了别、无有幖帜，是则名为处中妙行。既能如是远离二边，于能安住无二想上所起分别无二之想，亦能了知障碍出世无分别慧，寂静安住。如所说因，速能永断。永断彼故，既无如是如是分别语意二言并皆止息，证得无动、无现、无相，离诸戏论。诸法实性，于其所缘无动证入，自相妙智相续安住。《疏》下之三云："此之十句（无证得无动起）辨无分别智证之相，初五说相，后五释成。"虽勤修习无倒空观，而于空性终不作证，如是名为胜义静虑。如世尊言，虽修静虑，然不依色，乃至广说而修静虑。虽为修习无倒空观而修静虑，然于空性不为作证而修静虑。《疏》下之三云："断惑之智，必须依定，方能除惑。故说智后，次说所依定也。"

又"相应论者有定执言，一切所取、能取分别悉皆远离，是出世间无分别智。即于其中起坚实想，精勤修习。（"大乘中瑜伽论者，谓正证无分别智之时，远离所取相分及能取见分。说此能离二分之慧，名无分别智。即于此能忘所取能取之慧，执为真实无分别智而勤习。"《疏》下之三云。）有余于此正审察言，如是智生，虽无分别，而随无相境相起故，自性分别所随逐故，是有为故。如余现量有分别觉，不成出世无分别智。如契经言，云何此中名胜义谛，谓于其中智亦不行。又问，慧眼者，当何所观？答：若有少所观者，即非慧眼。由此教理，彼应断于此定执。复审察言，就胜义谛如是出世无分别智，亦非实有。从缘生故，犹如幻士，当正遣除。若智能断如是定执，亦如彼过，不复精勤开示。如是等执既灭除已，于所应知无相境性亦无行解，因缘缺故。余智不生，由无行解，是故说名真实行解。修观行者，尔时心意识智不行，说名正行无分别慧。如是慧行名圣默然。"（《疏》下之三云：

"此虽则无行解而行解宛然，虽行解宛然，而无行解，故得名为真实行解也。"按：行解宛然者，无行解即行解也。）

又"诸心慧境现，智者由不取，慧行无分别，无所行而行——此中能集诸行种子，或为诸行种子所集，故名为心。能持胜德，或由彼持令不流散，故名为慧。（《疏》下之四云："胜德悉皆依持般若。"）心境即是有无为所有诸相，慧境即有无为所有空性。由者，谓说舍相因缘。慧者，即是无分别智。虽复永离一切分别觉慧增益，假名为智。（《疏》下之四云："觉慧增益，实不可名慧。然不名觉慧，觉慧宛然。虽觉慧宛然，而无觉慧故，是无觉慧觉慧。如是无觉慧觉慧，不知何以名之，强为立名，假名智也。"）似无影像、无相、无言，境界起相，自性分别，亦无有故，名无分别。（《疏》下之四云："瑜伽师云：无分别智离相见等所取，能取分别，然智不缘无，仍缘所缘，真如为境，名似无影像。此似无影像，无有十相，名曰无相。言语道断，名曰无言。无有之言通上境界，起亦无有，所以言亦故名无分别者，谓无分别智不缘如。无实相真如，故名无分别也。"又《疏》下之三云："亦可现量智名自性分别，亦可分别真如为自性境，名自性分别。"后说当）虽无住者，而就异位假名建立。觉慧增益依俗言说，于此相续名无分别。由此智行自他法性一切种相非所见故，不名能见，即非能见，说名真见。真如若是可见性者，可见相取，不成真见。又诸可见者，皆非真实。若非可见，不应说言证见证如见非可见，岂名平等？又智有为，真如无为，性不平等。若见应成不平等见。又诸法性皆非能见，见亦应尔，俱以无生为自性故。如是非见假名为见，非不平等。游履名行，无分别慧以不行相而为行故，即无所行说名为行。修观行者，如是慧行无分别故，不行而行，行即不行。远离一切所缘作意，于一切法都无所住，犹如虚空，弃舍一切遍计分别，淡泊寂然，如入灭定。观诸法性，诸佛法身不可思议，不可了别，无二无藏，无相无见，不可表示。无生无灭，无有起尽，淡泊寂然，无有差别。无像无影，离诸瑕秽，超过一切觉慧语言境界道路。虽如是观而无所见，不见而见，见即不见。"

四、《肇论》宗本义

《肇论·宗本义》云："本无、实相、法性、性空、缘会，一义耳。何则？一切诸法，缘会而生。缘会而生则未生无有。※（肇法师固能探骊龙之珠，然其言诘屈，混沦难达，初期玄论之本色也）缘离则灭，如其真有，有则无灭。以此而推，故知虽今现有，有而性常自空。性常自空，故谓之性空。性空故，故曰法性。法性如是，故曰实相。实相自无，非推之使无，故名本无。言不有不无者，不如有见常见之有，邪见断见之无耳。若以有为有，则以无为无，夫不存无以观法者，可谓识法实相矣。"

虽观有而无所取相，然则法相为无相之相，圣人之心为住无所住矣。三乘等观性空而得道也。但心有大小为差耳。沤和般若者，大慧之称也。诸法实相，谓之般若。能不取证，沤和功也。然则般若之门观空，沤和之门涉有。涉有未始迷虚，故常处有而不染。不厌有而观空，故观空而不证。……泥洹尽谛者，直结尽而已，而生死永灭，故谓尽耳。无复别有一尽处耳。（按：此五语接于“历然可解”之下，且与上文不贯，疑衍，或他文窜入。）

五、《肇论》物不迁论

《肇论·物不迁论》云：“故夫不动之作，岂释动以求静，必求静于诸动。必求静于诸动，故虽动而常静。不释动以求静，故虽静而不离动。※（按：此论标物性以资玄，辩动静而契道，所以引诱常人者也，故次宗本）然则动静未始异而惑者不同。近而不可知者，其唯物性乎？（按：物性即静也。）《道行》云：诸法本无所从来，去亦无所至。《中观》云：观方知彼去，去者不至方（《中观》无文，当系糅《去来品》所出）。斯皆即动而求静以知物不迁明矣。夫人之所谓动者，以昔物不至今，故曰动而非静。我之所谓静者，亦以昔物不至今，故曰静而非动。动而非静，以其不来；静而非动，以其不去。※（按：《高僧传》六，《般若无知论》作于《大品》译出之后。呈什，什读之称善。刘遗民等致书称美，更请粗释。后又著《不真空论》、《物不迁论》等，并注《维摩》及诸经论序。什亡后乃著《涅槃无名论》）伤夫人情之惑也久矣。目对真而莫觉，既知往物不来，而谓今物可往。（今物可往故物迁。）往物既不来，今物何所往？何则？求向物于向，于向未尝无。责向物于今，于今未尝有。于今未尝有，以明物不来。于向未尝无，故知物不去。覆而求今，今亦不往，是谓昔物自在昔，不从今以至昔。今物自在今，不从昔以至今。如此则物不相往来，有何物而可动乎？然则旋岚偃岳而常静，江河竞注而不流，复何怪哉！

“圣人有言曰：人命逝速，速于川流。是以声闻悟非常以成道，缘觉觉缘离以即真。苟万动而非化，岂寻化以阶道。覆寻圣言，微隐难测。若动而静，似去而留，可以神会，难以事求。是以言去不必去，闲人之常想。称住不必住，释人之所谓往耳。岂曰去而可遣，住而可留也。是以言常而不住，称去而不迁。不迁故虽往而常静，不住故虽静而常往。虽静而常往，故往而弗迁。虽往而常静，故静而弗留矣。

……如来乘莫二之真心，吐不一之殊教，故谈真有不迁之称，导俗有流动之说。虽复千途异唱，会归同致矣。而征文者闻不迁则谓昔物不至今。聆流动者而谓今物可至昔。既曰古今，而欲迁之者何也？是以言往不必往，古今常存，以其不动。称去不必去，谓不从今至古，以其不来。不来故不驰骋于古今，不动故各性住于一世。然则群籍殊文百家异说，苟得其会，岂殊文之能惑哉！是以人之所谓住，我则言其去。人之所谓去，我则言其住。然则去住虽殊，其致一也。

“人则求古于今，谓其不住。吾则求今于古，知其不去。今若至古，古应有今。古若至今，今应有古。今而无古，以知不来。古而无今，以知不去。若古不至今，今亦不至古，事各性住于一世，有何物而可去来？是以如来功流万世而常存，道通百劫而弥固，成山假就于始篑，修途托至于初步，果以功业不可朽故也。功业不可朽，故虽在昔而不化，不化故不迁，不迁故明湛然明矣。故经云：三灾弥沦而行业湛然，信其言也。何者？果不俱因，因因而果。因因而果，因不昔灭。果不俱因，因不来今。不灭不来，则不迁之致明矣。复何踟蹰于动静之间哉！然则乾坤倒覆，无谓不静。苟能契神于即物，斯不远而可知矣。”

六、《肇论》不真空论

《肇论·不真空论》云：“圣人乘真心而理顺，则无滞而不通。审一气以观化，故所遇而顺适。无滞而不通，故能混杂致淳。※（按：此论为对心无，即色本无诸邪见而发，故次《物不迁论》）所遇而顺适，故则触物而一。如此，则万象虽殊，而不能自异。不能自异，故知象非真象。象非真象故，则虽象而非象。然则物我同根，是非一气，潜微幽隐，殆非群情之所尽。……以夫物物于物，则所物而可物。以物物非物，故虽物而非物。是以物不即名而就实，名不即物而履真。然则真谛独静于名教之外，岂曰文言之能辨哉！（《元康疏》上云：“诸法虚假，故曰不真，虚假不真，所以是空耳。有言真有空无，不真空即明不有无中道。若如是，则空非中乎？”《华钞》十三之三云，不得《肇》意。）

《中论》云：诸法不有不无者，第一真谛也。寻夫不有不无者，岂谓涤除万物，杜塞视听，寂寥虚豁，然后为真谛者乎？诚以即物顺通，故物莫之逆。即伪即真，故性莫之易。性莫之易，故虽无而有。物莫之逆，故虽有而无。虽有而无，所谓非有。虽无而有，所谓非无。如此，则非无物也，物非真物。物非真物，故于何而可物。故经云：色之性空，非色败空，以明夫圣人之于物也。即万物之自虚，岂待宰割以求通哉！

《放光》云：第一真谛，无成无得，世俗谛故，便有成有得。夫有得即是无得之伪号，无得即是有得之真名。真名故，虽真而非有。伪号故，虽伪而非无。是以言真未尝有，言伪未尝无。二言未始一，二理未始殊。故经云：真谛俗谛谓有异耶？答曰：无异也。此经直辩真谛以明非有，俗谛以明非无，岂以谛二而二于物哉！然则万物果有其所以不有，有其所以不无。有其所以不有，故虽有而非有。有其所以不无，故虽无而非无。虽无而非无，无者不绝虚。虽有而非有，有者非真有。若有不即真，无不夷迹。然则有无异称，其致一也。

有若真有，有自常有，岂待缘而后有哉？若有不自有，待缘而后有者，故知有非真有。有非真有，虽有不可谓之有矣。不无者，夫无则湛然不动，可谓之无。万物若无，则不应起，起则非无，以明缘起故不无也。故《摩诃衍论》云：一切诸法，一切因缘故应有。一切诸法，一切因缘故不应有。此有无之言，岂直反论而已。若应有即是有，不应言无。若应无即是无，不应言有。言有，是为假有以明非无，借无以辨非有。此事一称二，其文有似不同。然则万法果有其所以不有，不可得而有。有其所以不无，不可得而无。何则？欲言其有，有非真有。（或作生）欲言其无，事象既形，象形不即无，非真非实有。然则不真空义显于兹矣。故《放光》云：诸法假号不真，譬如幻化人，非无幻化人，幻化人非真人也。（附）

※《大乘玄论》云："以其假言。名无得物之功，物无立名之实。"

夫以名求物，物无当名之实。以物求名，名无得物之功。物无当名之实非物也。名无得物之功非名也。是以名不当实，实不当名。名实无当，万物安在？故《中观》云：物无彼此，而人以此为此，以彼为彼。既悟彼此之非有，有何物而可有哉。故知万物非真，假号久矣。是以圣人乘千化而不变，履万惑而常通者，以其即万物之自虚，不假虚而虚物也。然则道远乎哉，触事而真。圣远乎哉，体之即神。"

七、《肇论》般若无知论、答刘遗民书

《肇论·般若无知论》云："圣人虚其心而实其照，终日知而未尝知也……实而不有，虚而不无，存而不可论者，其唯圣智乎？是以般若可虚而照，真谛可亡而知，万动可即而静，圣应可无而为。斯则不知而自知，不为而自为矣。复何知哉？复何为哉？……知即无知，无知即知，无以言异，而异于圣心也。"

以真智观真谛，未尝取所知。智不取所知，此智何由知？然智非无知，但真谛非所知，故真智亦非知。若欲以缘求智，故以智为知。缘自非缘，于何而求知？……非无知故不取，又非知然后不取，知即不取，故能不取而知。

圣人无无相也，何者？若以无相为无相，无相即为相。是以至人处有而不有，居无而不无。虽不取于有无，然亦不舍于有无。所以和光尘劳，泊然往来，恬淡无为而无不为。……圣人无心，生灭焉起？然非无心，但是无心心耳。又非不应，但是不应应耳。

"圣智虚静，无知可无，可曰无知，非谓知无。惑智有知，故有知可无，可谓知无，非曰无知。无知即般若之无，知无即真谛之无。是以般若之与真谛，言用即同而异，言寂则异而同。同故无心于彼此，异故不失于照功。是以辨同者同于异，辨异者异于同。斯则不可得异，不可得而同也。何者？内有独鉴之明，外有万法之实。万法虽实，然非照不得，内外相与以成其照功。此则圣所不能同，用也。内虽照而无知，外虽实而无相。内外寂然，相与俱无。此则圣所不能异，寂也。是以经云诸法不异者，岂曰续凫截鹤，夷岳盈壑，然后无异哉。诚以不异于异，故虽异而不异也。故云，于无异法中而说诸法异。又云般若与诸法亦不一相，亦不异相。信矣。……用即寂，寂即用，用寂体一，同出而异名，更无无用之寂而主于用也。"

《答刘遗民书》云："圣心不有不无，其神乃虚。何者？夫有也无也，心之影响也。言也象也，影响之所攀缘也。有无既废，则心无影响。影响既沦，则言象莫测。言象莫测，则道绝群方，故能穷灵极数，乃曰妙尽。……圣人不物于物，不非物于物。不物于物，物非有也。不非物于物，物非无也。非有所以不取，非无所以不舍。不舍故妙存即真，不取故名相靡因。名相靡因非有知也，妙存即真非无知也。故经云：般若于诸法无取无舍，无知无不知。此攀缘之外，绝心之域，而欲以有无诘者，不亦远乎？何则？言其非有者，言其非是有，非谓是非有。言其非无者，言其非是无，非谓是非无。非有非非有，非无非非无。……经云：非色者，诚以非色于色，不非色于非色也。若非色于非色，太虚则非色，非色何所明？故知变即无相，无相即变，群情不同，故教迹有异耳。是以照无相，不失抚会之功，睹变动不乖无相之旨。造有不异无，造无不异有，未尝不有，未尝不无，故曰：不动等觉而建立诸法。"

八、《肇论》涅槃无名论

《肇论·涅槃无名论》云："涅槃非有，亦复非无，言语道断，心行处灭。果有其所以不有，故不可得而有。有其所以不无，故不可得而无耳。何者？本之有境，则五阴永灭。推之无乡，而幽灵不竭。不竭则抱一湛然，永灭则万累都捐。万累都捐，故与道通同。抱一湛然，故神而无功。神而无功，故至功常存。与道通同，故冲而不改。冲而不改，故不可为有。至功常存，故不可为无。然则有无绝于内，称谓沦于外。视听之所不暨，四空之所昏昧，众圣于是乎冥会。而曰：有余无余者，良是出处之异号，应物之假名耳。

"有无之称，本乎无名。无名之道，于何不名。是以至人居天而天，处人而人。原夫能天能人者，岂天人之所能哉！果以非天非人，故能天能人耳。其为治也，故应而不为，因而不施。因而不施，故施莫之广。应而不为，故为莫之大。为莫之大，故乃返于小成。施莫之广，故乃归乎无名。然则涅槃之道，不可以有无得之明矣。……至人存不为有，亡不为无。何则？佛言吾无生不生，虽生不生，无形不形，虽形不形。以知存不为有。经云：菩萨入无尽三昧，尽见过去灭度诸佛。又云：入于涅槃而不般涅槃，以知亡不为无。亡不为无，虽无而有，所谓非无。存不为有，虽有而无，所谓非有。然则涅槃之道，果出有无之域，绝言象之径，断矣。……经曰：法身无象，应物而形，般若无知，对缘而照。万机顿赴而不挠其神，千难殊对而不干其虑。然则心生于有心，象出于有象。象非我出，故金石流而不燋。纷纭自彼，于我何为？所以智周万物而不劳，益不可盈，损不可亏。宁复寿极双树，体尽焚燎者哉！

"有无虽殊，俱未免于有也，此乃言象之所以形，是非之所以生。非涅槃之宅，故借出以祛之。庶悕道之流得意忘言，体其非有非无。岂曰有无之外，别有一有而可称哉。经言三无为者，盖是群生笃患，莫先于有。绝有之称，莫先于无，故借无以明其非有。明其非有，非谓无也。

"《净名》曰：不离烦恼而得涅槃。天女曰：不出魔界而入佛界。然则玄道在于妙悟，妙悟在于即真。即真即有无齐观，齐观即彼己莫二。所以天地与我同根，万物与我一体。所以不出有无，不在有无，而道存乎其间矣。然则，夫至人处有不有，故不有于有。居无不无，故不无于无。故能不出有无，而不在有无也。然则法无有无之相，则无数于外。圣无有无之知，则无心于内。外内无数，物我一冥，泊尔无朕，乃曰涅槃。

经称圣人无为而无所不为。无为故虽动而常寂，故物莫能二，逾动逾寂。无所不为故虽寂而常动，故物莫能一。逾寂逾动，所以为即无为，无为即为。动寂虽殊，而莫之可异也。是以圣心不有，不可谓之无。圣心不无，不可谓之有。故应化无方，未尝有为。寂然不动，未尝不为。是以贤劫称无舍之檀，禅典唱无缘之慈。菩萨住尽不尽平等法门，不尽有为，不住无为，即其事也。

至人空洞无象，而万物无非我造。会万物以成己者，其唯圣人乎？所以至总六合以镜心，一去来以成体。古今通，始终同，穷本极末，莫之与二，浩然大均，乃曰涅槃。经曰：不离诸法而得涅槃，又曰：诸法无边故菩提无边。以知涅槃之道，本乎冥一。然则物我不异，玄会无极，进退弗先后，岂容终始于其间哉？"

九、《三论玄义》

《三论玄义》云："内外并冥，大小俱寂，始名正理。悟期正理，则生正观，灭戏论，坏苦轮。三论大宗，其意若此。……既内外并冥，则断常斯寂。既断常斯寂，则有无等皆离。二边既舍，心无所著。……如来于无名相中，强名相说，故有大小教门。……诸法实相言亡虑绝，未曾真俗，绝诸偏邪，故名体正。虽非有无，强说真俗，亦不偏邪，故曰用正。问：既云真俗，则是二边，何名为正？答：如因缘假有，目之为俗，然假有不可言其定有定无。此之假有远离二边，故名为正。俗有既尔，真无亦尔。假无不可定无定有，远离二边，故目之为正。

《智度论》正释《大品》，而龙树开《大品》为二道，前明般若道，次明方便道，故《大品》以实慧、方便慧为宗。论申经还以二慧为宗。※（又《三论游意义》十门辩三论异同，可考。）般若令离有，方便令离空。般若配于六地，方便在于七地。旧义实慧但照空不达有，方便慧但照有不达空。但是限局圣心，便成二见。今明至人体无碍道，故有无碍用。般若既照空，即能鉴有。方便既鉴有，亦能照空。《中论》以二谛为宗，即二谛是中道，既以二谛为宗，即是中道为宗。《百论》亦应以二谛为宗，但今欲与《中论》互相开避，用二智为宗。二智谓权巧智、实智，即欲明谛智互相成也。则《中论》用所申为宗，《百论》用能申为宗。《十二门论》亦以二谛为宗，但今欲示三论不同，宜以境智为宗。境谓实相境，智谓由实相境发生般若。《智论》别破般若之迷，别申般若之教。《百论》正破外傍破内。余二正破内傍破外。《中论》明所显之理，《百论》破于邪执，《十二门》名为言教，以三义相成故名三论（又有七义，皆不好，牵强故。）（此下又有三论通别门，四论用假不同门，别释《中论》名题门等，皆不要。又《大乘玄论》五论迹义五门解四论，可考。）所言一中者，一道清净，更无二道。二中者，则约二谛辩中。三中者，二谛中及非真非俗中。四中者，对偏中，谓对大小学人断常偏病，是故说对偏中。尽偏中，谓大小学人断常偏病若尽，则名为中也。绝待中，谓对偏有中，偏除中亦不立，非中非偏，为出处众生，强名为中。成假中谓有无为假，非有非无为中。由非有无故说有无。如此之中，为成于假，为成假中也。所以然者，良由正道未曾有无，为化众生假说有无故。以非有无为中，有无为假也。就成假中有单复、疏密、横竖等义，具如中假义说。”（按：该书所论，皆属造论缘起，申破由来等。所谓玄义，名不符实。或系后于《大乘玄论》等之作也。题曰“奉命撰”，则敷陈聊以塞责耳。）

十、《大乘玄论》一　二谛义

《大乘玄论》一云：“彼明二谛是理，三假是俗，四绝是真。今明二是教，不二是理。他家有理无教，今明有教有理。他有住有※（此论颇要，以后还需重习。三论家之要籍，亦初期玄谈之宝窟也。）无住无，此有无覆如来因缘有无。今明二谛是教，是有表不有，无表不无。不住有无，无相无得。

四重二谛：一、有为世谛，空为真谛。二、若有若空皆是世谛，非空非有始名真谛。三、空有为二，非空有为不二；二与不二皆是世谛，非二非不二名为真谛。四、此三种二谛皆是教门，皆是世谛，说此三门为令悟不三无所依得，始名为理，始名真谛。对昆昙事理二谛、明第一重空有二谛。对成论师空有二谛，故有第二重二谛。对大乘师依他分别二为俗谛，依他无生分别无相不二真实性为真谛，故有第三重二谛。对大乘师依他分别二，真实不二，是安立谛是俗谛，非二非不二三无性是非安立谛是真谛，故有第四重二谛。

常途所明，假凡有三：一、因成假，如四微成住，五阴成人。二、相续假，前念自灭，续成后念，两念接连，故曰相续假。三者相待假，如君臣、父子、大小，名字不定。若入道所捉，声闻用初，缘觉用中，菩萨用末。而《成论》三藏为宗，多明因成。今明正《大品》中，三假为宗：一、法，二、受，三、名。如四微四大为法假，世界为受假，一切名字为名假。今明相待为本者，凡有三义：一、相待假通无非是待，因续二假，未必尽假。二、相待假无有实法，遣病即净，因续二假，即有实法，遣病有余。三、相待假无碍，长既待短，短还待长。因续二假，即成义有碍。唯以四微成大，不以大成四微，唯得续前，不得续后……小乘观行，先有法体，析法入空，故但见于空，不见不空。今大乘观相待者，不立法体。诸法本来不生，今即无灭。故经言不但见空，亦见佛性不空。问：非有非无而有而无，为疏假为是密假？答：两来就有无二法辨是疏假。若辨密假，非有非不有，而有而不有，以其就一法明义。

二谛体常解不同有五家。初、明有为体，空为用。二、以空为体有为用。三、二谛各自有体。四、二谛唯一体，约用有二。五、二谛以中道为体，彼家有时亦作体用相即。今皆不然。问第一解若有为体，应见有得道。问第二解，汝今指空当体是即但空是谛有非谛。若空有俱谛，何偏用空。问第三解假有是世谛体，假有即空为真谛体。若二谛各有体，即应成两理，何反辨其相即。问第四解唯是一体，是何物体。为当一有体，为当一空体。何处离此空有别有一体，而言以空有约之故二谛别。问第五解若用中道为体，为是二谛摄，为是二谛外物？彼解云，终是一无名无相，还是二谛摄。此是开善所用。今意有第三谛，彼无第三谛。彼以理为谛，今以教为谛。彼以二谛为天然之理，今明唯一实谛，方便说二。如唯一乘，方便说三故言异。虽复有五解不出四句之计。初有，二无，三、四亦有无，五非有无。既束为四句是横计，何得扶道。问：何处经文，中道为二谛体。答：《中论》因缘生法是俗谛，即是空是真谛，亦是中道义是体。《涅槃》云：随顺众生说有二谛，故以教门为谛。《仁王经》云：有谛无谛中道第一义谛，故知有第三谛。问：教谛为是一体异体。答：如前言中道为体故一，若约用为论，亦得假为二体，但非正义。问：若言一体，与他何异？答：他家定一定异，定亦一异。今明约第一重故作此语，至第二、三、四重，不可言一异，开假有无为二谛，非有无为中道也。答：一往开中假义故，假非中，中非假。究竟而言，假亦是中。涅槃有无即非有无，亦得中为假，一切言说皆是假故。问：何物体假中用假中。答：假有无是用假，非有无是体假。假有无是用中，非有无是体中。又有无、非有无皆用中用假，非二非不二，方是体假体中。合有四假四中，方是圆假圆中。（此下明三种中道，中假单复出入。）

《大经》云：世谛者，即第一义谛，第一义谛即是世谛。此直道即作不相离，此语小宽。《波若经》云：空即是色，色即是空，此意为切也。开善明二谛一体用即是即。龙光明二谛各体，用不相离即。众师虽多，不出此二。（有难）今明二谛非一非异，离四句为体。亦明非一非异，非不相离，即非即是，即离四句为即。若于谛为论，谓二谛各体，约两情为异。若约无所有为论，空有皆无所有，故言一体。若教谛为论，约用有二体。约中道为论，终是一体。问：与他一异有何异？答：他人二谛定境定理定一定异，今明于谛如空华。眼病故见空华，无有一异。无华故，不得言与空一体。教谛者，非有非无，假说有无，未曾有无。不得言一体，不得有二体，故与他人异。既无有无，论何物即不即，四句皆流。彼有色有空，以色即空故著前难。今明色毕竟空，将何物即空耶？为众生见色，故言色即空耳。

谛有二：一、于谛，二、教谛。于谛者，色等未曾有无，而于凡是有名俗谛，约圣是空名真谛。于凡是有名俗谛，故万法不失。于圣是空名真谛，故有佛无佛性相常住。教谛者，诸佛菩萨了色未曾有无，为化众生故说有无，为二谛，欲令因此有无悟不有无，故有无是教。而旧义明二谛是理者，此是于谛耳。于谛望教谛非但失不二之理，亦失能表之教。但是谓情所见耳。……今言因缘有无，此是方便说耳。圣为教化众生故，说是有无，叙此有无为教也。他明道理既是有无，故今不同，取此一意为正答也。……他但得二于定性有无，此有无不得开不有不无，故不教也。又因缘有无是境耳，定性有无非境也。何者？有不自有，由无故有；无不自无，由有故无。是有由无故有，有是无有。悟此因缘有无，能生二慧，既是定性有无，即生断常二见，故不得名境也。”

十一、《大乘玄论》二 八不义

《大乘玄论》二云：“《成论》等释，虽言百非百不及与绝等而有理存焉。谓得还成失，即是小乘观行，有所得不离断常心，非关经之深远也。

《成论》师解三种中道，世谛中道者，世谛不出三假，故依三假明中道。一、因成假，不一不异明中道也。二、相续不常不断明中道，但相续假不同。一云，补处明续假也；二云，前玄与后一明续假；三龙光传开善云，明续假后起接前，前转作后，即是生至共成假也。三、相待假明中道，即是有开避相待，如色心等法，名通待或定待。相夺待，如长短君臣，又名别待或不定待。假而非真，称当于理故非虚。非真非虚，通明世谛中道也。真谛中道无名无相，寄名相待。真待真无故，无表非无，亦复非有，非有非无名真谛中道也。真俗合中道者，如俗谛言有，有非实有。真谛名无，无非定无。非有非无，名为两合中道也。龙光作三种中道，与开善作三种中道，言方少异。绰师有二体，藏师一体，而意趣是同，并是有所得，终恐不离断常，须一一破之。（按：下有广破。）……次破《地论》中道。彼云阿梨耶识本来不生不灭，古今常定，非始非终。但违真故，起妄想故。彼云六识炽恼随覆阿梨耶，名如来藏。修十地之解，分分断除妄想六识。六识既尽，妄想之解亦除，显真成用，名为法身。法身既显，有诸应能，所以不生现生，不灭现灭。（按：下略有破。）

问：八不为教之八不、理之八不耶？答：具含两八不，但理为正，教则傍也。如《中论·四谛品》云：诸法虽无生，而有二谛也。故知具舍中假，而中为正宗，二谛为傍。……八不即是因缘，因缘即是八不。（此下明中假单复出入。又十六义明不有有，八义明性空，然皆不要也。）

十二、《大乘玄论》三　佛性义

《大乘玄论》三云：“少失乡土名为弱丧，不知反本称曰无明，荡识还原目为佛性。

一往对他，则须并反，彼悉言有，今则皆无。彼以众生为正因，今以非众生为正因。乃至彼以真谛为正因，今以非真谛为正因，故云非真非俗中道为正因佛性也。但中道义难识，非中非边，不住中边。中边平等，假名为中。若了如是中道，则识佛性。若了今之佛性，亦识彼之中道。若了中道，即了第一义空。若了第一义空，即了智慧。若了智慧，即了佛性。若了佛性，即了涅槃也。……佛性非因非果，而说因说果。不因而因，开境智故有二因，谓因与因因也。不果而果，开智断故有二果，谓果与果果也。至论正因，岂是因果，故非因非果即是中道，名为正因。故以中道为正因佛性。但因中名为佛性，至果便成性佛，此是不二二义。不二二故，二则非二，故云二不二是体，不二二是用。以体为用，以用为体，体用平等不二中道方是佛性。此当有以超然悟言解之旨，点此悟心以为正因，付此观心，非言可述，故迦叶每叹不可思议也。

佛性理实非本非始，但如来方便，为破众生无常病故，说众生本有佛性。众生无方便故，执言佛性性现相常乐。是故如来为破众生现相病故，隐本明始，至论佛性，不但非本始，亦非非本始。为破本始故，假言非本始。若能得悟本始非本始，是非平等，始可得名正因佛性。当知说本始，本来指本为始，指始为本。指始为本，本是始本。指本为始，始是本始。本始非始，始本非本，故云至竟终是无本无始义也。

《涅槃》云：一阐提无佛性，又呵二乘人如燋种，永绝其根。此是明凡圣无佛性。众生尚无佛性，何况草木？又《华严》明善财童子见弥勒楼观，即得无量法门。以此义故，不但众生有佛性，草木亦有佛性也。此是通门明义也。若论别门，则不然。何以故？明众生有心，迷故得有觉悟之理。草木无心故不迷，宁有觉悟之义。故云众生有佛性故成佛，草木无佛性故不成佛也。上来明理内佛性。理外佛性者，《华严》云：平等真法界，一切众生入，真实无所入，既言一切众生入。当知是理外众生，入而实无所入者。此入理内无复众生，故言实无所入。是知理外有众生，故得入也。然本有理内，故说理外。理内既无，理外岂有？先则为成交互辨义，故理外若无，理内则有；理内若无，理外则有。或时言内外俱有，或时说内外俱无。所以作此说者，欲明佛性非是有无，非理内外。是故若得悟有无内外平等无二，始可名正因佛性也。故《涅槃论》云：众生有佛性非密，众生无佛性非密，众生即是佛乃名密。所以得言众生无佛性者，不见佛性故。佛性无众生者，不见众生故。亦得言众生有佛性，依如来藏故。亦得言佛性有众生，如来藏为生死作依持建立故。

于《涅槃》名佛性，《华严》名法界，《胜鬘》名如来藏自性清净心，《楞伽》名八识，《首楞严》名首楞严三昧，《法华》名一道一乘，《大品》名般若法性，《维摩》名无住实际，名字虽异，理实无二。又《涅槃》云，佛性者名第一义空。所言空者，不见空与不空，名为佛性。二乘之人但见空，不见不空，不见佛性。故知有所得，人不但空非佛性，佛性亦非佛性。若于无所得人，不但空为佛性，一切草木并是佛性也。当知平等大道，无方无住，故一切并非。无方无碍，故一切并得。若是是非非者，一切是非并是非也。若知无是无非，是非无不非假名为是非者，一切是非并皆是也。”（以下一乘义三门，亦应考。）

十三、《大乘玄论》四　二智义

《大乘玄论》四云：“夫万化非无宗，而宗之者无相，虚宗非无契，而契之者无心。故圣人以无心之妙慧，契彼无相之虚宗，即内外并冥，缘智俱寂，不知何以目之，强名智慧。虽立智慧之名，实不称波若之体。

一、直照空有名为波若，行空不证，涉有无著，故名方便。此之照巧更无二体。虽巧而照，故名为实。虽照而巧，故名方便。二、照空为实，涉有为方便。三、波若为实，五度为方便。四、照空为实，知空亦空即能不证空，故名权。初观心未妙故，但能照空。既转精巧，即知空亦空。既知空亦空，而不坏假名，即能涉有。始终论之，犹是一慧。约巧未巧，故分权实。五、照空有二为方便，照非空有不二为实，非空有即是一实谛。虽非空有，而空有宛然，不动不二，善巧能二，故名方便。六、空有为二，非空有为不二。照二与不二，皆名方便，显非二非不二名实。净名杜言，释迦掩室，乃名为实……波若照诸法实相，方便照实相诸法。何以故？名为诸法实相，实相诸法。诸法宛然而实相，实相宛然而诸法。诸法与实相不二而二，二常不二。由境既而，故二慧得然。故般若照诸法实相，而方便即能照实相诸法也。

若言实相波若、方便波若，皆称波若，即二道不分。又实相波若是境，方便波若是智，岂可以境智为二道耶？※（《华严钞》六十六，立五般若，于此三外加第四境界般若。谓实相唯悟真境兼后智体。今境界通事，六尘之境皆为境界。五眷属般若，即与慧同时诸心、心所。）※（又《行愿品疏》云："三法者即体、相、用，亦三般若。"《宗密钞》五云："三般若谓真性、观照、资成。真性即五般若中实相，观照名同，资成即摄境界、眷属、文字。开即五，合即三。"）若言实相波若是实慧，方便波若是方便慧，以为二道，是亦不然。论云波若、方便以为二道，何得皆称波若？若尔，二道俱应名方便。旧云方便慧、实慧者，欲明实法方便，俱有鉴照之功，故悉称慧耳。此是义释，非立二道之名。立二道之名，但云慧与方便（按：此解太呆）。又立实相、观照、文字三波若，皆就般若道中论之。实相能生波若，故名波若。文字能诠波若，以所诠为称，亦名波若。观照当体，名为波若。（《金刚会释》上，亦立三般若。）

影公序二谛所云，真故无有，虽无而有。即是不动真际，而建立诸法。俗故无无，虽有而无，即是不坏假名而说实相。以不坏假名而说实相，虽曰假名，宛然实相。不动真际建立诸法，虽曰真际，宛然诸法。以真际宛然诸法故，不滞于无。诸法宛然实相，即不累于有。不累于有故不常，不滞于无故非断，即中道也。以二谛中道，还发生二智中观。二智中观，还照二谛中道，故境称于智，智称于境。境智不二，岂有实相之境异波若观耶？"

又卷五云："成论师真谛为不二法门，智度论师谓实相般若，地论师用阿梨耶识，摄论师真谛三藏即阿摩罗识。四宗之内，初二约境，后二据心。虽识境义殊，而同超四句。故掩室杜口，斯皆谓为神御，故口以之而嘿。岂曰无辨，辨所不能言也。今明乃是不可言境心，不可言不境心，中道佛性理也。"

十四、《大乘玄论》五 净土义

《大乘玄论》五云："总谈佛土，凡有五种：一、净，二、不净，三、先不净后净，四、先净后不净，五、杂。此土皆是众生自业所起，应名众生土。但佛有王化之功，故名佛土。然报土既五，应土亦然。报据众生业感，应就如来所现，故合有十土。就净土中更开四位：一、凡圣同居土，二、大小同住土，三、独菩萨住土，四、诸佛独居土。有人言佛无净土，但应众生报以化主为言，故言佛土耳。此是成论师意，非经论所明。"

十五、《二谛章》

《二谛义》上云："大师云，于谛是失，教谛是得。言于谛失者，有于凡是实有，空于圣是实空。此空有于凡圣各实，是故为失。言教谛得者，如来诚谛之言，依凡有说有，有不住有，有表不有。依圣无说无，无表不无。此则有无二表，非有非无不二，二不二，不二二。不二二则是理教，二不二则教理。教理应教，理教表理。理教二不二因缘，是为得也……二即是中假，不二即假中。二即体用，不二即用体，故此二谛是得也。

次就三种二谛中论废不废，明无方便三即废，有方便三即不废。有方便三即不废者，即不坏假名，说诸法实相，不动等觉建立诸法。既云不坏假名说诸法实相，岂当得不二废二。若得不二废二，即坏假名说诸法实相。唯假名即实相，岂须废之。如《中论》云：是假即中，废假名即废中。既不废中，岂当废假。斯即空有有空，二不二，不二二，横竖无碍。故肇师云，欲言其有，有非真生。欲言其无，事像既形。又云：如幻化人，非无幻化人，幻化人非真人也。此唯幻化人非人，非人不无幻化人，幻化人非人非人人。诸法亦尔，故不废也。无方便三废者，如阳炎谓是水，实无水也。然亦无有废，何者？有水可废，既无水，何所废？而言废者，约彼谓有，故言废也。"

又卷下云："大师旧云，假名说有为世谛，假名说空为真谛。既名假有，即非有为有。既名假空，即非空为空。非有为有，非异空之有。非空为空，非异有之空。非异空之有，有名空有。非异有之空，空名有空。有名空有故，空有即有空。空名有空故，有空即空有也。师释相即义，方言如此。……师云：只洗净如此二谛，一体异体，毕竟无遗，即是二谛相即义。所以山中师云：今时若更有解，乃是足载耳云云。有开善、庄严、龙光解已竟。……随顺众生故，说有二谛，道理实无二谛。既无二谛，论何物即与不即，教化众生故有二谛。亦为教化众生，故有即不即也。……圣人知颠倒性空，色即空，于凡夫宛然有，空即色，此约迷悟凡圣判。如眼病故见空华。说华空无华可即空。但眼病故，空即华。空即华，华不动空。差故，华即空，空不动华。色空亦尔。悟故如是有无所有，迷故无所有如是有。迷故谓空为色，何曾有色可动空。悟故色即空，何曾有色可异空。色空既如此论，何物即与不即，四句皆净也。如此排前难迴去难不能著，他所以著难者，彼有色有空。以色即空故，著前难也。次《大品》云：色即是空，空不名色。

从来不解此言，今明色即空，破凡夫二乘等见。彼谓色异空，拆色方得空，故云色即是空也。空不名色者，破即见。向明色即空，便作即解，故破云空不名色。若有色可言，色即空。既无有色，何得言色即空耶？此并是随顺众生，作如此说耳。若是般若，色即无碍，色即空，空即色。常即无常，无常即常。空为有用，有为空用。常为无常用，无常为常用。一念无量劫，无量劫一念。等用无来无积聚而现诸劫事，为是故即色即空也。”（按：该书明二谛大意，名、相即义、体、绝名、摄法义、同异义，皆为阐发山中大师旧义之作。文意与《大乘玄论》大同，非要籍也。疑前于《大乘玄论》等之著作。）

十六、《三论游意义》

《三论游意义》云：“破众生断常诸见故，明不断不常即是中实。既识于中，方了诸佛假名因缘，空有二谛也。此之假名二谛，即是八不。故使众生识于空有二谛，即是悟不二。……在经为正法，在论为中实。中实所发名之为观，观之所宜名为论也。然正由于缘，缘既非缘，正亦非正，所以非缘亦复非正。既非正即非观非中，则不经不论非佛非菩萨，泯然无际，其道乃平。故开之弥沦法界，卷之则一毫无从也。”

十七、《四论玄义》二　断伏义

《四论玄义》二云：“虽不二而二，开之无量门，如空中书也。无空行异于有行，无有行异于空行，无入别出，无出别入，无超异顺超异等不同。《地》、《摄》两论，成、昆二家等有定处所也。利根者，遇一华、一草、一色、一香、一光明，即能断伏无量烦恼，闻饭香亦悟无生也。故《华严》云：“一中解无量，无量中解一。”如是展转生，非亦实智者，无所畏也。何必须次第门与超顺门等耶？又必须善知识境智等，然攻（原文）境智万法无有二相，如有不有、无不无，毕竟清净，即是断伏义。于此中毕竟清净，名为断义。于中昧者，名为伏也。故《大品》云，一念相应慧，断无量烦恼及习也。无得大乘断伏义者，功而明之。反观自心，心非心，毕竟清净，四句、五句不可得，有何烦恼系属于心？何有心能系烦恼？故《大品》云：若心、心数法不行故，行般若波罗蜜。……今无得宗明之，彼智慧等并是无明，故须洗涤也。

大乘明二谛并是生空，何者？二谛并是假故，若法空者，即是中道，正法为法空也。”

十八、《四论玄义》五　二谛义

《四论玄义》五云：“摄岭西霞寺无所得三论大意大师诠法师云：二谛者，盖是表理之极说，文言之妙教。体非有无，有无不乖于体，理非一二，一二不违于理。今依大师说，所言真俗二谛者，即是有无，有无共显一道。佛随缘说有无二教，贯于众经。《华严经》有十重二谛，十种四谛。《菩萨璎珞》云：世谛于凡有故不空，真谛于圣空故不有，所以随二缘故，说于二谛。……所以明真俗二谛者，欲有所表故，有表不有，无表不无，所以非有非无，是所表之道，有无二谛是能表之教。……明有不有为破有病，明无不无为破无病，有无两病若除，复有何二教之可得？既无二教可得，复有何非有非无之理可会耶？故非有非无，亦非非有非非无，故有无非有无，泯然无际。……今本来不有而假名说为有，只有本不有，不有假名说有。故《大品经》云：善吉不坏假名说实相义，不动实相而说假名。

今明体用能所不二，只指体为用，指用为体，能所亦尔。

今无所得义，生死涅槃但是有为，非生死非涅槃乃名无为。真之与俗，并是有为，非真非俗，乃名无为。

一、解诸法不二，二、知诸法假名，三、解诸法相待，四、悟诸法皆空，五、见于中道。山门义即是无所得观行。……以无有名世谛，有无名真谛。此二谛假名有无。……二乘著空，凡夫滞有。今更为说空不空，彼乃得悟一色乃至一香，须本已来，非有非无，悟中道正观。今约观悟，宜作观名，不名中道也。次非有非无而假名有无，名为世谛。明假有不有不名有，假有不名不有，只明世谛假有，非有非不有，备截断常二见，名世谛观也。次因世谛故名真谛，因假有故真谛名假无，假无不名无不无，故真谛假无观，亦备截断常两见，假名真谛。真谛既尔，乃至假名佛性涅槃等类然，却截故名中道。中道约法，则有无量，然中道尚不可一，岂可有多师。今约法明中道，明一切诸法假名类。此既明真俗观，物随应有二谛中道观。今明俗真尚自非真非不真，真俗尚非俗非不俗。真俗尚无，岂有二谛中道可得？故非真非俗，故实无三观义。故《大品经》云：诸法平等相，一切圣人皆不能行、不能到。

若一而有异，二谛一体二用，则不论即。若有异而一，如二用一体，亦不论即。何者？体一，一无即义，二用理异，亦无即义。今谓名一而用异故即，用一而名异故即。此是名用用名，一异相即也。若有可有，有不即空，空若可空，空不即有。此则空有名用俱异。今明相即者，须洗前令尽净，然后可说之。若色与空相即义彰，余法类可寻。何者？言色非色故，色非色之空色，空非空故，空非空之色空，故空色可相即也。有不有故有有可即空。空是不空空，空可即有。可即有故，名为空有。有可即空故，名为有空。有空故异有无空，空有故异空无有。离空无有，空即是有。离有无空，有即是空。故言色即是空，空即是色。……色即是空，非色灭空者，此色是空色，空是色空。色空故色性自是空，空色故空性自是色，名为空色。空与色非一非异，非有非无，假名开为空色，故名空为色，目色为空，故色即是空，空即是色，非色灭为空，故色性自空也。

今时明无别二谛体，二谛体经中无别说，而今须辨者，为他明二谛体故。今对彼论也，非有非无，非真非俗，假名为体，可得有耶？若因有无得悟非有非无道者，则有无二教，渺然无踪迹，假名为理，或名中道，乃至正观等种种名。岂复别非有非无理为二谛体耶？约此正观明昧等三种势，假名说为十地胜劣等。今明有无二教表非有非无之理，故得言二谛一体，旧师等有无既是二，故不得辨一体也。”

十九、《四论玄义》七　佛性义

《四论玄义》七云：“兴皇大师云，必须语无依无得□□所住为宗。关中僧叡法师《大品疏》中云：启彰玄门，以不住为始，以无得为终故。若有一豪可得，并须破洗，何以故？若留一微豪，则非无得宗致，故《大经》云：佛性者，非有非无，非因非果，非内非外，非常非断等，离四句，绝百非。虽然尔，复得言凡一切众生皆有佛性，而言得言无，言有之与无，约得失之情分之为□，即是有所得、无所得也。故《大经》《梵行品》云：有所得者，生死二十五有；无所得者，名大涅槃。经既言，有所得者名生死，故无有佛性；无所得者名涅槃，故有中道佛性，更无别物也。但失之者，佛性为生死二十五有，得之者生死二十五有为佛性。故失者即是理外，得者即是理内，故一家义宗，颠倒、不颠倒无毫末差别。《仁王经》云：菩萨未成佛时，菩提为烦恼；成佛已时，烦恼为菩提。《中论》云：涅槃实际与世间际，无毫厘差别。如斯多文，即是理内外意也。故言理外众生无有佛性，而此颠倒众生，复有入理还源之义，故亦得言有佛性。”

二十、《四论玄义》九　二智义

《四论玄义》九云：“至人能智境界，而绝无造行于境，故言无知，而如幻人无所不知。只是无知为知，知为无知。今言知无知，无毫末异也。因知故无知，由无知故知，知无知因缘假名，如空中长短无二相也。……佛性非因非果，非因而因。因有二因：一、境界因，二、缘因。非果而果，果有二：一、果，即菩提；二、果果，即大涅槃。今不论二果，但明二因。缘因则二智，境界因即二谛。二智、二谛以佛性为本，但有二也，一是因本，二是本因。因本即正因佛性，为二因之本。本因即二谛、二智，本于佛性得了二因。了达二因，得了佛性。……所以寻本说二谛、二智体，地、摄等四家所行也。故《大经》云：所言空不见空与不空，不见不空故不行中道。既不行中道，故不是佛性。不见佛性故，亦应云不见二谛、二智。故地、摄、成、昆等目所见世谛与观智所证真如真谛，即是有所得二谛、二智，非今所明。

所言二智者，一者方便实智，二者实方便智。实以审谛为义，法实审谛无所有，无所说故。方便以善巧为义，亦得言方便以实为义，实以方便为义，亦言方便不方便为义，实不实为义。

今大乘意，言大小为二，非大非小，大小不二，不二故一。一是假一，不一故异。异是假异，以假一故。一是不一一，以假异故。异是不异异，不异异。异是一异，不一一。一是异一，一是异一，不失异，异是一异，不失一。故经云，一无量，无量一，即是一身无量身，无量身一身。类此而言，申缩赊促，同质异质，净秽大小，内外出入，※（考《智记》二二，47），并是一意也。（按：该段意解芥子纳须弥。）……如四家明义，有与无各有法体，不得有为空，空为有。今明言有不住有，言空不住空，故名有为空。名空为有，故有变为空，空变为有。离有无空，离空无有。空即是有，有即是空。……一为无量，故一非实。无量为一，故无量非实。一无量非无量，无量一非一，是则非一非无量。知者解了，故无所畏也。”

绀珠集乙之六（自习用稿）

华严经记目录

（一）《世主妙严品记》

身遍十方等

（二）《如来现相品记》

不动本而周遍

无生现身所现如影

（三）《世界成就品记》

唯心

（四）《华严世界品记》

一一切互入

唯心

（以上初会要义）

（五）《光明觉品记》

非有遍诸有等

（六）《菩萨问明品记》

诸法不相知

未有一法得入法性

随业感果

唯一法

佛境界等

（七）《净行品记》

善用其心

（以上第二会要义）

（八）《须弥顶上偈赞品记》

性空即是佛

无见即是见

生死涅槃二不可得

诸法和合起等

（九）《十住品记》

第六地住

第七地住

诸法从心

（十）《梵行品记》

清净梵行

（十一）《初发心功德品记》

一与一切相即平等（附）

（十二）《明法品记》

唯心无所著

（以上第三会要义）

（十三）《夜摩宫中偈赞品记》

无来无去普入法界

诸法无差别

心法如幻

但以法为身

一切唯心造等

（十四）《十行品记》

因果相待缘成不坚

佛法世间法无有杂乱

如幻等八喻

无二无不二

（十五）《十无尽藏品记》

不可坏

（以上第四会要义）

（十六）《兜率宫中偈赞品记》

佛寂用无碍

（十七）《十回向品记》

离相回向

实际无所不至

离相回向

一念

离相回向

（以上第五会要义）

（十八）《十地品记》

菩萨愿

地事难知

菩萨愿

有为法如实相

第六地观行

无生法忍

第十地观行

（以上第六会要义）

（十九）《十定品记》

刹那际三昧

普贤菩萨

心法如幻等

普光三昧

妙光三昧

神通三昧

清净深心行三昧

知过去三昧

智光三昧

知一切世界佛庄严三昧

一切众生差别身三昧

法界自在三昧

无碍轮三昧

（二十）《十通品记》

庄严智通

一切法智通

（二十一）《十忍品记》

无生法忍

如幻忍

如焰忍

如梦忍

如响忍

如影忍

如化忍

如空忍

(二十二)《阿僧祇品记》

不可说

(二十三)《佛不思议法品记》

佛果德体用

(二十四)《如来随好光明功德品记》

真实忏悔

(二十五)《普贤行品记》

十普入

十胜妙心

佛法如幻化无二非二等

法身藏从想生等

(二十六)《如来出现品记》

如来出现诸相

如来身相

如来音声相

如来心相

如来境界

如来行

如来正觉

如来转法轮

如来涅槃

如来秘密处

(以上第七会要义)

（二十七）《离世间品记》

十佛

十智随觉

十证知

十平等

十实义句

十出生智慧

十深入佛法

十无疑心

十不可思议

十明

十无等住

十无下劣心

十如海智

十如空住

十如金刚心

十众生无碍用

十国土无碍用等

十游戏

十无畏

十决定解

十修道

十法所摄持

示涅槃十义

（以上第八会要义）

（二十八）《入法界品记》

如来威力不思议

菩萨德行

无来无住等

念佛境界法门

普眼法门

无碍解脱门

妙音光明法门
如来无碍庄严解脱门
般若波罗蜜三昧
离忧安隐解脱门
无胜幢解脱
无尽轮解脱
般若普庄严门
随顺灯解脱门
三巧智光明法门
福德藏解脱门
随意出生福德藏
福德宝藏解脱门
见佛欢喜法门
如幻解脱
大慈三昧门
无厌足三昧
至一切处菩萨行
调和香法
大悲幢行
无依作神通力
成就一切智解脱
离贪际解脱
不涅槃际解脱
大悲行解脱门
普疾行解脱
云网解脱
不可坏智慧藏法门
破暗法光明解脱
禅定乐解脱门
普喜幢解脱门
调伏众生解脱
广大喜庄严解脱

自在妙音解脱
广大喜解脱
令众生生善根法门
示现受生自在解脱
观察三昧海解脱
大愿智幻解脱门
无碍念清净解脱
善知众艺解脱
无依道场解脱
无著庄严解脱
智光解脱
无尽相解脱
诚语解脱
幻住解脱
不忘念智庄严藏
文殊教敕
普贤解脱境界

（以上第九会要义）

（完）

（二十九）《普贤行愿品第四十卷记》

菩提属于众生

（完）

华严经记

（一）《世主妙严品记》

※（身遍十方等）

卷一云：“又以诸佛神力所加，一念之间悉包法界。……尔时世尊处于此座于一切法成最正觉，智入三世悉皆平等，其身充满一切世间，其音普顺十方国土，譬如虚空具含众像于诸境界无所分别，一一毛端悉能容受一切世界而无障碍，身遍十方而无往来，智入诸相了法空寂。”

（二）《如来现相品记》

※（不动本而周遍）

卷六云：“佛身充满于法界，普现一切众生前，随缘赴感靡不周，而恒处此菩提座。如来安处菩提座，一毛示现多刹海，一一毛现悉亦然，如是普周于法界。（《疏钞》卷六之二云：“皆叹如来体用无碍，于中初一不动本而周遍，后一不坏小相而广容。初则事如理故，后则事含理故。钞，体即理，用即事。体用无碍，即事理无碍，即一即遍即事事无碍。又菩提座身是事。以如理故周遍。一毛是事含理故无不包，由理有二义，一无处不遍、二无法不包，今事如理故具上二义。即事事无碍中事理融通门也。”）

※（无生现身所现如影）

佛身无有生，而能示出生。法性如虚空，诸佛于中住。无住亦无去，处处皆见佛。光明靡不周，名称悉远闻。无体无住处，亦无生可得。无相亦无形，所现皆如影。（《疏钞》又云：“初二句约相无生现生，次二句约性无住而住，次一偈约用无去住而普周，后偈体用双拂，谓无体拂上无生，无上为佛体故。今体即非体，无住处拂约性二句，亦无生可得。拂示生句。下半拂前第二偈约用、用如影故。”）

法身同虚空，无碍无差别。色形如影像，种种众相现。影像无方所，如空无体性。智慧广大人，了达其平等。佛身不可取，无生无起作。应物普现前，平等如虚空。”

（三）《世界成就品记》

※（唯心）

卷七云：“始从一念终成劫，悉依众生心想生。一切刹海劫无边，以一方便皆清净。”（《疏钞》卷七之二云：“一方便者即了唯心也。心想不生，非长非短是谓清净。”）

（四）《华严世界品记》

※（一一切互入）

卷八云：“十方所有广大刹，悉来入此世界种。虽见十方普入中，而实无来无所入。以一刹种入一切，一切入一亦无余。体相如本无差别，无等无量悉周遍。（经中常说此方如来如是会集放光说法，会集者名字所从世界本国诸世尊名号，十方悉同。）

※（唯心）

譬如众缋像。画师之所作。如是一切刹。心画师所成。众生身各异。随心分别起。如是刹种种。莫不皆由业。譬如见导师。种种色差别。随众生心行。见诸刹亦然。”

※（以上初会要义。）

（五）《光明觉品记》

※（非有遍诸有等）

卷十三云：“若见有正觉，解脱离诸漏。不著一切世，彼非正道眼。若有知如来，体相无所有，修习得明了，此人疾作佛。若见佛及身，平等而安住，无住无所入，当成难遇者。若于佛及法，其心了平等，二念不现前，当践难思位。若于一切智，发生回向心，见心无所生，当获大名称。众生无有生，亦复无有坏，若得如是智，当成无上道。一中解无量，无量中解一，了彼互生起，当成无所畏。”（《疏钞》卷十三之一云：“本偈上半即十玄门中一多相容不同门。次一句即十所由中缘起相由门也。由此缘起成前平等，由前平等成此缘起，故随一佛会即一切佛会。法界一切会即是一法会。此一法会不动而常遍，不分而常多，前后互相成，为事事无碍。”）又云：“佛了法如幻，通达无障碍。”（又卷十三之二云：“如幻本虚，真不碍俗，达诸法相，性相无碍，是真通达。”）又云：“我性未曾有，我所亦空寂，云何诸如来，而得有其身？佛非世间蕴，界处生死法，数法不能成，故号人师子。其性本空寂，内外具解脱。离一切妄念，无等法如是。体性常不动，无我无去来。而能悟世间，无边悉调伏。

诸佛真金色，非有遍诸有。随众生心乐，为说寂灭法。

观身如实相，一切皆寂灭。离我无我著，如是业应作。

佛法微妙难可量，一切言说莫能及。非是和合非不和，体性寂灭无诸相。此身无所从，亦无所积聚。众生分别故，见佛种种身。心分别世间，是心无所有。如来知此法，如是见佛身。

若有见如来，身心离分别，则于一切法，永出诸疑滞。一切世间中，处处转法轮，无性无所转，导师方便说。于法无疑惑，永绝诸戏论，不生分别心，是念佛菩提。了知差别法，不著于言说，无有一与多，是名随佛教。多中无一性，一亦无有多，如是二俱舍，普入佛功德。（按卷十三之二以一多开为十门。可考。）

所有佛法皆明了，常观三世无厌倦，虽缘境界不分别，此难思者方便力。恒住涅槃如虚空，随心化现靡不周，此依无相而为相，到难到者方便力。”

(六)《菩萨问明品记》

※（诸法不相知）

卷十三云：“问：心性是一，云何见有种种差别？答：诸法无作用，亦无有体性，是故彼一切，各各不相知。譬如河中水，湍流竞奔逝，各各不相知，诸法亦如是。眼耳鼻舌身，心意诸情根，以此常流转，而无能转者。法性本无生，示现而有生，是中无能现，亦无所现物。眼等一切空无性，妄心分别有。若实不实、妄非妄、世出世间、但有假言说。（按：《疏钞》卷十三之三云：“唯心变现全揽真性，生非实生故云示现。”）（按疏于此中广会性相家说，可考也。）

※（未有一法得入法性）

问：一切众生非众生，云何如来于如是众生中教化调伏？答：此身假安立，住处无方所，谛了是身者，于中无所著。于身善观察，一切皆明见，知法皆虚妄，不起心分别。众报随业生，如梦不真实，念念常灭坏，如前后亦尔。世间所见法，但以心为主，随解取众相，颠倒不如实。未曾有一法，得入于法性。

※（随业感果）

问：一切众生等有四大，无我我所，云何而有苦乐端丑等？然法界中无美无恶。答：随其所行业，如是果报生，作者无所有，诸佛之所说。譬如净明镜，随其所对质，现象各不同，业性亦如是。又如巧幻师，在彼四衢道，示现众色相，业性亦如是。

※（唯一法）

问：如来所悟唯是一法，云何乃说无量诸法？而法性中此差别相皆不可得？答：譬如大梵王，应现满三千，其身无差别，诸佛法如是。（《疏钞》卷十三之四云：“所悟一法即无碍法界，即事之理全在多中，所现乃即理之事全居一内。以即多之一是所悟，即一之多是所说，既无障碍，何有相违？）”

文殊，法常尔，法王唯一法。一切无碍人，一道出生死。一切诸佛身，唯是一法身，一心一智慧，力无畏亦然。

※（佛境界等）

问：何等是佛境界？何等是其因、度、入、智、法、说、知、证、现、广？答：如来深境界，其量等虚空，一切众生入，而实无所入。如来深境界，所有胜妙因，亿劫常宣说，亦复不能尽。随其心智慧，诱进咸令益，如是度众生，诸佛之境界。世间诸国土，一切皆随入，智身无有色，非彼所能见。诸佛智自在，三世无所碍，如是慧境界，平等如虚空。法界众生界。究竟无差别，一切悉了知，此是如来境。一切世界中，所有诸音声，佛智皆随了，亦无有分别。非识所能识，亦非心境界，其性本清净，开示诸群生。非业非烦恼，无物无住处，无照无所行，平等行世间。一切众生心，普在三世中，如来于一念，一切悉明达。”（此中十一段如次答十一问。又《疏钞》卷十三之四云：“知即心体，上对所证之法明能证之智。今直语灵知真心异乎木石者，通能所证也。”）

（七）《净行品记》

※（善用其心）

卷十四云：“若诸菩萨善用其心，则获一切胜妙功德。云何用心？谓一百四十一愿。”

※（以上第二会要义）

（八）《须弥顶上偈赞品记》

※（性空即是佛）

卷十六云：“观察于诸法，自性无所有，如其生灭相，但是假名说。一切法无生，一切法无灭，若能如是解，诸佛常现前。法性本空寂，无取亦无见，性空即是佛，不可得思量。凡夫见诸法，但随于相转，不了法无相，以是不见佛。牟尼离三世，诸相悉具足，住于无所住，普遍而不动。

了知一切法，自性无所有，如是解法性，则见卢舍那。因前五蕴故，后蕴相续起，于此性了知，见佛难思议。（考《疏钞记》非常非断）

※（无见即是见）

言词所说法，小智妄分别，是故生障碍，不了于自心。不能了自心，云何知正道？……无见即是见，能见一切法。于法若有见，此则无所见。

若能了邪法，如实不颠倒，知妄本自真，见佛则清净。知世皆无生，乃是见世间，若见见世间，见则世间相。如实等无异，此名真见者。法性本清净，如空无有相，一切无能说。远离于法想，不乐一切法，此亦无所修，能见大牟尼。

一切凡夫行，莫不速归尽，其性如虚空，故说无有尽。智者说无尽，此亦无所说，自性无尽故，得有难思尽。所说无尽中，无众生可得，知众生性尔，则见大名称。无见说为见，无生说众生，若见若众生，了知无体性。能见及所见，见者悉除遣，不坏于真法，此人了知佛。若有若无有，彼想皆除灭，如是能见佛，安住于实际。

※（生死涅槃二不可得）

有诤说生死，无诤即涅槃。生死及涅槃，二俱不可得。若逐假名字，取著此二法，此人不如实。（《疏钞》卷十六之二云："二互相待故俱空、二互相夺故皆寂。"）能知此实体，寂灭真如相，则见正觉尊，超出语言道。言语说诸法，不能显实相，平等乃能见，如法佛亦然。

※（诸法和合起等）

离诸和合相，是名无上觉。现在非和合，去来亦复然。一切法无相，是则佛真体。于实见真实，非实见不实。如是究竟解，是故名为佛。佛法不可觉，了此名觉法。诸佛如是修，一法不可得。知以一故众，知以众故一。诸法无所依，但从和合起。无能作所作，但从业想生。云何知如是？异此无有故。一切法无住，定处不可得。诸佛住于此，究竟不动摇。

于法无所著，无念亦无染，无住无处所，不坏于法性。此中无有二，亦复无有一，无中无有二，无二亦复无。三界一切空，是则诸佛见。"

（九）《十住品记》

※（第六地住）

卷十六云："此菩萨（第六地）应劝学十法，所谓一切法无相、无体、不可修、无所有、无真实、空、无性、如幻、如梦、无分别。

※（第七地住）

此菩萨（第七地）应劝学十种广大法，所谓说一即多说多即一，文随于义，义随于文，非有即有，有即非有，无相即相，相即无相，无性即性，性即无性，如是一切展转成，种种差别互相属。

※（法从心起）

欲使十方诸世界，有成坏相皆得见，而悉知从分别生，种种变化无量身。一切世界微尘等，欲悉了达从心起。"

(十)《梵行品记》

※（清净梵行）

卷十七云：“于身无所取，于修无所著，于法无所住。过去已灭，未来未至，现在空寂。无作业者，无受报者。此世不移动，彼世不改变。此中何法名为梵行？梵行从何处来？谁之所有？体为是谁？由谁而作？为是有为？是无为？是五蕴？非五蕴？如是观察梵行法不可得故，三世法皆空寂故，意无取著故，心无障碍故，所行无二故，方便自在故，受无相法故，观无相法故，知佛法平等故，具一切佛法故，名为清净梵行。又应修习十智，于如来十力一一观察，观察众生而不舍离，思维诸法无有休息，行无上业不求果报，了知境界如幻如梦。若能与如是观行相应，初发心时即得无上菩提。知一切法即心自性，成就慧身不由他悟。”

(十一)《初发心功德品记》

※（一与一切相即平等）

又云：“欲了知妙世界即是粗世界，粗世界即是妙世界。仰世界即是覆世界，覆世界即是仰世界。小世界即是大世界，大世界即是小世界。一世界即是不可说世界，不可说世界即是一世界。不可说世界入一世界，一世界入不可说世界。秽世界即是净世界，净世界即是秽世界。欲知一毛端中一切世界差别性，一切世界中一毛端中一体性。欲知一世界中出生一切世界，欲知一切世界无体性。欲以一念心尽知一切广大世界而无障碍故，发无上菩提心。（更考卷三十九）

知一劫与无数劫平等，无数劫与一劫平等。有佛劫与无佛劫平等，无佛劫与有佛劫平等。一佛劫中有不可说佛，不可说佛劫中有一佛。不可说劫与一念平等，一念与不可说劫平等，一切劫入非劫，非劫入一切劫。欲于一念中尽知三际一切世界成坏劫故，发无上菩提心。”（《疏钞》卷十七之二云：“推妄归真劫入非劫，依真起妄，非劫入劫，斯则前为事事无碍，此乃理事无碍。”）

又《卷三十八》云：“于一毛端微尘佛，于中安住说妙法。一毛孔内无量刹，各有四洲及大海。须弥铁围亦复然，悉在其中无迫隘。一毛端处有六趣，各随自业受果报，刹中种种众生身，身中复有种种刹。人天诸趣各各异，佛悉知已为说法。大刹随念变为小，小刹随念亦变大。如是神通无有量，世间共说不能尽。”

又《卷三十九》云：“又知诸佛所有入劫智，所谓一劫入阿僧祇劫、阿僧祇劫入一劫，一念入劫、劫入一念，劫入非劫、非劫入劫，有佛劫入无佛劫、无佛劫入有佛劫，过未劫入现劫、现劫入过未劫，长劫入短劫、短劫入长劫。

欲知一切差别解无边故，一众生解无数众生解平等故。一切解即是一解，一解即是一切解故。欲于一切妙解、大解、无量解、正位解中得如来解脱无障碍智故，发无上菩提心。

此初发心菩萨不于三世少有所得，所谓若佛若佛法等，唯求一切智，于诸法界心无所著。

菩萨于一毛孔中普现十方无量刹，或有杂染或清净种种业作皆能了，一微尘中无量刹、无量诸佛、及佛子诸刹各别无杂乱如一，一切悉明见，于一毛孔见十方尽虚空界诸世间，无有一处空无佛，如是佛刹悉清净，于毛孔中见佛刹，复见一切诸众生三世六趣各不同昼夜月时有缚解。”（附）

（十二）《明法品记》

※（唯心无所著）

卷十八云：“知一切法皆是自心而无所著，如是知已，入菩萨地能善安住。”

※（以上第三会要义）

（十三）《夜摩宫中偈赞品记》

※（无来无去普入法界）

卷十九云：“佛坐夜摩宫，普遍十方界，此事甚奇特，世间所希有。游行十方界，如空无所碍，一身无量身，其相不可得。佛功德无边，云何可测知，无住亦无去，普入于法界。

诸法无来处，亦无能作者，无有所从生，不可得分别。一切法无来，是故无有生，以生无有故，灭亦不可得。若能如是解，斯人见如来。诸法无生故，自性无所有，以法无性故，无有能了知。

如来广大身，究竟于法界，不离于此座，而遍一切处。（《疏钞》卷十九之二云：“法身体即法界，智身证极法界致令应用之身不动而遍。”）

※（诸法无差别）

诸法无差别，无有能知者。唯佛与佛知，智慧究竟故。如金与金色，其性无差别。法非法亦然，体性无有异。众生非众生，二俱无真实。如是诸法性，实义俱非有。譬如未来世，无有过去相。诸法亦如是，无有一切相。譬如生灭相，种种皆非实。诸法亦复然，自性无所有。涅槃不可取，说时有二种。诸法亦复然，分别有殊异。如十方众生，各取虚空相。诸佛亦如是，世间妄分别。

※（心法如幻）

一切众生界，皆在三世中，三世诸众生，悉住五蕴中。诸蕴业为本，诸业心为本，心法犹如幻，世间亦如是。世间有成坏，了达者不说，三世五蕴法，说名为世间。彼灭非世间，如是但假名。分别此诸蕴，其性本空寂。空故不可灭，此是无生义。众生既如是，诸佛亦复然。佛及诸佛法，自性无所有。

※（但以法为身）

但以诸业故，说名为众生，亦不离众生，而有业可得。业性本空寂，众生所依止，普作众色相，亦复无来处。佛身亦如是，不可得思议，种种诸色相，普现十方刹。身亦非是佛，佛亦非是身，但以法为身，通达一切法。若见一切法，本性如涅槃，是则见如来，究竟无所住。

※（一切唯心造等）

譬如工画师，分布诸彩色，虚妄取异相，大种无差别。大种中无色，色中无大种，亦不离大种，而有色可得。心中无彩画，彩画中无心，然不离于心，有彩画可得。彼心恒不住，无量难思议，示现一切色，各各不相知。譬如工画师，不能知自心，而由心故画，诸法性如是。（《疏钞》卷十九之三云：“能画之心，念念生灭，自不相知。双喻心境，皆无自性，各不相知。”）如心佛亦尔，如佛众生然。应知佛与心，体性皆无尽。若人知心行，普造诸世间，是人则见佛，了佛真实性。心不住于身，身亦不住心。而能作佛事，自在未曾有。（又云：“心即能变及心体故，身即所变是识相分及性之相故，谓虽不相住而依心现境，依体起用，作诸佛事，体用不碍，为未曾有。”）若人欲了知，三世一切佛，应观法界性，一切唯心造。（又云：“一是真如实观，一是唯心识观，大乘观要不出此二。观此二门唯是一心，皆摄一切法尽。二谛双融，无碍一味，诸佛证此为体。”）

※（又卷二十二云：“一切皆以心为自性”。晋译作一切世间心诸佛心）所取不可取，所见不可见，所闻不可闻，一心不思议。（按：《疏钞》云：“《刊定》引梵本证第四句为于不思何思，同晋译所思不可思”据此则该译一心之言意取也。）有量及无量，二俱不可取，若有人欲取，毕竟无所得。欲赞如来妙色身，尽无数劫无能尽。譬如净虚空，非色不可见，虽现一切色，无能见空者。虽闻如来声，音声非如来，亦不离于声，能知正等觉。菩提无来去，离一切分别。云何于是中，自言能得见。诸佛无有法。佛于何有说。但随其自心，谓说如是法。”

（十四）《十行品记》

※（因果相待、缘成不坚）

又云："然知不离众生有颠倒、不离颠倒有众生，不于颠倒内有众生、不于众生内有颠倒，亦非颠倒是众生、亦非众生是颠倒。颠倒非内法非外法、众生非内法非外法，一切诸法虚妄不实、速起速灭无有坚固，如梦如影如幻如化，诳惑愚夫。

※（佛法世间法无有杂乱）

知无量心自性，知一切法自性，无得无相，甚深难入。住于正位真如法性，方便出生而无业报，不生不灭，住涅槃界，住寂静性，住于真实无性之性，言语道断，超诸世间，无有所依。菩萨如是解一切法皆悉甚深，一切世间皆悉寂静，一切佛法无所增益，佛法不异世间法、世间法不异佛法，佛法世间法无有杂乱、亦无差别，了知法界体性平等普入三世。（《疏钞》卷十九之五云："理无不事故佛法不异世法，事无不理故世法不异佛法、此诠理之事与诠事之理而事理不杂，各全收尽互无所遗、钞各全收尽即事事无碍。"）

※（如幻等八喻）

应观一切法界如幻，诸佛如影，菩萨行如梦，佛说法如响，一切世间如化，业报所持故，差别身如幻，行力所起故，一切众生如心（晋译作"一切众生如画像，种种异形皆由心画。"）种种杂染故，一切法如实际不可变异故。

※（无二、无不二）

虽了众生非有而不舍一切众生界，不住生死不住涅槃，亦复生死中流而能运，度此岸众生置于彼岸，亦不于众生数而有所著。何以故？菩萨深入众生界、如法众生界，法界无有二。无二法中无增减生灭有无取依著二。（《疏钞》卷二十云："不异故云如，相即故云无二，后彰无二之相。"）何以故？菩萨了一切法、法界无二故。菩萨如是化众生事，无有尽，而在世间常住不灭，非究竟非不究竟，非取非不取，非依非无依，非世法非佛法，非凡夫非得果。菩萨如是修行时，不说二乘、佛、世间、众生、无众生法，不说垢净。何以故？知一切法无染无取不转不退故，如是于一切法皆无所著。何以故？法界中无有法名向二乘、菩萨乘、无上菩提、凡夫界、染净、生死涅槃。何以故？诸法无二无不二故。菩萨如是观一切法皆不可得，然非无一切法，如实无异不失所作，调伏众生不坏因果，亦不违于平等妙法。"

（十五）《十无尽藏品记》

※（不可坏）

卷二十一云："五蕴三乘法不可坏。何以故？一切法无作、无作者、无言说、无处所、不生不起、不与不取、无动转、无作作。"

※（以上第四会要义）

（十六）《兜率宫中偈赞品记》

卷二十三云："如来不出世，亦无有涅槃，以本大愿力，示现自在法。是法难思议，非心所行处，色身非是佛，音声亦复然，亦不离色声，见佛神通力。正觉无来处，去亦无所从。

※（佛寂用无碍）（考《玄谈》卷二佛身十无碍义）

如来胜无比，甚深不可说，出过言语道，清净如虚空。

如来等正觉，寂然恒不动，而能普现身，遍满十方界。譬如虚空界，不生亦不灭，诸佛法如是，毕竟无生灭。

譬如一心力，能生种种心，如是一佛身，普现一切佛。菩提无二法，亦复无诸相，而于二法中，现相庄严身。了法性空寂，如幻而生起。佛身非变化，亦复非非化，于无化法中，示有变化形。

非一亦非二，亦复非无量，随其所应化，示现无量身。佛身非过去，一念现出生，如幻无生起，佛身亦如是，示现无有生。如翳眼所睹，非内亦非外，世间见诸佛，应知亦如是。譬如一切法，众缘故生起，见佛亦复然，必假众善业。佛法及菩提，二俱不可得，远离诸颠倒，是名等正觉。

一切法皆如，诸佛境亦然，乃至无一法，如中有生灭。了达法性者，无佛无世界，诸法不可坏，亦无能坏者。"

（十七）《十回向品记》

※（离相回向）（考《十住婆沙》卷五末）

又云："安置众生于无所著法性回向，见众生自性不动不转……于回向无所依取……不取善根相，不分别业报体性……不著五蕴相，不坏五蕴相……不取业不求报回向，不染著因缘不分别因缘所起……不著名称处所虚妄法……不著众生世界心意相回向，不起心想见颠倒……不著语言道……。观一切法真实性，观一切众生平等相……以法界印印诸善根……观诸法离贪欲……解一切法无，种植善根亦如是。观诸法无二无生无灭，回向亦如是。非即业修习一切智，非离业回向一切智。一切智非即是业，然不离业得一切智，以业如光影清净故，报亦如光影清净，一切智智亦如光影清净。（按《疏钞》云："一切智为根本智，一切智智摄本后二智。"）离我我所一切动乱思惟分别，如是了知以诸善根方便回向。"

卷二十四云："虽复不依言语道，亦复不著无言说。虽知一切皆空寂，而不于空起心念。

一切善根悉以回向而无所著，所谓不依色、不著受、无倒想、不作行、不取识、舍离六处、不住世法、乐出世间。知一切法皆如虚空，无所从来，不生不灭，无有真实，无所染著，远离 一切诸分别见，不动不转，不失不坏，住于实际，无相离相，唯是一相。解证依如是法发心修行不违法相。知所修行如幻影，水月镜像，因缘和合之所显现，乃至如来究竟之地。

心不称量诸二法，但恒了达法无二。诸法若二若不二，于中毕竟无所著。

※（实际无处不至）

实际无处不至，至一切物，至一切世间，至一切众生，至一切国土，至一切法，至一切虚空，至一切三世，至一切有为无为，至一切语言音声。（卷二十八又云："法性遍在一切处，亦无形相而可得。"）

※（离相回向）

以诸善根如是回向时，用无所得而为方便，不于业中分别报，不于报中分别业。虽无分别而普入法界，虽无所作而恒住善根，不信诸法而能深入，不有于法而悉知见。若作不作皆不可得，知诸法性恒不自在。虽悉见诸法而无所见，普知一切而无所知。菩萨如是了达境界，知一切法因缘为本，见于一切诸佛法身，解了世间皆如变化，明达众生唯是一法，无有二性。不舍业境善巧方便，于有为界示无为法而不灭坏有为之相，于无为界示有为相而不分别无为之相。（考《玄赞记》卷十三为无为非一异。）菩萨住此回向时，得至一切处入法界，于一毛孔中普入一切世界故，得至一切处遍入身，于一众生身普入一切众生身故，得至一切处身业等。"

卷二十五云："以如是等无比回向趣萨婆若，其心广大犹如虚空，无有限量，入不思议，知一切业及以果报皆悉寂灭，心常平等无有边际，普能遍入一切法界，不分别我我所、佛及以佛法、刹及以严净、众生及以调伏、业及业果报，不著于思及思所起、不坏因果、不取事法、不谓生死有分别、不谓涅槃恒寂静、不谓如来证佛境界，无有少法与法同止。了一切众生界无众生，解一切法无寿命，知一切法无有作者，悟一切无补伽罗，观一切法皆从缘起，无有住处，知一切物皆无所依，了一切刹悉无所住，观一切菩萨行亦无处所，见一切境界悉无所有，眼终不见不净佛刹，亦复不见异相众生，无有少法为智所入，亦无少智而入于法。如是回向心无垢，永不称量诸法性，了达其性皆非性，不住世间亦不出。了知众生无有生，亦无众生可流转。无实众生而可说，但依世俗假宣示。”

卷二十八云：“如是回向时，三业皆悉解脱无著无系，无众生命等想，无有想无无想，无今后世想，无死此生彼想，无常无常想，无三有无三有想，非想非非想。（考《玄赞记》卷十四第一段）如是非缚缚解回向，非业业报……非分别无分别回向，非思思已……非心无心回向，不著内外、能所缘、因果、法非法、思非思、五蕴五蕴生灭，若能于此诸法不著，则不缚五蕴、不缚五蕴生灭。若能于诸法不缚，则亦于诸法不解。何以故？无有少法若现已当生，无法可取著，一切诸法自相如是，无有自性，自性相离，非一二多无量、小大、狭广、深浅、寂静戏论、处非处、法非法、体非体、有非有、如是观察诸法，则为非法，于言语中随世建立非法为法，不舍菩萨行，求一切智终无退转。了知一切业缘如梦、音声如响、众生如影、诸法如幻，而亦不坏因缘业力。了知诸业其用广大，解一切法皆无所作，行无作道未曾暂废。”

卷二十九云：“一切佛刹众生，根身业果，众会道场，圆满行法，方便智，如来诸愿回向，诸佛神通境界平等清净。如是回向时，众生不违一切刹，刹不违一切众生，刹、众生与业，思与心，思，心与境界，业与报，业与业道，法性与法相，法性与法生，刹平等与众生平等，一切众生平等与法平等。离欲际平等与一切众生安住平等，过与未过，未与现在世平等与佛平等，菩萨行与一切智皆互不违。如是回向时，得业报身方便愿，一切众生一切刹，一切行一切智，三世诸佛平等。”

于法不作二不二，皆离，知是语言道，知诸世间悉平等，莫非心语一切业。众生幻化无有实，所有果报从兹起，诸法寂灭非寂灭，远离此二分别心。知诸分别是世见，入于正位分别尽。”

卷三十云：“如是回向。所谓不著世间，不取众生，其心清净，无所依止，正念诸法，离分别见，不舍一切佛自在慧，不违三世诸佛正回向门，随顺一切平等正法，不坏如来真实之相，虽善修正业而知业性空，了一切法皆如幻化无有自性，观一切义及种种行虽世言说而无所著，观诸法性皆悉寂灭，了一切法同一实相，知诸法相不相违背。

譬如真如遍一切处，无有边际，真实为性，恒守本性无改变，以一切法无性为性，无相为相，若有得者终无退转，诸佛之所行处，离境界相而为境界，能有安立，性常随顺，善根回向亦复如是。

譬如真如无能测量，充满一切，常住无尽，无有比对，体性坚固，不可破坏，照明为体，无所不在，遍一切时，性常清净，善根回向亦复如是。

譬如真如于法无碍，为众法眼，性无劳倦，体性甚深，无有一物，性非出现，离众垢翳，性无与等，体性寂静，无有根本，善根回向亦复如是。

譬如真如体性无边，体性无著，无有障碍，非世所行，体性无住，性无所作，体性安住，与一切法而共相应，一切法中性常平等，不离诸法，善根回向亦复如是。

譬如真如一切法中毕竟无尽，与一切法无有相违，普摄诸法，与一切法同其体性，与一切法不相舍离，无能映蔽，不可动摇，性无垢浊，无有变易，不可穷尽，善根回向亦复如是。

譬如真如性常觉悟，不可失坏，能大照明，不可言说，持诸世间，随世言说，遍一切法，无有分别，遍一切身，体性无生，善根回向亦复如是。

譬如真如无所不在，遍在于昼、夜、半月及以一月、年岁、成坏劫、尽未来际、遍住三世、遍一切处，住有无法，善根回向亦复如是。

譬如真如体性清净、明洁、无垢、无我我所，体性平等，超诸数量，平等安住，遍住诸众生界，无有分别，普住一切音声智中，永离世间，善根回向亦复如是。

譬如真如本性广大，无有间息，体性宽广，遍摄群品，无所取著，体性不动，是佛境界，无能制伏，非可不可修，无有退舍，善根回向亦复如是。

譬如真如普摄一切世间言音，无所希求，住一切地，无有断绝，舍离诸漏，无有少法而能坏乱，令其少分非是觉悟，过非始，未非末，现非异，于三世中无所分别，成就一切诸佛菩萨，究竟清净，不与一切诸烦恼俱，善根回向亦复如是。 如是回向时得一切佛刹平等，普严净一切世界故，得一切众生平等，普为转法轮故，得一切菩萨平等，普出生一切智愿故，得一切诸佛平等，观察诸佛体无二故，得一切法平等，普知诸法性无易故，得一切世间平等，以方便智善解一切语言道故，得一切菩萨行平等，随种种善根尽回向故，得一切业果平等，于世出世所有善根皆无染著，咸究竟故，得一切佛自在神通平等，随顺世间现佛事故。

菩萨观心不在外，亦复不得在于内，知其心性无所有，我法皆离永寂灭。了达其心如幻化，勤修众行度群生，一切皆从业缘得，为欲救度修诸行。了知想行所分别，而不坏于诸法性。”

卷三十一云：“以无著无缚解脱心回向，不分别世间世间法、菩提菩提萨埵、菩萨行出离道、佛一切佛法、调不调伏众生、善根回向、自他施物受施者等正觉法智。

※（一念）

有数无数一切劫，菩萨了知即一念。”（该卷节录较略似未能尽。）又卷三十七云：“了知三世唯是一念。”

※（离相回向）

卷三十二云：“如是回向，所谓如法界无量、无边、无限、无际、无断、一性自性清净、随顺庄严、不可失坏，善根回向亦尔。如法界无起性、根本性、自体性、无依性、无忘失性、空无性、寂静性、无处所性、无迁动性、无差别性回向。不以取著业、报、心、法、事、因、语言音声、名句文身、回向、利益众生故回向，以本性平等心、法性、……一切众生无量……无诤……自性无所起……知诸法无乱……入三世……出生三世诸佛种性心、得不退失神通心、生成一切智行心回向，以住法界无量住回向，以住法界无量三业回向，以住法界无量三科内外发起深心方便信解、诸根三际业报染净、众生佛刹世间诸佛菩萨法界无二平等回向。”

（以上第五会要义）

（十八）《十地品记》

※（菩萨愿）

卷三十四云：“诸菩萨愿善决定，无杂不可见，广大如法界，究竟如虚空，尽未来际，遍一切佛刹，救护一切众生，入三世诸佛智地。

※（地事难知）

菩萨行地事，最上诸佛本，微细难可见，离念超心地，持心如金刚，知心地无我，能闻此胜法，如空中彩画，如空中风相，牟尼智如是，分别甚难见。

如来大仙道，微妙难可知，非念离诸念，求见不可得，无生亦无灭，性净恒寂然，离垢聪慧人，彼智所行处。自性本空寂，无二亦无尽，解脱于诸趣，涅槃平等住。非初非中后，非言辞所说，出过于三世，其相如虚空。智起佛境界，非念离心道，非蕴界处门，智知意不及。如空中鸟迹，难说难可示，如是十地义，心意不能了。

※（菩萨愿）

愿一切国土入一国土，一国土入一切国土。（《疏钞》卷三十四之五云：“以同法性故令一多互相即入。”）愿于一切世界成无上菩提不离一毛端处，于一切毛端处皆悉示现初生出家乃至入涅槃。若众生界、世界、虚空界、法界、涅槃界、佛出现界、如来智界、心所缘界、佛智所入境界界、世间转法转智转界尽，我愿乃尽，而众生界等不可尽故，我此大愿善根无有穷尽。

※（有为法如实相）

是中（十二因缘）皆空，离我我所，无知无觉，无作无受，如草木石壁，亦如影像，而众生不觉不知。”

卷三十五云：“菩萨住第三地已，观一切有为法如实相。所谓无常、苦、不净、不安隐、败坏、不久住、刹那、生灭、非从前际生、非向后际去、非于现在住。……如幻不实。……此菩萨观一切法不生不灭，因缘而有。”

卷三十六云：“菩萨住第四地则能以十智成熟法故，得彼内法生如来家，所谓观诸行生灭故，观诸法自性无生故，观因业有生故，观无所有尽故等。

此菩萨（第五地）随众生心乐令欢喜故，知俗谛；通达一实相故，知第一义谛；觉法自共相故，知相谛；了诸法分位差别故，知差别谛；善分别蕴界处故，知成立谛；觉身心苦恼故，知事谛；觉诸趣生相续故，知生谛；一切热恼毕竟灭故，知尽无生智谛；出生无二故，知入道智谛；正觉一切行相故，善知一切菩萨地；次地相续成就谛及如来智成就谛。以信解智力知，非以究竟智力知。……得如是诸谛智已，如实知一切有为法虚妄诈伪，诳惑愚夫。……如实观一切有为行前际后际，知从前际无明有爱故生。生死流转于诸蕴宅不能动出，增长苦聚……离我我所，如前际，后际亦尔，皆无所有。虚妄贪著断尽出离。”（按法藏《问答》卷有一段解此十谛，可考。）

※（第六地观行）

卷三十七云：“法性本寂无诸相，犹如虚空不分别，超诸取著绝言道。平等真实常清净。若能通达诸法性，于有于无心不动，为欲救世勤修行，此佛口生真佛子。一切法无相无体、无生无成、本来清净、无戏论无取舍、寂静如梦幻、有无不二故平等。（《疏钞》卷三十七之一云：“不二遣有无及俱有无则双非入中矣，又此不二则不坏有无，谓说空遣于有、执说有为遣空迷，有是不异空之有、空是不异有之空，无别空有而为二也，是遣俱句。又既不二亦不坏有，则不异无之有，是不有之有，不异有之无，是不无之无，则亦遣俱非，斯乃四句百非、诸见皆绝，方为般若现前之因。《钞》，借俱非以遣俱句非立俱非。今将俱句以遣俱非非立俱也，虽遣四句不坏四句，存泯无碍，故结云百非四句，诸见皆绝。”）如是入第六地得明利随顺忍，未得无生法忍。

如是观已，复以大悲为首观世间生灭，谓世间受生皆由著我，若离此著则无生处。凡夫无智执著于我，常求有无，积集妄行，于诸行中植心种子。（又云：

“由行熏心令此本识招当来生死苦故名种。”）有漏有取，复起后有生及老死，所谓业为田，识为种，无明暗覆，爱水为润，我慢溉灌，见网增长，生名色芽……于老死时生诸热恼，忧愁悲叹，众苦皆集，此因缘故集，无有集者，任运而灭，亦无灭者。

又念，于第一义谛不了故名无明，所作业果是行，行依止初心是识，与识共生四取蕴为名色……如是但有苦树增长，无我、我所，无作无受者。若有作者则有作事，若无作者亦无作事，第一义中俱不可得。

又念，三界所有唯是一心，如来于此分别演说十二有支，皆依一心，如是而立。何以故？随事贪欲与心共生，心是识，事是行，于行迷惑是无明，与无明及心共生是名色，乃至老坏为死。

（又云：“业为田即是行种，望所生果但为增上缘故，识为种即是识等五种，为后生死作亲因故。无作无受结成于空。”）此中无明爱取不断是烦恼道，行有不断是业道，余分不断是苦道，前后际分别灭三道断。如是三道离我我所，但有生灭犹如束芦。

又无明缘行者是随顺无所有观，无明灭行灭者是随顺尽灭观，余亦如是。

（又云：“《十地论》、《经》顺观云，是随顺有者，显无性缘有故不能不有。二经虽殊，同明缘生。逆欢方云无所有尽。”但晋译同唐。）如是观诸缘起，知无我、人、寿命，自性空，无作、受者，即得空解脱门。观诸有支，皆自性灭，毕竟解脱，无有少法相生，即得无相解脱门。如是入空无相已，无愿求，唯除大悲教化，即得无愿解脱门。又为圆满菩提分法故作是念，一切有为有和合则转，无和合不转，如是知多过患，当断此和合因缘，然为成就众生故。亦不毕竟灭于诸行。如是观察有为多过患，无自性，不生不灭，而恒起大悲，即得般若度。虽修习菩提分因缘，而不住有为中，虽观有为法自性寂灭，亦不住寂灭中，以菩提分法未圆满故。

观诸因缘实义空，不坏假名和合用，无作无受无思念，诸行如云遍兴起。了达三界依心有，十二因缘亦复然，生死皆由心所作，心若灭者生死尽。”（《疏钞》卷三十七之二云：“既云心灭则生死尽，故知不可唯约真心，以真妄和合是说依心，即真之妄既灭，即妄之真不无，故《起信》云：但心相灭非心体灭。《楞伽》云：若心体灭则本识灭，本识灭者不异外道断见戏论。”）

※（无生法忍）

卷三十八云：“入一切法本来无生、无起、无相、无成坏，尽转无性为性，三际平等，无分别如如智之所入处，离一切心意识分别想，无所取著，犹如虚空，入一切法如虚空性，是名得无生法忍。成就此忍即入不动地。（《疏钞》卷三十八之一云：“无性为性，斯则非有非无，以显中道，此二亦不二。又此理亦非所观事外。故论云：所有观法无我，理无二相故，斯则非即非离无二为中道义。”）※（又《疏钞》卷六十三引《般舟三昧经》云：“心自见心是佛，心是我心见佛，心不自知心，心不自见心，心有想为痴，无想即泥洹。是法无可示者，皆念所为，设有念亦了无所有空耳。”）（又云：“入一切法如虚空性者，此则入于《起信》离念相者，等虚空界，无所不遍，法界一相，《钞》、《论》云，所谓觉者，谓心体离念。离念相者，等虚空界无所不遍，法界一相。即是如来平等法身，依此法身说名本觉，今入虚空即入法身本觉。”）此诸法法性若佛出世若不出世常住不异，诸佛不以得此法故名为如来，一切二乘亦能得此无分别法。……此菩萨知法身平等相，不坏相，随时随俗假名差别相，众生非众生法差别相，佛法圣僧法差别相，知虚空身无量相，周遍相，无形相，无异相，无边相，显现色身相。”

又卷三十八云：“于一毛端微尘佛，于中安住说妙法，一毛孔内无量刹，各有四洲及大海，须弥铁围亦复燃。悉在其中无迫隘，一毛端处有六趣，各随自业受果报。刹中种种众生身，身中复有种种刹。人天诸趣各各异，佛悉知已为说法。大刹随念变为小，小刹随念亦变大。如是神通无有量，世间共说不能尽。”

※（第十地观行）

卷三十九云：“所作利益众生事，皆依法性而得有，相与无相无差别，入于究竟皆无相。若有欲得如来智，应离一切妄分别，有无通达皆平等，疾作人天大导师。菩萨住法云地，如实知三界集、法界集、有无为界集、众生界集、虚空界集、涅槃界集、二乘行集、菩萨行集、如来力无畏色身法身集、一切种一切智智集、示得菩提转法轮集，如实知众生业、烦恼、诸见、世界、法界、三乘、如来、一切分别无分别化。

菩萨十地因佛智故而有差别，如十宝山王同在大海差别得名，十地亦尔，同在一切智中差别得名。”

又卷三十九云：“又知诸佛所有入劫智，所谓一劫入阿僧祇劫。阿僧祇劫入一劫，一念入劫，劫入一念。劫入非劫，非劫入劫。有佛劫入无佛劫，无佛劫入有佛劫。过去未来劫入现在劫，现在劫入过去未来劫。长劫入短劫，短劫入长劫。”

※（以上第六会要义）

（十九）《十定品记》

※（刹那际三昧）

卷四十云：“尔时世尊始成正觉，入刹那际诸佛三昧，以一切智自神通力现如来身，清净无碍，无所依止，无有攀缘，恒住一相，所谓无相。

※（普贤菩萨）

普贤菩萨住处甚深，不可说故。普贤菩萨得无边智慧门，入师子奋迅定，得无上自在用，入清净无碍际，生如来十种力，以法界藏为身，于一念顷悉能证入三世诸佛无差别智，是故汝等不能见耳。普眼，颇有人能说幻术文字中种种幻相所住处不？不也，幻中幻相尚不可说，何况普贤秘密身语意境界而于其中能入能见。举要言之，普贤以金刚慧普入法界，于一切世界无所行，无所住，知一切众生身皆即非身，无去无来，得无断尽无差别自在神通，无依无作，无有动转，至于法界究竟边际。汝等应专至观察十方，想普贤身现在其前，如是思维周遍法界，深心信解，厌离一切，誓与普贤同一行，愿入于不二真实之法，其身普现一切世间，悉知众生诸根差别，遍一切处集普贤道。若能发如是大愿，则当得见普贤。普眼白佛曰：普贤是住大威德、无等、无过、不退、平等、不坏、一切差别法、一切无差别法、一切众生善巧心所住、一切法自在解脱三昧者。

※（心法如幻等）

菩萨能深了达心法如幻，一切世间如梦，一切佛兴如影像，一世界如变化，言语音声如响，见如实法，以如实法而为其身，知一切法本性清净，了知身心无有实体。

※（普光三昧）

住普光大三昧观察法身，见诸世间普入其身，于中明见一切世间及世间法，于诸世间及世间法皆无所著。

※（妙光三昧）

此菩萨能入大千世界微尘数大千世界，是诸世界亦悉来入菩萨之身，然诸世界无有杂乱，种种诸法亦不坏灭，譬如日出照七宝山，其七宝山及宝山间皆有光影，分明显现，其宝山上所有日影，莫不显现山间影中，山间影亦悉影现山上影中。如是展转更相影现，但此日影体性非有，亦复非无，不住于山，不离于山，不住于水，亦不离水。菩萨亦尔，住此三昧不坏世间安立之相，不灭世间诸法自性，不住世界内外，于诸世界无所分别，亦不坏于世界之相，观一切法一相无相，亦不坏于诸法自性，住真如性，恒不舍离。（《疏钞》卷四十云：“事理双游故不坏不住，若不坏不住，则住真如，恒不舍离。既即事不舍故，相随性而融通，如无不在故，同真如而内外互入。”）又如幻师不以示现经年岁故，坏其根本一日一时，不以本时极短促故，坏其所现日月年岁，幻相明现，本日不灭。菩萨亦尔，入此三昧现阿僧祇世界入一世界，不以彼世界多故坏此一世界，不以此世界一故坏彼多世界。何以故？菩萨知一切无我从缘生，平等本性寂静一相故。菩萨如是能以阿僧祇世界入一世界，然不舍此处而见在彼，不舍彼处而见在此。彼身此身无有差别，入法界故。菩萨了知一切世法同于幻化，知法幻故知智幻，知智幻故知业幻，知智业幻已，起于幻智，观一切业，如世幻者不于处外而现其幻，亦不于幻外而有其处。菩萨亦尔，不于虚空外入世间，不于世间外入虚空。何以故？虚空世间无差别故。菩萨知诸世间皆如幻，心不计我能入于法，亦不于法而有错乱，于一切处皆无所著无有我所。”

※（神通三昧）

卷四十一云：“于微尘数世界中入此三昧，或刹那入或不可说劫入，于彼不生分别心，无染著，不作二不二，不作普别，虽离此分别而以神通方便从三昧起，于一切法不忘不失至于究竟。

※（清净深心行三昧）

于一念顷，一切佛所勤求妙法，然于诸佛出世入灭皆无所得，如日中阳焰，不从云生，不从池生，不处于陆，不住于水，非有无善恶、清浊、有体无体、有味无味，以因缘故而现水相，为识所了，远望似水而兴水想，近之则无，水想自灭。此菩萨亦尔，不得如来出世入灭相，诸佛有无相皆是想心之所分别。

※（知过去三昧）

入知过去庄严藏三昧，不灭现在不缘过去。

※（智光三昧）

此大三昧体性平等，无有分别，能令菩萨知不可说百千亿那由他差别之相。如是了知时，令诸众生得十种不空，谓见不空令众生生善根故等。

※（知一切世界佛庄严三昧）

住此三昧见诸佛出世乃至众会充满不可说佛刹微尘数佛刹，亦见自身普入真如，普入诸法，如是见时，不分别国土众生佛法，不执著身业心意，譬如诸法不分别自性音声，而自性不舍，名字不灭。菩萨亦尔，不舍于行，随世所作，而于此二无所执著。菩萨住此三昧，见于佛身而于如来身不增不减，譬如虚空于虫所食芥孔中不减小，于无数世界中亦不增广。此菩萨复得十法印，谓了达法界无碍境界，所行无碍，永绝二行等。”

※（一切众生差别身三昧）

卷四十二云：“住此三昧于一切刹方劫法等十无所著，于此三昧，内身入、外身起、外身入、内身起，乃至真如入言说起、言说入真如起。住此三昧得十光明，所谓得无差别光明，知一切法无种种性故。得方便光明，于一切法离欲际而证入故。得真实光明，于一切法离欲际心平等故等。又得十无所作，谓三业神通无所作，了法无性，知业不坏无差别智，无生起智，知法无灭、随顺于文、不坏于义、无所作。

※（法界自在三昧）

住此三昧，于自身一一毛孔中悉见不可说佛刹微尘数如来及道场众会，其诸众会亦无迫隘。何以故？以微妙心入无边法界故，入无等差别业果故，入不思议三昧境界故，入一切佛自在境界故，入普贤行圆满境界故。此菩萨虽能于定一念入出，而亦不废长时在定，亦无所著。虽于境界无所依住而亦不舍一切所缘，虽等入法界而不得其边，虽无所住无有处所而恒趣入一切智道，虽深知一切法而离法想。”

※（无碍轮三昧）

卷四十三云：“此菩萨发大誓愿利益一切众生，普照世间入于无边幻化法门无疲无厌，譬如涅槃，三世无量众生，于中灭度终无厌倦。何以故？一切诸法本性清净是谓涅槃，云何于中而有厌倦。又如萨婆若，能令三世一切菩萨成无上菩提终无疲厌。何以故？一切智于法界无二故，于一切法无所著故。菩萨住此三昧神通无量，悉知如幻而不染著，安住无边不可说法自性清净法界，实相如来种性无碍际中，无去来，非先后，甚深无底，现量所得，以智自入，不由他悟，心不迷乱，亦无分别，从本已来，无有动作，三业无边，虽随世俗演说无量文字而恒不坏离文字法，知一切法但有假名，了一切法空无所有，所修诸行从法界生，知心如幻，出生一切，诸法境界，周遍无尽。”

（二十）《十通品记》

※（庄严智通）

卷四十四云：“以庄严智，通知一切法，远离色相、无差别相、无种种相、无无量相、无分别相、无青黄赤白相，如是入于法界能现其身作种种色。（《疏钞》卷四十四之一云：“初知无色以色即空故，次明能现色以空即色故，意明即色之空非绝色之真（疑断）空，故不碍现色。又非定实则显非常，非断非常即真法界。又此亦含法界观意即第一真空绝相观。彼有四门：一会色归空观即此初；二明空即色观即此次；三空色无碍观；四泯绝无寄观。初三门明存亡隐显皆自在，第四明此所观真空。不可言即色不即色、即空不即空，一切法皆不可此语亦不受，回绝无寄，非言所及，非解所到，是谓行境。何以故？以生心动念即乖法体，失正念故。”慧按此义颇要。）

※（一切法智通）

以一切法智通，知一切法无名字、种性、来去，非异不异、种种不种种、二不二，无我无比、不生不灭、不动不坏、无实无虚、一相无相、非无非有、非法非非法、不随俗，非不随俗、非业非非业、报非报、有无为、第一不第一义、道非道、出不出离、量无量、世出世间、从不从因生、决不决定、成不成就、出不出、分不分别、如不如理，此菩萨不取世俗谛，不住第一义，不分别诸法，不建立文字，随顺寂灭性，不舍一切愿。”

（二十一）《十忍品记》

※（无生法忍）

（又颂云：“此忍最为上，了法无有尽，入于真法界，实亦无所入。”）

又云：“云何无生法忍？不见有少法生，亦不见有少法灭。何以故？若无生则无灭，若无灭则无尽、无差别、无处所、寂静离欲、无作愿、住去来。

※（如幻忍）

云何如幻忍？知一切法皆悉如幻，从因缘起，于一法中解多法，于多法中解一法，知法如幻，已了达国土众生法界，了达世间佛出现三世平等，成就神通，如幻非象非马、非男非女、非一异多少、非是一切种种众物，种种非幻，幻非种种、然由幻故亦现种种差别之事。菩萨亦如是观一切世间如幻，不见众生国土等生灭，不见过去可分别、未来有起作、现在一念住，不见佛出现、佛涅槃、住大愿、入正位，不出平等性。

※（如焰忍）

云何如焰忍？知一切世间同于阳焰，无方所、非内外、有无、断常，一色、种种色，亦非无色，但随世间言说显示。

※（如梦忍）

云何如梦忍？知一切世间如梦，非世间非离世间、非三界、非生非没、非染非净而有示现。※又颂云：“梦不在世间，不在非世间，此二不分别，得入于忍地。”又颂云：“世法皆如梦，非处非无处，体性恒寂灭，诸法无分别，如梦不异心。”

※（如响忍）

云何如响忍？知一切音声悉同于响，无来无去，如是示现，观如来声不从内外，内外出而能示现名句，如谷响从缘起而与法性无有相违，令众生随类得解。又颂云：“善了诸音声，于声不分别，知声悉空寂，了法不在言，善入无言际。”

※（如影忍）

云何如影忍？此菩萨非于世间生没、非在世间内外、非行不行世间、非同异于世间、非往不往世间、非住不住世间、非世出世间，非修菩萨行、非舍于大愿、非实非不实，虽行一切佛法而能办一切世间事，不随世间流，亦不住法流。譬如日月等物于清净物中而现其影，影与净物非一异离合，于川流中不漂度，于池井内不沉没，虽现其中无所染著。菩萨亦尔，知自他身一切皆是智之境界，不作二解，谓自他别，而于自他国土各各差别，一时普现，令众生见同世间坚实之相，然此差别即非差别，别与不别无所障碍。又颂云："了法无有二，无二亦无著。"

※（如化忍）

（又颂云："世间悉如化，毕竟住寂灭，化法离分别，亦不分别法，此二俱寂灭，菩萨行如是。化海了于智，化性印世间，化非生灭法，智慧亦如是。"）

云何如化忍？知一切众生意业化觉想所起故，一切世间诸行化，分别所起故；一切烦恼分别化，想念所起故；清净调伏化，无分别所现故；于三世不转化，无生平等故；如是了知非妄见能动随世所行亦不失坏。如化不从心心法生，不从业起，不受果报，非有无量凡圣生死，乃至非有非无。

※（如空忍）

云何如空忍？了一切法界如虚空以无相故；一切世界……以无起故；一切法……以无二故；一切众生行……无所行故；一切佛如……无分别故；一切佛力……无差别故；一切禅定……三际平等故；所说一切法……不可言说故；一切佛身……无著碍故。譬如虚空无生无灭能持一切世间生灭，菩萨亦尔，无向无得能示向、得。譬如虚空非净秽不离净秽，菩萨亦尔，非障非无障不离障无障。譬如虚空普入一切而无边际，菩萨亦尔，普入诸法而心无边际。"又颂云："境界如虚空，不作空分别，虚空无体性，亦复非断灭，亦无种种别，智力亦如是。"

（二十二）《阿僧祇品记》

※（不可说）

卷四十五云："不可言说诸佛刹，皆悉碎末为微尘，一尘中刹不可说，如一一切皆如是。此不可说诸佛刹，一念碎尘不可说，念念所碎悉亦然，尽不可说劫恒尔。此尘有刹不可说，此刹为尘说更难，以不可说算数法，法不可说劫如是数。以此诸尘数诸劫，一尘十万不可说，尔劫称赞一普贤，无能尽其功德量。于一微细毛端处，有不可说诸普贤，一切毛端悉亦尔，如是乃至遍法界。彼一毛端所有刹，其数无量不可说，尽虚空量诸毛端，一一处刹悉如是。于彼一一毛端处，演不可说诸佛名，一一名有诸如来，皆不可说不可说。一一诸佛于身上，现不可说诸毛孔，一一放光不可说，乃至于光明中现，莲花日月师子座，如须弥妙宝佛说法，调伏众生皆不可说，或复于一毛端处不可说劫常安住，如一毛端余悉然，所住劫数皆如是。以一国土碎为尘，尘数刹集一毛端，无迫毛端复无增，国土如本无杂乱。于一微细毛孔中，不可说刹次第入，毛孔能受彼诸刹，诸刹不能遍毛孔。（《疏钞》云：“毛约不离法性如理而包，刹约不即法性不遍毛孔。”）又无生法忍不可说，住寂静地不可说，甚深境界不可说，究竟智慧不可说，智慧平等不可说，于法无碍不可说，诸佛菩提不可说，入净法界不可说，入于毛孔不可说，毛孔因缘不可说，于法非行非不行，入诸境界不可说，通达一实不可说。”

（二十三）《佛不思议法品记》

※（佛果德体用）

卷四十六云：“诸佛有无量住，所谓住不可说甚深法界，住能开示无有障碍究竟之法等。诸佛有十种法普遍无量无边法界，所谓有无边际身色相清净普入诸趣而无染著等。（《疏钞》云：“无量是事法界，无边是理。”）又有十念，念出生智，所谓于一念中悉能示现无量世界，三世诸佛，种种根性，精进行解，于三世中成等正觉等。又有十无比不思议境界，所谓于一身中现示一切身，于一处中示现一切世界，于一念中遍往十方世界等。又能出生十智，所谓知一切法无所趣向而能出生回向愿智，知一切法皆无有身而能出生清净身智，知一切法本来无二而能出生能觉悟智等。又有十普入法，所谓有净妙身普入三世具足无所碍心，普能安住一切法界具足无碍智慧，一念普立三世劫数等。又有十难信受广大法，所谓于一微尘中示现众刹，而微尘不大，世界不小，常以证智安住法界等。又有十大功德离过清净，所谓尽未来际，心无所住离过清净，知种种性皆是一性，无所从来离过清净等。又有十究竟清净，所谓一切智智无有障碍究竟清净等。又有十无尽智海法，所谓无边法身无尽智海法，无量佛身无尽智海法等。（《疏钞》云：“无尽智海者，即如来六根三业皆智慧深广相应故。”）又有十常法，所谓常正念不二之法，常示入无余涅槃诸佛境界无边际故等。又有十为众生作佛事，所谓寂寞无言为众生作佛事等。又有十无障碍住，所谓能于一切世界，行住坐卧无障碍住等。又有十最胜无上庄严，所谓皆有法身清净，无碍于一切法究竟通达，住于法界无有边际，虽在世间不与世杂，了世实性行出世法，言语道断超蕴界处，是为最胜无上法身庄严等。又有十自在法，所谓佛身毛孔一一能容一切众生，一一众生其身悉与不可说诸佛刹等而无迫隘，一一众生步步能过无数世界，如是展转尽无数劫，悉见诸佛出现于世教化众生，而于其中无所障碍；又于一念顷现一切世界微尘数佛，如于一念如是，于无量无边阿僧祇劫，一切念中一念一切，现一念无量住，而未曾用少方便力等。又有十善巧方便：（一）所谓知诸法皆离戏论，而能开示诸佛善根；（二）知一切法悉无所见，各不相知，无缚、解、受、集、无成就，自在究竟到于彼岸，然于诸法真实而知不异不别，而得自在、无我无受、不坏实际，已得至大自在地，常能观察一切法界。（三）虽知一切相皆无自性，而如其体性悉能善入。（四）五住于法界不住三世，如如性中无三世相故，而能演说三世诸佛出现世间。（五）三业无所造作，无来无去，亦无有住，离诸数法，到于一切诸法彼岸，而了达种种世出世法，调伏一切众生。（六）知一切法不可见，非一非异，非量，非无量，非来，非去，皆无自性，亦不违于世间诸法，一切智者，无自性中见一切法，于法自在，广说诸法，而常安住，真如实性。（七）住净法界，知一切法本无名字，何以故？诸法体性不可说故，一切诸法无方处，不可集、散、一、多说，音声莫逮，言语悉断，虽随世俗言说，无所攀缘造作，远离一切虚妄想著，如是究竟到于彼岸。（九）知一切法本性寂静，非蕴处界，然亦不坏一切诸法，本性无起如虚空故。一切诸法皆悉空寂，无业果、修习、非数、不数、有无、生灭、因缘、非因缘等，而能了知三聚等等。”

卷四十七云：“又有十广大佛事，所谓于尽虚空遍法界一切世界兜率天，皆现受生，修菩萨行等，从兜率天降，观受生法如幻化等，随乐而受无量无碍，入无诤法，起无著智，离欲清静，成就广大妙庄严藏而作佛事等。又有十无二行自在法，所谓知三世一切刹那即一刹那，决定无二；三世一切佛刹入一佛刹，决定无二，三世一切诸佛与其所化众生体性平等，决定无二；知世法及诸佛法性无差别，决定无二等。又有十知一切法尽无有余。又有十大那罗延幢勇健法，所谓三世诸佛同一体性，无浊翳、我我所，非内外，了境空寂，不生妄想，无所依作，不住诸相，永断分别，本性清净，舍离一切攀缘忆想，于一切法常无违诤，住于实际，离欲清净，入真法界，演说无尽，皆与实相不相违背，离量、非量所有妄想，绝为、无为一切言说等。又有十无量不可思议佛三昧，所谓恒在正定，于一念中遍一切处，普为众生说法等。”

(二十四)《如来随好光明功德品记》

※(真实忏悔)

卷四十八云：“一切诸佛自说是佛，不著于我、我所，如音声不从四维上下来，业报成佛亦复如是，非十方来。如地狱、身，非十方来。但由颠倒恶业，愚痴缠缚，生地狱身，此无根本、无有来处。（《疏》云：“恶业善根，是来因缘，若不从缘，则有定性，不得无来，因缘无性故，来即无来，非先有法，在十方中，从彼来也。”）如天鼓，非男非女，而能出生无量无边不思议事；如天鼓不生不灭，五蕴亦尔。若能于此悟解，则入无依印三昧。（《疏》云：“能所双绝，傥然靡据，故曰无依，以此智印，印定万法，不收不摄，任心自安，故曰三昧。”）如天鼓非眼所见而能出声；菩萨入离垢三昧亦尔，非眼所见，而能处处示现受生，离分别、除骄慢、无染著。如天鼓声不生不灭，造恶诸天不闻余声，唯闻以地狱觉悟之声；一切诸业亦尔，非生非灭，随有修集则受其报。如天鼓所出音声，于无量劫不可穷尽，无有间断，若来若去皆不可得。若来若去则有断常，一切诸佛终不演说有断常法，除为方便成熟众生。如彼镜像不可得言来入镜中，从镜去，一切诸业亦复如是，虽能出生诸业果报，无来去处。譬如幻师幻惑人眼，当知诸业亦尔。若如是知真实忏悔，一切罪恶悉清净。”

（二十五）《普贤行品记》

※（十普入）

卷四十九云：“具足十广大智已，则得入十普入，所谓一切世界入一毛道，一毛道入一切世界；一切众生身入一身，一身入一切众生身；不可说劫入一念，一念入不可说劫；一切佛法入一法，一法入一切佛法；不可说处入一处，一处入不可说处等。（《疏》云：“事随理融，本来即入，智了法尔，无境不通，故身心皆入。”）

※（十胜妙心）

如是观察已，则住十胜妙心，所谓住一切世界语言、非语言胜妙心，住一切众生想念无所依止，……住究竟虚空界，……住无边法界，……住甚深无差别法……等。

※（佛法如幻化、无二非二等）

知诸世界化，刹化众生化，法化诸佛化，一切皆究竟。一切微广刹，皆由业所起，其名号无量，说之不可尽。何况最胜智，三世诸佛法，从于法界生，充满如来地。清净无碍念，无边无碍慧，分别说法界，得至于彼岸。世间种种别，皆由于想住，入佛方便智，于此悉明了。了达诸世间。假名无有实，众生及世界，如梦如光影。于诸世间法，不生分别见，善离分别者，亦不见分别。无数劫一念，知念亦无念。无量诸国土，一念悉超越，经于无量劫，不动于本处。心住于世间，世间住于心，于此不妄起，二非二分别。众生世界劫，诸佛及佛法，一切如幻化，法界悉平等。示现知从缘，究竟无所著。依于无二智，出现人师子，不著无二法，知无二非二。

※（法身藏、从想生等）

如来法身藏，普入世间中，而于世无著。譬如净水影，无去亦无来，法身遍世间亦尔。离著身世皆清净，如空一切无有生。身无有尽无生灭，非常无常示世间。有量无量悉妄想，达一切趣者不著。不住实际不入灭，遍于世间悟群生。不可说诸心，非一二染净，亦复无杂乱，皆从自想起。过去中未来，未来中现在，三世互相见，一一皆明了。如是无量种，开悟诸世间，一切智方便，边际不可得。”

（二十六）《如来出现品记》

※（如来出现诸相）

卷五十云：“如大千世界非以一缘一事而得成就，如来出现亦复如是，所谓曾于过去佛所听闻受持大法云雨等。法性如是无有生者、作者、知者、成者，然彼世界而得成就。（《疏》云：“此法性言通于性相，无有生下别显性空，亦遮冥性等妄计，虽能所空，不碍相有，故云而得成就。”慧按此立缘生义。）佛子是为如来出现第一相。又如众生以业力故，大云降雨，来无从，去无至，如来亦尔，以菩萨善根力故，兴大法云，雨大法雨，亦无来去，是为如来出现第三相。以诸佛威德力故，令诸众生具佛功德，而佛如来无有分别，无成无坏，无有作者，亦无作法，是为如来出现第八相。大慈大悲，依大方便善巧，大方便善巧依如来出现，如来出现依无碍慧光明，无碍慧光明无有所依，是为如来出现第九相。知如来出现，则知无知成就无量行故，则知广大知遍十方故，则知无来去；知离生住灭故，则知无行、无所行；知离心意识故，则知无身；知如虚空故，则知平等；知一切众生皆无我故，则知无尽；知遍一切刹无有尽故，则知无退；知尽后际无断绝故，则知无坏；知如来智无有对故，则知无二；知平等观察为无为故。或有能于刹那顷，悉知三世众生心，设经众生数等劫，不能知佛一念性。譬如法界遍一切，不可见取为一切；十力境界亦复然，遍于一切非一切。真如离妄恒寂静，无生无灭普周遍；诸佛境界亦复然，体性平等不增减。譬如实际非实际，普在三世亦非普；导师境界亦如是，遍于三世皆无碍。法性无作无变异，犹如虚空本清净；诸佛性净亦如是，本性非性离有无。法性不在于言论，无说离说恒寂灭；十力境界性亦然，一切文辞莫能辩。了知诸法性寂灭，如鸟飞空无有迹，以本愿力现色身，今见如来大神变。若有欲知佛境界，当净其意如虚空，远离妄想及诸取，令心所向皆无碍。（《疏》云：“净意如空总以喻显，一离妄取如净空无翳故即真止，二触境无滞如净空无障碍即真观，此观不作意以照境，则所照无涯。此止体性离而息妄故诸取皆寂，若斯则不拂不莹而自净矣，无净之净则暗蹈佛境矣。此为心要，后学宜思行。”）

※（如来身相—身业）

应于一切处见如来身，如虚空遍至一切色非色处非至非不至。何以故？如来身无身故，为众生故，示现其身，是如来身第一相。以智光明令一切众生善根成就，而如来身无有分别亦无戏论。何以故？从本以来，一切执著、一切戏论皆永断故，是如来身第二相。……以其心无量遍十方故，所行无碍如虚空故，普入法界故，住真空际故，无生无灭故，等住三世故，永离一切分别故。”

※（如来音声相一语业）

卷五十一云：“如来音声无生灭如呼响故。无主修一切业所起故，甚深难可度量故，无邪曲法界所生故，无断绝普入法界故，无变异至于究竟故。佛子，应知如来音声非量无量、主无主、示无示，无有分别，非入非出，但从如来功德法力出，是如来音声第一相。如来音声无形状、不可见，非有、无方所，但随众生欲解缘出，其性究竟，无言无示，不可宣说，是第二相。（《疏钞》云：“用即体故有而即虚，不尔非但失于一音，亦不得圆融自在。体即用故，寂而恒宣，随缘自在。名如来圆音妙音，非心识思量境界。”）……佛子，如来音声有十无量，所谓如虚空界无量，至一切处故；如法界无量，无所不遍故；如众生界无量，令一切心喜故等。

※（如来心相一意业）

如来心意识俱不可得，但应以智无量故，知如来心。如虚空为一切物所依，而虚空无所依。如来智亦尔，为一切世出世间所依，而如来智无所依。是如来心第一相。如法界常出一切乘解脱，而法界无增减。如来智亦尔，恒出一切世出世间智，而如来智无增减，是如来心第二相。佛智海水流入一切众生心中，若众生修习法门，则得智慧清净明了，而如来智平等无二，无有分别，但随众生心行异故，所得智慧各各不同，是如来心第三相。……佛子，如来智慧无处不至，何以故？无一众生而不具有如来智慧。（《疏钞》云：“凡夫因中果智，即他佛之果智，以圆教宗自他因果无二体故。不尔。此中举喻以辨佛智，忽引众生有佛智者，何名为说诸佛心耶？明知是说众生心为佛矣，非华严宗无斯理。”）但以妄想颠倒执著而不证得，若离妄想，一切智、自然智、无碍智则得现前。”

※（如来境界）

卷五十二云：“以无障碍慧，知一切世间境界、三世…刹…法…众生…真如无差别…法界无障碍…实际无边际…虚空无分量…无境界…是如来境界。一切世间……乃至无境界……无量如来境界亦尔。无境界……一切处无有如来境界亦尔。心…是如来…如心…无量边缚脱如来…亦尔。何以故？以如是如是思维分别，如是如是无量显现故。不从内外出，悉无来处，皆从如来大愿生起。若有净心则现身，量等法界入毛孔。如水一味等无别，于中生者各蒙利。

※（如来行）

无碍行、真如行是如来行，如真如前际不生、后际不动、现在不起，如来行亦尔。法界非量真如行是如来行无量无形故，如来行亦尔。设经百千亿那由他劫分别演说、已说、未说皆不可量，以如来行无边际故。如来住无碍行，无有住处而能普为一切众生示现所行，不生分别我从彼来而向彼去。

※（如来正觉）

如来成正觉于一切义无所观察，于法平等无所疑惑，无二无相，无行无止，无量无际，远离二边，住于中道，出过一切文字言说，于一念中悉知三世一切诸法，普现一切众生心念、根性乐欲而无所现，故名佛菩提。佛子，成正觉时，于其身中普见一切众生成正觉入涅槃，得一切众生量等一切法……一切刹……一切三世……一切佛……一切语言……真如……法界……虚空界……无碍界……一切愿……一切行……寂灭涅槃……身，皆同一性，所谓无性。无何等性？所谓无相、尽、生、灭、我、非我、众生、非众生、菩提、法界、虚空、成正觉性。知一切法皆无性故，得一切智，大悲相续，度众生。菩提无相、无非相，无一、无种种。若成正觉、不成正觉常无增减。佛子，应知成等正觉同于菩提，一相无相。

如来成正觉时，以一相方便于一成正觉广大身，现一切众生数等身住于身中，是故应知如来所现身无有量，以无量故，说如来身为无量界、等众生界。又应知如来身一毛孔中，有一切众生数等诸佛身。何以故？如来成正觉身究竟无生灭故。如一毛孔遍法界，一切毛孔悉尔，当知无有少许处空无佛身。何以故？如来成正觉无处不至故。又应知自心念念常有佛成正觉，以如来不离此心成正觉故。如自心，一切众生亦尔。

※（如来转法轮）

如来以心自在力无起无转而转法轮，知一切法恒无起故；以三种转断所应断而转法轮，知一切法离边见故；离欲际、非际而转法轮，入一切法虚空际故；无有言说而转法轮，知一切法不可说故；究竟寂灭而转法轮，知一切法涅槃性故；以一切文字、言语而转法轮，如来音声无处不至故；知声如响而转法轮，了法实性故；于一音中出一切音而转法轮，毕竟无主故；无遗无尽而转法轮，内外无著故。如来法轮悉入一切语言文字而无所住。一切众生语言皆悉不离如来法轮，言音实相即法轮故。如来随一切众生心行欲乐，出若干音声而转法轮。

※（如来涅槃）

欲知如来大涅槃，当了根本自性。如真如、实际、法界、虚空、法性、离欲、无相际、我性际、一切法性际、真如际、涅槃，如来涅槃亦尔。何以故？涅槃无生无出故，则无有灭。如来不为菩萨说诸如来究竟涅槃，亦不为彼示现其事。何以故？为欲令见一切如来常住其前，于一念中见过、未一切佛色相圆满，皆如现在，亦不起二、不二想，何以故？菩萨永离一切想著故。佛子，如来为令众生生欣乐故，示出世令众生生恋慕故，示涅槃；而实如来无出世涅槃！何以故？如来常住清净法界，随众生心示现涅槃。如来智日普现法界，无前无后，一切众生净心器中，佛无不现，心器常净，常见佛身，若心浊器破，则不得见。

※（如来秘密处）

如来以一切譬喻说种种事，无有譬喻能说此法。何以故？心智路绝，不思议故，诸佛菩萨但随众生心，令其欢喜，为说譬喻，非是究竟。此法门名如来秘密之处，名一切世间所不能知，名入如来印等。此法门如来不为余众生说，唯为趣向大乘菩萨说。菩萨闻此法已，则能以大观察知三世诸佛同一体性，以善根回向智普入如是法，不入而入，不于一法而有攀缘，恒以一法观一切法。”

※（以上第七会要义）

（二十七）《离世间品记》

※（十佛又考五八十种见佛）

卷五十三云：“说十种佛，所谓成正觉佛，愿佛，业报佛，住持佛，涅槃佛，法界佛，心佛，三昧佛，本性佛，随乐佛。

※（十智随觉）

又有十智随觉，所谓一切诸法一入种种、种种入一智随觉，一切世界入过去世…一切世界入未来世…一切世界入现在世…等。

※（十证知）

又有十证知，所谓知一切法一相、无量相、在一念、一切众生心行无碍、诸根平等等。

※（十平等）

又有十平等，所谓一切众生法、刹、深心、善根、菩萨、愿、度、行、佛平等等。

※（十实义句）

又有十佛法实义句，所谓一切法但有名、如幻、如影、但缘起、业清净，但文字所作、实际、无相、第一义、法界。

※（十出生智慧）

又有十出生智慧，所谓知一切众生解出生智慧，知一切法一性、种种性、广大性出生智慧，知一切世间颠倒妄想悉无所著……知一切法究竟皆以一道出离，……知一切众生佛种不断……等。”

※（十深入佛法）

卷五十四云：“有十深入佛法，所谓知诸法皆无分别而说种种法，悉入法界无所入故，如其法说无所取著等。

※（十无疑心）

又有十无疑心，所谓知一切法皆是佛法，一切法莫不皆是出世间法，远离一切妄想颠倒等。

※（十不可思议）

又有十不可思议，所谓知一切法无相是相、相是无相、无分别是分别、分别是无分别、非有是有、有是非有、无作是作、作是无作、非说是说、说是非说。知心与菩提等、知菩提与心等、心及菩提与众生等，亦不生心、想、见颠倒。知佛法即世间法、世间法即佛法，而不于佛法中分别世间法，世间法中分别佛法；一切诸法悉入法界，无所入故；知一切法皆无二，无变易；故于念念中入灭尽定，尽一切漏而不证实际，亦不尽有漏善根等。

※（十明）

又有十明，所谓知一切众生境界、寂灭清净、无诸戏论、善巧智明，知一切众种种所缘唯是一相皆不可得，一切诸法皆如金刚善……知一切众生本无有生，了达受生不可得故，而知因、缘、生、灭等，随应教化，是名缘起善巧智明等。

※（十无等住）

又有十无等住，所谓知三界唯心，三世唯心，而了知其心无量无边等。”

※（十无下劣心）

卷五十五云：“三世一切诸佛、佛法、众生、国土、涅槃界等，以一念相应慧，悉知悉觉悉断悉证，然于其中无分别、离分别、非有非无、非一非二，以不二智知一切二，以无分别智知一切分别，以无众生智知一切众生，以究竟法界智于一切世界现身，以一自性智人于无自性等。

※（十如海智）

又有十如海智，所谓善入法界无碍、入不断、入不常、入无量、入不生不灭、入一切、入悉了知故等。

※（十如宝住）

又有十如宝住，所谓知从一法出一切法，而能各各分别演说，以一切法种种义究竟皆是一义，故知一切法皆同一性，所谓无性……而决定了知此是佛法、此是凡夫法，知一切诸法三世平等、如如不动、实际无住，不见一众生已、今、当受化，亦自了知无所修行，无有少法生灭可得，而依于一切法，令所愿不空等。

※（十如金刚心）

又有十如金刚心，所谓解如来身非实非虚、非有非无、非性无性、色非色、相无相，生灭实无所有，亦不坏有，何以故？不可以一切性相而取著故等。”

※（十众生无碍用）

卷五十六云：“有十众生无碍用，所谓知一切众生无众生无碍用，知一切众生但想所持无碍用，置一切众生于一毛孔中不迫隘无碍用等。

※（十国土无碍用等）

又有十国土无碍用，所谓一切刹作一刹，入一毛孔无碍用，一身结跏坐充满一切刹…等。又有十境界无碍用，所谓在佛境界不舍魔境界，在涅槃境界不舍生死境界……等。又有十法无碍用，所谓一切法入一法，一法入一切法，而不违众生心解……等。又有十身……，所谓以一切众生身入己身，以己身入一切众生身……等。（又有十愿、十智、十神通、十神力、十力…应知。）

※（十游戏）

又有十游戏，所谓以众生身作刹身，而亦不坏众生身；于涅槃界示现生死身而不著生死等。

※（十无畏）

又有十无畏，所谓知一切法空，离我、我所，不见诸法有少性相，以不见故，心得无畏等。又有十不共，所谓住于涅槃而示现生死等，不由他教权实双行不共法等。

※（十决定解）

又有十决定解知众生界，所谓知一切众生界本性无实，一切众生界悉入如来藏，一众生身普入一切众生界等。”

※（十修道）

卷五十七云：“有十无量修道，所谓不来不去修三业无动作故，不增减修如本性故，非有无修无自性故，如幻梦等修离一切执著故，空无相愿修明见三界而集福德不休息故，不可言说无言说离言说修远离施设安立法故，不坏法界修智慧观知一切法故，不坏真如实际修普入真如实际虚空际故等。”

※（十法所摄持）

卷五十八云："有十法所摄持，所谓知不正思惟故，起于无明，无明起故乃至老死起，不正思惟灭故无明灭，无明灭故乃至老死灭，法所摄持等。"

※（示涅槃十义）

卷五十九云："观十义示般涅槃，所谓示一切行实无常故；示一切有为不随心住，不自在故；示一切三有皆如幻化，不坚牢故；示涅槃性究竟坚牢，不可坏故；示一切法无生无起而有聚集、散坏相故；诸佛作佛事已，法应如是入于不变大般涅槃等"（按：该品有二百问二千义答，意多同前录故从略）

※（以上第八会要义）

（二十八）《入法界品记》

※（如来威力不思议）

卷六十云："如来能以一身自在变化遍一切世界故……神力令一切佛及佛国庄严皆入其身故……于一微尘内普现一切法界影像故……一毛孔中示现过去一切诸佛故……随放一一光明悉能遍照一切世界故，如来能于一毛孔中出一切佛刹微尘数变化云充满一切诸佛国土故……一毛孔中普观一切十方世界成、住、坏、劫故。

※（菩萨德行）

十方菩萨知一切众生如幻、佛如影、乃至世界如变化，于虚空法界所行无碍，知一切法无有障碍；知一切有不可得，以方便智入一切法界，以平等智入一切国土，以自在力令一切世界展转相入，于一切世界处处受生，见一切世界种种形相；于微细境现广大刹，于广大境显微细刹；于一佛所一念之顷，得一切佛威神所加，普见十方无所迷惑，于刹那顷悉能往诣。（又有众德如卷六十一说。）

※（无来无住等）

无来亦无住，无依无戏论，离垢心无碍，究竟于法界。知无变化法，而现变化事，同时诣十方，而亦不分身。一切诸佛法，法界悉平等，言说故不同。正觉非有量，亦复非无量。超过语言道。孰有能知见！"

※（念佛境界法门）

（按：《疏》将此下法门判摄十住、十行、十回向、十地等，可考。又按：乃据《探玄记》十八至二十卷说）

卷六十二云："德云比丘言，我唯得忆念诸佛境界智慧光明普见法门。我得自在决定解力，信眼清净，普观境界，离一切障，善巧观察，具清净行，常见十方诸佛。一一方中所有诸佛，色相、神通，随众生心乐，示现种种成正觉门等。岂知菩萨无边智慧清净行门？所谓照耀诸方念佛门，悉见一切世界中，等无差别诸佛海故；入不可见处念佛门，悉见一切微细境中诸佛自在神通事故；住广大念佛门心常观察一一佛身充遍一切法界故；住庄严念佛门，于一念中见一切刹，佛成正觉现神变故等。

※（普眼法门）

海云比丘言，我唯知普眼法门。我常以海为境界，所谓思维大海广深难测不增不减等。尔时，有大莲花从如幻梦法清净业生，无诤法门之所庄严，入无为印，住无碍门，充满十方国土，随顺诸佛甚深境界。彼莲花上有一如来，为我开示一切如来境界，显发一切菩萨行，阐明一切佛妙法，一切法轮悉入其中，能净佛国土、灭魔军、了众生诸根等。如诸佛菩萨行海、大愿海、入一切众生海、入一切刹、佛、法海等，我云何能知能说？尔时，善财深入法漩澓普入法虚空，净治法翳障等。

※（无碍解脱门）

善住比丘言，我唯知普速疾供养诸佛成就众生无碍解脱门，所谓若来去、行止、随顺思维、修习观察，即时获得智慧光明，名究竟无碍。知一切众生心行、宿命等，知三世海流转次第等，无所障碍。以得无住无作神通力故。以此神通力，于虚空中行住坐卧，或现一身，或现多身等自在。或一念中于一切佛土听闻说法。一切众生，若见我形，皆决定得无上菩提。如诸菩萨持大悲戒、清净戒等我不能知。尔时，善财不著有为，思维诸法自性，能严净一切世界，于一切佛会心无所著。”

※（妙音光明法门）

卷六十三云：“弥伽大士言，我唯知妙音陀罗尼光明法门，能知十方世界天人非人语言，如诸菩萨能普入一切众生种种想、名号等海，一切深密法句、究竟法句、所缘中有一切三世所缘法句等海，一切音声庄严轮、一切差别字轮际等我不能知。尔时，善财了知法界种种差别，无依无住，平等无二，自性清净，而普庄严，成就大愿，愿身周遍一切刹网，一切法界普入其身等。

※（如来无碍庄严解脱门）

解脱长者言，我唯于如来无碍庄严解脱门而得入出，随意欲见一切诸佛悉皆即见，然彼如来不来至此，我身亦不往诣于彼。知一切佛及与我心，悉皆如梦等。我如是知所见诸佛皆由自心，当知菩萨修诸佛法、净诸佛刹、调伏众生等悉由自心；应以法善扶助自心。如诸菩萨得不住涅槃际三昧，住诸佛平等境界，十方境界皆悉现前，于其身中现一切世界成坏劫，而于己身及诸世界不生二想等，我不能知。尔时，善财深入彼法门，了达彼不思议差别世界究竟无碍，发起彼不思议大愿净业等。

※（般若度三昧）

海幢比丘言，我唯知般若波罗蜜三昧光明。我以修习般若度故，人此三昧时，了知一切世界往诣超过庄严一切世界，见一切佛及广大威德，入一切佛功德海，证一切佛平等智，入一切众生海皆无障碍。从其顶上出无数百千亿如来身，从其足等出无数长者等调伏众生。如诸菩萨入智慧海净法界境，达一切趣遍无量刹等，我不能知。尔时，善财见甚深法智慧光明充满十方等。”

※（离忧安隐解脱门）

卷六十四云：“休舍优婆夷言，我唯得离忧安隐幢解脱门，若有见闻忆念于我等者，悉不唐捐，十方诸佛悉来为我说法，我常不离见佛闻法。我忆过去于三十六恒河沙佛所，皆悉承事供养、闻法、受持、净修梵行，欲教化调一切众生悉无余故，欲承事供养一切佛悉无余故等发菩提心。如诸菩萨其心如海悉能容受一切佛法等，我不能知。尔时，善财生明照诸法实性心，生增长一切大愿心等。

※（无胜幢解脱）

毗目瞿沙仙人言，我唯知无胜幢解脱。即申右手摩善财顶，执善财手，即时善财自见其身往十方十佛刹微尘数世界中诸佛所，见佛闻法，又见自身于诸佛所经一日夜乃至不可说劫。尔时善财为此解脱智光照故，得毗卢遮那藏三昧光明等。时彼仙人放善财手，善财即见自身还在本处。如诸菩萨智身普入一切法界，随众生心而为利益等我不能知。尔时，善财得一切世间殊胜智光明，于一切处悉现身，以究竟智说无二无分别平等法等。

※（无尽轮解脱）

胜热婆罗门言，我唯得无尽轮解脱。若能上此刀山投身火聚，诸菩萨行悉得清净。如诸菩萨大功德焰能烧一切众生见惑、令无有余、必不退转等，我不能知。尔时，善财决定了知诸法实际无二际，于佛心无分别，知众生无我、色如影等。”

※（般若普庄严门）

卷六十五云：“慈行童女言，我唯知般若波罗蜜普庄严门。入此门随顺趣向，思维观察时，得普门陀罗尼，百万阿僧祇陀罗尼门皆悉现前。我宫殿庄严，一一壁等中，悉见法界一切如来从初发心乃至涅槃。我于三十六恒河沙佛所求得此法。如诸菩萨，其心广大，等虚空界，入于法界，住出世法、行于世法、不染世法，能益于世等，我不能知。尔时，善财思维世间依想住甚深，众生心流注甚深，众生如光影甚深等。

※（随顺灯解脱门）

善见比丘言，我唯知随顺灯解脱门。我此生中于三十八恒河沙佛所净修梵行，闻法受行，住持遗教等。一念中一切十方皆悉现前，智慧清净故；一念中不可说众生差别行悉现前，满足十力智故；一念中不可说佛身皆悉现前，成就普贤行愿力故等。如诸菩萨成就不死命根，常然智炬现如幻色相之身。如缘起法无量差别，随众生心各各示现等，我不能知。尔时，善财于彼法门而得悟入。

※（工巧智光明法门）

自在主童子言，我唯知一切工巧大神通智光明法门。昔于文殊所修学书、数、算、印等法悟入，善知众生身相，当来趣生得果差别，亦能算知十方世界广狭大小、一切劫、佛、法、众生、业、谛名。如诸菩萨能知一切众生数等，我何能说其功德，示其所行等。尔时，善财于一切趣皆随现身，了知三世平等境界，出生功德大海等。

※（福德藏解脱门）

具足优婆夷言，我唯得无尽福德藏解脱门，于一小器中，随众生欲乐出生种种美味、卧具等；一切世界声闻独觉食我食已，皆证声闻辟支佛果，住最后身；一生所系菩萨食已，成无上菩提。如诸菩萨一切功德如大海等我不能知。尔时，善财入彼福德渊，行彼福德道等。

※（随意出生福德藏）

明智居士言，我唯知随意出生福德藏解脱门，凡有所须一切资生之物，悉令充满，乃至为说真实妙法。如菩萨成就宝手遍覆一切国土、普雨一切资生之具等，我不能知。"

※（福德宝藏解脱门）

卷六十六云："法宝髻长者言，我唯知无量福德宝藏解脱门。我家宅广十层八门：最下层施饮食；第二层施宝衣；第三层施严具；第四层施婇女及上妙珍宝；第五层菩萨云集说法，利益世间，成就一切陀罗尼门、诸三昧印等；第六层有诸菩萨皆已成就甚深智慧，于诸法性明了通达，成就广大总持三昧无障碍门，不住二法，分别显示般若波罗蜜门，所谓寂静般若度门，入一切世间海般若度门等；第七层有菩萨得如响忍，以方便智分别观察而得出离，悉能闻持诸佛正法；第八层菩萨皆得神通，无有退堕，能以其身普现一切道场尽于法界等；第九层一生所系菩萨；第十层一切如来充满其中。（《疏》云："八门者，一通约所修之道，以八正为门；二约所依之道以八识为门；三约教显理，四句入法教理各四故有八门，谓寻教得解教四门，于理得解理四门。”）我于过去庄严王如来所，奏乐烧香供养而以回向三处，永离诸苦，常见诸佛闻法故获斯报。如菩萨入无分别如来身海，修无分别功德道，证无分别三世平等等，我不能知。尔时，善现深入诸佛无量知见，安住菩萨无量胜行等。

※（见佛欢喜法门）

普眼长者言，我唯知令一切众生普见诸佛观喜法门。我知一切众生病，来我所十方众生皆为疗治得差，施诸财宝令无所乏，然后各为如应说法。我又善知和香要法，持此香以为供养，普见诸佛，所愿皆满，所谓救护一切众生愿等。燃此香时一一香出无量香，遍一切法界诸佛众会以为庄严。如菩萨似大药王，若见若闻必令安住平等寂灭之乐等，我不能知。尔时，善财生无著心、无碍心、平等心、自在心等。

※（如幻解脱）

无厌足王言，我唯得如幻解脱。我此国土众生多行杀盗乃至邪见，作余方便不能令其舍离恶业。我乃化作恶人，造诸罪业，受种种苦，令一切恶众生见已，舍十恶业，住十善道，乃至究竟住于一切智地，而我三业未曾恼害于一众生。如菩萨得无生忍，知诸趣如幻，一切法如梦，入真实相无碍法门，修帝网一切诸行等，我不能知。尔时，善财普于一切如幻三世，起种种如幻变化如是思惟。

※（大慈三昧门）

大光王言，我唯知大慈为首，随顺世间三昧门。我于无量佛所问难此法，思惟观察修习庄严。我以此法为王，以此法教敕令众生入真法海等。我国土中众生皆于我所无怖，若有所须，恣其所取。此妙光城所住众生皆是菩萨，发大乘意，随心所欲，所见不同，或见此城狭小、或见此城广大等。如菩萨为大地，能以慈心任持诸众生故，为大风速令众生入一切智城故等，我不能知。

※（无厌足三昧）

不动优婆夷言，我唯得求一切法无厌足三昧门。过去劫中修臂如来告我应发不可坏心、灭诸烦恼等，我即发求一切智、求佛十力等心，于自身中不生我见，况于众具而计我所，受持一切法海，未曾于一法中不得三昧，于一切佛法乃至一文一句不生疑惑分别想，常见诸佛菩萨，常闻入无边世界网门等，常以妙音开悟一切众生。如菩萨似金翅鸟游行虚空无所障碍，能入一切众生海等，我不能知。”

※（至一切处菩萨行）

卷六十七云："遍行外道言，我唯知至一切处菩萨行。此城中一切方所，一切族类，若男若女诸人众中，我皆以方便示同其形，随应说法，诸人不能知我何人，从何而至，唯令闻者如实修行，如此城十方世界亦尔，如人十方众生海亦尔。如菩萨以变化身普入诸趣而无所著，普于三世悉皆平等等，我不能知。尔时，善财不耽五欲等，唯愿证知诸法实性，于佛一毛孔中见一切佛等。

※（调和香法）

优钵罗华鬻香长者言，我唯知调和香法，善别烧香、末香、天香、龙香、增烦恼香、于有为生厌离香、一切菩萨地位香等形相生起境界威德及以根本等，我知是已，遇有香起，随应而为说法，决令发无上菩提心。如诸菩萨以智慧香而自庄严，于一切处其心平等，无著无依等，我不能知。

※（大悲幢行）

婆施罗船师言，我唯得大悲幢行。我为饶益贫穷众生故，修诸苦行，先以世物充满其意，复施法财令入一切智智海等。我知海中一切宝洲宝类，知出一切宝，知一切宝用。我知龙、夜叉等宫处皆善回避，亦善别知漩澓浅深、波涛远近、水色好恶种种不同，亦善别知日月星宿运行度数、昼夜晨晡晷漏延促，亦知其船铁木坚脆、水风逆顺、一切安危之相，可行则行、可止则止。我以好船运诸商众，行安隐道，复为说法令欢喜，引至宝洲，咸令充足珍宝。如菩萨能涉生死大海、能观一切诸法性海等，我不能知。尔时，善财舍离一切尘垢，证法平等心无高下等。

※（无依作神通力）

无上胜长者言，我唯知至一切处修菩萨行清净法门，无依无作神通之力。我于十方世界欲界一切众生中而为说法，令解结缚等，令证得佛无依法等。如菩萨普入诸法以广长舌出平等音等，我不能知。

※（成就一切智解脱）

师子频申比丘尼言，我唯知成就一切智解脱。此智光明于一念中普照三世诸法。我入此智光明门，得出生一切法三昧王，以此得意生身往一切世界一生所系菩萨等所，现不可说身，一一身作不可说供养，若有众生知我如是供养者，皆于无上菩提得不退转，若有众生来至我所即为说般若度。我见一切众生、如来等不分别，其相智眼明见故，心无所著故，了达法身故，住持一切轮，不分别法轮相，悟法自性故。一念遍知一切法，不分别诸法相，知法如幻故。如菩萨一身端坐充满法界等，我不能知。尔时，善财得受持一切法轮陀罗尼门，得充满法界清净愿等。"

※（离贪际解脱）

卷六十八云："婆须蜜多女言，我唯知离贪际解脱。若有众生见我，即随类现女身，皆令得见。若有众生亲近于我，乃至唼我唇吻，皆得住离贪际，入一切智地。我于过为长者妻时，以一宝钱供养高行如来，文殊为我说法，令发无上菩提心。如菩萨成就无边巧方便智等，我不能知。

※（不涅槃际解脱）

鞞瑟胝罗居士言，我唯得不般涅槃际解脱。我不生心言如来已现当般涅槃。我知十方一切如来毕竟无入灭者，唯除为欲调伏众生。我开栴檀座如来塔门时，得佛种无尽三昧，得见十方三世一切诸佛、声闻、独觉、诸菩萨众。如菩萨了如来及我一切众生无二等，我不能知。尔时，善财入彼菩萨解脱之藏等。

※（大悲行门）

观自在菩萨言，我唯得大悲行解脱门，常在一切如来所，普现一切众生之前，或以四摄，或现神变等，成熟众生，复作是愿，若念于我，称我名，见我身，皆得离一切怖畏，发无上菩提心永不退转。如菩萨已净普贤一切愿、常绝众生生死流等，我不能知。

※（普疾行解脱）

正趣菩萨言，我唯得普疾行解脱。过一普胜生佛所得此法门，一一念中遍入十方佛刹，至其佛所，以妙供具而为供养，此供具皆无上心所成，无作法所印；我又普见彼刹一切众生，悉知其心，随其欲解现身说法。如菩萨善布其身遍法界、知一切法于佛所不生分别等，我不能知。尔时，善财入不思议自在解脱行等。

※（云网解脱）

大天神言，我唯知云网解脱，普现十方宝聚华香皆如大山，以之供养如来，修诸福德，并施一切，摄取众生，令修布施，乃至发无上菩提之意。又于贪五欲众生为示不净境界，多竞争者示极可怖形等，令超一切障到无障处。如菩萨能消灭一切众生烦恼火等，我不能知。

※（不可坏智慧藏法门）

安住主地神言，我唯知不可坏智慧藏法门，于过去妙眼如来所得，我于此法门若入若出，常见诸佛悉皆承事，亦见彼佛诣菩提座一切功德等，于菩萨亦尔。时神以足按地，无量宝藏自然涌出，告善财言，是汝往昔善根果报应自在受用。如菩萨入一切佛甚深智慧、念念充遍一切法界等，我不能知。尔时，善财达其平等等。

※（破暗法光明解脱）

婆珊婆演底主夜神言，我唯知破一切众生暗法光明解脱，于一一诸毛孔中示现种种教化方便，若有众生行暗夜中，迷惑十方，我以方便舒光照及，又愿以大智光明破众生黑暗，安住一切诸佛平等之处。我于过云须弥幢佛所获此三昧，得已即见自身遍往一切佛刹，见佛闻法，了知彼佛本事海等，亦见彼一切众生随应而为现身等。如菩萨于一切法界一一尘中示现自在神力等、见三世等，我不能知。尔时善财颂曰：汝法身清净，三世悉平等，世界悉入中，成坏无所碍。我观一切趣，悉见汝形像，一一毛孔内，示现无量刹。”

※（神定乐解脱门）

卷六十九云：“普德净光主夜神言，我唯得寂静禅定乐普游步解脱门，普见三世诸佛国土名号等而无取著，何以故？知如来非去，世趣永灭故；非来，体性无生故；非生，法身平等故；非灭，无有生相故；非实，住如幻法故；非妄，利益众生故；非迁，超过生死故；非坏，性常不变故；一相，言语悉离故；无相，性相本空故。我如是修习诸禅，成就一切变化，以清静智普入法界，以种种方便成就众生。如菩萨住一切如来境界、恒处生死、心无障碍等，我不能知。

※（普喜幢解脱门）

喜目观察众生夜神言，我唯得大势力普喜幢解脱门，于一一毛孔出无量变化身云，随应以妙音说法，普摄取一切众生皆令欢喜而得利益。我于过去德海佛所，因主夜神觉悟而初发心，从此后供养十亿那由他佛，后于功德幢佛所得此解脱，见众生无量苦逼，起于大愿云，利益一切众生。如菩萨念念出生一切诸行、一一行中出生一切身、一一普入一切法界门、一一法界门一切佛刹中随众生心说诸妙行，一切刹一一尘中悉见无边如来海等，我不能知。尔时，善财则得彼解脱赞曰：法身恒寂静，清净无二相，远离诸分别，不著内外法。为化众生故，示现种种形。”

※（调伏众生解脱）

卷七十云：“普救众生妙德夜神言，我唯知普现一切世间，调伏众生解脱。于两眉间放大光明，照一切世间已，入善财顶。尔时，善财即得究竟清净轮三昧，悉见一一尘中佛刹微尘数世界成坏、四大积聚、诸趣轮转等，如是一切世界一切趣中，悉见彼夜神于一切时随众生形，言行解方便，普现其前，随宜化度。过去普智宝焰如来，于大宝莲华王成正觉，即于十方世界中成正觉，随众生心，悉现其前，为转法轮。时，普贤菩萨觉悟妙德眼女，解身上严具，持以散佛，即时变成宝盖，于此盖中见一切世界，一切佛出兴次第，亦见一切菩萨皆在普贤身中，亦见自身在其身内，亦见其身在一切如来前、一切菩萨前、一切众生前等。如来即为说法，则得成就十千三昧门等，趣向一切智位。又于此前，因普贤劝修补莲华座上故坏佛像，发菩提心，得此法门，则在普智宝焰如来所，后值多佛，我皆恭敬供养，依教修行。如菩萨集无边行、种种观察法，现种种身、具种种根等，我不能知。”

※（广大喜庄严解脱）

卷七十一云：“寂静音海夜神言，我唯知念念出生广大喜庄严解脱。我发起无住处心，普现一切众生前救护心等，发是心已，复为说法，令其渐至一切智地，我时便得广大欢喜光明海，其心怡适。我观毗卢遮那如来，念念出现不可思议净色身等，见已生大欢喜，昔未得今得、昔未证今证。何以故？知一切法唯一相故，能平等入三世道故，能说一切无边法故。我入此解脱光明海，菩萨修行十大法藏（按：即十度）得此解脱。我于过去法界音如来所发菩提心后，承事供养无量佛。于毗卢遮那如来所得此解脱，已能入十不可说法界安立海。所谓一一尘中有十不可说佛土，一一土中皆有毗卢遮那如来于念念中成正觉，所现变化一一皆遍一切法界海，亦见自身在彼一切佛所闻法，以自在智普游一切甚深法海，以平等智普达诸佛无差别法等。如菩萨普见一切劫成坏等我不能知。尔时，善财于无量法性一切方便神通智慧等，其心广大，证入安住。即说颂曰：神身非是著色，远离五蕴无有边，不取内外法，无动无所碍，身为正法藏，心是无碍智，了世皆是心，现身等众生，知世如梦，佛如影，为众现身心。无住无边诸刹海、佛海、众生海，悉在一尘中，此尊解脱力。

※（自在妙音解脱）

守护一切城，增长威力主夜神言，我唯知甚深自在妙音解脱，现一切众生色相身，不染世间身，遍摄十方身，究竟如来体性身等。为大法师等，令一切众生住萨婆若道故等。如是我作十种观察法界，所谓法界无量，一性遍众生不可坏等，得广大智光明故，如来一音一切众生皆了故，普贤妙行悉周遍故，一切智善根充满法界不可坏故。（如次配上四种）我于过去守护光明王如来法故，得此解脱，后于无量佛所，供养闻法，出家学道，护持法教，入此法门。如菩萨明见一切诸法门海，于念念中自在开悟一切众生等，我不能知。更说颂曰：菩萨解脱深难见，虚空如如平等相等。尔时，善财得入彼法门。赞曰：了达法性如虚空，普入三世皆无碍，念念攀缘一切境，心心永断诸分别，了达众生无有性，而于众生起大悲。”

※（广大喜解脱）

卷七十二云："开敷一切树华主夜神言，我唯知出生广大喜光明解脱门，能知如来普摄众生巧方便智。云何普摄？一切众生所受诸乐皆是如来威德力故、顺如教故等。入此法门毗卢遮那如来往昔所修菩萨行悉皆明见。我于过去见一切法音圆满盖王，施舍内外所有，于来乞者生一子想，而发菩提心。颂曰：非著蕴界处，及计于有身，见倒想倒人，能知佛所觉，佛境界寂静，性净离分别。了知法自心净无分别，犹如太虚空是彼之境界，普入一切法界门，悉见十方诸刹海，亦见其中劫成坏，而心毕竟无分别，法界所有微尘中，悉见如来坐道树，成就菩提化群品，此无碍眼之解脱，我有他心智，无二无所碍，能于一念中，悉了诸心海等。如菩萨于一解脱门，普入一切解脱门等，我不能知。"

※（令众生生善根法门）

卷七十三云："大愿精进力救护一切众生夜神言，我唯知教化众生令生善根解脱门。我能现日月星宿影像身，随众生心普令得见身，了法如幻净智身，无分别离染身，本清净法性身等。尔时，善财于善知识生十种心，得彼夜神与诸菩萨无数同行，所谓同义能以智慧了法实性故，同色身随众生心示现身故等。夜神又言，我成就此法门故，悟一切法自性平等，入于诸法真实性，证无依法，舍离世间，悉知诸法色相差别，亦能了达青等性皆不实、无有差别，而恒示现无量色身，（《疏》云："由内证实故外现色。《起信论》曰：即此法身是色体故，能现于色，所谓从本已来色心不二，以色性即智性故，色体无形，说名智身，以智性即色性故，说名法身遍一切处，所现之色无有分齐，随心能示而不相妨，此非心识分别能知，以真如自在用义故。今经分三段明，初由了法界无定实色，举体即空 ，而非断空，空中无色，不碍色故，存亡隐显皆自在故，方能随乐现色。初明入实性中无差别相，万法一如，故云平等。此实性不依色空，若万法依空，空无所依。今万法依真，真无所依，即无依法门故，舍离世间。斯则性尚不立，何况于相？亦不依空立色，亦不依色立空，亦无异不异、无即不即，斯见亦绝，强名内证。后双了性相，初明空即色、空能显色，次明色即空、色能显空、无障无碍。如是不二而二，方为妙色，色空融即为真法界缘起无尽。"）令众生或见或闻应时调伏。我于过去起大悲心，舍身命财，救苦众生，开大施门，供养佛，得此解脱。尔时但为利益众生，不著三界等，后值无量如来，皆供养、亲近、闻法、持护。颂曰：普入十方一切刹，明见三世诸佛海，又于一一毛孔中，出现无量化身云，充满十方诸世界，普雨法雨济群品。如菩萨得无我智、安住无二法门等，我不能知。"

※（示现受生自在解脱）

卷七十四云："妙德圆满园神言，我唯知于无量劫遍一切处示现受生自在解脱。善男子，菩萨有十受生藏，所谓：一、愿常供养诸佛；二、发菩提心；三、观诸法门勤修行；四、深净心普照三世；五、平等光明谓得无碍眼悟入实性等；六、生如来家；七、佛力光明谓了法如幻起等；八、观普智门谓于无量境界知无境界、于少境界入无量境，达法性无际，知世间悉假施设，一切皆识心所起；九、普现庄严；十、入如来地。我从无量劫来得是自在受生解脱。我先发愿，愿一切菩萨示现受生皆得亲近，我见佛于此园内示现初生种种神变时，亦见如来于十方世界一一尘中无量佛刹中示现受生种种神变，如是念念常无间断，而我悉分身现前兴供养。如菩萨究竟一切佛法、于一切趣皆现受生等，我不能知。”

※（观察三昧海解脱）

卷七十五云：“瞿波释种女言，我唯得观察菩萨三昧海解脱。我诸婇女离障盖网，超诸著处，从于法身而示化形，生普贤行。佛子，应以十法承事善知识，所谓知法性平等、不舍智愿、观法界实相、舍离有海、知法如空、心无所依、常示现一切刹海等。我此解脱能知一切众生心行染净，一切二乘三昧神通，一切菩萨如来解脱光明。我于过去以四事供养胜日身如来，于无上菩提永不退转，后值无量佛，皆亲近承事、供养，于最后广大解佛所得此解脱，然未能得普贤解脱门。何以故？彼法门如大虚空等无量无边，与佛境界等。佛子，我观菩萨身一一毛孔念念见无量世界无边佛海众生海，三世菩萨无边行门，经无量劫求其边际竟不可得。如菩萨知诸法性无性为性、众生性同虚空相无分别、知佛神力同于如如，遍一切处等，我不能知。尔时，无忧德神赞善财言：汝不离世间，亦不著世间，行世无障碍，如风游虚空。一切法界诸刹海，汝悉能往近知识。”

※（大愿智幻解脱门）

卷七十六云：“尔时，善财一心欲诣摩耶夫人所，即时得观佛境界智，作如是念：是善知识远离世间，住无所住，超过六处，离一切著，具净法身，以如幻愿而持佛身，随意生身，无生灭去来身，诸相皆一相身，离二边，身非身，心身如空无碍，唯是普贤净目所见。尔时，善财观身心如梦影，求善知识，见摩耶夫人现无去色身于一切趣无所灭故，无来色身于诸世间无所出故，不生色身无生起故，不灭色身离语言故，非实色身得如实故，非虚色身随世现故，不坏色身法性不坏故，无相色相言语道断故，如梦色身随心而现故，无碍色身念念周遍一切法界故，无住色身愿度一切世间故等，饶益众生，即时证得无量三昧。夫人言，我唯知大愿智幻解脱门，是故常为诸菩萨母。菩萨将欲下生之时，脐中所放光明入我身中，我身形量虽不踰本，实已超诸世间，所以者何？我身尔时量同虚空，悉能容受十方菩萨受生庄严诸宫殿故。我在过去于大威德王生子想，复曾供养十那由他佛，得此解脱。如菩萨一一毛孔示现无量诸佛神变，我不能知。

※（无碍念清净解脱）

天主光天女言，我唯知无碍念清净解脱，忆念恒河沙劫，我常不舍诸佛，从初菩萨乃至法尽，一切所作，持而顺行，曾无懈废。如菩萨出生死夜、觉了法性等，我不能知。

※（善知众艺解脱）

遍友童子言，善男子，汝可问善知众艺童子。善知众艺童子言，我唯知善知众艺菩萨解脱。我唱四十二字母，此四十二般若波罗蜜门为首，入无量般若门。如菩萨通达世出世间善巧法等，我不能知。

※（无依道场解脱）

贤胜优婆夷言，我唯知无依处道场解脱，又得无尽三昧，非彼三昧有尽无尽，以能出生一切智性，六根功德等无尽故。如菩萨一切无著功德行，我不能知。

※（无著庄严解脱）

坚固解脱长者言，我唯知无著念净庄严解脱，自得已来，于十方佛所勤求正法无休息。如菩萨得无畏大师子吼等，我不能知。

※（智光解脱）

妙月长者言，我唯知智光解脱。如菩萨证得无量解脱门，我不能知。

※（无尽相解脱）

无胜军长者言，我唯知无尽相解脱，见无量佛，得无尽藏。如菩萨得无限智等，我不能知。

※（诚语解脱）

最寂静婆罗门言，我唯知诚语解脱。三世菩萨以是语故，乃至无上菩提无有退转，我以住此语故，随意所作，莫不成满。如菩萨与诚愿语行止无违等，我不能知。”

※（幻住解脱）

卷七十七云：“德生童子言，我但知幻住解脱，见一切世界皆幻住，因缘所生故；一切众生皆幻住，业烦恼所起故；一切世间皆幻住，无明有爱等展转缘生故；一切二乘皆幻住，智断分别所成故；一切菩萨皆幻住，诸行愿法之所成故，幻境自性不可思议。（《疏》云：“非有无一异，空有相即一异两亡，既离二边亦忘中道。由斯交彻故，一中现多，多即一，重重无碍，为不思议。”）如菩萨入无边诸事幻网，我不能知。

※（不忘念智庄严藏）

尔时，善财因童子教，于一切菩萨生希有想等，生一切菩萨普见世间眼，现一切菩萨无量愿化身想，见过现一切佛及菩萨于一切处示现成道神变，乃至无一毛端而不遍。又得入遍一切处智慧身平等门，普现其身在一切如来诸善知识等前礼赞无息。又决定知一切报从业起、一切果从因起、一切业从习起、一切佛兴从信起、一切佛法从善根起等，离于断见知回向故，离于常见知空无生故，离无因见知正因故，离自他见知从缘起故，离有无见知不生灭故，离一切相见入无相际故，知一切法如种生芽故，如印生文故，知质如像故，知声如响故，知境如梦故，知业如幻故，了世心现故。又念毗卢遮那庄严大楼阁是于一切法无分别者，知一切众生不可得者，解空无相无愿者，以一刹入一切刹、一切刹入一刹，而不坏其相者，已出世间为化众生而恒于中现身者，不离一毛端而普现其身一切世界者，虽观于空而不起空见，亲近一切佛而不起佛想，虽知一切法无生灭而不于实际作证者等之所住处。”又卷七十八云：“弥勒菩萨言，汝入此楼阁中，周遍观察则能了知学菩萨行，学已成就无量功德。”又卷七十九云：“时，弥勒前诣楼阁，弹指出声，其门即开，命善财入。善财入已还闭，见其楼阁广博无量，同于虚空，无量众宝以为庄严，又见其中无量楼阁一一如上，不相障碍，于一处中见一切处，一切处悉尔。尔时，即除障惑，入于无碍解脱门。又以弥勒之力，自见其身遍在一切楼阁中，具见种种不可思议自在境界，所谓或见弥勒初发心，乃至所有道场众会等。如人于梦中见种种物、从睡觉已乃知是梦、而能明记所见之事，善财亦尔，知三界法皆如梦故，灭诸众生狭劣想故，得无障碍广大解故。尔时，弥勒即摄神力入楼阁中，弹指作声，言：起！ 法性如是。此是菩萨知诸法智因缘聚集所现之相，如是自性如幻如梦，悉不成就。此解脱门，名入三世一切境界，不忘念智庄严藏，从菩萨智慧神力中来，依之而住，无有去处，亦无住处，非集非常而非不见，诸菩萨无来去、行住处著、业报起灭、不断常没，生如是而来，从大悲慈愿等处来。”

※（文殊教敕）

卷八十云：“文殊师利按善财顶，言：于少功德便以为足等者，不能了知法性等，令善财入普贤行道场及自所住处。于是善财见无量善知识，悉皆亲近，恭敬承事，受教增大，趣求一切智慧广慈悲海，于一切刹一切诸有普现其身，摧一切障，人无碍法，住于法界平等之地，观察普贤解脱境界。

※（普贤解脱境界）

尔时，善财见普贤身一一毛孔出一切世界微尘数光明云、佛刹云、菩萨身云、正觉身云，遍一切佛刹成熟众生成一切智，又见一一毛孔悉有十方三世一切世界种种诸事如诸如来所现神通力。如是十方一切佛刹一一尘中普贤所现神通力悉尔。善财见已，即得十智波罗蜜，所谓于念念中悉能周遍一切佛刹，于一切如来所闻法受持，入一切法界实相海，普现慧行皆现在前等智波罗蜜。得已，普贤摩善财顶，即得一切佛刹微尘数三昧门。如是十方世界一一尘中一切世界悉尔。善男子，我庄严佛土，以大悲心救护众生，供养诸佛，事善知识，为求正法，弘宣护持，一切内外乃至身命，悉皆能舍，是故得此究竟三世平等清净法身，及清净无上色身，超诸世间，随众生心乐而为现形，入一切刹，遍一切处，广现神通，令见者靡不欣乐，向无上菩提。时，善财又见自身在普贤身内，十方一切世界中教化众生。当是之时次第得普贤诸行愿海，与普贤等，与诸佛等。普贤即说颂曰：佛智广大同虚空，一念悉知三世法，随众生心种种行，令其所见各不同。而佛本来无动念，或有处处见佛坐，充满十方诸世界，或无量劫不见佛。诸法无我无有相，业性不起亦无失，一切远离如虚空，佛以方便而分别。随众生根演法音，而佛未始生心念。佛身如海宝充满，无垢浊亦无边际，乃至法界诸众生，靡不于中现其影。佛日如日放千光，不动本处照十方，无来无去除世暗，如来法雨如龙雨，不从身出及心出，而能灭除三毒火。如来清净妙法身，一切三界无伦匹，以出世间言语道，其性非有非无故。虽无所依而不住，虽无不至而不去，如空中画梦所见。佛身非色非非色，随应而现无所住，虚空真如及实际，涅槃法性寂灭等，唯有如是真实法，可以显示于如来。”

（完）

※（以上第九会要义）

（二十九）《普贤行愿品第四十卷记》

※（菩提属于众生）

（《止观义例上》云：“若无大悲熏于法性，理藏性法无由得开。藏若不开尚无初住，何况极果？是故不以大悲熏心，后时则无能利之法。”）

云：“诸佛如来以大悲心而为体故，因于众生而起大悲，因于大悲生菩提心，因菩提心成等正觉。（《疏》云：“即标示同体大悲，以了众生皆无性故，大悲相续救护一切。”《钞五》云：“大悲欲化众生，须学化生之智，智既圆矣，自名成佛，而菩提心必具大悲大愿大智等也，故言以大悲为体。又大悲于诸善业而为导首，又能作方便成办一切助菩提法，又能悟无师，自然智故，又能除一切自心热恼，随顺有情为饶益故。”）是故菩提属于众生，若无众生，一切菩萨终不能成无上正觉。善男子，汝于此义应如是解，以于众生心平等故，则能成就圆满大悲，以大悲心随众生故，则能成就供养如来。”（完）

绀珠集乙之七（自习用稿）

华严玄赞记目录

（一）《清凉疏钞记》

发菩提心
十观四法界
一体六观
不离道树，上升须弥
性相三观
非常非断
于依他中修诸观
具分唯识
行体能所
空有一异
离相实际观
因缘
为无为非一异
无无想五意
真如五教
六相
世间涅槃无二四句
断结五教
空有非一异
三假之三观
修四念处五教
一心十门
遣空二义
三性有无
不一异十句
梦空有
释心不可得
成佛五教
一真法界五门十义

（二）《华严玄谈记》

至圣五教
五教义

圆教分齐（附）

清凉观行

法界三大、本末及类别

（三）《答顺宗心要法门记》

心要法门

（四）《行人修道简邪入正止观法门记》

杜顺止观（附三页）

（五）《华严一乘十玄门记》

至相十玄门

（六）《还源观记》

还源观节要

（七）《义海百门记》

无差别

总圆融

了境智

入佛海

证佛地

（八）《问答记》

中道

能所化

一即一切，一切即一义

无明真如互熏义

十二因缘十观

三乘一乘缘起义

性起缘起释

（九）《游心法界记记》

真空妙有

妄接

（十）《华严合论记》（《十明论记》合）

李通玄玄要

（十一）《禅源诠序记》

宗密之言

论宗密

（十二）《圆宗文类卷二十二记》

真妄偈问答

（十三）《修大方广佛华严法界观门记》

法界观

（十四）《法藏杂章记》

刹那灭

断常四句

有无四句

真妄四句

成观

（十五）《十住毗婆沙论记》

无余涅槃三乘无别

我、我所二俱空

华严玄赞记

(一)《清凉疏钞记》

※(三宗五教)

卷一之一云:"《疏》云,若依大小乘法相,各有三说:一、耳闻非识,二、识闻非耳,三、缘合方闻。然或具四缘、八缘等。《钞》初法相中含前小乘及与始教,第二无相宗含于三教。若但云我既无我、闻亦无闻,即大乘初门,为始教意。若云能所双寂,无闻不闻,亦无我不我,离念顿显,即顿教意。不闻之闻,为实教意,谓事理无碍,故闻即不闻,无二义故。第三约法性宗辨,而但明圆教中意,以我无我不二之真我,根境非一异之妙耳,闻无碍法界之法门也。"

※(体用无碍)

又云:"无在者,体相寂寥离能所故。无不在者,体圆遍故。……又无在即体,无不在即用,体用无碍,故为真身。"(又卷二十云:"体外无用,用即是体,用外无体,体即是用。体即法性,用即智应。二既不二,理智圆融,唯一无碍法界之身。")

※(正觉五教)

又云:"成正觉义,约教不同。一、小乘,三十四心一坐成佛。五分法身初圆,名成正觉,是实非化。二、大乘始教,约化八相示成,约报十地行满,四智创圆,名成正觉。三、终教,古今情亡,心无初相名始,无念而照为正,见心常住称觉,始本无二为成。四、顿教,法身自觉圣智无成不成。五、圆教,若依此经以十佛法界之身云,遍因陀罗网无尽之时处,念念初初为物而现,具足主伴,摄三世间。此初即摄无量劫之初,无际之初。一成一切成,无成无不成。一觉一切觉,无觉无不觉。言穷虑寂,不坏假名,故云始成正觉。"(又土体五教,如卷七之二中说。改非改相五教,如卷十二之一末说。)(又益五义成十玄。)

※(法我空有(附))

(按:卷十三之二又闻我、无我四句:初、有我凡夫;二、无我二乘;三、亦有无《涅槃》,无我者,所谓生死我者,谓大涅槃;四、双非,即泯绝大小)

卷一之二云:"二乘知我空法有,菩萨知法空我有。然二乘所空之我,菩萨亦空,谓是我执。若无我法中有真我,菩萨知有,二乘不知。由谓法有,故厌生死,以涅槃无余永寂,则无常乐我净,为四颠倒。若谓世间无常乐我净,涅槃乃有常乐我净,则名八行皆非颠倒。"(按:十二之二释灭谛,别名体真,实引《涅槃》说法身常住。）

※（中道遮照）

又云："疏，一、真俗互泯，双遮辩中，则三世平等，二相两亡，方为智入。二、真俗虽即，而不坏相，即双照明中。此二觉三谛之境。钞，真俗互泯者，俗即真故非俗，真即俗故非真，非真非俗即是中道。三世即平等，故非三世；平等即三世，故非平等，为两亡也。真俗虽即而不坏相者，谓即有之空方是真空，即空之有方为妙有，空有不二，两相历然。"

※（能所不殊）

卷一之三云："能所不殊，此复有二：一、同无相故。下经云，无有少法为智所入，亦无少智而入于法。二、同法界故。则能所各互摄尽。故下云，无有智外如为智所入，智摄如尽故。亦无如外智能证于如，如全摄故。前即真空一味，后即妙有一味。问：若皆一味，岂令智同于境，而无智耶？古德释云，智相尽故不有，则同如一味，能令智相尽故不无，则智有功能。反照智空，不取于智，斯为真智，故不无智。不尔，岂令诸相皆尽而智独存？是故于境，则不碍真而恒俗；于智，则不碍寂而恒照，即境智非一。境则不碍俗而恒真，智则不废照而恒寂，即境智非异。境则空有无二，智则寂照双融，故云无差别。……今正释者，言用则同而异，由境不能照，智有照故。言寂则异而同，境智无异味故。同故无心于彼此，忘心契合故。异故不失于照功，智异木石故。故名真智证理。境则唯寂，智则寂而常照。"

※（华严玄旨）

※（显华严宗趣，如《玄谈》卷八）

卷二之一云："又尘毛刹海，佛遍重重，有德斯睹，名分明照了。此是华严一乘玄旨。"又卷十四之二云："法界自在圆明无碍用为华严三昧。（此释华严三昧义，应知。）"

※（寂静方便）

又云："言寂静者，体也。然有二义：一、明前大用，用无用相，不碍常寂。二、由此智用，即寂同真，是故随一一用，遍一切处也。言方便者，用也。亦有二义：一、明前寂无寂相，不碍大用。二、内同真性，不碍外应群机，故云方便。钞，明前大用等者，此二义中：一、用同体寂，二、用同体遍。方便二者：一、由忘寂故不碍用，二、由依寂故能起用。"

※（不生不灭）

※（按：此承《探玄记》卷二说，而稍加润饰）

又云："就遍计，由是妄执无法可生灭也。又情有即是理无，故不生；理无即是情有，故不灭。不灭不生，是一法也。又求遍计相不可得，故不生；能显无相性，故不灭。不灭即不生，亦一法也。就缘起性，谓法无自体，揽缘而起，即生无生。既本不生故，无可灭也。又缘起无性，故不生；无性缘起，故不灭。《中论》云，以有空义故，一切法得成，是故不生即不灭，不灭即不生，为一物也。又推缘无起故不生，能显无生性故不灭，约圆成性谓非是有为，故无彼生灭相也。又非妄心境故不生，圣智所证故不灭。又体非迁变故不生，随缘令法起故不灭。不灭即不生，为一物也。钞，约圆成初二义，即法相宗义，体非迁变下法性宗义。由此不变方能随缘，则不生是不灭义。既以随缘为不灭，由随缘不失自性，方知不变，则不灭是不生，故云为一物也。

通就三性混融，于一法上就遍计故不生，就圆成故不灭，就依他故亦不生亦不灭，就三无性故非不生非不灭。《钞》，就三无性等者，上约遍计故不生，今遍计即相无性，故无彼不生为非不生也。上约圆成故不灭，今圆成即是胜义，无自性性故非不灭。上约依他亦不生亦不灭，今依他即生无自性性故，何有亦不生亦不灭？……是则不生之生，生之不生，无功用故常寂，行故常用，寂用无二，是于功用得解脱也。斯为正法之要。《钞》，以此不生不同断灭故，不碍于生，若碍于生，非真不生，故不碍生，成不生也。是则缘生故无性，无性故缘生，二义相成，真不生也。"（此约境说，又有约行说）

※（不来不去）

又云："约行，谓正智背舍妄执而无去，向证真理而不来。又依体起用而不去，应机现前而不来。又往应群机而不去，恒归寂灭而不来。不来即是不去，无二为一味也。"（又有约境说）

※（性空相空）

卷二之二云："缘起法有二义：一、无相如空，则荡尽无所有，是相空也。二、无自性如幻，则业果恒不失，即性空也。此二不二。《钞》，从缘无性名性空，故令体相无不空寂，即相空也。此以性空成于相空。由诸相荡尽，是故空中无色、受、想、行、识，方显法性本自空耳。此以相空成于性故。二空相成，云不二也。

又说性空总有三义：一、法无定性名空，则相未空。二、法之真性本空，则相亦未空。三、若说从缘无性故名空，则一切法性自空矣，非推之使空。"

※（二宗不离义）

又云："若成法相，离第八识无眼等识。若依法性，离如来藏，无有八识。

广如问明。”

※（无差别差别）

卷三云：“如来身云，就体则非有无，约机则差别遍于十方，不可谓之无。约佛则称法界，不可谓之有。此则随缘非有之法身，恒不异事而显现。以化寂灭非无之众生，恒不异真而成立，即无差别之差别也。”（按：卷五之一称此为事理无碍，余经容有，称性互收，则事事无碍，唯《华严》意）

※（顿渐）

顿渐义如《钞》卷四中解。

※（真妄始终）

卷四云：“先真后妄，妄由何生？先妄后真，真则有始。妄依真起，真亦非真。妄体即真，妄亦无始（“始”疑“妄”讹）。为破始起，立无始言。始既不存，终从何立？无终无始，岂有中间？真妄两亡，方说真妄。真妄交彻，何定始终？”

※（理事四句）

卷六之二云：“理四句者：一、无分限以遍一切故；二、非无分以一法中无不具故；三、具分无分谓分无分一味，以全体在一法而一切处恒满故，如观一尘中见一切处法界；四、俱非分无分，以自体绝待故，圆融故，二义一相，非二门故。事四句者：一、有分以随自事，相有分齐故。二、无分以全体即理故，《大品》云，色前后际不可得，即无分也。三、俱以前二义无碍，是故具此二义方是事故。四、俱非以二义融故，平等故，二相绝故。

由上诸义，理性不唯无分，故在一切处，而全体在于一内。不唯分故常在一中，而全在一切处。事法不唯分，故常在此处，恒在他方，不唯无分故，遍一切处而不移本位。是故无在无不在，而在此在彼，无有障碍也。”

※（如来藏、佛性）

释如来藏及佛性义，如卷七之一初解，又卷末亦有解。又卷八初及如来藏识。

※（事理无碍）

卷八云：“若依理成事，理性全隐，则无边即边。若会事归理，事相全尽，则边即无边。今则不尔，不失理而现事，云无边之边，不坏事而理显，云边之无边。此是事理无碍义，不是相即相作之义。”又卷十二之一云：“无性不碍随缘，随缘不碍无性，无碍智也。不染而染，染而不染，俱难了知，为妙色也。”（卷十三之一又云：“良以事理俱融，唯一无碍境，故得一事即遍无边，而不坏本相。”）

※（无作四谛）

卷十二之二云："非唯但空，便为真实，今了阴入皆如，无苦可舍。无明尘劳即菩提，无集可断。生死即涅槃，无灭可证。边邪皆中正，无道可修。无苦、无集即无世间，无灭、无道即无出世间。不取不舍，同一实谛。"（按：本四四谛，余三，不要，未录）

※（二谛四对）

卷十三之一云："释影公《中论序》者，二谛义玄中已明。欲释此疏，略申一义，谓或说 妄空真有。如《涅槃》云，空者所谓生死，不空者所谓涅槃。二者妄有真空，即是今文。三、俱空，相待无性故。四、俱有，性相不坏故，于谛常自二故。今此正当第二，俗有真空义而有四对。初对定有无所在。谓真谛说空，是无性空，非无物空。俗谛明有，是缘有，非定性有，二、真故无有，下一对彰有无体相，是不坏有之无，不碍无之有，故成中道。三、虽有而无，下彰有无之德，若是定性之有，此有唯有不即无。若是定性之无，此无唯无不即有。今二互即，故不偏滞。四、不滞于有无，下一对彰有无离过。滞空则断，累有则常，既不滞不累，故无断常。

又释初对双离有无，故云无有无无，此成空观。第二对不坏有无，故云虽有而无等，此成假观。第三对明二谛相即成中道观。第四离过准前。

又释初对中，初句云真故无有，无彼定性之有，是真空义；俗故无无，无彼断灭之无，是妙有义。第二对亦有亦无义，第三对非有非无义，第四对离过则成具德四句也。又初对双离有无二过，第二对离非有非无，第三对离亦有亦无，第四对总明离过。

第四对正离断常，第三对不偏滞故，离于俱句。第二对不坏二故，离于双非，故俱寂也。又若有二可得名俱，今有即无故，则有外无无可与有俱。今无即有故，则无外无有可与无俱，故亦有亦无，相违不立。言不俱不立者，若定有有无，遮彼有无，有俱非句。今有即无，何有非无？今无即有，何有非有？故双非亦寂，既无有无亦无，一异、断常、来去靡不皆如，故云都寂。是以经言，二边皆舍离。"

※真如随缘（附）

※（又云："性有二义：一、有义，二、空义。又有二义：一、不变，二、随缘。以有义故说二空所显，即法性本无生也。以空义，故说依他无性即圆成。以有义故说于不变，谓以二空所显真如，则湛然常存，体无变易。以空义故说于随缘，谓由依他无性即是空义，要在缘中方显空理，故知随缘。此二不二，随缘即是不变，不变故能随缘。若唯不变，性何预于法。若但随缘，

岂称真性。又若性离于法则成断灭，法离于性则本无今有。又若法即性，性常应常，性若即法，法灭应灭。”

又卷二十一之一云：“与法为性是随缘义……为法之性，名为法性，非离色心，别有实体。今多闻之人，不唯知名而已。应如是知。”考《遗珠集（乙）》《经记》卷三十五）又卷三十七之一云：“依无住者非依无住，展转生来。无住是实相异名，故无一法不同实相。

卷十三之三云：“今以真如证心性一，随缘生灭而成种种。离如来藏不许八识，能所熏等别有自体，能生诸法。唯如来藏是所依生，心性之言非第八故。答中既云法性本无生，示现而有生，法性即是真如异名。正与报事相违，故成难耳。《瑜伽》等中，对于凡小，约就权教，随相假说。《楞伽》、《密严》对大菩萨，依于实教，尽理而说。故《密严》云，佛说如来藏以为阿赖耶，恶慧不能知。藏即赖耶识。此明守权拒实，诃为恶慧。又彼经云，如来清净藏，世间阿赖耶，如金与指环，展转无差别。《楞伽》中真识现识，如泥团与微尘，非异非不异，皆此义。又彼经云，如来藏为无始恶习所熏，名为藏识。又《入楞伽》云，如来藏名阿赖耶识，而与无明七识共俱。又《起信论》云，不生灭与生灭和合，非一非异，名阿赖耶识。又如《达磨经颂》云，无始时来界，为诸法等依。《摄论》等就初教释云，界者，因义，即种子识。《宝性论》翻此颂云，此性无始时等，彼论就实教释云。性者，谓如来藏性，如《胜鬘经》说，依如来藏故，有生死涅槃。以此等文，故知相、性两宗不同，深浅可见。又《唯识》等，亦说真如是识实性，但后释者定言不变，失于随缘，过归后辈耳。”（《钞》有详释，应知。）（又此下有真如无明熏习义，此在清凉可以无过，而义易浑，故后应另辟新径）

※（缘起三义、四因、四义（附））

又云：“虚妄缘起略有三义：一、由互相依各无体用，故不相知。二、由依此无知无性方有缘起。三、由此妄法各无所有，故令真理恒显。”又云：“何缘种种？答：有四因：一、妄分别故，通性、相二宗。二、诸识熏习故，即法相宗。三、由无性不相知故，即无相宗。四、真如随缘故，即法性宗。据其实义，四因不阙，方成缘起甚深之趣。

……由无方有一性，能成种种，缘生故空，种种能成一性。

……是以缘起之法总有四义：一、缘生故有，即妄心分别有及诸识熏习是也。二、缘生故空，即上云诸法无作用，亦无有体性是也。三、无性故有。《论》云，以有空义故，一切法得成。《净名经》云，从无住本，立一切法，即上随缘是也。四、无性故空，即一切空无性也。

是以无性缘生故空，则非无见断见之空为真空也。无性缘生故有，则非常见有见之有是幻有也。幻有即是不有有，真空即是不空空。不空空故名不真空，不有有故名非实有。非空非有是中道义。

又开此空有各有二义：一、真空必尽幻有，不尽幻有，非真空故，亦法界观中，真理夺事门。《般若》中云，是故空中无色等。二、真空必成幻有，若碍幻有非真空故，亦法界观中依理成事门。幻有二义者：一、幻有必覆真空，以空隐有现故，亦法界观中事能隐理门。二、幻有必不碍真空，以幻有必自尽，令真空彻现故，亦法界观中事能显理门。然此四义即前缘生故空等四义，应知。（又依空有开五种中道，应考）”

※（利生）

又云：“揽空为众生，生与非生唯一味故。《不增不减经》云，即此法身流转五道，名曰众生。法身即众生，众生即法身，法身众生义一名异。以斯义故，佛见众生举体自尽本是法身，不更须化。大智现前，见于法身，随缘即众生，故大悲摄化。今以寂灭非无之众生，恒不异真而成立故，是不动真际，无化而化。以随缘非有之法身，恒不异事而显现故。不坏假名，化即无化。所化既空有不二，能化亦悲智不殊。”

※（发菩提心）

卷十四之二云：“疏，有悲故不为无边所寂，有智故不为有边所动。不动不寂，直入中道，是谓真正发菩提心。《钞》，若但拔苦因果，此杂毒故须观空，若偏观空即不见众生可度，名著空。若偏见众生可度，即堕爱见大悲，非解脱道。今则非毒非伪，故名为真。非空边非有边，故名为正。如是悲与智，非前非后，同时俱起。悲即智，智即悲，无缘无念，普覆一切，任运拔苦，自然与乐，不同毒害，但空爱见，是名真正发菩提心。”

※十观四法界。

※又卷十九之三云：“净识所现即唯心所现门，空色相融即法性融通门。此二即事事无碍之因也。”

※又卷十九之四云：“即理之事，行同事法界之无量、等虚空之无边，即事之理行同理法界之寂寥、等虚空之绝相。况二交彻，能令一行摄一切行，纯杂无碍。《钞》，况二交彻即事理无碍，谓空不碍色，色不碍空。下事事无碍，谓空入在一毛孔即摄无边法界。”

又云：“十观：一、摄相归真观，二、相尽证实观，三、相尽无碍观，四、随相摄生观，五、缘起相收观，六、微细容摄观，七、一多相即观，八、帝网重重观，九、主伴圆融观，十、果海平等观。此十观融四法界，初二理法界，始终不异。三即事理无碍法界，四即事法界，次五即事事无碍法界。五即一多相容不同门，六即微细相容安立门，七即诸法相即自在门，八即因陀罗网境界门，九即主伴圆融具德门。第十观果海绝言，通为前四之极，则四法界十种玄门皆约因分。”

※一体六观。

※按:《还源观》，法藏所作。

又云:“《还源观》立一体、二用、三遍、四德、五止、六观，不出此十三昧。言一体者，即自性清净圆明体，通为十定之体。二用者，一、海印森罗常住用，即此圆明海印三昧。二、法界圆明自在用，即华严妙行三昧。言三遍者:一、一尘普周法界遍，二、一尘出生无尽遍，三、一尘含容空有遍。此三并是因陀罗网三昧。言四德者:一、随缘妙用无方德，二、威仪住持有则德，三、柔和质直摄生德，四、普代众生受苦德。即此下手出广供三昧、现诸法门三昧、四摄摄生三昧、俯同世间三昧、毛光照益三昧、主伴严丽三昧。言五止者:一、照法清虚离缘止，二、观人寂怕绝欲止，三、性起繁兴法尔止，四、定光显现无念止，五、事理玄通非相止。言六观者:一、摄境归心真空观，二、从心现境妙有观，三、心境秘密圆融观，四、智身影现众缘观，五、多身入一镜像观，六、主伴互现帝网观。上之止观并是寂用无涯三昧，故此十门无不收矣。广释一体六观，具如《还源观》辨。”(又止观十义五对无碍相，三止三观遮照无碍，如卷十五中说，应考)

※不离道树上升须弥。

卷十六之一云:“佛得菩提，智无不周，体无不在，无依无住，无去无来。然以自在即体之应，应随体遍，缘感前后，有住有升。阎浮有感，见在道树。天宫有感，见升天上。非移觉树之佛而升天宫，故云不离觉树而升释殿。如澄江一月，三舟共观。一舟停住，见月不移。二舟南北，见月随自。”(又述古德十义，亦可参考。)

※性相三观。

※卷十九之五云:“若偏观三谛是常是断，是相待故。若总观者，一则坏于三谛，异则迷于一实。故即一而三，即三而一，非三非一，双照三一。在境则三谛圆融，在心则三观俱运。”

卷十六之二云:“中观疏释成中有二义释，一云由观前生灭，一切诸法即无性故者，一切法故非无，即无性故非有。由前但观无性是空，但观假名是假。今二相即，故非空非假，是中道义。此约即缘生法以明中道。二云相体即是不生灭也者，约三性义以辨中道。然无生多义，略有二种:一、事无生，缘生之相即无生故。二、理无生，圆成实体本不生故。今既经言该一切法，不拣相性，则相体皆无生矣。则遍计无生是空观，缘生假有是假观，缘生无生及圆成无生皆中道观，则性相二宗三观皆具。”

※非常非断。

又云：“现在阴灭中阴阴生，是现在阴终不变为中阴五阴，故现阴非常。如种生芽，种不至芽。虽不至芽，而能生芽，则现阴不断。而中阴五阴亦非自生，不从余来。因现五阴生中阴阴，斯则后阴非无阴，故后阴非常，既能续前故，后阴非断。非断非常，是中道义。”

※于依他中修诸观。

卷十九之二云：“余之二性，不离依他。由于二性成依他，谓圆成是依他体性，遍计但横执依他。又迷真似现故，即依三性说三无性。三性尚一，岂有三无？三无但是即有之无，三性但是即无之有。有无不二，为一实性。有无形夺性亦非性，故于依他中，具修诸观。”

※具分唯识。（附，八页附）

※又卷二十二之二云：“一切皆以心为自性，义通二境，摄境为心是世俗、胜义心之自性，即是真如，是胜义胜义。”

卷十九之三云：“依生灭八识，但有心境依持，而即如来藏心，故有真妄依持。以会缘入实差别相尽，唯真如门。摄境从心，不坏相故，是生灭门。存坏不二，唯一缘起。二门无碍，唯是一心。故下合中但明心造，欲分义别喻显二门，是名具分唯识。《钞》，存坏不二等者，结归华严。问：《唯识》第九卷持种依谓第八识，迷悟依谓即真如，何以说言然依生灭八识，唯有心境依持？答：彼虽说迷悟依，非即心境持种，以真如不变，不随于心变万境故，但是所迷耳。后还净时，非是摄相即真如故，但是所悟耳。今乃心境依持即是真妄，非有二体，故说一心约义不同，分成两义，说二门别。故《论》云，然此二门皆各总摄一切法故，以此二门不相离故。”又云：“一切皆从心造，然心是总相，即摄一切世间、出世间法。悟之名佛，成净缘起。迷作众生，成染缘起。缘起虽有染净，心体不殊。”（考《遗珠集》（乙）《华严之部》卷三十二、四十四》）（更考《经记》十页第三段）

※行体能所。

又卷十九之四云：“若约行所依，即前善思维三昧为体。若约所观，即二谛双融。若约能观，悲智无碍。”（考九页《十观》、《四法界》眉注）

※空有一异。

又卷二十三之一云：“世俗幻有之相，相本自空。胜义真空之理，理常自有。有是空有，非常有，斯有未曾不空。空是有空，非断空，此空何尝不有。有空空有，体一名殊。名殊故真俗互乖，迢然不杂。体一故空有相顺，冥然不二。一与不一，不即不离，镕融无碍。”

※离相实际观。

又卷二十四云：“初则会有归空，有未曾损，谓法即是空，非法灭空。次依空立有，有未始存，谓即空之有，有相虚故。次空有两亡，无隐无显，谓有存空隐，空存有隐。今由两亡，故非隐显。后空有无碍，存没同时，谓空不碍有故存，有不碍空故没。四句镕融，方名离相实际观也。”

※因缘。

又云：“一切法若漏无漏、为无为等，皆以因缘而为其本。云何谓本，谓因缘故有、故空、故不有不空（《钞》云，从缘有即不有，从缘空即不空。），故流转还灭，乃至一切皆由因缘。故《中论》云：“未曾有一法，不从因缘生。”有为缘生，无为缘显。因有有为则有无为，又形夺相尽，是真无为。”

※为无为非一异。

又云：“若约相即为即无为，无可灭坏，无为即为亦无可分别。若约无碍则事能显理而非理，理能成事而非事，事理相即，性相历然。故为无为体非一异。《钞》，若约相即下结成正义。一、相即门，二、若约无碍下即相成门。又云，而非理而非事，即不相是门，即是事理无碍十门中八门：一、真理即事门，二、事法即理门，三、依理成事门，四、事能显理门，五、真理非事门，六、事法非理门，七、又前有形夺相尽即真理夺事门，八、事能隐理门。通辨无碍即事遍于理，理遍于事，八门非异不相是二门非一。”

※无无想五意。

又卷二十八云：“一、以事例无，有法触目，尚不生想，无法无物，安可念耶？遣无物之无如虚空、龟毛、兔角。二者相无来去故，谓有本自无，非有去无来，即以此义，则无可无也。故无无想，明缘有即无故。《净名》云，色即是空，非色灭空，色性自空，明有即无故。此明非灭色之空也。三者有即非有，不可谓之为有，况得言无。则言思道断，明遣无为有。四者假非有以遣有，非谓有于非有，故复遣之。明遣无为非有，与三俱遣，以空为有义。五者以是法无我理，非是断无，必不得有故无无也。上四遣病，此句显实。”

※真如五教。

又卷三十云：“小乘但有生空，始教即立二空及六七等，不即于事。终教则即事即如，顿教多用非安立义，圆教即是百门重重无尽。然此百门，古释非一。

今且十十科之，以配十地十如。初、遍一切及无相为相等，即遍满真如之义。二、无能测量，无有比对，即最胜义。三、于法无碍，为众法眼即胜流义。四、无著无住等即无摄受义。五、毕竟无尽，无有变易，即类无别义。六、无有分别体性，无生即无染净义。七、无所不在，住有无法，即法无别义。八、体性清净，体性平等，即不增减义。九、遍一切法是佛境界，即智自在义。十、住一切地，成就一切诸佛菩萨等，即业自在义。随门入理，略有百门，若契一门，自含众妙。”（考《经记》十七页）

※六相。

※按：此全同《教义章》卷四，六相圆融义，乃清凉引法藏耳。其前又有云：“此义现前，一切惑障，一断一切断，行德即一成一切成，理性即一显一切显。普别具足，始终相齐。初发心时便成正觉，良由如是法界缘起，六相镕融，因果同时，相即自在，具足逆顺。”

又卷三十四云：“总相者，一含多德故。别相者，多德非一故。同相者，多义不相违故。异相者，多义不相似故。成相者，由此诸义缘起成故。坏相者，诸缘各住自性不移动故。问：何等是总相？总：舍是总相。问：此但椽等，何者是舍？答：椽等即是舍，独能作舍，故离即不成。若尔，未有瓦等应即是舍。

※按（《合论》五七卷六相义图为：

又云：“此一字中有六相，一切字一切法皆有此六相，善见者得智无碍总持门，于诸法不滞有无断常等障。此六字义缺一，即理智不圆。”

※按《注金师子章》之六相图为：

与《合论》义别。然此图位于章文“八括六相者”下。次即章文“师子是总相”等解六相，则此图乃法藏所作也。

答：未有瓦等不是椽故，以无瓦等对何说椽？若诸缘共出，少力共作，不全作者有断常过。但诸少力不成一全舍故，舍则断也。不成执有是无因常，今去一椽即非全舍，明椽全成，椽即舍也。由此全成，便令此椽即栿瓦等，以去于椽，即舍便坏，则瓦栿等亦皆坏故。故此诸缘，皆即是椽舍方善成。一缘既尔，余缘亦然。故缘起法不成则已，成则圆融。第二别相者，椽等诸缘别于总故，若不别者，总义不成。由无别时，则无总故，是故即以总为别也。问：若总即别，应不成总。答：由即别故，故得成总。如椽即舍故名总相，舍即是椽故名别相。若别不即舍，不是椽故。若舍不即椽，不是舍故。若不相即，总在别外，即非总也。别在总外，即非别也。

问：若不别者，复有何过？答：有断常过。谓若无别，即无椽等，舍不成故。无而执有，无因常故。下之四相，各有断常，可以意得。第三同相者，椽等诸缘和合作舍，不相违故，皆名舍缘，与总何别？答：总相唯望一舍，同则众缘互望，成力义齐。第四异相者，椽等诸缘，随自形类相差别故。问：异应不同。答：由相各异，长短等殊，方为舍缘同力成舍，此与别何异？别相诸缘，别于一舍，异则诸缘自互相望。第五成相者，由此诸缘，舍义得成故。问：现见诸缘，各住自性，何因得成？答：由不作舍，舍方得成。以若作舍，失本缘故，舍不得成。今由不作诸缘现在故舍得成。又若不作舍椽不名缘，今既名缘，明知作舍。第六坏相者，椽等诸缘各住，自法本不作故。若作舍者，即失本法，舍则不成。由不作故，舍得成也。乃为颂曰：一则是多为总相，多则非一是别相，多类自同成于异，各体别异显于同。一多缘起理妙成，坏住自法恒不作，唯智境界非事识，以此方便会一乘。六相之义，略已终矣。”

※世间涅槃无二四句。

又卷三十四之四云：“一、全涅槃故，无毫厘差，以世间实性说为涅槃。涅槃之相说为世间，以性收相，无相非性，故唯涅槃亦无有差。二、全世间故，无毫厘差，以相收性，无性非相故。三、全世间之涅槃，与全涅槃之世间无差毫厘，以虽互收，不坏二相故。四、全世间之涅槃非涅槃，全涅槃之世间非世间，非世间与非涅槃无毫厘差，以性相互夺，意不可得故。义虽四句，法唯一事，所谓无事故非四也。是故顺情而取四句俱非，顺法而言四句俱是也。此般若智于外能照诸法皆空，内照之体廓然即空。空四绝故，四绝中间，即空之神照朗无相之虚宗，是般若法也。此即非中之中也。由不碍事之理故，全涅槃入生死，全生死入涅槃。由不碍理之事故，差别宛然也。由二俱无碍，故入不入俱成也。由二无碍，又不二故，入即不入，不入即入，如是方为究竟平等。”

※断结五教。

又云：“若依圆宗所断之惑，一迷一切迷，一断一切断，无断无不断。若具显诸宗差别，如别行章。《钞》，若具显下，谓广如五教义分齐中，即是别章，上已略辨。谓结弹同毗昙、成实，即小乘断结义。引唯识文及具三时，即初教义。正约性相无碍，即实教义。于无断无不断中，兼顿教义。谓若无断者，一切契理故。无不断者，一断一切断故，即圆教义。若云尚无有断，何有无断，性本寂寥，言亡虑绝，说为断者，即顿教义。”

※空有非一异。

又卷三十四之六云：“真虽本有，迷亦无初。相依无性故名为真，若定有真，真还成妄。若尔，真应同妄，互相依故。妄必可断，真必可显。斯则不同不空之真，非由妄故，但空妄执，自见真源。《钞》，言相依无性者，依真起妄，因妄说真。若无能迷，所迷不立，安得有真？依真有妄，故妄无性。依妄说真，真岂定有？则能所俱空，故云相依无性。妄必可断下答上。若尔之难，约不异难令可断，今约不一。若真叵断，如波与湿，虽互相依，波则可灭，而其湿性不一不异。真妄俱成，此是一意。不空之真下，复是一意。上依空真，则同于妄。不空真性，非对妄论。即此空有非一非异，方为微妙之真。恐难无穷，故下结云但空妄执，自见真源。分别不忘，皆成妄惑。谓如复礼法师有遣问云，真法性本净，妄念何由起？许妄从真生，此妄安可止？无初则无末，有终应有始，无始而有终，长怀懵斯理。愿为开秘密，析之出生死。今疏末句正示秘密，故应总酬其问云：迷真妄念生，悟真妄则止，能迷非所迷，安得全相似？从来未曾悟，故说妄无始，知妄本自真，方是恒常理。分别心未亡，何由出生死？然疏文中理已具矣，但云无始而有终，长怀懵斯理者，则法相事而例难之。今云有妄即真，则同无终始，若分别说应有四句，真理则无终无始，妄念则无始有终，真智则无终有始，瞥起妄念有终有始。若约圆融，同无终始。既无终始，亦无无始无终，唯亡言绝想，可会斯玄。”又云：“信等有二：一、未证真前，妄识为体。二、证真之后，知信等非是今有，即如来藏中恒沙佛法，真心为体。真心为体即是理性，信等相殊，说为行性。此二不二，并可喻金。虽假缘修以成真德，德由真起，后成严具，亦不异真。既了于真，真非妄外，故全妄识即是真心。寄相显真，故分能所。”

※三假之三观。

又卷三十六之一云：“因成有二：一、五蕴和合，假名某甲，则入众生空。二、阴亦因缘而有，则入法空。二空所显，即是真如，不坏假名，空有不二，即是中道。言相续者，由前阴灭，后阴续生，念念相续，假而非实，亦入二空真实。言相待者，待非众生以说众生，入实亦然。《钞》，假名有谛，二空无谛，真如为中道第一义谛。又空有不二，真空不坏假名，假观合上空假以为中道。”

※修四念处五教。

又云：“《瑜伽·声闻地》世俗修观不净等，多同小乘，但知缘假，不计为实，则异小耳。次约大乘二谛别修，即初教意。《大集》、《般若》双明，通于二意。若性相抗行，即证成前义。若性相交彻，即终教意。《无行经》观身毕竟空等，即顿教意。《大品》明以一切种修四念处，即圆教意。（《钞》，“一切种智有三意：一者对乘、小乘一切智，菩萨道种智，如来一切种智。今非此意。二、别对三谛，亦明三智，今亦非此。三、约圆教故，一谛、三谛圆融修耳。通因通果，今当此意”）谓观此身之色法性缘生，故一色一切色。缘生即空故，一切色一色。法性中故，非一非一切，双照一一切。亦非色非不色，双照色不色。身念既尔，余三亦然。《钞》，《中论·四谛品》偈，因缘所生法，总显所依。下三句皆带此句，谓二因缘故空，三因缘故有，四因缘故中。今法性缘生故，一色一切色，即因缘故有也。缘生即空，故一切色一色，即缘生故空。法性中故，双非双照，即因缘故中。双非即双遮辩中，以一与一切互即夺故。双照辩中，性相历然，不可坏故。《疏》，色种即空，空中无净。色种不坏假名，云何滞空而取灭断。言色不净，观色本际非空非假，则一切非空非假。非空故非不净，非假故非净。即非二边，乃名中道。佛会此理，故于中间而般涅槃。一切即空，无不空寂。一切即假，无不成立。一切即中，无非法界。只一念心广远若此，故深观念处，即坐道场。”

※一心十门。

※（又《玄谈》卷一云：“一心五教，小乘实有外境，假立一心。由心造业，所感异故。始教以异熟赖耶为一心，遮无外境。终教以如来藏性具诸功德，故说一心。顿教以泯绝无寄，故说一心。圆教总该万有，事事无碍，故说一心。”

※（按：此十门同《探玄记》卷十三唯识十门，惟彼无此初。以二为初，顺次乃有第六转真成事，故说唯识。谓如来藏不守自性，随缘现，八识王数相见种现故。七至同，惟九令事作全事是也。

又卷三十七之一云：“（初）之一门假说一心，谓实有外法，但由心变动故。（二）相见俱存，故说一心。此通八识及诸心所，并所变相分本影具足，由有支等熏习力故，变现三界依正等报。如《摄论》及《唯识》等广说。（三）摄相归见，故说一心。亦通王数，但所变相分无别种生，能见识生，带彼影起。如《深密》、《二十论》、《观所缘缘》，具说斯义。（四）摄数归王，故说一心。唯通八识，以彼心所依王无体，亦心变故。如《庄严论》说。（五）以末归本，故说一心。谓七转识皆是本识差别功能，无别体故。《楞伽》云，譬如巨海浪，无有若干相，诸识心如是，异亦不可得。既云离水无别有浪，明离本识无别前七。（六）摄相归性，故说一心。谓此八识皆无自体，唯如来藏平等显现，余相皆尽。《经》云，一切众生即涅槃相等。《楞伽》云，不坏相有八，无相亦无相。如是诚证非一。（七）性相俱融，故说一心。谓如来藏举体随缘，成办诸事，而其自性本不生灭。即此理事浑融无碍，是故一心二谛皆无障碍。《起信》云，依一心法，有二种门，乃至不相离故。又《密严》云，佛说如来藏以为阿赖耶，及如金与指环喻等。又《胜鬘》云，自性清净心不染而染，难可了知。染而不染，亦难可了知。皆明性净，随染举体成俗即生灭门，染性常净本来真净，即真如门。斯则即净之染，不碍真而恒俗。即染之净不破俗而恒真。是故不碍一心，双存二谛，深思有味。（八）融事相入，故说一心。谓由心性圆融无碍，以性成事。事亦镕融，不相障碍。一入一切，一中解无量等，一一尘内各见法界，天人修罗不离一尘。其文非一。（九）令事相即，故说一心。谓依性之事，事无别事。心性既无彼此之异事，亦一切即一。（十）帝网无碍，故说一心。谓一中有一切，彼一切中复有一切，重重无尽，皆以心识如来藏性圆融无尽故。

上之十门，初一小乘。次三涉权，即是始教。次三就实，通于终顿。后三约圆中不共。（《钞》："圆教有二：一、同教，二、别教。别即不共，不共实顿故。同教者，同顿实故。"）若下同同教一乘，即收次三就实。若同于三乘，亦收前四，以圆教如海，包含无不具故。"（《行愿疏钞》卷二同用此说，而以五教立）

※遣空二义。

又卷三十七之二云："遣空总有二义：一、以重空遣空。如《净名》云：唯有空病，空病亦空。《中论》云：若复见有空，诸佛所不化。二、以有遣空，谓空即是有，故非空也。故经云，色即是空，非色灭空，故空非空也。是则不异有之空，则空非空。不异空之有，则有非有。今正取空非空义，由空非空即是有非有义。又空故非有，重言空故非空。又空故不碍空，重言空故不碍有。非空非有，能空能有，双融互泯，自在无碍。"

※三性有无（附）

※按：此大同《探玄记》卷十五释如幻忍。

又卷四十四之二云："如结一巾，幻作一马。（一）有所依之巾喻圆成。（二）幻师术法。（《探玄记》卷十五云："喻能起因缘，如无明等。"）（三）所现幻马，喻依他谓二因三果。（四）马生即是马死，喻依他无性，即是圆成。（五）愚小谓有，喻遍计所执。以第二为因，令悟第三，成第四，遣第五病，归第一理。然上五义各具有无。（一）巾性有相无，为马所隐故。（二）术用有体无，以依巾无体故。（三）马相有实无，以实无而现故。（四）生即是无，死即是有，以无碍故。（五）情有理无，但妄见故。（《钞》云："所以幻喻广说有无者，以惑计所执有无皆失，理无惑计有无皆真，是知幻喻诸法非实非虚，非空非有。若无于有不成于无，若无于无不成于有，有无交彻，万化齐融故。"）又五中各有四句：（初）性有相无四者：一、有，真性有故。二、空，无诸相故。三、亦有亦空，义门异故。四、非有非空，互融夺故。（二）用有体无四者：一、有，迷真有用故。二、空，依真无体故。三、亦有亦空，体用不坏故。四、非有非空，无体之用故。非有即用，无体故非空。（三）相有实无四者：一、有，事相现故。二、空，缘成无实故。三、俱，无性不碍缘成，缘成不碍无性故。四、俱非，缘成即无性故非有，无性即缘成故非空。（四）生无死有四者：一、真，性显故。二、依他，即无性故。三、性相双存故。四、性相相夺故。（五）情有理无四者：一、遍计妄情，能招生死故。二、即理而求，不可得故。三、要由理无方知情有，若无情有不显理无故。四、情有即理无，理无即情有故，然皆具德，不同四谤。具德者，一、真如是有义，以迷悟依故，不空义故，不可坏故。二、真性是空，以离相故，随缘义故，对染说故。三、真如亦有亦空，以具德故，逆顺自在故，体镕融故。四、真性非有非空，以二不二故，定取不可得故。余之四句应知。又皆即有之空，方为具德之空，即空之有，方为具德之有。是则非有之有，非空之空为具德耳。又尽有之空尽空之有，方为具德。又四句齐照成解境故，四句齐泯成行境故，皆言亡虑绝，方为具德耳。若以诸门交络，成二十重四句。一、以第一门中有对，第二门中无成四句。谓一者缘起是有，以真性妙有故。二、缘起是无，业惑无体故。三、俱双照真妄故，四、俱非真妄双绝故。余准此应知。”

※不一异十句。

※按：此大同《探玄记》卷十五释如幻忍。

又云：“就似有无性应成四句，谓此二无二故非异，无不二故非一。非一即非异，故非非一。非异即非一，故非非异。亦绝双照故，非亦一亦异。若以巾上住自性（不变）成象（随缘）二义，对象上体空（无性）差别（幻有）义，辩非一异，略有十句：（一）以巾上成象义，对象上差别义，合为一际名不异。此是以本随末，就末明不异。经云，法身流转五道名为众生，如来藏受苦乐与因俱。若生若灭等。（二）以巾上住自位义，与象上体空义，合为一际名不异。此是以末归本，就本明不异。经云，一切众生即如，不复更灭等。（三）以摄末所归之本，与摄本所从之末。此二双融无碍不异。此是本末平等为不异。（四）以所摄归本之末，亦与所摄随末之本。此二相夺，故名不异。此是本末双泯明不异，以真妄平等异不可得故。（五）以巾住自位义，与象上相差别义。此二本末相背，故名非一。《楞伽》云，如来藏不在阿赖耶中，是故七识有生灭，如来藏者不生灭。（《钞》：此中如来藏不生灭，即七识生灭之不生灭故，与自生灭不一也。七识生灭即如来藏不生灭之生灭，故与自不生灭不一也。此中非直不乖不异，以明不一，亦乃由不异故成于不一。何以故？若如来藏随缘作生灭时，失自不生灭者，则不得有生灭。是故由不生灭得有生灭者，是则不异故不一也。”）（六）巾上成象义，与象上体空义。此二本末相反相害故非一。（七）以初相背，与次相害，此二义别故名非一。（八）以极相害俱泯而不泯，与极相背俱存而不存，不存不泯义为非一。此是成坏非一，以七识即空而是有故，真如即隐而是显故。（九）上四非一与四非异，而亦非一，以义不杂故。（十）然亦不异，以理遍通故，法无二故。”

※梦空有。

※按：此大同《探玄记》卷十五释如梦忍。

又卷四四之三云：“一、以是梦故有梦事现，于梦者为有。二、既言是梦，其性必虚，于无实处而见实故。然语有则全摄无而为有，言无则全摄有而为无。以非二相故，非但相有性无而已。三、以是梦故，全有之无与全无之有，二门峙立不相是故。四、既言是梦，必是双非，形夺惧融，二相尽故。然此俱非不违双是，以若不夺无令尽，无以为无。若不夺有令尽无以为有，是故存亡不碍，俱泯自在，方为梦自在法门。”

※释心不可得。

又卷五十一之一云：“释经如来心意识俱不可得，古有多说。一云识等有二：一、染，二、净。佛地无彼有漏染心心所，而有净心心所，果位之中智强识劣故，于王上以显染无，约彼智所以明无量。若必无王，所依何立？故《唯识》卷二引《庄严经》云，如来无垢识，是净无漏界，解脱一切障，圆镜智相应。则有王明矣。言转识成智者，智依识转，非转识体。二云以无积集思量等义故，说心等叵得，就无分别智以显无量，非无心体。故《摄论》卷八云，无分别智所依，非心非思义故，亦非非心为所依止，心种类故。以心为因，数习势力引得此位，名心种类。上之二解，俱明心意识有，是法相宗。前有净无染，后有体无用，故不同。然以无思等，故说无染。以无染故，说非积集等，二义相成。三、无相宗及法性宗云，佛果实无心意识及余心法，云不可得。唯有大智故，言智无量故，知如来心。故《金光明》及《梁摄》皆云，唯如如及如如智独存。《佛地论》中五法摄大觉性，唯一真法界及四智菩提，不言更有余法。

上之二宗偏取皆妨。若依前有未免增益，亦不能通，不可得言。又此净分，此何不说，彼无垢识而得说耶？经何不言染不可得。若依后义未免损减，言不能通，知佛心言。既云以智无量知如来心，不言无心可知，明非无心矣。又心既是无智何独立，非唯违上二论，亦违涅槃灭无常识，获常义矣。若二义双取，未免相违。若互泯双非，宁逃戏论？（按：以《金光明》等为法性宗，实甚疏略，故所论甚不如理。）若尔，何以指南？今释此义，先会前二宗，后消经意。今初，若后宗言唯如智者，以心即同真性，故曰唯如。照用不失，故曰如智。如一明珠，珠体即如，明即如智，岂离心外而智别有？如是则唯如，不乖于有。前宗以纯如之体，故有净心。心既是如，有之何失？是知即真之有，与即有之真，二义相有无无碍。经言不可得者，以心义深玄，欲言有，同如绝相。言无，幽灵不竭。言染，万累斯亡。言净，不断性恶。言一，包含无外。言异，一味难分。口欲辨而辞丧，心将缘而虑亡，亦犹果分不可说故。是知佛心即有即无、即事即理、即王即数、即一即多，心中非有不有意，意中非有不有心，王中非有不有数，数非依不依王。一一皆尔，圆融无碍，则令上诸义各随一理，不爽玄宗。然佛尚不说，凡何敢思？有因缘故，则得无说之说耳。”

※成佛五教。

又卷五十二之一云：“小乘唯是五蕴实法，大乘或说但心所现，或说幻有即空，人法俱遣，或说唯如来藏具恒沙性德故。众生即在缠法身，法身众生义一名异，犹据理说。更有说，根本自尽，性本自现，不可说即佛不即佛等。若依此宗，旧来成竟亦涅槃竟，非约同体，此成即彼成故。若尔，何以现有众生非即佛耶？若就众生位看者，尚不见唯心即空，安见圆教中事？若诸情顿破，则法界圆现，无不已成。随门不同，且略分四：一、约性即一真法界。二、约相即无尽事法。三、约性相交彻，显此二门，不即不离。四、以性融相，德用重重。今正约第四一成一切皆成。谓以佛之净性，融生之染。以佛一性，融生之多。令多染生，随一真性，皆如于佛。已成佛竟，非唯有情，会万类相融为佛体，无不皆成。顿教多同约性门，终教即同交彻门。始教有二：幻有即空同会相归性，但唯心现多同第二。小乘人天，皆同相门。”（按：此兼人天为六。）

※一真法界五门十义。

※按：此大同《探玄记》卷十八初。

又卷六十之一云：“一真无碍法界，语其性相，不出事理。随义别显，略有五门：（一）有为法界，有二：一、本识能持诸法种子，名为法界。二、三世之法差别边际，名为法界。（二）无为法界，有二：一、性净门，二、离垢门。（三）亦有为亦无为法界，有二：一、随相门，谓受想行蕴及五种色并八无为，此十六法，唯意所知，十八界中名为法界。二、无碍门，谓一心法界具含真如生灭二门，事理无碍。（四）非有为非无为法界，二者：一、形夺门，谓缘无不理之缘故，非有为理，无不缘之理故，非无为法体平等，形夺双泯。二、无寄门，谓此法界离相离性，故非此二，又非二谛，故又非二名言所能至故，是故俱非。

（五）无障碍法界，二者：一、普摄门，谓于上四门，随一即摄余一切故。是故善财或睹山海堂宇，皆名入法界。二、圆融门，谓以理融事，故令事无分齐。微尘非小，能容十刹。刹海非大，潜入一尘也。以事显理，故令理非无分，谓一多无碍，或云一法界，或云诸法界。然由一非一故即诸，诸非诸故即一，乃至重重无尽。故善财暂执手，遂经多劫，才入楼，普见无边，皆此类也。”

(二)《华严疏钞玄谈记》

※至圣五教。

※以上所录，类皆不要，且多支节。因阅《疏钞》时，未见《玄谈》也。

卷一云：“小乘教以五分身为法身，丈六身为报身，随类为化身，名至圣。大乘始教有二：破相宗，以胜义谛中离一切相，非蕴处界为法身，智随物现为报、化身，名至圣。立相宗，以清净法界为法身，四智相应心品所现为报、化身为至圣。终教依《起信论》，以体大为法身，相大为受用身，用大为化报化身，名至圣。顿教不分三异，绝待离言一实之性为至圣。圆教以法界无尽身云真应相融，一多无碍，圆满十身为至圣。”

※五教义。

※（按：贤首、清凉于诸家判教态度颇好，尤以其对天台，如《探玄记》及《疏钞》中说。其分五教所由，亦非定执，态度亦好。至慧苑而变矣，于诸家判教一一拣破。卷一难贤首立顿云：“净名嘿等并是亡诠显理，何复将此立为能诠？若此是教，更诠何理？若言以教离言，故与理不别者，终、圆二教总应名顿，何有五教”等，皆属荒谬。清凉破之，是也。其所立四教义详后。

卷五云：“贤首五教，大同天台，但加顿教。今先用之，后总会通，有不安者颇为改易。（初）小乘教，即天台藏教。（二）大乘始教，亦名分教，以《深密》第二、第三时教，同许定性、二乘俱不成佛，故今合之，总为一教。此既未尽大乘法理，故立为初。（《钞》云：“第二时中但明于空，空是初门。第三时中定有三乘，隐于一极，故名初。”）（三）终教亦名实教，定性二乘、无性阐提悉当成佛，方尽大乘至极之说，故立为终。以称实理，故名为实。（《钞》云：“非唯说空，复说中道妙有，故称实理。”）上二教并依地位渐次修成，故总名渐。（四）顿教但一念不生即名为佛。（《钞》云：“即心本是佛体，妄起故为众生。一念妄心不生，何得不名佛。”）不依地位渐次而说，故立为顿。不同前渐次位修行，不同于后圆融具德，故立顿名。（《钞》云：“不同天台，圆即是顿。”）顿诠此理，故名顿教。（《钞》云：“《刊定记》难和尚云：上所引经当知此并亡诠显理，复何将此立为能诠，若此是教，更何是理？今为通此故云顿诠此理，谓所诠是理。今顿说理，岂非能诠？夫能诠教皆从所诠以立，若诠三乘则渐教，诠事事无碍即圆教。岂以所诠是理，不许能诠是教耶？亦由曾不参禅，致使全迷顿旨。”）天台所以不立者，以四教中皆有一绝言故。今乃开者，顿显绝言，别为一类，离念机故，即顺禅宗。（《钞》云：“达磨以心传心，正是斯教。若不指一言以直说，即心是佛，心要何由可传？故寄无言之言，直说言绝之理，教亦明矣。故南北禅宗，不出顿教。”）（五）圆教，明一位即一切位，一切位即一位，是故十信满心即摄五位成正觉等。依普贤法界帝网重重，主伴具足，故名圆教。

※按：《行愿品疏》一云：“权教大乘即始教，实教大乘即后三教，即今法性法相二宗。并依圣教，取意不同，略列十条。谓一三乘别，一五性别，唯心真妄别，真如随缘凝然别，三性空有即离别，生佛不增不减别，二谛空有即离别，四相一时前后别，能所断证即离别，佛身无为有为别，应知。”更考《分宗判教研究》及《遗珠集·华严之部》所记二宗义。

若约所说法相，（初）但说七十五法，但说人空，纵少说法空亦不明显。但依六识三毒建立染净根本，未尽法源，故多诤论，部执不同。（二）广说法相，少说法性，所说法性即法相数。说有百法决择分明，故少诤论。说有八识，唯是生灭，依生灭识建立生死及涅槃因。法尔种子有无永别，是故五性决定不同。既所立识唯业惑生，故所立真如常恒不变，不许随缘。依他起性，似有不无，非即无性，真空圆成，说经空义，但约所执。既言三性五性不同，故说一分众生决不成佛，名生界不减。真俗二谛迢然不同，非断非常，果生因灭。（按：此中钞引八谛证不同，引恒转证非常断，不尽原意，似有门户之见。）※（按：此约法相说，皆据法藏《教义章》卷二及卷三，应知彼有详说，可考。盖该书仅四卷，以二卷解五教分齐，可知其用力处也。共分十门，颇多决择）同时四相灭表后无，根本后得，缘境断惑，义说双观，决定别照，以有为智证无为理，义说不异而实非一，既出世智依生灭识种，故四智心品为相所迁，佛果报身有为无漏。如是义类，广有众多，具如《瑜伽》、《杂集》等说。※（慧按：教海繁衍，矛盾时见，故判教分宗实不能已之事。教判宗分而矛盾成为浅深，观行得其阶位，佛所说法无论小大皆为对机之方便矣。于此见昔日祖师之魄力，及组织力、理解力。就中台、贤最善，纯乎立足于观行以判故。余皆不妥，待后详论乎。至于末学定执教时，皆属罪人，吾岂忍言其痛楚哉！）（三）少说法相，多说法性，所说法相，亦会归性。所立八识通如来藏，随缘成立，生灭与不生灭和合而成，非一非异。一切众生平等一性，但是真如随缘成立，依他无性即是圆成。一理齐平，故说生界佛界不增不减，第一义空该通真妄，妄非俗外，即俗而真故。虽空不断，虽有不常，四相同时，体性即灭。缘境断惑，不二而二，有能所断，二而不二。说为内证，照惑无本，即是智体。照体无自，即是证如。非智外如，为智所证。非如外智，能证于如。世出世智依如来藏始本不二，则有为无为非一非异，故佛化身即常即法，不堕诸数，况于报体，即体之智，非相所迁。如是众义。次第对上，如《楞伽》等经，《起信》等论。※（又卷八云：“性空通于初顿终教，真如妙有即是实教。若通于空有交彻，具德即是圆教。”）（四）顿教不说法相，唯辨真性，亦无八识差别之相，一切所有唯是妄想，一切法界唯是绝言。五法与三自性俱空，八识及二无我双遣。诃教劝离毁相泯心，心生即妄，不生即佛，亦无佛无不佛，无生无不生。如《净名》默住显不二等，是其意也。（五）圆教所说，唯是无尽法界，性海圆融，缘起无碍，相即相入。如因陀罗网重重无际，微细相容，主伴无尽十十法门，各摄法界。”（考《遗珠集》乙部卷二十九之（七）。）

※圆教分齐（附）。

卷六云：“前之四教不摄于圆，圆必摄四。虽摄于四，圆以贯之，故十善五戒亦圆教摄，尚非三四，况初二耶？斯则有其所通，无其所局，故此圆教语广明无量乘，语深唯显一乘。一乘有二：一、同教一乘，同顿实故。二、别教一乘，唯同融具德故。以别该同，皆圆教摄。

※按：《钞》云：“初门即事，二即理，三即事理无碍，四即事事无碍。”

今显别教一乘，略显四门：（一）明所依理事，理即生空所显，二空所显无性真如等理。事即色心身方等。（按：有十门，此录一门。）（二）总摄归真，即真空绝相。

※按：初门事法界，十对全同。法藏《旨归》，其十玄门，称十无碍，名义次序稍异。谓一、性相无碍，二、广狭无碍，三、一多无碍，四、相入无碍，五、相是无碍，六、隐显无碍，七、微细无碍，八、帝网无碍，九、十世无碍，十、主伴无碍。其以莲花叶释此十无碍。一文义异清凉，二除此六句余同，四除此六句余同此三。五同此四，六又同此五。七同此六，八同此七，九同此九，十同此八及十。三云：“即此华叶具无边德，不可言一。融无二相，不可言多。此一即多，多复即一，一多无二，为一华叶。”于此无所属，或即当此第三门中，一切及一对辩也。其释经意即此德用所由，次序亦稍异。谓一为明诸法无定相故，二唯心现故，三如幻事故，四如梦现故，五胜通力故，六深定用故，七解脱力故，八因无限故，九缘起相由故，十法性融通故。其释大同，惟缘起相由仅约体用，未开十门。法性融通亦未开十门。杨仁山于《十玄门》卷下跋云：“贤首仍之载于《教义章》内，大意相同而文有详略，及作《探玄记》改易二名，用一华叶演说，为清凉《玄谈》张本。后人不知，以为清凉十玄与贤首有异。”则杨仁山似未见《旨归》也。况《教义章》所述十玄与智俨稍异，其学疏陋乎？经云：法性本空寂，无取亦无见，性空即是佛，不可得思量。亦有十义，如《法界观》。（按：三观不见杜顺《止观》，而见于法藏《发菩提心章》之表德门。初观四句十门同，惟于泯绝无寄下有云，是谓行境。第二观亦十门，即此第三之十门也。文义兹同。第三观亦十门，谓理如事门，事如理门，事含理事无碍门，通局无碍门，广陋无碍门，遍容无碍门，摄入无碍门，交涉无碍门，相在无碍门，普融无碍门，

似亦十玄门也。此下又有色空章十门止观，及事理圆融义十门。门各开十，共一百门，要不出十玄门也。略）（考五十七页《法界观》）（《钞》云：“杜顺和尚《法界观》中总有三观：一、真空绝相观，二、事理无碍观，三、周遍含容观。此第二即彼初，于中自有四句十门。一、会色归空观，二、明空即色观，三、色空无碍观，四、泯绝无寄观。此为四句，前二各四，故十门。初句四门者，一、明不即断空，以即真空故。二、明青黄不即真空，以青黄无体即真空。三、空中无色可即空，故云不即空。以会色归空，无有体故，即真空。四、色即是空，以无性故。二句四门者，一、断空不即色，以真空必不异色故。二、以空理非青黄故非色，非青黄之真空必不异青黄，故云即色。三、空是所依，故不即色，必与能依为所依，故云即色。四、空即是色，凡是真空必不异色。第三、色空无碍观者，谓色举体是真空，故色不尽而空现。空举体不异色，故空即色而空不隐，故无碍一味。第四、泯绝无寄观者，谓此真空不可言即不即色、即不即空，一切皆不可，不可亦不可。此语亦不受，迥绝无寄，心解不及，以生心动念乖法体故。”）（三）彰其无碍，然初门十对皆悉无碍。今且约事理以显无碍，亦有十门：一、理遍于事门，谓无分限之理，全遍有分限事中，故一一纤尘，理皆圆足。二、事遍于理门，谓有分限之事，全同无分之理，故一小尘即遍法界。由上二义互该彻故，皆同一性。理遍是故，一成佛一切成佛。事遍同理故，说都无所成。经云，譬如虚空无成无坏，一性无性即是佛性。三、依理成事门，谓事无别体，要因理成。如揽水成波故。于中又二：一、明具分唯识变，二、明真如随缘成。四、事能显理门，谓由事揽理成故，事虚而理实，依他无性即是圆成。如波相虚，令水现故。五、以理夺事门，谓事既全理，则事尽无遗。如水夺波，波相全尽，故说生佛不增不减。六、事能显理门，谓真理随缘而成，事法遂令事显理不现也。如水成波，动显静隐，故法身流转五道，名曰众生。七、真理即事门，谓凡是真理，必非事外，以是法无我理故，空即色故，理即是事方为真理。八、事法即理门，谓缘集必无自性，举体即真故，故如来藏与阿赖耶展转无别。又由事即理故，虽有不常，理即事故，虽空不断。又由事理相即故，起灭同时，亦令究竟断证，离于能所。九、真理非事门，即妄之真异于妄故，如湿非动。十、事法非理门，即真之妄，异于真故，如动非湿。上七八二门明事理非异，九十二门明事理非一。故为无为非一异，上之十事同一缘起，故云无碍。约理望事则有成坏即离，事望于理有显隐一异，逆顺自在无障无碍，同时顿起深思令观明现，以成事理圆融无碍观也。（四）周遍含容即事事无碍。※（按：《略策》第二十五条喻十玄门云，一如大海一滴含百川之味，二如径尺之镜见千里之影。三如一室千灯，光光涉入。四如金与金色，二不相离。五如片月澄空，晦明相并。六如琉璃瓶盛多芥子。七如两镜互照，传曜无穷。八如立像竖臂，触目皆道。九如一夕之梦，翱翔百年。十如北辰所居，众星同拱。大好）且依藏和尚显十玄。于中文二，先正辩玄门，次明其所以。十门者：一、同时具足相应门；二、广狭自在无碍门；三、一多相容不同门；四、诸法相即自在门；五、秘密隐显俱成门；六、微细相容安立门；七、因陀罗网境界门；八、托事显法生解门；九、十世隔法异成门；十、主伴圆明具德门。此之十门同一缘起，无碍圆融，随其一门即具一切。《钞》云："此第二门同法界观中，广容普遍之义，而名小异。此门贤首新立以替至相十玄诸藏纯杂具德门。主伴一门，至相所无，而有唯心回转善成门。今为玄门所以。又列名次，亦异于彼。彼云：一同此一，二同此七，三同此五，四同此六，五同此九。六、诸藏纯杂具德门。七同此三，八同此四。九、唯心回转善成门。十同此八。今不依至相者，以贤首所列有次第故。初总故冠九，二是别门之由。由上事理无碍中，事理相遍故生下诸门。且约事如理遍故广，不坏事相故狭，故为事事无碍之始。※（按：《七处九会颂释章》以六相融十门云："初一门中无门不摄，故名总相。后九门于一开九，名别相。十门相资，各不相违，同成一总，名同相。十门相望，其义各异，名异相。揽九成一，一门圆满，名成相。分一作九，九外无一，名坏相。"义未有可取）三由广狭无碍，所遍有多，以已望多，故有一多相容。相容则二体俱存，但力用交彻耳。四由此容彼，彼便即此。由此遍彼，此便即彼等故，有相即门。五由互相摄，则互有隐显。理摄他，他可见故，有相入门。摄他他无体，故有相如门。摄他他虽存，而不可见故，有隐显门，以为门别故。故此三门皆由相摄而有，相入则如二镜互照，相即则如波水相收，隐显则如片月相映。六由此摄他，一切齐摄，彼摄亦然，故有微细相容。七由互摄重重，故有帝网无尽。八由既如帝网，随一即是一切无尽，故有托事显法。九由上八皆是所依，所依之法既融，次辨能依，能依之时亦尔。十由法法皆然，故随举其一，则便为主。连带缘起，便有伴生。《刊定记》德相业用各有十玄，成二十门，有破未录。今且于前十中，取一事法明具后十门。一、华藏颂云，华藏世界所有尘，一一尘中见法界。一尘尚具，况一莲华叶耶？※（按：《合论》五十七所举十玄名同此，惟十世隔法异成作十世圆融异成。）二、即彼华叶普周法界而不坏本位，以分即无分，无分即分，广狭自在无障无碍。是故或唯广无际，或分限历然，或即广即狭，或广狭具泯。或具前四，以是解境故。或绝前五，以是行境故。（《法界缘起章》有义同此六句。）下皆准此。※（《钞》云："约智显理，诸门不同。废智忘筌，一切叵说。说与不说无碍难思，没同果海，唯亡言遣照，庶几玄趣耳。"）三、即此华叶舒已，遍入一切法中，即摄一切令入己内。舒摄同时，既无障碍，是故镕融或有四句六句。应知。若一与一切对辨，则摄入各有四句。谓一入一切，一入一，一切入一，一切入一切。互摄亦然，随一四句复应成六。应知。※（按：《决疑论》卷一下举十玄名：一、同时具足相应门；二、一多相容不同门；三、诸法相即自在门；四、天帝网影像重重互参无碍门；五、微细相容安立门；六、秘密隐显具德门；

七、诸莲花藏纯杂俱含无障门；八、十世圆融互参相入门；九、唯智同别自在门；十、托事表法生解门。与一切异）四、此一华叶，废己同他，举体全是彼一切法而恒摄他同己，令彼一切即是己体。五、华能摄彼，则一显多隐。一切摄华，则一隐多显。显显不俱，隐隐不并。隐显显隐，同时无碍。六、此华叶中微细刹等一切诸法炳然齐现。七、此华叶二微尘中，各现无边刹海。刹海之中复有微尘，彼微尘内复有刹海。如是重重不可穷尽，非是心识思量境界。八、见此华叶即是见于无尽法界，非是托此别有所表。九、即此一华，既具遍一切处，亦复该一切时。谓三世各三，摄为一念，故为十世。以时无别体，依华以立，华既无碍，时亦如是。十、此圆教法，理无孤起，必摄眷属随生。是故主主伴伴，各不相见。主伴伴主，圆明具德。如此事华既具十门，而此事上有初所依十门。十门各具十门，则为百门。一门有百，十门例此成千。又此第四，门亦各应具百，十百亦有千门。若重重取之，亦至无尽。是故于此十门圆明显了，则常入法界重重之境。

明德用所由者，问：何因缘故，令此诸法得有如是混融无碍，略提十类：一、唯心所现故；二、法无定性故；三、缘起相由故；四、法性融通故；五、如幻梦故；六、如影像故；七、因无限故；八、佛证穷故；九、深定用故；十、神通解脱故。十中随一，即能令彼诸法混融无碍。前六通约法性为德相因，后二皆是业用，义通因果。七约起修义，通德相业用（七疑九），八约果德，唯是德相故（八疑十）。约佛则用亦德相，德上用故。约机则相亦称用，令知相故。即用之相，染净双融。即相之用，能染能净，故相及用不两分别。初谓一切诸法真心所现，大小等相随心回转，即入无碍。二、既唯心现，从缘而生，无有定性，性相俱离。小非定小，能容太虚而有余，以同大之无外故。大非定大，故能入小尘而无间，以同小之无内故。三、谓大法界中，缘起法海义门无量，略有十门。※（按：此所谓缘起就理事融通说也。若仅就事，十门颇不可通）一、诸缘体用各别，不相杂乱，方成缘起。※（按：法藏《教义章》卷四缘起因门六义法，颇有意于此解而不及此。更考《法界缘起章》）二、互遍相资。三、俱存无碍。四、异体相入。五、异体相即。六、体用双融。七、同体相入。八、同体相即。九、俱融无碍。十、同异圆满。谓以前九门，总合为一大缘起，令多种义门同时具足。由住一遍应故有广狭自在门，由就体就用故有相即相入门，由异体相容具微细门，异体相即具隐显门。又就用相入为显，令就体相即为隐，即显入隐亦然。又由异门即入为显，令同体即入为隐。同显异隐亦然。又由异体相入，带同体相入具帝网门。由此大缘起即无碍法界，故有托事显理门。显于时中故，有十世门。相关互摄故，有主伴门。（按：缘起十门，似属繁文，阅昧未详析，应知）四、谓若唯约事则互相碍，不可即入。若唯约理则唯一味，无可即入。今则理事融通，具斯无碍。（又开十门，繁文未录。）五、六、可知。七、谓昔在因中，常修缘起无性等观，大愿回向等称法界修及余无量殊胜因故，今如所起果，具斯无碍。八、由冥真性得如性用。九、谓海印定等诸三昧力故，十、谓由十通及不思议等解脱故。”

※清凉观行

※（又《圆宗文类》卷二十二录清凉《证道颂》云：“欲了真如性，须遣妄执情，有心生死路，无念涅槃城。烦恼谁为主，菩提尚假名，不存分别见，佛道自然存。”

卷九云：“今法学之者，多弃内而外求，习禅之者好亡缘而内照，并为佛执，俱滞二边。既心境如如，则平等无碍。余曾莹两面镜，鉴一盏灯，置一尊容而重重交光，佛佛无尽。（《钞》云：“一镜喻境，一镜喻心，灯喻本智，但取明了之意。”）见夫心境互照，本智双入，（《钞》云：“智性色性本无二，故一切法即心自性故，故此智入心入境。”）心中悟无尽之境，境上了难思之心。又即心了境界之佛，即境见唯心如来。心佛重重而本觉性一，（《钞》云：“今人只解即心即佛，是心作佛，不知即境即佛，是境作佛。今明以如为佛，心境皆如，心如即佛，境如焉非？又以心收境，则心中见佛是境界之佛，以境收心则境中见佛是唯心如来。”）皆取之不可得而心境两亡。照之不可穷，则理智交彻。心境既尔，境境相望，心心互研，万化纷纶，皆一致也。”

※法界三大，本末及类别。

※（又《行愿品疏》卷一云：“大哉真界，万法资始，色空有而绝相，入言象而无迹。妙有得之而不有，真空得之而不空，生灭得之而真常，缘起得之而交映。我佛得之妙践真觉，廓净尘习，寂寥于万化之域，动用于一虚之中。融身刹以相含，流声光以遐烛。指其源也，情尘有经，智海无外，妄惑非取，重玄不空。四句之火莫焚，万法之门皆入。冥二际而不一，动千变而非多，事理交彻而双亡，以性融相而无尽。故得圆至功于顷刻，见佛境于尘毛。万行亡照而齐修，渐顿无碍而双入。”第四十卷《别行疏卷初》同。

卷一云：“往复无际，动静一源。含众妙而有余，超言思而回出者，其唯法界欤？（《钞》云：“（初）约三大释，谓初句为用大。谓迷法界而往六趣，往也。悟法界而复一心，复也。皆法界用也。往即动，复即静。迷则妄生，悟则妄灭。然真有二义，一、约随缘，迷则真随于妄，则真灭妄生。悟则妄灭归真，则真生妄灭。二、约不变，迷悟生灭来往约然，真界湛若虚空，体无生灭。言无际者，迷来无始，故无初际。悟绝始终，际即无际。

次句即体大，谓动静迷悟虽有二门，所迷真性一源莫二。又不释动以求静，必求静于诸动，故虽动而常静。则动静名殊，其源莫二。

第三句为相大，此有二义：一、约不空恒沙性德皆依法界。二、约事事无碍十玄之相本自具足，即别教意。一是同教意。

第四句融拂上三，融则三一互收，拂则三一双绝。

（二）约本末释，初句从本起末，即不动真际建立诸法。次摄末归本，即不坏假名而说实相。第三句本末无碍，则性相历然。第四句本末双寂，则言思无寄。

（三）明类别，一会三法界。初句事法界，次句理法界，第三句无碍法界，第四句融拂。二会四法界，初句事。次具三义，动事静理一事即事理无碍。第三句事事无碍法界，第四句融拂四法界。三会五法界，往复与动皆有为，静无为。一源有二，双夺则非有无为互融，则亦有无为。第三句即无碍法界，第四句总融五法界。”

又冥真体于万化之域，显德相于重玄之门。用繁兴以恒如，智周鉴而常静。（《钞》云：“今更明三大所在，前但辨三大之相故。初句明体，体在万化之中，非事外也。故真体与一切法，非一非异，是无为碍。第二句明相，相不碍体也。明德相祇在体上，若离体有相，相非玄微。胜德之相，名为德相。第三句明用，用不离于体相，故繁多兴起而常如。体相用三不相舍离，皆是所证所观。第四句明能证能观，若当句明即止观无碍。对上三句即境智无碍，由所观境既体用无碍故，能观智亦寂照双流。若作三观释者，以智鉴体空观，鉴用假观，鉴相中观也。对此三观，止亦有三。体真故静即于空观，成体真止。随缘无取故静，即于假观有方便随缘止。离二边分别，故静即于中观有离二边分别止。三止三观融为一心，契同三谛，无碍之理，则心境融即而常历然。”）真妄交彻，即凡心而见佛心。（《钞》云：“真该妄末，妄彻真源，故云交彻。又不离一心故，妄揽真成，无别妄故。真随妄显，无别真故。真妄名异，无二体故。或说妄空真有，妄有真空，俱空俱有，双非两是，并皆交彻。应知。”）※（《钞》云：“执禅谓依本智性，无作无修。境本自明，不拂不莹。执法谓须起事行，当求如来依他胜缘，以成己德并为偏执，故有事理双修之言。”）事理双修，依本智而求佛智。理随事变，则一多缘起之无边。事得理融，则千差涉入而无碍。”（《钞》云：“上八句明事理无碍，此四句明事事无碍。初二句明无碍所由，所以事事不同而得无碍者，以理融事故。由事理无碍方得事事无碍。若事非理成则互相碍。”）

又卷二云：“相是即性之相，故行布不碍圆融。性是即相之性，故圆融不碍行布。（按：以上四句同《刊定记》一）圆融不碍行布，故一为无量。行布不碍圆融，故无量为一。无量为一，故融通隐隐。一为无量，故涉入重重。”亦好。※（按：法藏《关脉义记》云：“展最清净法界为理智两门，即分菩提涅槃之异也。又理开体用，智分因果。”）又《行愿品疏》卷二云：“然其法界非界非不界，非法非不法，无名相中强为立名，是曰无碍法界，寂寥虚旷，冲深色博，总该万有，即是一心。体绝有无，相非生灭，莫寻始终，岂见中边。为胜智境而二智不知，唯证所见而五目亡照。诸佛出世，于此无碍法界，开为事、理二门。色心等相，谓之事也。体性空寂，谓之理也。事理相融，即无有障碍。”亦好。又《略策》第十条云：“迷真起妄，假号众生，体妄即真，故称为佛。迷则全迷真理，离真无迷。悟则妄本是真，非是新有。迷因无明横起，似执东为西。悟称真理而生，如东本不易。就相假称生佛，约体故得相收，不见此源迷由未醒。了斯玄妙，成佛须臾。”亦好。第二十四条云：“色外无空，全色为空。空外无色，全空是色。色谓缘生之法，空谓无性之理。由缘生故无性，即色事而是真空。由无性故从缘，即空理而为色事。一体二义有事理之名，二义一体故得交彻也。”大好。

(三)《答顺宗心要法门记》

※心要法门。

※按：旁加系宗密注，似与本文不相侔。

※按：宗密《行愿品疏钞》卷一云答顺宗皇帝。

云：“至道本乎其心，（诸佛众生，迷悟本也）心法本乎无住，（万法之宗，本乎无住，即心体也。）无住心体，灵知不昧（莹净之理）。

性相寂默包含德用，（性即空空，绝迹相即，星象燦然。性包含于神用，具尘沙之无边。）该摄内外（相该摄于内外，亦不在于中间）能广（无外）能深（无内），非有非空，（妙有不空，真空不有）不生不灭（非四相所迁）。求之不得，（一真心地绝取舍之情）弃之不离。迷现量则惑苦纷然，悟真性则空明廓彻。虽即心即佛，（见在即凡，情忘即佛，智与理冥，境与神会方知也，）唯证者方知。然有证有知，则慧日沉没于有地。若无悟无照，则昏云掩蔽于空门。但一念不生，前后际断，照体独立，（真智现前，我及我所悉皆同体。）物我皆如，直造心源，无智无得，不取不舍，（性自天真，本无取舍。）无对无修。（本非对待，岂有修作）

然迷悟更依真妄相待，若求真去妄，如避影以劳形。若体妄即真，似处阴而影灭。（妄无自体，举举即真）若无心忘照，则万累都捐。若任运寂知，（起即体之用，用而无用，何假因耶。）则众生圆起。放旷任其去住，静鉴见其源流，语默不失玄微，动静岂离法界。言止则双忘智寂，（止观俱泯）论观则双照寂知。（止观齐彰）语证不可示人，说理非证不了。悟寂无寂，（智与理冥）真智无知，（真如之理泯能知者。）以知寂不二（以助理之智）之一心，契空有（证不二之理）双融之中道。无住无著，（二边不立，中道不安）莫摄莫收，（任法界性，延促无碍）是非两忘，能所双绝。斯绝亦绝，（法界真性，思虑叵穷。若绝能所，则真智现前）般若现前。

般若非心外新生智性，乃本来具足。然本寂不能自见，实由般若之功。般若之与智性（智非理不能生）翻覆相成，本智之与始终（本末俱泯）两体双绝。证入则妙觉圆明，悟本则因果交彻（凡圣相入）。心心作佛，无一心而非佛心。处处证真，无一尘而非佛国。真妄物我举一全收（二而不二），心佛众生炳然齐致(不二而二)。迷则人随于法，法法万差而人不同。悟则法随于人，人人一致而融万境(物

象无体)。言穷虑绝，何果何因，体本寂寥，孰同孰异。唯志怀虚朗，消息冲融，其犹透水月华，虚而可见，无心镜像(虚心之鉴)，照而常空矣。”(慧按：清凉心要在于无碍，无碍即无住。无住者，言忘虑绝，非有非空等也。是故开六句而五绝，释三大则融拂。四界十门，不得已而立言耳。《玄谈》卷一云：“替人不贵宗通，唯攻言说。或年事衰迈，方欲废教求禅，岂唯抑乎佛心，亦实翻悟后学。今皆反此，故制兹疏。”可以证矣。若不知此，惟务侈谈，清凉之罪人也。其非顿教，如清凉自明。若知此意，不住二边，即万境而重玄，闭神宫而无闼矣。是为事事无碍等也。《中论》空假中偈亦斯微意，不然遣空复存空，何事于中乎？若于圣哲，触目会道，无往不真，五教十玄悉属多事也。思之)

(四)《行人修道简邪入正止观法门记》

※杜顺止观五门。

※按：此所谈较清凉五教之分，更为当理，以其皆就观行上说也。其第五门不过就上四门，如理设方便，俾入事理无碍法界耳，故曰华严三昧门最为得体。清凉改为圆教，成门户见矣。其第三门实已摄尽所谓圆教之意，与终教别。第二门亦非始教所谈法门，第四门谈顿更非顿教之顿也。要之，清凉五教固多可採，而失杜顺本意则甚矣。

又小、始之名仅见于初二门末，余三教名无。卷初目录于第一门注云“小乘教”，第二门云“大乘始教”，第三门云“大乘终教”，第四门云大乘顿教，第五门云一乘圆教。定系无知妄人所加。

智俨《十玄门》中立通宗之名义当圆教，又始立一乘之名。《五十问答》第三条等，于三乘(即大乘)立始教、终教之名，判义同清凉。又于一乘分共教、别教，如第二十一条云：“一乘教有二：一、共，即小乘三乘教。名字虽同，意皆别异。二、不共，圆教一乘所明诸义，文文句句皆具一切，如《华严经》说。”义不若清凉所分之清晰。又第二十六条云：“《四阿含》局小乘教，《正法念经》通三乘教，《涅槃》、《大品》三乘终教，《金刚般若》三乘始教，《维摩》、《思益》、《仁王》、《胜天王》为直进菩萨说，《华严》一部是一乘不共教。”难知。

《孔目章》卷一云：“依教有五位差别：一、小乘。二、初教，即空教也。三、熟教，四、顿教，五、圆教。”又云：“熟教中终教”，又“五乘者，人天共一，二乘共一，始终渐教共一，顿教一，一乘一，共为五乘”。五教之名，此已具足，义分齐如文。不要且繁，故略。又四云：“别教者，别于三乘。同教者，会三归一。又所言同者，三乘同一乘，小乘同一乘，小乘同三乘。又别教之中亦有同别，多即一是同，一中多是别。同教之中亦有同别，一乘三乘是同，各为据机别是别。”亦不切实。据上论之，智俨之学问理解，皆不及清凉。又《搜玄记》卷一初云：“一化始终，教门有三：一、渐教，二、顿教，三、圆教(未解清)。此经即顿及圆二教摄。”又云：“若教义齐与十玄相应者，即一乘因教及顿教，相应而不具足者，即三乘渐教。一乘与顿悟，此亦不定或不别。或约智与教别，又一浅一深也。又一往直陈，宗本之致，更无由藉，以之为顿，为始习施方便开发三乘引接之。次第相乘以阶彼岸，故称渐。究竟穷实至极果行满足佛事为圆。如穷之以实等同一味，但以对治言分有三。”亦甚含糊。是故《五十问答》、《孔目章》中虽有数门解一乘、三乘分齐，皆无头绪，如上所录可知。是又安足以承帝心称二祖乎？其《十玄门》恐未尽杜顺心要也。

法藏《一乘义章》卷一云：“一乘教义分齐，开为二门：一、别教，二、同教。初中二：一、性海果分，是不可说义，不与教相应故，则十佛自境界也。二、缘起因分，则普贤境界。此二无二，全体遍收，其犹波水，就普贤门复二门。一、分相门，此则别教一乘，别于三乘。二、该摄门，谓一切三乘等，本来悉是彼一乘法，以三乘望一乘不异不一也。同教者，初分诸乘，后隔本末。初可知，后谓二门：一、泯权归实门，即一乘教。二、揽实成权门，则三乘教等也。初则不坏权而即泯，故三乘即一乘而不碍三。后则不异实而即权，故一乘即三乘而不碍一。是故一三融摄，体无二也。《华严》当别教一乘，《法华》当同教一乘。余经及《瑜伽》等，当三乘教。又就法分教，教类有五。初即愚法二乘教，后即别教一乘，中间三者或总为一，谓三乘教以此皆为三人所得故。或分为二，所谓顿渐。或开三，谓于渐中开出始终二教。”法藏瞻博过智俨远甚，清凉之说皆承之。又“终教又名熟教”。又卷四云：“性海果证者，圆融自在，一即一切，一切即一，不可说其状相耳。不论因陀罗及微细等。此当不可说义，何以故不与教相应故。经中说佛不思议品果者，此果义是约缘形对，为成因故说此果，非彼究竟自在果。”

又法藏《游心法界记》云：“五门者：（一）法是我非门，即愚法小乘三科法也。如《四阿含》等经及毘昙、《成实》、《俱舍》、《婆沙》等论。（二）缘生无性门，即大乘初教，如诸部《般若》等经及《中》、《百》等论明也。（三）事理混融门，即大乘终教，空有双陈无障碍也。如《胜鬘》、《诸法无行》、《涅槃》、《密严》等经，及《起信》、《法界无差别》等论明。（四）言尽理显门，即大乘顿教，离相离性也。如《楞伽》、《维摩》、《思益》等经明也。（五）法界无碍门，即别教一乘，奋兴法界主伴绞络逆顺无羁也。如《华严》等经明。

此但举大例，作如是断。若门门具论，经经之中皆具此五。”又继此下论入此诸门，方便有四：第一、入三科法门方便，即杜顺法有我无门，及第二门之第一段。第二、入诸法皆空相无不尽之方便，即杜顺第二门之第二段。第三、入事理双门圆融一际方便，即杜顺第三门。第四、入言语道断，心行处灭方便，即杜顺第四门。文义皆同，然其下又云：“如上诸义并是入法界之妙轨，忘诸见之良规。并陈入理之方，并述蠲疴法。若据其自位尽究竟无余，论其一切归即权实有异也。此方便门即权教，后所入一乃实相也。”此下即引经证有实教别于权教，证已即解华严三昧。其文云。（附）

云：“一、法有我无门，谓小乘明十八界，破内执六根为我，外执六尘为我所，计中间六识为我见。一一界上各有六重，谓名事体相用因，总计都一百八界。

二、生即无生门，谓智人观色法者，且如色法，眼识得时实无分别。不是不

得而无分别，此即是法眼识亲证，如色无异。及其意识不了妄计我，生假分别，倒见沉沦于事中，真妄齐致。何者？意识分别不如法也。言真妄者，眼识得故名真，意识缘故为妄。真妄悬差不等，是故证法无人。（案：此中有错简。）何以故？法无分别故。经云，法无分别，若行分别，是即分别，非求法也。色法既尔，心法亦然。故经云，五识所得境，当体如来藏等，是则入初门之方便，契自位之妙门。

又诸法皆空相无不尽，于中复为二观：一、无生观，谓法无自性，相由故生，生非实有，是则为空。空无毫末，故曰无生。经云，因缘故有，无性故空。解云无性即因缘，因缘即无性。又《中论》云，以有空义故，一切法得成。二、无相观，相即无相，法离相故。论云，无性法亦无，一切皆空故。观如是法离情执故名观。治上法执病，谓法实非有，妄见为有。由妄见故，即谓真如涅槃可得，生死有为可舍。今知法空，如法无谬，故成于观。

前门得人无我智，此始教菩萨得人法二空，亦名法无我智。

三、事理圆融门，复有二门：一、心真如门，二、心生灭门。一是理，二是事，即谓空有无二，自在圆融。隐显不同，竟无障碍。何以故，真妄交映，全该彻故。何者？空是不碍有之空，即空而常有。有是不碍空之有，即有而常空。故有即不有，离有边有。空即不空，离无边空。空有无二，圆融无碍。互形夺故，双离两边。依是义故，得有止观双行，悲智相导。谓有即空而不有故名止，空即有而不空故名观。空有全收，不二而二，故亦止亦观。空有互夺，二而不二，故非止非观。又有即空而不失有故，悲导智而不住空。空即有而不失空故，智导悲而不滞有。以不住空之大悲故，恒随有以摄生。以不滞有之大智故，常处空而不证灭。灭则不灭之灭，灭而非灭。生则无生之生，生而非生。生非生故，生相纷然而不有。灭非灭故，空相法（《游心法界记》“法”作“湛”。）然而不空。空相法然而不空，故生死涅槃不一。生相纷然而不有，故涅槃生死不殊，以空有圆融一不一故。亦可分为四句：以有即空故，不住生死；以空即有故，不住涅槃；空有一块而两存故，亦住生死，亦住涅槃；以空有相夺两不存故，不住生死涅槃。其犹水波为喻，高下相形是波，湿性平等是水。波无异水之波，即波以明水。水无异波之水，即水以成波。波水殊而不碍一，故处水即住波。波水一而不碍殊，故住波而不居水。故经云，于无为界现有为界，而亦不坏无为之性。于有为界等亦然。

又云，如来不见生死涅槃，等无别故。又云，非凡夫行，非贤圣行，是菩萨行。解云，凡夫行者著有，贤圣行者住无。今既有无无二而二，二而不二，是故双离两失，顿绝百非，见心无寄，故名观也。（此下《法界记》有云：“治上空有两见之病，何者？空有无二，谓之为二，是故舍有而趣于空，遂情等恶取空见。舍空趣有反上同然，由彼倒执而兴此门。”）

四、语观双绝门，即于上来空有两门，离诸言论心行之境，唯有真如及真如智。何以故？圆融相夺离诸相故，随所动念即皆如故，竟无能所为彼此故。问：若云空有圆融，语观双绝者，即离观行，云何证入耶？答：非是默而不言，但以语即如故，不异于法，是以无言。观行亦尔，反（反《法界记》作准。）上可知。问：信如其说，修行方便云何？答：即于此空有法上，消息取之。何者？以空摄于有，有而非有，有见斯尽。以有摄于空，空而非空，空执都亡。空有即入，全体交彻。一相无二，两见不生，交彻无碍而不碍两相俱存，互夺圆融而不废两非双泯。故契圆珠而自在，诸见勿拘，证性海而无□，萧然物外。超情离念，迥出拟议，顿塞百非，语观双绝。

五、华严三昧门：但法界缘起，惑者难阶，须先打计执，然后方入圆明。若有直见色等诸法从缘，即是法界缘起也。谓无实体幻相方成，以从缘生非自性有，故即由无性得成幻有。是故性相浑融，全收一际，所以见法即入大缘起法界中也。如其不得直入此者，宜从始至终一一征问，致令断惑尽迷除法绝言，见性生解，方为得意耳。

问：既言空有无二，即入融通者，如何复云见眼耳等即入法界中耶？答：若能见空有如是者，即妄见心尽，方得入法界也。以缘起法界离见亡情，繁兴万像故。

问：以何方便入？答：有三种：一、征令见尽，如指事问令知一切法无有非名者，复须责其所以知是名，如是展转责其所以，令其亡言绝解。二、示法令思，此复二门：一、剥颠倒心，如指事以色等，夺其妄计，令知倒惑，所有执取不顺于法，是意识无始妄见熏习所成。无始急曳，续生三界，轮转不绝。若能觉知此执即是缘起，当处无生。二、示法断执，若先不识妄心，示法反成倒惑。若不示法令见，迷心还著于空。三、显法离言绝解，亦二：一、遮情。问：缘起是有耶？（按：法藏《发菩提心章》，以人法四句显过，较此更犀利。）答：不也，即空故，缘起之法无性即空。问：是无耶？答：不也，即有故，以缘起之法即由无始得有故也。问：亦有无耶？答：不也，空有圆融，一无二故。缘起之法，空有一际，无二相故，如金与庄严具。问：非有无耶？答：不也，不碍两存故。以缘起之法空有互夺，同时成也。问：定是有无耶？答：不也。空有互融，两不存故。缘起之法，空夺有尽，唯空而非有，有夺空尽，唯有而非空。相夺同时，两相双泯。

二、表德。问：缘起是有耶？答：是也，幻有不无故。问：是无耶？答：是也，无性即空故。问：亦有无耶？答：是也，不碍两存故。问：非有无耶？答：是也，互夺双泯故。一多即不即等四句，准知。若能如是知，方得见缘起法，圆融一际称法见故。若不同时，前后见者，是颠倒见。

问：如是见矣，云何方便入法界耶？答：即于缘起法上，消息取之。谓即此缘起之法，即空无性。由无性故，幻有方成。然此法者，即全以无性性为其法也。是故此法即无性，而不碍相存也。若不无性，缘起不成，以自性不生，皆从缘起故。既全收性尽，性即无为不可分割，随其大小，性无不圆，一切亦即全性为身。是故全彼为此，即性不碍幻相。所以一具众多，既彼此全体相收，不碍彼此差别也。是故彼中有此，此中有彼。如是相收，彼此即入同时顿现，无前无后，随一圆融，即全收彼此也。

问：法既如是，智复如何？答：智顺于法，一际缘成，冥契无间顿现，亦（原作不）无先后。"

（五）《华严一乘十玄门记》

※至相十玄门。

※按：此解无清凉好，以清凉处处就事理无碍而说事事无碍故。此虽亦有斯意，而文略也。略故易滋惑，不能不说后后胜于前前矣。

法藏《教义章》卷四，所述理事等十对同此。十玄门名同，而次序不同。一、同；二、一多相容不同门；三、诸法相即自在门；四、因陀罗网境界门；五、微细相容安立门；六、秘密隐显俱成门；七、诸藏纯杂具德门；八、十世隔法异成门；九、十同。至于义则全同，但有详略耳。又按：法藏《纲目》所举十门，全同至相，惟五与六易位而已。事界十对亦同。而《金师子章》所列十门，次序复与《教义章》卷四稍异。可知本无定说。《探玄记》卷一，十门及事界十对并如清凉《玄谈》，惟第五作"隐密显了俱成门"而已。其以莲叶解此十门，除一开十门，三无一与一切对辨外，余并如清凉《玄谈》。其明所由十门：一、缘起相由故；二、法性融通故；三、各唯心现故；四、如幻不实故；五、大小无定故；六、无限因生故；七、果德圆极故；八、胜道自在故；九、三昧大用故；十、难思解脱故。与清凉稍异。释缘起相由十门，亦同清凉。余指如《旨归》。

云："此下明约法以会理，理者凡十门。（名如三十页左注，惟初门下注云：此约相应无先后说。二注云此约譬说，三云此约缘说，四云此约相说，五云此约世说，六云此约行说，七云此约理说，八云此约用说，九云此约心说，十云此约智说。当系后人所加也。）就此十门亦二复十，会成一百。所言十者，即理事教义等。（按：即所谓事法界，惟与清凉所举稍异。）其中一一皆称周法界，所以举十门者，成其无尽义也。一、具明理事等十门同时也。良由缘起实德法性海印三昧力用故得然，非是方便缘修所成故。今且据因果同时，小乘转因成果，因灭果成。大乘因果同时，而不彰其无尽。如舍椽同时成而不成余物，以因有亲疏故。通宗明因果，举疏缘以入亲。如舍成时，一切法皆一时成。若有一法不成者，此舍亦不成。如初步若到，一切步皆到。若有一步非到，一切步皆非到。何以故？初步是多一，一切步是一多，故不得难言，何用第二步。不然，虽行多步，终是不到。今举一步到者，即法界缘起海印定力。二、此约譬以明。此帝网之相犹如众镜相照，重重无尽。（杜顺《止观》末卷取西南方之一珠说，大好。此从彼来也。）故经云于一尘中，各示无量佛等。若大乘明即言神力变化，又不二故入，不同一乘说。此宗明相入，不论神力，乃言自体常如此。三、此约缘说，大乘宗中说如月，此方见半，他方见满，而月性实无盈亏，随缘所见，故有增减。若通宗辩，不待说与不说，常半常满，隐显无别时。是故如来于一念中八相成道，生时即是灭时，同时俱成故。四、此就相说，微尘小相，无量佛国大相，直以缘起实德，无碍自在，致使相容，非是天人所作故安立。五、此约三世说，以缘起力故，相即相入而不失三世。如经云，无尽无数劫能作一念顷等。六、此约诸度门说，如就一施门说一切万法皆名施，故名纯。而此施门即具诸度等行，故名杂。如是纯杂不相碍，故名具德。七、此约理说，以一入多，多入一，故名相容。即体无先后，而不失一多之相，故曰不同。此即缘起实德，非天人所修。八、此约用说，就三世圆融无碍自在，一摄一切，成其无尽复无尽。以无尽故，相即复相入。此据法界缘起体性说故，先后因果不失。虽不失而先后相即相入，故成无尽。九、此约心说，所言唯心回转者，前诸事门并是如来藏性清净真心之所建立，若善若恶随心转，故云回转善成。心外无别境，故言唯心。若顺转名涅槃，逆转即生死。生死涅槃皆不出心故，不得定说性是净与不净。十、此约智说，若大乘宗中所明，即以异事显于异理法。此中以事即法，故随举一事，摄法无尽。”

（六）《还源观记》

※还源观节要

※又《策林》云：“夫华严宗旨，其义不一。究其了说，总明因果。因即普贤行愿，果即舍那业用。此诸界（疑以法界）为体，缘起为用，体用全收，圆通一际。语其所以不出缘起，以义回转镕达有空，随智鉴用，即说多门。随体湛宗，即说一义。若论玄旨，一多不可，然以不一为了一，不多为了多，恒存常空常有。”又“色揽空成，如动波之收水。事含理就，似金器以随形。色依空立，空约色明。互夺则二义必亡，互成则两门俱现。现时即隐，故观色而常空。空时即显，

故观空而恒色。色既非色，空亦非空，互有力而互无，互相成而相夺，故无生之义遂彰。由相成故，缘起之门乃现。色无自性，举体全空。空无自体，举空全色。色空无二，圆通一际。”

云：“满教难思，窥一尘而顿现。圆宗叵测，睹纤毫而齐彰。然用就体分，非无差别之势。事依理显，自有一际之形。其犹病起药兴，妄生智立。病妄则药妄，举空拳以止啼。心通则法通，引虚空而示遍。既觉既悟，何滞何通？百非息其攀缘，四句绝其增减，故得药病双泯，静乱俱融。消能所以入玄宗，泯性相而归法界。

色是幻色，必不碍空。空是真空，必不碍色。若碍于色，即是断空。若碍于空，即是实色。若证此理，即得尘含十方，无亏大小。念包九世，延促同时。

又理即事故名随缘，事即理故名妙用。又真不违俗故随缘，俗不违真故妙用。良以法无分齐，起必同时。真理不碍万差，显应无非一际。用则波腾鼎沸，全真体以运行。体则镜净水澄，举随缘而会寂。

众生迷故，谓妄可舍，谓真可入。乃至悟已妄即是真，更无别真而可入也。《起信论》云，若有众生能观无念者，是名入真如门也。”（又体用止观等名如十页，义可知。）

（七）《义海百门记》

※无差别。

云：“理性随缘，成一切法，非无分齐，是即差别。经云，诸法无差别，唯佛分别知，了差无差法，非无理事故。然差别缘起万有，无差法界一空。由空与有同别互融，会万有以为一空，差即无差。观一空而成万有，无差即差。差与无差一际显现，四句作之可见。

※总圆融。

“以事无体，事随理而融通。由尘无体，即遍通于一切。由一切事，事不异理，全现尘中。又体有事故，理随事而通会。是则终日有而常空，空不绝有。终日空而常有，有不碍空。然不碍有之空，能融万像。不绝空之有，能成一切。是故万像宛然，彼此无碍也。”

※了境智。

“真俗二谛是所依之境，贯达之心是能依之智。此智于境，无复能取所取二种分别。何以故？今智由法成时，方得言智，离法则无能分别之智。法由智显时，方得言法离智亦无所分别之境，以心智寂故。虽流照而常安，由法随缘故，虽空寂而恒用。

※入佛海。

“谓全尘处并是佛大愿海、大智慧海、大方便海之所显现。乃至一切尘、一切毛、一切国土刹海、一切佛及众生、一切事物等，莫不皆空。是佛智慧大海，无边无尽，深广不可测也。当知学者若于尘处见一切法界者，即是入佛法界智慧海也。若以开合卷舒，或尘内、或毛孔而能资摄，一即一切，一切即一，可说即不可说，主伴自在，依正无碍，普是如来智海之业用。若人如是通达者，与如来等也。

※证佛地。

“谓尘空无我无相是地。然此地体性，犹未清净，以从我相彰得。了心犹未宁，亦是垢见。若作远离空无相之念者，犹为垢心，谓有远离之想未止也。今不作远离之想，亦无动念者，由初得念息，近从动念处显也。今者无作远离之念，亦无不作远离之念者，此地显时，即智慧。不得以方便诠，不得以文字说，当自显然。此犹假论，若称理而言，非智所知。如空中鸟飞之时迹，不可求依止之处也。然空中之迹，虽无体相可得，然迹非无。此迹寻之逾广，要依鸟飞方论迹之深广。当知佛地要因心相而得证佛地之深广也。然证入此地，不可一向住于寂灭，一切诸佛法不应尔故。当示教利喜，学佛方便，学佛智慧，具如此地义处，思之。”（按：此段恐经后人窜改，或因残缺添文，文气与上不同一也。证佛地本无寂灭可住，而曰不可一向住寂灭，二也）

（八）《问答记》

※中道。

※按：以前所录及附注，法藏之论，皆甚圆浑，惟此书道来颇中肯綮。今人类未之见，华严家言须于此著眼，方不至流于莫名其妙也。

卷上云：“问：若坏者，即不坏义不成；若不坏者，坏义不成。云何得言，坏故不坏，不坏故坏耶？答：汝坏言坏，即闻坏不见不坏坏，亦言不坏，即闻不坏，不得闻坏不坏。故自分别，情无由息，入理无日。今闻不坏，即解坏不坏。闻坏，即解不坏坏。由解坏不坏，故得不坏而不舍坏。由解不坏坏，故得坏而无舍不坏。得坏而无舍不坏，故非存坏。得不坏而非舍而坏，故不存不坏。非舍非存，能入中道。既入中道，无所不为。能随顺于无碍自在法，修诸行德。契会自原。圣人发教意趣益其尔为也。一切法界法门亦尔，准思用心也。

又坏全不坏，不坏全坏，非坏非不坏，非非坏非非不坏，一切亦尔准思。

※能所化。

“问：若佛与众生同一缘起者，若以佛者全佛无众生，以众生者，全众生无佛。何有能、所化耶？答：全佛不舍全众生，全众生时不舍全佛。非全佛无众生，非全众生无佛。虽冥无二而不相参，岂得无能所化？虽非无能所而非有能所。

※一即一切，一切即一义。

“问：一人修行，一切人皆成。其义云何？答：此约缘起之人说，故一人即一切人，一切人即一人。修言亦尔。

※无明真如互熏。

“问：《起信论》以真如熏无明，无明熏真如，其相云何？答：不他故不相知故，谓真如平等义，无明迷自义。非真如无无明，非无明无真如，是故互熏也。此义即显事理明暗，相即相融义，入无分别理也。”

※十二因缘十观。

“问：第六地中，明不住道行胜文十番，十二因缘观相如何？答：（一）因缘有分次第观，即显因缘理次第生义，以实空及以并实性第三性为顺观体。逆观即成一缘起无性性观，即用缘起次第理，为此观体也。（二）依止一心观，谓十二因缘为能依，梨耶一心为所依。以空以实等三空门为顺观体，即以二种唯识（考八页附）为顺观体。谓一梨耶唯识即以真识为体，二意识唯识即以妄识为体。逆观同前。此观合论，但以十二因缘即一如来藏真识无别法为应云云。（三）自业助成，谓名自因观，谓非他外道自性因等故。以自四缘等理为此观体，同三性门为顺观体。以三空门为逆观体。（按：三空即三解脱。）（四）不相舍离观，同时因果显中道，为此观体。（五）三道摄生观，三道谓业烦恼生，三性为顺观体等，同上。（六）三际观，三时因果理事为此观体，三性等观同上。（七）三苦观。（八）因缘生观，显因缘有力能，故果法得生义，为此观体。逆顺观同上。此观等无自生义故空，虽有此义而俗有义增故空义微。（九）因缘生灭转观，此观以三空门为顺观体，成一生转无别观为逆观。谓以三空所见三无性为顺观体，即不当生不生，故其心无所见处即成无分别，故逆观成一生转无分别观也。（十）随顺无所有尽观。此观有无一相不碍，如阳炎水湿干并显。顺观随顺有观，即以三空门，逆观随顺无所有，盖观无所有即空理所随顺尽即能顺俗尽于空，更无摄法，全即是空理故。为尽此即因缘法尽于自如也。即俗事离分别之际，自此所去即是移众庶民痴颠倒，即此甚深法，随举一尽摄一切，无尽自在缘起法正十数所显普法缘起道理也。

※三乘一乘缘起义。

问：三乘一乘缘起何别？答：三乘缘起者，缘集有，缘散无。一乘缘起，缘合不有，缘散不无。”

卷下云：“问：法亦可缘合有，缘散无耶？答：亦得随缘有无，虽言有无而即言随缘，故即可知非定有无，非定有无故，即知非非定有无，以非有无故，随缘非增减，以非非定有无故，随缘时即非有无。如是诸义能随缘言无，不当亦无所当，无所当故无自处。无自处故，无是非处，一乘缘起之法非情计所及。虽非情所及而不远求返情即是也。返情之要，随所见处即不善心为是，随所闻之，法不取如闻，即能解所由。又即解法实性也。※（又卷末云：“闻无住言其心见为无住理者，即是但自心作无住耳。非佛所言之无住理，以自心不得无分别智故。问：若尔，云何见彼理乎？答：既闻无分别之理，但以无分别智乃证者，念念修无分别智方便耳。无余事也。问：云何正信佛言。答：须解佛言缘处中言耳。非谓其法如所言法故，如是言也。若能如是解无定见处者，即为欲所信解，不解之处得证知故速速修无分别智，圣意益其如是令进修乎？上来所之诸文义，皆如是解，莫如言取解也。”）盖圣教之言起，但有于机缘之所由，不有于法。诸法实性无住本道，无住本故即无可约法。无可约法故即无分别相，无分别相故即非心所行处，但证者境界，非未证者知，是名为法实相。

问：三乘法但有语故，即无所诠之义耶？答：非无所诠之义，然而其义但有言分齐。一相法门语有者，但有中尽非不有。不有者，即不有中尽非有。虽有无二谛相即相融，而非即其事，法相圆融自在故，故语义能所诠分齐不参也。一乘正义中随举一法，尽摄一切故，即中中自在故可思也。

问：若尔，一乘法但语说尽，何故言缘起之际不可说，但证者乃知耶？答：是汝见耳。但汝见法语中尽，故起如是问耳。其法无留处，岂但有语闻，闻处令有于闻，不得闻之处中令有于不闻耳。语中无残，法无尽故，令证者知耳。

※性起缘起释。

※又一段云：“其无缘修即无性起，无性起即不成缘修。然即其缘修离相顺体故为性起，即是性起随缘故为缘修。虽无二体，二义不相是也。问：其缘修德即离性相，故与体无别，与性起离相有何别耶？答：虽二俱离性相，而缘修离性不成。性起离缘不损，故有别也。问：若性起离缘不损者，非待缘修可成耶？答：言不损者，缘集时不增自无我量故，缘散时不损自无我性，故云不损，非谓无缘自体有也。”按：此约能所不同故有别也。

问：性起缘起何别？答：性起者，即本具性不从缘有。缘起者，此中入之近方便，谓法从缘而起。缘起无自性故，起本具性，即其本法性不起中令入解之。其性起者，即其法性，一切性法即其无起以为性故，即其法性皆以不起为起。问：既即不起，何故言起？答：言起者，即其法性，离分别菩提心中现前在，故以为起。是即以不起为起，如其法本具性故名起耳。非有起相之起。

问：若尔，要待离分别心方起者，与本不起是别。何故即以本不起为起乎？答：虽待无分别心分起，与本不起全非别相，性全现前，起与不起，同无异故，无增减故。是故经中以虚空中飞鸟，所行不所行，俱无别空，而为喻说。问：虽虚空无异，而行不行不同。答：但以见鸟缘为别耳。若不见其鸟缘即冥无别。如是但见其菩提心缘为别耳，然而论其法性，何有别耶？全性成法，法法称性，其性起法，法尔炳然，可思也。

问：若不见缘者，何须其法中为起不起耶？答：实尔，不见其缘即不论起不起，然而不妨即其缘中约离约缘，论为性起。斯皆随机缘说，勿见其法中有如是起等相。

问：若待无分别心方与本同无异者，何故说众生无明心中有自然智、无师智等性起智乎？答：圣人能见众生性起法故，作如是说有何妨也。”（考上三十九页，附《游心法界记记》。）

(九)《游心法界记记》

※真空妙有。

卷末云：“真空妙有之义，总有二重：一、粗，二、细。所言粗者，即谓诸法从缘，皆无自性。无自性故，是即名空。以有即空，空不异有，是故此空名真空也。由无自性有方得成，以不异无性而成有故，是故此有名为妙有。虽复空有圆融成真空妙有，而犹是破病之说，未是其论真空妙有也。何者？以空有故名空，以有空故名有也。若有不有空，是即不名有。若空不空有，是即不名空。何以故？以空不自空，有不自有故。此即但是遮言，非是直说真空妙有也。何以得知？以空由有故名真空，若不由有而说空者，即是断灭，非真空也。以有由空故名妙有，若不由空而说有者，即是常见，非妙有也。此即但遮彼异见之失，非是直显空有。纵令迥超四句，绝离百非，而犹是破病之谈，未是显真之谈也。此之空有无二融通，即当终教绝方便说也。

“第二、细者，即前空有俱空，为趣入之方便也。既空有俱空，方是入之巧方便者，是知彼法即不有也。此云不空不有，非是此法无故言不空不有，以是空有故言不空不有也。夫言有者，为遮情过故。

※妄摄。

今此不为有情过之言，是故不得彼法而言一切中有一，一中有一切者。此但妄摄，非称大缘起法。如见水向东流，于上有泡，言泡中有水，而计泡于水中，即言水泡内有水者，此是妄心中有，非称水有也。以泡离水即无，何得有泡？而言泡中有水，此是缘起已坏，不可言有也。夫言一者，必具一切，方是一也。若不具一切即不是一，一切亦尔。故须心中证彼知不可说得向人者，方见缘起之气分也。若作可说得解是即不见也。终日言由妄为言也。必须绝解实修，是即顺为正见。若也解心为得，是即一世虚行。”

(十)《华严合论记》

※李通玄玄要

卷一云：“夫以有情之本，依智海以为源。含识之流，总法身而为体，只为情生智隔，想变体殊，达本情忘，知心体合。今此《华严经》者，明众生之本际，示诸佛之果源。其为本也，不可以功成。其为源也，不可以行得。功亡本就，行尽源成。源本无功，能随缘自在者，即毗卢遮那也。

以海印三昧周法界而降灵，用普眼法门睹尘中之刹海，依正二报身土交参，因果两门体用相彻，以释天之宝网，彰十刹以重重。取离垢之摩尼，明十身而隐隐。无边刹境，自他不碍于毫端。十世古今，始终不移于当念。”

卷三云：“三界大雄，应真寂寞，身心性相，都无所为。然以性起大悲，称法同体，从无作智，随缘教生。”

卷四云：“一念顿证法界法门，身心性相本唯法体，施为运用，动寂任无作智，即是佛也。为一切佛法应如是，无长无短，始终毕竟，法皆如是。于一真法界任法施为，悉皆具足恒沙德用。即因即果，以此普门法界理智，诸障自无，无别对治别修别断。普观一切无非法门，无非解脱，但为自心强生系著，为多事故，沈潜苦流，故劳圣说种种差别。于所说处，复生系著，以此义故，圣说不同。

此教因果同时，为法性智海中因果不可得故，为不可得中因果同时，无有障碍也。但了法体非所施设，非因果系名为因果。非情所立同时，前后之妄想也。”卷六云：“此毗卢遮那佛依本法界，成大菩提，还依本法界，无始无终，不出不没，无成无坏，无有时分。但令心信解，法界无时，即如来说法时。情亡心尽，任智利人，即如来成佛转法轮时。若也情存立见云如来如是时出世，如是时说法者，并不依佛见，总是自情。”※（按：此书可供读《探玄记》、《疏钞》等而不得意者之参考，以其略于十玄五教，而直指无碍说也。言十玄虽未一一详举，而意则未违古德。因略故，后人以为异而近于宗门，实不然也。证以杜顺《止观》、法藏问答等，可知。意者李长者本在撮古义精华以会经，使初学亡其繁复而直契乎？论中意以无依无作不可得为无碍为实，故因果同时，体用交彻，似较古说更为醒目。惜多迂腐之言，至损价值。清凉破《刊定记》处甚多，引《五台论》亦屡见而未加可否，当是此故耶?）（以上所录，《会释》文也。无非杜顺、法藏之牙慧，而能处处点出无碍，实义较《刊定记》高明多矣，故有近于宗门之说。然其十教十宗实不足取，暗承五教，复无明说。取《易》义而以普贤为长男，别圆渐而必就事开十法，其迂其腐，诚不能已于言。要之，李通玄有所得者，学力思路则差）

又卷八云："此经名毗卢遮那大智法界本真自体寂用圆满，果德法报性相无碍，佛自在所乘为宗。此经说入佛果不逾刹那，但隔迷悟，说无量劫，总不移一时。故说从凡夫地创见道时，因果一时，无前后际。不见未成佛时，不见成正觉时，不见烦恼断，不见菩提证。毕竟不移，毫念修习五十位，满一切种智，悉皆成就。总、别、同、异、成、坏一时自在，皆非世情所见，故难信也。一切诸佛皆同自心，一切众生皆同自性。性无依故，体无差别。智慧一性，应如是知。以此同体妙慧，如诸佛心及众生心，应如是信解，不自欺诳。故此宗趣，为大心众生入佛根本大智佛果故，一念契真，理智同现，即便佛故。为法界道理见，则无初中后故。"又卷九云："言刹那际者，犹是寄言尔。以无时即一切时出现，一切时说法，一切时涅槃，为寂用无碍故，随众生心现故。"又卷二十一云："一念者为无念也。无念即无三世古今等法，一切众生妄念三世之法，不离无念之中。故三世之业，顿现无时法中。"

※按：《十明论》第一门同此解，复引经云："如第六地不了第一义故，号曰无明。"

至若卷二十五（卷五十六，又卷六十同）云："一切众生迷根本智，而有世间苦乐法故，为智无性故，随缘不觉，苦乐业生。为智无性故，为苦所缠，方能自觉根本无性。众缘无性，万法自寂。若不觉苦时，以无性故，总不自知有性无性。问：一切众生本有不动智，何故不自应真常净？何故随染？答：一切众生以此智故，而生三界者，为智无性，不能自知。是智非智，善恶苦乐等法，为智体无性，但随缘现，如空谷响，应物成音。无性之智，但应缘分别。以分别故，痴爱随起，即我病生。有我所故自他执业，号曰末那。以末那执取，故名之为识。"未免见笑于大方。

又卷二十五云："此无明及智无有始终，若得菩提时，无明不灭，为本无故，若随无明时，不动智亦不灭，为本无故，更无有灭，但为随色、声、香所取缘名无明。但为知苦发心缘名智，但随缘名之为有，故体无本末也。如空谷响，思之可见。"又卷二十八云："法界自性真理，真妄两亡。"又卷六十云："若知生死，诸佛本无自性，本无生死及与菩提、涅槃，名为发心，名为见道。但以无依、无住、无体、无性妙智，能随响应对现色身，能以此理教化众生，名大悲。故不可有得、有证、有忻、有厌、有取、有舍、有古、有今、有真、有假，发菩提心也。"又卷八十云："凡圣心自体清净无异，但有迷悟不隔分毫。但一念妄念不生，得心境荡然，性自无生，无得无证，即成正觉。"又卷九十一云："诸行即菩提，无体性故。若于行外，别修菩提，即二乘及空观菩萨菩提，非一乘文殊、普贤理智万行，悲愿自在菩提。以是如来对权教菩萨说诸行无常，是生灭法，未明三界诸有即菩提用故。以此一乘实教菩萨，但求菩萨道，行菩萨行即菩提用，明理智体用总该不别求也。若也别求菩提，即体用各别，二见恒存，故但求菩萨道，无别菩提也。以明菩提无求、无发心、无所行、无处所、无问、无答、无得、无证，行一切行，具普贤道，无行无修，是菩提大用圆满。

以生死苦为菩提，即无所坏。若离生死苦，修菩萨行，发菩提心，即有所坏。以有生死涅槃染净二障所坏，即有是非二见断常所坏。若于一切法一切行，一法不明，一行不行，即菩提心不得圆满。以菩提心无障碍无体性，一法一行上有取有舍，即有障碍取舍。但以法界普光明智海印之，无法不彻。以此但求菩萨行满，即菩提心圆满。以菩萨行与菩提心无一异，俱不俱，无合散故，二不可得故。如是而行，菩萨行故，生死涅槃二不可得，故谓于生死安住涅槃。”

又《十明论》云：“十二缘生者，是一切众生之大苦海。诸佛众坚宝庄严大城，意明迷者即诸烦恼一切心境，总为苦海。若觉悟者，即诸波罗蜜海。正觉悟时，无明不见灭，智慧不见生。故经云，一切法不生，一切法不灭。若能如是解，诸佛常现前。故十二缘生烦恼苦海便为正觉海，文殊、普贤、毘卢遮那三法皆悉圆满。一一尘中，十方诸佛及一切众生同住无碍。海法如是故，非权乘神通所作。一切大小皆无边方，参映重重，重重无碍。

故十二有支无决定性，不可说言常与无常，同第一义故。正会第一义时，不见身心及境界，若生若灭常与无常故。

故诸佛解脱不可以情虑计度云修生本有，此果体无以斟酌，知无以思量得，当以止观力功熟方乃证知。急亦不成，缓亦不得，但知不休，必不虚弃，以第一义中，无本、无末、无始、无终、无成、无坏、无三世古今，亦不可作本有及以修生成就世间断常诸见及诸诤论，应如是知。当须于一切法无心，道自现也。无心道现，正智方明，正智现前，方觉心境。诸缘自皆无性，则智日同空，境何能立。智空境寂，识浪无生，所有现行都无能所，如空谷响，应物成音，分别都无所生。于此自他同于幻住，所有心境皆如，不见一法有生、住、异、灭、成、坏等相，名法界缘起自在无生门。经云，无无明，亦无无明尽，为真妄总同一虚空性故。不可于空中，求其生灭等相。不见无明灭，不见智慧生，以无生灭故，一切法亦如是，无生、无灭、无始、无终也。

问：十二缘生与佛智慧，谁为先后？答：如世情识妄业所见者，缘生在前。若以道现智明，古今元来不变，无动转故。”

（十一）《禅源诠序记》

※宗密之言。

※又《行愿品疏钞》卷一云："言一心者，即是众生本心与万法为根本。然一法界，心成诸法者，总有二门：（一）性起门，谓法界性全体起，为一切诸法也。法相宗说真如一向凝然不变，故无性起义。此宗所说真性湛然灵明，全体即用，故法尔常为万法，法尔常自寂然。寂然是全万法之寂然，故不同虚空、断空、顽凝而已。万法是全寂然之万法，故不同遍计倒见定相之物，拥隔质碍。既世出世间一切诸法全是性起，则性外更无别法，所以凡圣交彻，净秽融通。法法皆彼此相收，尘尘悉包含世界，相入相即，无碍镕融，具十玄门，重重无尽。（二）缘起门有二：一、染缘起，二、净缘起（其意大同下表）。

上性起门即别教义，迥异诸教。缘起门即同教义，普摄诸教。

性非空有，故能包空有。若实有即碍空，若断空则碍有。良由真界色之有成幻有，必不碍空。空即真空，必不碍有。既空有存泯无碍，故真界双色而绝相也。

"又性无一物，即名色空，而灵心不昧，即绝空相。性具万德，即名色有。德皆是性，即绝有相。

"此宗云依他，不唯依众缘之他，全依真界而起为依他也。"

"于理于事无分别心，亦非无记。但不计有不有，空不空，一切皆不可，不可亦不可。此语亦不受，泯绝无寄，于万种纷动之法，本来自寂。以心生故一切法生，心若不生法即本寂。"（阅上数段时更考三十三页眉注。）

又卷二云："七祖云，知之一字，众妙之门。言绝有者，离一切相。言绝无者，灵知不昧。肇公云，知有有坏，知无无败。真知之知，有无不计。又秦主云，若言第一义谛，廓尔空寂无圣人者，知无者谁？肇公印定云，实如明诏。（按：引秦王问答，不足以证心体是知，《宝藏论》伪）

"又《起信》云，真如自体有大智慧光明义故，真实识知义故。又《般若论》云，欲言其有无状无形。欲言其无，圣以之灵。（按：此肇公论，亦不足以证心体知）以离相释不有，诸家共明，以真知释不无，诸家少说。"

"言非生灭者，直指此心不是生灭之相。不同前后以诸法无性释非生，以无性缘起释非灭。"

二谛中道

- 二谛中道
  - 示义理
    - 约依他起性
      - 总——诸法无不从缘有，必无自性，由无自性，所以从缘有，缘有性无，更无二法。但约缘有万差，名为俗谛；约无性一味，名为真谛。是故于一缘起，二理不杂，名为二谛。缘起无二，双离两边，名为中道。
      - 别
        - 约开合
          - 开
            - 缘起幻有
              - 非有——举体全空，无所有故。
              - 非不有——不待坏彼，差别相故。
            - 无性真空
              - 非空——以空无空相故。
              - 非不空——余一切相无不尽故。
          - 合
            - 一，非有则是非不有，以此无二为幻有故。不堕一边，故名中道，此是俗谛中道。
            - 二，非空则是非不空，以此无二为真空故。双离二边中为中道，此是真谛中道。
            - 三，幻中非有，则真中非不空义，幻中非不有即是真中非空义，以并二故，二谛俱融，此是二谛中道。
            - 四，幻中非有，与真中非空，融无二故。名非有非无中道。
            - 五，幻中非不有，则是真中非不空。此非非有非非无中道，谓绝中之中，是故二谛镕融，妙绝中边。
        - 约一异
          - 不异义——缘有者不自有无性，无性者非自有缘有，不异空之有方是幻有。不异有之空方为真空，由不异故中道平等，是则由中道而有二谛，则是中道二谛。
          - 不一义——依幻有非有之门及真空非不空门说彼真空永害幻有，令俗永尽而为真谛，依真空非空门及幻有非不有门说缘有永非是空。永非空故方为俗谛，存坏无碍，二理不杂，不随边故，不失中道，是谓二谛中道。
          - 不一异不异义——以缘起无二故，谓坏有之空，即尽空之有，相夺相与，复无有二。由非一即非异，故即二谛为中道，由非异即非一，故即中道为二谛。
          - 不一异不一义——即非一之非异，与非异之非一，义不杂故而非一也。谓不异中之二，不异二之中，非中非二，具足中二。
        - 约有无
          - 表
            - 总——于一缘起，融成四句：一，不碍空之有，二，不碍有之空，三，无异之空有，四，极反之空有。四句历然而不堕四边，又俱得说边，非中非边，具足中边。
            - 别——或以幻有为有，无性为空，或无性为有，以理实故。幻有为空，以不实故。皆俱融双泯，各不堕边，是名有无中道。
          - 遮
            - 总——依他不有，（无自性）不空（不坏缘相），不有无（无二法故），不非有非无（以有无既离，无所待故），离有离无不著边。离非有无不著中，如此不著中边，方为无二可中道。
            - 别
              1. 幻有不有（幻有故），不无（有不有，无可无），不有无（无二故），不非有非无（无待故）余如总说。
              2. 真空不空（非断空），不有（尽无不尽）不俱（无二故），不俱非（绝待故）余如总说。
    - 约余二性
      - 别
        - 遍计——凡愚所取以为俗，约理中实无，无二，有此无，是二名中道。
        - 圆成
          - 一，约言诠亦俗，离言诠非安立乃真，俱融无碍，以为中道。
          - 二，绝诸相故是空义，真德实故是不空义。此空不空无二为中。如经中空不空如来藏。
          - 三，真如当体，无碍无所有为空，真体不可坏为不空，此空不空不二为中。
      - 总
        1. 迷真起妄为俗，会妄归实为真，真该妄末，妄彻真源以为中道。
        2. 摄真从妄则有真无，摄妄从真，则俗无真有。如是真俗有无无碍为中道。
    - 通三性
      - 开——所执情有理无，依他幻有性空，圆成体有相无。
      - 合——以情有，幻有、相无，有无无二为俗谛中道。以理无，性空，体有，有无无二名真谛中道，如是真俗合而恒离，离而恒合，离合无碍为二谛中道。(完)
  - 成观——《宗致》上　十九页
  - 往用——《宗致》上　二十页
  - 会异——《宗致》上　二十一页

以上见法藏《宗致义》卷上。

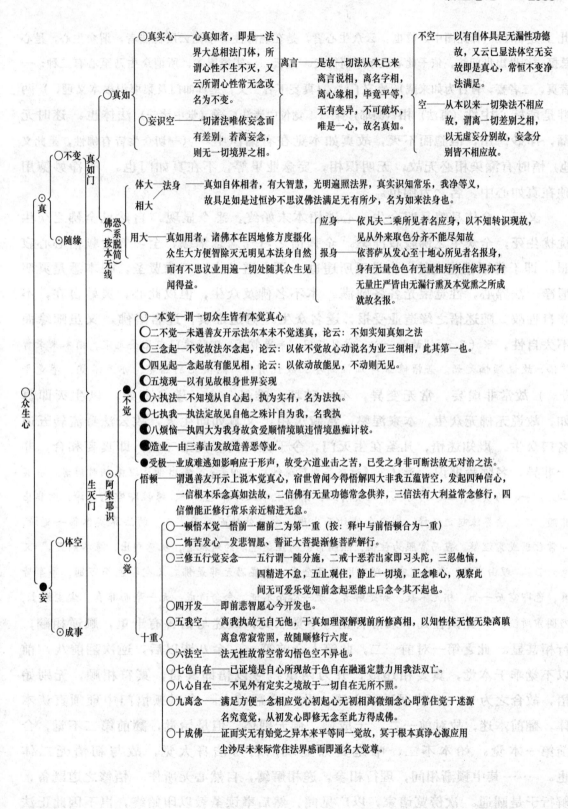

- ○众生心
  - ⊙真
    - ○不变
    - ⊙随缘
  - ●妄
    - ○体空
    - ⊙成事
  - 真如门
    - ○真如
      - ○真实心——心真如者，即是一法界大总相法门体，所谓心性不生不灭，又云所谓心性常无念改名为不变。
      - ○妄识空——一切诸法唯依妄念而有差别，若离妄念，则无一切境界之相。
      - 离言——是故一切法从本已来离言说相，离名字相，离心缘相，毕竟平等，无有变异，不可破坏，唯是一心，故名真如。
        - 不空——以有自体具足无漏性功德故，又云已显法体空无妄故即是真心，常恒不变净法满足。
        - 空——从本以来一切染法不相应故，谓离一切差别之相，以无虚妄分别故，妄念分别皆不相应故。
    - 佛（恐系脱简，按本无线）
      - 体大、相大—法身——真如自体相者，有大智慧，光明遍照法界，真实识知常乐，我净等义，故具足如是过恒沙不思议佛法满足无有所少，名为如来法身也。
      - 用大——真如用者，诸佛本在因地修方度摄化众生大方便智除灭无明见本法身自然而有不思议业用遍一切处随其众生见闻得益。
        - 应身——依凡夫二乘所见者名应身，以不知转识现故，见从外来取色分齐不能尽知故
        - 报身——依菩萨从发心至十地心所见者名报身，身有无量色色有无量相好所住依界亦有无量庄严皆由无漏行熏及本觉熏之所成就故名报。
  - 生灭门—⊙阿梨耶识
    - ●不觉
      - ○一本觉—谓一切众生皆有本觉真心
      - ◐二不觉—未遇善友开示法尔本未不觉迷真，论云：不如实知真如之法
      - ◐三念起—不觉故法尔念起，论云：以依不觉故心动说名为业三细相，此其第一也。
      - ◐四见起—念起故有能见相，论云：以依动故能见，不动则无见。
      - ◐五境现—以有见故根身世界妄现
      - ◐六执法—不知境从自心起，执为实有，名为法执。
      - ◐七执我—执法定故见自他之殊计自为我，名我执
      - ◐八烦恼—执四大为我身故贪爱顺情境瞋违情境愚痴计较。
      - ◐九造业—由三毒击发故造善恶等业。
      - ●十受极—业成难逃如影响应于形声，故受六道业击之苦，已受之身非可断法故无对治之法。
    - ⊙觉
      - 悟顿——谓遇善友开示上说本觉真心，宿世曾闻今得悟解四大非我五蕴皆空，发起四种信心，一信根本乐念真如法故，二信佛有无量功德常念供养，三信法有大利益常念修行，四信僧能正修行常乐亲近精进无怠。
      - 十重
        - ○一顿悟本觉—悟前一翻前二为第一重（按：释中与前悟顿合为一重）
        - ○二怖苦发心—发悲智愿、誓证大菩提渐修菩萨解行。
        - ○三修五行觉妄念——五行谓一随分施，二戒十恶若出家即习头陀，三忍他恼，四精进不怠，五止观住，静止一切境，正念唯心，观察此间无可爱乐觉知前念起恶能止后念令其不起也。
        - ○四开发——即前悲智愿心今开发也。
        - ○五我空——离我执故无自无他，于真如理深解现前所修离相，以知性体无悭无染离瞋离怠常寂常照，故随顺修行六度。
        - ○六法空——法无性故常空常幻悟色空不异也。
        - ○七色自在——已证境是自心所现故于色自在融通定慧力用我法双亡。
        - ○八心自在——不见外有定实之境故于一切自在无所不照。
        - ○九离念——满足方便一念相应觉心初起心无初相离微细念心即常住觉于迷源名究竟觉，从初发心即修无念至此方得成佛。
        - ○十成佛——证而实无有始觉之异本来平等同一觉故，冥于根本真净心源应用尘沙尽未来际常住法界感而即通名大觉尊。

此上是标位（标此图中之位也。云众生心者，是在缠佛性。本论云所言法者，谓众生心，是心总摄一切世出世间法，依于此心显示摩诃衍义。经云，一实境界者，所谓众生乃至心有二种：一者真，二者妄，皆目为如来藏）及义门，（真妄下各二义，是真如门及梨耶识根本义理，）两畔是所标心中性（真法）相（梨耶）染（不觉位中诸法）净（觉中诸法）法体也。迷时无漏，净妙德用，但隐而不灭，故真如本觉在有漏识中。（一切众生皆有佛性，是此义也）悟时有漏染相必无故，无明识相，妄念业果等，不在真如门也。唯净妙德用独在真如心中，名之为佛也。

又云，全依马鸣具明众生一心迷悟本末始终，悉令显现。自然见全佛之众生扰扰生死，全众生之佛寂寂涅槃。全顿悟之习气念念攀缘，全习气之顿悟心心寂照。即于佛语相违之处，自见无所违也。谓六道凡夫，三乘贤圣，根本悉是灵明清净一法界心，性觉宝光各各圆满。本不名佛及众生，但以此心，灵妙自在，不守自性故，随迷悟之缘造业受报，遂名众生。修道证真，遂名诸佛。又虽随缘而不失自性，※（又云："故此一心，常具二门，未曾暂阙。但随缘门中凡圣无定，谓本来未曾觉悟，故说烦恼无始。若悟修证即烦恼断尽，故说有终。然实无别始觉，亦无不觉，毕竟平等。"）故常非虚妄，常无变异，不可破坏，唯是一心，遂名真如。以生灭即真如，故说无佛无众生，本来涅槃，常寂灭相。又真如即生灭，故云法身流转五道名曰众生。既知迷悟，凡圣在生灭门，今于此门具彰凡圣二相，即真妄和合，非一非异，名阿赖耶识。※（又《行愿品别行疏钞》卷四云："佛出世及涅槃相对辨者，有其二义：一、约实义，二、约对机。约实有三，谓圆宗中三谛释也。一、缘性即空之真谛，则非出非般。二、法界缘起之俗谛，则念念处处而出现，念念处处而入灭。三、约法界实体第一义谛，即常住世或常涅槃。寂而常照为住世，照而常寂为涅槃也。约对机者，机感则出，缘尽则灭。"又卷六云："理由事显，事藉理空。理空即触目全真，事显乃无非是佛。又空即色而万别，事事皆真，色即空而一如，相无不寂。如是解者，无一心而不证。念念道成，无一事而非真。尘尘佛土，乃圆宗所诠。"）此识在凡本来常有觉与不觉二义，故迷与悟各有十重，顺逆相翻，行相甚显。此之第一对前一二，此第十合前第一。余八皆以后，逆次翻前八。前以不觉乖于本觉，真妄相违故，开为两重。今以悟即冥符，冥符相顺，无别始悟，故合之为一。又若据逆顺之次，此一合翻前十。今以顿悟门中理须直认本体，翻前本迷，故对前一二。十成佛，佛无别体，但是始觉，翻前第二不觉，合前第一本觉。始本不二，唯是真如显现，名为法身大觉，故与初悟无二体也。……其中顿渐相间，理行相参，递相解缚，自然心无所住。悟修之道既备，解行于是圆通。次傍览诸家，以广见闻，然后奉读圣教以印始终，岂不因此正法久住。"

※论宗密

※《纶贯》引云："圭峰禅师云未明理事，不说有空。直指本觉灵源，故曰一真法界。从一真法界分出事、理、理事、事事四法界。法以轨则为义，界以性分为义。此真空轨则之法，在理为理法界，乃至在事事为事事无碍法界。盖理无分限，事有千差。"（按：此未知全是宗密说否）

又卷二云："此言知者，不是证知，意说真性，不同虚空木石，故云知也。非如缘境分别之识，非如照体了达之智。直是一真如之性，自然常知。故马鸣云，真如者，自体真实识知。《回向品》亦云，真如照明为性，真知之知，有无不计，非识所能识，（以识属分别，分别即非真知，真知唯无念方见也。）亦非心境界，（不可以智知，谓若以智证之，即属所证之境。真知非境界，故不可以智证，瞥起照心，即非真知也。故经云，自心取自心非幻成幻法。论云，心不见心。菏泽大师云，拟心即差，故北宗看心是失真旨。心若可看，即是境界也。）其性本清净。如是开示灵知之心，即是真性，与佛无异。※（按：裴休《发菩提心文·明菩提心体》云："我有真身圆满空寂者，是我有真心广大灵知者是也。空寂灵智神用自在，性含万德，体绝百非。如净月轮圆满无缺，惑云所覆，不自觉知。妄惑既除，真心本净也。佛众生与我此心无差别，即菩提心体。"则亦宗密之党耳）**（考《遗珠集》乙部卷五十九之（四十））但以此方迷心执文，以名为体，故达磨善巧拣文传心，标举其心，（心是名也）默示其体，（知是心也）喻以壁观，令绝诸缘。**

问：诸缘绝时有断灭否？答：虽绝诸缘，亦不断灭。问：以何证验？答：了了自知，言不可及。师即印云，只此是自性清净心，更勿疑也。若所答不契，即但遮诸非，更令观察，毕竟不与他先言知字，直待自悟方验实。是亲证其体，然后印之，令绝余疑。※（注：《法界观》云："色等本是真如一心，与生灭和合，名阿梨耶识等，而为能变，变起根身器界。"

《原人论》初斥此土三玄，次斥习佛不了义教，谓人天教、小乘教、法相教、破相教，斥人天、小乘且勿论。其诘法相教云："所变之境既妄，能变之识岂真。若言一有一无者，则梦想与所见物应异，异则梦不是物，物不是梦。寤来梦灭，其物应在。故知梦时则梦想梦物，似能见所见之殊，据理则同一虚妄，虚妄都无所有。诸识亦尔，以皆假托众缘，无自性故。"犹尚足以难执识者，诘破相云："若心境皆无，知无者谁？又若都无实法，依何现诸虚妄。如无净明不变之镜，何有种种虚假之影？故知此教但破执情，亦未明显真灵之性。"则同外道，故第三直显真源云："一乘显性教者，说一切有情皆有本觉真心，无始已来常住清净，昭昭不昧，了了常知，亦名佛性，亦名如来藏。从无始际，妄想翳之，不自觉知，受生死苦。大觉愍之，说一切皆空。又开示灵觉真心，清净全同诸佛。大哉妙门，原人至此。"知解宗徒，几同魔说矣。又考《遗珠集》乙六十二页等，又考《宗门源流考》第十七页）**故云，默传心印。所言默者，唯默知字，非总不言，六代相传皆如此也。至荷泽时，他宗竞播，欲求默契，不遇机缘。又思惟达摩悬丝之记，（达摩云，我法第六代后，命如悬丝。）恐宗旨灭绝，遂明言知之一**

字，众妙之门。任学者悟之浅深，且务图宗教不断，亦是此国大法运数所至，故感应如是。其默传者，余人不知，故以袈裟为信。其显传者，学徒易辨，但以言说除疑。（法是达摩之法，故闻者浅深皆益，但昔密而今显，故不名密语，岂可名别法亦别耶）

然此教中以一真心性对染净诸法，全拣全收。全拣者，如上所说，但剋体直指。灵知即是心性，余皆虚妄，故云非识所识，乃至非性非相非佛非众生，离四句，绝百非也。全收者，染净诸法无不是心。全拣门摄前第二破相教，全收门摄前第一说相教。将前望此，此则迥异于前。前此摄前，前则全同于此。深必该浅，浅不至深。深者直显出真心之体，方于中拣一切收一切也。如是收拣自在，性相无碍，方能于一切法悉无所住，唯此名为了义。”又卷三云：“问：迷之即垢，悟之即净，能生世出世间诸法，此是何物？答：是心（举名答）。问：何者是心？答：知即是心（指其体）。答：心如说水。答：知如说湿。以此而推，水之名体，各唯一字，余皆义用。心之名体亦然。湿之一字，贯于清浊等万用万义之中，知之一字亦贯于贪瞋慈忍万用万义之处。空宗、相宗为对初学及浅机，故但遮名而遮其非，唯广以义用而引其意。性宗对久学及上根，令忘言认体，故一言直示。认得体已，方于体上照察义用，故无不通矣。”（按：宗密之立三教，实暗承五教之说。初摄小及始一分，二摄始一分，三摄终、顿、圆为一，而实不尽贤首、清凉之意。且立知为心体，拾神会余唾，而乖华严家无碍之义，则其分泯绝无寄与直显心性为二，使牛头、径山与菏泽、江西、天台等分门。当亦非诸家本义，宗密之私意也。十异判性宗、空宗不同，最无足取，诚所谓知解宗徒哉。然其人似颇有组织力，观其条理分明，次序井然可知。《宗镜录》多承其说。雍正于牛头有微词，且盛称永明者，此亦一大原因乎？以吾观之，华严家言及宗门，至宗密失真甚矣。较之李通玄亦远逊也。诞哉！）（其《心要法门注》似有理致，而含浑难定是非，不阅此，将被蒙）（按：宗密所谓心体是知，似与《心要法门》所云“无住心体，灵知不昧”，《行愿品疏》卷一所云“离觉所觉，朗万法之幽邃”相合。然清凉之说，知说朗皆就无碍边谈，宗密乃执以为体，故为过耳。纵曰本寂，徒滋迷惑）（按：《圆宗文类》卷二十二，净源《策门三道》云：“问：《华严》一真法界即《起信》一心源也。然心融万有，便成四种法界，故圭峰以溥该诸教，迥异诸教，唯就一心而谈圆矣。然则《起信》以一心为本源，贤首判之则曰，心于终而兼于顿，且不该乎圆矣。与圭峰之辞何其异也。今诸生心愤口悱，其来久矣。讵可默无言乎。”按：净源本不足道，曰贤首心不该圆，岂有据耶？考《一心十门》可知。然据此等文可知，尔时对于宗密颇有微词，惟犹未知其“知是心体”违圣教也。又云：“问：圭峰之论《原人》也，始人天而终显性，五教在焉？贤首之疏《华严》也，先小乘而后圆教，五章备矣。夫贤首即圭峰之祖，圭峰乃贤首之裔，何裔之迹同，而判教之效异耶？宜摭嘉言以析两端。”）

（十二）《圆宗文类》卷二十二记

※真妄偈问答。

※又《十不二门指要钞详解》卷三云："无始无明与《起信论》一切众生从本已来未曾离念是同，而大经有十地菩萨见终，诸佛见始之言，以至诸经有忽然不觉，从真起妄之说。又成有于始终。唐复礼法师曾有偈问天下学士，原夫法界平等，非真非妄，教门诠示有真有妄。是知从理则真妄同源，本无终始。从事则学悟夐隔，终始条然。荆溪则曰：若从事说，若见法性始，则见无明终。若见法性终，名见无明始。若从理者，应知二法俱始并终。况此二法自无，二法俱无始终。四明云：甚深秘藏之源非真非妄，若言忽然不觉而生无明，此乃约修以说，对性论起。不如是则无以显进修之人复本还源之道矣。以此义故，凡诸经论多云，从真起妄。其实一切众生自无始来，惟在迷不觉而已。若得此意，则礼师之问，不答可也。"《详解》及荆溪之言仍含浑。四明虽说一半而颇有理，与法藏《问答》之言同。按：四明云云，见《再答泰禅师问》。又有云："若论本具平等一性，则非真非妄，而不说有无明法性，亦不论有始终。但众生自无始，忽然不觉迷理而生无明。无明有熏真之用，法性有随妄之能。真妄和合，名为缘起。无明法性体一，故起无前后。故《起信》云，如来藏无前际，故无明之相亦无有始。若觉悟时，达妄即真，了无明即法性。约修门说义当断妄，虽曰断妄，妄体本真，妄何所断？故曰无明亦无有终……有真有妄者，对迷说觉也。绝真绝妄者，泯相离筌也。确论其旨，真则全妄之真，妄则全真之妄，二无二体也。……起妄之言，复应了知其意。若言众生本觉圆明之性，此即直指众生无始无明而为法性，以无明法性体一故（此下方接若言忽然不觉等。）"大好。

云："（天后朝，复礼法师问天下学士真妄偈，如十七页。）安国寺利涉法师答（开天中天后朝人）云，真法本非真妄，复何曾起？妄不从真生，无妄何所止？既许无初末，宁容责终始，无始复无终，谁当懵兹理？胡不趣无生，乃云祈生死。

澄观答云：迷真妄念生，悟真妄即止，能迷非所迷，若得全相似。从来未曾悟，故说妄无始，知妄本自真，方是恒常理。分别心未亡，何由出生死？

章敬寺大德怀晖答（元和中人）云：法性非垢净，真妄非如理，去妄复存真，兹妄安所止？无物本自无，强无无不已，有始见有终，见始非无始，诸法自无性，无性无生死。

安国寺洪滔禅师答（章敬同学）云：真妄本假名，悟妄妄不起，心源性恒常，恒性非终始。圣凡旨自立，玄性玄不已，法界圆净身，元来复无旨。佛国无一物，孰懵生死理？

云华寺海法师答云：真妄体常如，无灭亦无起，触目性皆空，毕竟无可止。如如本不还，岂复云终始？若存终始见，常懵真如理。生死即涅槃，何祈出生死？

宗密申明礼法师意云：大乘经教统唯三宗，谓法相、破相、法性。诸宗禅门精传受者，亦不出此三类，已备彰《都序》。圭峰兰若禅藏一百卷，有《都序》两卷。（按：此十四字系后人加。）今问此是法性啮镞关节，不问二宗。二宗所说无此违妨也。法相宗，一切染净法，无始时来各有种子在第八中，遇缘熏各从自种生，都不关真如。彼说真如一向无为寂灭，不可难他从真有妄也。破相宗一向说染净一切空，且不立真，何况于妄？故不难云从真有妄也。唯法性宗经论言，依真起妄，如云法身流转五道，如来藏善恶受苦乐等。又《华严经》六、七二会及《起信》首末之文义宗有碍，自语相违，又皆了义。故试问天下学士有达者，即知真入道，复礼非不达也。今诸人所答悉迷问意，皆约泯相归理，无相无为之见，何申问目？唯观和尚所答方为得当。今试答云：本净本不觉，由斯妄念起，知真，真妄即空，知空，妄即止，止处名有终，迷时号无始。因缘如幻梦，何终复何始？此是生生源，穷之出生死。

又学人多谓真能生妄，故疑妄不穷尽。为决此理，更述一番，还答前偈：不是真生妄，妄迷真而起，知妄本自真，知真妄即止。妄止终似末，悟来似初始。迷悟性皆空，空性无终始。生死因迷此，达此出生死。

又和诤篇云：人心南北异，佛法古今同，不坏真明俗，还因色辨空。探幽唯罔象，失旨并童蒙，有著斯为诤，忘情自可通。"

（十三）《修大方广佛华严法界观门记》

※法界观。

※按：此与止观五门无违，初重四句摄义已周。次二重不过如《五教止观》云："如其不得直入此者，宜从始至终，一一征问。致令断惑尽迷，除法绝言"也。故会色归空观，即生无生门。次二观即事理圆融门，后一观即语观双绝门。宗密谓但成真空非也，何以故？中二观义与后二重义无别，后二重义不过承中二观义以敷衍耳。又第四观杜顺已明言"行体"，则后二重仍是解境。若后胜前，乃违行由解成，行成解绝矣（慧按：清凉《钞》圆教分齐中总摄归真，虽云即真空绝相，而意仅取泯绝无寄，似属得意而义实与杜顺别，更考）

云："略有三重：（宗密注云："除事法界也，若分析义门即有四。今对能观之智，故唯三。此三但是一道竖穷，展转玄妙，非初法界外别有第二、第三。既不旁横，故云重不云段。"）真空第一，理事无碍第二，周遍念容第三。

第（一）真空观法，于中略开四句十门。四句考二十九页，就初门为四。初二门考二十九页，三空中无色故不即空，会色无体故即是空，良由会色归空，空中必无色，是故由色空（无也），故色非空（真也）也。上三门以法简情讫。四凡是色法必不异真空，以诸色法必无性故，故色即是空（《注》云：“依他无性即是圆成。古人云，色去不留空，空非有边住。”）第（二）明空即色观，亦四门。初门考二十九页。二，以空理非青黄，故云不即色。然不异青黄，故言空即色。要由不异青黄，故不即青黄，故云即色不即色也。三门考二十九页。又云，上三门亦以法简情讫。四，凡是真空必不异色，以是法无我理，非断灭故。第（三）空色无碍观。〔※（《玄镜》卷上云：“言真空者，非断灭空，非离色空，即有明空，亦无空相，既非灭色异色，不即不离故即真空。空非色相，无遍计矣。缘生无性，即依他无性。无性真理即圆成，故真空该彻性相。”又云：“空有各有二义：空二义，谓空非空，空谓必尽有故。非空谓无，空相又不碍有故。有二义，谓有非有，有谓必尽空，非有谓有相，离又不碍空。其不相碍即是举体全是之义。

言色不尽而空现者，以色不碍空，故色不尽也。即尽色之空而空现也。

释泯绝观有多义：一、融二谛义，即下宗密《注》述破之第三义。而复有云，虽有三观意明三观融通，为真空耳。二、色空相望，总有四句。初会色归空观中四句，前三句明色不异空，第四句明色即是空。第二明空即色观中四句。第三句明空不异色，第四句明空即是色。第三观明但合前二，今第四拂四句相，现真空相不生不灭，乃至无智亦无得，真空观备。（又宗密《注》述离谤亦清凉义）是故下总成真空绝相观，则内外并冥，缘观俱寂也。

有四义：一、虽有色事，为成空理。色空无碍，为真空故。二、理但明空，未显真如之妙有故。三、泯绝无寄，亡事理故。四、不广显无碍之相，无为而为，无相而相。诸事与理，炳现无碍，双融相故。故初观不名事理无碍观。此观观事俗观，观理真观，观事理无碍成中道观。又观事兼悲，观理是智，此二无碍，即悲智相导，成无住行，亦即假空中道观耳。”）〕谓色举体不异空，全是尽色之空故。则色尽而空现，空举体不异色，全是尽空之色故，则空即色而空不隐也。是故看色无不见空，观空莫非见色，无障无碍为一味法。（《注》云：“虽有空色二字，本意唯归于空，以色是虚名虚相，无纤毫之体。故修此观者，意在此故也。文中举色为首云空现，举空为首不言色现，还云空不隐也。是故但名真空观，不言真空妄色观。有本云色不尽而空观，亦通，然不如无。”）第（四）泯绝无寄观，迥绝无寄，非言所及，非解所到，是为行境。何以故？生心动念即乖法体、失正念故。余文考二十九页。（《注》云：“正念者，无念而知。若总无知，何名正念。”）又于前四句中，初二句八门皆简情，显解。第三句一门解终趣行，第四句一门正成行体。（《注》云：“初句会色归空，无增益谤。二、无损减。三、不是双非，无戏论谤。四、不是俱无相违谤。四谤既无，百非斯绝，已当八部，八部般若，无相大乘之极致。（按：此解无理致）。况后二观展转深玄。又初当色即是空，次当空即是色。三当色不异空、空不异色。四当不生不灭，乃至无智无得（此解好）。又乍观文相，似当初句空观观真谛，次假观观俗谤。三四二句中道观，观第一义谛。三即双照明中，四即双遮中，细详观文所宗，即不然也。以虽有空色等言，但成于真空观也。即空假真俗三观三谛已备，次理事无碍，复是何观。故知不然。（非）”）是故行由解成，行成解绝。

理事无碍（所观）观（能观）第二〔（《注》云：“前虽说色是简情，计以成真空，空色无碍，泯绝无寄，方为真如之理，未显真如妙用，故唯是真空观门。（非）”）〕但理事镕融，存亡逆顺通有十门。（初）门考二十九页，（二）谓能遍之事是有分限，所遍之理要无分限。此有分之事，于无分之理全同非分同，以事无体，还如理故，是故一尘不坏而遍法界。如全一大海，在一波中而海非小（《注》云：“海无二故，俱咸湿故。”）；如一小波币于大海（《注》云：“即同海故。”），而波非大。（《注》云：“不坏相故。”）同时全遍于诸波，而海非异，俱时各币于大海而波非一。又大海全遍一波时，不妨举体全遍诸波。一波全币大海时，诸波亦各全币，互不相碍。问：理既全遍一尘，何故非小？一尘全币于理性，何故非大？答：理事相望，各非一异，故令全收而不坏本位。先理望事，有其四句。一、真理与事非异故，真理全体在一事中。二、真理与事非一故，真理体性恒无边际。三、以非一即非异故，无边理性，全在一尘。四、以非异即非一故，一尘理性无有分限。次事望理，亦有四句：一、事法与理非异故，全币于理性。二、事法与理非一故，不坏于一尘。三、非一即非异故，一小尘币于无边真性。四、以非异即非一故，一尘币无边理而尘不大。问：无边理性全遍一尘时，外诸事处为有理性，为无理性？答：以一理性融故，多事无碍故，故得全在内而全在外，无障无碍。各有四句，先就理四句：一、以理性全体在一切事中时，不碍全体在一尘处，故在外即在内。二、全体在一尘中时，不碍全体在余事处，故在内即在外。三、以无二之性各全在一切中故，亦在内亦在外。四、以无二之性非一切故，是故非内外。前三句明与一切法非异，此一句明非一，良非一异故，内外无碍。次就事四句：一、一尘全币于理时，不碍一切事法亦全币，故在内即在外。二、一切法各币理性时，不碍一尘亦全币，故在外即在内。三、以诸法同时各币故，全内亦全外，无有障碍。四、以诸事法各不坏故，彼此相望非内非外。（三）谓事无别体，要因真理而得成立，以诸缘起皆无自性故，由无自性理事方成故，如波要因于水能成立，依如来藏得有诸法，当知亦尔。（四）谓由事揽理故，则事虚而理实。事虚故全事中之理，挺然露现。如波相虚，令水体露现。（五）谓事既揽理，遂令事相皆尽，唯一真理平等显现，以离真理外无片事可得故。如水夺波，波无不尽。此则水存以坏波令尽。（六）、（七）考二十九页。（八）谓缘起事法必无自性，无自性故，举体即真。故说众生即如，不待灭也。如波动相，举体即水，无异相也。（余）如二十九页。

周遍含容观第三（《注》云："事事无碍也。"）事如理融，遍摄无碍，交参自在，略辨十门：(一）理如事门，谓事法既虚，相无不尽，理性真实，体无不现。此则事无别事，即全理为事，故菩萨虽复看事，即是观理。※（《玄镜》卷下云："然说此事下，不坏相故。若坏于相，理何所如？是则真如，如事相大小。"又云："十玄自此出（有详论应知）。"）然说此事为不即理（《注》云："不坏事故。"）。(二）事如理门，谓诸事法与理非异，故事随理而圆遍，遂令一尘溥遍法界。法界体全遍诸法时，此一微尘亦如理性，全在一切法中。如一微尘，一切事法亦尔。(三）事含理事门，乃至第（十）溥融无碍门之名，如二十九页注，义应知。第十门后有云，令圆明显现，称行境界，无障无碍，深思之令现在前。"（慧按：此第三观门，易与第二观门混，故清凉改用法藏说。）

（十四）《法藏杂章记》

※刹那灭。

《流转章》云："灭有二：一、断灭，二、刹那灭。非断灭，故不同无物，刹那灭必引后。问：若刹那必引后生，是即不得入无心定等。答：刹那有二位：一、约能依转识粗故，皆从自种生，前念后念近远俱为等无间缘。二、约所依本识细故，前后流注灭已更生无间相续。问：若尔，入寂二乘最后灭心，应亦还生，即无涅槃，便成大过。答：若约小乘初教，可如所难，以彼宗中许入寂二乘永灭断故。若终教等即不如此，以二乘人烧分段身，生灭度想，入于涅槃而余世界受变易身，受佛教化，行菩萨道，乃至成佛，尽于未来无有断绝，以无众生作非众生故。四记论中灭者复生分别记者，此约小乘说。问：此微细灭既自不住，何能有力而生后念？答：以依真如如来藏故，令此生灭得生灭也。经云，依如来藏故有生灭心。又经云，依无住本，立一切法等，是故灭无真依无以起生。生不依真，不从灭起。《起信论》云，不生不灭与生灭和合，名阿梨耶识，是即流转是不流转转也。是故相顺而成生灭，相违及俱思之可解，非违非顺，方得生灭者，由前二义相形夺故，以无二为一，离二相故，违顺双泯故。"

※断常四句。

"断常亦四句，由灭坏及背前故，法不至法，本不移而不常。由引后及依前，故位不绝，位恒流而不断，由上二义，不相离故，不断即不常，恒流而不转。不转转，转不转，无二也。由灭坏违生后，由背前违依前，故非常非非常，非断非非断。今此流转法亦非流转，非不流转也。"

※有无四句。

“有无亦四句：一、后念中背前义是有义，二、前念中灭坏义是无义，三、后念中依前义是非有义。四、前念中能引后义是非无义，五、由前二义无二是俱存义，六、由后二义无二是俱泯义，七、由存泯无碍合前六句为一无障碍流转。经云，一切法不生灭，我说刹那义。”

※真妄四句。

真妄亦四：一、无人，谓但是前灭后生，无间流转，毕竟无人。二、无法，此生灭法由后依前起，后无自性无体，又不可从前念而来。由后背前，后非前，及此亦不从前念而来。由前灭坏故，无法可至。后念由能引后故，体非后位摄。此亦不能至后位，是故前念无法可去至后念，后念无法可从前念来。但缘起力故，似有相续，实无有一法从此至彼。三、相尽，思维现在亦如过未，无体空相无不尽，然是法理空，非是断空。是故只说此生死流转法，是真空非灭，此法方为性空。四、理现，即由如是相自尽故，平等理性未尝不现，故看于生死，常见涅槃；常见涅槃，恒游生死。

※成观。

“成观有二：先令识妄念，后摄念成观。前谓思惟此流转法实唯一念，至于无念。彼能缘之念，亦如所念，无不相。及彼此当处相即空故，性本现故。次成观中，先解后行，初解中二：一、始谓解知，如前所说诸义，令心决定。二、终谓知此解是解非行，亦解知正行，不如所解，是故方堪为行方便。二行中亦二：一、始谓思惟彼法至无念处，诸见皆绝，绝亦绝，言说不及，念虑不到。若于乃至作无念等，解并是妄念，非是实行，何况余念？二、终谓以念智照无相境，亦非照非境，亦无观无不观，故云法离一切观行。久作纯熟，心不失念，四威仪中，常作一切而无所作。双行无碍，难思议也。”（按：卷下《十世章》及《玄义章》之《缘起无碍门》、《入道方便门》，皆应参考）

※（按：新罗义湘与贤首同师至相于终南，归国即大弘《华严》。虽《一乘法界图》及《文义要问答》中所述之义甚少，而大体已备。况复有憬法师、元晓师之说，能理其条贯，可以辅翼贤首、清凉而正慧苑及圭峰之谬）

（十五）《十住毗婆沙论记》

※无余涅槃，三乘无别。

卷一云：“三乘于诸烦恼得解脱，是中无差别。因是解脱入无余涅槃，是中亦无差别，无有相故。但诸佛甚深禅定障解脱，一切法障解脱，度无量众生，久住生死，多所利益，具足菩萨十地，故有大差别。”

※我我所二俱空。

“我心因我所，我所因我生，是故我我所，二性俱是空。我则是主义，我所是主物，若无有主者，主所物亦无。若无主所物，则亦无有主，我即是我见，我物我所见，实观故无我，我无无非我。因受生受者，无受无受者，离受者无受，云何因受成。若受者成受，受则为不成，以受不成故，不能成受者。以受者空故，不得言是我，以受是空故，不得言我所。是故我非我，亦我亦非我，非我非无我，是皆为邪论。我所非我所，亦我非我所，非我非我所，是亦为邪论。”卷二云。不空不有亦得空，不空故是空，以有此空法故，何得言空者，情计未尽不见空也。故般若云：空不空不可得者，是此义也。亦可有不有故是有，以有此有法，何得言有？今若欲作彼空有之见解而言是空有者，即非空非有也。以是自解故，如人取物，更著异物，是即非物。此即是普贤、文殊等机所见，即冥契不二，无有念动，即是究竟行圆，更不得遮，但逐法显耳。此即空有一体，两相不亡。何者？即彼空不空之空，有不有之有是也。

问：若言此真空妙有是真，显不待遮故，名直显空有者，云何乃言空不空有不有也？答：此是显言，不是遮说。何者？直明此空不空，有不有尔，取意思之。问：若言此空即是显法，不是遮情者，如前所说空亦即是显法，云何乃言是遮非显？何者？前所说空亦即是不空之空，何以故？若有此空，即非空故。前既已说何言非，后复重论如何即是耶？答：后非前说，何者？后直显实，不是空故明空。前即以空故明空，不是不空故明空也。有亦尔。此即与前全别不同，勿滥为其类也。又约所取亦别不同，如空故空，即智慧之所得。如不空故空，即慧智之所证。慧智即为行，契证。智慧即为解，决择。解即入行之前缘，慧智即究竟之真证。是故两说，不可同互而语哉也。”

又卷三十六之一云：“经论说身受心法，空无所有，乃至不念。有二意：一、法性湛然，常乐我净，即遣无常等倒。二、此入法空，俱遣八倒。钞，但以法性难破四倒，多约性相双修而说。后意法空寂寥，唯约真实说，故《中论》云，诸佛或说我，或说于非我，诸法实相中，无我无非我。亦应云，诸佛或说常，或说于无常，诸法实相中，无常无无常。乐净亦尔。疏，既除八倒，则成八行。钞，有三意：一、取著生死、无常、涅槃、常等，即是八倒，无念而知生死、无常、涅槃、常等，即是八行。二、计于生死，若常若无常等，皆成颠倒，故有八倒，则非常非无常等为八行。三、谓生死常等，佛无常等，即成八倒。若谓生死无常等，佛法常等，即成八行。此即双照常无常。”

——附二页《法我空有》——

《玄谈》五云："由不变故始能随缘，由随缘故方能不变。何者？谓若变自体，将何随缘？如失湿性，将何随风而成波浪？即由此义，经中说言真如随缘。若不能随缘，体则不遍缘中。缘中既无，何成不变？是以二义反复相成，故《胜鬘经》云，不染而染，难可了知。染而不染，难可了知。"

——附七页随缘——

又卷六云："觉首偈，法性本无生，示现而有生，即真如随缘。又云，诸法无作用，亦无有体性，明随缘不失自性。即同《胜鬘》，依如来藏有生死涅槃。"

又法藏《教义章》二云："问，真如既言常法，云何得说随熏起灭？既许起灭，如何复说为凝然常？答：既言真如常故，非如言所谓常也。何者？圣说真如，为凝然者，此是随缘作诸法时，不失自体故说为常。是即不异无常之常，名不思议常，非谓不作诸法，如情所谓之凝然也。故《胜鬘》云，不染而染者，随缘作诸法也。染而不染者，明随缘时不失自性。由初义故，俗谛得成，由后义故，真谛复立。如是真俗，但有二义，无有二体，相融无碍，离诸情执。"

法藏《教义章四》云："若计真如是有，有二过：一、常，谓不随缘故，在染非隐故，不待了因故。二、断，如情之有，即非真有，非真有即断。执无亦有常断二过，计俱、俱非亦有常断二过，应知。

若计依他有者，亦有二过：一、常，谓已有体，不藉缘故即常。不藉缘故，不得有法即断。圣说依他是有者，此即不异空之有，亦即所谓不动真际，建立诸法。何以故？从众缘无体性故。若执为无，断过可知。无法非缘，非缘之法即堕常。圣说缘生毕竟空，此即不异空之有，以法从缘生，方说无性。是故缘生有者，方得为空。不尔，无缘生因何以得言空。此即不动缘生说实相法也。故清辩、护法非相破，乃相成。钝根闻依他有，而不知不异空之有，执为实有。故清辩破依他有，至毕竟无方乃得彼依他之有，故为成有，故破于有。又有不达空，是不异有之空，即执以为实空。故护法破彼谓空以存幻有，幻有立故，方乃得，得彼不异有之空，故为成空故破于空。色即是空，清辩义立。空即是色，护法义存。二义镕融，举体全摄。若无后代论师，以二理交彻，全体相夺，无由得显缘起依他性甚深，故曰相成。执俱、俱非过，应知。

遍计所执四句过，应知。

又真如是有义，以迷悟所依故，不空义故，不可坏故。又是空义，以离相故，随缘故，对染故。又是亦有亦无义，以具德故，违顺自在故，镕融故。又是非有无义，以二不二故，定取不得故。

又依他是有义，缘成故，无性故。是无义缘成无性故，是亦有无义缘成无性故。非有无义，以二不二故，随取一不得故。

又遍计是有，约情故。是无，约理故。亦有无，由是所执故。非有无，由是所执故。

又三性一际，举一全收，真妄互融，性无障碍。是故真该妄末，无不称真。妄彻真源，体无不寂。真妄交彻，二分双融。无碍全摄，思之可见。”

——附二十一页三性有无——

又《行愿品疏》云：“理事浑融，无有障碍，略为三门：第（一）事法界，不出色心，万象森罗，依正境智相用显然，皆曰事也。第（二）理法界，体性空寂，顿绝百非，略有性净离垢二门。第（三）无障碍法界，略有三门：一、相即无碍门，谓一心法界含真如生灭二门，互相交彻，不坏性相。其犹摄水之波非静，摄波之水非动。二、形夺无寄门，谓无事非理，故事非事也。无理非事，故理非理也。三、双融俱离，性相浑然门，曲有十门：一由离相故，事坏而即理。一由离性故，理泯而即事。三由离相不坏相，故事即理，而事存以非事为事也。四由离性不泯性，故理即事，而理存以非理为理也。五由离相不异离性，故事理双夺，迥超言念。六由不坏、不异、不泯，故有初事、理二界俱存现前，烂然可见。七由不坏、不泯、不异、离相、离性故，为一事理无碍法界，使超视听之妙法，无不恒通于见闻，绝思议之深义，未曾碍于言念。八由以理融事令无分齐，如理之遍一入一切，如理之包一切入一。故缘起之法，一一各摄法界无尽。九由因果法界，各全令摄，故令普贤身内佛佛无尽，佛毛孔内菩萨重重。十由因果法果差别之法，无不恒摄法界无遗，故随一一门、一一行位各摄重重，故广刹大身，轻尘毛孔，皆无有尽。”《别行疏》同。

——附二十九页《圆教分齐》——

[“无分别智证理法界，以为五门：一、能所历然，谓以无分别智证无差别理，心与境冥，智与神会，成能证智，证所证理。二、能所无二，谓以即体之智，还照心体，举一全收，举理收智，智非理外。举智收理，智体即寂。三、能所俱泯，由智即理故智非智，以全同理无自体故。由理即智，故理非理，以全同智无自立故。四、存泯无碍，以前三门说有前后，体无二故，离相离性，则能所双泯，不坏性相，则能所历然。正离性相，即不坏故，存亡无碍。五、举一全收，上列四门，欲彰义异。理（此处有六七字原文不清）《行愿品疏》云，《别行疏》同]

“华严三昧者，或定或乱、或即或入、或智或理、或因或果、或一或异，性海实德，法尔圆明，应如理思，绝于见也。此解行为，言名华严三昧。据果亦名海印三昧。此即同时前后为名，顿现互融为目，互入无羁镕融绝虑。按：此义边，名法界无碍。

入此方便不过二门：一、解，二、行。（初）门复二：一、缘起相由门，二、理性融通门。所以有此二门者，以诸有法无自性故，无自性者，空有圆融，成幻有也。

初门复二：一、开，二、合。开者，诸法有力无力也。谓缘起之法，无此彼不成，彼能成他，故是有力。此不自有，依他是无力。以彼有力故能摄此，以此无力故能入彼。是故一切皆在彼中隐，复彼有一切，一切不即彼。何以故？此但是力用互无，非空有互夺故。是故一成坏即一切成坏，如是自在，法尔如斯，非神力变化故尔。

合者，彼有力能摄此时，即此有力能摄彼时。何者？无力由有力成，有力由无力立，故以全有之无为有，全无之有为无。如是圆融一际而不碍，有力无力两存，举一即一切咸收，不妨重重无尽，互相交彻，一多成故。

（下述杜顺西南边珠文。）理性融通门亦复二：一、空不空门，二、是不是门。初谓有力者不空，以与他为体故。无力者空，依他故。他此皆具，故两法互由，二而不二，故名空不空。是故全空而即有，有即彻空有，全有而即空，空即彻有空。彻有空故一切在有而即空，彻空有故一切在空而即有。是以事随理而融通，理随事而差别。

二谓有即空，空无异。故一有即一切有，曰是，一切是一，不碍彼此，历然故云不是。

（第二）行者，即于上解中，审谛取之。且如一中有一切时，即是一切中有一时，即一与一切即入一时。如是交参掩映，即异即同一时，致令解心绝寄，觉念亡措，乞之顿现，相无施功用泯追寻乞计。（此下有脱简。）

问：既言行法，离见亡言，言见莫之能入。今既知行亡言离，见岂非见耶？答：若知此见是解，此解即为解。若即以此见为行，非但不是行，亦复不是解也。

问：泯相灭心，岂即为真。若云离彼解心，未知何者为行。请陈其状。答：行离念亡言者，与法相应，绝情见故。何以故？无念之见，性融通故。理智交彻，见无见故。任放自在，念不动故。如云，不动是法印，动则魔罗网。解云，若动见此之见看彼，即彼此俱不见，而言见彼此者，即是妄缘故名魔网。不动见此之见，即见彼者，即彼此俱见，故名法印。虽如是见，能于诸法实德化用竟无妨也。何以故？得心自在如心尔故，称法修行，作无作故。”义仍不出杜顺止观，而其门径则异矣。应知。

——连上一页，下一页附三十九页——

又《探玄记》卷一云：“三乘、一乘各有二种。三乘二者，一、异时三乘，二、同时三乘。一乘二者：一、破异明一，如《法华》；二、直体显一，如《华严》。又各三，三乘三者：一、始别终同三，如《俱舍》等说，此约小乘教说。二、始同终别三，此是第二、第三时教说也。三、近异远同三，谓《法华》等。一乘三者，一、存三之一，如《深密》等说。二、遮三之一，如《法华》等。三、表体之一，如《华严》。故通说有四句，一唯三无一，如《俱舍》等。二唯一无二，如《华严》等。三俱有此初三实一权，如《深密》等。后一实三权，如《法华》等。四俱非，约理绝言。”又云：“以义分教，教类有五。此就义分，非约时事。”此下即叙五教名义，及所说法相。清凉《玄谈》承之而较此更广更明。

按：《刊定记》卷一立四教义云：“今依所诠法性，以显能诠差别，谓有令隐全显分隐分显故。今依《宝性论》卷四四种，众生立四教：（一）迷真异执教，当彼凡夫。谓诸法莫不皆依真性建立，而凡夫横执，不免轮回，皆由迷真所致。故《密严》云，由先业力及爱为因，成就世间，妄计之人，执为作者。（二）真一分半教，谓于真如随缘不变二分。义中唯说生空所显之理，虽一切有部等说无为，而皆是凝然生空所显。又未闻真具分义故，依六识、十一毒建立染净根本所依。（三）真一分满教，谓于真如二义中，具说不变生法，二空所显真性，还是凝然，如《成唯识·九》说。由此真知，但是不变故，故依生灭八识，立生死根本及涅槃因等。（四）真具分满教中有二门：一、理事无碍门，说真如随缘作一切法，不失自体。诸法即真不得生灭，所以者何？由无自性诸法得成，由诸法成，方显无性理，为显此义，总有三说：一、依理成事，如《宝性论》卷四、《密严》卷三。二、会事归理。

三、理事互成，显有无为非一异。二、事事无碍门者，谓此事彼事或由法性力所致，或由神通等转变，是故互望于同类异类中，有相即相在等，相作相入等。（考《遗珠集》乙三十九之二十二，可知其不当）。

此门义分齐者，谓一、体事，二、德相，三、业用。（初）是后二所依，此通二种：一、净分无漏是德相所依体，二、通漏无漏是用依。今通前二体事，略举十法，谓色、心、时、处、身、方、教、义、行、位。（二）有二门，先通辩德相因。谓从发心修行时，一一皆与法性相应。常观诸法，若同若异，其性是一，所谓无性，以故相随，性融此彼，事成即在等无障碍也。又由大愿回向善根同如相故，证净法界所感依正，还同真性，具足一切无边无碍德相。非相所迁，非分限取，唯普眼见。后别显德相果，谓同时具足相应德、相即德、相在德、隐显德、主伴德。同体成即德，具足无尽德、纯杂德、微细微、帝网德。上来十种德相，于前纯净无漏体事，一一具有。（三）亦二，初通显所因，谓菩萨成就无碍法界相应三昧，通明解脱等用。前体事对应度者，转变自在。后别辨相中有十，谓同时具足相应用、相即、相在、相入、相作、纯杂、显隐、主伴、微细、帝网用。”按此所谈，实属荒谬。其卷首虽云：“其为体也，不生灭，非有无，用不灭为无生，以不生为无灭，事色万类，理极一如。理无事而不融，事无理而不液。故触类成教，即教亡言。混真俗于双际，跨空有于中道。筌蹄绝寄，教网逾张。鱼兔无依，义山弥峻。”又虽难三玄云：“如宁可传有可得耶？如离名言故，若谓无传传无得得者，爱之与见何不尔耶？”恐犹不明杜顺、法藏、清凉之无碍也。

绀珠集乙之八（自习用稿）

涅槃经记目录

玄赞记目录

众生是佛等

不坏众

（八）涅槃经本有今无偈论记

本有今有过三世

（九）一乘佛性究竟论

法界五义

性三

佛性四门

无情有无佛性

涅槃经记

(一)《寿命品记》

※佛菩萨神力。

※又卷十云："佛身一一毛孔化无量佛，一一佛有无量比丘示现受供。又以神力令八斛之食，充足一切大会。如针锋处，皆有无量佛及眷属等坐而食。"(又考卷十四中，卷二十四末)

卷一云："佛临涅槃时，出大音声，遍满乃至有顶，随其类音，普告众生。又从面门放种种光，遍照十方佛之世界，遇斯光者，罪垢消除。

"无边身菩萨一一毛孔各生一大莲花，一一莲花各有七万八千城邑人民，炽盛有王，以大乘法教化众生。"(按：此与《华严》所说同，故录之。)(又卷四云："住大涅槃者，以十方世界内一尘中，其中众生亦无迫怎往返之想，唯应度者乃能见之。复还安止本所住处，是故名曰大般涅槃。")

※为声闻说受食。

卷二云："如来之身不受饮食，为诸声闻说言，先受二牧牛女所奉乳糜，然后乃得无上菩提，我实不食。如来身者，即是法身，非为食身。

※性相无常。

"诸佛境界悉皆无常，诸行性相亦复如是。偈曰：三界皆无常，诸有无有乐，有道本性相，一切皆空无。以是因缘故，证无戏论边，永断诸缠缚，今日入涅槃。我无老病死，寿命不可尽，我今入涅槃，犹如大火灭。纯陀汝不应，思量如来义，当观如来性，犹如须弥山。我今正涅槃，受持第一义。("性"丽本作"住"，"正"作"入"。)

※如来长寿。

"勿说如来同于有为诸行，诸行即是生死法故。当知如来即是无为，若如是观，得无上菩提，能知如来是常住法，不变异法，无为法，善覆如来有为之相，则已作长寿因缘。谓如来是无为者，如来之身即是长寿。

※示涅槃无染著。

"有为之法，其性无常，生已不住，寂灭为乐。不应思惟诸佛长寿短寿，一切诸法皆如幻相。如来在中，以方便力，示同众生，方便涅槃等，无所染著。

※秘密藏(附)。

卷十一云："如言如来人中师子、天等。而如来实非师子、人、天，亦非鬼神，乾达婆等，非我、非命、非可养育、非人、士夫、非作、非不作、非受、非不受、非世尊、非声闻、非说、非不说。如是等语（按：谓师子等）皆是如来秘密之教。如我先说善修三业者，舍命之时，虽有狼竞共食噉，然心意识即生善道，而是心法实无去来，亦无所至，直言前后相似相续相貌不异。如是之言即是如来秘密之教。"

※应考《摩诃止观》及卷三初及《辅行》卷九，有详解也。

"秘密藏者，如∴字三点，若并若纵若别，皆不得成，如摩醯首罗面上三目，乃得成伊。我亦如是。解脱之法，如来之身摩诃般若，亦非涅槃。三法各异，亦非涅槃。我今安住如是三法，为众生故，名入涅槃，如世伊字。（又卷五云："愚人不解，谓之秘藏。智者了达，则不名藏。"）

※常乐我净（附）。

卷三十云："师子吼者说一切法悉无常、苦、无我、不净。唯说如来常乐我净。如来断色乃至识缚，故名常乐我净。又色者即是因缘。若因缘者则名无我。若无我名苦空。如来之身非是因缘。非因缘故名有我，若有我即常乐我净。又若言我者则是如来以身无边、无疑网，故不作不受，故名常。不生不灭故名乐。无烦恼垢故名净。无十相故名空。是故常乐我净，空无诸相。诸外道言：若言如来常乐我净，无相故空。当知瞿昙所说之法，则非空也。我今当顶戴受持。

——附二页《常乐我净》——

又三十二云："如来不生不灭，不得无上菩提不转法轮，不食不受不行惠施，故名常乐我净。

※又卷十三云："烦恼断，则名常。灭烦恼火，则名寂灭。烦恼灭故，则得受乐。诸佛菩萨求因缘故，故名为净。更不复受二十五有，故名出世。以出世故，名为我常。于色声等生住灭，苦乐不苦乐，不取相貌，名毕竟灭谛。"

"世间之人，乐中见苦，乃至净见不净，是名颠倒。知字而不知义，义者，无我名为生死。我者，名为如来。无常者，二乘。常者，如来法身。苦者，一切外道。乐者，即是涅槃。不净，即有为法。净者，佛菩萨所有正法。是名不颠倒，知字知义。欲离四倒，应知如是常乐我净。故修习无常苦想等，非是真实。我以愚人计我如芥子等，故说诸法无我，实非无我。若法是实真常主依性不变易，是名为我。"

※第一义常。

卷三云："如来长寿，于诸寿中，最上所得常法，于诸常中最第一。一切人中，天上地及虚空寿命大河悉入如来寿命海中，故如来寿命无量。又如无热池出四大河，如来亦尔，出一切命。故不应于如来所，生灭尽想。当知如来是常住不变易法，如来此身是变化身，非杂食身，为度众生，示同毒树，现舍入于涅槃。此常法称要，是如来非凡愚所谓梵天微尘等法故，于是第一义中，应勤修习。若

有修习佛是常住二字为灭相者，当知如来则于其人为般涅槃。涅槃义者，即诸佛之法性也。夫法性者，无有灭也。故不应说如来身是灭法。如是灭法是佛境界，非二乘所及，不应思量如来何处住行见乐，诸佛法身种种方便，不可思议。”

（二）《金刚身品记》

※金刚身。

又云：“如来之身坚牢难坏，非人天恐怖杂食身。如来之身非身是身，不生不灭，不习不修，无量无边，无知无形，毕竟清净，无有动摇。无受无行，不住不作，无味无杂，非是有为，不可思议。无识离心，亦不离心。其心平等，无有亦有，无去来而亦去来。不破不坏，不断不绝。非主亦主，非有非无，非觉非观，非字非不字，非定非不定，不可见了了见。无处亦处，无暗无明，无有寂静而亦寂静。是无所有，住无住处，不取不堕，非法非非法，非福田非不福田。无尽不尽，离一切尽，是空离空。虽不常住而亦常住，非念念灭，无字离字，非声非说，非称非量，非一非异，非像非相，诸相庄严。非勇非畏，无寂不寂，无热不热。度脱一切众生，无度脱故。如实说法，无有二故。不可思量，无等等故。平如虚空，无有形貌，同无生性，不断不常，常行一乘，众生见三。不退不转，断一切结。不战不触，非性住性，非合非散，非长非短。非阴入界亦阴入界，非增非损，非胜非负。无知不知者，见不见者。非有无为，世不世，作不作，依不依，四大不四大，因不因，众生不众生，沙门婆罗门。是师子非师子，非身非不身，不可宣说，除一法相，不可算数，般涅槃时不般涅槃。当知如来之身即金刚身，示病苦者，为调伏众生故。以能护持正法因缘故，得成就是金刚身。”

（三）《名字功德品记》

※大般涅槃（附）。

※又卷四云：“大涅槃者，即诸佛如来法界。”

※又卷九云：“以不尽故，有善光故，身无边故，名大涅槃。”

又云：“八味具足，所谓常、恒、安、清凉、不老、不死、无垢、快乐，名为大般涅槃。安住是中，复能处处示现涅槃，是故名为大般涅槃。”（又卷十一云：“大涅槃即诸佛甚深禅定。”）

（四）《如来性品记》

※涅槃因缘义。

卷四云："分别开示大般涅槃有四种义：一、自正，二、正他，三、能随问答，四、善解因缘义。是名大乘大涅槃中因缘义也。如是诸句即大涅槃，等无有异。

※释常住义。

※又卷八云："异法是苦，异法是乐，异法是常，异法无常，异法是我，异法无我。如稻米异于麻麦，麻麦复异于豆粟。如是诸种从其萌芽，乃至叶花，皆是无常。果实成熟，人受用时，乃名为常，性真实故。然一切法唯除佛性涅槃，更无一法而是常者，直以世谛言果实常。又如金矿销融之时，是无常相。融以成金，多所利益乃名常。未闻是经时，说一切无常。闻是经已，虽有烦恼如无烦恼，即能利益一切人天，以晓了自身有佛性故，是名为常。"

灭烦恼者，不名为物，何以故？永毕竟故，是故名常。是句寂静，为无有上。灭尽诸相，无有遗余。是句鲜白，常住无退。是故涅槃，名曰常住。如来亦尔，烦恼灭已，不在五趣。故如来是常住法，无有变易。又如来断烦恼已，毕竟清凉，烦恼炽火，更不复生，是故名常。

又如王游后园，不在宫中，不得言王命终。如来亦尔，虽不现于阎浮提界，入涅槃中，不名无常。如来出于烦恼，入于涅槃安乐之处，游诸觉华，欢娱受乐。

如来身即是法身，随顺世间，示现入胎，乃至现入下贱中等。如是安住大般涅槃，是故名为常住无变。

又如灯明灭尽，灯炉犹存，如来亦尔，烦恼虽灭，法身常存。虽曰灯炉无常，法身应尔。佛答不应作如是难，如来世尊无上法器，彼器无常，非如来也。一切法中，涅槃为常。如来体之，故名为常。言灯灭者，是阿罗汉所证涅槃，以灭贪爱诸烦恼故，喻之灯灭。我昔覆相，说言喻如灯灭，非大涅槃同于灯灭。"（又卷七云："如来正觉不可思议，亦为无量阿僧祇等功德所成，是故常住无有变异。"）

※释涅槃义。

※又卷八云："如水鸟于夏水涨，择高原处。子为长养故，然后随本安隐而游。如来亦尔，令诸众生所作办已，即便入于大般涅槃。是名异法是苦，异法是乐，诸行是苦，涅槃是乐，第一微妙，坏诸行故。"

卷五云："所言涅槃者，无诸疮疣。如来游于十方，随有患苦疮疣之处，为其疗治，是故名大涅槃。大涅槃者，名解脱处。随有调伏众生之处，如来于中而作示现。以是真实甚深义，故名大涅槃。

"所言解脱，或有是色，或非是色，非色即二乘解脱，是色即诸佛解脱。若谓非色，云何得住者？如非想非非想天亦色非色，说为非色。诸佛境界，非二乘所知。"

※解脱即如来

※又卷八云："离文字故，是故如来于一切法无碍无著，真得解脱。

※又卷十云："正解脱名空，或不动者，以无有苦故。名无相者，无色声等故。名常住不变清凉者，无有无常热恼变易故。"

※又卷二十五云："如来不说佛及佛性涅槃，无差别相，唯说常恒不变无差别耳。亦不说涅槃实相无差别相，唯说常有实不变易，无差别耳。"

"真解脱者，名曰远离一切系缚，无有生亦无和合，是故解脱名曰不生，其性清净。真解脱即是如来，如来解脱无二无别。又解脱名曰虚无，非作所作，故解脱即如来。又解脱即无为法，不生不灭，不老不死，不破不坏。以是义故，名曰如来入大涅槃。云何当言如来无常，是故如来不名命终。如来清净无垢，如来之身非胎所污，如芬陀利，本性清净。如来解脱亦尔，是故解脱即是如来。又安隐即真解脱，真解脱即如来。如来者，即是法也。又解脱者，名曰希有，即是如来。其如来者，即是法身。又希有者，无有生与不生。又虚寂者，堕于法界。如法界性即真解脱，即是如来。又解脱名不可见，如空中鸟迹。又名无量法，如一众生，多有业报，脱解亦尔，有无量报。又名不可执，譬如幻物。又名一味无动法广大无上，平等知足，到彼岸默然，救护法爱，拔诸因缘。(按：即离绝因缘) 能觉了增益于我究竟出世法等。如是解脱，即是如来。又名断一切有为法，出生一切无漏善法，所谓若我无我、非我非无我，唯断取著，不断我见。我见者，名为佛性，佛性即真解脱如来。又名不空空、空空，名无所有，即尼犍子等计不空空，即真解脱，即是如来。又名空不空，如瓶无水，犹得名水瓶，是瓶不可说空不空。若言空者，不得有色香等，若言不空而无有水。解脱亦尔，不可说色非色，空不空。若言空则不得有常乐我净，若言不空，谁受是常乐我净？空者谓无二十五有及诸烦恼，如瓶无水。不空者，谓真实善色常乐我净，不动不变，如瓶色香等。然瓶有破坏，解脱不尔，故即如来。又安乐即真解脱，即是如来。如来者即是涅槃，涅槃即无尽，无尽即佛性，佛性即决定，决定即无上菩提。

※无受常乐。

※又卷二十五云："涅槃虽乐，非受乐是上妙寂灭乐。如来二乐谓寂灭觉知，实相体三乐，谓受乐及寂灭觉知。佛性一乐，以当见故得无上菩提时，名菩提乐。"

又毕竟远离二十五有，永得涅槃安乐之处，不可动转，无有尽灭，断一切受，名无受乐。如是无受名为常乐，若言如来有受乐者，无有是处，是故毕竟乐者，即是涅槃。涅槃者，即真解脱。真解脱即如来。

"迦叶言，今始知如来至处，为无有尽处。若无尽，当知寿命亦应无尽。"

※如来身不坏。

“如来身界不可坏，以无身聚，唯有法性。法性之性理，不可坏故。”

※释四依。

卷六云：“依法者，即是如来大般涅槃，一切佛法即是法性。是法性者，即是如来，是故如来常住不变。若言如来无常，是人不知不见法性，不应依止。又若言如来，入于涅槃，如薪尽火灭，名不了义。若言如来入法性者，是名了义。又义名质直，质直名常住。如来常者，名为依法。法者名常，亦名无边，不可思议，不可执持，不可系缚，而亦可见。若有说言不可见者，所不应依。又于如来随宜方便，所说法中不生执著，是名了义。是人则为已得住第一义。以取著故，于义不了。一切烧者，谓如来说涅槃亦烧一切无常者，涅槃亦无常，苦空无我亦尔。是名不了义，不应依止。又法者即法性义，即如来常住不变智，即了知一切众生悉有佛性。了义即了达一切大乘经典。”

※持戒见佛性。

卷七云：“佛秘藏甚深经典，说一切众生皆有佛性。虽有佛性，要因持戒乃见。因见佛性，得成无上菩提。九部经中无方等经故，不说有佛性。经虽不说，当知实有。如是境界，诸佛所知，非二乘所及。善男子，有诸外道，说我常我断，如来不尔，亦说有我亦说无我，是名中道。若谓佛说中道，一切众生悉有佛性，烦恼覆故，不知不见，故应勤修方便，断坏烦恼者，真佛弟子。”

※诠四圣谛（附）。

※又卷十三云：“五阴要因于爱，爱如暴风等。以是义故，凡夫有苦无谛，二乘有苦有苦谛，而无真实。菩萨解苦无苦，是故无苦而有真谛。集谛亦尔。二乘有灭非真菩萨，有灭有真谛。二乘有道，非真菩萨，有道有真谛。”

“若言苦是苦圣谛者，一切畜生、地狱众生应有圣谛。不知如来甚深境界，常住不变微密法身，谓是食身，是名为苦，反此名知苦，名苦圣谛。若言正法无常，悉是灭法，以是流转生死。若知法常住不异，名知集，名集圣谛。若多修学空法，是为不善，坏于如来真法藏故，同于一切修空外道修苦灭，谓有如来藏，虽不可见，若能灭除烦恼，尔乃得入，是名苦灭圣谛。若能发心，见于如来常住无变，法僧及解脱亦尔，名道圣谛。（又卷八云：“大乘无有三归分别之相，以于佛性中即有法僧故，为欲化度声闻、凡夫分别说三归异相。”）

※明我（即明佛性）

佛法有我，即是佛性，即是如来藏义。如是我义，从本以来常为无量烦恼所覆，是故众生不能得见。如来为除世间诸妄见故，为修空故，教众生修无我法。

修已永断我心，入于涅槃，如待药消以苦物涂乳。今说如来藏如净洗其乳，唤子令服。难曰：若定有我，应无坏相，云何而有四姓畜生等差别？又不应避火阬大水等。佛言，众生不能亲近善知识，虽有佛性，皆不能见而为贪等覆蔽，堕地狱等中。因心所起业缘，虽受人身，聋盲瘖痖等。又如雪山一味药，圣王没已，真味停留在山，流出咸苦等味。佛性亦尔，以烦恼故出种种味，所谓四姓畜生等。然佛性无能沮坏，而不可见，成就无上菩萨尔乃证知。”卷八云：“佛性如是不可思议，三十二相八十种好亦不可思议。”又云：“佛性本净，虽在阴入界中，不同于阴入界。”

※中道不二。

又云：“若谓诸法无我是断见，我住是常见，一切行无常是断见，常是常见。苦者断见，乐是常见。修一切法常者堕于断，修一切法断者堕于常见。如步屈虫，要因前脚，得移后足，修常断者亦尔，要因断常。以是义故，修余法苦者名不善，修余法乐者善，修余法无我者烦恼分，修余法常者如来秘藏，所谓涅槃无有窟宅，修余法无常者财物，修余法常者佛法僧及正解脱。当知是佛法中道，远离二边而说真法。

有无之法体性不定，如来知烦恼体相差别，而为除断，开示如来秘密之藏，清净佛性常住不变。或言有者，智不应染，若言无者，即是妄语。若说于苦，凡夫便谓身是无常，不知身有乐性，智者应知，我身即有佛性种子，非一切无常。若说无我，凡夫谓一切佛法悉无有我，智者当知无我假名不实。若言如来秘藏空寂，凡夫闻之生生断灭见，智者应知如来是常，无有变易。若言解脱如幻化，凡夫即谓是磨灭，智者应知如来虽有去来，常住不变。若言无明因缘诸行，凡夫闻已，生二法想，智者应了明无明，其性不二，不二之性即实性。若谓一切无常无我，如来秘藏亦是无常无我（按：当作是常有我，诸本悉讹。），凡夫谓二智者应了其性无二，无二之性即实性。我与无我，性相无二，如来秘藏，其义如是。

众生以明无明业因缘，故生于二相。若无明转，则变为明，一切诸法善不善等亦尔，无有二相。

※心不可说，住不住等。（考第一页附）

“如空中舍宅不可住，若言舍宅不因空住，无有是处。以是义故，不可说舍宅住不住虚空。凡夫虽言舍宅住空，而空实无住，性无住故。心亦尔，不可说言住阴界入及以不住。如来忧悲亦尔，若无云何等视众生如子。若有云何言性同虚空。此如幻师化种种物，都无实性。如来随世示现忧悲，无有真实，凡夫谓真实。”

※释如来身常住不变。

※又卷三十六云："凡夫之色从烦恼生，故是无常苦空无我。如来色远离烦恼，故是常恒无变。"

卷九云："如来之性实无生灭，为化众生故示生灭。如月以山障故不现，而实无没转现他方生，谓月出而性实无出。又如月以须弥山而有晦朔半满，性实无增减，而人起初月等想。如来身亦尔，故名常住不变。又如满月一切悉现，众生各见异相，如来实性喻如彼月，即是法身，是无生身，方便之身，随世示现。以是义故，如来常住，无有变易。是故如来名无边身。"

※三乘同异。

※又卷十六云："义无碍者，乘虽有三，知其归一，终不谓有差别之相。"又卷十七云："若说如来毕竟演说三乘法者，无有是处。"又"如来普为诸众生故，三乘之法说言一乘，一乘之法随宜说三。"又卷二十云："有厌生死者，为说二乘，然实无二乘之实。以二乘故，知生死过，见涅槃乐，则能知真不真等。"

卷十云："问：如来常住以得知见佛性力故，若见佛性而为常者，本未见时，应是无常。若本无常，后亦应尔。以是义故，佛菩萨及二乘无别。答：本有今无，本无今有，三世有法，无有是处。以是义故，佛菩萨及二乘亦有差别，亦无差别。无差别者，同尽漏故，皆得成就同一佛性。一切菩萨、二乘未来之世，皆当归于大般涅槃，是故二乘之人悉名为常，非是无常。差别者，声闻如乳，缘觉如酪，菩萨如生熟酥，佛如醍醐。凡夫如牛新生，乳血未别。"（按：卷十七解本有今无偈云："本有者，昔本有一切法中取著心故，今无毕竟空定。本无者，本无中道实义，今有著心。"等）

(五)《现病品记》

※入涅槃后成正觉。

※又卷三十九云："犊子梵志修习止观，得无学智。今报佛恩，入于涅槃。"

卷十一云："断三结，得须陀果，不堕三恶道，人天七返，永断诸苦，入于涅槃。是人未来过八万劫，便当得成无上菩提。阿罗汉烦恼无余，入于涅槃，未来过二万劫成无上菩提。辟支佛烦恼无余，入于涅槃，未来过十千劫成无上菩提。"

(六)《圣行品记》

※圣法观法性空寂。

又云："圣行者，佛及菩萨之所行。如是等人有圣法故，常观诸法性空寂故。"卷十二云："死能噉一切无量众生，唯除菩萨住空、无相、无愿三定者。

※四念处。

"菩萨圣行者，观身不净，谁有是我，住在何处？谁属于我？又念骨是我耶？离骨是乎？尔时除去皮肉，唯观白骨。复念骨色相异，亦复非我。作是观时，得除一切色欲。又念骨从因缘生，所谓依因足骨，以拄踝骨，乃至依因掌骨以指骨。如是观时，身所有骨，一切分离，即断三欲。又观青骨时，见十方悉相，观黄、白等亦尔。作是观时，眉间出青等光，一一光中，见有佛像，见已即问，如此身者，不净因缘和合共成，云何而得坐起行住，此中无主，谁使之然？作是问已，光中诸佛忽然不现。又念或识是我故使佛不为我说。又现此识次第生灭如流水，亦复非我。又念此身一切悉无有我，唯有心风因缘和合，示现种种所作事业。（按：此风指出入息说。）如咒力幻术所作。是故此身如是不净，假众因缘和合共成，当于何处而生贪欲、瞋恚。若他来打，应思如是，打从何生。又念因手刀杖及以我身，故得名打。有身有打，我若不忍，心则散乱。尔时作是观已，得四念处。得四念处已，则得住于堪忍地中。"

※二谛一异。

※卷十七云："一切世谛若于如来即是第一义谛，何以故？诸佛为第一义故说于世谛，亦令众生得第一义谛。若不得者，佛终不说世谛。如来有时说第一义谛，众生谓说世谛。有时说世谛，众生谓说第一义谛。是则佛深境界，非二乘所知。"又卷三十三云："第一义谛说为世谛，如告比丘，吾今此身有老病死。说世谛为第一义谛，如告陈如，汝得法故名阿若憍陈如。我若于如是等义作决定说，则不得称如来具知根力。"

卷十三云："知诸阴苦，名为中智，谓二乘智，分别诸阴有无量相，悉是诸苦，名上智，谓佛菩萨智。知识分别相是中智，分别是识无量智相是上智。知世谛者是中智，分别世谛无量无边不可称计是上智，一切无常，诸法无我，涅槃寂灭是第一义，名中智。知第一义无量无边不可称计，是上智。

世谛即第一义谛，有善方便，随顺众生，说有二谛。五阴和合称言某甲是名世谛，解阴无有，某甲名字离阴亦无。某甲名字出世之人，如其性相而能知之名第一义谛。依因父母和合而生，名世谛，十二因缘和合生者，名第一义谛。

言实谛者，名曰真法无颠倒虚妄，一道清净，无有二有，常乐我净。二乘亦实不实，断烦恼故名实，无常不住是变易法，名不实。

※辩内外常乐我净（心无常义不转法轮义）。

※卷十八云："菩萨常观生死无常无我无乐无净，而为众生演说常乐我净。虽如是说，然非邪

见，是故复名不可思议。”

※又卷二十云：“实是生死无常无乐无我无净，为度众生方便，说常乐我净。如来以得第一义故，则无虚妄。”又卷廿七云：“佛性实非我有因缘故，说无我为我，而无虚妄。有因缘故，说我为无我而实有，我亦无虚妄。佛性无我，如来说我，以是常故。如来是我而说无我，得自在故。”

“我观诸行悉皆无常，从缘生故。佛性无生灭去来，非过未现，非因无因，所作非作，作者非相无相，非有无名，非名色长短三科之所摄持，故名常。

“凡夫先见瓶等，后见相似，便言是常，实非常也。虚空无为为常，虚空即佛性，佛性即如来，如来即无为，无为即常，常即法，法即僧。

“又心名无常，性是攀缘，相应分别，故眼识性乃至意识性异故，眼识相应乃至意识相应异故。心若常者，眼识应独缘一切法，凡夫见法相似，念念生灭，计之为常。又诸因缘相可破坏故，名无常，所谓因眼色明思惟，生于眼识耳识，乃至意识，亦各有异因。又修无常心，异修苦等心，心若常者，应唯修无常，或唯修苦等。又复不能分别诸色，又应无怨亲死生。虽有所作，不应增长，以是义故，当知心性各各别异。有别异故，当知无常。

“又色无常，本无有生，生已灭故，坏已还合故，次第渐生故可灭故。若无常即苦，苦即不净。”

“又总一切法，谓色非色，色非我也，可破坏生增长故。我者不尔，非色之法，因缘生故，亦复非我。”

卷十四云：“外道以专念忆想有遮相貌等，知有我者，实非我也。不进不止不俯仰视眴苦乐贪恚痴行，如来如是真实有我。

“若计我是佛是法，法是我所等者，如来终不作如是计，故如来不转法轮。若言常住无变，云何说佛转法轮，故不应说如来方便转法轮。如因眼等生于眼识，眼等不念我能生识，识亦不念我能自生。如是等法，因缘和合得见。如来亦尔，因喉舌音声六度等，为憍陈如初说法，名转法轮，故名不转法轮也。若不转，即名法，法即如来。虚空非生非出，非造非作，非有为法，如来佛性亦尔。

※（雪山半偈）

“诸行无常，是生灭法，生灭灭已，寂灭为乐。乃是三世诸佛所说，开空法道。我以舍身，求此半偈，故得越十二劫，在弥勒前成无上菩提。我得如是无量功德，皆由供养如来正法。”

（七）《梵行品记》

※无缘大慈等。

※应更考《无垢称经》卷四。

卷十五云："慈有三缘：一、缘众生；二、缘于法，谓见一切法皆从缘生；三、无缘，谓不住法及众生相。悲喜舍亦尔。

"又不见我法相己身，见一切法平等无二，名大舍。"

以慈心布施时，心无所依妄想永断，不为怖畏、名誉、利养、返报，不见受者，持戒破戒、是田非田，虽复不见施者、受者，及以财物而常行施，无有断绝。又常作愿，愿诸众生悟解空相，得无碍身，得见佛性。见佛性已，能雨法雨，雨法雨已，佛性遍覆如虚空。复令其余众生得大乘法味，善解无我、无众生相，睹见清净佛性，犹如虚空等。

"慈即大乘菩提道，众生佛性大空常乐我净，法僧如来。慈若无常苦等，不名六度，不入一乘，不能见如来性，是有相、有漏、有为等，是声闻慈。慈若有无，非有非无，如是之悲非二乘所能思议。慈若不可思议，佛性法如来亦尔。"

※（空平等地（十一空））

卷十六云："修舍心时，则得住于空平等地。不见阴界诸入众生寿命，其心平等如彼虚空。

"空者所谓内、外、内外、有为、无为、无始、性、无所有、第一义、空、大，十一空。※（按：卷四十举二十五空名，又曰：修习十八大空）内空者，谓无父母怨亲中人，众生寿命，常乐我净，如来法僧所有财物，是内法中虽有佛性，而是佛性非内非外，以佛性常住无变故。外空亦尔，无有内法。内外空亦尔，唯有如来法僧，佛性不在二空，以是四法常乐我净，不名为空故。有为之法，悉皆是空，所谓内、外、内外空，常乐我净空，众生寿命，如来法僧。第一义空是中，佛性非有为故，故佛性非有为法空，是名有为空。无为法悉空，所谓无常、苦、不净、无我、阴界入，众生寿命相，有为有漏，内法外法，无为法中佛等四法，故非有无为，性是善故，非无为，性常住故，非有为是名无为空。生死无始皆悉空寂，所谓空者，常乐我净皆悉空寂无变，众生寿命，三宝佛性及无为法名无始空。观阴界入常无常，乃至我无我等一切法，不见本性，本性皆空名性空。或空或非空，一切皆空，名无所有空。诸法生无所从，灭无所去，本无今有，已有还无，推其实性，无法无主。虽无作者，有业有报，如是空法，名第一义空。空空，中乃二乘等所迷没处，是有是无，是名空空。是是非是，是名空空。十住菩萨于中仅通少分。般若波罗蜜名大空。得如是空门，则得住于虚空等地，住已于一切法中无滞碍、系缚、拘执，心无迷闷，于一切法若性、若相，若众生心等，亦知亦见。"

※无所得

卷十七云：“无所得者，名四无碍，若有得，则名为碍。又无所得名慧，名大涅槃。住大涅槃中，不见诸法性相故。又名大乘不住诸法故。又方等经，名无所得，余十一部经，名有所得。又得常乐我净名无所得，见佛性故。有所得名无常等，又名第一义空、无上菩提，悉无所见故。又汝问我说，亦无所得。若有得者，第一义、道、菩萨、涅槃四即是无常。法若常者，无得无生，非色不色，生灭有无等。云何可得？一切众生以修行故，见道，菩提及涅槃，是名得道等也。

然道虽无色像可见，称量可知，而实有用，如众生心，虽是非色，非长短、粗细缚解，非见法而亦是有。菩提涅槃亦尔，亦有亦常，如其无者，云何能断一切烦恼？以其有故，一切菩萨了了知见。虽如是见，初无见相。若作知见觉相，当知名为凡夫。其说无道，菩提等者，当知是一阐提。

“涅槃之性，实非有也。诸佛因世间故，说言是有。”

卷十八云：“唯此正法，不可为喻，不生不出，不住不灭，不始不终，无为无数，无舍宅者，为作舍宅，无归作归，无明作明，不可见了了见，不动不转，不长不短，永断诸乐，而安隐乐，毕竟微妙，非色断色，而亦是色，乃至非识断识，非因断因，非果断果，而亦是识，是因，是果。非业断业，非结断结，非虚非实，断一切实而亦是实，非生非灭，永断生灭而亦是灭，非相非非相，断一切相，而亦是相，非怖非安，断一切怖，而亦是安，非忍非不忍，永断不忍，而亦是忍。非止非不止，断一切止，而亦是止。一切法顶清净无相，无量众生毕竟住处，能灭一切生死炽火，乃是诸佛所游居处，常不变易。

菩萨不见一法，是身是业，及与离主而亦有离，故名不可思议。善男子，从身离身，从口离口，从慧远离，非身非口。善男子，实有此慧，然不能令菩萨远离，何以故？无有一法能坏能作，有为法性异生异灭，是故此慧不能远离。善男子，慧不能破，火不能烧，水不能烂，乃至痴不能痴，以有为性异生异灭故。菩萨终不生念，我以此慧破烦恼而自说言，我破烦恼。虽作是说，非是虚妄，故名不可思议。

※佛弟子所说法（按：此实六师外道所说法，名曰佛弟子者，作第一义会，实亦可通也。然决不可作实法看，决不可为昧道者说）

富兰那说无黑白、黑白业及报，无有上下业。”

卷十九云：“末伽黎拘舍离子说，一切众生身有地、水、火、风、苦、乐、命七分，非化非作，不可毁害，何以故？七分空中无妨碍故，命亦无害。无有害者，及死者，故无作、无受、无说、无听，无有念者及以教者。阿耆多翅舍钦婆罗说，若以刀杀一切众生，或布施众生悉无罪福，无施戒定，以非因缘生，非因缘死。若非因缘，何有善恶？迦罗鸠驮迦旃延说杀生，心无惭愧不堕恶，反此入地狱。一切众生悉是自在天之所作，自在天喜众生安乐，自在天瞋众生苦恼。一切众生若罪若福，乃自在之所作为，云何有罪福？若有我者，常无变易，不可杀害。若无我者，无常坏灭，谁当有罪？删阇耶毗罗胝子说若是王者，虽为众恶，悉无罪，如火烧物，无净不净，亦无嗔喜。一切众生苦乐果报，因在过去。尼乾陀若提子说无施、无害、无父、无母，无今世、后世，无阿罗汉，无修无道，经八万劫，一切众生于生死轮，自然得脱。

※佛所说法。

“若有若无，若有为若无为，若有漏若无漏，若烦恼果若善法果，若色法若非色法，若非色若非非色法，若我若非我，若非我若非非我，常乐相断乘亦尔。若世若出世，若非世非出世，若自作自受，若自作他受，若无作无受。”

※性相不决定。

※又卷二十二云：“声闻谓如来入于涅槃，而如来不毕竟入于涅槃，以如来常住不变故。故如来涅槃亦复不定。又如来非天非非天，非人非非人，非有漏非无漏，非常非无常，非如来非不如来，非幻非非幻等，故亦不定。谓永断一切虚诳心，故非幻。或时分身为无量身等，故非非幻。如来有知等，故非常。无生遍一切处，故非无常。断三漏故非有漏，常行有漏中故非无漏。然亦有定相，所谓涅槃常乐我净。”卷二十四云：“涅槃不从因生，体非是果故，常以是义故，涅槃之体无定无果。”

卷二十云：“性相无常，无有决定，若色不定，杀亦不定。杀不定故，报亦不定，云何说定入地狱？如幻师幻作种种物，愚者谓实，智者知非真有，杀亦如是。

“又如涅槃非有非无，而亦是有，杀亦尔。惭愧之人则为非有，无惭愧者则为非无。受果报者名之为有，空见之人则为非有。有见之人则为非无，有有见者亦名为有。何以故？有有见者，得果报故，无有见者则无果报。常见之人则为非有，无常见者则为非无，常常见者不得为无，何以故？常常见者有恶业果故。以是义故，虽非有非无，而亦是有。

“又色乃至识是无常，色乃至识之因缘亦是无常。以无常故，苦空无我。杀无常者，得常涅槃，杀苦得乐，杀空得实，杀无我得真我，如是则与我同。”

(八)《婴儿行品记》

※婴儿行。

※又卷二十六云:“法无性故,如来虽说一切法,常无所说。”

又云:“婴儿不能起住、来去、语言,如来亦尔。不能起者,不起诸法相。不能住者,不著一切诸法。不能来者,身行无有动摇。不能去者,已到大般涅槃,不能语者,虽为众生说法,实无所说,如来非有为故。又于众生,其心平等,无父母亲疏等相,不造生死作业,或作二乘。又如婴儿,于非牛马作牛马想,若有众生于非道中,作真道想,如来亦说非道为道,非道之中,实无有道,以能生道,微因缘故,说非道为道。又如婴儿于木人生人想,如来亦尔,知非众生说众生想,而实无有众生相也。若说无众生,一切众生则堕邪见,作众生想,则不能破众生相,若于众生破众生相者,则得大般涅槃。”

(九)《高贵德王菩萨品记》

※无去来。

卷二十一云:“问:汝为到来为不到来?答:到亦不来,不到亦不来。我观是义,都无有来。诸行若常,亦复不来,若无常亦无有来。若见有众生性者,有来不来。今不见众生定性,云何当言来不来。有骄慢取行见如来毕竟涅槃,不闻佛性者,则有去来,反此无去来。”

※生不生四句。

“有不生生、不生不生、生不生、生生。初谓安住世谛,初出胎时,次谓大涅槃无有生相。三谓世谛死时。四谓一切凡夫生生不断,故一切有漏,念念生故。又四住菩萨名生不生,生自在故。

“问:有漏法若有生者,为常为无常?生若常,有漏法则无有生,生若无常则有漏是常。又若生能自生,生无自性,若能生他,何缘不生无漏?又若未生时有生者,云何于今乃名生?若未生时,无生者,何不说虚空为生?答:不生生等不可说,生亦不可说,不生亦不可说。有因缘故,亦可得说。不生生不可说者,不生名生,云何可说?何以故?以其生故。生生不可说者,生生故生,生生故不生,亦不可说。生不生不可说者,生即名生生不自生故不可说。不生不生不可说者,不生名涅槃,故不可说,以修道得故。生不可说者,以生无故。不生不可说者,以有得故。云何可说十因缘法为生作因故。

“有为之法以性故生住异坏,皆悉是常念念灭故,不可说常是大涅槃,能断灭故,故名无常。

“有漏之法未生之时,已有生性,如眼有见性,因色等故见众生。生法亦尔,因本有性,遇业因缘父母和合,则有生,无漏法本无生性故,生不能生。

※难常乐我净。

※又卷三十六云："三解脱门三十七品，能为一切烦恼作不生生因，亦为涅槃而作了因。"

"问：断烦恼名得涅槃，不断不得涅槃之性。本无今有，应无常。又因庄严而得成者，有者可见法。有得不得者，皆无常，云何说言常乐我净。答：涅槃之性，有佛无佛，性相常住，众生烦恼覆故，不见谓无断烦恼，已便得见之故。涅槃是常，非本无今有。涅槃之体非生非出，非因非果，非我我所等，故常恒不变，修习善法以自庄严，然后乃见，故言因庄严得成涅槃。应无常者不然。大涅槃者不从作因而有，唯从了因，云何当言无常耶？"

※菩萨真实相。

※又卷二十五云："菩萨虽见五阴，不见其相，推求其性不可得故。为世界故说言五阴，然阴是生烦恼之根本，以是义故，方便令断。"

卷二十二云："菩萨修大涅槃，知见法界，解了实相，空无所有，无有和合觉知之相，得无漏相，无所作相，如幻化相等。无贪恚痴不闻不见，是名菩萨真实之相。

"又一切凡夫二乘于一切法见有定相，菩萨了法无定相，见无常相空寂等相，无生灭相。以是义故，菩萨见一切法是无常相。"又卷二十四云："菩萨善修集第一义毕竟空性相故，昔所不知而今得知，谓知无我我所，众生皆有佛性。

又菩萨不见色相缘体生灭，不见一异相，不见见者相貌受者以了因缘故，如色一切法亦尔。

又菩萨修大涅槃，得金刚三昧，悉能破坏一切法，见一切法皆是无常。虽施一切众生，乃至不见一众生实为众生故。精勤修集乃至修集般若亦尔。又能见一切法无障碍，而不作想见一切法，何以故？一切诸法本无相故，菩萨以是三昧力，故见一切法，如本无相。"

※解虚空。

卷二十五云："唯有慧眼能见虚空，慧眼所见无法可见，故名为见。若无物名虚空者，如是虚空乃名为实。实故名常，无常无故无乐我净。空名无法，无法名空，众生之性与虚空性俱无实性。如除灭有物，然后作空，而是虚空实不可作，无所有故。以无所有，当知无空。犹如世谛，实无其性，为众生故，说有世谛。涅槃之体亦尔，无有住处，直是诸佛断烦恼处，故名涅槃。

※心解脱。

"问：心本性不为贪等系，云何言心善解脱？若本不为贪等系，何因缘而得系？又如过未世灯，不能灭暗，现在世灯亦尔，明暗二不并故。心亦尔，云何言心得解脱？又贪若实有，云何见相方生？若无见女相时，不应生贪，又不应说心得解脱。又色香等中无贪，云何色等生于贪耶？若众缘中无贪，云何众生独生贪，佛不生耶？又心若定者，无贪等，若不定者，云何言心得解脱？贪亦不定，云何因之生三恶趣？贪者境界二亦不定，俱缘一色，生贪生瞋不定故。若不定，云何言修大涅槃，心得解脱？”※（又卷三十九云：“四事和合故生识，故不应说见即是我，乃至触即是我。是故我说六识一切诸法即是幻也。云何如幻？本无今有，已有还无，凡夫不能分别是事，说有我，我所，我作，我受。”）卷二十六云：“心非系不系，解脱不解脱，非有无，三世一切法无自性故。佛不定说因中有果无果，有无果非有无果，所以者何？因眼色明心念识，则得生是识，决定不在眼等中，亦非中间，非有非无，从缘生故名为有，无自性故名为无，故说诸法非有非无。佛终不定说心有净性及不净性，无住处故。从缘生贪，故说非无，本无贪性，故说非有。从因缘故，心则生贪，从因缘故，心则解脱。又日为云蔽，众生不能见，日性终不与云合。心亦尔，菩萨永破贪结，故说心得解脱。

※阐提无佛性。

又卷三十三云：“问：一阐提不断未来善，云何说断诸善法？答：断有二：一、现在灭。二、现在障于未来。一阐提具是二断，虽未来世当有善根，而现在世无如之何，故说断诸善根不可救济。以佛性因缘则可得救。佛性者，非过去、未来、现在，故佛性不可得断。以当见故，故言众生悉有佛性。众生佛性虽现在无，不可言无。如虚空性虽无现在不得言无。一切众生虽复无常而是佛性常住无变故，说众生佛性非内非外，犹如虚空非内非外一常，一切处有。”

又卷三十五云：“未来云何能生善根？答：如灯，日虽复未来亦能破暗。未来之性能生众生。未来佛性亦尔。”又云：“说众生悉有佛性为令一切不放逸故。”又云：“或有佛性一阐提有，善根人无。或善根人有，一阐提无。或俱有，或俱无。若解是四句不应难，言阐提佛性定有无。若言众生悉有佛性，是名如来随自意语。如来随自意语众生云何一向作解。”

又卷三十六云：“言一阐提得无上菩提是谤三宝。言不得亦谤三宝。言众生定有定无佛性亦谤三宝。”

※又卷二十七云：“一切众生乃至一阐提亦有佛性。一阐提等无有善法，佛性亦善，以未来有故，一阐提等悉有佛性。又众生悉皆有心，凡有心者，定当成无上菩提，故我说一切众生悉有佛性。”

“一阐名无常善，提名不具。以无常善不具故，名一阐提。佛性是常，非方便得故，非善能得无上菩提，故非不善。又善法者，生已得故，而佛性非生已得故，非善以断生得诸善法，故名一阐提。一阐提中无佛性，如以众缘善巧方便，声乃出，众生佛性亦尔，无有住处，以善方便故得见，以可见故，得无上菩提。一阐提不见佛性，云何能遮三恶道？若信有佛性，则不名一阐提也。若待众缘，然后成者，即是无性，以无性故，能得无上菩提。（又卷三十二云："谓众生身即五阴死已，永断无善恶及善恶报，名一阐提。"）

※空三昧。

"诸法性本空，一切法性不可得故，如色非地水火风，不离地水火风，非有非无，云何当有自性，以性不可得，故说为空。以相似相续故，凡夫见已说不空。诸法本性自空，亦因菩萨修集空故，见诸法空。如盐性咸，能咸异物。问：若非咸作咸，当知空性颠倒。答：见不空法，令空而非颠倒。善男子，贪是有性，非是空性。不尔，众生不应以是因缘，堕于地狱，以是义故，修空三昧，非颠倒也。如昼为昼相，夜为夜相，云何颠倒？

"一切菩萨住九地者，见法有性，以是见故，不见佛性。若见佛性，则不见一切法性，修空三昧，故不见法性。以不见故，则见佛性。

"又为众生故，说有法性，为诸贤圣说无法性。为不空者，见法空故，修空三昧，令见空无法性者，亦修空，故空。以是义故，修空见空。

"又空是无法，实无所见，无所见者，即无所有。无所有者，即一切法。若有见者，不得入于大般涅槃，故菩萨见六度色眼识，如来大般涅槃等，一切法性无所有，皆悉是空。"

（十）《师子吼菩萨品记》

※解佛性。

※卷二十九云："问：众生佛性，若共有者，一人得一切人，亦应同得。若各各有，则无常可算数故？答：众生佛性不一不二，诸佛平等，犹如虚空，一切众生同共有之，若能修八圣道者，则得明见。"

卷二十七云："佛性者，名第一义空。第一义空，名为智慧。所言空者，不见空与不空。智者见空及与不空，常与无常，苦与乐，我与无我。空者一切生死不空者谓大涅槃，乃至无我者，即生死，我者，谓大涅槃。见一切空，乃至无我，不见不空，乃至我不名中道。中道者，名佛性，故佛性常恒无变。

无明覆故，令众生不得见。又佛性即诸佛无上菩提，中道种子，中者名第一义空无常见无常，常见于常。

※又卷三十二云："佛性名十二因缘，何以故？以因缘故如来常住一切众生，定有十二因缘，

故说一切众生有佛性。”

又无常无断，乃名中道。无常无断，即观照十二因缘智。此智即无上菩提种子，以是义故，十二因缘名佛性。※（又卷三十五云：“一切无明烦恼等结，悉是佛性，何以故？佛性因故。”）佛性有因、因因、果、果果。因即十二因缘，因因即智慧，果即无上菩提，果果即大涅槃。※（卷二十八云：“涅槃无因而体是果，以无生灭无所作，非有为是无为，常不变无处所无始终故。若有因，则不得称为涅槃也。一切法悉无有我，而此涅槃真实有我，以是义故，涅槃无因而体是果。是因非果，名为佛性。非因生故，是因非果，非沙门果故，名非果，以了因故名因。”）如无明为因，诸行为果，行因识果，故无明体，亦因亦因因。识亦果亦果果，佛性亦尔。以是义故，十二因缘不出灭常断，非一二，不来去，非因果。善男子，是因非果，如佛性是果非因，如大涅槃是因是果。如十二因缘所生法，非因非果，名为佛性。非因果故，常恒无变。以是义故，说十二因缘义甚深，何以故？众生业行，不常断而得果报。虽念念灭而无所失，无作者而有作业，无受者而有果报。受者虽灭，果不败亡，无有虑知，和合而有一切众生。虽与十二因缘共行，而不见知故，无始终。十住菩萨唯见其终，诸佛见始终，故佛了了得见佛性。故说见十二缘者，即是见法。

※卷二十八云：“僧名和合，和合有二，谓世及第一义和合。世和合无常，佛性是常，如佛性义僧亦尔。又法和合者，谓十二部经。十二部经常，故说法僧常。又和合名十二因缘，十二因缘中亦有佛性。十二因缘常，佛性亦尔，故说僧有佛性。又僧者谓诸佛和合故，说僧有佛性。”

见法者即见佛，佛即佛性，诸佛以此为性故。又一乘者，名佛性，首楞严三昧亦尔。又佛见生死无常乐我净。三宝见常乐我净，以是义故，见于佛性。又佛性者，亦色（金刚身故。）非色，（十八不共非色法。）非色非非色，（色非色无定。）亦相（三十二相。）非相，（一切众生相不现。）非相非非相，（相非相不定。）亦一（悉一切。）非一（说三乘。）非一非非一，（无数法。）非常（从缘见。）非断，（离断见。）非非常非非断，（无终始。）亦有（从生悉有。）亦无，（从善方便得见。）非有无，（虚空性。）亦尽（得首楞严三昧故。）亦非尽（常故。），非尽非非尽。（一切尽相断。）亦因（了因）亦因（果决定。），非因非果，（常故。）亦义（能摄义无碍。）非义（不可说。）非义非非义，（毕竟空。）亦字（有名称。）非字，（名无名。）非字非非字，（断一切字。）亦苦亦乐，（诸受缘起。）非字非非字，（断一切字。）亦苦亦乐，（诸受缘起。）非苦非乐，（断一切受。）亦我非我，（未能具八自在。）非我非非我（常故不作不受故。）亦空（第一义空。）亦非空（常故。），非空非非空。（能为善法作种卷子。）又佛性非阴界入，非本无今有，非已有还无。从善因缘众生得见，非内非外。※（又卷三十云：“十住菩萨慧多定少，不得明见佛性。二乘定多慧少，不见佛性。佛定慧等故，明见佛性。见佛性者，名为舍相。”）又为菩提行故，见不了了。若无行故，则得了了，住十住故，见不了了，不住不去，故得了了。”

※又卷三十二云：“佛性非色受，不离色受，乃至非我，不离我。外道所说，我实无我。众生我者，即是五阴，离阴之外，更无别我。如来常住则名我，如来法身无边无碍不生不灭，得八自在故。众生实无如是我，及以我所，但以必定当得第一义空，故名佛性。”又卷三十五云：“如来虽说无量诸法，以为佛性，然不离于阴入界也。”

卷二十八云：“众生悉有佛性，如乳中有酪者，云何说佛性非内非外？答：我亦不说乳中有酪，酪从乳生，故言有酪。因有二：一、正因，二、缘因。正因如乳生酪，缘因如暖酵等，从乳生故，故言乳中而有酪性。佛性亦尔，正因谓诸众生，缘因谓六度。一切诸法，本无有性，因缘故生，因缘故灭。说众生有佛性者，以当见故。

心非佛性，无常故，是故定知菩提之心实非佛性。”（又卷三十五解非内外，有六番，皆不要。）

※（断烦恼）

“以烦恼锁系缚五阴，离五阴无别烦恼，离烦恼无别五阴，如柱与屋。有烦恼故，名系缚，无烦恼故，名解脱。如说名色系缚众生，名色若灭则无众生，离名色无别众生，离众生无别名色。又如然灯，油未尽，明则不灭，尽则灭。油喻烦恼，灯喻众生。一切众生以烦恼油，不入涅槃，断则入。问：灯油二性各异，众生烦恼不尔。云何为喻？答：灯喻二十五有，油喻爱，明喻慧，除暗喻破无明，暖喻圣道。如灯油尽，明焰则灭。众生爱尽，则见佛性。虽有名色，不能系缚。虽处二十五有，不为诸有染污。”卷二十九云。

※涅槃无因果。

又云：“生死法悉有因果，故不得名为涅槃。涅槃因者，所谓佛性。佛性之性不生涅槃，故说涅槃无因。能破烦恼故，名大果。不从道生故，名无果，是故涅槃无因无果。”

※无住。

※卷三十二云：“常法无住，有住即无常。如十二因缘无定住处，若有住处不得名常。如来法身、佛性亦尔。”

卷三十云：“凡言住者，名为色等法，从因缘生故。因缘无处，故名无住，如来已断一切色等缚，云何言如来住耶？又住名空法，如来已断如是空法，得常乐我净，云何言愿如来住？夫无住者，名无边身虚空金刚三昧幻，无终始等。”

※无相等。

卷三十一云：“涅槃名无相，谓无色、声、香、味、触、生、住、坏、男、女十相。夫不著相，则不生痴，乃至不受生，不受生故，则无有死。无死故，常以是义故，涅槃名常。又无因缘，故名无生。以无有故，名无出，无造作，故名无作，一切无故，名无所有等。”

※深、一味。

卷三十二云：“或说我或说无我，或说常净乐空一切有，或说无常不净苦不空一切无。或说三乘，或说一乘，或说五阴即佛性，或金刚三昧等。虽有佛性，不决定说故名深。一切众生同有佛性，皆同一乘。同一解脱，一因一果，同一甘露，一切当得常乐我净，名一味。”

（十一）《迦叶菩萨品记》

※涅槃不涅槃因缘等。

卷三十三云：“言如来毕竟涅槃不毕竟涅槃，是人不解如来意。我为调伏香山仙人，乃至善见王故，说过三月已，吾当涅槃。”卷三十四云：“我为调伏。闻如来涅槃，生退心菩萨说如来常住无有变易。不解我意者，谓如来定说毕竟涅槃，或终不毕竟入于涅槃。

“又为断见众生说善恶果报，实有受者。我解我意者，谓我定说有我我所。又为答问我比丘，说五阴无常、无乐、无我、无净，不解我意者，谓我说定说无我。

“我又时说，父母中阴三和合得受身，即谓我定说有中阴。我谓梵志说，若有中阴则有六有。又无色众生无有中阴，即谓佛定说无中阴。

“又说如来二身，一者生身，即方便应化之身，可得言是生死老病等。不解意者即谓如来身是有为法。法身即常乐我净，永离生老等。非学无学，若佛出不出世，常住不动，不解意即谓如来定说佛身是无为法。”

“又说十二因缘从无明生行，乃至有老死忧苦。不解意者即谓十二因缘定是有为。我又说十二因缘有无佛性相，常住涅槃，非缘生非十二缘等。不解意者，即谓十二缘定是无为。又于一时说涅槃即是远离，灭烦恼无余，犹如灯灭，更无法生。言虚空者，即无所有。非智缘灭，即无所有。如其有者，应有因缘。有因缘故，应有灭。以无故，无尽灭。不解意者谓佛说无三无为。又说涅槃是大法界等，眼等不牢固，故名虚空，得初果住忍法时，断无量恶道报，当知不从智缘而灭。不解意者谓定有三无为。

“如此经中说佛性具足六事，不解意者谓佛性离众生有。然我又说众生即佛，若离众生不得无上菩提。如说象喻，虽非佛性非不佛性。

“善男子，如是诤讼是佛境界，非二乘所知。若人于是生疑心者，犹能摧坏无量烦恼。若于中生决定者，是名执著。

※佛性差别。

“佛佛性七事，谓常、乐、我、净、真、实、善。后身菩萨佛性六，谓常、净、真、实、善、少见。如来佛性非三世，后身佛性现在未来少可见，故名现在未具见，故名未来。如来未得无上菩提时，佛性因故，亦是三世果不尔有，是三世有非三世。后身菩萨佛性因故，是三世果亦尔。九住佛性六谓常、善、真、实、净、可见，佛性因故，是三世果亦尔。八住至六住佛性五谓真、实、净、善、可见、因果俱世。五住至初住佛性五事，谓真、实、净、可见、善不善。”

※佛性非有无。

卷三十五云：“佛性非有非无，何以故？佛性虽有，非如虚空，不可得见，佛性可见。虽无，非如龟毛不可得生，佛性可生。故佛性非有非无。又是诸众生不断不灭如灯焰，乃至得无上菩提故名有。现在未有一切佛法常乐我净，故名无。有无合故即中道，故佛性非有非无。众生即佛性，佛性即众生，直以时异有净不净。若言一切众生定有佛性，是名为著。若无佛性是名虚妄，智者应说众生佛性亦有亦无。

“又如来佛性有二：一、有谓有，三十二相等；二、无谓无，善、不善、无记、业因果报等，如有无、有无漏、有无为、常无常等，是名如来佛性有无，乃至一阐提佛性有无亦尔。”

又卷三十六云：“佛性不名一法，乃至万法。未得无上菩提时，一切善不善无记，尽名佛性。如来或时因中说果，果中说因。

※（辨佛性异虚空）

“虚空无故，非三世摄，非内非外。佛性常故，非三世摄，非内非外，故说佛性如虚空。问：如来佛性涅槃非三世摄，而名为有，云何虚空不得名有？答：为非涅槃等名为涅槃等。谓一切烦恼非涅槃，为破烦恼，是名涅槃。一阐提等非如来，为破一阐提等名如来。瓦石等非佛性，离如是无情物名佛性。善男子，一切世间，无非虚空对于虚空。

“又涅槃是有可见可证，是相是缘是归依处，故得名非三世摄。虚空无如是法故名无，若有离如是法，更有法者，应三世摄。”

（十二）《憍陈如品记》

※续难常乐我净。

卷三十八云：“色是无常，若空无我不净生死之相。无明因、生因、四颠倒因、无量恶法因、非寂静缚流等。因灭是色，得解脱常住安乐，非空真我清净，非生死相，非无明因，非生因，非四倒因，无恶法等色。受想行识亦尔。

“问：因是无常，果云何常？答：从了因得故，常乐我净，从生因得，故无常乐我净。是故如来所说有二，虽名二语，为了一语故。”

卷三十九云：“问：除烦恼已，名涅槃者，涅槃即无，云何说有常乐我净？答：烦恼中无涅槃，故无常等。涅槃中无烦恼，故有常等。如牛中无马，不可说牛亦是无。又非先无，同泯时瓶亦非灭无同瓶，坏已亦非毕竟无，如龟毛也。

“我不说内外六入，及六意识常等，乃说灭内外入所生六识名常等。善男子，众生厌苦断，是苦因自在远离，是名为我，以是故我说常乐我净。

“我不说世间常无常、边无边，如来灭后如去不如去四句，是身是命，身异命异。是故如来名能见能说，不名为著。能见能说者，能明见四谛，能分别宣说如是四谛。以故具清净梵行，无上寂静，获得常身，非东西南北。非东西南北者，如来已灭无常之色，乃至识，是故身常，唯有一切真实法在。

“不知色等，故见世间常等。若人远离无明爱，不作取有，是人真实知常等。”

卷四十云：“问：如说因烦恼，故得是身，未知孰在先。若烦恼在先，谁之所作？若身在先，云何因烦恼得？若言一时义皆不可，故一切法皆有自性，不从因缘？答：若言诸法悉有自性者，不然。今见缘教增长，故知无有自性。汝言身为在先，烦恼在先者，不然，何以故？我当说身在先者，汝可难言，汝亦同我身不在先，何因缘故而作是难。善男子，一切众生身及烦恼俱无先后，一时而有。虽一时有，要因烦恼而得有身，终不因身有烦恼也。善男子，若见不见一切诸法，皆从因缘，无有自性。是身因缘烦恼与业，若知二边，中间无碍，是人则能断烦恼业。二边谓色等及色解脱等，中间即八正道。

※实相。

“无相之相名为实相，谓一切法无自他，自他相无，无因相，无作受，作者受者，法非法，男女士夫，微尘时节，有无生生者，因因、因果、果果，昼夜明暗，见见者，闻闻者，觉知觉知者，菩提得菩提者，业烦恼业烦恼主相。如是等相，随所灭处，名真实相。一切诸法，皆是虚假，随其灭处，是名为实，是名实相，法界毕竟智，第一义谛，第一义空。下智观故，得声闻菩提中智观，故缘觉菩提上智观故，得无上菩提。”

（十三）《应尽还源品记》

《后分卷上》云：“我以甚深般若观三界根本性，离毕竟寂灭，同虚空相，无名无识，永断诸有，本来平等，无高下想，无见闻觉知，不可系缚、解脱，无众生寿命，不生不起，不尽不灭，非世出世间，涅槃生死皆不可得，二际平等，等诸法故，闲居静住无所施为，究竟安置，必不可得。从无住法，法性施为，断一切相，一无所有。法相如是，知者名出世人，不知名生死始。汝等大众应断无明，灭生死始。

“又观三界有情无情，一切人法悉皆究竟无系缚解脱者，无主无依，不可摄持，不出三界，不入诸有，本来清净，无垢无烦恼，与虚空等不平等，非不平等，尽诸动念，思想心息。如是法相，名大涅槃，见此法名解脱，不知名无明。

“又观一切诸法无明本际，性本解脱，于十方求，了不可得。根本无故，所因枝叶悉解脱。无明解脱故，乃至老死，皆得解脱。以是因缘，我今安住常寂灭光，名大涅槃。”（完）

玄　赞　记

(一)《华严玄谈六解》

※第一义空及智慧。

二十页第二至五行云：“第一义空，该通心境，故曰即是智慧。空者，牒上第一义空，双绝方名第一义空故。智者等应具云所言智慧者，今以即智明空，故名第一义空。即空之智，方是常恒智性。不生故常，不灭故恒。古德引证成不空如来藏，（按：如荐福云，空即遍计依他，不空即圆成实。）今观乃是空如来藏。以佛性妄法不染，故名空，具恒沙德故不空。要空诸妄，方显不空之德，故不相离。又言第一义空者，第一义谛上论空故，明知空性、智性无二性也。又云，不见不空，不名中道。若尔双见，方有佛性，故知一切空不空等，言含于能所。约其所见空不空，即中道佛性。约能见，若不双见，不识佛性。若见中道，名见佛性。”

(二)《评金刚錍记》

※佛性性相。

云：“《涅槃经》云：佛性者，名第一义空。第一义空名为智慧。此二不二，以为佛性。然第一义空是佛性性，名为智慧，即佛性相。第一义空不在智慧，但名法性。由在智慧，故名佛性。若以性从相，则唯众生得有佛性，有智慧故。若以相从性，第一义空无所不在。则墙壁等，皆第一义空，云何非性？”

※佛性四句。

又云：“佛性有四门。《涅槃》云：一切众生皆有佛性，如乳有酪性，即有门也。又云石无金性，众生佛性如虚空，迦毗罗城空，大涅槃空，即空门也。又云一切众生佛性，亦有亦无，何以为有？一切众生悉同有故。何以为无？从善方便，而得见故，即亦有亦无门。又云众生佛性，即是中道，非有如虚空，非无如兔角，百非俱遣，即非无非有门。若取经论，《唯识》多明有门，《掌珍》多辨空门，《中边》多辨俱二门，《中》、《百》多辨俱非门。”（按：此乃天台义，非出于善喜也。）

（三）《法藏玄义章记》

※佛性两四句释。

《因因果果门》云：“《师子吼品》云：佛性者，有因有因因……因因者，即是智慧（《注》：“通法已去。”）（注：藏师自加）……如十二因缘所生之法（《注》：“此中具智慧及菩提二句。”）非因非果，名为佛性。（《注》：“中道正性，谓法身理也。开第三句，即为五种佛性也。”）或有佛性，阐提人有，善根人无，（《注》：“是前因性。”），或善根人有，阐提人无，（《注》：“是因因性。”）或二俱有，（《注》：“非因非果性”）或二俱无。（《注》：“果与果果二性。”）十二因缘名佛性者，有二义：一、当体净故，是法身性。二、是能知名义成反流，故名报身性。又初四句中，初谓染净缘起门。二、内熏发心，三、始觉圆，四、本觉现。又初随染隐体，二、微起净用，三、染尽净圆，四、还源显实。又初与四俱是理性，但染净异。中是行性，但因果异。又初染，二净，三俱，四俱非。又转初为四，转二为三。又依初起二，以二成三，以三证初，冥合不二。故四义，唯一心转。若离无明，四相皆尽。”

（四）《三观义记》

※三因佛性。

卷下云：“《涅槃》佛性亦一非一，非一非非一者，亦一谓一切众生悉是一乘。非一谓非是数法，非一非非一谓数非数不决定。一切众生即一乘者，一念无明，具十法界。众生悉有正因佛性，正因佛性即理，即本有之一乘也。数法即缘因佛性，即福德庄严。有为有漏，是声闻法，分为数法说三乘也。数非数不决定即了因佛性，即智慧庄严。能从一地至于一地，不得缘因，亦不得正因，心无取著，数非数不决定也。数不决定者，缘因性不可得也。非数不决定者，正因性不可得也。若所观不决定不可得，能了亦不决定不可得，以十二因缘不可说故，三种佛性大乘皆不可说。此三佛性成三德，大乘不纵不横，如世伊字。真如不生，非因非果，说为正因佛性。”

(五)《法华玄赞记》

※释如伊三法。

卷三云：“大般若者，能证之智。如来身者，所证法身，解脱者由能证智证所证理法身之时，二障灭尽，二死当来，后有不续，更无系缚，假名择灭，即是解脱。以智证理，令后惑苦皆断不生，名入涅槃。古人有解，但依真如，以为三事，名大涅槃，便无入义。”

(六)《金刚錍记》

※无情有佛性义

※考《遗珠集丙》七十三页左。

云：“窾云，无情有性。《涅槃》云非佛性者，谓墙壁瓦砾。今问若瓦石永非，二乘烦恼亦永非耶？故知经文寄方便教，说三对治，暂说三有以斥三非。故此文后，云虚空对虚空，是则一切无非如来等三。佛后复云，空与涅槃，虽俱非三世，摄涅槃如来有证有见，虚空常故，是故不然，岂非正与缘了不同。次佛以十复次遮邪计虚空，非佛性喻是无常三世摄故，虚空异彼遍一切处，以喻正因。世人云何乃以智断果上缘了佛性，以难正因。世人云何乃以智断果上缘了佛性，以难正因。如来是是智果，涅槃是断果，殊不相应，况复以空譬正，缘了犹局。如迦叶所引三皆有者，此《涅槃》带权门说。若顿教实说本有三种，三理元遍，达性成修。修三亦遍，故涅槃中，佛性之言不唯一种。如云言佛性者，所谓十力等。子何不引此文令一切众生亦无，何独瓦石？若云此是果德，众生有此果性者，果性身土何不需于瓦石等耶？”

“故达唯心了体具者，焉有异同？若不立唯心，一切大教全为无用。若不许心具圆顿之理，乃成徒施。信唯心具，复疑有无，则疑己心之有无也。故知一尘一心即一切生佛之心性，何独自心之有无耶？万法是真如，由不变故。真如是万法，由随缘故。子信无情无佛性者，岂非万法无真如耶？故万法之称，宁隔于纤毫？真如之体何专于彼我？是则无有无波之水，未有不湿之波。在湿讵间于混澄，为波自分于清浊。虽有清浊，一性无殊。故许随缘不变，复云无情有无，岂非自语相违耶？故知果地依正融通，并依众生理本故也。”

“世谓《智论》云，真如在无情中名法性，在有情内方名佛性。细检无文，恐是谬传。且不觉无觉，法性不成。觉无不觉，佛性宁立。是则无佛性之法性，容在小宗，即法性之佛性，方曰大教。故真如随缘，即佛性随缘。佛之一字即法佛也。故法佛与真如，体一名异。《佛性论》云，佛性者，即人法二空所显真如，（此下有四十六问，及略答与教判等，应知。）忽然梦觉。问者答者，都无所得。”（考《遗珠集》丙四十五页左）又《止观义例》卷上云：“妙境四者：一、于无情境立佛乘故，若无佛乘，佛法身体为遍不遍？亦不应云佛法身体，同于无情及以不同。是故应云，法名不觉，佛名为觉。佛即是法，法即是众，岂可条然？二、众生性德具三因故，若无三因则缘了始有无常，如何无常而立常果？三、依正二报，在一念故，他人咸知一切唯识，不知身土居乎一心，故知心体即常寂光。寂光诸土无二无别，遮那之身与土相称，法及报应一体无差。四、佛本不断性恶法故，性恶若断，普现色身从何而立？但使分得常住法身，不动而动，遍应身土。”又《止观辅行》卷二以十义申无情佛性，大意如上，颇可参考。（考《遗珠集》丙六十四页右。）

（七）《涅槃论记》

※众生是佛等。

云：“得坚固力故不坏，心无分别，故得坚固。无来去故长寿，不可说故不坏。”

“身外有佛亦不密，身内有佛亦非密，非有无亦非密。众生是佛故微密，云何众生是佛？众生非有无，非非有无，故众生是佛。”

“昔教王宫，生得阿罗汉，今说王宫非生，双林非灭。真者无所从来，云何与罗汉等。是故王宫生，双林灭，皆是游戏。”

※不坏众。

又“菩萨出世不坏众生相，故众生不畏。云何菩萨而得不坏众？一、有彼此证得，故名坏众。菩萨知涅槃无青黄赤白，彼此非得非证，非造非作，故得不坏众。二、真理不坏众生，众生亦不坏理。何以如此？众生是理，理外更无众生，故不坏众。”

（八）《涅槃经本有今无偈论记》

※本有今有过三世。

云：“有说佛死而更生，又说如灯尽火灭，又说佛灭后，有尽有不尽。为释此疑故佛说偈：本有今无，本无今有，三世有法，无有是处。佛为二乘故说偈，烦恼生得圣修得，生死生得涅槃修得，为二乘作此解说，不谤大乘。为大乘作此解说，是谤大乘。所言正义者，本有今有，过于三世。本有今有者，从初发心，至得涅槃一味，无异不依生灭，因凡夫法不能染，圣人法不能净。若有见得清净眼，若有见得毒恶眼，依方便则过语言道及一切思惟。是诸佛如来境界。过三世者，为生故分别三世，涅槃无生故，不可分别。三世者，未生得生，已生即灭。涅槃无灭故常住，是故自在。以自在故最乐，为体故说清净，为用故说常乐我。自体故清净，对生死故常乐我。”

“又有二义，若本有今有是常见，若过三世是断见，若二义待来，离断常是中道。如是俗谛真谛相待，故有如是十二因缘真实。何以故？离二边是真十二因缘，若能善解，即见如来现在于世。是故如来说十二因缘，是如来身于真俗二谛，以不二故，是十二缘真佛道。”

（九）《一乘佛性究竟论》

※法界五义。

卷三云：“梁《摄论》略说法界有五义：一、性义：以二无我为性，一切众生不过此性。释曰：法界在众生为众生性，在佛为佛性。望众生究竟当成佛，故众生时亦名有佛性。二、因义：一切圣人四念处等法缘此生长故。释曰：从厌生死苦乐，求涅槃乃至佛果，皆因法界而得有。三、藏义：一切虚妄法所隐覆，非凡夫、二乘所能缘故。释曰：凡夫、二乘为无明住地等隐覆法界，障其真见，不能缘也。四、真实义：过世间法。释曰：无漏有刹那坏，无对治坏，有漏俱二，法界无。五、甚深义，若与此相应，自性成净善。若不相应，自性成觳。释曰：法界有甚深恒沙万德，与佛菩萨为其本性，义甚深故。若与相应，自性离妄成无漏善，显出法界，若不相应，自性是妄，成染故隐覆法界。”

“详诸经论，明佛性者，小乘经中，佛未说也。大乘经中，说有佛性，多取法界五义。《佛性论》应得因，亦名三种佛性，即法界因义性义。《善戒经》阴界入中有法性是藏，法性为菩萨性，是性义，亦名种子，是因义。《瑜伽地持》亦准此释。《大般若》福德智慧因法性起，是因义。《楞伽》、《胜鬘》如来藏是藏义。如来藏善不善因，是因义。《如来藏经》萎花覆化佛等喻，是藏义。如来德相是甚深义。《华严》无相无得智等，是甚深义。说能生客性，是因义。名为佛性，是性义。《起信论》体大是性义，相大甚深义，用大因义。《涅槃》第一义空名佛性是性义，一切诸佛无上菩提中道种子是因义，二乘见空，不见不空是藏义，说佛性常是真实义，名智慧是甚深义。五义虽殊，皆是本性，总即皆名本性。别即五义不同。

※性三。

“性略有三：（一）体义，又二：一、理，二、事。理即法界，有三种性，自性住性，三乘无别。二引出性，三乘明昧不同。三至究竟果，一切众生悉同。事即三十二相等也。（二）决定必得菩提之义，亦二：一、理，二、事。由有理故，决定必得当来佛。由有心故。修习事性决定必得当来佛。（三）因中说果义，亦二：一、理、二、事。理因性一切众生皆有应得因，事因性谓未得无上菩提善不善等，遇种种缘，修习三乘相应善等。

“诸经论中所明佛性，就理无别，当成有异。就缘因说，即有不同，就正因说，即无差别。※（考《绀珠集》甲八十六附二）《分别说部》离阴而有，即是虚空。萨婆多等本无今有，有已还无。二说虽殊，并非佛教。

※佛性四门。

“《涅槃》佛性四门分别：（一）出体，有二：一、理，二、事。又各分二，谓因性果性，理因性者。如云佛性者，第一义空。从初发心乃至无上菩提，皆因第一义空，方得有故。因取果名，名为佛性。（第一义空名智慧者，同《密严》如来清藏，亦名无垢智。《华严》无相智等，具足众生身中。《起信论》真如，自体相者，乃至满足一切功德，所谓自体有大智慧光明义故等）此第一义空与法身为正因，亦与报身为缘因。若体生相，亦与报身为正因。报身本体是第一义空故。事因性二，正因缘因。如云正因者，谓众生。缘因者，谓六度。理果性者，谓法身涅槃。事果性者，谓无上菩提。若合说一切佛性者，如云离一切瓦石无情之物名佛性。准此经文，翻覆简持非少分也。亦非唯理，有情五阴不被简故。（二）得名者，理因性唯有财释。理果性者，若望报佛属主释也。望法身持业释也。事因性唯有一释，谓有财释（按：因下应有果）。（三）辩相。（四）述见应知。

※无情有无佛性。

“问：真如若是佛体名佛性者，无情真如亦是佛体，何有情名佛性，无情不耶？答：摄俗从真，色非色情无情无异，一切法中有一切法如，故一切法中有一切法。以此言之，即情无情皆名有佛性。若摄真从俗，色如非色如有情如无情如不同。《涅槃》就别别有情，各各当果名有佛性，故是有情非无情也。”（按：《法宝》、《俱舍疏·四》云：“详体增用增末为尽理，如若干水具有六味，如有六人同食此水，先觉不同。何者体增？何者用增？故知法性随缘，不定非体用。”此则奘门又一派说，颇应注意。体用增考《遗珠集·庚》十二左。）

（卷二十“无因及无果，无生及无灭，是名大涅槃。”）——附三页大般涅槃。

（又卷二十一云：“如来涅槃非有非无，非有无为、有无漏、色不色、名不名、相不相、有不有、物不物、非因非果，非待不待，出不出、常不常、断不断、阴不阴、入不入、界不界，十二因缘不十二因缘，非明非暗，非始终、过未现、内外、难易。

是大涅槃若非三世，则不可说。若不可说，则不可闻。云何说修大涅槃经闻所不闻？佛言汝今善知一切诸法如幻等，空无有实，非命非我，无有苦乐，如十住菩萨之所知见。

大涅槃者，则名常住。常住之法不从因缘，云何佛问何因缘故有是光明。然亦有因缘，因灭无明则得炽然无上菩提灯。”又“有一者，二十五有名不净，能断故名净，净即涅槃。如是涅槃亦得名有，而是涅槃实非是有。如来随世俗故，说涅槃有。如世人非父言父，而实非父，涅槃亦尔，随世俗故说，言诸佛有大涅槃。又业身心清净故，名大净，以大净故，名大涅槃。”）

（又卷二十四云：“菩萨虽闻音声而心初无闻声之相，不作有相，常乐我净主依，作因定果相，以是义故，昔不闻今闻。又闻涅槃一字一句，不作字相句相闻相佛相说相，如是义者，名无相相。以无相相故，得无上菩提。”）

（又卷二十五云：“涅言不，槃言覆。去来取不定新故障碍相有和合苦不覆，乃至无苦，乃名涅槃。又断烦恼者，不名涅槃，不生烦恼，乃名涅槃。”又卷三十三云：“涅槃亦名寂静、无相、无二、一行、无碍等。”）

卷十三云：“有苦有谛有实，余三亦尔。如来非苦非谛是实虚空，佛性亦尔。所言苦者，为无常可断相，是为实谛。如来之性，非苦非无常，非可断相，是故名实。所言集者，能令五阴和合而生，亦名苦无常，是可断相，是为实谛。如来非是集性，非阴因非可断相，故名实。所言灭者，名烦恼灭，亦常无常，二乘所得名无常。佛所得名常，亦名证法，是为实谛。如来之性不名为灭，能灭烦恼非常无常，不名证知，常住无变，故名实。道者能断烦恼，亦常无常，是可修法，是名实谛。如来非道，能断烦恼，非常无常，非可修法，常住不变，是故为实。言真实者，即如来虚空佛性。”

——附十二页《诠四圣谛》——

绀珠集乙之九（自习用稿）

无垢称经记目录

慰喻

调心

菩萨行

（六）《不思议品记》

求法

不思议解脱

（七）《观有情品记》

观有情

无住为本

解脱

无在不在等

（八）《菩提分品记》

究竟趣

如来种姓

（九）《不二法门品记》

不二法门

（十）《菩萨行品记》

不尽不住

（十一）《观如来品记》

如来相

（十二）《法供养品记》

法供养

无垢称经记

(一)《序品记》

※佛威神。

卷一云:“佛之威神令诸宝盖合成一盖,遍覆三千大千世界。而此世界山河天神等宫,诸国聚落,皆现此宝盖中。又十方诸佛所说正法,皆如响应于此盖内,无不见闻。”(《基疏》卷五云:“合成一表种种妙因,同证一真法界故。覆三千界显真如理,遍充法界,下欲现世间因缘不实,故如影也。”)

※本性寂,不共相,无所依。

“说法不有亦不无,一切皆待因缘立。无我无造无受者,善恶之业亦不亡。得甘露灭胜菩提,此中非心意受行。三转法轮于大千,其轮能寂本性寂。众会瞻仰大牟尼,靡不心生清净信,各见世尊在其前。斯则如来不共相,佛以一音为演说,众生随类各得解,皆谓世尊同其语,斯则如来不共相。已到有情平等趣,善于诸趣心解脱,不著世间如莲花,常善入于空寂行,达诸法相无挂碍,稽首如空无所依。”(《基疏》卷五云:“涅槃是有情平等所趣。”)

※随所化众生而取佛土。

“诸有情土是为菩萨严净佛土,所以者何?菩萨随所化众生而取佛土。菩萨知一切法皆如虚空,唯为有情增长饶益生净功德,即便摄受如是佛土。”(《肇注一》云:“肇曰,如来所修净土,以无方为体,故令杂行众生,同视异见。异见故,净秽所以生,岂曰殊域异处凡圣二土,然后辩其净秽哉?又净土必由众生,譬立宫必因地。”)

※心净佛土净。

※卷五亦云:“随诸有情所乐,示现种种佛土,或染或净,无决定相。而诸佛土实皆清净无差别。”

“若菩萨欲得净土,当净其心。随其心净,则佛土净。众生罪故,不见世尊佛土严净,非如来咎。”(按:此下又说足指按地,三千界悉严净。大众自见坐宝莲华,为度下劣,示众恶不净。)

(二)《显不思议方便善巧品记》

※如幻等,发菩提心。

卷一云:“是身如阳焰,从诸烦恼渴爱所生。如芭蕉,都无有实。如幻,从颠倒起。如梦，为虚妄见。如影，从业缘现。如响，属诸因缘。如电，念念不住。于如是身，应生厌离。于如来身，应起欣乐。所以者何？如来身者，无量善法，共所集成。欲得如是身，息一切有情病者，当发无上菩提心。”（按：什译有“佛身者，即法身也。”《肇注》云：“法身者，谓虚空身，超绝三界之表，绝有心之境，微妙无象，不可为有，备应万形，不可为无。故能入生出死，通洞乎无穷之化，变现殊方，应无端之求。然则法身在天而天，在人而人，岂可近舍丈六而远求法身乎？”义混。《基疏》云：“显报化二身功德”好。）

（三）《声闻品记》

※宴坐。

卷二云：“夫宴坐者，不于三界而现身心，不起灭定而现诸威仪，不舍一切所证得相而现一切异生诸法。心不住内亦不行外，不舍生死而无烦恼，虽证涅槃而无所住。如是佛所印可。”

※无可说无可闻乃可说法。

“法无有我，离我垢故。无有情，离情尘故。无命者，离生死故。无补特伽罗，前后际断故。常寂然，灭诸相故。离贪著，无所缘故。无文字，言语断故。无譬说，远离一切波浪思故。遍一切，如虚空故。无有显，无相无形，远离一切行动事故。无我所，离我所故。无了别，离心识故。无有比，无相待故。不属因，不在缘故。同法界等，入一切真法界故。随于如，无所随故。住实际，毕竟不动故。无动摇，不依六境故。无去来，无所住故。顺空随无相应无愿，远离一切增减思故。无取舍，离生灭故。无执藏，超过一切眼耳鼻舌身意道故。无高下，常住不动故。离一切分别所行，一切戏论毕竟断故。法相如是。岂可说乎？夫说法者，一切皆是增益、损减，听法者亦尔。若于是处无增减，即于是处都无可说，亦无可闻，无所了别。如幻士为幻化者说法，住如是心，乃可说法。”

※受食。

“所见色与盲等，所闻声与响等，所嗅香与风等，所食味不分别，受诸触如智证，知诸法如幻相，无自他性，无炽然，寂灭。若能不舍八邪，入八解脱，以邪平等入正平等，以一抟食施于一切，供养诸佛及众贤圣，然后可食。如是食者，非有杂染，非离杂染，非住生死，非住涅槃。尔乃可食。其有施者无大果无小果，不为益不为损，趣入佛趣，不趣声闻。若能如是而食，于食为不空，食他所施食。”

“若能于食以平等性，入一切法平等性，以一切法平等性入一切佛平等性。

若能不断贪等，亦不与俱，不坏萨迦耶见，入一趣道，不灭无明并诸有爱而起慧明及解脱。能以无间平等法性而入解脱平等法性。无缚脱，不见四谛，非不见谛，非得果，非异生非离异生法，非圣非不圣。虽成就一切法，而离诸法想。不见佛，不闻法，不事僧。依六师出家，随六师堕。堕诸见趣，而不至中边，入八无暇，不得有暇，同诸杂染，离于清净。得无诤而不名为清净福田。一切烦恼自性即尊者自性，于诸有情起怨害想。谤佛毁法，不预僧数，毕竟无有般涅槃时，乃可取食。诸法性相，皆如幻化，一切有情乃诸言说亦尔。所以者何？一切言说皆离性相，何以故？一切文字性相亦离。都非文字，是则解脱。（《基疏》卷九云："应理义云，一切法中离言之事，即依他起。离言之理，即是解脱涅槃。空理义云，不但所说法空无性，离文字亦空，故曰亦离。"）解脱相者，即一切法。"

※无常等五义。

"无以生灭分别心行，说实相法。何以故？诸法毕竟。非已、今、当生灭，是无常义。洞达五蕴毕竟性空，无所由起，是苦义。诸法究竟无所有，是空义。知我无我无有二，是无我义。无自他性。本无炽然，今无熄灭。无有寂静，毕竟寂静，是寂灭义。"故不应抉择契经句义，说无常义，乃至寂灭义。（《肇注》卷二云："什曰，无行处乃至实相也。"）

※性净唯心义。

"罪性不住内，不出外，不在两间。如佛所说，心杂染故，有情杂染；心清净故，有情清净。如是心者，亦不住内等。如心然，诸法亦然，不出于如。一切有情心性本净，曾无有染。（《基疏》卷十云："得圣证真，知心本空，所以不染。故知有情心性本净亦尔，心空同故。"大好）若有分别，有异分别。有颠倒，有取我即有烦恼。若无分别等，即性清净。一切法性生灭不住，如幻如电，不相顾待，乃至一念不住，皆妄想生。（《肇注》卷二云："无住则如幻，如幻则不实，不实则为空，空则常净。然则物物斯净，何有罪累于我哉！"）如是知名奉律。"

※真出家。

"夫出家者为无为法，无为法中不可说有功德胜利。夫出家者无彼此中间，远离诸见，无色非色，是涅槃路。离诸恶法，超越假名，善调自心，善护他心，随顺寂止，勤修胜观。但发无上正等觉心，勤修正行，即是出家，即是受具，成比丘性。"

※如来身。

"如来身者，金刚合成，一切善法圆满成就。又即法身，非杂秽身。出世身，世法不染。无漏身，离一切漏。无为身，离诸有为，出过众数，诸数永寂。

如此佛身当有何疾？但为化导，示现斯事。”

(四)《菩萨品记》

※菩提等。

卷二云：“若过去生授记，过去已灭，又未来生未至，现在生无住。若以无生，得授记者，无生即所入正性，无有授记，亦无证得正等菩提，云何得授记？又无生无灭真如理中，无有授记。一切有情皆如，一切法，一切圣贤，乃至慈氏亦如。若慈氏得授记者，一切有情亦应尔。所以者何？夫真如者，非二所显，亦非种种异性所显。若慈氏当证无上菩提，一切有情亦应尔。何以故？夫菩提者，一切有情等所随觉。若慈氏当涅槃者，一切有情亦应尔。何以故？非一切有情不般涅槃。佛说真如为般涅槃，故当舍于分别菩提之见。夫菩提者，无趣求退转，非身心能证，寂灭、不增、不行、永断、舍离、广大、安住、不二、平等、无为、遍知、无处、无住、唯名、如化、无乱、善寂、无取、无异、无喻、遍行等是菩提。”

※道场。

“直心、深心、菩提心、六度、四摄、三十七品谛等是道场。(奘译道场作妙菩提)又缘起是道场，无明乃至老死皆无尽故。息诸烦恼是道场，知如实故。众生是道场，知无我故。一切法是道场，知诸法空故。三界是道场，无所趣故。一念知一切法是道场，成就一切智智故。又若应诸度教化众生，诸有所作，举足下足，当知皆从道场来，住于佛法矣。”

※法施。

“无前无后，一时供养一切有情，是名圆满法施，谓以菩提起于慈心等。若以平等心，施最下乞人，如如来福田之想，无所分别。其心平等，不求果报，名圆满法施。”

(五)《问疾品记》

※来去见闻。

卷三云：“不来而来，不见而见，不闻而闻。若已来者，不可复来。若已去者，不可复去。(《基疏》卷十三云：“应理义云，若计所执已来已去，体皆空无，不可复来去，故知来去，皆随因缘，假施设有，都无实相。又解云：若随世俗，依他起性，有已来去者，胜义真如无差别相，不可复来去。故知来去，皆是世俗依他假立，胜义都无。”)所以者何？来者无所从来，去者无所至。见闻亦尔。

※菩萨病。

“从痴有爱，则我病生。以一切众生病，是故我病。若一切众生得不病者，则我病灭。是故菩萨疾者从大悲起。”

※空。

“一切佛土亦复皆空。（《基疏》卷十三云：“法身佛土因空所显，空理故空，报化佛土，空无所执，空事故空，体皆非无。”）**问：何以空？答：以空空。**（《肇注》卷四云：“上空智空，下空法空。”《基疏》卷十三云：“空理义云，以胜义谛，空无所有，佛土便空，故言以空空。应理义云，以空无彼，遍计所执，方能显彼法报化土。法报化土由此称空，名空空，非空无空。”）**又问：此空为是谁空？答：此空无分别空。**（《基疏》云：“空理义云，虽知诸法本性皆空，证无分别证空故。应理义云，由无分别证所执空。”按：什译作：空何用空？以无分别空故空。《肇注》卷四云：“诸法本性自空，何假智空然后空耶？答：智之生也，起于分别。而诸法无相，故智无分别。智无分别，即智空也。诸法无相，即法空也。以智不分别于法，即知法空也。岂别有智空，假之以空法乎？然则智不分别法时，尔时智法俱同一空，无复异空，故曰以无分别为智空也。”）**又问：空性可分别耶？答：此能分别亦空，所以者何？空性不可分别为空。**（《基疏》卷十三云：“能分别心，体性本空，何能分别真空之性？故云空性不可分别为空，能缘所缘俱性空故。前随执有，且对名空。其实此空，非空不空，何可分别？此空理义，应理义云：不但所执境名之为空，执有能取心亦是空故，空性谁分别？前随依他，真如道理对破执有，且说为空，其实此空，非空不空，何可分别？”《肇注》云：“上云以无分别为智空，故知法空，无复异空。虽云无异而异相已形，异相已形，则分别是生矣。若智法无异空者，何由云以无分别为智空，故知法空乎？问：智空法空可分别耶？答：向之言者，分别于无分别耳。若能无心于分别，而分别于无分别者，虽复终日分别，而未尝分别也。故曰分别亦空。”）**此空当于六十二见中求，六十二见当于诸佛解脱中求，诸佛解脱当于一切有情心行中求。”**

※病相。

“我病无色相，亦不可见，非身心相应，身心相离故。亦身心相应如影像，如幻化故。非四大亦不离四大，而众生病从四大起，以其有病，是故我病。”

※慰喻。

“示身无常而不劝厌离于身，示身有苦而不劝乐于涅槃。示身无我而劝成熟有情。示身空寂而，不劝修毕竟寂灭。示悔先罪而不说罪有移转。”

※调心。

“应念病从前际虚妄颠倒分别烦恼所起，业生身中都无一法真实，是谁可得而受此病。所以者何？四大和合，假名为身，大中无主，身亦无我。此病若起，要由执我。由此因缘，除我想安住法想。又念众法和合，共成此身，生灭流转，生唯法生，灭唯法灭。如是诸法展转相续，互不相知，竟无思念，生时不言我

生，灭时不言我灭。如是了知法想。又念法想，即是颠倒大患，应除灭。谓除我我所执，云何除离二法？（又卷下云：“若无内外二见，则无所得。既无所得，三界缘虑都绝。缘虑绝故，则无有疾。若自无疾，则能断灭有情之疾。”）谓内外法毕竟不行，云何不行？谓观平等无动摇，无所观察。云何平等？谓我涅槃二俱平等，所以者何？二性空故。（《基疏》十四云：“我与涅槃，胜义谛中二俱平等，由彼二性空无体故。应理义云，遍计所执，我与涅槃，二俱平等。妄心所执，性皆空故，非真涅槃。体非是有，与妄执我相同无。所执既无，不异涅槃，是故平等。”《肇注》卷四云：“即事无不异，即理无不一。”）此二既无，谁复为空？但以名字，假说为空。此二不实平等见已无有余病，唯有空病。（什译作：“以何为空？但以名字故空。如此二法无决定性。”）应观空病亦空，所以者何？如是空病，毕竟空故。（《基疏》云：“应理义云，上观法境，其性空无。知能执此亦性非实。既知空境妄执不真，能执空心亦定非实，遍计所执毕竟空故。”）有疾菩萨应无所受，而受诸受。若于佛法未得圆满，不应灭受而有所证。应发大悲，除有情苦。如是除去自他疾时，无有少法而可除者。（什译作：“但除其病，而不除法。”《肇注·四》云：“什曰：谓妄见者，所见常乐净等法也。所以说言无者，不以有乐净法，而以无除之。直为除妄想病耳，无法可除，故能处之，不除其法也。”《基疏》云：“空理义旧云：有病妄可除，空法真不遣，真本来空，遣何所遣？应理义旧云：妄所执病，观空除之。有无为是法非病，何须除遣。”）”

※（菩萨行）

“观诸法身心与疾展转相依，无始流转，悉皆无常，苦空无我，是名慧。不求身心，及与诸疾，皆竟寂灭，常在生死，饶益有情，是名方便。又不安住调伏不调伏心等，是菩萨所行。”

（六）《不思议品记》

※求法。

卷三云：“求法者，不求蕴界及三界。不著佛法僧求，不求知苦断集证灭修道，法无戏论，知苦等即戏论故。不求生灭法，名寂静故。不求法相，法名无相故。不共法住，法无所住故。若欲求法，应于一切法无所求。”

※不思议解脱。

“住不思议解脱，能以妙高山王纳芥子中，而芥子形量不增，妙高山形量不减。（《基疏》卷十五云：“空理义云，大小殊差，由迷执有，达空胜义，何碍不通？应理义云，略有八释，一事成大小，或不能容理并圆成何不相纳。二迷心执境，实境难容，识境皆心，何碍不得等。”）又不令彼四大天王等知见。我等何往何入，唯令余睹神通力调伏之者，知见妙高入芥子，四海入一毛孔，掷三千大千世界于他方世界。又复持还亦尔。又能延七日为一劫，促一劫为七日，不令所化有情，知时延促。除所余。又能集一切佛功德庄严世界置一佛土，又能取一佛土遍示十方佛，虽到十方一切佛土，住一佛国而不移转。（《基疏》云：“到十方二释，一云非以身去，以意势力变作到十方，二云一刹那时遍十方故。不同小乘身无不住。虽将有情至十方界，亦诸报土别别佛土自住法性，或住报化一佛土中而不移动。”）又从一毛孔中出一切供具，供养十方佛等。又置一切佛土劫尽烧时，总一切火于腹中，此火不息而身无损等。虽如是现，无缘者不见不知。又能现作佛身，乃至一切有情种种色像，或变诸有情，令作佛身。或变有情上中下品音声作佛声，演无常等法音，令闻者调伏。又十方无量作魔王者，求手足头目等者，多是安住不可思议解脱菩萨，为欲成熟诸有情故，凡夫及下劣位无复势力逼迫菩萨故。”

（七）《观有情品记》

※观有情。

卷四云：“应观一切有情如幻师，观所幻事。又如第五大第六蕴等，所以者何？诸法本空，真实无我，无有情故。”（《基疏》十六云：“空理义云，初观俗谛假有如幻，后观真谛本空。初观依他假有，似幻非真，后观计执诸法本空无有情。”）

※无住为本。

“欲除烦恼，当如理观察作意。欲如理观察作意，当不生不善，不灭善法。善不善法，以身为本，身以贪欲为本。贪欲虚妄分别为本，虚妄分别倒想为本，倒想无住为本。无住无本亦无所住，故能建立一切诸法。”（《基疏》十六云：“无住即真如，由迷真如，倒境生故。真如无本，非他生故，亦无所住，更无依故，由此本故立诸法。染性迷生，净性悟起，故《唯识》说为迷悟依，名立一切，非能生也。此应理义、空理义云，无住即真空性，故亦为迷悟二法根本。又因缘性空，从空性生一切法，故言无住立一切法。”《肇注》卷五云：“什曰：法无自性，感缘而起。当其未起，莫知所寄。莫知所寄，故无所住。无所住故，则非有无。非有无而为有无之本，无住则穷其源，更无所出故曰无本。无本而为物之本，故言立一切法也。”）

※解脱。

“所说文字皆解脱相，所以者何？如解脱非内外中间可得，文字亦尔。是故无离文字，说于解脱，所以者何？以其解脱与一切法，其性平等。问：岂不以离贪瞋痴等为解脱耶？答：佛为增上慢者，说离一切贪瞋痴等，以为解脱。若为远离增上慢者，即说一切贪瞋痴等本性解脱。”（《摩诃止观二》、《辅行》卷二之四解贪欲即道，可考。）（又《摩诃止观》卷八、《辅行》卷八之一亦有斥公行非法为无碍，可考。）

※无在不在等。

※又卷六云：“若一切法自性自相如幻如化，云何问从何没来生此土？没者为虚诳法，坏败之相。生者为虚诳法，相续之相。菩萨虽没，不尽善本，虽生不长诸恶。”

“诸法性相皆非真实，犹如幻化。如舍利子实非是女，而现女身。虽现女身而实非女。天女摄神力，舍利子复本形已，问女身今在何所。舍利子言，今我女身无在无变，一切法亦尔。（按：什译作“无在不在”。《肇注》卷五云：“欲言有在，今见无相。欲言无在，向复有相。犹幻化无定，莫知所在也。”《基疏》卷十六云：“法性本空，何在何变？又无如彼相，立一切法，悉皆无在。新新生故，无实自性，云何所变？”）天女言我求女人性，了不可得，云何问当何所转？如来所化，无没无生，云何而言当所生处？无上菩提无住处，故亦无证菩提者。文字俗数语言说有三世诸佛证得，非谓菩提有去来今。菩提不证而证，证无所证。”

（八）《菩提分品记》

※究竟趣。

卷四云：“行于非趣，乃于佛法到究竟趣。谓行五无间而无恼恚，至于地狱无诸罪垢，至于畜生无有无明憍慢等过。示行愚痴，而以智慧调伏其心。示行悭贪，而舍内外所有，示入于魔，而顺佛智慧。示入辟支佛，而成就大悲。现处一切生趣，而实永断一切趣生。现处涅槃趣，而常不舍生死相续。示得菩提转法轮入涅槃，而复勤修菩萨行等。”

※如来种姓。

“六十二见一切烦恼不善法所有种姓，如生种姓，所以者何？非见无为，已入正性离生位者，能发无上正等觉心，要住有为烦恼诸行未见谛者，能发无上正等觉心，是故异生能报佛恩，二乘终不能报。”

（九）《不二法门品记》

※不二法门。

卷四云：“生灭为二，证无生忍，知诸法本来无生灭为不二。（《基疏》卷十八云：“空理义并以俗妄有二，真空无二。应理义皆以所执依他有二，圆成真如实无有二。又理无事二。”又云：“空理义云，谈其真性非二非不二，今遮妄二法，故言不二。应理义云，今显无相真如，理唯是一。恐闻一定一，不说于一。但遮妄异，故言不二。据实真如，非不二非法非非法，非门非非门，遮二等故，强名不二等。”《肇注》卷九云：“若以一为一，亦未离于二，遣二则一，斯尽矣。无相之一，名假而实亡。实亡则体与相绝，故直置而自无也。什曰。”）我我所分别为二，了无为不二。有取无取分别为二，了知无取则无所得为不二。垢净分别为二，了知垢净无二，趣寂灭迹为不二。一相无相分别为二，了知无一异无相，又知一异无相平等为不二。声闻菩萨二心为二，知二心平等性空如幻为不二。有无为分别为二，了知二法性平等，远离诸行，觉慧如空，无执无遣为不二。生死涅槃分别为二，知生死性空无流转寂灭为不二。尽不尽分别为二，法若究竟尽若不尽皆是无尽相，无尽相即是空，空则无尽不尽，是为不二。我无我分别为二，知有我尚不可得，何况无我？见我无我性无二为不二。明与无明分别为二，知无明本性是明，明亦不可取，离一切数，于其中平等无二为不二。色等与空分别为二，色等即是空，非色等灭空，色等性自空为不二。（《基疏》卷十八云："应理义云，所执及依他色并即真如空，空与真如更无别体，亦非二色灭，方有真如空。二色观时，真如有故，既无二别名不二。"）四界与空分别为二，知四界即虚空性，前中后际四界与空性，皆无倒为不二。（《基疏》卷十八云："空理义谓真空性，应理义者，所执即空无，真如即空性。"）佛法僧分别为二，知佛性即法僧性，三宝皆无为相名不二。罪福不动行分别为二，知皆无作相为不二。（《基疏》云："空理无作相即真空性，应理无作相性即真如。"）一切二法皆从我起，知我实相即不起二即无了别，无了别故，无所了别为不二。"

"如上所说，犹名为二，于一切法无言无说无表无示，离诸戏论，绝于分别为不二。无垢称默然无说，文殊赞言真是悟入不二法门。"

（十）《菩萨行品记》

※不尽不住。

卷五云："菩萨不尽有为，不住无为。不尽有为谓不弃大慈，不舍大悲，深发一切智心，而不暂忘。教化众生，终不厌倦等。不住无为者，谓虽行空无相无愿，而于空等不乐作证。虽观诸行无常，而于善根心无厌足。虽观世间一切皆苦，而于生死故意受生。虽观无我，而不毕竟厌舍自身。虽观涅槃毕竟寂静，而不毕竟堕于寂灭。虽观无阿赖耶，而不弃舍清白法藏。虽观诸法毕竟无生，而常荷负利众生事等。"

（十一）《观如来品记》

※如来相。

卷六云："我观如来都无所见，如是而观，如来非前际来，非往后际，现在不住，不住四界，同虚空界，非六处起，超六根路，不杂三界，远离三垢，顺三解脱，随至三明，非明而明，非至而至，至一切法，无障碍际。所以者何？如来色受等真如性，其性非色等真如性。实际非际，真如非如，于真如境常无所住，于真如智恒不相应，真如境智，其性俱离。非因所生，非缘所起，非有无自他一异相，非即离所相，非同异所相，非即离同异能相。非此彼岸中流，非在此彼中间，非内外俱不俱，非已当今去来。非智非境非能所识，非隐、显、暗、明，无住去名相强弱。不住方分，不离方分。非染净有无为，永寂灭不寂灭。无少事可示可说，无施悭、戒犯、忍恚、勤怠、定乱、慧愚、谛妄、出入、来去，一切语言施为断灭。非福田不福田，非应供不应供。非能所执，非能所取，非相不相，为不为。无数离诸数，无碍离诸碍，无增无减，平等平等。同真实际，等法界性，非能所称量，超诸称量，性无向背勇怯，超诸向背勇怯。非大小广狭，无见闻觉知，离诸系缚，萧然解脱。证会一切智智，平等获得一切有情无二，逮于诸法无差别性，周遍一切。无罪愆秽浊碍著，离诸分别，无作生虚实起尽曾当怖染喜厌欣。一切分别所不能缘，一切名言所不能说。如是观者，名正观。若异观者，名邪观。”

（十二）《法供养品记》

※法供养。

※按：《行愿品》卷四十亦云：“诸供养中，法供养最。所谓如说修行供养，利益众生供养，摄受众生供养，代众生苦供养，勤修善根供养，不舍菩萨业供养，不离菩提心供养。”

卷六云：“诸供养中法供养最为殊胜。法供养者，谓于诸佛所说微妙甚深似甚深相，幽玄细密无染了义，非分别知。菩萨藏摄，总持经王。（《基疏》卷二十二云：“此经体有二：一、真实甚深，二、相似甚深。空理义云，初是胜义三无性空教，后是世俗三性有教。应理义云，初是不空不有三性等教，后唯说空三无性教。”）分别阐扬甚深缘起，辩内无我，外无有情，于二中间无寿命养育者等，空、无相、无愿、无作、无起相应，能引妙觉，能转法轮，一切圣贤悉皆摄受，开发一切菩萨妙行，真实法义之所归依，最胜无碍由斯而起，详说诸法无常有苦无我寂静，除一切生死大苦。于是经典乐闻听受，乃至如法修行，随顺缘起，离诸邪见，修习无生不起法忍，悟入无我及无有情，于诸因缘无违无诤，不起异议。离我我所，无所摄受，依于义不依于文，依于智不依于识，依了义不依不了义，依法性不依于补特伽罗见有所得。如其性相悟解诸法，入无藏摄灭阿赖耶，息除无明乃至老死等，是名为上法供养。”（完）

绀珠集乙之十 （自习用稿）

法华经记目次

玄赞记目次

有无体中

圆心

妙

真如不守自性

理体之辩

佛种从缘起

差与无差

即

随缘不变

中、具

法华经记

(一)《序品记》

※佛放光相状。

卷一云:“佛放眉间白毫相光,照东方万八千世界,靡不周遍,下至阿鼻地狱,上至阿迦尼吒天。于此世界尽见彼土六趣众生,又见彼土现在诸佛及闻诸佛所说经法,并见彼比丘等诸修行得道者。复见诸菩萨种种因缘,信解相貌,行菩萨道。复见诸佛般涅槃者,及以佛舍利起七宝塔。”

※法性无二相。

“或见菩萨观诸法性无有二相,犹如虚空。又见佛子心无所著,以此妙慧求无上道。又见诸菩萨,知法寂灭相,各于其国土说法求佛道。”

※六十小劫如食顷。

“日月灯明佛说《妙法莲花经》六十小劫,不起于座。时会听众亦坐一处六十小劫,身心不动,听佛所说,谓如食顷。”

(二)《方便品记》

※一佛乘。

※又卷三云:“如来说法,一相一味,所谓解脱相、离相、灭相,究竟至于一切种智。”又云:“一相一味之法,所谓解脱相、离相、灭相、究竟涅槃常寂灭相,终归于空。佛知是已观众生心欲而将护之,是故不即为说一切种智。佛平等说,如一味雨,随众生性所受不同,如彼草木所禀各异。”又卷四云:“如来座者,一切法空是。”

《玄论》卷一云:“佛知见者,谓佛性之异名。”

卷一云:“佛所成就第一希有难解之法,唯佛与佛乃能究尽诸法实相。所谓诸法如是相,如是性,如是体,如是力,如是作,如是因,如是缘,如是果,如是报,如是本末究竟等。(《藏要》本注云:“梵藏本云,如来所知之法,唯有如来能相互说。此一切法唯彼自知,所谓诸法是何,诸法如何,诸法何似,法相是何,法性如何。此等诸法是何、如何、何似、何相、何性,一切能知。以此五门分合而说,无十如是。晋本及论牒文均同,此用《智论》卷三十六说意改文)(《论下》之解应考)是法非思量分别之所能解,唯有诸佛乃能知之。所以者何?诸佛世尊唯以一大事因缘故,出现于世,谓欲令众生开佛知见,使得清净故。欲示众生佛之知见故,欲令众生悟佛知见故,欲令众生入佛知见道故，故出现于世。如来但以一佛乘故，为众生说法，※（按：上文有云：“世尊何因缘殷勤称叹，诸佛第一方便，甚深微妙难解之法。”）无有余乘，若二若三。是诸众生从诸佛闻法，究竟皆得一切种智。劫浊乱时，众生垢重。诸佛以方便力，于一佛乘分别说三。※（又按：《文句格言》中云：“佛之知见，即今经所谓理一也。菩萨建立俗处，无非不思议理，开显之妙旨在于此，故曰为令众生开佛知见。既曰为令众生，则所开者，九界也。又曰佛之知见，则所显者佛智也。故知佛智不离九界，即九界显于佛智。迷悟同源，开显一致，宁非妙耶？”）若我弟子自谓阿罗汉、辟支佛者，不闻不知诸佛如来，但教化菩萨事。（按：上文有云：“是诸佛但教化菩萨，欲以佛之知见示众生故，悟众生故，欲令众生入佛之知见故。”）是自谓已得阿罗汉，是最后身，究竟涅槃便不复志求无上菩提。当知此辈皆增上慢人。若比丘实得阿罗汉，而不信此法者，无是处故。除佛灭度后，现前无佛，何以故？佛灭后，如是等经受持读诵解义者难得。若遇余佛，于此法中便得决了。”

※又卷二云：“初说三乘，引导众生。如长者以羊车（声闻）、鹿车（辟支佛）、牛车（菩萨）诱诸子出火宅。后但以大乘而度脱之。如长者于诸子出后，等赐一大白牛车。以是因缘，诸佛方便力故，于一佛乘分别说三。”

“十方佛土中，唯有一乘法，无二亦无三。除佛方便说，但以假名字，引导于众生。说佛智慧故，诸佛出于世。唯此一事实，余二则非真。（《藏要》本注云：“梵藏本，此二句作事唯一无有二，乘亦唯一无有二。晋本大同，无余二之说。”慧按：此考证甚是。）自证无上道大乘平等法，终不以小乘济度于众生。（《思惟要略法》法华三昧观云：“所说《法华经》者，所谓十方三世众生，若大若小乃至一称南无佛者，皆当作佛。惟一大乘，无二无三，一切诸法，一相一门，所谓无生无灭，毕竟空相。唯有此大乘，无有二也。”）

※说法方便。

※又卷二云：“昔于波罗奈转四谛法轮（《藏要》本注云，梵藏本无四谛一语。）分别说诸法五众之生灭。今复转最妙无上大法轮。是法甚深奥，少有能信者。”

又云：“诸佛以种种方便说法，皆为无上菩提。是诸所说，皆为化菩萨故。”

又卷四云：“一切菩萨无上菩提，皆属此经。此经开方便门，示真实相。深固幽远，无人能到。”

“说时未至，故随顺众生，故言辞方便力，我说九部法。（按：即修多罗、伽陀、本事、本生、未曾有、因缘、譬喻、祇夜、优波提舍）入大乘为本，今又正是时，决定说大乘。钝根乐小法，贪著于生死，众苦所恼乱，为是说涅槃。我虽说涅槃，是亦非真灭。诸法从本来，常自寂灭相。佛子行道已，来世得作佛。又诸大圣主，知群生所欲，更以异方便，助显第一义。若有众生类，修六度福慧，皆已成佛道。若人心散乱，入于塔庙中，一称南无佛，皆已成佛道。乃至举一手，或复小低头，以此供养佛，渐见无量佛。自成无上道，广度无数众，入无余涅槃，如薪尽火灭。无数诸法门，其实为一乘。”

※说一乘所以。

※《文句》卷八云：“实相常住无自性，乃至无无因性无性亦无性名无性。中道无性即是佛种。迷此理者，由无明为缘，则有众生起。解此理者，由教行为缘，则有正觉起。”《义疏》卷四云：“上明无性，故佛种者则是无所得，菩提心为佛种子也。”

“诸佛两足尊，知法常无性，佛种从缘起，是故说一乘。是法住法位，世间相常住，于道场知已，导师方便说。诸法寂灭相，不可以言宣，方便示诸门，其实为佛乘。我如三世佛，说无分别法，普告诸大众，但以一乘道，教化诸菩萨，无声闻弟子。”

（三）《譬喻品记》

※实灭度。

※又同卷《信解品》云：“我等内灭，自谓为足，所以者何?一切诸法皆悉空寂，无生无灭，无大无小，无漏无为。于佛智慧，无复志愿。我等长夜修习空法，得脱三界苦恼之患，住最后身有余涅槃。虽为佛子说菩萨法，而于是法永无愿乐。”又卷五云：“我成佛已来甚大久远，寿命无量阿僧祇劫，常住不灭。然今非实灭度，而唱言当取灭度，如来以是方便，教化众生故。”

卷二云：“我悉除邪见，于空法得证，尔时心自谓，得至于灭度。而今乃自觉，非是实灭度。若得作佛时，具三十二相，天人夜叉众，龙神等恭敬，是时乃可谓，永尽灭无余。”

“我虽先说，汝等灭度，但尽生死，而实不灭。今所应作，唯佛智慧。若深著爱欲，为说于苦谛。若不知苦本，说贪欲为本。苦灭贪欲，无所依止，灭尽诸苦，名第三谛。为灭谛故，修行于道，离诸苦缚，名得解脱。其实未得一切解脱，但离虚妄。佛说是人未实灭度，未得无上道故。我意不欲令至灭度。”※（阿僧祇劫常住不灭，然今非实灭度而唱言，当取灭度，如来以是方便，教化众生故。）又卷三《化城喻品》云：“我灭度后，复有弟子不闻是经，不知不觉菩萨所行。自于所得功德生灭度想入涅槃。我于余国作佛，更有异名。是人虽生灭度之想，入于涅槃，而于彼土求佛智慧，得闻是经。唯以佛乘而得灭度，更无余乘，除诸如来方便说法。如以方便力于险道中作化城，息其疲倦，止退还想。既知息已，而告之言，此城非实，宝处在近。”

（四）《安乐行品记》

※菩萨行处。

卷五云："于法无所行而观诸法如实相，亦不行不分别，是名菩萨行处。观一切法空如实相，不颠倒，不动不退不转。如虚空无所有性，一切语言道断，不生不出不起。无名无相，实无所有，无量无边无碍无障，但以因缘有，从颠倒生，故说。常乐观如是法相，名菩萨亲近处。又复不行上中下法，有为无为，实不实法，亦不分别是男是女，不得诸法，不知不见，是名行处。一切诸法空无所有，无有常住，亦无起灭，是亲近处。观一切法皆无所有，犹如虚空，无有坚固，不生不出不动不退，常住一相，是名近处。"又卷五《如来寿量品》云："如来如实知见三界之相，无有生死，若退若出，亦无在世及灭度者，非实非虚，非如非异。不如三界，见于三界。"

玄 赞 记

(一) 世亲《法华论记》

※如来藏不变义。

※《藏疏》卷中云："如来藏者，在烦恼之内故名，亦名如来胎。虽在烦恼，不为所染，故名不变。"

卷下云："实相者，谓如来藏法身之体不变义故。"（按：二译均同）

※（实义不可说等）

又云："彼三乘唯有名字章句言说，非有实义，以彼实义不可说故。"

"诸佛如来法身之性同，诸凡夫声闻之人，辟支佛等法身，平等皆无差别。"

"无二乘者，无二乘所得涅槃，唯有如来证大菩提，究竟满足一切智慧，名大涅槃。"

"一乘体者，所谓诸佛如来平等法身，二乘非彼平等之体，以因果观行不同故。"

"小乘谛中人无我等，大乘谛中真如、实际、法界、法性，及人无我、法无我等种种观故。以人无我及法无我，一切诸法悉皆平等。"

※三平等。

又云："一、乘平等（应知）。二、世间涅槃平等，以多宝如来入于涅槃，世间涅槃彼此平等无差别故。三、身平等，多宝如来已入涅槃，复示现身，自身他身法身平等无差别故。"

※（三菩提）

“一、应佛菩提，随所应见而为示现。如经皆谓坐于道场，得成无上菩提。二、报佛菩提，十地行满足，得常涅槃证故。如经成佛已来无量劫。三、法佛菩提，谓如来藏性净涅槃，常恒清凉不变等义。如经如来如实知见三界之相，乃至不如三界，见于三界。三界相者，谓众生界即涅槃界，不离众生界有如来藏故。无有生死，若退若出者，谓常恒清凉，不变义故。亦无在世及灭度者，谓如来藏真如之体不即众生界，不离众生界故。非实非虚，非如非异者，谓离四种相，有四相是无常故。”

（二）《法华玄义记》

※圆融三谛。

卷一云：“隔历三谛，粗法也。圆融三谛，妙法也。善恶凡圣一切不出法性，正指实相，以为正体也。经云不如三界，见于三界，非如非异。若三界人见三界为异，二乘人见三界为如，菩萨见三界亦如亦异，佛见非如非异双照如异。今取佛所见为实相正体也。金刚藏说佛甚微智，辞异意同，其辞曰，空有不二，不异不尽，空非断无，故言空有。（按：此解穿凿。）有即是空，空即是有，故言不二。非离空有外，别有中道，故言不异。遍一切处，故言不尽。此亦与龙树意同。《中论》云，因缘所生法，即空即假即中。因缘所生法即空者，非断无也。即假者，不二也。即中者，不异也。因缘所生法者，即遍一切处也。今言实相体即权而实，离断无谤也。即实而权，离建立谤也。权实即非权实，离异谤也。双照权实遍一切处，离尽谤也。斯乃明今经之正体也。”

※十如（更考《文句卷六》）。

※《文句》卷六云：“佛界非相非不相，而名如是相，指万善缘因，非性非不性而名如是性，指智慧了因，非体非不体，而名如是体。指实相正因，非力非不力，而名为力。指菩提道心慈善根力等，非报非不报，而名如是报。指大涅槃，非本非末，而言本末。本即佛相，末即佛报，非等非不等，而言究竟等。指于实相，非解非迷，双照迷解，但名平等。若双照者，权即是实，实即是权。虽二不二，名究竟等也。”（基师《玄赞》卷三以《法华论》会十如，可考）

卷三云：“今经用十法摄一切法，所谓诸法如是相等。南岳师读此文，皆云如。故呼为十如也。天台师云，依义读文，凡有三转。一云，是相如乃至是报如；二云，如是相乃至如是报；三云，相如是乃至报如是。若皆称如者，如名不异，即空义也。若作如是相者，点空相性名字施设逦迤不同，即假义也。若作如是相者，如于实相中道之是，即中义也。分别令易解故，明空假中，得意为言空即假中，约如明空，一空一切空，点如明相，一假一切假，就是论中一中一切中，非一二三，而一二三。不纵不横，名为实相。”

“通解十如是法，相以据外览，而可别名为相。性以据内自分，不改名性。主质名体，功能名力，构造为作，习因为因，助因为缘，习果为果，报果为报。初相为本，后报为末，所归趣处，为究竟等。”(又有别解，太烦，不要。)

（三）《四教义记》

※四教释名及所起。

卷一云：“夫道绝二途，毕竟者常乐。法唯一味，寂灭者归真。然鹿野鹄林之文，七处八会之教，非渐顿之异，不定秘密之殊，是以近代诸师各为理释。”

※又《八教大意》云：“三藏教者，《四阿含》即经藏，《俱舍》、《婆沙》即论藏，五部《毘尼》即戒藏。”

※又云：“教通，谓三乘同禀因缘，即空之教。理通，谓同见偏真之理。智通，同得巧度一切智。断通，界内断惑同。行通，见思无漏行同。位通，从乾慧地乃至辟支佛地，位皆同。因通，九无碍同。果通，九解脱、二涅槃果同。”

“教别，谓佛说恒沙佛法，不通二乘。理别，谓藏识有恒沙俗谛之理。智别道种智，断别谓尘沙无知，界外见思无明断。行别，谓尘沙劫修诸度，自行化他之行。位别，谓三十心伏无明是贤位，十地发真断无明是圣位。因别，无碍金刚之因。果别，谓解脱涅槃四德异二乘。”

“今所立义意异前规，故略撰四教用义，大都渐、顿、不定、秘密之踪。若能达斯旨者，则如来权实信矣。四教：一、三藏教，二、通教，三、别教，四、圆教。三藏教明因缘生灭，四圣谛理，正教小乘，傍化菩萨。三藏教即经律论，三乘同禀，故名通教。明因缘即空，无生四真谛理，是大乘之初门也。正为菩萨，傍通二乘。通谓教、理、智、断、行、位、因、果八义。别教者，此教不共二乘人说也。明因缘假名，无量四圣谛理。别义有八，应知。圆以不偏为义，明不思议因缘，二谛中道事理具足不别，但化最上利根之人故，名圆教也。八义：教圆，谓正说中道，言教不偏也。理圆，谓中道即一切法，理不偏也。智圆，一切种智圆也。断圆，不断而断，无明惑断也。行圆，一行一切行也。位圆，从初一地具足诸地功德也。因圆，双照二谛，自然流出也。果圆，妙觉不思议三德之果，不纵不横也。通于为语一教中，各有四教。虽有四教，核其定实，三义不成，故各从一义，以受教名也。今明四教，还从三观而起，为成三观。初从假入空观，具有析体拙巧二种入空不同。从析假入空，故有三藏教。从体假入空，故有通教。若约第二从空入假中，即有别教。约第三一心中道正观，即有圆教。

然三观还因四教而起。观教从因缘所生四句而起。因缘所生四句即是心，心即是诸佛不思议解脱。毕竟无有即是不可说，有因缘故，亦可得说。即用四悉檀说心因缘所生之四句，赴四种根性，十因缘法所成众生而说也。今言四教者，佛从初得道，至大涅槃，显示一切法门无非言教也。若《华严》顿教用别圆两教，若渐教之初，小乘经但用三藏教。若《大集》、《方等》则具四教，若《大般若》用后三教，《法华》但圆。《大涅槃》名诸佛法界，四教皆入佛性涅槃。”

※四教所诠。

※又《玄义》卷四云：“无作者，以迷理故，菩提是烦恼，名集谛。涅槃是生死，名若谛。以能解故，烦恼即菩提，名道谛。生死即涅槃，名灭谛。即事而中，无念无思，无谁造作，故名无作。”又“《大品》色即是空，非色灭空，无生意也。一切法趣色是趣不过，无量意也。色尚不可得，何况有趣有不趣，无作意也。《涅槃》、《圣行》追分别众经，具说四四谛。《德王》追泯众经，俱寂四四谛。文云生生不可说等，开权显实，四皆不可说，是位高。四皆可说，是体广。四亦可说亦不可说，是用长。四非可说不可说，高广长短一异，同称为妙也。”又“二谛者，取意存略，但点法性为真谛，无明十二因缘为俗谛，于又即足。若更开拓，则有七种二谛。圆教二谛者，直说不思议二谛也。真即是俗，俗即真。如如意珠，珠以譬真，用以譬俗。即珠是用，即用是珠，不二而二，分真俗耳。”又卷五云：“诸法寂灭相，不可以言宣，是无谛义也。”又有生灭之无谛等四，未免添足。

“今明诠义，略有四意：(一)约四谛明所诠，谓有四四谛：一、生灭四谛，即苦集灭道。所言苦者，逼切为义，余应知。二、无生四谛，如《思益》云，知苦无生，名苦圣谛。知集无和合相，名集圣谛。以不二相观。名道圣谛。法本不生，今则无灭，是灭圣谛。三、无量四谛，如《涅槃》说，知诸阴苦，名苦谛。分别诸阴有无量相，悉是苦，名无量苦谛。余应知。四、无作四谛，如《涅槃》明约一实谛而辩四谛，即是无作四实。明四实不作四，故名无作。观四得实，故名四实谛也。《涅槃》云，所言苦者，为无常相，是可断相，是为实谛。如来之性非苦非无常非可断相，是故为实。虚空佛性，亦复如是。余应知。四教能诠如次四四谛理，应知。《中论》四缘所生法，我说即是空，申无生四谛。亦为是假名，申无量四谤。亦是中道义，申无作四谛。次后两品具明生灭十二因缘，破六十二见，入第一义，即申生灭四谛。(二)约三谛明所诠。三谛谓有、无、中道第一义，具如《璎珞》、《仁王》。初二教但诠二谛之理，别教别诠三谛之理，圆教证一谛之理。此一实谛，亦名虚空佛性法界如来藏也。(三)约二谛明所诠。二谛有二：一、理外，谓真谛非佛性；二、理内，真即佛性。理外二谛有二：一、不即，生灭二谛也。二、相即，无生二谛也。故《大品》云，即色是空，非色灭空，色灭方空，是不即之二谛。(按：此句解错。)理内二谛亦二：一、不即，无量二谛也。二、即，无作二谛也。四教能诠，如次应知。（四）约一谛明所诠，一谛即无二之性，即是入不二法门。又即不生不生，不可说故，净名杜口。四教能诠，准上应知。”

※四门入理。

“四门入理者：（一）三藏教四门，谓有、空、有空、非有空。有即明因缘生灭之有，禀此破十六知见。见一切有为法皆无常苦空无我，得世第一法，发真无漏因，有见真有，即第一义谛之门也。此即诸阿毘昙乞之所申。空谓析因缘假实法生灭入空，禀此破假实之惑。见假实空，发真无漏，因空见真空，即第一义之门也。恐此是《成论》所申，有空即明因缘生灭之有空，禀此破偏执有无之惑。见因缘有空，发真无漏，因有空见真有空即第一义门。※（又《玄义》卷十六云：“三藏四门皆灭色入空，如析实人头等，六分求人不可得故名空。通教四门，皆即色是空，如观境像。六分即空，不待析尽。又三藏观生空得道。观生空已，又更观法空生空二境不融。今通门生空即法空，法空即生空，无二无别。”）是迦旃延、毘勒申此，非有空明因缘生灭，非有无理。禀此能破有无边邪执，发真无漏见真非有无，即第一义门。车匿因此入道，未见论文。有言犊子毘昙所申，彼论明我在第五不可说藏中。我非三世，即是非有非无，为法即非空也。此恐未可定用。（二）通教四门，即《智论》一切实不实四句。佛于此四句，广说第一义悉檀。（三）别教四门，如《涅槃》明佛性如乳有酪，即有门。乳无酪性，即空门。佛性亦有亦无，即俱二门。佛性即中道，百非双遣，即俱非门。（四）圆教四门名义与别教四门同，意趣则异。谓若明一切法即真性佛性涅槃，不可谓复灭。※（又《玄义》卷六云：“妙行者，一行一切行，与境智皆一而论三，三而论一。”）初心即开佛知见，明不思议，不断烦恼，而入涅槃。又明圆行位体用而辩四门者，即圆教四门也。”

“初二教，一从偏门，二从正门入。偏正虽殊，人见偏真第一义，得二种涅槃是一。后二教同入中道，见实相佛性，得常尔涅槃是一。而教门有偏圆之殊，故有两种四门，能通之异。”又卷二云：“各教虽有四门，而初教诸经论多用有门，二教多用空门，三教多用俱二门，四教多用俱非门。”

※位。

※《摩诃止观》二明理即、名字即、观行即、相似即、分真即、究竟即菩提心之六即，亦约位说，似非要义。《金錍私记》卷下云：“凡心佛心及众生心，体性无二。无二即中。中体所具即假，中体无相即空。虽三而一，虽一而三，亦双亡一三。如是圆观凡圣理同未修名理三观。圆解无谬，名字三观。刹那无间，观行三观。六根清净，相似三观。初住已上讫至等，觉分证三观。妙觉一位，智断俱圆，究竟三观。”似尚简当。

“约初教有门明位者，佛于生生不可说非三之理，用四悉檀，约苦集灭道，开三乘教门，赴三种行人之根源，令同得灭谛涅槃也。约声闻有门明位有二：(一)七贤位，谓：一、五停心观，(阿那般那观、不净观、慈心观、因缘观，界方便观)二、明相四念处，(自性念处，成慧解脱罗汉。共念处，成俱解脱罗汉。缘念处，成无疑解脱罗汉)”卷三云：“三、总相四念处，(境总观总，非如别相四念处之境别观别也)四、暖法，五、顶法，六、忍法，七、世第一法。初三乾慧地，后四性地。(二)七圣位，谓：一、随信行，(须陀洹向，亦名行中须陀洹。)二、随法行，(与随信行别者，但有利钝不同耳。)三、信解，(证果有三，谓初果、二果、三果，)四、见得，(亦如信解中分别，但有利钝不同耳)五、身证，六、时解脱罗汉，(谓退法至必胜进五种，但是慧解脱，)七、不时解脱罗汉，(不动，有二：一、慧解脱，二、俱解脱。)前五种是学人，后二种无学人。具如《昆婆沙》。约声闻，空门入道，二十七贤圣位，具出《成论》，昆勒及非空非有门，经不委出，论不来此，不可谬有所判。但昆昙虽劣，是佛法根本。又大乘经论破小，用小，多取有门，故略出之。辟支佛亦应四门，今但约萨婆多宗明有门。空门如《成论》，余二门不可知。有门观法有二：谓观属爱十二因缘，及观属见十二因缘也。菩萨亦应具四门，约昆昙明有门，但三藏教慈悲四弘誓愿，皆缘生灭四谛而起，位有七。”卷四云：“一、发菩提心，二、行菩萨道，三、种三十二相业，四、六度成满，五、住一生补处，六、生兜率天，七、八相成道。”

此三乘中，二乘即生断结。菩萨从初发心，乃至降魔都不断结，忍受生死，教化众生故。若谓菩萨断结誓愿受生，通教之说。法性身神通受生，别教之说。法身应生，圆教所说。(考《智论记》(二十八))

“约通教辩位，具实不实等四门，而经论多用空门。故明三乘位，正就空门以辩也。三人同禀通教，见第一义谛，同断三界见思，得一切智，同求有余无余二涅槃。此义既同，而分三乘者，声闻总相体入空，但断正使。缘觉少分别相体法入空，断三界结尽。菩萨具修总别相智慧体因缘即空，断界内烦恼，用誓愿扶习还生三界，用道种智游戏神通，净佛国土，成就众生。三乘善根淳熟，即坐道场，以一念相应慧断烦恼习尽，得一切种智，名之为佛。转生灭无生灭二法轮，化三乘众生无余涅槃。此三乘共十地：一、乾慧地，(三乘初心，与藏教别者，此约无生四谛修五停心等)二、性地，三、八入地，

(即三乘信行，法行人。体见假以发真断见谛惑，在无间三昧）四、见地，（三乘同见第一义无生四谛之理，同断见惑八十八使尽）五、薄地，（体爱假即真，发六品无碍，断欲界六品，证第六解脱，欲界烦恼薄也）六、离欲地，（体爱假即真，断欲界五分结尽，离欲界烦恼也，）七、已办地，（体色无色爱即真，发真无漏，断五上分结七十二品尽也。断三界事惑究竟，故云然也）※（又《释觉意三昧》云：“住信、念、精进、慧、定、不退、回向、护、戒、愿十心，不住空不空，行于中道，名铁轮位，名外凡。是人具烦恼，能知如来秘密之藏，得相似中道智慧，住自性禅。善修是十心，心得开发，获无生忍。尔时始入发心住，名入内凡，名铜轮位，亦名闻慧具足，习种姓伏忍。”与下解别）八、辟支佛地，九，菩萨地，十、佛地。此中三乘虽同观二谛，二乘一向体假入空，用真断结至无学果。菩萨始从乾慧地至见地，多用从假入空观，从薄地学游戏神通，多修从空入假观。从辟支佛地学二观淳熟，双照二谛。入菩萨地自然流入萨婆若海。又若约义通辩位者，即十信三十心，十地之名也。铁轮位即乾慧地伏忍，三十心即性地柔顺忍，八人地、见地即初地无生忍，薄地向果，向即二地，果即三地。阿含地向即四地，果即五地。罗汉地向即六地，果即七地。辟支佛地即第八不动地，菩萨地即九、十二地。”卷五云：“别教诠因缘假名如来藏佛性之理，入道虽有四门，而经论多用空有明行位也。然诸经论所出位数，断伏法门都不同。今谓次位须用《璎珞》、《仁王》，断伏须约《大品》三观。观行法门意取《涅槃》五行，释义对诸法门随便采诸经论。《璎珞》明位有七：一、十信，（即凡外别教，乾慧地伏忍之位也）二、十住，（即习种性位。从此已去尽三十心解行位，悉是别教之内凡，性地柔顺忍位，约别教义，推如暖法）三、十行，（即性种性，别教义推如顶法也）四、十回向，（即道种恬，推如忍法，世第一法）五、十地，（即圣种恬，此皆入别教四果圣位，断无明别见思惑也）六、等觉，（即等觉性，望菩萨名等觉佛，望佛地名金刚心菩萨，亦名无垢地菩萨）七、妙觉。（亦名妙觉性，即究竟佛菩萨果，大涅槃之果果也）《大品》、《涅槃》之文，应知，兹略。”卷六云：“圆教诠因缘即中道不思议佛性涅槃之理，理虽非浅非深，而证者不无浅深之位，故入道亦有四门，而经论多后非空有门以辩也。寻诸大乘经，明理究竟无过《大集》、《华严》、《大品》、《法华》、《涅槃》，虽明法界平等无说无示，而菩萨位行终是炳然。故今亦还约十信，乃至妙觉七位辩也。※（又《玄义》卷七云：“道灭即苦集，苦集即道灭，若尔则四非四。四既非四，四无量亦非无量。无量既非无量，则假非假。假非假故，则空非空，何但即空非空，亦即假非假。双亡正入，即寂照双流。《大品》云：一切种智即寂灭相，种种行类相貌皆知。无心亡照，任运寂知，故名不可思议，即无作四谛慧。"）**信者上根闻因缘即中道，明无作四实谛理，即信解一实谛即是如来虚空佛性，非世出世间，非因果，不可宣说，非可显示。无说而说，说世间因果即是无作苦集，说出世间因果即无作道灭。故此经大士诃弥勒云佛知一切众生毕竟寂灭，即涅槃相，不可复灭，一切众生即菩提相。若知涅槃即生死，是无作之苦谛。菩提即烦恼，是无作之集谛。生死即涅槃，是无作之灭谛。烦恼即菩提，是无作之道谛。祗以非生死非涅槃非菩提非烦恼，是一实谛。**※（又《玄义》卷六云："深观空能见不空，不空即如来藏。如来藏理含一切法。"又卷十云："诸乘数法为如来藏所摄。佛于此藏开出二乘菩萨通别等乘，故诸乘是方便如来藏。"又《观心论疏》卷一云："观空而不虚，是即静而常动。鉴有而不实，故动而常静。初则非无，后则非有，非无非有，非寂非照，名中道，亦名首楞严三昧也。"）**论此四谛者，即无作四实谛也。若信解此，即信一切众生即不思议解脱，即大乘，即般若，即首楞严定，即佛性，即法身，即实相，即中道第一义谛，即如来藏，即法界，即毕竟空，即一切佛法。因此慈悲发弘誓愿菩提心，余应知。"《续藏补佚》云："三教暂赴物情，故名为权。圆教究竟利物，故名为实。又应分四句：一、一切非实非权，二、一切皆权，三、一切皆实，四、一切非权非实，而权而实。"**（圆位更考《玄义》九）

（四）《三观义记》

※不思议境智。

※《玄义》卷四云："思议生灭因缘，可知。思议不生灭因缘，谓无明体相本自不有，妄想因缘和合而有。如知藤本非蛇，怖心不生，不生故不灭。不思议生灭因缘，谓无明之心，不自他共无因，四句皆不可思议。若有四悉檀因缘，亦可得说。不思议不生不灭因缘，谓若边若中，无非佛性，并是常乐我净，无明不生，亦复不灭。"

卷上云："今明三观义，即为二意：（一）先分境智，所观之境即十二因缘所生之法为境。今明如四谛有四种十二因缘，生灭无生灭即为初观之境（因缘所生即空之理。）**无量为第二观境，**（因缘即假之理）**无作为第三观境。**（因缘即中之理）**今四句检境**（谓非自他共生及无因生）**"**

性不可得而说为境者，即是假境。假境是不思议境也。智亦尔。

※释三观名。

（二）正释三观义，三观之名出《璎珞经》。所言从假入空观者，无而虚设，目之为假，观假知无名之入空。若观诸法如幻如化，但有名字，即入真谛也。而说为二谛观者，或就情智二谛，或约随智二谛观耳。次从空入假观者，若不住空，还入幻化，假名世谛，分别无滞也。※（又《摩诃止观》卷五云："前观假空是空生死，后观空空是空涅槃。双遮二边，是名二空观，为方便道得会中道。故言心心寂灭，流入萨婆若海。"据此可知，天台明三观，似与青目异而实同也）而言平等者，若破一用一不名平等。前观知假非假，破假入空。次观知空非空，破空入假。空假互破互用，为平等也。次中道第一义观者，中以不二为义，道以能通为目。照一实谛，虚通无滞也。故云是二观为方便道，因是二观，得入中道。双照二谛，心心寂灭，自然流入萨婆若海。初观昙照二谛，破用不等。第二观亦照二谛破用平等，既不见中道，但是异时平等。后得见中道，双照二谛，即是一时平等也。又初观真谛之理，破见思惑。次观俗谛之理，破尘沙无知惑，后观中道之理，破无明住地惑。

※（辨相）"辨相即为二意：（一）别相三观，初观有析体二种观门不同。声闻经所明析假人生，法二空，如空实手之拳指也。※（注：又卷下云："藏教三乘行人，同析因缘假以入空。若声闻人总相析法入空，成一切智。辟支佛别相析法入空，成一切智。菩萨总别相析法入空，而不断结取证，多入俗假，修六度，求一切智、佛智、自然智、无师智。通教三乘之人，同体因缘假以入空。若发真无漏，断见思惑，根钝但除正使，成一切智声闻。中根侵除习气，成一切智，名辟支佛。得一切智，入假修道种智，教化众生，求一切种智，即通教大乘。别教菩萨总约析体别相三观，次第成一切智、道种智，乃至修中道，观见佛性，成一切种智，求常住涅槃。"）大乘体假入空，如空镜像之拳指也。析假入空有二：一、析见假入空，如《智论》破氎至邻虚尘，析此生灭细尘色假以入空也。观内身心亦尔。次析爱假入空，谓观欲色无色爱，皆四缘三假所成。无常无性粗细生灭，皆不可得，入空发真无碍道等也。此即了生灭四谛，以入道也。体假入空亦二：一、体见假入空，谓体因缘所生，见法皆如幻梦，因成续待，但有名字，名字即空，非灭故空。空即真谛，即涅槃也。次体爱假入空，谓体三界爱假，皆如梦幻。三假即空，四句检生，并不可得。空即真智，增长诸法不生而般若生，断三界结也。此即了无生四谛入道也。若二乘不为化物，不须第二观，若不滞空。如空中种树，分别药病，化众生也。入假有二：一、入见假一切法，二、入爱假一切法。然前二观是方便，虽有照二谛之智，未破无明，不见中道。真俗别照，即是智障。智障者，依赖耶识。识即无明住地，即是生死根本。此经云依无住本，立一切法。无住本者，即无始无明，更无别惑所依住也。此第三观还用前二观为方便也。总前二观，则双亡双照之方便也。双亡方便者，初观知俗非俗，即是俗空。

次观知真非真，即是真空。亡俗非俗，亡真非真，非俗非真即是中道。虽观中道而不见者，皆无明所障。当观实相修三三昧。今初修空三昧，观此无明，不自生，不从法性生也。不他生，非离法性外，别有依他之无明生。不共生，亦非法性共无明生，非无因生，非离法性无明而有生也。若四句检，无明本自不生，生源不可得，即是无始空，名空三昧。空无住之本，立一切法也。次观无相三昧，即观无生实相。非如暗室瓶瓮有，非如乳内无酪性无，非如智者见空及不空，故非亦有无，非非有无，非取著即是愚痴论。若不取四边定相，即无相三昧，入实相也。次修无作三昧，观真如实相，不见缘修真修，俱二离二作佛。四句明修，即四作义。若无四修，即无四作，是无作三昧也。用此三三昧修中道第一义谛，开无明显法性，亡真缘离诤论。言语法灭，无量罪除。清净心一，若水澄渟，佛性宝珠自然现也。见佛性故，即住大涅槃。若入中道即能双照二谛，自然流入萨婆若海。此是观因缘即中道不生，不生证无作四实，亦名一切种智，亦名佛眼。（二）一心三观，是深行利根之所修习，所观之境，即一念无明因缘，具十法界（地狱乃至佛），三谛之境也。谓一念十二因缘即空即假即中，三谛之理不纵不横，不一不异。十法界虽复无量，不碍一念无明之心。一念无明之心，含十法界，无有迫碍。此经明须弥入芥子，不相妨碍。况心神微妙，一念具足一切三世诸心诸法，何足致疑。若观此一念无明之心，非空非假，亦不得非空非假，而能照此中道之空假，即是一切法性法界之空假也。知假非假，即是入真，知空非空，即是入俗。照中道见二谛，即一心三观之相也。称理之观，不得诸法，不知不见不断痴爱，起诸明脱，亦不缚不脱，无能无所，真缘俱泯，离诸戏论，乃至珠相自现，是为得一心三观之相。”又卷下云：“若思议因缘生灭次第，具十法界开三乘。若不思议因缘即一念十二因缘不生不灭，具十法界，但说一佛乘也。”（又有三观摄一切法诸门，应知。）

（五）《法华玄义续记》

※观心（附）。

卷一云：“心如幻焰，但有名字，名之为心。适言其有不见色质，※（又卷四云：“观心者，观一念无明即明，明即毕竟空。空慧照无明，无明即净。一念之心，既具十二因缘，观此因缘，恒作常乐我净之观。谓无苦阴，无迁灭等。其心念念住秘密藏中，恒作此观，名托圣胎。”又卷十五云：“大乘观心者，观恶心非恶心，亦即恶而善，亦因非恶非善。观善心例观恶，应知。观一心即三心，以此三心历一切心，历一切法。何心何法而不一三，一切法趣此心，一切心趣此法。如此观心，为一切语本行理本。”）适言其无复起虑想，不可以有无思度故，故名心为妙。妙心可轨，称之为法。心法非因非果，能如理观，即办因果，是名莲花。由一心成观，亦转教余心，名之为经。心本无名，亦无无名。心名不生，亦复不灭。心即实相。初观为因，观成为果。以观心故，恶觉不起。心数尘劳，若同若异，皆被化而转，是为观心。”又卷三云：“三义显于妙义，一法界具九法界，名体广。九法界即佛法界，名位高。十法界即空即假即中，名用长。即一而三，即三而一，非各异，亦非亦横，非一，故称妙也。又观心释，若观己心，具众生心佛心，是体广。己心等佛心，是位高。己心众生心佛心，即空假中，是用长。《华严》游心法界如虚空，则知诸佛之境界者，游心法界谓观根尘相对，一念心起于十界中，必属一界。若属一界，即具百界千法，于一念中悉皆备足。※（按：《摩诃止观》二又云：“夫心不孤生，必须托缘，根尘相对，一念心起，乃至生即无生，亦无无生，有无俱寂。”）此心幻师于一日夜，常造种种众生，五阴国土。行人当自选择，何道何从。如虚空者，观心自生心，不须藉缘。藉缘有心，心生无力。心生无力，缘亦无生。心缘各无，合云何有？合尚叵得，离则不生。尚无一生，况有百界千法耶？以心空故，从心所生一切皆空。此空亦空。若空非空，点空成假，假亦非假，无假无空，毕竟清净。佛境界者，上等佛法，下等众生法。心法者，心佛及众生是三无差别，是名心法也。”

※绝待明妙。

※又《玄论》卷二云：“相待妙者，待粗说妙。绝待妙者，非粗非妙，不知何以字之，故强明为妙。”又《义疏》卷上云：“妙有二种，一者体妙，谓非一非三，亡忘虑绝。二者用妙，非三非一，不知何以美之。为对昔三，强叹为一。故《注法华》云，非三非一，尽相为妙。非大非小，通物为法，盖是什公旧宗，非今新释也。”

“绝待明妙为四：一、随情三假法起，若入真谛，待对即绝。身子云，解脱之中，无有言说。此三藏经中绝待意。二、若随理三假，一切世间皆如幻化。即事而真，无一事非真，更待何物为不真耶？望彼三藏，绝还不绝，即事而真，乃是绝待。此通教绝待也。三、若起望即真之绝，还是世谛，非大涅槃。犹是生死世谛，绝还有待。若入别教中道，待则绝矣。四、若起说无分别法，即边而中，无非佛法。亡泯清净，岂更佛法，待于佛法。如来法界，故出法界外（此句有讹），无复有法可相形比，待谁为粗形，谁得妙，无所可待，亦无所绝。不知何名，强言为绝。若谓定有法界广大独绝者，此则大有所有何谓为绝。今法界清净，非见闻觉知，不可说示。”

※四教三法。

※又《释觉意三昧》云：“至道出要，所谓反照心源，识之实际，即是正因佛性。反照心源，

即了因也。此二因摄一切法，如净空中日光湛照。此空与日非即非离，非住非不住。日若无空无光无照，空若无日，暗不自除。然此暗性无去无来，日之体相亦不生灭。智日照性空亦尔。日若即空，何能照。日若离空，则不应依空而有照，以不住空故，能照一切空。非不住空，故终不堕于空。日能破暗显空相，而空无损益。空虽清净，无日故暗起，假名说破惑，实亦无所破。智慧虽普照，其性常寂然，不生亦不灭，毕竟无所照。”

卷十三云：“三法者，谓真性观照资成。三藏中以无为智慧名观照，正为乘体，助道成乘，具名资成。正助之乘断惑入真，真是真性，缘觉亦尔。菩萨以无常观为观照，功德肥为资成，坐道场断结，见真为真性。通教以即色是空，事中有理。此理即真为真性，以即空慧为观照，众行为资成。别教以缘修为观照，诸行是资成，以此二法为缘修智慧。慧能破惑显理，理不能破惑。理若破惑，一切众生悉具理性，何故不破？若得此慧，则能破惑。故大经云，无为无漏，名菩萨僧，即是一地、二地乃至十地智慧，名智慧庄严，以此智慧运通十地。（后考此别教，应更详原文。）圆教不伪名真，不改名性，即正因常住，诸佛所师，谓此法也。一切众生亦悉一乘，众生即涅槃相，不可复灭。涅槃即生死，无灭不生。观照者，只点真性，寂而常照，即第一义空。资成者，只点真性法界，含藏诸行，无量众具，即如来藏。名虽有三，只是一大乘法。三不定三，三而论一。一不定一，一而论三。不可思议不并不别，伊字天目，亦一亦非一，亦非一非非一。一者，一切众生悉一乘故，此语第一义谛。非一者，如是数法故，此语如来藏。非一非非一，数非数法不决定故，此语第一义空。皆称亦者，郑重也。私谓从如来藏开出三藏中，三乘事相方便。从第一义空开出通教三人，即事而真。”

从一切众生悉一乘开出别教，此诸方便悉从圆出。若迷此三法，即成三障（此下智者文）。一者，界内外尘沙障如来藏。二者，通别见思障第一义空。三、根本无明障第一义理。若即尘沙障，达无量法门者，即资成显。余二应知。真性显名法身，观照显名般若，资成显名解脱。此两是定慧庄严，庄严法身。法身是乘体，定慧是乘具。若取真性，即不动不出，则非运不运。若取观照资成，能动能出，则名运。只动出即不动出。即不动出是动出。即用而论体，动出是不不动出。即体而论用，不动出是动出。体用不二而二耳。

“若执缘修智慧定能显理，则照用不明，不见佛性。应开定执之慧，即不决定慧，即慧而理，即理而慧。不著定三定一，亦不著非三非一。乃名无著妙慧，能破一切定不定相，亦无能所破。”（又能十门类通等，应知）

※明本迹。

卷十四云：“从无住本，立一切法，无住之理即是本时实相真谛也，一切法即是本时森罗俗谛也。由实相本，垂于俗迹。寻于俗迹，即显真本。本迹虽殊，不思议一也。又本时所照二谛，俱不可说，故皆名本。昔佛方便说之，即是二谛之教。教名为迹。若无二谛之本，则无二种之教。若无教迹，岂显谛本。本迹虽殊，不思议一。不思议即法性，法性之理，非古非今，非本非迹，非权非实。但约此法性论本迹、权实、粗妙耳。但以世俗文字，有去来今，非谓菩提有去来今也。”

※一切即一，一即一切。

卷十五云：“黑字是诸法本，青黄赤白亦尔。非字非非字，双照字非字，不可说非不可说，不可见非不可见。何所简择，何所不简择，何所摄，何所不摄，何所弃，何所不弃。是则俱是，非则悉非。能于黑色通达一切，非于一切非通达一切是通达一切，非非非是，一切法邪一切法正。若于黑色不如是解，则不知字与非字。此即《法华经》意，以色为经也。声尘亦尔。或一声诠一法云云。耳根利者，即解声爱见因缘，即空即假即中，知唇舌牙齿，皆不可得。声即非声，非声亦声，非声非非声等，皆如上说，即是通达声经。香味触等亦尔。文云，一切世间治生产业，皆与实相不相违背，即此意也。外入皆经，周遍法界者，内入、内外入亦尔。经云，非内观得，得解脱亦不离内观云云。是则一尘达一切尘，不见一尘一切尘，通达一尘一切尘。于一识分别一切识，亦不见一识一切识，而通达一识一切识。自在无碍，平等大慧，何者是经？何者非经？若欲细作，于一一尘识例可解。”

※大小法印。

“小乘明生死与涅槃异，生死以无常为初印，无我为后印。二印印说生死，涅槃但用一寂灭印，是故须三。大乘生死即涅槃，涅槃即生死，不二不异。《净名》曰，一切众生常寂灭相，即大涅槃。又云，本自不生，今则无灭。本不生者，则非无常无我相。今则无灭者，则非小寂灭相，唯是一实相印也。实相印即真性，四种十二因缘中取不思议不生灭，十法界中取佛法界。佛界十如中取如是体，四四谛取无作四谛，于无作中取灭谛。”

“声闻法中以断常二见为二边，真谛为中道。真无漏慧名见，证涅槃法名知。虽断见思，除灭分段，而住草庵，非究竟理。对前生死有边，即是涅槃无边。二俱可破可坏，非真实道，故不名实相。诸大乘经共二乘人带，方便说者，虽共禀无言说道断烦恼，而二乘得空则止，是故非实。菩萨得不但空即中道慧，此慧寂而常照，即是实相。然见不空，复有多种。一、见不空次第断结，从浅至深。此乃相似之实，非正实也。二、见不空具一切法。初阿字门则解一切义，即中即假即空，不一不异，无三无一。二乘但一即，别教但二即，圆具三即，三即实相也。释论云，何等是实相？谓菩萨入于一相，知无量相。知无量相，又入一相。二乘但入一相，别虽入一相，又入无量相，不能更入一相。利根菩萨即空故入一相，即假故知无量相，即中故更入一相，深求智慧大海，一心即三，是真实相体也。《华严》不共二乘，但约三智次第得，亦非正实。不次第得者，是实相，若方等中四人得三智，三人为虚，一人为实。《大品》三慧说三智属三人，后一人深求一心三智故实。”卷十六云：“魔虽不证别异空假，而能说别异空假。若空假中不异者，魔不能说。不异名不颠倒，不颠倒故无烦恼，无烦恼则无业。无烦恼名净，无业名我，无业故无报，无报名乐。无报无生死，无生死名常。常乐我净，名一实谛，即是实相。实相之相，无相不相。不相无相，名为实相。此从不可破坏真实得名。又此实相诸佛得法，故称妙有。妙有虽不可见，诸佛能见，故称真善妙色。实相非二边之有，故名毕竟空。空理湛然非一非异，故名如如。实相寂灭，故名涅槃。觉了不改，故名虚空。佛性多所含受，名如来藏。寂照灵知，故名中实理心，不依有无名中道，最上无过名第一义谛。”

※辨圆别。

※又《四念处》卷二云：“若作非常非无常成常，乃至非我无我成我，即别教义。常乐我净断惑，历别来证也。若作非常无常双照，常无常，非我无我双照，我无我结成圆教。圆心修习，不断烦恼而入涅槃也。”

卷十七云：“别教四门所据决定妙有善色，不关于空，据毕竟空不关于有，乃至非空非有门亦尔。圆门虚融，微妙不可定执，说有不隔无，约有而论无。说无不隔有，约无而论有。有无不二，无决定相。若以有为门，依门修行渐次阶差。从微至著，不能一行中无量行，乃至非空有门亦尔。是别四门也。反此，遍行，是圆门相，故治生产业，皆与实相不违背。余应知。

※入实观。

※又《坐禅法要》云：“若体知心性，非真非假，息缘真假之心，名之为正谛观。心性非空非假，而不坏空假之法。若能如是照了，则于心性通达中道，圆照二谛。若能于自心见中道二谛，则见一切诸法中道二谛，亦不取中道二谛，以决定性不可得故，是名中道正观。入佛境界，于一切法无染著，普入十方佛土，教化众生，严净一切佛刹等。是谓初心具足一切佛法也。”又《禅门章》云：“正观中道者，智者见空及与不空，尚不住空，岂住不空？不住二边，双照二边，方是正道。”

入实观者，以一实四谛为境，谓生死苦谛不可思议，即空即假即中。即空故，方便净。即假故，圆净。即中故，性净。三净一心中得，名大涅槃。《净名》曰，一切众生即大涅槃，故名不可思议四谛也。不可复灭，此即生死之苦谛，是无作之灭，亦是集道也。烦恼集谛不可思议，即空即假即中。即空故，名一切智。即假故，名道种智。即中故，一切种智。三智一心中得，名大般若。《净名》曰，一切众生即菩提相，不可复得。此即烦恼之集，而是无作道谛，亦是苦灭，故名不思议一实四谛也。亦是真善妙色，何者？生死即空，故名真生死。即假故，名善生死。即中故，名妙。又体生死即涅槃，故为定。达烦恼即菩提，故名慧。若生死即涅槃者，分段变易苦谛皆破。若烦恼即菩提者，四住五住集谛皆破。虽复能破，亦不有所破。何者？生死即涅槃，故无所破也。知生死涅槃不二，即一实谛，非净非不净，非常非不常，住大涅槃也。”

（六）《摩诃止观记》

※略解圆顿止观。

卷一云：“天台传南岳三种止观：一、渐次，二、不定，三、圆顿。圆顿者，初缘实相造境，即中无不真实，系缘法界一念法界，一色一香无非中道。己界及佛界众生界亦然。阴入皆如，无苦可舍。无明尘劳即是菩提，无集可断。边邪皆中，无道可修。生死即涅槃，无灭可证。无苦无集，故无世间。无道无灭，故无出世间。纯一实相，实相外更无别法。法性寂然名止，寂而常照名观。虽言初后，无二无别，是名圆顿止观。”

※圆法圆信。

“闻圆法者，生死即法身，烦恼即般若，结业即解脱。虽有三名，而无三体。虽具一体，而立三名，是三即一相。其实无有异，法身究竟清净自在，余亦尔。圆信者，信一切法即空即假即中，无一二三而一二三。无一二三是遮一二三，而一二三是照一二三。无遮无照，皆究竟清净自在。”（《辅行》卷二云：“空、照、清净即般若，假、遮、自在即解脱，中，无遮照，究竟即法身。”）

※心具一切佛法。

卷二云：“夫心不孤生，必托缘起，根尘相对一念心起。心起即假，假名之心为迷解本。三界无别法，唯是一心作。此一念心起，即空即假即中者，根尘并从缘生。※（《辅行》卷四云：“非三而三，假也。三而不三，空也。应云非三非不三，中也。此略。非合散中道双非，而合即空而散即假，非非合散非上双非，即是双照。不可一异即中，而一空，而异假也。”）缘生即无主，无主即空。无主而生即假，不出法性并即中。当知一念即空即假即中，并毕竟空，并如来藏，并实相。非三而三，三而不三。非合非散，而合而散，非非合非非散。不可一异而一异，不纵不横，不可思议。当知己心具一切佛法矣。一心既然，一切法亦尔。《普贤观》云，毘卢遮那遍一切处，即其义也。又言无明明者，即毕竟空者。此举空为言端，空即不空，亦即非空非不空。又言一微尘中，有大千经卷等。此举有为言端，有即不有，亦即非有非不有。又言一色一香无非中道，此举中道为言端，即中而边，即非边非不边，具足无减。勿守语害圆，诬罔圣意。若得此解，根尘及一念心起，各各具八万四千法藏。如如意珠非有宝，非无宝。谓无即妄语，说有是邪见。不可以心知，不可以言辩。众生于此不思议不缚法中，而思想作缚，于无脱法中而求于脱。若解此心任运达于止观，无发无碍即是观，其性寂灭即是止。止观即菩提，菩提即止观。”

※绝待止观。

卷五云：“无明即法性，法性即无明。无明非止观非不止观，而唤无明为不止观。法性亦非止观非不止观，而唤法性为止观。此待无明之不止观，而唤法性为止观。如经法性非生灭，而言法性寂灭。法性非垢净，而言法性清净。是为对不止而明止也。法性非明暗，而唤法性为明。第一义空非智愚，而唤第一义空为智。是为对不观而明观也。

然待对可思议，尚未是止，何况不止？犹自非观，何况不观？何以故？遣执不尽故，言语道不断故，业果不绝故。绝待止观者，绝诸思议烦恼业果教观证等，悉皆不生，故名为止。止亦不可得。观冥如境，境既寂灭清净，尚无清净，何得有观。止观尚无，何得待不止观说于止观？待于止观说不止观，待止不止说非止非不止，故知止不止，非止非不止，皆不可得，待对既绝，即非有为，不可以四句思，故非言说道，非心识境则不可说。若有四悉檀因缘，故亦可得说。世人约种种语，释绝待义，终不得绝。何以故？种种妄想缘理分别，皆名为待。若得意亡言，心行亦断。随智妙悟，无复分别，亦不言悟不悟，圣不圣，心不心，思议不思议等，乃至一念不住，故绝待乃是圣境。

※巧度三止。

“一、体真止：知因缘假合幻化性虚，故名为体。攀缘妄想，得空即息，空即是真。二、方便随缘止：菩萨入假，知空非空，故言方便。分别药病，故言随缘。心安俗谛，故名为止。三：息二边分别止：知俗非俗，俗边寂然，亦不得非俗，空边寂然，名息二边止。此三止名虽未见经论，映望三观，随义立名。三观义如上，应知。”

“圆顿止观相者，以止缘于谛，则一谛而三谛。以谛系于止，则一止而三止。所止之法虽一而三，能止之心，虽三而一，以观观于境，则一境而二。一境以境发于观，则一观而三观。观三即一，发一即三，不可思议。不仅不实，不优不劣，不前不后，不并不别，不大不小，故《中论》云，因缘所生发，即空即假即中。一时论三，三中论一。若见此意，即解圆顿教止观相也。

“何但三一一三，总前诸义，皆在一心。谓体无明颠倒，即实相之真，名体真止。如此实相遍一切处，随缘历境，安心不动，名随缘方便止。生死涅槃静散休息，名息二边止。体一切诸假悉空，空即实相，名入空观。达此空时，观冥中道，能知世间生灭法相，如实而见，名入假观。如此空慧即是中道，无二无别，名中道观。如此等义，但在一念心中，不动真际，而有种种差别。盖相待绝待，对体不可思议。不可思议故，无有障碍。无有障碍故，具足无减也。”

※心与法界。

※又《四念处》卷三云：“问：一切善恶从无明生，从法性生，法性无明共生。离法性无明生，法性生自性生，无明生他性生，共共性生。离无因生，诸法不自、他、共、无因生，故说无生。无生说生，假名为生。但有名字，是字不住，是字无所有。故无明为自，法性为他者，亦作此破云云。师云，虽四句不立，而人多执共生。如眠法与眠心合，即生眠。眠故有无量梦事起云云。无明与法性合生无量六道事，六道事皆从无量烦恼生，又生尘沙烦恼。菩萨修四念处，寻此无量烦恼，依无明起。若得无明，即得法性。得法性，故见佛性。若通教叙寻六识，如幻如化即空之观，不寻根本无明，不见如来藏。以不见故，不得无明，不得法性，故不见佛性。良由六识中观浅，但是化城止息。”又云：“以修缘念处，观得法界缘起。以无缘慈悲，修身赴机，得如来一身为无量身，无量身为一身。非一非无量，自在能现十法界像，处处应现。”又《观心论疏》四云：“观知一念自生之心，而是如来藏，而具十界百如，生死涅槃在一念中，而不相妨，故名不思议境也。”

“夫一心具十法界，一法界又具十法界，百法界。一界具三十种世间，百法界即具三千种世间。（《辅行》卷十九云：“介尔者，谓刹那心。又介，弱也，谓细念。”）此三千在一念心，若无心而已，介尔有心，即具三千。亦不言一心在前，一切法在后。亦不言一切法在前，一心在后。如八相迁物，物在相前，物不被迁。相在物前，亦不被迁。前亦不可，后亦不可。祇物论相迁，祇相迁论物。今心亦尔。若从一心生一切法者，此则是纵。若心一时含一切法者，此是横。纵横皆不可祇，心是一切法，一切法是心。非纵横一异，玄妙深绝，非识所识，非言所言，故称不可思议境。《地》人云，一切解惑真妄依法性，法性持真妄。《摄大乘》云，法性不为惑所染，不为真所净，故法性非依持。言依持者，阿梨耶。此两师各据一边。若法性生一切法者，法性非心非缘。非心故而心生一切法者，非缘故亦应缘生一切法。何得独言法性是真妄依持耶？若法性非依持，黎耶是依持，离法性外别有黎耶，依持则不关法性。若法性不离黎耶，黎耶依持即是法性依持，何得独言黎耶是依持？当知四句求心不可得，求三千法，亦不可得。言语道断，心行处灭，故名不可思议境。当知第一义中，一法不可得，况三千法。世谛中一心具无量法，况三千耶？龙树云，不自、不他、不共、不无因生。大经生生不可说，乃至不生不生不可说。有因缘故，亦可得说，谓四悉檀因缘也。虽四句冥寂，慈悲怜悯，于无名相中假名相说。（按：此段实可为贤首家之先导。《起信论》据此等文而作欤？然犹未能畅达。）若随便宜者，应言无明法法性生一切法。如眠法法心，则有一切梦事。心与缘合，则三千世间，三种相性皆从心起。一性虽少而不无，无明虽多而不有。何者？指一为多，多非多。指多为一，一非少。故名此心为不思议境也。若解一心一切心，一切心一心，非一非一切，遍历一切，皆是不可思议境。若法性无明合，有一切法，阴界入等即是俗谛。一切界入是一法界，即真谛。非一非一切即中道第一义谛。如是遍历一切法，无非不思议三谛云云。若一法一切法，即是因缘所生法，是为假名，假观也。※（又《观心食法》云：“只中即假空，即空即中假。只假即空中，不可思议名为中道。”即下文意也。

又《观心论疏》卷四云：“众生心空而常假故，故百界千如，故为佛三明十力之所照也。假而常空，如来虽照百界千如，寂而无相。空假而常中故，如来虽复寂照，无空假二相。虽无二相，不失双照俱游。是则境智相称，感应相关也。斯则虽言心是百界千如，何可定存有之非有非无者乎？故云，心是不可思议境，一法者也。”又《止观义例》上云：“无自性空，空假不二，名之为中。”）若一切法即一法，我说即是空，空观也。若非一非一切，即中道观。一空一切空，无假中而不空，总空观也。一假一切假，无空中而不假，总假观也。一中一切中，无空假而不中，总中观也（附）。即《中论》所说，不思议一心三观，历一切法亦尔。无明法法性，一心一切心，达无明即法性，一切心一心。”

“无明痴惑，本是法性，以痴迷故，法性变作无明，起诸颠倒，善不善等。如寒来结水变作坚冰。又如眠来变心有种种梦。今当体诸颠倒即法性，不一不异。虽颠倒起灭，如旋火轮。不信颠倒起灭，唯信此心但是法性。起是法性起，灭是法性灭。体其实不起灭，妄谓起灭。祇指妄想悉是法性，以法性系法性，以法性念法性，常是法性无不法性时，体达既成，不得妄想，亦不得法性。”※（又《净土十疑论》云：“夫不生不灭者，于生缘中，诸法和合，不守自性。求于生体，亦不可得此生。生时无所从来，故名不生。不灭者，诸法散时，不守自性，去无所至，故言不灭。非谓因缘生外，别有不生不灭。《中论》云：因缘所生法，我说即是空，亦名为假名，亦名中道义。又云：诸法不自、他、共、无因生，是故知无生。诸佛说法，常依二谛，不坏假名，而说诸法实相。达生体不可得，即是真无生。愚者闻生即作生解，闻无生即作无生解。不知生者即无生，无生即是生。”）卷九云。又卷十云：“法性本来清净，不起不灭，无明亦尔。若谓此心有起灭者，横谓法性有起灭耳。法性无起，谁复生忧？法性无灭，谁复生喜？若无忧喜，谁复分别此是法性，此是无明？能观所观，犹如虚空。如是观时，毕竟清净，是为从假入空观。故当观此一念，为从自生心，为对尘生心，为根尘共生心，为根尘离生心。（按：此中尚有多义，可为《世界边论·胜义品》之材料）如是推求，知心毕竟不从自生等。《中论》诸法不自生等，即此意也。若推求四句，求生不得，执性即薄。但有名字，名为心生，名不在内外中间，亦不常自有。是字不住，不住有四句，亦不不住，不住无四句。故无住之心，虽有心名字，名字即空。若四句推性不见性，是世谛破性，亦名性空。若四句推名不见名，是真谛破假，亦名相空。性相俱空者，是为总相从假入空观。如此用观者，与《中论》意同也。”（余二观如前，应知）

※别出三观等。

（七）《禅门章记》

云：“真净空理者，观正因缘即空。众生颠倒，谓言不空。以不知空，故而起十种邪僻之有，有即是集，集故招苦。此之苦集即体是空。故《大品》云，即色是空，空即是色。色空空色，无二无别，是名为中道。《中论》云，能说是因缘，善灭诸戏论。灭有二种：一、善灭，二、不善灭。不善灭即是析法观空，灭色故空。善灭即是体达即色是空，非色灭空。俗谛假名者，假名差别，有无量相，而众生不识，妄生分别。二乘但空心所，不到以空为证。中道法界者，离缚脱、世出世、有无漏、有无为等种种二边，故非生死涅槃。遮此二边，名为中，即虚亡绝寂，无所依猗，待边明中，中不可得，绝名为中。能如是者，通取无上正真之理。目之为道。此理非因果，初后发不发道不道。净若虚空，而赴物逗缘，说于因果道心等。所以者何？众生心性明智如日，故曰覆之暗如漆。以初发心却除二边之僻，显出中道之理，名之为因。究竟此理名之为果，通达此理名之为道。上《普贤观》云，大乘因者，诸法实相。大乘者，亦诸法实相。然此正观之心，不可破坏，不动不退，名为实相。若以此心入次第诸禅，皆名波罗蜜。入二乘凡夫等法，皆名摩诃衍。是故若能作中道正观，体达无性，深识苦集，能治之观，即是道灭。是则三宝、四谛、八法寂然，皆无毁损。故云不坏假名，而说诸法实相。问：一切诸法悉有安乐性，草木有耶？答：入理悟于平等法界者，无复人草之殊。未悟谓其事别。只迷实相为苦集，只解实相为道灭。譬寒结水为冰，温融冰为水。道灭亦如是，更无别中道，异于道灭，异于苦集也。出法性外无故，故不离也。问：寒结水为冰，冰喻苦集，寒喻于违。融冰为水，水喻道灭，温喻中道。何得道灭之外，无中道耶？答：寒是集，冰是苦，温是道，融是灭，岂得异温融而别有水？水喻既然，不得更求中道也。虚空无为者，以色心对非色非心之处，名为虚空。无此色心，名何物为虚空。相待而论，亦不离色心。问：大乘中复有法性无为，非佛作天人所作，与此色心复云何？答：性是名色性，名色是性用。用不离性，性不离用。若名色非性用者，即是离性外别有色心。色心非性家之用，今不如此，故知色心摄尽也。乃至阴入界等，皆开合色心，更无别法。当知色心名为法界，若通若塞若毒若药若染若离，悉摄其中。今欲止心修空时，当识知空法，从缘而生。空法尘对意根，生此空识。乃至非空非不空等法尘对意根，生意识。此识从缘生，缘生即空，不受不著。生死即涅槃，不可复灭，本自有之。故无明即是明，不离无明别有明。何用检心体妄，然后为是。因缘所生法若是有，可论宽急。若空寂何所宽急，是名我说即是空。若定有即性有，性有不可令空。定空名性空，性空不可令有。今观非性有，假说于有，亦非性空，假说于空。假空非空，假有非有，如幻如化，幻化实无。实无故空，虽空而幻，是故言有。如镜中像，见而不可见，不可见而见。若定执有名急，定执无名宽。今如幻化，不急不宽，遍入非道，而通达佛道，是名'亦名为假名，亦名中道义'者。性空有堕有边，非性空有堕无边。中道正观尚不见无性之空有，况定性之空有。不得定性空有是不急，不得无性空有是不宽。遮此二边，故名中道。于一一法中，悉能施转。诸法皆入一法，无有滞碍，是名中道义也。对于生死散动法，名法性为定，而此法性亦无定无可定。尚无定之可定，何得有散？以无散无定，名法性为定。"

※别出相空性空。

"如幻之法尘，对如幻之意根，生如幻之意识，则有如幻从一至十之数者，为当从幻尘生？为当从幻意生？意生即生自，尘生即他生。乃至共、无因等。若有四生，即有四性。有四性故，即是空有，何名为假？亦不成幻。以四句检，不得四种之生，即是无性。无性生故，即是假生。假生非生，是为性空。性空故，即无生，若言四句检不得性，而犹执假生者，今明假生本得性体而立。今既无自性，亦无自性之假名，无他性，亦无他性之假名。故《大品》云：是字不在内外中间，亦不常自有，不住亦不不住。此字无所依猗，以不可得故但有名字。名字亦空，以名字空故，亦不执是假。以假名不可得，故名相空。相空即真谛空，性空即俗谛空。以真俗性相空，故名无生。"

(八)《四念处记》

※境智不二。

※《格言》卷下云:“夫性一而已，孰为境智哉！因无能所而有能所，此境智所以立也。故曰云云，谓理本玄微，照之者惟智。智不自立，发之者惟境。境智既融，则一性之道著，即不思议境智也。亦可谓境者迷之始，智者悟之门。得其门则境全为智，境亡则智泯。如是而达性，则能事毕矣。”

卷四云:“念者，观慧也。《大论》云，念想智者，一法异名。初录心名念，次习行为想，后成亦名智。处者，境也。无从不离萨婆若能观之智照而常寂，名之为念。所观之境，寂而常照名处。境寂智亦寂，智照境亦照。一相无相，无相一相，即是实相。实相即一实谛，亦名大涅槃。如是境智，无二无异。如如之境，即如如之智。智即是境，说智及智处，皆名为般若。亦例云，说处及处智，皆名为所谛。是非境之境而言境，非智之智而名智，亦名心寂三昧，亦名色寂三昧。《大经》云，光明者，即是智慧。《金光明》云，不思议智境，不思议智照。此诸经皆明念，只是处处只是念，色心不二，不二而二，为化众生。假名说二耳。此之观慧，只观众生一念无明心。此心即法性，为因缘所生，即空即假即中，一心三心，三心一心。此观亦名一切种智，此境亦名一圆谛。一谛三谛，三谛一谛。诸佛为此一大事因缘出现于出。”(考《遗珠集》丙二十一页左，节录卷四文。)

(九)《诸法无净三昧法门记》

※一切功德从禅生。

※按：卷下说由禅所发神通，皆如《华严经》说，应如。

卷上云:“上作一切佛身，下作三途六趣之身。如是一切佛身众生身，一念心中一时行，无前无后亦无中间。一时说法度生，如是无量佛法功德，一切皆从禅生。故佛欲说法，先入禅定。复次欲坐禅时，应先观身本。身本者如来藏也。亦名自性清净心，是名真实心，不在内外中间。不断不常，亦非中道，无名字，相貌、自地、生灭、来去、无住处、无愚智、缚解、生死、涅槃、一二、前后中间。次观身身、复观心身。身身从妄念心生，随业受报，实无去来，妄见生灭。身本及真心，如月在空，无初后圆满出没去来。众生妄见，谓生灭法，湖等普观，众影似真月，身身心心如月影。(按：上云心身，此云心心，不知孰是)虽现六趣众色像，如来藏身未曾异。禅定智慧能觉了，余散心智不能解。四谛譬喻如灯品，定加净油智如炷，禅慧如大放光明，照物无二是般若。灯明本无差别照，睹者眼目明暗异，禅定道品及六度，般若一法无有二。(按：此即定慧等学之论)复次，禅波罗密有无量名字，为求佛道，修学甚深微妙禅定，身心得证，断诸烦恼，得一切神通，立大誓愿，度一切众生，是乃名为禅波罗蜜。立大誓愿故，禅定转名四弘，乃至上作佛下作众生身，一切佛身众生身一念心中一时行。尔时，禅定转名一切种智，乃至转名十八不共法、十力、十号般若波罗蜜、三十七品诸三昧。”(按：此等议论，可为宗门名禅宗之导源说。)

※胜义诸偈。

卷下云：“空即涅槃烦恼智慧，涅槃烦恼智慧即空。不可以空断空，以空证空。”

※又《安乐行义》云：“男女等身本从一念无明不了妄念心生。此妄念之心，犹如虚空身。如梦如影，亦如空毕，求不可得，无断无常。眼对色时则无贪爱。何以故？虚空不能贪爱，虚空不断无明，不生于明。是时烦恼即是菩提，无明缘行即是涅槃，乃至老死亦尔。法若无生即无老死，不著诸法，故称圣种。凡种圣种，无一无二，明与无明亦尔。是故阴界十二因缘皆是真如实性，无本末生灭烦恼解脱。生死涅槃无一无异，亦不行不分别，不见不二故，不分别相不可得故。如是虽无所住，而能发一切神通，不假方便。是名菩萨行处，初入圣位，即是佛等。此是不动真常法身，非方便缘合法身，亦得名证如来藏，乃至意藏。”

“又法性无佛无涅槃，亦无说法度众生。众生与佛一如如，本末究竟无差别，坐道场得成佛道，即是导师方便说，如人梦中得成佛。又证苦无生苦圣谛，无十八界集圣谛，证无寂灭灭圣谛，证平等慧道圣谛。四谛无二，是一谛。一谛空故，即无谛。又内心外心中间心，一切皆是心心数。心性清净无名相，乃至非如来藏非凡圣，不了名凡，了即圣。内假外假内外假，此三假名非实法。求了三假当观心，一名心相二名性，三假由相不由性。从无明缘至老死，皆是心相之所造。此假名身及诸受，皆由妄念心所作。观妄念心无生处，即无烦恼无无明。心性无念不可观，若言生死即涅槃，即阴计我是外道。若非离阴计亦外，俱不俱悉是邪见。众生非是众生相，亦复非是非众生。生死涅槃假名说，唯佛与佛乃知此。”(又有解无生法忍等，亦好，大意不出此，未录)

(十)《大乘止观法门记》

※本觉真心缘起义。

※又卷三云：“心体本性具足寂用二义，心体平等，离一切相即寂义。体具违顺二用即用义，故修止能除妄动，令此此心体寂静离相，即自利。修观行，令此心大用显现繁兴，即利他。问：显现繁兴，岂不转增流浪？答：但除其病，不除其法。病在情执，不在大用。”

卷一云：“所言止者，谓知一切诸法，从本已来性自非有，不生不灭，但以虚妄因缘故，非有而有，有即非有，唯是一心体无分别。作是观时，能令忘念不流，故名止。所言观者，虽知本不生今不灭，而以心性缘不无虚妄，世用如幻梦非有而有，故名观。此心即是自性清净心，又名真如如来藏等。此心无始以来，虽为无明染法所覆，而性净无改。何以故？无明染法，本来与心相离故。”

※又卷四云：“心性自清净，诸法唯一心。此心即众生，亦即菩萨佛，生死亦是心，涅槃亦是心。一心而作二，二还无二相。一心如大海，其性恒一味，而具种种义，是无穷法藏。”

“谓无明体是无法，有即非有。以非有故，无可与心相应。故言离，故名性净。中实本觉，故名为心。一切诸法依此心有，以心为体，望于诸法悉妄，故目之为真。又诸法虽实非有，但以虚妄因缘而有生灭之相。彼虚法生灭时，此心不生灭，故名真。三世诸佛及以众生，同以此一净心为体。凡圣法有别，真心无异相，故名如。又一切法真实如是，唯是一心，故名此一心以为真如。是故《起信论》言，一切法从本已来，离言说相，乃至不可破坏，唯是一心，故名真如。（按：智者不应见《起信论》，如《遗珠集》丙（十）说，思师从何处见耶？此中颇有疑问。）又此净心之体，非是不觉。不觉即是无明住地，故说为觉心。问：何不以自体是觉，名之为觉，而以非不觉，故说为觉耶？答：心体平等，非觉不觉。但为明如如佛，故拟对说为觉也。若就心体法界用义以明觉者，此心体具无师、自然、无碍三智，故以此心为觉性也。是故须知同异之义，云何同？谓心体平等，即智觉。智觉即心体平等，故言同。本觉之义是用，在凡名佛性，亦名三种智性，出障名智慧佛也。心体平等之义是体，故凡圣无二，唯名如如佛也。故言异。（下接《遗珠》丙二十五页卷一云，以下三十五行甚要。）若就心体平等即无修不修、成不成、觉不觉，亦无众生诸佛与此心体有异，故经偈云，心佛众生，三无差别。然复心性缘起，法界法门法尔不坏，故常平等常差别。常平等故，心佛众生，三无别。常差别故，流转五道说名众生，反流尽源名佛。（此下接《遗珠集》丙二十七页左，又云下十二行。）”

※真心体状。

※（又卷二云：“若废二性之能以论心体者，即非染净凡圣一异静乱，圆融平等不可名目。依此平等法身有染净性，故得论凡圣法身之异。然实无别有体，为凡圣二种法身也。故说凡圣同一法身也，亦无妨，以依平等义故。道一一凡圣各别法身，亦无失，以依性别义故。”又云：“以是义故，法界法门常同常别。常同故，平等真法界佛不度众生。常别故，常修净土教化众生。”《卷三》云：“能觉净心者即净心，设使应生分别亦即净心，而净心之体常无分别。久习念息，名证真如，亦无异法来证。但如息波入水，即是根本真如三昧。又以悲愿熏习力故，定中兴起大用，定起种种差别皆见，即是真如用义。此名从止起观。又复炽然分别而常体寂，虽常体寂而即缘起分别，名止观双行也。”）“此心即第一义谛真如心也。自性圆融，体备大用。但是自觉圣智所知，非情量之所能测，故云言语道断，心行处灭，不可以名名，不可以

相相。心体离名相故，故唯可说其所离之相，反相灭相而自契焉。所谓此心从本已来，离一切相平等寂灭，非有无相，非非有无相，非亦有无相，非去来今、上中下、彼此、静乱、染净、常断、明暗、一异等一切四句法。总说乃至非一切可说、可念等法，亦非不可说不可念法。何以故？以不可说不可念，对可说可念生，非自体法故。即非净心，但是净心所现虚相，各无自实，有即非有，非有之相亦无可取。何以故？有本不有，何有非有相耶？故知净心之体不可以缘虑所知，不可以言说所及。何以故？心净心之外，无一法故。若心外无法，更谁能缘能说此心耶？故知所有能缘能说者，但是虚妄不实。能缘既不实，所缘何得实？能所缘悉不实，故净心既是实法，是故不以缘虑所知也。又复净心不自分别，何有能分别取此心耶？故有能所缘者，但是己家净心，为无始妄想所熏故，不能自知己性，即妄生分别。于己心外建立净心之相，还以妄想取之以为净心。考实言之，所取之相正是识相，实非净心也。知已久久修习，若离分别，名为得入，即是离相，体证真如也。然此分别及境界相，复不异净心，何以故？此心体虽复平等，而即本具染净二用。复以无始无明妄想熏习力故，心体染用，依熏显现。此等虚相无相，唯是净心，故言不异。又复不一（虚相生灭，净心不变，故不一。），泯染净二用，心体空净。以是因缘名心体，为空如来藏，非谓空无心体也。问：无明是染因，云何无耶？答：子果二种无明，本无自体，唯以净心为体。但由熏习因缘，故有迷用。以心往摄用即非有，唯是一心，如粟麦本无自体，唯以微尘为体。但以种子因缘，故有粟麦之用。以尘往收，用即非有，唯是微尘。无明亦尔，有即非有，彼有非有，故名此心为空如来藏也。即此净心虽平等一味，体无差别，而具有恒沙无漏性功德，所谓常乐我净义故。自性有大智慧光明义故，具如《起信论》广明。净心具有此性净法，故名不空。即此净心体具性净功德，故能摄持净业熏习之力。由熏力故，德用显现。所谓如来相好报等，然此果德之法，虽有相别，而体是一心。心体具此德，故名不空。不就心体义明不空也，心体平等非空不空故。问：能熏之法悉是一心所作耶？答：所闻教法皆佛心作，佛心众生心一，故教法不在心外。复以此教熏心解性，性依教熏，以起解用。故解复是心作，如是以解熏心行性。以行熏心，果德性故，是皆一心作也。以是义故，心体在凡之时本具解行果德之性。但未为诸佛真如用法所熏，故解等未显用。若本无解等性者，设复熏之德用终不显。依此知一心具此净德，故以此心为不空如来藏也。”

又此心虽平等，离相而复具足一切染法之性。能生生死，能作生死。问：若心体本具染性者，即不可转凡成圣。答：若唯具染性，即不可转成圣。具染净二性，何为不得转成圣。问：凡圣之用既不得并起，染净之性何得双有？答：一一众生心体，一一诸佛心体，本具二性，而无差别之相，一味平等，古今不坏。但以染业熏染性故，即生死之相显矣。净业熏净性故。即涅槃之用现矣。然作生死时，不妨体有净性之能。诸佛作涅槃时，不妨体有染性之用。是故就性说故，染净并具。依熏论故，凡圣不俱。经言清净法中，不见一法增，即本具性净，非始有也。烦恼法中，不见一法减，即本具染性不可灭也。（按：此论甚危险。）然依对治因缘，清净般若转胜现前，即净业熏故成圣也。烦恼妄想尽在于此，即是染业息故转凡也。问：染本有，何得灭？净本无，何由起？答：得诸佛真如用义熏心故，净业得起。净能除染，染业即灭。问：染净二俱依心性起，何得相除？答：染常违心，违有灭离之义，故为净除。净顺心，顺有相资之能，故能除染。法界法尔有此相除之用，何足生疑？”又卷二云：“言违顺者，无明染法实从心体染性而起，但以体暗，不知已及诸境，从心而起。亦不知净心具染净二性，而无异性，一味平等。以不知故名违。智慧净法亦实从心体而起，以明利故，诸佛方便教化故，能知已及诸法，皆从心作，乃至一味平等。故名顺，即随顺净心，能证真如也。此明心体具足染性，名不空，即彼染性为染业熏成无明住地，及一切染法种子现种种果报，染事而悉一心为体，不在心外故，以此心为不空。如镜所现像区分不同，而皆在镜中，名不空镜。是以《起信论》言因熏习镜，谓如实不空，一切世间境界悉于中现，不出不入不失不坏，常住一心，以一切法即真实性故。以此验之，具足一切染法亦是不空如来藏也。”

※圆融无碍法界法门。

又云：“一切生佛唯共一如来藏。如来藏所具性染性净，无始以来俱时具有。事染事净，即有二别：一、一时中具染净二事，谓一一众生各具无量差别染净二性，造业不同故，熏种受报亦异。故如来藏心之内，俱时得具染净二事。如一时一切时亦尔。然一众生俱时不得具染净二事，始终方具，故如来藏有始终具二之义。问：如来藏具如是无量法性之时，为有无差别？答：藏体平等，实无差别，即空如来藏。复有不可思议用故，具足一切法性，有其差别，即不空如来藏。盖无差别之差别也。是故如来藏全体是一众生一毛孔，如毛孔性，一切世出世间一一法性亦复如是，是如来藏全体。故一摄一切，亦即圆融相摄无碍也。故经言心佛众生，三无差别。如镜体具一切像性，各各不同，即是无差别之差别。若此镜体，本无像性差别之义者，设有从色来对，像终不现。既见镜能现像，定知本具像性。以是义故，于一明镜于一时中，俱能现一切净秽等像，而不相妨。虽有此像性像相之别，而复圆融不异，唯是一镜。何以故？谓以此镜全体是一毛孔像性故，如毛孔，一切像性亦尔。故一切生佛，同一净心如来藏不相碍，即应可信。至于事法，若偏就分别妄执之事，即一向不融。若据心性缘起依持之用，即可得相摄。所谓一切众生悉于一佛身中，起业招报。一切诸佛复在一众生毛孔中，修行成道。此即凡圣多少以相摄。若十方世界内纤尘而不迮，三世时劫入促念而能容。此即长短大小相收，其余明暗等亦尔。盖由相无自实，起必依心，心体既融，相亦无碍也。问：若约真谛本无众相，故不论摄不摄。若据世谛，彼此差别，故不可大小相收。答：若二谛一向异体可如来难，今既以体作用，名为世谛。用全是体名真谛，宁不相摄。”（此下又举唯心、如梦二喻证相摄，似贤宗之解所由。）

※心体二种。

又云：“所言一切凡圣，唯以一心为体者，此心就体相论之，有其二种：一者，真如平等心，此是体也。即是凡圣平等共相法身。二者，阿黎耶识，即是相也。此阿黎耶中复有二种：一、清净分依他性，亦名清净和合识，即圣人体。二、染浊分依他性，亦名染浊和合识，即众生体。而二用虽别，而体唯一真如平等心。以此二种依他性体同，无二故，就中即合有二事别：一、共相识，二、不共相识。以真如体中，具此共相识性不共相识性故，一切凡圣造同业熏此共相性故，即成共相识，外器世界无论净秽一切凡圣同受用者，是共相识相也。若一一凡圣各别造别业，熏此不共相性，即成不共相识。（按：又有共不共诸义，如奘译所详。）此明不空如来藏中藏体一异，六种差别之相。”（按：此仅录三门，余如上可知。）

※注：以意依心修止观。

卷三云：“以意识依止此心修止观，谓意识能知名义故。闻说一切诸法自性寂静，唯一真心亦别无真相可取等已，念念熏于本识，增益解性之力。解性增已，更起意识，转复明利，知法如实，久久熏心，故解性圆明，照已体本唯真寂，意识即息。尔时，本识转成无分别智，亦名证智，是故论言，以依本觉，故有不觉。依不觉故，而有妄心。能知名义，说为本觉，故得始觉，即同本觉，如实不有始觉之异。（此论言下与本文不相干，且与前本觉之说异。当系后人窜入《起信论》文。）问：上来唯言净心真心，今言本识，意有何异？答：本识、阿黎耶识、和合识、种子识、果报识等，皆一体异名。上共不共相中，已明真如与阿黎耶同异之义。今更重说，谓真心是体，本识是相，六、七识是用。如似水为体，流为相，波为用。是故论云，不生不灭与生灭和合，说名阿黎耶识，即本识也。以与生死作本，故名为本。是故论云，以种子时阿黎耶识，与一切法作根本种子，故即其义也。又复（上二论云，虽引解本识，而与答意不侔。又复疑是故之改）经云，自性清净心，复言彼心为烦恼所染。此明真心虽复体具净性，而复体具染性，故为烦恼所染。以此论明之，明知就体偏据一性，说为净心，就相与染事和合，说为本识。以是义故，上来就体性明，今就事相说，亦无妨。（此正解本识，与论言云云不合，何可引证？）问：熏本识时，熏真心以不？答：触流之时，即触于水。上言增益解性者，即是益于真心，性净之力也。是故论云，阿黎职识有二分：一觉，二，不觉。觉即净心，不觉是无明。此二和合，说为本识，是故道净心时，更无别有阿黎耶识。道阿黎耶时，更无别有净心。但以体相义别，故有此二名之异。（《论》云以下至之异，疑后人增文。）（此下又有破大小乘人执。）问：我今不观境界，不念名义，证心寂虑，泯然绝相，岂非心体寂照真如三昧。答：汝证心时，为心自证，为由他证，为证于他？（此下诸番难，此三难，亦好，可考。）如是计者，且好不识分量也。虽然专心一境，亦是一家止法，远与无尘之智为基，胜于攀缘五欲者，百千万倍也。但非心体寂照真如三昧耳。若欲成就出世之道，必藉无尘之智也。

※三性。

“三性者，谓出障真如及佛净德，悉名真实性。此有二种：一、有垢净心，即众生之体，实事染之本性，具足违用，依熏变现，故言有垢，而复体包净用，自性无染，能熏之垢本空所现之相，常寂复称为净，故言有垢净心。二、无垢净心，即诸佛之体性，净德之本实。虽具法尔违用之性，染熏息故，事染永泯。复备自性顺用之能，净熏满故，事净德显，故言无垢。虽从熏显性净之用，非增假遣昏云体照之功本具，复称净也。在障之真与染和合，名阿黎耶，即依他性。亦二：一、净分依他性，二、染分依他性。有解如上，应知。六识、七识妄想分别，悉名分别性。亦二、一、清净分别性，即彼净依他性法中，所有利他之德。对内证无分别智，故悉名分别。二、染浊分别性，即彼染浊依他性中虚状法内，有于似色似识似尘等法，分别之性与依他性迭互相生。其差别者，心性依熏起故，但是心相体虚无实，名依他性法。以无明故，不知依他法虚妄，执为实名分别性法。虽无异体相生而虚实有殊。又一义明三性，就心体平等，名真实性。心体为染净所系，依随染净二法，名依他性。所现虚相果报，名分别性。”

※又云：“如梦心即本时觉心，但由睡因缘，故名梦心。梦心之外，无别觉心。真实性法亦尔，平等无二。但以无明染法熏习因缘，故与染和合名本识。然实本识之外无别真心可得，即无性性法。”

“除分别性，入无相性。除依他性，入无生性。除真实性，入无性性。问：真实性法有何可除？可除即非真实。答：执二无以为真实性者，即须除，故曰无无性。（慧按：真实性毕竟清净，实无可除，遮执故云然也。）是故欲舍离世谛，当修止门入三无性，欲不坏缘起，建立世谛，当修观门，解知三性。若不修观便不知真即是俗，不修止即不知俗即是真。”

（十一）《法华玄论记》

※空。

卷一云：“虽行慈忍，常毕竟空。虽华竟空，常行慈忍。慈忍不妨毕竟空，毕竟空不妨慈忍。指慈忍为毕竟空，指毕竟空为慈忍。得此观成，空有无碍，名无碍观。次泯于一句，以归无句。慈忍为空有，空观为有空。空有故不有，有空故不空，不空不有名中道。又前明二句，则二谛观。后明无句，谓中道观。虽二谛而常中道，虽中道而常二谛。二谛不碍中道，中道不妨二谛，故《论》云，因缘所生法，乃至亦是中道义，则其事也。此之三观，名诸三昧王。又二谛为二，中道为不二。《经》云，不著不二法，以无一二故。如此卷之则不留一毫，舒之则弥纶法界。虽舒而不有，虽卷而不无。固若幻若化，如忽如恍，欲见斯意，可寻《华严》。《华严》云，无量劫一念，一念无量劫。无来无积聚，而现诸劫事。一切施为，皆此类也。问：心无所得，乃是偏空义耳。《法华》开权显实，《涅槃》常住佛性，何得明空。答：《法华》盛开三轨，以空为高座。※（又《义疏》卷十云：“如来知三不三，故三界即法身，亦知不三三。法身于众生即成三界也。初名沤和般若，次为般若沤和。”）又大经云，佛性者，名第一义空。今言空者，不见空与不空。※（按：此无所不得即不二而二也。不二而者，法身不动，生灭宛然。然虽生灭宛然，应而常寂，故此应身即是法身，二而不二也。亦即无得，此约《法华游意上》等意为注。惟吉藏于此等义，概无详说，如天台、贤首所云，则三论家之本色也。”）如是五句，皆无所得。不知何以目之，强名空耳。若有空间可得，是有所得，何名无得？乃至有无得可得，犹是有得，何名无得？今以无得，故无所不得。不动等觉，建立诸法，说斯为空耳。若以凡夫所解空有诸句，皆是戏论，不应用此以讲一乘义。”

※法华大宗。

※又《统略》卷二云：“至妙之道，未曾人法，何曾因果，乃至四句。言忘虑绝，始是妙法莲法。余立此经用中道为宗，显在于此。”

卷二云：“心有所安，则情有所寄。情有所寄，则名有所有。有得有缚，必欲会虚空、契玄寂者，宜自同于前，冥异于后。内视不已见，外听不我闻，虚其心实其照者，即闻所未闻，未曾有法。如此法者，称为《法华》。《法华》大宗，其意在此。若能远离二边，不著中道，萧焉无寄，理自玄会，返本之道，著乎兹矣。”

又卷四云："龙树出世，制作大意，要先破洗一切有所得病，令毕竟无遗。莫问大乘小乘内道外道，有文作义及无文构造，凡心有一毫依得，言有一句定相，皆悉洗之令毕竟净。然不净既去，净亦无留也。如是五句令言穷虑绝，然后始得于无名相中，强名相说。虽强名相说，说不动无说，故经云，不动真际，为诸法立处。始是龙树大乘论耳。"

※大乘四转法轮。

卷八云："初转四谛轮，次转二谛轮，次一谛轮，次无谛轮。小乘但三转，而大乘具四。此四转皆是舒卷明义，舒之从无谛为一谛，乃至四谛。卷之则合四谛为二谛，乃至归无谛。四转法轮者，一中道佛性，《法华》亦然。约此开四谛，迷之则成苦集，悟之则成灭道。次合三谛入有为相，灭谛人无为相。唯有常无常二谛，亦是空不空二谛，无常即可空，涅槃名不空也。次合二谛成一谛，有为虚妄不名谛。常住真实，故名谛。次泯一谛以归无谛，即不见生死、空不空、涅槃、有不有，故非空非有，非生死非涅槃。如斯而转，竟无所转，始为妙转。"

(十二)《法华义疏记》

※即因缘本来寂灭。

卷一云："因缘故，闻即无所闻，故闻宛然而不闻，亦不闻宛然而闻。以闻宛然不闻故，不坏假名而说实相。以不闻宛然而闻故，不动真际，建立诸法。又闻宛然而不闻故，是闻不闻。不闻宛然而闻故，是不闻闻。不闻闻非闻闻，不闻非不闻，非闻不闻名中道。而闻而不闻为假名，故《论》云，亦是为假名，亦是中道义。然中假即因缘，故中称假，中假称中假，中假非假，假中非中，故非中非假，言辞相寂灭，非谓变转前法，方称寂灭，即因缘之闻，本来寂灭。故此经云，诸法从本来，常自寂灭相也。"

※无碍。

※又卷十云："即有是空，即空是有，空有不二，故云无碍。"

又卷三云："六十小劫如食顷者，以长短无有定性。长名短长，长可为短，短名长短，短可为长。所以然者，以道既无二，即长短不二，不二即长短无碍，可得短长为短也。"(按：《文句》无解，此则大好)

※十如。

卷四云："前标实相，谓一相门。此下十事标差别相门，所以名此二门者，明诸法不出差别无差别二境。佛智亦尔，知无差别，名一切智。则如来智，照于差别，名一切种智，则是佛智。偈文如是大果报种种性相义，谓差别门也。是法不可示言辞相寂灭，此无差别门也。今言差别无差别者，差别宛然而无差别，故云不坏假名而说实相。虽无差别而宛然差别，故云不动真际，建立诸法。通而言之，即明一切法，皆具十门。今且寄般若因果显之，波若以无著为相。无著之相体不可改为性，波若以正观为体。有断惑之功为力，有照境之用为作，从习无所得观生故为因，则四缘中因缘也。由实相境发实相智，名之为缘，则四缘中缘缘义也。果报今依佛因果义释，谓法身为果，报身为报。本末者，波若为因名本，萨婆若为果名末。亦得云，由萨婆若，故说波若，故萨婆若为本，波若为末。究竟等者，摄上因果归于非因非果，不二之理。故《药草喻品》云，究竟涅槃常寂灭相，终归于空。”

※略解四谛。

卷六云：“问：《胜鬘》有作无作、有量无量四谛，云何同异？答：作无作，约行分别。量无量，当法分别。据小乘所观，望后由有无量谛观可以修作，将后别前，故名有作。据大乘所观望后，更无余观可所作，故名无作。量无量有三义：一、短长明量无量。二、浅深明量无量，如毘昙明苦是性有，《成论》明苦是虚假，析假故空。此二浅故，名有量。大乘明苦是梦幻，本来寂灭，则是佛性。此义甚深，名无量。”※（按：卷十有小乘三藏、大乘三藏，大小合论三藏之言，则较天台说好）（按：此解不知是否出于天台，又常以三藏教名小乘，亦然）又卷五云：“二乘四谛（按：此是苦等四谛）名生灭观，大乘则不生不灭。不生故非苦集，不灭故非灭道，故名一实谛，即无生灭观也。问：无量四谛亦有生灭？答：菩萨了无量四谛，亦本来不生不灭，故无明体性本自不有，妄想因缘和合而生。既言妄想因缘而生，有集为能生，苦为所生。此即是无生灭生灭，虽生灭不生灭也。故与二乘不同。”

（十三）《法华玄赞记》

※释开示悟入。

卷三云：“开者，无上义，除一切智智，更无余事故。一切智者，佛也。又言智者，根本、后得智。此二是用，此二智性即是真如，若用若性合名为智。一切智人之智，名一切智智。又一切智者，根本智。重言智者，后得智。举此二智，摄于智性真如妙理。又一切智者，智用菩提。又言智者，智性涅槃。二种如来藏，令显此二无上，叹胜令欣。”

然此菩提体是有为，本有种子，多闻熏习，因修生长，体即四智。《楞伽》

云，阿梨耶识名空如来藏，具足熏习无漏法，故名不空如来藏。藏识有漏，虚妄不实，故名为空。能含一切无漏种，故名如来藏。四智种子，体是无漏，非虚妄法。由近善友、多闻熏习，渐次生长，当成四智。四智之因，名不空如来藏。藏是含藏，因性义故。其涅槃性体是无为，本来而有，自性清净。后逢善友，断障所显。虽一真如，逢缘证别，名四涅槃。《胜鬘》云，有二种如来藏空智，谓若离若脱，若断若异，一切烦恼藏不离不脱，不断不异，不思议如来藏。烦恼有漏，虚妄不实，能覆真如，名空如来藏。涅槃无漏，体是无为，非虚妄法。由近善缘断诸烦恼，渐次智起，方便显证，名涅槃。体性非空，因空所显，空之性故。烦恼覆位，名不空如来藏。藏是覆隐，因性义故，故在缠名如来藏，出缠名法身。即此法身因空所显，空本性故，亦名空如来藏。阿赖耶识及诸烦恼名如来藏者，即涅槃云，未得无上菩提时，善不善法名佛性。即前菩提名为报身，报身修生，法身修显。法身证因证故，报身生因生故。前藏有四：一、能含藏，藏谓阿赖耶识。二、能生德藏，谓报身种子。三、能覆藏，藏谓烦恼等。四、能显德藏，谓法身佛性。大位而言，所知障断，证佛报身菩提圆满。烦恼障断，证佛法身涅槃圆满。示者同义，以声闻、辟支佛、佛三乘法身平等。法身平等者，佛性法身无差别故。众生不知，故示之。悟者，不知义。以一切二乘不知究竟唯一佛乘，体即菩提四智，所以不修报身圆满。今令修生长入者显能证得之因。”(又有二解。)

※一乘体。

卷四云：“一乘之义，正是经宗（按：上有云：“唯此《方便品》通明因果觉寂一乘理义周备，故本论具解此具余略。若解此，便解一部。”）一乘体者，总含体，谓一切无漏，若种若现，有为无为，若因若果，根本方便能成佛德，皆名一乘。随胜体有六：一、摄事归理体，如《胜鬘》、《涅槃》等中，以法身真理佛性名一乘。二、揽余归智体，以真智为一乘。三、隐劣从胜体，以佛果理智二种名为一乘。四、二运用广体，唯以因智名一乘。五、胜出分段体，通取因果，出分段死所有理智以为一乘。六、引摄殊胜体，以所诠智慧、能诠教门为一乘。真实体者，根本大乘教、理、行、果，及能入大乘方便，四法皆名一乘。根本理者，谓法性真如，六度等行，乘此能有所往，故名大乘。根本果者，佛身所有菩提涅槃，即前所说法、报二身，理、智二见。余应知。又由修二智观生、法二空，断二障，息二生死，证菩提涅槃二果，圆无余无住二灭，行二利，称果满也。所断集谛摄，所息苦谛摄，所修所证道谛摄，所观所得灭谛摄，所行灭道谛摄。合此灭道，名一乘。故此本论解遮中云，无二乘者，无二乘涅槃，唯佛如来证大菩提，究竟满足一切智慧，名大涅槃，唯一佛乘故。《涅槃经》中，既以三事圆满，名大涅槃，故此一乘二谛为体。今此小义，虽未动于智海，如愚所知颇亦绝于今古。”

※解佛种从缘起。

又云：“一切法有二：一、空，即遍计所执。二、有，又分二：一、常，即圆成实；二、无常，即依他起。此又分二：一、有漏，二、无漏。有漏为依他起性，无漏为圆成实。今依前门无常为依他，依他有漏皆悉除断。就中但取无漏无常净分依他，究竟满位，成菩提故言佛种从缘起。意显能证常住法性真如无我理故，乃能了知二我为无，依于善友，修习智慧。从缘起法，菩提觉满，为证一乘真如妙理。妙理即是法住法位，世间常住相，大般涅槃。此依他即菩提，圆成即涅槃，合成一乘，圆成胜故，独名一乘。由断有漏依他，遣遍计执，证此二果。由了依他所执性，故初说阿含，次说般若。若纯有空教，名方便。今此三俱说，故名真实。”（按：据此等文及《料简》二、《无垢称疏》，窥基理解大体尚不差，惟观念尚含混，故说来总不亲切）

※解行处

卷九云：“唯修有行，以非空滞生死，而无所证。妄想以之而更长，唯修空行，以非有滞涅槃而无所利。真心无因而不生，故灭妄想于空门，起真心于有府，有空双观，方成中道，即是此之行处。无所行者，于一切法中唯见众生及法皆空，而不分别执著为有，而观诸法实相者，既观我、法二空为门，复观诸法如来藏性法之真理，如实体相。我法体无名之为空，其如来藏名空性。不观二空门，不见空真性，故此二种同名空观，亦不行不分别者。虽观空而亦不行滞著空中，虽观有而不分别滞著有中，应俱无住而明观法。若有所住者，则为非住。故下颂虽依人、法二空解此二种，总是于法而无所行摄，于理无违。又复于法无所行，观诸法空，颂言不行上中下法有为无为故，亦不行不分别。如次不行我我所，执观众生为空，颂言亦不分别是男是女等。由观此二我法为空，便证二空如实之性。又于法无所行者，谓不行所说法中，唯观实相真如，亦不行者，不行我能说中，亦不分别所授化者，即观三事，法人二种体性为空，而观真如实相为有。又一切法有二：一、妄，二、真。于诸妄法，应无所行，舍诸妄故。于真法性，应常观察，求证达故。虽作此行，亦不作真智行于实相为有，亦不作俗智行于分别为空。故《般若》云，应无所行而行，是名为行。不行故，无所不行。不分别故，无所不分别。不行不分别故，妄幻皆除。无所不行，不分别故，真际咸达。由此双修，照辨一切。于事依他住忍地等，于理成实观如实相。所执人法，皆照为空。（按：此中行文不畅，说理亦甚恍惚）观一切法空下，八类观空：一、依三性以显真，由真体妙自性难知，故依诠显。初依遍计所执，无以显人法皆空故。次依圆成实性，又次依依他起性，染法颠倒，真如净法不颠倒故。二、依常住以显真。三、离二得以显真如，虚空无能所得性故。四、举内证以显真如，名言不及，唯智证故。五、非有为以显真如。《涅槃经》言，无因缘故名无生。以无为故名无出，无造业故名无作，此名无起。六、离诠旨以显真，无名相故。七、离妄法以显真，无妄能所取相故。八、举体妙以显真。《大品》云，超三世故无量，越十方故无边，离惑障故名无碍，离所知障故名无碍。此中总显法性真如是如实相，无所执人法，亦非依他颠倒之体。体性常住，非二得得故，唯内智证，非因缘造。离名离义，离能所取，非三世十六摄，无惑智二障。应以此理而观真性，即前所云，于法无所行而观诸法如实相。难云，若言此空，语言道断，云何复说为空等耶？答：由待彼颠倒所生虚妄有法说为空性，非空体有，空亦空故。《中论》颂云，若有所不空，应当有所空。所空不可得，何况得于空。此依三论非中道宗。（按：窥基非深知三论者。）又有解云，此待妄有颠倒生法，故说为空，非空定空，言因缘者，因由缘藉之义。《无垢称》云，说法非有亦非无，一切皆待因缘立。此意说真非体实无，但非体定空，但除其病而不除法故。”

（十四）《十不二门记》

※十不二门。

※又《金刚錍》云：“唯心之言，岂唯真心？子尚不知烦恼心遍，安能了知生死色遍？色何以遍，色即心故。何者？依报共造，正报别造，岂信共遍，不信别遍耶？能造所造既是唯心，心体不可局方所故。”

云：“一期纵横，不出一心，三千世间即空假中。何者为实施权则不二而二，开权显实则二而不二。故更以十门收摄十妙：

一、色心不二门，且十如境乃至无谛，一一皆可总别二意。总在一念，别分色心。十如中相色、性心、体力作缘兼，因果心，报色，十二因缘苦业兼。惑心、灭心，余三兼。二谛三谛皆俗兼，真心一实及无，准知。（按：此云色心与智者异）※（《释签》卷二十五云：“具演十妙，搜括一化，出世大意，罄无不尽。故不可不了十妙大纲，故撮十妙为观法大体。若解迹妙，本妙非遥，应知但是离合异耳。因果义一，自他何殊？故下文云，本迹虽殊，不思议一……法既教部咸开成妙，故此十门不二为目。一一门下，以六即检之。本文已广引诚证，此下但直申一理，使一部经旨皎然在目。是中第一从境妙立名，第二、第三从智行立名。第四从依法立名，第五、第六、第七从感应神通立名。第八、第九从说法立名，第十从眷属利益立名。”据此则十不二门乃荆溪于《释签》中解十妙者也。后人提出单行，而不加以说明，可笑。然宋人之解，有此文也）摄别入总，一切法无非心性。一性无性，三千宛然。当知心之色心，即心名变，变名为造，造谓体用。是则非色非心，而色而心，唯色唯心，良由于此。（考《遗珠集》丙二十一页之唯色）故知但识一念，遍见己他生佛。故彼彼境法，差差而不差。（慧空本，仅一“差”）”

二、内外不二门：凡所观境不出内外。外谓托彼依正色心，即空假中，即空假中妙。故色心体绝，唯一实性，无空假中。色心宛然，豁同真净，无复众生七方便异。不见国土净秽差品，而帝网依正终自炳然。所言内者，先了外色心一念无念，唯内体三千即空假中。是则外法全为心性，心性无外摄无不周，十方生佛性体无殊，一切咸遍，谁云内外色心己他？此即用向色心不二门成。

三、修性不二门：性德祇是界如一念，此内界如三法具足，性虽本尔，藉智起修。由修照性，由性发修。在性则全修成性，起修则全性成修。性无所移，修常宛尔。修又二种：顺修了性为行，逆修背性成迷，迷了二心，心虽不二。逆顺二性，性事恒殊。（此中文不畅达，说理亦不明快。）可由事不移心，则令迷修成了。故须一期迷了，照性成修，见性修心，二心俱泯。又了顺修对性有离有合。离谓修性各三，合谓修二性一。修二各三，共发性三。是则修虽具九，九祇是三。为对性明修，故合修为二。二与一性，如水为波，二亦无二，亦如波水。应知性指三障，是故具三。修从性成，成三法尔。达无修性，唯一妙乘，无所分别，法界洞明。此由内外不二门成。

“四、因果不二门：众生心因既具三轨，此因成果名三涅槃。因果无殊，始终理一。若尔因德已具，何不住因。但由迷因，各自谓实。若了迷性实唯住因，故久研此因，因显名果。祇缘因果理一，用此一理为因，理显无复果名，岂可仍存因号？因果既泯，理性自亡。祇由亡智亲疏，致使迷成厚薄。迷厚薄故，强分三惑。义开六即，名智浅深。故如梦勤加空名惑绝，幻因既满，镜像果圆。空像虽即义同，而空虚像实。像实故称理本有，空虚故迷转成性。是则不二而二，立因果殊，二而不二，始终体一。若谓因异果，因亦非因，晓果从因，因方克果。所以三千在理，同名无明；三千果成，咸称常乐；三千无改，无明即明。三身并常，俱体俱用。此以修性不二门成。”

“五、染净不二门：若识无始即法性为无明，故可了今即无明为法性。法性之与无明，遍造诸法，名染。无明之与法性，遍应众缘，为净。浊水清水，波湿无殊。清浊虽即由缘，而浊成本有，浊虽本有而全体是清，以二波理通。举体是用，故三千因果俱名缘起，迷悟缘起不离刹那。刹那性常，缘起理一，一理之内而分净秽。别则六秽四净，通则十通净秽，故知刹那染体即净。三千未显，验体仍迷，故相似位成六根遍照。照分十界，各俱灼然，岂六根净入谓十定十？分真垂迹，十界亦然，乃至果成等彼百界，故须初心而遮而照。照故三千恒具，遮故法尔空中。终日双亡，终日双照，不动此念，应遍无方，随感而施，净秽斯泯。亡净秽故，以空以中，仍由空中转染为净，由了染净空中自亡。此以因果不二门成。”

“六、依正不二门：已证遮那一体不二，良由无始一念三千。以三千中生阴二千为正。国土一千属依。依正既居一心，一心岂分能所？虽无能所，依正宛然。是则理性、名字、观行已有不二依正之相，故使自他因果相摄。但众生在理，果虽未办，一切莫非遮那妙境。然应复了诸佛法体非遍而遍，众生理性非局而局。始终不改，大小无妨，因果理同，依正何别。故尘身与法身量同，尘国与寂光无异。是则一一尘刹一切刹，一一尘身一切身，广狭胜劣难思议，净秽方所无穷尽。若非三千空假中，安能成兹自在用，如是方知生佛等，彼此事理互相收。此以染净不二门成。”

“七、自他不二门：随机利他事乃凭本。本谓一性具足自他，方至果位自即益他。如理性三德、三谛、三千，自行唯在空中，利他三千赴物。物机无量，不出三千。能应虽多，不出十界。界界转现，不出一念。土土互生，不出寂光。众生由理具三千故能感，诸佛由三千理满故能应。应遍机遍，欣赴不差，不然，岂能如镜现像？镜有现像之理，形有生像之性。若一，形对不能现像，则镜理有穷，形事不通。若与镜隔，则容有是理，无有形对而不像者。若镜未现像，由尘所遮，去尘由人磨，现像非关磨者。以喻观法大旨可知。应知理虽自他具足，必藉缘了为利他功。复由缘了与性一合，方能称性施设万端，则不起自性，化无方所。此由依正不二门成。”

“八、三业不二门：于化他门，事分三密，随顺物理，得名不同。心轮鉴机，二轮设化。现身说法，未曾毫差。在身分于真应，在法分于权实。二身若异，何故乃云即是法身？二说若乖，何故乃云皆成佛道？若唯法身，应无垂世。若唯佛道，谁施三乘？身尚无身，说必非说，身口平等，等彼意轮。心色一如，不谋而化。常冥至极，称物施为。岂非百界一心，界界无非三业？界尚一念，三业岂殊？果用无亏，因必称果。若信因果，方知三密有本，百界三业俱空假中。故使称宜遍赴为果，一一应色，一一言音，无不百界三业具足。化复作化，斯之谓欤？故一念凡心已有理性三密相海，一尘报色同在本理毘卢遮那，方乃名为三无差别。此以自他不二门成。”

“九、权实不二门：平行大慧常鉴法界，亦由理性九权一实。实复九界，权亦复然。权实相冥，百界一念，不可分别，任运常然。至果乃由契本一理，非权非实，而权而实。此即如前心轮自在，致令身口赴权实机。三业一念，无乖权实，不动而施，岂应隔异？对说即以权实立称，在身即以真应为名。三业理同，权实冥合。此以三业不二门成。”

“十、受润不二门：物理本来性具权实，无始熏习或权或实。权实由熏，理常平等，遇时成习，行愿所资。若无本因，熏亦徒设。遇熏自异，非由性殊。性虽无殊，必藉幻发。幻机幻感，幻应幻赴。能应所化并非权实，然由生具，非权非实，成权实机。佛亦果具，非权非实，为权实应，物机应契，身土无偏，同常寂光，无非法界。故知三千同在心地，与佛心地三千不殊，四微体同权实益等。此以权实不二门成。是故十门，门门通入，故使十妙始终理一。如境本来具三，依理生解为智，智解导行，行解契理。三法相符，不异而异。而假立浅深，设位简滥。”(考《金刚錍记》。)

(十五)《始终心要记》

※始终心要。

云：“三谛者，天然之性德。中谛统一切法，真谛泯一切法，俗谛立一切法。举一即三，非前后。含生本具，非造作所得。秘藏不显，盖三惑所覆。故无明翳法性，尘沙障化导，见思阻空寂。然兹三惑乃体上之虚妄，于是世尊叹口，真如界内绝生佛之假名，平等慧中无自他之形相。但以众生妄想不自证得，莫之能返也。由是立三观破三惑，证三智，成三德。空观破见思惑，证一切智，成般若德。假观破尘沙惑，证道种智，成解脱德。中观破无明惑，证一切种智，成法身德。兹四三非，各别异时，天然之理，具诸法故。然此三谛，性之自尔。迷兹三谛成三惑。破惑藉三观，观成证三智，智成成三德。从因至果，非惭修也。说之次第，理非次第，大纲如此。”

(十六)《随自意三昧记》

※心性。

《行威仪品第一》云：“菩萨行时，未举足、欲举足，未生念、欲生念，先观未念、欲念心。未起念时，无有心想，亦无心、心数法，是名心性。是心性无有生灭，无明暗、空假、相貌，不断不常，无所得故，是名心性，亦名自性清净心。是自性清净心者，是涅槃，不能觉了者，即生死妄念。思想未生时，是时毕竟无心者名无始，求自性清净，无始心毕竟空寂，名为能破众生。问：无始空者，既是性空。诸法若性自空，即无有和合，云何有众生可破？答：是假名和合，虚妄颠倒，非实众生。实众生者，名为心性。夫心性者，无有生死，亦无解脱。众生若能解，即是无生智。尔时，生死即涅槃，更不别有涅槃法。"(考《遗珠集丙》之随自意三昧按语)

(十七)《杂记》

※唯识唯心别。

道邃《天台宗未决》云："唯识与一心，其义不同。唯识未泯境，唯心心境不二。唯识亦狭亦浅，存境故。唯心亦广亦深，不存境故。"(按：此论无理，可知台宗衰矣。)又维蠲《决答》云："问《辅行决》二引《占察经》云，观有二种：一、唯识谓一切唯心，二、实现谓观真如。唯识历事，真如观理，而道邃和尚云，唯识、唯心不同。二师所立其趣如何？答：心、意、识，三体性是同，名相有异。若言积集名心，思量名意，了别为识，此对六、七、八识得名也。若言一切唯心造，此意识，总名心也。若言识性平等，识别已来，此心意总名识也。若言非意所图，思量不及，此心识并名意也。若言稽首唯识性即佛性，佛性是常，心是无常。此识深心浅也。若言心性即法性，法性即真如八识波浪，此心深识浅也。此心意识性并真如理相，并分别事相，识浅心深，此四悉随宜为说无妨。"(考《遗珠集丙》六十三右评)

※三谛本迹

梁肃《天台止观统例》云："夫三谛者，何也？一之谓也。空假中者，何也？一之目也。空假者，相对之义，中道者，得一之名。此思议之说，非至一之旨也。至一即三，至三即一，非相合而然也，非相生而然也，非数义也，非强名也，自然之理也。言而传之者，迹也。理谓之本，迹谓之末。本也者，圣人所至之地也。末也者，圣人所示之教也。由本以垂迹，则为小、为大，为通、为别，为顿、为渐，为显、为秘，为权、力实，为定、为不定；循迹以返本，则为一、为大、为圆、为实、为无住、为中、为妙、为第一义，是三一之蕴也。所谓空也者，通万法而为言者也。假也者，立万法而为言者也。中也者，妙万法而为言者也。破一切惑，莫盛乎空。建一切法，莫盛乎假。究竟一切性，莫大乎中。举中则无法非中，目假则无法非假，举空则无法不空。成之谓三德，修之谓三观。(按：《科节》有云："止即般若，观即解脱，止观不二即法身。在心谓之三观，在境谓之三谛，在体谓之三德，在用谓之三身，在性谓之三涅槃，在智谓之三菩提，在凡谓之三道，在圣谓之三宝。虽迷悟得失千途，而一性未曾变易也。")举其要则圣人格深，研几穷理尽性之说乎？昧者使明，塞者使通。通则悟，悟则至，至则常，常则尽矣。明则照，照则化，化则成，成则一矣。圣人有以弥纶万法而不差，旁礴万劫而不遗，泰载恒沙而不有，复归无物而不无，寓名之曰佛，强号之曰觉。究其旨其解脱自在，莫大极妙之德乎？夫三观成功者如此。”

※圆旨。

宋善月《妙玄格言上》云：“经云，唯佛与佛究显诸法实相，不出界如者。然亦不当便作此示，纵如所示，学者亦不当作此会。既不作如此示，又不可作此会，毕竟如何？但知不可作此示会便了。”又云：“所谓空者，缘生故空。虽有亦空也。何待不见色质，然后为空。所谓假者，只空即是假，何待必起念虑，然后为假？所谓中者，即绝待处是中，何待不以有无思度为中？”又云：“大经生生等，不可说者，示夫四教之说皆本于亡言。所以先其言而泯之，则所言者皆离相寂灭，安得而不泯耶？余故曰凡示观心即空假中，当约心体本妙言之，非待推度而后得也。今此云者，姑即近情以示其端耳。苟能由之，以体其妙，亦何远之有？第恐初学昧于圆旨，故特发之也。”又云：“得意为言，空即假中，谓空则即假而言空，言假则点空而设假，谓中则即边而言中。故三皆即中，所以一中一切中，无空假而不中，假空例然。故自亡言之则非一二三，以照言之则而一二三。言虽前后，不出一念。此三谛所以不纵不横，名为实相，唯佛究尽，岂言思所到耶？是故应于名言，宛转合变，无适不可。奈何于中而起定见？”又云：“心非自非他，非共非无因，离四性外，无一法可得故空。空不自空，有而后空。假不自假，点空谓假。假有之有非实有，性空之空非荡空。非假非空，此中道所以毕竟清净也。故今一家观门，学者不可不必通而默契也。”卷下云：“竟妙本于十如，十如本于实相。实相者，无相也。终于无谛亦无相也。是则始末谛境，有事有理，要率归乎平等一相而已。是为圣人之所证得，其未得者，或生戏论，为是而言无谛也。苟无戏论，无谛何施？”又云：“约一心以言出入，前从心出一切法，故无法不备，遍法界而有余。摄一切法归一心，则一念无相，故无一法而可存。而不知所以来去之迹，唯是一心，本无自性。虽一一遍，而无所在。既无所在，复是何物？宜深思之。若见无谛，见即有矣。由是言之，凡昔所谓权实，皆空拳诳小儿之说。妙会之时，了无一法可得，亦只谓是非权非实可也。”

※有体无体中。

又《文句格言》上云：“大教言中有体中也。阿含离断常中，无体中也。抑有体中，分但不但，离边之中，但中也。即边而中，不但中也。其绝待妙中之谓也。”

※圆心。

今日一心一切心者，趣举一心则心境俱心，故三千法，莫非心也。究而言之，其皆出于圆心乎？何则？圆心者，何心也。居然好个真消息，问著何心即不圆。

既曰不思议，唤作空中尚已不当，况以数言，安得为妙境乎？故示之曰，境据假边，且存其数。非必以数而为境，要当达数非数，非数非非数，了一异非一异相。庶几其为罔象也。了翁所作《三千有门颂》，盖知之矣。凡今举心动念趣，便落在能所情想中。纵日唯心绝待观境，亦只言之而已。求相应者，未见其人，况发悟乎？又曰，所言尽者，因心所尽，果心亦尽，则因果皆不住，尚何心所而不尽也。又若以尽不尽相对而起定见者，则亦能所而已，又安得而亡乎？所谓才有一丝头，便有一丝头是也。虽然，不可说而说是说般若，不可观而观是观般若。惟其不可说而说则言语道断，不可观而观则心行处灭。言语道断，心行处灭，则泯前说观，心无所著，卒归于无说无观而已。无说无观者，岂妙慧之谓哉！虽通诸教，极则唯圆，总不出乎言语道断，心行处灭，是为一家之极致，亦为诸宗之极致。

以四句观法性则法性未始一，以法性统四句则四句未始异。既不可以一异求之则不合不散，不合不散故遍于诸法。所谓一一名字一一句偈等皆无非法界，法界故一如，一如故无碍。此所以如十不二门说，故以十门言之则皆可说，以不二言之皆不可说，说而不说，亡照一时，妙而已矣。又诸法事也，实相理也，合而言之者妙境也，证而极之亦日甚深境界，是道也，凡诸圆旨莫不推本于是。

※妙。

"夫理本者真如也。真如不守自性，故心意识等由之而起，此净不净业所以转变无穷，能成事中一切诸法，故名事为权。要其所以，非理无以立事，非事无以显理，无非不二而二，二而不二也。"

※真如不守自性。

《又卷中》云："惑者只一念是，一念迷则为惑，一念开则为智，本无二法，所以念体即是者，是性德而已。三千未显验体仍迷，则是体而非理也。非理者未可使为修德显出之理，是犹迷染之事而已，非所谓理性之是也。虽有事非而无定是定非之异，虽是一体而分能迷所迷之障，不唯二惑区分抑亦德障莫辨。须知此数句，凡一家所谓事理性修一体相翻之旨尽不是矣。"

※理体之辨。

夫性者，无性之性也。以惟本亡泯言之，则性离之性，以绝待一性言之，则中道性，兼而言之，则理性之本也。照此理者是为佛种，则能生佛果之种也。生不自生，生必由缘，故以教行为缘则出世正觉由之而起，亦是由缘了二因故正因佛种等起。

※佛种从缘起。

对不知以言知，则如来为能知。约知而忘其所知，则如来为不知。使有所知非如来知，如来知者，不可得而言也。初约四法以言之，谓种相体性，种谓佛种有性有类。性言其体，一切众生本于三道，三道者烦恼之俦也。由烦恼故即有般若，由结业故即有解脱，由苦道故即有法身，离障无别德也。此约敌对相翻言之，类言其因，则三因与果上之德类也。若无三因，果不能显故也，如是种性差即无差，无差即差，如来悉能知之则极其源也。相性体三约十界各论不同，此即差别，会十界性相同一佛界。则差即无差，无差即差罔不照了也，”

※差与无差。

※即。

《十不二门指要钞》上云：“今家论即永异诸师，以非二物相合，及非皆面相翻，真须当体全是，方名为即。何者？烦恼生死既是修恶，全体即是性恶法门，故不须断除及翻转也。极顿者，仍云本无恶，元是善。既不能全恶是恶（疑善），故皆即义不成，故第七记云，忽都未闻性恶之名，安能信有性德之行。若尔，何不云烦恼即烦恼等，而云菩提涅槃耶？答：实非别指，衹由性恶融通寂灭，自受菩提涅槃之名，盖从胜玄也。又既烦恼等全是性恶，岂可一向云本无耶？今既约即论断故无可灭，约即论悟故无可翻，烦恼生死乃九界法，既十界互具方名圆，佛岂坏九转九耶？如是方名达于非道，魔界即佛，故圆家断证迷悟，但约染净论之，不约善恶净秽说也。诸宗既不明性具十界，则无圆断圆悟之义，故但得即名而无即义也。此乃一家教观大途，能知此已，或取或舍自在用之。

※随缘不变。

心性二字，不异而异。既言不变随缘名心，即理之事也。随缘不变名性，即事之理也。今欲于事显理，故双举之。例此合云，不变随缘名佛，随缘不变名性。生性亦然，应知三法俱事俱理，不同他解。心则约理为通，生佛约事为别。此乃他家解心佛众生之义，不深本教，滥用他宗，妨害既多，旨趣安在？《金錍》云，真如是万物，由随缘故。万法是真如，是不变故。故知若约万法即理，则生佛依正俱理，皆不变故。何独心是理耶？若据众生在事，则内外色心俱事，皆随缘故，何独心非事耶？”

※中具。

※按《因革论》卷二，知此颂之文曾经善月删治，但较之原文意同，而更显要也。

陈瓘《三千有门颂》云：“不思议假非偏假，此假本具一切法。真空不空非但空，圆中圆满非但中，是故四门（按：即有、空、亦有空、非有空四门）之初门，即是不可思议假。初门即三，三即一，非一非三又非四。一二三四指一月，四点似别唯一空，门门一一为法界。摄一切法皆无余，不以妙假有门观，谁知法界具足法……妙境元无空假中，而亦不离空假中，空即是心假即色，非色非心名曰中。色心绝处中体现，于一一法体皆具。凡夫心具即佛具，取著不圆则不具，惟一具字显今宗，入此宗者甚希有。”后附莹中居士与南湖延庆明智法师书云：“……此性不当有无，有无自尔。夫不当有无者，泯妙外之一执也。有无自尔者，开离执之一妙也。于有为妙有，于无为真无。真无则空而不空，妙有则有而不有。有无自尔，非有无也。在假则假具，在空则空具，在中则中具。无不在无不具也。然则妙假之有，岂情有乎？假不待空，泯绝无对。说有说无，皆不待绝。今乃设有待之言，赞妙假之说，岂免为巧度之所诃乎……一念心起，三千性相一时起，一念心灭三千性相一时灭。念外无一毫法可得，法外无一毫念可得。此乃本住不迁，不迁者，中理圆明之体。”

《止观大意》云：“所观者何？谓阴界入不出色心，色从心造，全体是心。故云，三界无别法，一切唯心作。此之能造具足诸法，若漏、无漏、非漏无漏，若因、若果、若非因果。故云，心佛及众生，是三无差别。众生理具，诸佛已成，成之与理，莫不性等。谓一一心中一切心，一一尘中一切尘，一一心中一切尘，一一尘中一切心，一一尘中一切刹，一切刹尘亦复然。诸法诸尘诸刹身，其体宛然无自性。无性本来随物变，所以相入事恒分。故我身心刹尘遍，诸佛众生亦复然。一一身土体恒同，何妨心佛众生异。异故分于染净缘，缘体本空空不空。三谛三观三非三，三一一三无所寄。谛观名别体复同，是故能所二非二，如是观时名观心性，随缘不变故为性，不变随缘故为心。《涅槃》云，能观心性名上定，上定名第一义、佛性、毗卢遮那。此遮那具三佛性，遮那遍故三佛亦遍，故知三佛唯一刹那。三佛遍故，刹那则遍。如是观者，名观烦恼、法身。此观法身，名观三身，是观刹那、真如、众生、己身、中道。故此妙境为诸法本，所以居十法之首。上根一观，横竖该摄，便识无相众相宛然，即破无明，登于初住。”

——附原稿十五页《观心》——

绀珠集乙之十一（自习用稿）

阿含经记目录

（甲）《增一阿含经记》

一偈具足诸法

圣众

无著等

二谛等

降伏心意

无所依倚

遗身去心

一切皆空

空入涅槃

涅槃最上

三三昧

起于本无

四事非小乘所知

神识无著

具足六度

四不可思议

涅槃无字

灭为乐

非有不有

法界恒住

灭尽

空寂

分别而不著

三昧王三昧

心为法本

（乙）《中阿含经记》

自益益他第一

无余涅槃

法及缘生

四谛概三世

厌五阴

缘生空

三定

解脱、涅槃

宗本

沙门依行

唯识（？）

心

无所受解脱

空及不空

识因缘故起

灭法

智慧及识

三法异

说不说

（丙）《长阿含经记》

颂佛灭

苦行净秽

识灭余亦灭

一想无上

想先智后

染可为净

（丁）《杂阿含经记》

因缘无常

除断五蕴

阿含经记

甲、《增一阿含经记》

※一偈具足诸法。

(一)《序品》云:“增一阿含,出生三十七道品之教,及诸法皆由此生。且置增一阿含,一偈之中便出三十七品及诸法,※(《序品》第一:“弥勒称善快哉说,发趣大乘意甚广。”又:“方等大乘义玄邃,及诸契经为杂藏。”又:“尊者阿难作是念,如来法身不败坏。”)谓诸恶莫作,诸善奉行,自净其意,是诸佛教。所以然者,诸恶莫作是诸法本,便出生一切善法。以生善法心意清净,是故身口意行当修清净。问:余三(原作四)阿含亦复出生乎?报言,且置三阿含义,一偈之中尽具足诸佛之教及辟支佛、声闻之教。所以然者,诸恶莫作,戒具足禁清白之行。诸善奉行,心意清净。自净其意,除邪颠倒。是诸佛教,去愚惑想。戒清净者,意岂不净乎?意清净者,则无颠倒。以无颠倒,愚惑想灭。诸三十七道品之果,便得成就,已成道果,岂非诸法乎?”

※圣众(此可证小乘教,亦诫度人)

(二)《广演品》云:“自度复度他人,至三乘道。如此之业,名曰圣众。”(按:此品广演佛法圣众戒施天休息安般身死十念。所谓广者,如念佛仅曰“念如来体,金刚所成,十力具足。如来颜貌端正无双,视之无厌。戒德成就,犹如金刚,而不可毁”等,余可类推。小乘之面目也)又《十不善品》云:“欲得三乘之道者,当于众中求之,谓三乘之道皆出于众。”

※无著等。

(三)《弟子品》云:“观于诸法都无所著,所谓象迦叶比丘是。计我无常,心无有想,所谓优头槃比丘是。志在空寂微妙德业,所谓须菩提比丘是。行无想定,除去诸念,所谓耆利摩难比丘是。入无愿定,意不起乱,所谓焰盛比丘是。”

※二谛等。

(四)《阿须仑品》云:“若有一人,所谓多萨阿竭阿罗诃三耶三佛出现于世,便有一人入道,在于世间,亦有二谛,三解脱门,四谛真法,五根,六邪见灭,七觉意贤圣,八道品,九众生居如来,十力十一慈心解脱,出现于世。”

※降伏心意。

(五)《一子品》云:“我不见一法疾于心者,无譬可喻,犹如猕猴舍一取一,心不专定，心亦如是。前想后想，所念不同。是故凡夫之人，不能观察心意所由。是故诸比丘常当降伏心意，得趣善道。由恶心故，心之生病，坠堕地狱。由善心故，已生善心，便生天上。是故当降伏心，当发净意，勿生秽行。”

※无所依倚。

（六）《一入道品》云：“内外内外自观身，解无所有。观尽法，复观习尽之法。或复有痛而现在前，可知可见。思惟原本无所依倚，而自娱乐，不起世间想，于其中亦不惊怖。已不惊怖，便得涅槃，生死已尽，梵行已立，所作已办，不复受有。如实知之。”

※遗身去心。

（七）《利养品》云：“不观我有色，不见色中有我，我中有色。不见色是我所，我是色所。彼色迁变不住，不生愁苦，亦复不见痛想行识，乃至不见我所识。彼识我识，已会一处，识便败坏，于中不起愁苦。如是身有患，而心无患。是故当作是习，遗身去心，亦无染著。”

※一切皆空。

又云：“琴声不离歌声，歌声不离琴声。二声共合，乃成妙音。法法自生，法法自灭，法法相动，法法自息，法法相乱，法法自息。法能生法，法能灭法。一切所有皆归于空，无我、无人、无寿、无命、无士、无夫、无形、无像、无男、无女。”

（八）《火灭品》云：“一切诸行皆悉休息，爱尽无余，亦无染污，灭尽泥洹。有二涅槃界，灭五下分结，即彼涅槃不还来此世，是谓有余涅槃。尽有漏成无漏，意解脱智慧解脱，自身作证，而自游戏。生死已尽，梵行已立，所作已办，不复受有。如实知之，是谓无余涅槃。当求方便至无余涅槃界。”

※空入涅槃。

（九）《劝请品》云：“闻此空法，解无所有，则得解了一切诸法，如实知之。身所觉知苦乐之法，若不苦不乐之法，即于此身观悉无常，皆归于空。彼以观此，不苦不乐之变，亦不起想，已无有想，则无恐怖，则般涅槃。生死已尽，梵行已立，所作已办，不复受有。如实知之。”又云：“都无所著，亦不著色，尽解一切诸法，了无所有。知一切法已，若苦乐、不苦乐，观了无常，灭尽无余，亦无断坏。彼观此已，都无所著已，不起世间想，无恐怖，乃至不复受有，如实知之。”

※涅槃最上。

（十）《三宝品》云：“所谓诸法有漏无漏，有为无为，无欲无染，灭尽涅槃。

然涅槃法，于诸法中最尊最上。”又云：“若眼见色，不起想着无有识念，于眼根得清净，乃至意知法等亦尔。”

※三三昧。

（十一）《高幢品》云：“空三昧者，观一切诸法悉皆空虚。无相三昧者，于一切法都无想念，亦不可见。无愿三昧者，于一切诸法亦不愿求。”

※起于本无。

（十二）《四意断品》云：“如内身所有为死之所驱，外诸四大者，悉起于本无。是故求无死，唯有涅槃耳。彼无死无生，都无此诸行。”又云：“诸行无常，诸行苦，诸行无我，涅槃休息。一切行无常，生者当有死，不生不复灭，此灭最第一。”

※四事非小乘所知。

又云：“如来有四不可思议事，非小乘所能知。所谓众生不可思议，世界不可思议，龙不可思议，佛土境界不可思议。”

※神识无着。

※又《声闻品》云：“此髑髅者，无终无始，亦无死生，亦无八方上下所可适处。此是优陀延比丘，于无余涅槃界取涅槃，是阿罗汉之髑髅也。尔时梵志白佛言，我观蚁子悉知所从来处，我观此阿罗汉永无所见，不见来处，亦不见去处。”

又云：“婆迦黎思惟诸有生法皆是死法，知此已，便于有漏心得解脱。于无余涅槃界而般涅槃，弊魔波旬欲得知婆迦黎神识所在，东南西北四维上下，皆悉周遍，而不知神识之处。阿难白世尊曰，唯愿世尊受婆迦黎比丘神识为所在。世尊告曰，婆迦黎比丘神识永无所著，彼族姓子已般涅槃，当作如是持。”

※具足六度。

（十三）《等趣四谛品》云：“佛告弥勒菩萨言，若菩萨摩诃萨行四法，本具足六度，疾成无上正真等正觉。云何为四？施佛乃至凡人，皆悉平均不选择人。施头目髓脑等，欢喜而不生著想。施时普及一切，不自为己，使成无上正真之道。是谓成就此三法，具足六度。又施时思惟诸众生之类，菩萨最为上首，具足六度，了诸法本，使此诸施具足六度，成就檀波罗蜜。若菩萨行此四法，疾成无上正真等正觉。”

※四不可思议。

（十四）《苦乐品》云：“云何众生不可思议？此众生为从何来？为从何生？从此终，当从何生？如是众生不可思议。云何世界不可思议？诸有邪见之人，世界断灭，世界不断灭，世界有边，世界无边，是命是身，非命非身，梵天或诸大鬼神作此世界耶？如是世界不可思议。云何龙界不可思议？雨为从龙口眼等出耶？此亦不可思议？所以然者，雨不从口等出也。但龙意之所念，亦由本行而作此雨。如是龙境界不可思议。云何佛国境界不可思议？如来身是父母所造耶？此不可思议。如来身者，清净无瑕秽，受诸天气。为是人所造耶？此不可思议。以过人行。为是天身耶？亦不可思议。如来身不可造作，非诸天所及。如来寿短耶?此不可思议。如来有四神足。为长寿耶？亦不可思议。然复如来故与世间周旋与善权方便相应。如来身者，不可摸，则不可言长短。音响亦不可法则，如来梵音智慧辩才，不可思议，非世间人民之所能及。如是佛境界不可思议。如是有此四不可思议，非是常人之所思议。然此四事无善根本，亦不由此得修梵行，不至休息之处，乃至不到涅槃之处。但令人狂惑，心意错乱，起诸疑结。所以然者，过去有人趺坐华池水侧，思议世界云何成败时，见池中有四种兵出入。彼人复作是念，我今狂惑，心意错乱，世间无者，我今见之。是故说非善本功德。然彼人实见四种兵，所以然者，昔日阿须伦败于诸天，化形极小，从藕根孔中过。佛眼所见，非余者所及。如是比丘当思议四谛，所以然者，此四谛有义有理，得修梵行，至涅槃。”(按：此非谓不须分别，恐分别滋惑，反误正行也。考三十一初，应知)

※涅槃无字。

（十五）《须陀品》云：“有字者，是生死。无字者，是涅槃。有字者，有生有死，有终有始。无字者，无生无死，无终无始。”

※灭为乐。

（十六）《增上品》云：“一切行无常，生者必有死，不生必不死，此灭最为乐。”

※非有不有。

（十七）《善聚品》云：“色无常，无常者苦，苦是无我，无我即空。空者非有非不有，亦复无我，痛想行识亦尔。此智者所觉。”

※法界恒住。

※又卷二十九：“是时目莲礼世尊足，即于如来前没不现，往诣东方七恒河沙佛土，有佛名奇光如来，至真等正觉，出现彼土。”

（十八）《等见品》云：“若如来出世，若如来不出世。此法界恒住如故，而不朽败，有丧灭之声，生老病死若生若逝，皆归于本。”

※灭尽。

又云：“阿难白世尊言，夫言尽者，名何等法言尽乎？世尊曰，色者无为因缘而有此名，无欲无为名灭之法。彼尽者名曰灭，痛想行识无为无作，皆是磨灭之法。无欲无污，彼灭尽者，故名灭尽。此五盛阴，无欲无作，为磨灭法。彼灭尽者，名为灭尽。此五盛阴永以灭尽，更不复生，故名灭尽。”

※空寂。

（十九）《邪聚品》云：“色如聚沫，痛如浮泡，想如野马，行如芭蕉，识伪幻法，皆悉空寂，无有真正。”又《听法品》云：“何者是世尊？为是眼耳鼻口身意乎？往见者，复是地水火风种子乎？一切诸法皆悉空寂，无造无作。此中无我无命无人，亦无形容，有教授者，诸法悉空寂，何者是我？我者无主，我今归命真法之聚。”又《六重品》云：“云何为第一最空之法？若眼起时则起，亦不见来处。灭时则灭，亦不见灭处。除假号法因缘法，云何假号因缘？所谓缘是有是此生则生无明，无明缘行，乃至死缘愁忧苦恼。如是苦阴，成此因缘，无是则无此。此灭则无明灭，无明灭则行灭，乃至死灭，则愁忧等灭。尽除假号之法。耳鼻舌身意法亦尔。彼假号法者，此起则起，此灭则灭。此六入亦无人造作，亦名色六入法。由父母而有胎者，亦无因缘而有。此假号要前有对，然后乃有。如钻木求火，以前有对，然后生火。火亦不从木出，亦不离木，皆由因缘合会，然后有火。此六入起不见来，灭不见灭。除其假号之法，因由父母合会而有。此法皆空寂，愚者之所贪。智者心欢悦，闻此空法本。”又云：“无常即苦，苦即无我，无我即空。空者彼不我有，我非彼有。如是者，智人之所学也。”

※分别而不著。

（二十）《九众生居品》云：“圣弟子恒亲近善知识，观此地种皆悉分明知所来处，亦不著于地，无有污染之心。水火风亦尔。人、天、梵王、光音、遍净、果实阿昆耶陀天、空处、识处、不用处、有想无想处，见闻念知一种若干种，乃至于涅槃。亦不著于涅槃，不起涅槃之想。所以然者，皆由善分别善观察。若彼比丘漏尽阿罗汉，所作已办，平等解脱。彼能分别地种，都不起想著地种。人天乃至有想无想处亦尔。至于涅槃，不著涅槃，不起涅槃之想。所以然者，皆由坏淫怒痴之所致也。”

※三昧王三昧。

（二十一）《马王品》云：“游空三昧计无吾我、人、寿命，亦不见有众生，亦不见诸行本末。已不见亦不造行本，已无行更不受有，已无受有，不复受苦乐之报。其有众生不得是三昧者，便流浪生死，不得至竟解脱。有此空三昧，但众生未剋，使众生起想著之念。已起世间之想，便受生死之分。若得此空三昧，亦无所愿，便得无愿三昧。已得无愿三昧，不求死此生彼，都无所想念，复有无相三昧可得娱乐。此众生类，皆由不得三三昧，故流浪生死。观察法已，便得空三昧。已得空三昧，便成阿耨多罗三藐三菩提。以此知空三昧者，于诸三昧，最为第一。三昧王三昧者，空三昧也。”

※心为法本。

(二十二)《大爱道般涅槃品》云：“身、口、意三行中，意行最重。心为法本，心尊心使，心念善恶，即行即为。受苦善报，如影随形。”

乙、《中阿含经记》

※自益益他第一。

(一)《七法品善法经》云：“若自饶益亦饶益他，饶益多人，愍伤世间，为天为人，求义及饶益安隐快乐者，此人于彼人中，为极第一，为大为上，为最为胜为尊妙。”

※（无余涅槃）

(二)《七法品善人往经》云：“云何无余涅槃，比丘行当如是，我者无我亦无我所，当来无我，亦无我所。已有便断，断已得舍。有乐不染，合会不着。行如是者，无上息迹，慧之所见而已得证。我说彼比丘不至东方，不至四方，乃至四维上下，便于现法中，息迹灭度。”又《七法品七车经》云：“以戒净故得心净，以心净故得见净，以见净故得疑盖净，以疑盖净故得道非道知见净，以道非道知见净故得道迹知见净，以道迹知见净故得道迹断智净，以道迹断智净故世尊设施无余涅槃。”

※法及缘生。

(三)《舍梨子相应品象迹喻经》云：“若内眼乃至意处坏者，外色乃至法便不为光明所照，则无有念，眼识乃至意识不得生。反此则生。诸贤内六处及色，乃至法，眼识乃至意识，知外色乃至法是属色阴。若有觉是觉阴，乃至若有识是识阴。如是诸行会合，世尊亦如是说。若见缘起便见法，若见法便见缘起。所以者何？世尊说五盛阴从因缘生，彼厌此过未现五盛阴。厌已便无欲，无欲已便解脱。解脱已便知解脱，生已尽，梵行已立，不更受有，知如真。”

※四谛概三世。

(四)《舍梨子相应品分别圣谛经》云：“过去时是苦，苦习苦灭苦灭道四圣谛，未来现在亦尔。真谛不虚，不离于如，亦非颠倒，圣所了，圣所得，圣所等正觉。”

※厌五阴。

（五）《王相应品牛粪喻经》云：“若无常苦变易法，不受是我，是我所，我是彼所，故若有色乃至识，或过现未，或内外粗细好恶近远彼一切非我乃至非彼所。如是观者，彼便厌色，乃至识。厌已便无欲，无欲已便解脱，乃至不更受有。知如真。”

※缘生空。

（六）《王相应品频鞞娑逻王迎佛经》云：“色等生灭如雨时水上泡，或生或灭。知色如真，便不著计，染住乐色等是我，便不复更受当来色等。凡夫见我是我，而著于我。但无我无我所，空我空我所。法生则生，法灭则灭，皆由因缘合会生苦。若无因缘，诸苦便灭。众生因缘会相连续，则生诸法。如来见已，便作是说，有生有死，若无此因，便不生彼。因此有彼，若此灭者，彼便灭也。所谓缘无明有行，乃至缘生有老死。若无明灭则行灭，乃至生灭老死灭。”

※三定。

（七）《王相应品三十喻经》云：“比丘以空、无相、无愿三定为华鬘。”

※解脱、涅槃。

（八）《长寿王品净不动道经》云：“若无我无我所，我当不有，我所当不有。若本有者，便尽得舍，不乐著住彼舍，必得般涅槃。又无所受必得般涅槃，若观现后世欲色及想，彼一切想是无常法，是苦是灭，是谓自己有。若自己有者，是生老病死。若有此法，一切尽灭无余，不复有者，则无生老病死。如是观，若有者，必是解脱法。若有无余涅槃者，是名甘露。彼如是观，必得欲漏心解脱，有漏无明漏心解脱，乃至不更受有知如真。”

※宗本。

（九）《林品蜜丸喻经》云：“舍离谄曲，除悔不著，有非有亦无想，是我宗本。”又《大品说无常经》云：“无著第一乐，断欲无有爱，裂坏无明网，彼得不移动。”

※沙门依行。

（十）《梵志品何欲经》云：“沙门者，欲得真谛，行于智慧，所立以戒，依于无处，以涅槃为讫。”

※唯识？

（十一）《根本分别品分别观法经》云：“眼见色识食色相，识著色乐相。彼色相味结缚心，出外洒散。如是乃至意法亦尔。若眼见色识不食色相，乃至不结缚心，不出外洒散。余应知。若离欲恶不善法，得初禅，乃至非有想非无想处。彼识著离味，乃至无想智味，依彼住彼缘彼缚彼，识不住内，如是心不住内。若成就初禅，乃至非有想非无想处，彼识不著离味，乃至不著无想智味，不依彼乃至不缚彼识住内也，如是心住内。若不离色染，彼欲得色求色，色即是我，色是我有，色即是我。色是我有已，识扪摸色。识扪摸色已，变易彼色时，识转于色。识转于色已，彼生恐怖法，心住于中，因心不知故，便怖惧烦劳，不受而恐怖。如是觉想行，若不离识染，彼欲得识求识，乃至识扪摸识已，变易彼识时，识转于识，乃至不受而恐怖。若离色染，不欲得色求色，色非是我，色非我有已，识不扪摸色。识不扪摸色已，变易彼色时，识不转于色，乃至不怖惧，不烦劳，不受不恐怖。如是觉想行识亦尔。"又《根本分别品温泉林天经》云："云何念过去耶？实有眼知色可喜意所念，爱色欲相应心，乐扪摸本，本即过去也。彼为过去识所染著，则便乐彼。因乐彼已，便念过去。如是耳、鼻、舌、身、意，云何不念过去？实有眼知色可喜意所念，乃至本即过去也。彼为过去识，不欲染著，乃至不乐彼已，便不念过去，余亦尔。云何愿未来耶？若有眼色眼识，未来者，彼未得欲得。已得心愿，因心愿已，则便乐彼。因乐彼已，便愿未来。余及不愿未来，应知。云何受现在法？若有眼色、眼识现在者，彼于现在识欲染著，因识欲染著便乐彼。乐已彼便受现在法，余及不受，应知。"

※心。

（十二）《心品心经》云："心将世间去，心为染著，心起自在。多闻圣弟子非心将去，非心染著，非心自在。多闻圣弟子不随心自在，而心随多闻弟子。"（按：此自在，非解脱之所谓自在也。）

※无所受解脱。

（十三）《双品说智经》云："云何知见此内六处，得知无所受漏尽心解脱耶？于眼及眼识，乃至意及意识。眼识乃至意识，知法俱知二法知已。若眼及眼识等，眼识等知法乐已尽，彼尽无欲灭息止，得知无所受漏尽心解脱。又于抟食乃至识食意不高下倚缚染著，得解脱心离倒，乃至不更受有，得名无所受漏尽心解脱。又不见地等六界是我所，我非大界所。六界非是神，然谓三受依六界住识所使著。彼尽无欲灭息止得知无所受漏尽心解脱。"

※空及不空。

（十四）《双品小空经》云："如鹿子母堂空，无象马等。然有不空，唯比丘众。若此中无者，我见是空。若有余者，我见真实有，是谓行真实空，不颠倒也。比丘若欲多行空者，莫念村想人想，当数念一无事想。彼如是空，于村想人想，然有不空，唯一无事想。若有疲劳，因人想故，我无是也。因村想故，我亦无是。唯有疲劳，因一无事想故。若彼中无者，以此故彼见是空。若彼有余者，彼见真实有，是为行真实空，不颠倒也。又若欲多行空者，莫念人想无事想，当数念一地想。如是乃至唯有疲劳，因一地想故，及其余。又莫念地想，当数念一无量空处想。莫念无量空处想，当念无量识处想。莫念无量识处想，当念无所有处想。莫念无所有处想，当念无想心定，准上应知。彼作是念，我本无想心定，本所行，本所思。若本所行本所思者，我不乐彼、不求彼、不应住彼。如是知见，欲漏有漏无明漏心解脱，乃至不受后有知如真。彼如是知空欲漏空有漏空无明漏，然有不空。唯此我身，六处命存。若有疲劳，因欲漏等，故我无是也。唯有疲劳，因此我身六处命存故，乃至不颠倒。谓漏尽无漏，无为心解脱。”又《双品大空经》云：“若欲多行空者，持内心住止，令一定已。当念内空，念内空已，其心移动，不趣向近，不得澄清，不住不解，于内空也。当念外空，念外空已，其心移动等者。当念内外空，念内外空已，其心移动等者，当念不移动。念不移动已其心移动等者，彼此丘彼彼心于彼彼定御复御习复习软复软，善快柔和，摄乐远离。若彼心于彼彼定御复御乃至远离已，当以内空成就游。彼内空成就游已，心不移动，趣向于近得清澄住解于内空。更当以外空成就游，乃至以不移动成就游。”(按：此皆难解)

※识因缘故起。

(十五)《大品嗏帝经》云：“识因缘故起，识有缘则生，无缘则灭。识随所缘生，即彼缘说缘眼色生识，生识已说眼识。如是耳乃至意法生识亦尔。世尊不说此识，说觉作教作起等，起谓彼作善恶业而受报。(灭法)此识往生更不异。世尊告曰，如来已灭，所有真彼亦灭法已无疑惑耶？比丘答曰，唯然世尊。世尊叹曰，善哉！善哉！若汝等如是知见，谓我此见如是清净，不著彼，不惜彼，不守彼，欲令舍者，汝等知我长夜说筏喻法，知已所塞流开耶？比丘答曰，唯然，世尊。”

※智慧及识。

(十六)《晡利多品大拘絺罗经》云：“识者说识，何者识耶？识识是故说识，识何等耶？识色识声香味触法，识识是故说识。智慧及识，此二法为合为别？此二法可得别施设耶？此二法合不别，此二法不可别施设，所以者何？智慧所知，即是识所识，知者我以智慧知。智慧者有厌义无欲义，见如真义。又觉想思三法合不别，不可别施设，所以者何？觉所觉者，即是想所想，思所思。”

※三法异。

又云：“空无愿无相，此三法异义异文耶？为一义异文耶？空无愿无相此三法异义异文。”

※说不说。

（十七）《例品箭喻经》云：“如是世无常、世有底世无底、命是身命异身、如来终不终、俱二俱非，我不一向说此。此非义相应，非法相应，非梵行本，不趣智不趣觉，不趣涅槃也。苦、苦习、苦灭、苦灭道迹，我一向说。此义相应，乃至趣于涅槃也。”

丙、《长阿含经记》

※颂佛灭。

※卷二：“大乘道之舆，一切渡天人。”

（一）《第一分游行经》云：“佛灭度已，释提桓因颂曰：阴行无有常，但为兴衰法，生者无不死，佛灭之为乐。阿那律颂曰：佛以无为住，不用出入息，本由寂灭来，灵曜于是没。摩那比丘颂曰：不以懈慢心，约己修上慧，无著无所染，离爱无上尊。四天王颂曰：如来无上智，常说无常论，解群生苦缚，究竟入寂灭。兜率陀天王颂曰：此是末后身，阴界于此灭，无忧无喜想，无复老死坏。大迦叶颂曰：人中第一雄，我今稽首礼，苦行无等侣，离著而教人，无染无垢尘，三垢垢已尽，乐于空寂行，无二无畴匹。”

※苦行净秽。

（二）《第二分散陀那经》云：“彼苦行者，常自计念，我行如此，当得供养等，即是垢秽。彼苦行者，不自计念，当得供养，乃至心不贪著等，是为苦行无垢法。彼苦行者，自不杀生等，不教人杀等。彼以慈心遍满一方，余方亦尔。慈心广大，无二无量，无有结恨，遍满世间。悲喜舍心亦尔。彼苦行者，自识宿命，升沉行业，乃至观见众生，随行所堕，无不见知，是为苦行第一胜也。”（按：此下亦举空无愿无相三三昧名，及四食名）

※识灭余亦灭。

（三）《第三分坚固经》云：“何由无四大，地水火风灭。何由无粗细，及长短好丑。何由无名色，永灭无有余。应答识无形，无量自有光。此灭四亦灭，粗细好丑灭。于此名色灭，识灭余亦灭。”

※一想无上。

（四）《第三分布吒婆楼经》云：“何者为第一无上想？佛言，诸言有想，诸言无想，于其中间，能次第得想知灭定者是。问：为一想为多想？佛言，有一想，无多想。问：先有想生，然后智，※（想先后智）先有智生，然后想。为想智一时俱生耶？佛言，先有想生，然后智，由想有智。”

※污可为净。

又云："汝言我身色四大六入，父母生育，乳哺长成，衣服庄严，无常摩灭，以此为我者，我说此为染污，为清净、为得解。汝意或谓染污法不可灭，清净法不可生，常在苦中，勿作是念，何以故？染污法可灭尽，清净法可出生。处安乐地，欢喜爱乐专念一心智慧增广，我于欲天，乃至有想、无想处天亦尔。"

丁、《杂阿含经记》

※因缘无常。

（一）卷一云："色无常，若因若缘生诸色者彼亦无常。无常因、无常缘所生诸法，云何有常？受想行识亦尔。无常者苦，苦者非我，非我则非我所。如是观者，名真实正观，则厌于色等。厌者不乐不乐则于色等解脱。解脱知见，我生已尽，梵行已立，所作已作，不受后有。"

※除断五蕴。

又云："色非汝所应，亦非余人所应，是结所系法，宜速除断。断彼法已，以义饶益，长夜安乐。受想行识亦尔。"※（非我不异我）又云："观所有色，若过未现、内外、粗细、远近，一切非我不异我不相在。如是平等慧，如实观于受等亦尔。如如知见，我此识身及外境界，一切相无有我、我所见我慢使系著，超越疑心，远离诸相寂静解脱，断除爱欲，转去诸结，正无间等究竟苦边，心正解脱见法涅槃。"

※无著得涅槃。

又云："于此五受阴，正观非我非我所，于诸世间无所摄受。无摄受者，则无所著。无所著，自得涅槃。我生已尽，乃至不受后有。"

※识缘识灭。

（二）卷二云："于色受想行中，识住攀缘色等。贪喜润泽，生长增广。比丘识于中，若来若去，若住若没，若生长增广，比丘若离色受想行识，有若来若去，若住若坐者，彼但有言数，问已不知增益生痴，以非境界故。色界离贪，已于色封滞意生缚断，断已攀缘断。攀缘断已，识无住处，不复生长增广。受想行界亦尔。不生长故，不作行。不作行已住，住已知足。知足已解脱，解脱已世间无所取著。自觉涅槃，乃至不受后有。我说彼识，不至东西南北四维上下，无所至趣，唯见法欲入涅槃寂灭清凉清净真实。"

※取不取。

又云："无闻凡夫于色受想行识见是我异我相在，是我我所而取。取已，彼色等若变异，心亦随转。心随转已，亦生取著，摄受心住，则生恐怖障碍心乱，以取著故。圣弟子于色等不见我异我，乃至以不取著故。”

※不坏法。

又云：“色等是坏法，彼色等灭，涅槃是不坏法。”

※智及智者。

(三) 卷三云：“云何为智？调伏贪欲、断贪欲、越贪欲名智。云何智者？阿罗汉是。阿罗汉者，非有、无、有无、非有无他世死，广说无量，诸数永灭。”问：如来应等正觉阿罗汉慧解脱，有何差别？答：如来应等正觉未曾闻法，能自觉法，通达无上菩提。于未来世开觉声闻，而为说法，谓三十七道品，是名如来、罗汉差别。

※知见清净。

又云：“若于空未得者，而言我得无相无所有，离慢知见者，无有是处。于空闲处，善观五阴无常磨灭，离欲之法，心乐清净解脱，是名空。如是观者，亦不能离慢，知见清净。复有正思惟三昧，观五阴断，是名无相。如是观者，犹未离慢，知见清净。复有正思惟三昧，观贪瞋痴相断，是名无所有。如是观者，犹未离慢，知见清净。复有正思惟三昧，观我我所，从见闻嗅尝触识而生。若因缘生识者，彼因缘悉无常，识亦尔。无常者，是有为行，从缘起，是患法、灭法、离欲法、断知法、是名圣法印，知见清净。”

※答罗汉命终。

(四) 卷五云：“焰摩迦比丘邪见，谓漏尽阿罗汉身坏命终，更无所有。舍利弗问之曰：色等若无常苦，是变易法。圣弟子宁于中见我异我相在不？答：不也。色等是如来，异色等有如来。色等中有如来，如来中有色等耶？答：不也。如来见法真实，如住无所得，无所施设。汝云何言漏尽阿罗汉，身坏命终，无所有耶？答：我先不解无明故邪说，今当答谓，漏尽阿罗汉色等无常，无常者苦，苦者寂静清凉永没。舍利弗言：善哉，应如是答。所以者何？漏尽阿罗汉色等无常，无常者苦。若无常苦，是生灭法。”又云：“佛告仙尼，见现在世真实是我，是名断见。见今世、后世真实是我，是常见。不见现世真实是我，命终之后，亦不见我。是则如来说现法爱断，离欲灭尽得涅槃。我诸弟子闻说，不悉解而起慢无间等故，慢则不断。舍此阴已，与阴相续生，故我记其命终生处。其能解义慢断者，命终更不相续。我不说彼生处，以无因缘可记说故。欲令我记说者，当记说彼断诸爱欲，永离有结正意解脱，究竟苦边。”(按：《卷八》至《卷诵六入处品》明六入义，大略如上)

※流注涅槃。

（五）卷八云："诸法一切皆顺趣涅槃，流注涅槃，后住涅槃。"※（识生灭炽然）又云："有二因缘生识，谓眼色、耳声，乃至意法。眼色因缘生眼识，彼无常有为心缘生，则此三法和合触，触已受，受已思，思已想亦尔。若眼见色，觉知色，色贪我此内有眼识。色贪者，名现见法。若眼见色已，觉知色不起色贪。我有内眼识色贪，不起色贪，是名灭炽然。"

※空常。

（六）卷九云："云何名世间空，眼空常恒不变易法空，我所空。所以者何？此性自尔，色眼识等亦尔。"又云："眼识于色爱念染著，故常依于识，为彼缚故，不见法般涅槃。眼识于色，不爱乐染著者，不依于识，不触不著不取，故得见法般涅槃。"

※依不依识。

又云："缘眼色生眼识，彼因彼缘，无常变易时识不住。彼法若生若灭，不可于中见我异我相在，余亦尔。※（生灭法无我）六触入处尽离欲灭息没已，不应作更有余无余四句。问：皆虚言故，息没已，离诸虚伪，得般涅槃。此则佛说。"

※无明。

又云："无知者，是为无明。云何无知，谓眼等无常，不如实知。愚痴无明大冥，是名无明，知则为明。"

※中道。

（七）卷十云："正观世间集者，不生无见。正观世间灭者，不生有见。如来离于二边，说于中道。所谓此有故彼有，此生故彼生，谓无明缘行等。此无故彼无，此灭故彼灭，谓无明灭则行灭等。于一切行皆空寂，悉不可得，爱尽离欲，灭尽涅槃，心乐正住，解脱不转，还不见我。"

※五喻。

又云："观色如聚沫，受如水上泡，想如春时焰，诸行如芭蕉，诸识法如幻。谛观思惟分别时，无所有无牢实坚固，如病如痈，无常苦空，非我我所。"

※唯心。

又云："当观察心，所以者何？心恼故，众生恼。心净故，众生净。比丘，如嗟兰那鸟，心种种故，其色种种。譬如画师及弟子，善治素地，具众彩色，随意图画种种像类。"

※一心。

（八）卷十一云："云何不律仪？眼根不律仪所摄护，眼识著色缘著故，以生苦受。苦受故，不一其心。不一心故不得如实知见。故不离疑惑，由他所误，而常苦住。耳等亦尔。律仪眼根律仪所摄护眼识，色心不染著，常乐受住，故常一心。一心已，如实知见，乃至常安乐住。余亦尔。"

※识与名色。

（九）卷十二云："识非自、他、共、无因作，然缘名色生。名色非自等作，然缘识生。此如三芦立于空地，展转相依而得竖立。"

※缘生法。

又云："若佛出世未出世（巴本此句云，此界安立是法住性，是法定性，此即缘起性——《藏要》——），此法常住法住法界。彼如来自所觉知，成等正觉，为人开示，谓缘无明有行等。（巴本此句总结缘起云，于此如性不离如性，不异如性，即相依性）此等诸法法住（瑜伽云，法定空误）法空法如法尔，法不离如，法不异如，审谛真实不颠倒。如是随顺缘起名缘生法。于此善见，不求前际，言我过去世，若有若无，我过去世何如。不求后际，我当于来世为有为无等。"

※有无为。

又云："有为者，若生住异灭。无为者，不生住异灭。诸行苦寂灭涅槃，因集故苦集，因灭故苦灭，断诸径路，灭于相续。相续灭是名苦边。彼何所灭，谓有余苦。彼若灭止清凉息灭，所谓一切取灭爱尽，无欲寂灭涅槃。"

※中道。

※（巴本有云："一切有为一边，一切无为一边，如来两边不着，而为汝说中道。"又云："苦自、他、共、俱非作是无记（按：即不记），而非无此苦。离此诸边（按：即四句），说其中道。如来说法，此有故彼有，此起故彼起等。"

※第一义空经

（十）卷十三云："云何为第一义空经，眼生时无来处，灭时无去处。如是眼不实，而生生已尽灭。有业报而无作者，此阴灭已，异阴相续，除俗数法。耳等亦尔。如无明缘行等，此起故彼起，此灭故彼灭。"

※涅槃。

（十一）卷十八云："贪瞋痴永尽，一切诸烦恼永尽，是名涅槃。"又云："我闻世尊说法，知一法即断一法、证一法、修习一法。

※一门。

如国城坚密，惟有一门，无第二门，立守门者，人民入出，皆从此门。若入若出，其守门者，虽复不知人数多少，要知人民唯从此门，更无他处。"

※一乘道得真如法。

（十二）卷十九云：“有一乘道，令众生清净，离生老病死，得真如法。所谓四念处。”(又有余法一乘道，得真如法，准此可知)

※三三昧。

（十三）卷二十一云：“于一切相，不念无相心三昧身作证，是名无相心三昧，度一切无量识入处，无所有，无所有心住，是名无所有心三昧。世间空如实观察，常住不变易，非我我所，是名空心三昧。”

※寂灭为乐。

（十四）卷二十二云：“一切行无常，是则生灭法，生者既复灭，俱寂灭为乐。”

※得说我我所。

又云：“若罗汉比丘，自所作已作，一切诸漏尽，持此后边身，正复说有我、我所亦无咎。”

※无所取。

※卷二十八云：“阿难，我正法律乘、天乘、婆罗门乘、大乘，能调伏烦恼军者。”

（十五）卷二十四云：“名色集则心集，名色灭则心没。随集法观心住，随灭法观心住，随集灭法观心住，则无所依住于诸世间，则无所取，身受法，准此应知。”

※非戒身等涅槃。

又云：“佛言，舍利弗持所受戒身、定身、慧身、解脱身，三十七品涅槃耶？阿难言，不也。佛言，若坐若起，若作有为败坏之法，何得不坏？欲令不坏者，无有是处。”

※修禅不依。

（十六）卷三十三云：“于地想能伏地想，于水火风想，无量空入处想，乃至非想非非想入处想，此世、他世、日月、见闻、觉识，若得、若求、若觉、若观，悉伏彼想。如是禅者，不依地水火风，乃至不依觉观而修禅。”

※唯空。

（十七）卷三十四云：“生者不然，不生亦不然。如我然火薪草因缘故，然若不增薪，火则永灭，不复更起。东方、南方、西方、北方去者，是则不然。色受想行识已断，已知断其根本，如截多罗树头，无复生分，于未来世，永不复起。若至东方等者不然，甚深广大无量无数永灭。婆蹉白佛，如来法律离诸枝条柯叶，唯空干坚固独立。”※（无余）(又卷三十六云：“当断世贪爱，无余涅槃乐。”)

又云："命终乘意生身，生于余处。此说有余，不说无余。云何说有余，不说无余？佛言，如火有余得然，非无余。婆蹉言，我见火无余亦然。如疾风吹，火飞空中，岂非无余火耶？佛言，空中飞火依风故住，依风故然。以依风故，故说有余。婆蹉言，众生以爱乐有余，染著有余。唯世尊得彼无余，成等正觉。"

※一门。

又云："如城唯一门，立守门者明慧，应入者听入，不应入者不听。周匝绕城，求第二门，都不可得，都无猫狸出入之处，况第二门？彼守门者，都不觉悟入者出者，然彼士夫知一切人唯从此门出入，更无余处。"

※心持世间去。

（十八）卷三十六云："心持世间去，心拘引世间，其心为一法，能制御世间。爱欲生众生，意在前驱驰，众生起生死，苦法不解脱。"

※无著。

（十九）卷三十九云："色受想行识非我及我所，若知真实灭，于彼无所著。心无所著法，超出色结缚，了达一切处，不住魔境界。"

※心识转。

（二十）卷四十九云："车从诸业起，心识转于车，随因而转至，因坏车则亡。"

※常。

（二十一）卷五十云："云何名为常，常者唯涅槃，云何为无常，谓诸有为法。"

戊、《四阿含暮抄解记》

※三三昧。

（一）卷上云："问：是三昧何法？答：定空无相无愿（修妒路），空无相无愿是三三昧。彼空所有空。问：多有空邑空舍空是如是何空说？答：空我作所有，作二不可见（修妒路），我作所有作，二不可见是空。问：何法我作所有作不可见，谓世尊说我本时名坻罗末婆罗门（我作），见比丘我手是虚空（所有作也）是何法？答是非我作，所有作是俗数，谓我阴觉是我作，不是世尊所入，谓界善是所有作。彼世尊无谓法印，空空世间观，行常彼及是，吾我二知得，是故无见是空。问：是无愿何法？答：无愿相应过去当来无作（修妒路），无愿无立是义（立住），是意三无住相应过去当来，（相应现在也，立住也）是一切有为，如说处修妒路，说过去修妒路，彼有是觉已身泥洹不是三受是不（三也），何义一耶余耶？涅槃弃身，无有因缘，彼觉相应一切思惟，灭是涅槃，无尽觉相应已身余不余不说，是故是彼不说是无愿。”

※无余是义。

又云：“有余是果，欲是外，无余是义。世尊已说无余般涅槃是义（修妒路）。”

※无明。

（二）卷下云：“云何无明？答：无明，无智、邪智、疑智（彼妒路）。无智、邪智、疑智是三无明。智由口显，文字亦尔。彼恶口是无（又无智也），如恶子非子。彼无智名有为，无为不说无觉（修妒路）。有为无为不说无觉，是无智。云何无为？无为一涅槃，此是无义。

※有余无余。

云何处三？答：无为有余无余此二（二种举上二以为三修妒路）假令涅槃一无为，彼由行说二也。有余无余，此间有余名行结得受是身是有余，是有余名彼尽一切结灭作证尽身有余，如是有余。无余名谓此受阴弃，更不受身，如灯灭，是灭是无余名。有为有二：内受、外受。”

※法宝。

又云：“说法名方便方便果，此间涅槃教授，是世尊一切法为最上，现诸法有为无为彼灭最第一。修妒路彼是珍宝，为无所作一切苦灭至竟清凉行难坏难行无尽，如是功德具足，成法珍宝。”

※谛。

又云：“云何谛？答：谛者，俗数相第一义（修妒路），俗数谛、相谛、第一义谛。”

己、补遗

※不说一法。

（一）《杂阿含》云：“世尊告诸比丘，我不说一法，不知不断而究竟苦边，谓不说眼，不知不断而究竟苦边。若色眼识，乃至身意亦尔。”

绀珠集乙之十二（自习用稿）

异部宗论记目录

八、《阿毗昙心论记》

有漏

心心法聚生

三无为

何心涅槃

九、《阿毗昙心论经记》

有为法共相

入涅槃心

十、《大毗婆沙论记》

无我

三法印

生灭去来不同

五蕴实有

涅槃常乐

法我实有

心取所缘（有为相）

无为法

唯心

无常

境实我假

法处

世俗胜义

一谛

中道

释十六行

涅槃常善

重三摩地

有情假有

寂为乐

十一、《杂阿毗昙心论记》

知真实

法入

得三解脱门种子

总观四念处

三三昧种类

缘生

涅槃无生等

重三摩地

三皈

十二、《俱舍论记》

二乘未断不染无知

胜义法唯涅槃

有离

无为实

说心为我

无我观

无常及常

诸行四相

经部有部之论无为

诸蕴假我无始有终

无记心入涅槃

四谛次第及体辨

世俗胜义

自共相

四谛行相

三三摩地及重三

我假

十三、《顺正理论记》

心导世间有受想等

实体本有非他所造

贪等非业

识非能了

实法

说心为我非心所

灭法心

灭空心

定慧等学

三三昧一义

重三三昧

灭定无心

见灭谛名圣道

无所缘

泥洹何所有

异部宗论记

一、《阿毗达磨集异门足论记》

※作者善巧。

(一)《二法品》第三之二云:“作意善巧云何? 答: 于十八界,乃至无为界,有善巧作意,思惟苦空非我。”

※定慧证涅槃。

(二)《二法品》第三之三云:“非有定无慧,非有慧无定,要有定有慧,方证于涅槃。非有定无慧者,谓若有如是类慧,则有获得如是类定。若无如是类慧,则无获得如是类定,故说非有定无慧,非有慧无定,应知。爱尽离灭,名曰涅槃。要具定慧,方能证得。若随缺一,必不能证。”※(尽智无生智)又云:“如实知我,已知苦,已断集,已证灭,已修道。此所从生智见明觉,解慧光观,是名尽智。如实知我已知苦,不复当知等,是名无生智。”

※灭真寂静。

(三)《三法品》第四之一云:“思惟欲寻如病如痈,无常苦空非我,是失坏法,迅速不停,衰朽非恒,不可保信,是变坏法,名出离寻,又为断欲寻。思惟彼灭,是真寂静。思惟彼道,是真出离,名出离寻。无恚寻、无害寻,准此应知。”(谓过、未、现)又无为现在摄云:“有为法唯有三种更无第四、第五可得。有说此依一切法说,诸无为法即是现在,言依摄故。”

※清凉。

(四)《三法品》第四之三云:“证得二涅槃,清凉无取漏”又云:“三欲生者,有诸有情乐受现前诸妙欲境,谓人全天一分。或乐受自化诸妙欲境,谓乐变化天。或乐受他化诸妙欲境,谓他化自在天。※(有情)有情者,谓诸有情谛义,胜义不可得,不可近得,非有非现有,但于诸蕴界处,由想等想,假言说转谓为有情那罗意生儒童命者生者养者、士夫补特伽罗※(化(唯心))乐受自化者,谓乐变化天造作增长如是类业,彼由此业,随所受乐化作种种男女等事,而自娱乐。谓若天女,化作天男而自娱乐。若诸天男,化作天女而自娱乐等。乐受他化者,谓他化自在天造作增长,如是类业。彼由此业与诸他化自在天,虽同一类身而有胜劣,诸下劣天子化作种种色、声、香、味、触诸妙欲境,令高胜天子于中受用。”※(常乐)又云:“诸有结永尽,无漏根圆满,乐止息诸根,将入永寂灭,住持最后身,降伏诸魔军,证毕竟常乐。又命根不相续,爱尽解脱故,如灯火涅槃，究竟心解脱。”

※舍、寂静。

（五）《四法品》第五之二云：“最胜舍处，谓弃舍一切依，爱尽离染，永灭涅槃，故应成就此涅槃。又贪瞋痴无余永断，变吐除弃，爱尽离染，永灭静没名真寂静。”

二、《阿毗达磨法蕴足论记》

※善士。

（一）《预流支品》云：“自具净信尸罗及闻舍慧，亦能劝励安立有情，同具净信等，是名善士。”又云：“喜爱无余永断，弃舍变吐，尽离染灭，寂静永没，名为舍宅，亦名洲渚救护，归依所趣无忧无病，无动无没，无炽无热，安隐澹泊，善事吉祥，亦名涅槃。”※涅槃诸名。又《正胜品》云：“到彼岸涅槃，证无余极乐。”

※涅槃名法。

（二）《证净品》云：“涅槃名法，八支圣道名随法。于此中行，名法随法行。”

※假立名相。

（三）《圣谛品》云：“五取蕴无常转动，是失坏法，迅速不停衰朽，非恒不可保，信是变坏法，有增有减，暂住速灭，本无而有，有已还无，故说五取蕴为苦。若佛出世若不出世，如是苦法，法住法界一切如来自然通达等觉宣说，谓此是无常，此是苦、是实、是谛，故名苦谛。又苦谛者，是假建立名相，言说谓苦谛。过殑伽沙佛及弟子皆共施设如是名故。余三谛应知。假建立名相亦同。”(又有无常苦空无我之论，略同《集异门足论》）

※真欲体（唯心)。

（四）《静虑品》云：“世尊说，世诸妙境非真欲，真欲谓人分别贪，妙境如本住世间，智者于中已除欲。此颂意言，可爱妙色声等非真欲体，真欲体者，谓缘彼生分别贪著，欲境如本，智者于中名离欲。※（空不可得）时有一汲水女人，闻上伽陀便说颂曰：欲我知汝本，汝从分别生，我更不分别，汝复从谁起？云何离欲不善法？谓于诸欲恶不善法远离极远离，空不可得故，名离欲恶不善法。”

※一断余随。

（五）《杂事品》云：“贪瞋痴乃至扰乱，若永断一定得不还此世间，以一断时余容随断，故佛保彼定得不还。”

※缘起。

(六)《缘起品》云："云何缘起？谓依此有故彼有，此生故彼生，谓无明缘行，乃至生缘老死。去来今世，有佛无佛，曾无改转，法性恒然，不隐不没，不倾不动，其理湛然。前圣后圣自然通达，同所游履，等觉宣说，分别闻示，令其显了，谓生缘老死，乃至无明缘行应知亦尔。此中所有法性、法定、法理、法趣，是真是实，是谛是如，非妄非虚，非倒非异，是名缘起。"

三、《施设论记》

※化人（唯心）。

(一)《因施设门》第十一云："佛常住三摩地，心自在故，若入若出，速疾无碍，于一切时不舍所缘。声闻不尔，不同佛具一切智智，心得自在，已到彼岸。由此因故，佛所化人妙色端严，诸时能默，默时能语，而彼声闻所化之人，虽复色相端严，然能化之者，语即能语，默即还默，不自在故。问：所化之者，可说具四大种，或不具耶？说所造色，或不说耶？答：具四大种，说所造色。又问：所化之者，有思惟耶？无思惟耶？答：若缘持所起者，即有思惟。若想成所起者，即无思惟。又缘持所起彼所化者，即心自在。若想成所起者不尔。又所化之者，中间分位说，具四大种说所造色。有思惟，得心自在。随能化者，自心自在故。又缘持所起者，食于藏腹即销散。若想成起者，不散。又若想成所起者，彼即能隐。若缘持所起者，或隐不隐，随能化者若天、若人、若阿修罗，或善相、或恶相，彼隐即隐。中间最后相去悬远，乃至还归自相而住，此即不隐。"

※意成身自在。

(二)《因施设门》第十三云："引世间定先离欲，次不艰苦、不流散。由彼发起生长积集，后起化事，随其意乐，或化人身，或化象马车树墙壁。若来若去若出若入，往返自在。由此说一性所成，有多种类，然彼化功种种事相，化已隐没，而悉不现。由此说有多种类，还归一性。如佛于一时谓尊者阿难言，我以如是意所成身，以神通力随意能往梵天宫殿。我知如是色身粗重，四大和合，父母不净羯逻蓝等众缘所成。虽假以饮食、衣服等，终归磨灭，破散之法颇能往彼梵天宫殿。如世间铁，当在鼓铸炎火炽盛未出火时，即皆轻利，加复柔软，冷即坚重，而难舒卷。如来亦尔，若时身心和融，轻安想生，加复柔软，调畅安适，随意能往梵天宫殿。又复当知，若心不相续，即心无依止，心无系属，以心无依止、系属故，身即自在。"

四、《阿毗达磨识身足论记》

※无补特伽罗。

(一)《补特伽罗蕴》第二之三云:“性空论者言，谛义胜义，补特伽罗非可得，非可证，非现有，非等有，是故无补特伽罗。补特伽罗论者问:慈何所缘?答:诸法性有等有由想等想，假说有情。于此义中，慈缘执受诸蕴相续。又世尊言，然彼诸法不能引义，不能引善，不能引法，不引梵行，不证神通，不证等觉，不证涅槃。设有如是补特伽罗即无所用，是故无补特伽罗。又补特伽罗论者，言有为无为可得，补特伽罗亦有可得。性空论者言，补特伽罗若有为，应同有为可施设，有生灭住异。若无为，应同无为可施设，无生灭住异。为无为外，无别有物，是故无有补特伽罗。又眼色为缘生，眼识唯识诸色，非补特伽罗。此补特伽罗非眼识所识，余亦尔，又六识身是能了别，非无了别性。补特伽罗无如是性，故无补特伽罗。又色乃至触五处，二识所识，谓眼等识及意识。余七处唯意识所识，如是十二处是所识，有所识性，非无所识性。补特伽罗无如是性，故无补特伽罗。

※心性无常。

“由十四因，应知心性无常，谓加行故、相应故、威仪路故、工巧处故、三业故、四因故、染不染故、受差别故、所作事业展转异故。若心已生，分明可了，或于今时，或于余时，诸所忆念即所了知。如是心性不离前心，由此诸心转展，无前际来诸心次第。如是名为苦集圣谛。若有诸爱未断未知，为因为缘，后苦生起。若有诸爱已断已知，无因无缘可令后苦更生，如是已离诸爱，生于世间，名为苦灭圣谛。”

※意缘了诸法。

(二)“过未现意识，皆缘一切法，亦能了别诸法，谓或执为我，或执我所，或执断常无因无作，或执为尊胜第一，或执清净解脱出离。若惑若疑若犹豫，贪瞋痴粗苦障静妙离。若如病如箭，若无常苦空无我。若于因谓因、谓集、谓生、谓缘，若于灭谓灭、谓静、谓妙谓离，若于道谓道，谓如、谓行、谓出。若有因有起有是处有是事，若如不如理，非如不如理，所引了别。”《所缘缘蕴》第四之一云。

※意识功能。

(三)《杂蕴》第五之一云:“五识身唯能起染，不能离染，意识身亦能起染，亦能离染。诸无色无对无漏无为法，一识所识，唯无色无对无漏无为法，非识所识。”

五、《阿毗达磨品类足论记》

※灭智知三界灭静等。

(一)《辩诸智品》云:“何故灭智缘择灭?答:灭智知择灭,灭静妙离故。何故尽智,缘一切有为法及择灭?答:尽智自遍知我已知苦、断集、证灭、修道故。何故无生智,缘一切有为法及择灭?答:无生智自遍知我已知苦,不复当知,乃至我已修道,不复当修故。何故灭智是法智少分?答:灭智知欲界系诸行灭,灭静妙离故。何故灭智是类智少分?答:灭智知色无色界诸行灭,灭静妙离故。余准知。”

※增上法。

(二)《辩摄等品》云:“增上法云何?谓一切有为法互为增上,复有无为法与有为法为增上,名增上法。随心转法云何?谓若法与心一生一住一灭,此复云何?谓一切心所法及道,俱有定俱有戒,若心若彼法生老住无常是名随心转法。※(随非随心转法)非随心转法云何?谓若法不与心一生一住一灭,此复云何?谓除随心转身语业诸余色法,除随心转心不相应行,诸余心不相应行及心无为,是名非心随转。※(心为因法)心为因法云何?谓除已入正性离生者,初无漏心诸余心。及除诸余异生定当入正性离生者,未来初无漏心诸余心。心为增上法云何?谓有为法以心为增上。※(心非心为增上法)非心为增上法云何?谓无为法果法云何?谓一切有为法及择灭。※(心非心果法)非心果法云何?谓虚空及非择灭。※(无相续法、无记法)无相续法云何?谓过去现在阿罗汉命终时五蕴及未来并无为法。无记法云何?谓无记五蕴及虚空、非择灭※(等无间缘)等无间缘云何?谓除过去、现在阿罗汉命终时,心心所法,诸余过去、现在心心所法。”

六、《舍利弗阿毗昙论记》

※有无为。

(一)《非问分界品》云:“若法有缘名有为界,若法无缘名无为界。阿罗汉诸漏尽,所作竟,舍于重担,逮得已利,是尽有烦恼正智,得解诸阴界入。※(有无余涅槃)以宿业缘住故,以心受诸苦乐,有适意不适意,名有余涅槃界。五阴灭未来五阴不复续生,名无余涅槃界。”

※缘生。

(二)《非问分缘品》云:“云何缘,无明缘行?若诸佛出世,若不出世,法住法界,住彼法界。如来正觉正解已,演说开示,分别显现。说无明缘行,乃至生缘老死。若如此法,如尔非不如尔,不异不异物,常法实法,法住法定。如是缘，是名缘。云何缘生法？老死、无常、有为、缘生尽法、变异法、离欲法、灭法，乃至无明、无常、有为、缘生法、尽法、变异法、离欲法、灭法，是名缘生法。”※（识相续）又云：“云何行缘识？谓缘现在行，生现在识，缘现在行，生未来识，缘未来行生未来识。此最后识灭，初识续余道生。最后识灭已，初识即生，无有中间。喻如影移日续，日移影续。影之与日，无有中间。如是最后识灭，初识续余道生。后识灭已，即受初识，无有中间。若最初识，若最后识，相应法不至后识。喻如眼识灭已生耳识，耳识灭已生眼识。眼识相应法不至耳识，耳识相应法不至眼识。如是最后识相应法，不至初识。初识相应法不至后识，后识灭已，即生初识，谓此时过，谓此终彼始，非彼命彼身，非异命异身，非常非断，非去非来，非变非无因，非无作非此作此受，非异作异受。知有去来，知有生死，知有业相续，知有说法，知有缘。无有从此至彼者，无有从彼至此者，何以故？业缘相续生。”

※第一空行。

（三）《非问分念处品》云：“观身受心法苦患痈箭著味病依缘坏法，不定不满，可坏苦空无我。如实修学四念处，当有是怖，于一切世常无我行，心不高不下，亦无住处。若有我想、众生想、命想、人想，无有是处。常应第一空行，若得此后心，不作无益，不受不著色声香味触，于三世无碍，于三界解脱，灭不复生。此是苦际。如风吹猛焰，灭时不移处，以觉扇名色尽，亦无所至。如工锻热铁，流星灭无象，陶冶渐归无。求相信难得，如雨投海中，本谛岂复存。解脱亦何有？空故湛然乐，舍身离于想，诸受无所觉，所行尽寂静，识亦自然灭。”

※无常非我。

（四）《非问分道品》云：“法无常有为缘生，尽法变法离法灭法，我所非我有，我非我所有。我我所，皆无有我。人有眼耳鼻舌身意，假名为人。眼等非人，离眼等亦非人。缘有眼假名为我，无眼亦不假名为我。（准下文，此应云，眼非我，离眼非我，眼者等。）眼非我离眼，若是，我眼应当有异。以眼非我故，眼无有异。若无眼亦不假名为我，以眼非我，离眼亦非我，以是故缘眼假名为我。无眼亦不假名为我，耳鼻舌身心亦尔。如是方便知法无常，乃至皆无有我。又色受想行识非我。若色等是我，不应受苦患，应得自在。如是有，如是非有，以色等非我，故受苦患，不自在。如是有，如是非有，故知无常等。又若身作业，若口作业，业触身去来屈伸回转身教，集声音句言语口教。若因意作业，无意无作业。如世尊说，心为法本，心尊以使，心念善恶，即言即行苦乐自追，如影随形。故知此法无常，乃至皆无有我。”

※空无相无愿。

※又《婆沙》卷八云："萨迦耶见是十种空，近所对治。十种空者，谓内、外、内外、有为、无为、散坏、本性、无际、胜义、空空。"则或渊源于此，而为龙树之先导也。又《婆沙一百零四》云："《施设论》说空有多种，谓内、外、内外、有为、无为、无边际、本性、无所行、胜义、空空。如是十种空，如余处分别。"

又云："何谓空定？如比丘一切法若一处法，思惟空知空解空受空，以何义空？以我空，我所亦空。如是不放逸观，得定心，住正住，是名空定。又空定六空，谓一切内外内外法。若一处内等法，思惟空知空，乃至我所亦空，常空不变易空。如是不放逸观等，是名内空外空内外空。成就空行，思惟空乃至不放逸观等，是名空空。一切法思惟空，乃至不放逸观等，是名大空。何谓第一义空？第一谓涅槃，思惟涅槃空知空，乃至不放逸观等，是名第一义空。何谓无相定？除空定，若余定以圣涅槃为境界，是名无相定。又行有生住灭三相，涅槃无三相，不生住灭。如是涅槃，是寂灭，是舍宅救护灯明依止不终没归趣，无燋热忧恼，及余诸行。思惟涅槃得心住正住，名无相定。

何谓无愿定？除空定，若余定，以圣有为为境界，名无愿定。又愿有二种，爱著见著。思惟行苦患痈箭著味依缘坏法不定不足可坏众苦，不思惟空无我，得定心住正住。比丘爱断、见断，此定能断爱见，名无愿定。"

※第一义清凉安乐。

（五）《非问分烦恼品》云："如来无所著等正觉，断恶不善法，生诸善法。断苦法得乐法，寂静诸漏。灭诸漏，除诸所作业，能得寂静第一义清凉。究竟尽，究竟梵行，究竟安乐，究竟苦际得涅槃。"

※心性清净。

（六）《绪分假心品》云："心性清净，为客尘染。凡夫未闻，故不能如实知见，亦无修心。圣人闻故，如实知见，亦有修心，心性清净，离客尘染。凡夫未闻，故不能如实知见，亦无修心。圣人闻故，能如实知见，亦有修心。"

七、《阿毗达磨发智论记》

※有无余涅槃。

（一）《杂蕴爱敬纳息》云："云何有余依涅槃界？答：若阿罗汉诸漏永尽，寿命犹存，大种造色，相续未断，依五根身心相续转，有余依故，诸结永尽，得获触证。云何无余依涅槃界？答：即阿罗汉诸漏永尽，寿命已灭，大众造色相续已断，依五根身心不复转，无余依故，诸结永尽"※（究竟清净唯一）又云："如世尊说，已到究竟者，无怖无疑悔，永拔有箭故。彼住后边身，此是最究竟无上寂静迹，清净不死迹，诸相皆尽故，唯一究竟无别究竟。”

※色心不同。

（二）《大种蕴缘纳息》云：“何故四大种一生一住一灭而不相应？心心所法一生一住一灭，说名相应。答：如四大种或减或增，心心所法则不如是。又心心所法，皆有所缘。四大种无所缘，非无所缘法可说相应。”

※化及中有有大造。

（三）《大种蕴具见纳息》云：“化当言有无大种？答：有大种。化当言有无造色？答：有造色。化当言有无心？答：当言无心。谁心所转？当言化主。中有亦有大种，有造色，有心，谁心所转？当言自心。※（除色想）又云：”复有比丘起如是胜解，今我此身甚为虚伪，如雪或雪博，将为火炙，已为火炙，将融销已融销。此能销火将灭已灭，彼于最后不见自身，亦不见火，是名除色想。

※入正性离生作意。

（四）《定蕴一行纳息》云：“云何作意入正性离生？答：或无常、或苦、或空、或无我思惟。”又云：“修所断结，依有事起，谓有净相不净相。彼由非理作意，观净相时，便有不净想退。见所断结依无事起，无有一法是我我所，可令彼观于无我见退。”

※法由心起。

（五）《见蕴想纳息》云：“诸法由心起，非不由心。若时心起，尔时彼法耶？答：心先起后彼法，若时心灭，尔时彼法耶？答：心先灭后彼法。若时心得尔时彼法耶？答：心先得后彼法。若时心舍尔时彼法耶？答：彼法先舍后乃心。若时心受异熟尔时彼法耶？答：或尔时，或余时。”

※无常及安乐。

（六）《又伽他纳息》云：“苦谓五取蕴苦，边谓涅槃。如实知身如聚沫，无力虚劣不可撮磨，亦同阳焰，因热恼生，迁流不住。若闻说佛证菩提法五蕴无常善施谓四谛，应生欢喜。应观察空无相无愿三种住，安谓有余涅槃界，乐谓无余涅槃界。”

八、《阿毗昙心论记》

※有漏。

（一）《界品》云：“坚湿热动即无常苦无我相，是故世间不知地坚相等。诸有漏行转相生故离常，不自在故离我，坏败故离乐，慧所恶故离净。问：若有常乐我净，离诸有漏法者，云何众生于中受有常乐我净？答：众生于有漏法中，不知相已便受有常我乐净，如夜行见起贼相。若于法生身见等诸烦恼，是法说有漏。”又《贤圣品》云：“此身痛心法展转相生故无常，不自在故空，非主故无我。又从因缘生故无常，无常力所坏故苦，内离人故空，不自在故无我。”

※心心法聚生。

（二）《行品》云：“一切众缘力诸法乃得生，若心有所起，是心必有俱。心数法等聚及不相应行，心者意，意者识，实同而异名。此心若依若缘若时起。彼心共俱心数法等聚生，心眷属故说心数。”

※三无为。

※《心论经》六所释。文与此稍别，义则同。

（三）《杂品》云：“于中数缘灭者，解脱诸烦恼，依于数缘灭。有漏法离烦恼解脱数缘力智力计校事有而无，是名数缘灭。无挂碍之相是名曰虚空，谓不障碍色，是虚空。一切有为法从众缘而生，无缘则不生。如眼识依眼色空明地寂然。若此一切共和者，便得生。若余不具便不得生。如眼时眠一切时生，尔时是余事，不具眼识不得生。若彼眼识应当生而不生，眼生已，终不复更生，离此缘故。是有未来不复当生，彼起具差违，不知是非数缘灭。”※（何心涅槃）又云：“无著（按：即阿罗汉）住何心般涅槃？答：无著心中得无为涅槃，无著一切事、无所作、无为、无所求住，从报心中便般涅槃。”

九、《阿毗昙心论经记》

※有为法共相。

（一）《贤圣品》云：“问曰：何者是身实相？答：自相及共相，彼自相者，谓十色入及法入中少分色也。彼共相者，所谓无常苦空无我。如现身观受，心法准知亦尔。此四是无常空无我非乐，总观一切有为诸法，无常等如是义。彼念念展转坏灭故，无常虚无故，空不自在故，无我三苦常随逐故非乐。”

※入涅槃心。

（二）《杂品》云：“阿罗汉住何心入涅槃？答：一切所作事中平住任运心，阿罗汉住报生心中入涅槃，亦住威仪心入涅槃，何以故？任运行故，说住报心入涅槃。彼自然心断随顺故，住无记心入涅槃。善心中相续，彼次第心自息。不善心身离欲时，舍秽污心。有顶离欲时舍善，无记现前。彼最后心是故住如是无记心入涅槃。”

十、《大毗婆沙论记》

※无我。

（一）卷一云："尊者所造阿毗达磨，未曾说有补特伽罗，恒显诸行空无有我。以如是等种种因缘制造此论。"(余因缘略，应知。）又云："此中何者甚深阿毗达磨？谓因缘性及彼寂灭，并如实觉。"又云："此论胜利，其相云何？答：随顺解脱，断除系缚，顺空无我，违我我所，显无我理，遮数取趣，背杂染向清净河流，转赞还灭，舍生死得涅槃，摧破一切外道邪论，成立一切佛法正论。"

※三法印。

（二）卷五云："暖、顶位虽别作意，别观诸谛，而于中间修总行相，总观诸谛。谓观一切有漏皆苦，观一切行皆无常，观一切法皆空无我，惟观涅槃是真寂静。"

※生灭来去不同。

（三）卷七云："有说生灭观为真实作意。问：若尔，诸行实无来去，见有来去，云何真实？答：此观未成，见有来去。成时但见生灭，不见有去来相。如舞独乐，缓见来去，急则不见，旋火轮喻，应知亦尔。"

※五蕴实有。

（四）卷八云："譬喻者说，萨迦耶见无实所缘。彼作是言，萨迦耶见计我我所（原文此为"我"，依意改，录入者注）。于胜义中，无我我所，如人见绳谓是蛇，见杌谓是人等，此亦如是，故无所缘。为止彼执，显示此见实有所缘，故作斯论。问：于胜义中，无我我所，云何此见实有所缘？答：萨迦耶见缘五取蕴，计我我所，如缘绳、杌，谓是蛇、人，行相颠倒，非无所缘。以五取蕴是实有故。"(按：此文甚要，实为三自性说之渊源，而知依他起上无遍计执即圆成实之为一切有部义也）又云："善说法者，亦说诸法常有实体性相我事，何故所见不名为恶，外道亦然，独称恶见？答：善说法者，虽说诸法有实体等，而无作用。外道所说兼有作用。有说善、说法、说诸法生灭相应，依因托缘，和合而生。※（涅槃常乐卷廿八末，广解涅槃名，亦可参考）彼说诸法非因缘生，又非生灭，故外道所起独称恶见。问：何谓为常？答：寂灭涅槃，外道计彼非常。"又云："问：何谓为乐？答：胜义乐惟涅槃，外道谓涅槃苦。"又卷三十三云："诸法性相决定，无有杂乱，恒住自性，不舍自性，涅槃常住，无有变易。"

※法我实有。

（五）卷九云："问：善说法者，亦说诸法常有实体性相我事，而非恶见。何故外道说有实我，便是恶见？答：我有二种：一者，法我；二者，补特伽罗我。善说法者惟说实有法我有性实有，如实见故，不名恶见。外道亦说实有补特伽罗我，补特伽罗非实有，性虚妄见故，名恶见。然诸有者，有说二种；一、实物有，谓蕴界等。二、施设有，谓男女等。有说三种：一、相待有，谓如是事待此故有，待彼故无。二、和合有，谓如是事在此处有，在彼处无。三、时分有，谓如是事，此时分有，彼时分无。有说五种：一、名有，谓龟毛等。二、实有，谓一切法各住自性。三、假有、谓军、林、瓶、衣、舍、车乘等。四、和合有，谓于诸蕴和合施设补特伽罗。五、相待有，谓此彼岸长短事等。”又云：“有说非我行相，其义决定。空行相义不决定，以一切法有义，故空约他性故。有义故，不空约自性故，非我行相无不决定，以约自他俱无我故。由此世友说，我不定说诸法皆空，定说一切法皆无我。问：此二行相有何差别？答：非我行相对治我见，空行相对治我所见。有说观蕴等，非我是非我行相。观蕴等中无我，是空行相。有说于无观无，是非我行相。于有观无，是空行相。有说观自性空是非我行相，观所行空是空行相。”

※心取所缘（有为相）。

（六）卷十二云：“问：心心所法于所缘所依定者，彼于何位取所缘耶？答：诸有为法性羸劣故，不自依故，依他转故，无作用故，不自在故。若遇所依所缘和合，即于彼位能取所缘，惟于灭时有此和合。有说生时是未来世，未来诸法无作用故，不能取所缘。灭时是现在世，现在诸法有作用故，能取所缘。”

※无为法。

（卷三十九云：“有为法有生住灭，无为异彼，说不生等，非谓别有不生等相。”）

（七）卷二十一云：“我说诸因以作用为果，非以实体为果。又说诸果以作用为因，非以实体为因。诸法实体恒无转变，非因果故。然无为法，名能作因，但不为障，非能办果。又有为法互为能作因，亦以彼为增上果。有为法与无为法不尔，无为法与无为法亦不尔。无为法与有为法虽为能作因，而不以彼为增上果。以无取果与果用故。问：何故有为法有因果？无为无耶？答：有为法流转世，故有作用，故有生灭，故有三相。性羸劣，故有因果。无为不尔，故无。”

※唯心。

又云：“问：器世界物一切有情共业所起，于中若有般涅槃者，何故此物不减少耶？世友说，若物是彼士用果及近增上果，亦有减少。是彼远增上果，故无减少。又如富贵者，虽已命终，而彼宫殿、园林、象、马不随没。是余有情业力持故，此亦如是。”

※无常。

（八）卷三十一云：“云何无常灭？答：诸行散坏，破殁亡退，是谓无常灭。

此中散坏破殁亡退，文字虽有差别，而同显无常灭。又诸行散等言，非如散穀豆等，令往异处，但显由无常灭，无复作用。又散等言，不显诸行自性灭坏，但显诸行由无常灭，无复作用，谓有为法自性恒有，由生相故，有作用起，由灭相故，无复作用，名为散坏破殁亡退。”

※境实我假。

（九）卷五十六云：“阿毗达磨诸论师言，所系事是实，能系结亦实，补特伽罗是假。犊子部说所能系事、结、补特伽罗皆实。譬喻者说能系结实，所系事假，补特伽罗亦假。问：彼何故说所系事是假耶？答：彼说有染与无染，境不决定，故知境非实。谓如有一端正女人种种庄严来入众会，有见起敬，有见起贪，有见起瞋，有见起嫉，有见起厌，有见起悲，有见生舍。应知此中诸耽欲者，见而起贪。诸怨瞋者，见而起瞋。诸同凡夫，见而起嫉。诸有修习不净观者，见而起厌。诸离欲仙，见起悲愍，作如是念，此妙色相不久当为无常所灭。诸阿罗汉见而生舍。由此故知，境无实体，彼说非理，所以者何？若境非实，应不作缘生心心所，若尔，应无染净品法。补特伽罗定非实有，佛说无我无我所故。”

※法处。

（十）卷七十三云：“达一切法皆空非我，空解脱门在此处摄，故名法处。空解脱门证法实相，是故此处依彼名法。又择灭涅槃是常是善，不变不易，生老病死所不能坏，是胜义法。彼法惟在此处摄故，独名法处。”

※世俗胜义。

（十一）卷七十七云：“四谛皆有世俗胜义，苦集中有世俗谛，可知。苦谛有胜义谛者，谓苦、非常、空、无我理。集谛中有胜义谛者，谓因、集、生、缘理。灭谛中有世俗谛者，佛说灭谛如园、如林、如彼岸等。有胜义谛者，谓灭、静、妙、离理。※（一谛）道谛中有世俗谛者，谓佛说道如船筏等。有胜义谛者，谓道、如、行、出理。又实惟一谛，谓胜义谛。依差别缘，立有二谛，不依实事。若依实事，惟一胜义谛。若依此缘立世欲谛，不依此缘立胜义谛。若依此缘立胜义谛，不依此缘立世俗谛。问：世俗、胜义亦可施设，各是一物，不相杂耶？答：可。世友说能显名是世俗，所显法是胜义。大德说宣说有情、瓶、衣等事，不虚妄心所起，言说是世俗谛。宣说缘性缘起等理，不虚妄心所起，言说是胜义谛。达罗达多说名自性是世俗，此是苦集谛少分。义自性是胜义，此是苦集少分，及余二谛二无为。※（中道）又云：“知有集法，皆有灭法。集故非断，灭故非常。非断非常，契于中道。”

※释十六行。

（十二）卷七十九云："伤痛逼迫，如荷重担，违逆圣心名苦。由二缘故名非常，一由所作，二由属缘。由所作者，诸有为法一刹那顷能有所作，第二刹那不复能作。由属缘者，诸有为法系属众缘，方有所作，违我所见故名空，违于我见故名非我。如种子法，故名因。能等出现，故名集。令有续起，故名生。能有成办，故名缘。取蕴永尽，故名灭。有为相息，故名静。是善是常，故名妙。最极安隐，故名离，是离自体，非有离故。违害邪道，故名道。违害非理，故名如。趣涅槃宫，故名行。能永超度，故名出。是能出性，非没性故，又粗重所逼故名苦。性不究竟故名非常。内离士夫作者受者，遣作受者故名空。性不自在，故名非我。引发诸有，故名因。令有等现，故名集。能有滋产，故名生。有所造作，故名缘。性不相续，尽诸相续，故名灭。三火永寂，故名静。脱诸灾横，故名妙。出众过患，故名离。是出要路，故名道。能契正理，故名如。能正趣向，故名行。永超生死，故名出。"

※涅槃善常。

（十三）卷九十八云："真乐净者，谓灭道谛。灭道二谛俱是真胜，一切法中涅槃最胜，是善是常，超余法故。有为法中圣道最胜，能永超越生死法故，一切随眠不随增故。如有颂言：灭于诸法胜，道于有为胜。一切有情中，如来为最胜。"

※重三摩地。

（十四）卷一百零五云："有三重三摩地，谓空空三摩地，乃至无相无相三摩地。《施设论》说：云何空空三摩地？谓思惟有漏有取诸行，皆悉是空，观此有漏取诸行空，无常恒不变易法，我及我所。如是观时，无间复起心心所法，思惟前空观亦复是空。观此空观亦空，无常恒不变易法，我及我所，如人积聚众多柴木，以火焚之，手执长竿周旋敛拨，欲令多尽。既知将尽，所执长竿亦投火中，烧令同尽。

"云何无愿无愿三摩地？谓思惟有漏、有取、诸行皆悉无常，观此有漏，有取、诸行非恒非常，是变易法。如是观时无间复起心心所法，思惟前无常观亦复无常，观此无常观亦非常非恒，是变易法，喻如前说。

"云何无相无相三摩地？谓思惟择灭皆是寂静，观此弃舍诸依爱尽离灭涅槃。如是观时，无间复起心心所法，思惟寂静，观非择灭亦是寂静。观此非择灭亦无生等，喧杂法故，喻如前说。

"应知彼论所说义者，谓先起空定，观五取蕴为空。后起空空定，观前空观亦为空，谓观空者亦是空故。先起无愿定，观五取蕴为无常，后起无愿无愿定，观前无愿观亦是无常，谓观无常者，亦是无常故。先起无相定，观择灭为寂静，后起无相无相定，观无相观亦是寂静。谓观寂静者，非择灭亦是寂静，三有为相皆寂静故。如旃荼罗积集柴木烧死尸时，手执长竿敛拨令尽，后亦烧竿。

“空三摩地有二行相，空空三摩地惟有空行相，所以者何？惟空行相，圣道后现在前故，谓空行相与有相违，能令有情速舍生死。此重空定厌背圣道，尚能舍圣道，况不舍生死，故惟空行相圣道后现在前。问：何故此定不作非我行相耶？答：若见诸法非我。不见为空者，虽厌生死而非增胜。若见为空，则于生死厌力增胜，由此不作非我行相。

“无愿三摩地有十行相，无愿无愿三摩地惟有无常行相，所以者何？惟无常行相圣道后现在前故，谓无常行相与有相违，能令有情速舍生死。此重无愿定厌背圣道，尚能舍圣道，况不舍生死。故惟无常行相圣道后现在前。问：何故此定不作苦行相耶？答：圣道非苦故。无相三摩地有四行相，无相无相三摩地惟有静行相，所以者何？惟静行相圣道后现在前故。”

※有情假有。

（十五）卷一三七云：“有情者，谓谛义胜义有情不可得，非实有体。然于界处蕴中，假想施设，说为有情。捺落意生，儒童养者补特伽罗命者生者，故名有情。”

※寂为乐。

（十六）卷一九一云：“佛语义言，我成佛未久，已作是说。诸行无常，有生灭法，以起尽故，彼寂为乐。”

十一、《杂阿毗昙心论记》

※知真实。

※又《论品》末云：“世间宝易得，慧宝甚难获，是故应勤学，渐入甚深智。正解涅槃路，邪惑生死径，慧能灭痴暗，如日除幽冥，为求解脱故，当勤修智慧。”

（一）《序品》云：“问：已知久远缘起根本阿毗昙、毗婆沙说彼对治，何故说真实义？答：为知真实义故。若不分别诸论，难可了知。以不知故，实智不生。实智不生，故不知真实。不知真实，故不见烦恼诸行过恶。以不见恶过，故堕于恶趣。与彼相违，则生天解脱。”

※法入。

（二）《界品》云：“问：一切十二入尽是法性，何故但说一法入？答：彼一切诸法虽尽是法入，法中众多，故一法入非余。彼一切虽尽是法入，但一入中众多法故，谓色法、无色法，相应、不相应法，有为、无为法。是故但说一法入。又三有为相，彼法相不相违。彼入法入中，是故但说一法入。又一切诸法以名显现，彼名入法入中。法者真实相，谓空解脱门，以前法觉法故。是空入法入中，身见能自觉者不然颠倒转故。法者第一义，谓寂灭涅槃，是法入法入中。”

※得三解脱门种子。

（三）《贤圣品》云：“观察色犹如猛风飘散积沙，于无色法先后相续，异分观察。如是观者，得空解脱门种。于彼生死厌离不乐，得无愿解脱门种子。于生死不乐已，正向涅槃，得无相解脱门种子。”※（总观四念处）又云：“一切身、受、心、法念处，一觉总观，度此云何？此四是无常、空、无我、非乐，以无常等行相，总观一切有漏法。彼念念灭故无常，离常等故空，不自在故无我，实逼迫故苦。”

※三三昧种类。

（四）《定品》云：“三三摩地，空、无愿（无愿应言无实，此附注文，按口气乃译者加）、无相。彼善心平正故说三摩提。彼定者二种谓有无漏。若有漏者一切法缘，若无漏者有漏缘。此复九种，谓内、外、内外、有为、无为、有无为、无事、第一义、空空。内空者，谓内入空，作无我思惟，乃乃有无为亦如是。无事空者，谓无彼彼物。第一义空者，谓眼起时无所从来，灭时无所至。如是比说，空空者，谓有漏，空于无漏空作空空思惟。无愿亦二，谓有无漏 ，俱二种缘，随其义说。彼复五种，谓内等三及有为无愿、无愿无愿。有为无愿者，于有为法，以有无漏无愿作无常等行思惟。余如空说，无相有有无漏二种。复四种，谓于内入数灭，以有无漏作灭止妙出无相思惟。如是外及内外无相亦无相。”

※缘生。

（五）《杂品》云：“彼彼缘和合等生，故说从缘生。生余法故说因，由因力故说有因。因缘等作，故说有为。”（按：此与《心论经》及《心论》合）又云：“烦恼灭故说涅槃。无边说故言非说，胜一切※（涅槃、无生等）法故说最胜，智果故说智，不动故说无生，在解脱道边故说边，出一切法故说出，离无常等过故说妙。”※（重三摩地）又云：“问：空空何行、何自性、何缘，何地摄耶？答：空行有垢，住是说为空空，说无学境界在于十一地。空行生已，空空后起。空行观五盛阴空，彼空空起于彼空思惟空。如人烧死尸时，执杖转侧，然后烧杖。彼亦尔。有垢者，谓有漏义，击（宋元明本作系）圣道故，空空击圣道，不以圣道击圣道，以无漏厌行不缘无漏故。住者，三昧自性。空空者，于空行空义。无学境界者，以无学为缘义，谓无学空行是彼缘。又说，缘空行俱生五阴。十一地者，有漏故，普境界故。空空十一地，欲界乃至非想非非想处。问：云何无愿无愿？答：行于无常行，是无愿无愿，俱在于不动，欲界余如前。无常行相应无愿，观五盛阴无常，于彼起无愿无愿。思惟无愿无常，若苦行者，则为颠倒，圣道非苦性故。亦非因等，行与圣道相违故。（以无愿无愿与圣道相违故，不作因等行。）若作因等行者，应顺圣道。然彼击圣道，以违圣道故，亦不作道等行。以道等行乐道故，俱在于不动者，谓空空、无愿无愿，是不动罗汉能现在前三昧。有势力故，离烦恼故。谓无相无相，彼行于寂止，行于无记灭，余则如前说。无相者，于数灭观寂止，于彼后起无相无相行，义言汝非数灭亦寂止。问：彼何缘？答：行于无记，灭非数灭，是彼缘是无记。亦不起非数灭，不起如前说。以是义故，不说灭行。”(又有如《婆沙》说，又前说十行相等亦尔。确如《遗珠集》评)

※三皈。

（六）《择品》云：“问：三宝各二种，佛有二种身，谓生身及法身。法亦二种，谓第一义涅槃法及一切无我法。僧亦二种，谓第一义僧及等僧。为归何等？答：皈依彼诸佛所得无学法，涅槃无上法僧学无学法。诸佛所成就无学法名佛，皈者皈佛所得无学法名皈佛。不皈佛所成就无诤等诸有漏法，自性不解脱故。以是故，当知亦除生身，皈依爱尽名皈法，善故常故。当知除余法，以余法无善及常故。皈依僧所得学无学法，名皈僧。不皈僧所成就非学非无学法及生身，以有漏故。亦非等僧，可坏故。”

十二、《阿毗达磨俱舍论记》

※二乘未断，不染无知。

（一）《分别界品》之一云：“诸无知能覆实义及障真见，唯佛世尊得永对治，于一切境一切种冥证不生法，故称为灭。声闻、独觉虽灭诸冥，以染无知，毕竟断故非一切种。所以者何？由于佛法极远时处及诸义类无边差别不染无知，犹未断故”《光记》一云：“一切种冥灭，断不染无知，得非择灭。此显智德。诸冥灭，断染污无知，得择灭，此显断德。※（胜义法唯涅槃）又《分别业品》之六云：“解脱涅槃亦名无上，以无一法能胜涅槃，是善是常，超众法故。”（考《顺正理》卷三十六《显宗》十八）又云：“若胜义法唯是涅槃，若法相法通四圣谛。”(《光记》卷一云：“是善常故名胜，有实体故名义。”《宝疏》（一）云：“法相法中是善是常，名胜义法，亦名涅槃，是极圆寂胜义善故。又持自相，常无改变。”）又《分别业品》之一云：“胜义善者，谓真解脱，以涅槃中最极安稳，众苦永寂，犹如无病。”

※有离。

（二）又云："色等五蕴具摄有为，众缘聚集，共所作故，无有少法一缘所生。此有为法亦名世路，已正当行性故，或为无常所吞食故，或名言依，言谓语言，此所依者，即名俱义，或名有离。离谓永离，即是涅槃。一切有为有彼离故。"（《宝疏》卷一云："是故圣道亦应舍离……即是有能舍之涅槃也。"《义钞》卷一云："今据至无余涅槃岸，即有漏无漏皆可舍。"）

※无为实。

（三）《分别界品》之二云："实谓无为，以坚实故。此法界摄，故唯法界独名有实。"（《义钞》卷二云"实事有二：一、有体名实，即一切有为法不取。二、不被四相迁名实，此取。"）

※说心为我。

（四）又云："我执依止，故假说心为我。"（《光记》卷二云："我执谓我见，依止谓心心所，与我见相应，故名我执依止。心是我依，假名为我。余心虽非我见相应是彼心类亦得我名。又解我执有二：一、迷执谓即我见，但缘有漏。二者取执谓一切心于境，自在执取前境，皆名我执。二、执所缘虽通诸法心强胜故，偏名依止，故于此心，假说为我。此解依止遍通诸心。《正理》（六）解心为我云，恒于自内境自在行故。若作俱舍师破，不异我前之后解也。"）（更考《宝疏》（二）有破普光之说及决择）（《泰疏》卷二云："众生多执心王为我，心王我执所依止，故佛假说心为我。"）

※无我观。

（五）又云："无一法界不于其中已正当生无边意识，由诸圣者决定生心，观一切法皆为无我。"（《麟记》卷二云："若无常观唯通有为，不通无为，故不言无常观也。余观更狭，故并不言。"）

※无常及常。

（六）又云："十八界中无有一界全是常者，唯法一分无为是常。"

※诸行四相。

（七）《分别根品》之二云："心与心所必定俱生，随阙一时，余则不起。诸行即是一切有为，谓色、心、心所、心不相应行。色等诸行生时，必与有为四相俱起。"又《分别根品》之三云："颂曰，相谓诸有为，生住异灭性。论曰，由此四种是有为相法，若有此应是有为，与此相违是无为法。此于诸法能起名生，能安名住，能衰名异，能坏名灭，性是体义。"

※经部有部之论无为。

（八）《分别根品》之四云："此法自性实有，离言唯诸圣者各别内证，但可方便总相说言是善是常，别有实物名为择灭，亦名离系。经部师说，一切无为皆非实有。如色受等，别有实物，此所无故。若尔，何故名虚空等。唯无所触说名虚空，谓于暗中无所触对，便作是说。此是虚空，已起随眠生种灭位由拣择力，余不更生，说名择灭。离拣择力，由阙缘故，余不更生，名非择灭（此下有述破二部说择灭、非择灭）。非择为先方有择灭，如何择灭亦是无常，所以者何？非先有择，后未生法，方有不生。何者？不生本来自有，若无拣择诸法应生。拣择生时，法永不起。于此不起，择有功能。谓于先时未有生障，今为生障，非造不生。若唯不生，是涅槃者，经言五根若修若习，若多修习，能令过、未、现众苦永断。此永断体，即是涅槃。唯于未来有不生义，非于过、现，岂不相违？虽有此文，而不为违义，过、现二世所起烦恼，为生未来诸烦恼，故于现相续引起种子。此种断故，彼亦名断。若异此者，过、现何缘须断？非于已灭及正灭时，须设劬劳，为令其灭。我亦不说诸无为法，其体都无，但应如我所说而有。如说此声，有先非有，有后非有，不可非有说为有故，有义得成。说有无为，应知亦尔。有虽非有，而可称叹，故诸灾横毕竟非有，名为离染。此于一切有非有中最为殊胜，为令所化深生欣乐，故应称叹此为第一。若无为法，其体唯无，空涅槃识应缘无境。此缘无境亦无有过，辩去来中当广思择。许实有朋虚妄计是名为失，由得对治，便获永违烦恼，后有所依身故，名得涅槃。复有圣教能显涅槃，唯以非有为其自性。谓契经言，所有众苦皆无余断，各别舍弃，尽离染灭静息永没，余苦不续不取不生。此极寂静，此极美妙，谓舍诸依及一切爱尽离染灭，名为涅槃。经说喻言如灯焰，涅槃心解脱亦尔。此经意说如灯，涅槃唯灯焰谢，无别有物。如是世尊，心得解脱，唯诸蕴灭，更无所有。阿毗达磨亦作是言。无事法云何谓诸无为法？言无事者，谓无体性。毗婆沙师不许此释，彼言事者，略有五种。于此说因名事，显无为法都无有因，是故无为虽实有物常无用故，无因无果。”（《光记》卷六云，经部述破二部说，一为上座部，一为大众部。慧按：据论文口气，论主意朋经部，而《光记》等无说）

又《分别根品》之五云：“问：颇有法于法全非四缘不？答：有，谓自性于自性于他性亦有，谓有为于无为，无为于无为。”

※诸蕴假我，无始有终。

（九）《分别世品》之二云：“此中外道执我者言，若许有情转趣余世，即我所执有我义成。汝等所执我为何相？能舍此蕴，能续余蕴，内用士夫，此定非有。如色眼等，不可得故。世尊亦言有业有异熟，作者不可得。谓能舍此蕴及能续余蕴，唯除法假。法假谓何？依此有彼有此生彼生，广说缘起。若尔，何等我非所遮？唯有诸蕴，谓唯于蕴假立我名，非所遮遣。若尔，应许诸蕴，即能从此世间转至余世蕴刹那灭于转无能，数习烦恼业所为故，令中有蕴相续入胎。譬如灯焰，虽刹那灭，而能相续转至余方。诸蕴亦然，名转无失，故虽无我而由惑业，诸蕴相续入胎义成，次第转增至根熟位。复起烦恼，积集诸业，由此身坏，复有如前，中有相续，更趣余世。如是惑业为因故生，生复为因，起于惑业，更复有生。故知有转旋环无始，若执有始，始应无因。始既无因，余应自起。现见芽等因种等生，由此定无无因起法，说常因论，如前已遣。是故生死决定无初，然有后边。由因尽故，生依因故，因灭坏时，生果必亡，理定应尔。如种灭坏芽必不生。”(慧按：无初者，法尔义。故有终，不然。无始有终，常懵斯理。昔人已作如是问矣。思之。《宝疏》卷九云：“若执有始者，此破弥沙塞部众生有始及破无因外道。《光记》卷九云：“有外道计或化地部计初念法不从因生，第二念已去，方从因生。”)

※无记心入涅槃。

(十)《分别世品》之三云：“非在定心有死生义，亦非无心有死生义。以无心位命必无损。又无心者不能受生，以无因故。离起烦恼，无受生故。虽说死有通三性心，然入涅槃唯二无记。若说欲界有舍异熟，彼说欲界入涅槃，心亦具威仪异熟无记。若说欲界无舍异熟，彼说欲界入涅槃心但有威仪，而无异熟。何故唯无记得入涅槃？无记势力微，顺心断故。”(按：上文有云：死生唯许舍受相应，舍相应，心不明利故。余受明利，不顺死生。又此二时，唯散非定。”慧意此应更为决择，不然人且将谓散心入涅槃也。《光记》十云：“问：二受望舍强，不得有死生，善染亦望无记强，应无有死生。解云，舍体通三性，善染容有死生。有无舍异熟，初说为正。”)

又《分别业品》之一云：“胜义无记谓二无为，以太虚空及非择灭，唯无记性，更无异门。”

※四谛次第及体辨※注：考《正理》卷五十七，《显宗》卷二十九。

(十一)《分别贤圣品》之一云：“四谛次第随瑜伽师现观位中，先后而说，何缘现观次第必然。加行位中如是观故。此现观名为目，何义？应知此目现等觉义，何缘说此唯是无漏？对向涅槃正觉境故。此觉真净，故得正名，应知此中果性取蕴，名为苦谛。因性取蕴，名为集谛。由此苦集因果性分，名虽有殊，非物有异。灭、道二谛，物亦有殊。”(《宝疏》卷二十二云：“物亦有殊者，出灭道谛体，灭是择灭无为，道是有为无漏，故物有殊。”)

※世俗胜义。

(十二)又云：“若彼物觉彼破便无，彼物应知世俗谛。如瓶被破为碎瓦时，瓶觉则无，衣等亦尔。又若有物以慧析余彼觉便无，亦是世俗。如水初慧析色等时，水觉则无。火等亦尔，即于彼物未破析时，以世想名施设为彼。施设有故，名为世俗。依世俗理，说有瓶等，是实非虚，名世俗谛。若物异此，名胜义谛。

谓彼物觉彼破不无，及慧析余彼觉仍有。应知彼物名胜义谛，如色等物碎至极微，或以胜慧析余味等，彼觉恒有，受等亦然。此真实有，故名胜义。依胜义理，说有色等，是实非虚，名胜义谛。先轨范师作如是说，如出世智及此后得世间正智所取诸法，名胜义谛。如此余智所取诸法，名世俗谛。”（按：论文口气，后说为正，而诸家无评。《宝疏》且以为经部异师释）

※自共相。

（十三）《分别贤圣品》之二云：“如何修习四念住耶？谓以自共相观身受心法，身受心法各别自性，名为自相。一切有为皆非常性，一切有漏皆是苦性，及一切法空非我性，名为共相。”（《晖疏》卷二十三云：“非常通道谛也。苦唯苦集谛也。空非我通四谛，及虚空非择灭也。”）

※四谛行相。

（十四）《分别智品》之一云：“苦圣谛有四相，待缘故非常，逼迫性故苦，违我所见故空，违我见故非我。集圣谛有四相，如种理故因，等现理故集，相续理故生，成办理故缘。譬如泥团轮绳水等众缘和合，成办瓶等。灭圣谛有四相，诸蕴尽故灭，三火息故静，无众患故妙，脱众灾故离。道圣谛有四相，通行义故道，契正理故如，正趣向故行，能永超故出。又非究竟故非常，如荷重担故苦，内离士夫故空，不自在故非我，牵引义故因，出现义故集，滋产义故生，为依义故缘，不续相续断故灭，离三有为相故静，胜义善故妙，极安隐故离，治邪道故道，治不如故如，趣入涅槃宫故行，弃舍一切有故出。如是古释，既非一门，故随所乐，更为别释。生灭故非常，违圣心故苦，于此无我故空，自非我故非我。因、集、生、缘，如经所释。谓五取蕴以欲为根，以欲为集，以欲为类，以欲为生。唯此生声，应在后说，与论为异。此四体相差别云何？由随位别四欲有异，一、执现总我起总自体欲，二、执当总我起总后有欲，三、执当别我起别后有欲，四、执续生我起续生时欲。或执造业我起造业时欲。第一于苦是初因，故说名为因，如种子于果。第二于苦等招集故，说名为集，如芽等于果。第三于苦为别缘故，说名为缘，如田等于果。谓由田水粪等力故，令果味势熟德别生。第四于苦能近生，故说名为生，如华蕊于果。或如契经说有二五二四爱行为四种欲执现总我有五种异：一、执我现决定有，二、执我现如是有，三、执我现变异有，四、执我现有，五、执我现无。执当总我亦有五异；一、执我当决定有，二、执我当如是有，三、执我当变异有，四、执我当有，五、执我当无。执当别我有四种异：一、执我当别有，二、执我当决定别有，三、执我当如是别有，四、执我当变异别有。执续生我等亦有四种异；一、执我亦当有，二、执我亦当决定有，

三、执我亦当如是有，四、执我亦当变异有。流转断故灭，众苦息故静。如说比丘诸行皆苦，唯有涅槃最为寂静。更无上故妙，不退转故离，如正道故道，如实转故如，定有趣故行。如说此道，能至清净，余见必无至清净理，永离有故出。又为治常乐我所我见，故修非常苦空非我行相。为治无因一因变因知先因见，故修因集生缘行相。为治解脱是无见，故修灭行相。为治解脱是苦见，故修静行相。为治静虑及等至乐是妙见，故修妙行相。为治解脱是数退堕非永见，故修离行相。为治无道邪道余道退道见，故修道如行出行相。”(《光记》卷二十六谓，因集生缘至与论为异者，论主述经部解，由随位别，至如华蕊于果者，经部答。《宝疏》卷二十六则仅曰：引经释集谛。《麟记》卷二十六云：准论释十六行相，总有四番。两番是古释，两番是论主释)

※三三摩地及重三。

(十五)《分别定品》之一云：“空三摩地谓空非我二种行相相应等持，无相三摩地谓缘灭谛四种行相相应等持。涅槃离十相，故名无相，缘彼三摩地，得无相名。十相者何？谓色等五，男女二种，三有为相。无愿三摩地谓缘余谛，十种行相相应等持，非常苦因，可厌患故。道如船筏，必应舍故。能缘彼定，得无愿名，皆为超过现所对故。空非我相非所厌舍，以与涅槃相相似故。此三各二种，谓净及无漏，世出世间等持别故。世间摄者，通十一地。出世摄者，唯通九地。于中无漏者，名三解脱门，能与涅槃为入门故。契经复说三重等持，一、空空，二、无愿无愿，三、无相无相。其相云何？此三等持缘前空等，取空等相故，立空空等名，空空等持，缘前无学空三摩地，取彼空相。空相顺厌胜非我故，无愿无愿缘前无学无愿等持取非常相，不取苦因等，非无漏相故，不取道等为厌舍故。无相无相即缘无学无相三摩地，非择灭为境，以无漏法无择灭故，但取静相非灭妙离，滥非常灭故是无记性，故非离系果故。此三等持，唯是有漏厌圣道故，无漏不然。”

※我假。

(十六)《破执我品》云：“虚妄我执所迷乱，故诸所执我非即于蕴相续假立，执有真实，离蕴我故。由我执力，诸烦恼生。三有轮回，无容解脱，以何为证知诸我名唯召蕴相续，非别目我体，于彼所计离蕴我中，无有真实现比量故。于离蕴我二量都无，由此证知无真我体。”又云：“佛经中谓，唯于诸蕴说补特伽罗，《如人契经》作如是说，眼及色为缘生于眼识，三和合触俱起受想思。于中后四是无色蕴，初眼及色名为色蕴，唯由此量说名为人，即于此中随义差别，假立名想。或谓有情不悦意生儒童养者命者生者补特伽罗，亦自称言我眼见色，复随世俗说此具寿有如是名，如是种族，如是姓类，如是饮食，如是受乐受苦，如是长寿久住，如是寿际。比丘当知此唯名想，此唯自称，但随世俗，假施设有。如是一切无常有为，从众缘生，由思所造。世尊恒敕依了义经，此经了义，不应异释。世尊于《杂阿笈摩》中为婆罗门婆柁黎说，婆柁黎谛听，能解诸结法，谓依心故染，亦依心故净。我实无我，性颠倒故执有。无有情无我，唯有有因法，谓十二有支所摄蕴处界，审思此一切无补特伽罗。既观内是空观，外空亦尔。能修空观者，亦都不可得。"(《光记》卷三十解触揽三成无别体，谓"论主以经部义破不同说一切有宗，触有别体。")(《宝疏》卷二十九云："我有二种：一、五蕴聚集，假名为我，不违教理，论主又破。二、或即蕴离别执一物以为实我，违教理故破。")(《晖疏》伪释云："修空观亦复不可得者，是佛世尊于小乘经密谈大乘真空之理，于是尽矣。"余如《遗珠集》庚卷三十一说）又云："执真我为有，则为见牙伤。拨俗我为无，便坏善业子。复说颂曰：由实命者无，佛不言一异，恐拨无假我，亦不说都无。谓蕴相续中，有业果命者，若说无命者，彼拨此为无，不说诸蕴中，有假名命者，由观发问者，无力解真空。如是观筏蹉，意乐差别故，彼问有无我，佛不答有无。今应诘问，计有我者，佛何缘记有现补特伽罗，不记如来死后亦有。彼言恐有堕常失故，若尔，何缘佛记慈氏，汝于来世当得作佛，及记弟子身坏命终，某甲今时已生某处，此岂非有堕常过失？若佛先见补特伽罗，彼涅槃已便不复见，以不知故不记有者，则拨大师具一切智。或应许不记，由我体都无。若谓世尊见而不说，则有离蕴及常住过。若见非见，俱不可说，则应渐言不可说，佛是一切智非一切智。若谓实有补特伽罗，以契经言谛故住故，定执无我者，堕恶见处故。此不成证，彼经亦说定执有我者，堕恶见处故。阿毗达磨诸论师言执我有无俱边见摄如次，堕在常断边故。彼师所说深为应理，以执有我则堕常边。若执无我便堕断边，若定无有补特伽罗，为可说阿谁流转生死？不应生死，自流转故。应定有补特伽罗，由舍前蕴取后蕴故。如是义宗，前已征遣。如燎原火，虽刹那灭，而由相续说有流转。如是蕴聚假说有情爱取为缘，流转生死。"(伪《晖疏》云："执真我为有颂，经部师中鸠摩罗多颂，由实命者，无颂论主颂。"乃本《光记》卷三十说也)

十三、《顺正理论记》

※心导世间有受想等。

（一）《顺正理论》卷二云："心能导者，如契经说心导世间。此中非无受想等法，以心胜故，作如是说。云何说思能造有为？谓有胜能引生果故，果虽本有而少分生。※（实体本有，非他所造）此能随引，故立为造。彼上座言，造有为者，谓思能造本无有为。如织者言，我持此缕织作裳服，此亦应尔。如是所说理必不然，有依无依不同法故。彼意谓思如能织者，本无有为，谓如裳服，裳服所依缕无所喻。若许未来有为体有无少分用，造义等成。上座缕喻显有未来，或所立喻有言无义。对法诸师说假有法本无今有，可为此喻。若执实体亦是本无，彼定不应立如是喻。又彼应说假实异相，若有异者，则无譬喻。若无异者，便似空花。”※（贪等非业）（按：此云有为本有，非思所造，已与《婆沙》之说一切有者不同，亦即执实之见更为坚定。萨婆多至此而极尽其变，亦即益见其为非佛法。）又云：“贪瞋邪见，体虽非业，业资粮故，亦说为业。”

※识非能了。

（二）又卷三云：“识谓了别者，是唯总取境界相义，各各总取彼彼境相，各各了别。有余师说，唯于法性假说作者（按：即于法性之上假说作者。），为遮离识有了者计。何处复见唯于法性假说作者，现见说影为动者故。此于异处无间生时，虽无动作而说动者，识亦如是。于异境界相续生时，虽无动作而说了者，谓能了境，故亦无失。云何知然？现见余处遮作者故。如世尊告颇勒具那，我终不说有能了者。（按：此说无，恐就第一义说，执以论世谛，益见其误解佛法。）复有说言，刹那名法性，相续名作者，自意所立思（明本作界），缘起中当更显示。”

※实法。

（三）又卷四云：“愚夫长夜于色等境，妄执常等真实性相，是故如来教圣弟子如实观彼，离诸妄执。谓去来今六识所识，如彼妄执常等都无，皆是虚伪妄失之法。此显妄执所取境虚，不显所缘皆非是实。”又云：“若一切唯有假说，便为安住坏法论宗。”又云：“非于假有补特伽罗瓶等法上有差别说，唯于实有色等法上有自共相差别说故。”又云：“世尊曰言，一切者，谓十二处。此胜义有，余皆虚伪。世尊不应依不实法说胜义有，又亦不应唯证假有成等正觉。空华论者，可说此言，称佛为师，不应党此。”（按：上所录，《显宗》皆无。可知《显宗》不过简括《正理》中名相之解释，精神所在，还须于《正理》中求之）

※说心为我非心所。

（四）又卷六云：“说心为我，恒于自境自在行故。我谓于自境常自在行，心曾无有时不行自境。故一切心皆名为我，非诸心所亦得我名，意为上首故。经说独行故，彼要依心能行境故。”（《显宗》无。）

※圣道断。

（五）又卷九云：“岂不圣道亦所断耶？如契经言，应知圣道犹如船筏，法尚应断，何况非法？此非见修二道所断，入无余依涅槃界位舍故名断。”（此《显宗》

有，《俱舍》无）

※涅槃有体。

（六）又卷十七云："涅槃实非如色受等，及眼耳等，体用可得。然有异彼体用可知。色等有为依自相续，体用粗显易可了知。然彼涅槃不依相续体用微隐，难可了知。要具精勤胜观行者，修所成慧正现前时，方证涅槃真实体用。从观出已，唱如是言，奇哉涅槃，灭静妙离，非诸盲者不了青黄，谓明眼人亦不见色，或复纵汝知与不知，但许涅槃可名为有。则应定许体实非无，离有实物，有不成故。又相即体，涅槃既有灭静等相，有体义成。是故定应离苦集道有涅槃体常实义成。"

※无实我。

（七）又卷廿四云："无有实我能往入胎，所以者何？知色眼等自性作业不可得故。托所依缘识等起位所执别用实我不成，别用既无，又无自性明了可得，如兔角等，如何执有内用士夫。世尊亦遮所执实我是作受者，能往后世，故世尊言有业有异熟，作者不可得。谓能舍此蕴及能续余蕴，乃至广说。复如何知所执实我是作者等实不可得，为体无故，为体实有？

"有不得因无得因故，我宗定许由我体无，故不可得，非余因故。诸起我执无过四种：一、执有我即蕴为性，二、执异蕴住在蕴中，三、执异蕴住异蕴法，四、执异蕴都无所住。如是四种执我有实而不可得，皆不应理。虽无实我而于蕴中随顺世间，假说为我。何缘知说我唯托蕴非余？以染及净法，唯依蕴成故，谓我实无，以诸杂染，但依诸蕴刹那相续。由烦恼业势力所引，中有相续，得入母胎，至根熟位，观内外处，贪等增长种种诸业，由此惑业复有如前，故知有轮旋环无始。若执有始，始应无因。始既无因，余应自起。无异因故，现见相违。由此定无无因起法，无一常法少能为因，是故生死决定无初。犹如穀等，展转相续，然有后边。由因尽故，如种等尽，芽等不生。生死既无，究竟清净。故染及净，唯依蕴成，执有实我，便为无用。"（《显宗》卷十三同）

※缘起，缘已生。

（八）又卷二十八云："缘起名定于因果相属中立，故佛于彼《胜义空经》说，此中法假谓无明缘行，乃至生缘老死，以非胜义，故立假声，即目因果更相属义。诸支果分说缘已生，如是一切，二义俱成。诸支皆有因果性故，虽因果体实体无别，而义建立非不极成，以所观待有差别故。谓若观此名缘已生，非即观斯复名缘起，譬如因果父子等名。然此契经说有密意，阿毗达磨无密意说。何等名为此经密意？谓薄伽梵，密显生死无始有终，说斯二句。言缘起者，显生死流无始时来旋环无断，故说顺逆诸支相生。缘已生者，为显生死，若得对治有终尽期，谓若有缘，后更续起。如其缘阙，后不续生，由是经言作苦边际。又经中说缘起是假，因果相属，无自性故。说缘已生，其体是实，是彼依故，如瓶所依。阿毗达磨说二皆实因果，二体俱实有故。”(《显宗》卷十四同)

※无记心入涅槃。

（九）又卷三十云：“虽死有心，实通三性，而阿罗汉必无染心。虽有善心及二无记，而强盛故不入涅槃。入涅槃心，唯二无记，谓威仪路或异熟生。若说欲界有舍异熟入涅槃，心通二无记。若说欲界无舍异熟入涅槃，心但威仪路，必无离受而独有心。《辩业品》中当广思择。劣善何故不入涅槃？以彼善心有异熟故，诸阿罗汉厌背未来诸异熟果，入涅槃故。若尔。住异熟应不入涅槃。不尔，已简言厌背未来故。何不厌背现在异熟？知依现异熟，永断诸有故。依现异熟证无学果，知彼有恩，不深厌患。诸阿罗汉深厌当生，故命终时避彼因善。唯二无记，势力劣故。顺于昧劣相续断心，故入涅槃，唯二无记。”(《显宗》卷十五同)

※有相。

（十）又卷五十云：“为境生觉，是真有相。此总有二：一、实有，二、假有。以依世俗及胜义谛而安立故。若无所待于中生觉，是实有相，如色受等。若有所待于中生觉，是假有相，如瓶军等。有余于此更立第三，谓相待有。如此彼岸，此即摄在前二有中，名虽有殊，所目无异。又彼所执违经，经唯说二故。实有复二：一、唯有体，二、有作用。此有作用复有二种：一、有功能，二、功能阙。由此已释唯有体者。假有亦二：一、依实，二、依假。此二如次，如瓶如军。诸圣教中总集一切说有言教，略有四：一、实物有，二、缘合有，三、成就有，四、因性有。如经说有色无常，我于其中等随知见，是实物有。如经说要由有树方得有影，是缘合有。如经说非有爱者，名有眼人，是成就有。如经说此有故彼有，此无故彼无，是因性有。如经说无有淤泥，如诸欲者，设欲施设终无理趣。如是等教，等毕竟无。譬喻论者言，此亦未为真实有相，许非有亦能为境生觉故。”此下广破，有谓：“执有觉缘无而生，违背理教，极为疏野。”云云。及破经主，朋附上座之说，此皆甚要。由此可以明定有部立有所以，而后来见相种同别之诤，皆从此来。

※本无今有义。

（十一）又卷五十一云：“本无今有者，显本无集处，从自因缘生。或有欲令因是果藏，故佛说果，因中本无。但由彼因有别果起，或此为显眼根生时，能至本来所未至位，依此义说本无今有。故次复言有已还去，此显起作用牵自果已，还去至如本无作用位。若佛为遮去来是有，方便说此本无等言，应说有已还无。既不言无，但言还去，则知不许过去是无。”

※胜义有。

（十二）又卷五十八云：“色等觉如本恒存，受等亦然，但非色法。彼受等觉如本恒存，此真实有故名胜义。以一切时体恒有故，依胜义理说有色等是实非虚，名胜义谛。如胜义理为有故。”（余如《俱舍》说，《显宗》卷二十九同。）此下又说四圣谛皆胜义谛摄，释世俗自体为有为无，唯一或无二之难，和会世友，胁尊说。

（十三）又卷七十四解十六行相中，谓行相十六，所治亦十六，一一列举。《俱舍》廿六无，余略如《俱舍》。又卷七十九，明三及重三三摩地中，亦略如《俱舍》。又分别无我及空等差别，应考。《俱舍》无。

十四、《成实论记》

※不乐见乐。

（一）《具足品》第一云：“佛成就圣自在法，于可乐中生不乐想，于不乐中能生乐想，于乐不乐能生舍想。问：于不乐中可生舍想，云何于中能生乐想？答：善修心故，于恶口等不乐法中不以为碍，于余神通天耳等中亦无所碍。以定力故，神通无碍。”

※佛法不可坏。

（二）《四无畏品》第三云：“世间谓有，佛亦说有，世间谓无，佛亦说无，是故无诤。以无诤故，不可坏。佛说二谛，谓世谛、第一义谛，故智者不能坏。又佛所说道不但随语，皆心自知。如经中说，莫但信我语，当自知见，自身证行。”

※二谛不违。

（三）《十号品》第四云：“佛不说世谛是第一义谛，不说第一义谛是世谛，是故二言皆不相违。”

※三时甚深。

（四）《法宝论初三善品》第六云：“佛法无时不善，于少壮老三时皆善。又佛三时常说正法。又于三时一切甚深，不如余经初粗中细，后则微末。

※具足。

“佛法于一偈中，其义具足。如说诸恶莫作等。具足者，佛所说法无所减少。

※佛法贵行。

“佛法贵如说行，非但言说。

※三法印。

“佛法中三法印：一切无我，有为诸法念念无常，寂灭泥洹，是三法印。一切论者，所不能坏。”

※因缘甚深。

（五）《众法品》第七云：“十二因缘深故难解，乃至小草以众因缘思惟观察，其相转深。又佛法皆空，是空甚深，佛以种种因缘譬喻宣示，义则易解。”

※第一义门。

（六）《论门品》第十四云：“以世界门故说有我。又经中说心识是常，又言长夜修心死得上生等。第一义门皆说空无，如说五阴中无我、我所，作者受者不可得，以五阴相续因缘，说有生死。又决定者，谓一切有为皆悉无常、苦、空、无我，寂灭泥洹。”

※依智。

（七）《四法品》第十六云：“依智不依识者，谓名识色等法，如经中说能识故识。智名通达实法，如经中说如实知色、受、想、行、识，故名为智。如实即空，是故识有所得，不应依也。若依于智，即是依空。”

※灭谛。

（八）《四谛品》第十七云：“假名心法，心空心灭，此三心故名为灭谛。”

※可知法及无为心数等。

（九）《法聚品》第十八云：“可知法者第一义，可识法者世谛也。有为法者，从众缘生，五阴是也。无为法者，五阴尽灭是也。心法者，能缘是也。心数法者，若识得缘，即次第生想等是也。无明者，随假名心。因此倒心能集诸业，故曰无明缘行。识随业故，能受有身，故曰行缘识也。”

※无相不坏。

（十）《无相品》第二十云：“阴界入所摄法非是有相，以性得故，色等诸尘不可得。此无相不坏，有所得相云何可立？以是因缘，有相决定分别不可得说，但以世谛故有，非第一义。”〔（余如觉海遗珠集（辛）〕